陕西师范大学重点学科建设经费资助出版

西北民族研究丛书

文本解读与田野实践

新疆历史与民族研究

王 欣 著

中国社会科学出版社

图书在版编目（CIP）数据

文本解读与田野实践:新疆历史与民族研究／王欣著.—北京：
中国社会科学出版社，2013.7
（西北民族研究丛书）
ISBN 978 - 7 - 5161 - 2977 - 7

Ⅰ.①文… Ⅱ.①王… Ⅲ.①新疆—地方史—研究②少数民族—
民族历史—研究—新疆 Ⅳ.①K294.5②K280.45

中国版本图书馆 CIP 数据核字（2013）第 162750 号

出 版 人	赵剑英	
责任编辑	李 是	
责任校对	徐 楠	
责任印制	张汉林	

出　　版	中国社会科学出版社	
社　　址	北京鼓楼西大街甲 158 号（邮编 100720）	
网　　址	http://www.csspw.cn	
	中文域名：中国社科网　　010 - 64070619	
发 行 部	010 - 84083685	
门 市 部	010 - 84029450	
经　　销	新华书店及其他书店	

印　　刷	北京市大兴区新魏印刷厂	
装　　订	廊坊市广阳区广增装订厂	
版　　次	2013 年 7 月第 1 版	
印　　次	2013 年 7 月第 1 次印刷	

开　　本	710 × 1000　1/16	
印　　张	38	
插　　页	2	
字　　数	618 千字	
定　　价	89.00 元	

凡购买中国社会科学出版社图书，如有质量问题请与本社联系调换
电话：010 - 64009791

总　序

　　祖国的大西北，地域辽阔，资源丰富，自远古以来，西北各族人民在此繁衍生息，共同开发建设，描绘出一幅幅辉煌壮丽的历史画卷。横贯于西北的古代丝绸之路，汇聚了古代中西方的各类文明；历代西北民族的活动，影响着中国历史发展的进程；古老而神奇的大西北，至今仍为世人瞩目，成为多种学科的活水源头。特别是在今天西部大开发的新形势下，大西北及世世代代居住在西北的各族人民，焕发了青春，获得了新生，一个崭新的西北，一个各族人民共同富裕、团结、奋进的局面，正在兴起！

　　为了认真总结、研究历史上西北各族人民开发建设大西北的经验和教训；为了认识、解决在西部大开发的新形势下出现的新问题，加强民族团结，维护国家统一，促进西北各族人民经济、文化的发展，保证西部大开发的顺利进行；为了推动有关西北民族的各个学科的深入发展，陕西师范大学西北民族研究中心将编辑出版一套《西北民族研究丛书》。丛书以编辑出版那些研究探讨从古至今与西北民族相关的学术专著为主，酌情收录有价值的资料汇集、译著等。由丛书编辑委员会负责审定选题、书稿及出版事宜，并面向全国（包括港台）及世界各国学术界征稿。我们殷切希望本套丛书能得到中外学者和广大读者的支持和批评。

《西北民族研究丛书》编辑委员会

2001 年 11 月

序

　　从前我刚踏入历史研究此一行道时，师长们常说写史之难在于如何采集、剪裁及排比史料，以及如何为历史变化作出适宜的因果解释。经历了数十年后，今之历史学者大多能体认，写史之难实在于写史者自身且生活在"历史"所造成的社会之中，那么他们如何能毫无偏见地采集、剪裁与组织史料，以及如何能借此作出适宜的历史解释。在我任职的"历史语言研究所"，过去本所的一条祖训是"让史料自己说话"。然而今日我们也知道，当史料被选择、排比时，它们说的已不是自己的话了。总之，写史者所处之时代、社会以及其个人身份、地位与利益背景影响其历史书写，特别是影响其历史书写中的主体——某一民族、国家或一有特定名称与范围的土地。任何书写角度（民族、国家、地域）都是一种偏见，历史书写成了各个群体宣称与竞夺现实资源、利益的工具。

　　以此来说，研究、书写新疆历史尤为困难，但这又能给我们许多启示。在这儿，没有一个国家或民族能成为本地历史之主体。所谓征服者、被征服者、老居民、新移民，不断在历史中流变。那么，是什么在历史时间中延续以及变迁？即使我们以"地"为历史主体，那么连"西域史"、"新疆史"这些词都不见得适宜。西域与新疆这两个词，一为汉代以来中原人对其近西之域的称谓，一为清代以来中原政权西部疆土之名。称"域"称"疆"都表示其地广袤无垠；"西"与"新"，则反映其偏远与开发晚进。虽然对中原政权而言它是如此，虽然这片土地上宜于人居的地方的确不多，但数千年来本地受高山融雪滋润的绿洲与草原，却是许多迁徙人群安歇与开创文明之处，也是蒙古草原帝国与中原帝国角逐之地。历史上这儿充满了流动与变迁,以及人群间的冲突与融合。因此虽曾有汉帝国在此设都护,虽曾有单于在此安其牙帐,却没有一个帝国或部族能长久掌握这一片土地。直到10世纪以后,才在伊斯兰教的传布及相关邦国之"圣战"下,逐渐地,许多来自各方的部族结合成一维吾尔族。然而在此过程中,草原国家、部族与中原帝国仍保持其对本地强大的影响。因此可以说,在本地历史中延续的是人类生态的多元、流动与联合。汉代班超之所以能纵横西域,靠的是联合多元国家与部族,今日新疆的主要民族维吾尔族,其族名本意也是"联合"。

　　吾友王欣沉浸新疆研究20余载,近日完成《文本解读与田野实践:新疆历史与民族研究》一书,嘱我为之序。此书始于说明距今约四千年前印欧人东迁入于新疆,而后介绍历史上鄯善、高昌、于阗、龟兹等城郭国家,以及乌孙、匈奴、高车、柔然等游牧行国与中原帝国在此地的角逐。运用大量传统文献与出土文书及考古数据,本书内容在在均显示本地文化、族群与社会等方面的多元、流动与联合之历史轨迹。特别是其探讨"鄯善吐峪沟艾苏哈卜·凯赫夫麻札"之章,可说本书介绍的所有新疆之历史与多元文化面貌均浓缩而保存于此历史遗迹之中。然而若非能如作者那样发历史之微端,我们所见的只是一个伊斯兰文化中的圣人墓。

　　此也验证前面我所说的,任何角度都是一种偏见。历史,特别是主流历史,常为各个群体宣称与竞夺现实资源利益的工具。以一个比喻来说,它们有如一个荷塘里许多不同品种青蛙之间的争鸣;我们或听到几个主要蛙鸣之间的对抗,或甚至只听到一种最响亮的蛙声。我所期待的历史与文化研究,便是大家仔细倾听那些多元与流动变化的蛙声,以及它们联合交奏的乐章。这样的历史与文化研究,应能有助于人们共创公平正义社会,并和谐共处其间。

王明珂　序于台中

目 录

下编　田野篇

上　编

文本篇

第一章

西域的古代民族:东方与西方

第一节 史前印欧人

早在张骞"凿空"西域之前,所谓的陆路丝绸之路经过的地区就已经存在东西方诸民族的频繁迁徙活动。及至先秦时期,属蒙古利亚人种的羌人已深入到今塔里木盆地南缘的昆仑山一带,而吐火罗人、月氏人、乌孙人等印欧人种的人群亦曾一度到达河西走廊及中国北方的其他一些地区。其中后者在"丝绸之路"上的活动对于处在"丝路"中段,尤其是西域地区的古代民族构成、经济文化特征的形成等方面,曾发挥了十分重大的影响。本节拟对这些原始印欧人群在"丝绸之路"上的早期活动情况及其在东西方民族经济、文化交流中的地位与作用等问题试加探讨。

一 吐火罗人

吐火罗人的族属及其文化特征的被认识始于国际学术界对 19 世纪末 20 世纪初"丝路"沿线考古、探险发现的各种材料的研究。在今天塔里木盆地北缘的库车、焉耆、吐鲁番一带曾发现了一种用印度婆罗谜(brāhmī)字母斜体书写的古代不知名的语言,经过研究人们才知道它竟然属于印欧语系西支 Centum 语支的西北语组(North-Western Group),其故乡则可能在欧洲中南部喀尔巴阡山(Carpathians)以北,易北河

（Elbe）和德聂斯特河（Dniester）之间。① 这种语言在东方的出现意味着曾有一支操这种语言的古老印欧人从他们的欧洲故乡向东方发展，这些语言材料便是他们在东方活动的文化遗存。尽管国际学术界对该语言的命名尚有争论，但自 1907 年德国学者缪勒（F. W. Müller）根据回鹘文《弥勒会见记》（Maitrisimi）中的"Toγri"一词将它定名为"吐火罗语"以来，中外学者多倾向于将吐火罗语与汉文文献中记载的吐火罗人联系起来。② 也就是说，在库车、焉耆一带的早期居民有可能就是操吐火罗语的吐火罗人，只是在他们土著化了以后才被后世称为龟兹（库车）人或焉耆人。

不仅如此，通过对今塔里木盆地南缘尼雅至楼兰一带发现的佉卢文书的研究，人们又发现用佉卢文书写的古代鄯善王国的官方语言虽然是与佉卢文一体引入的印度西北俗语（India Prakrit），但其土著语言却是吐火罗语。焉耆、库车一带曾流行着吐火罗语的甲种、乙种两种语言形式，而在鄯善王国流行的土著语言则被称为吐火罗语的第三种方言。③ 加之高僧玄奘在 7 世纪亲历该地区时明确提到这里曾经存在有一个"靚货逻故国"④（今安得悦古城），所以可以推断，今塔里木盆地南缘也曾是吐火罗人的一支迁徙、分布的一个重要地区。

吐火罗语虽然是一种早已消亡的"死语言"，但它在语言形态上却保存着印欧语中的许多原始特征，有印欧语中的"甲骨文"之称。这表明操这种语言的吐火罗人很早就从他们在印欧人群中的亲缘部落中脱离出来，向东方发展。与此相应的是，在吐火罗语流行的地区所出土的距今大约三千多年的干尸在体质上亦具有典型的印欧人种的特征，与中亚草原青

---

① Douglas Q. Adams, "The Position of Tocharian Among the Indo-European Language", *Journal of the American Oriental Society*, 104. 3, 1984, pp. 395 ~ 402.

② 参见季羡林《敦煌吐鲁番吐火罗语研究导论》，新文丰出版公司（台北）1993 年版。F. W. Müller, *Beitrag Zur genaueren Bestimmung der unbekannten Sprachen*, Sitzungsberichte der Preussischen Akade mie der wissenschaften, pp. 956 ~ 960, 1907. Victor H. Mair, "Prehistoric Caucasoid Corpses of the Tarim Basin", the *Journal of Indo-European Studies*, Volume 23, Number 3 – 4, 1995, pp. 281 ~ 307.

③ T. Burrow, "Tocharian Elements in the Kharosthi Documents from Chinese Turkstan", *Journal of the Asiatic Society*, 1935, p. 667.

④ 玄奘、辩机撰，季羡林等校注：《大唐西域记校注》，中华书局 1985 年版，第 1031 页。

铜时代居民的头骨形态也比较接近①,它们甚至在遗传学上亦与在欧洲发现的早期印欧人遗体有惊人的一致之处。② 所有这些均暗示出作为原始印欧人一支的吐火罗人的起源及其向东方沿后来的所谓丝绸之路发展的基本轨迹。

　　西方学术界具有一定代表性的观点认为,在前 3000 年,当定居的农业人口已经占据了欧洲两千余年的时候,当城市文明正首次在近东肥沃的河流谷地出现的时候,在草原和半沙漠地带发生了首次广泛的移民活动。③ 正如亚当斯所指出的那样,大约在前 3000 年上半期,吐火罗人从他们的原居地,可能是中欧喀尔巴阡山以北、易北河和德聂斯特河之间的某个地区,加入到了这场移民活动,并从此与同操印欧语西北语组的其他原始印欧人群 (Proto-Indo-Europeans) 完全脱离了关系,迁移的方向是向南或向东。④ 吐火罗人在离开故乡以后,首先可能到达黑海大草原 (Pontic Steppes),并在那里停留了一段时间,其活动遗迹构成了"库尔干文化"(Kurgan Culture) 的一部分。马丽嘉·吉姆布塔斯认为,印欧人在"库尔干"地区渗透、扩散的第二个阶段 (前 3700～前 3500 年) 来自德聂斯特河下游和高加索山脉之间的黑海北岸地区⑤,这可能与吐火罗人的迁徙活动有关。随后,吐火罗人继续东徙,经过中亚大草原,进入塔里木盆地。中亚安德罗诺沃文化 (Andronovo Culture)、阿凡纳羡文化 (Afanasyevo Culture) 和卡拉苏克文化 (Karasuk Culture) 等青铜器时代的文化中据认为有一部分便是吐火罗人的文化遗存。⑥

---

①　韩康信:《新疆古代居民种族人类学的初步研究》,《新疆社会科学》1985 年第 6 期,第 64 页。

②　Paolo Francalacci, "DNA Analysis of Ancient Desiccated Corpse from Xinjiang", *Journal of Indo-European Studies*, Vol. 23, 1995, pp. 385～397.

③　《世界史便览》,生活·读书·新知三联书店 1983 年版,第 136～137 页。

④　Douglas Q. Adams, "The Position of Tocharian Among the Indo-European Language", *Journal of the American Oriental Society*, 104. 3, 1984, p. 401.

⑤　M. Gimbutas, Comments on Indo-Iranians and Tocharians: A Response to R. Heine-Geldern, American Anthropologist, 1964. 参见徐文堪《关于吐火罗人的起源和迁徙问题》,第三十四届亚洲及北非研究国际学术大会论文打印稿,1993 年。

⑥　H. L. Thomas, Archaeological Evidence for the Migrations of the Indo-European, the Indo-Europeans in the Fourth and the Third Millenia, Ann Arbor, 1982, p. 81. T. Sulimirski, *Prehistoric Russian*, London, New York, 1970, p. 308.

　　大约在前 2000 年末至前 1000 年初，吐火罗等原始印欧人群可能到达了塔里木盆地，与此相应的则是这一地区出现了一批具有印欧人体质特征的人类遗骨（体）与青铜文化遗存。中国考古学的研究成果表明："在南疆西南部地区，从距今约三千年前后开始，以地中海东支类型为主的欧洲人群体，由西翻越帕米尔进入这一带并继续向东推进，在南疆南部边缘大约一直推进到（今）洛浦附近；在塔里木盆地西北面的山前地带，大约到焉耆盆地周围。"① 在焉耆察吾乎沟口墓地、且末扎洪鲁克墓地、楼兰北古墓沟墓地、哈密焉不拉克墓地均发现了一批距今三千多年，具有典型的原始印欧人种体质特征的人类遗体（骨），他们中有的在遗传学上甚至与远在欧洲的早期欧洲人遗体存在惊人的一致之处。② 他们所代表的青铜文化在塔里木盆地的突然出现，暗示着有外来民族文化因子的徙入，而这种青铜文化与中亚青铜文化之间存在的某种联系亦说明了这些印欧人群迁徙活动的基本轨迹，即总的趋势是由西向东。联系比较语言学的研究成果，我们有理由认为，塔里木盆地的早期遗存，尤其是青铜时代的文化遗存，可能与以吐火罗人为代表的原始印欧人群的东徙活动有关。

　　不仅如此，汉文文献中也留下有关吐火罗人在这一地区活动影响的记载，"敦薨"一词便是指称吐火罗人的一种形式。③《水经注·水二》云："大河又东，右会敦薨之水，其水出焉耆之北，敦薨之山。《山海经》曰：'敦薨之水出焉，而西流注于泑泽，出于昆仑之东北隅，实惟河源者也。'二源俱道西源，东流分为二水。左水西南流出于焉耆之西，径流焉耆之野，西南流出于焉耆之西，屈而东南流，注于敦薨之渚。右水东南流，又分为二，左右焉耆之国。南会两水同注敦薨之浦。东源东南流，分为二水。涧澜双引，洪湍睿发，俱东南流。径出焉耆之东，导于危须国西。又东南流注于敦薨之薮。川流所积，潭水斯涨。"④ 据研究，"上述敦薨之水、之浦、之渚、之薮包括的范围，当今巴龙台以南，包括焉耆、库尔

　　① 水涛：《新疆青铜时代诸文化的比较研究》，《国学研究》第一卷，北京大学出版社 1993年版，第 481 页。

　　② Paolo Francalacci, "DNA Analysis of Ancient Desiccated Corpse from Xinjiang", *Journal of Indo-European Studies*, Vol. 23, 1995, pp. 385～397.

　　③ 王欣：《吐火罗之名考》，《民族研究》1998 年第 3 期。

　　④ 郦道元撰，王先谦校：《水经注》，巴蜀书社 1985 年版，第 66～67 页。

勒,再向东至罗布泊方圆数千里的地方"①。而这些地方也正是吐火罗语流行的地区,以"敦薨"命名的山川很可能便是吐火罗人在这一地区长期活动、影响的结果。可以推测,塔里木盆地南北部曾是吐火罗人在中国西部早期活动的重要地区。

汉文文献中指称吐火罗的另一种形式便是"大夏",主要见于《吕氏春秋·古乐篇》、《左传·昭公元年》、《逸周书·王会解》、《山海经·海内东经》等先秦文献。此时,大夏(吐火罗)的活动范围已经达到了今甘肃东部、陕西北部和山西南部一带。② 这里也是我们所知吐火罗人迁徙发展最东的地方。大约在前 7 世纪 70 年代末至 50 年代初,齐桓公西伐大夏③,这支吐火罗人又退回了今河西走廊地区,并在今敦煌一带形成了一个活动中心。据研究,和"敦薨"一样,"敦煌"一词也是吐火罗的另一种同名异写形式。在今甘肃安西县东约 50 里,有名"兔葫芦"的地方,曾发现有大量新石器时代末期、战国至秦汉时期的文物;而在疏勒河三角洲之南榆树泉盆地亦有所谓的"吐火洛泉"④。"兔葫芦"和"吐火洛"均可视为吐火罗人在这一地区活动的影响遗存。而在古希腊著名的地理学家托勒密(Ptolemy)的《地理志》中所记 Thagouroi 人和 Thogara 城⑤,国际学术界已公认在今甘肃西部地区,所指的亦可能是敦煌地区的吐火罗人。

秦初的今河西走廊主要为月氏和乌孙两大游牧势力所占据,吐火罗人可能仅仅局促在走廊西部的敦煌一隅。这两大势力的频繁征战又压迫吐火罗人沿天山北麓西迁至中亚伊犁河、楚河流域,亦即所谓的"塞地"。今

---

① 王宗维:《"敦煌"释名》,《新疆社会科学》1987 年第 1 期,第 61 页。

② 参见余太山《允姓之戎考》,载《华夏文明与传世藏书》,中国社会科学出版社 1996 年版,第 692~695 页。

③ 余太山:《塞种史研究》,中国社会科学出版社 1992 年版,第 24 页。

④ 王宗维:《"敦煌"释名》,《新疆社会科学》1987 年第 1 期,第 64、68 页;余太山:《允姓之戎考》,载《华夏文明与传世藏书》,中国社会科学出版社 1996 年版,第 691 页。

⑤ Geography of Claudius Ptolemy, Translated into English and Edited by E. L. Stevenson, New York 1932, Vl, 16.5.8. 汉译文参见 [法] 戈岱司《希腊拉丁作家远东古文献辑录》,耿昇译,中华书局 1987 年版,第 33、36 页。有关考证参见 W. W. Tarn, The Greek in Bactria and India, Cambridge 1951, p. 517.

天山北麓东段伊吾县境内的"吐葫芦乡"之名①，可能就是吐火罗人西迁过程中的影响遗迹。迁到"塞地"的吐火罗人在希腊文献中被称为"Togouraioi"，其活动区域已经到达了今伊塞克湖周围。②

前 177 ～前 176 年左右，在匈奴的不断打击下，大部分月氏人被迫放弃自己的河西故地，沿天山北麓西迁到今中亚伊犁河、楚河流域。③ 月氏人的到来又直接导致了活动在"塞地"的吐火罗人及塞种诸部的进一步西徙。据斯特拉波的记载，包括吐火罗（Tocharoi）在内的 Asii、Pasiani 和 Sacarauli 四部游牧集团曾活动在锡尔河北岸一带。大约在公元前 141 年前后，由于这里又被塞种人所占据，这支吐火罗四部集团被迫越过阿姆河，进入了巴克特里亚（今阿富汗西北），在此过程中，他们消灭了由当地希腊人后裔所建立的希腊-巴克特里亚王国（Graeco-Bactria Kingdom），并很快定居下来。④ 故张骞在公元前 128 年左右到达这里时，称吐火罗人所建立之国家为"大夏"，而这一地区亦因之为后世称为"吐火罗斯坦"（Tukhāristān），玄奘则称之为"覩货逻国故地"。

吐火罗人是最早沿丝绸之路向东方发展的原始印欧人群中的一支。尽管由于年代较早，有关他们早期活动的情况在东西方各种文献的记载中大多被湮没，但他们的迁徙对于"丝路"沿线，尤其是西域地区各绿洲城郭国的形成、早期的文化积淀等方面的影响却是极为深远的。随着吐火罗人的神秘面纱逐渐被揭示，其在早期"丝绸之路"开通中的地位和作用无疑将被人们所重新认识，有学者则径称吐火罗人为"开拓丝绸之路的先驱"⑤。

二　月氏人

月氏是"丝绸之路"上古老的印欧民族，也是这条贸易线上最早见

---

① 参见《伊吾县志》，新疆大学出版社 1994 年版，第 288 ～290 页。

② W. W. Tarn, *The Greek in Bactria and India*, p. 516.

③ 参见余太山《大夏大月氏综考》，《中亚学刊》第三辑，中华书局 1990 年版，第 31 ～32 页。

④ *The Geography of Strabo*, with an English Translation by H. L. Jones, London, 1916, pp. 259 ～261.

⑤ 林梅村:《开拓丝绸之路的先驱——吐火罗人》，《文物》1989 年第 1 期，第 72 ～74 页。

诸汉文文献记载的游牧民族之一，又被写作"禺氏"、"禺支"、"牛氏"、"月支"等形式。早在先秦时期，月氏就已经活动在今中国西北地区，并一度成为该地区一支最为强盛的游牧势力。由于地扼早期东西方交通的要冲，月氏几乎垄断了西域与中原之间的玉石贸易，汉文文献甚至称经月氏输入的玉石为"禺氏之玉"。所以，在丝绸西传之前，这条东西方交通道路又被称作"玉石之路"①。

关于月氏的族属问题，学术界曾先后提出过"突厥种说"、"羌种说"和"欧罗巴种（印欧人种）说"等三种主要的观点。近年来，随着有关考古发现的不断问世和多学科综合研究的不断深入，人们更倾向于认为月氏人所操的是某种印欧语（伊朗语［?］或吐火罗语［?］），在体质上虽融入了一些蒙古人种的因素，但其主体仍是高加索人种（白种人），原为一支古老的印欧民族。②《史记·大宛列传》注引《南州志》也明确指出，大月氏"人民赤白色，便习弓马"。

月氏人的原居地现在已无从探究，亨宁（W. B. Henning）曾提出了一种假说。他将月氏比附为西亚楔形文字中所见的 Guti 人，原来自波斯西部，占据并统治了巴比伦达百年之久；前3000年末期，Guti 人遭到了驱逐，遂离开了他们在中东的故乡，经波斯、中亚，来到了今中国的西北地区。③ 如果考虑到月氏人所操的可能是印欧语系东支中的 Satem 语或一种伊朗语的话④，那么从该语言的地理分布来看，亨宁的假说是具有一定的合理性。但是，和大部分西方学者一样，亨宁也将月氏比定为东西方文献中所提到的吐火罗（Tocharoi）。然而，比较语言学的研究成果业已表明，吐火罗语属印欧语系中的 Centum 语。如前所述，包括吐火罗语在内的 Centum 语的流行地区可能在中东欧一带，与 Satem 语的分布区域明显不同。所以，如果假定月氏人起源于今中近东地区，那么它与吐火罗人

①　详见张广达、王小甫《天涯若比邻》，中华书局（香港）有限公司1988年版，第19～20页。

②　参阅徐文堪《"中亚东部铜器和早期铁器时代民族"国际学术讨论会综述》，《学术集林》卷九，上海远东出版社1996年版，第262～279页。余太山：《塞种史研究》，第63～64页。

③　W. B. Henning：《历史上最初的印欧人》，徐文堪译，《西北民族研究》1992年第2期，第23～24页。

④　H. W. Bailey, Indo-Scythian Studies, being Khotanese Texts, Vol Ⅶ, Cambridge University, 1985，pp. 110～142.

之间的关系问题就需要审慎考虑。

　　月氏人被西方学者比定为吐火罗是有其原因的。根据古代希腊文献的记载,大约在前141年,来自今阿姆河北岸的包括 Asiani、Tocharoi、Pasi-aini 和 Sacarauli 在内的四部游牧集团进占巴克特里亚,消灭了希腊-巴克特里亚王国,从而结束了希腊人在当地长达近两个世纪的殖民统治,引起西方世界的震动。前128年,汉使张骞到达这里,称这一地区为"大夏"。根据他的记述,此时大夏已为大月氏所征服。① 所以,西方学者便很自然地将汉文文献中所说的"大月氏"与西方文献中所记载的吐火罗(Tocharoi)等四部游牧集团联系起来,并将吐火罗等同于月氏。② 如果将东西方文献的有关记载细加比较和分析,我们就会发现问题似乎并没有这么简单。

　　首先,根据希腊文献的记载,吐火罗等四部进占巴克特里亚、消灭希腊-巴克特里亚王国是在前141年左右。从汉文文献的记载来看,此时大月氏却活动在伊犁河、楚河流域,直到前130年他们才离开这里西徙阿姆河流域。③ 所以,灭亡希腊-巴克特里亚王国的吐火罗四部与大月氏人无涉。这也表明,吐火罗与大月氏应分属于不同的民族群体,不能将两者简单地等同起来。

　　其次,如前所述,"大夏"一词是汉文文献中对"吐火罗"的不同译写形式。张骞称古代的巴克特里亚地区为大夏,表明这里在大月氏人到达前已经为吐火罗人所占据,与希腊文献的记载正合。这一地区亦因之被后世称为"觐货逻国故地"或"吐火罗斯坦"。前130年以后,这里虽然曾被月氏人所征服,但其王廷开始设在阿姆河(妫水)以北,后虽移廷河南,但该地区仍称"大夏"。大部分月氏人此后似仍活动在阿姆河以北的地区(如唐代的"昭武九姓"),南移的可能只是大月氏的上层统治集团。吐火罗人在进占巴克特里亚后很快便在这里定居下来,接受了当地较为先

---

① 《史记·大宛列传》。

② 在这方面比较有代表性的著作是 Denis Sinor 主编的《剑桥早期内亚史》(*The Cambridge History of Early Inner Asia*),Cambridge University Press,1990。该书第六章 Indo-Europeans in Inner Asia 由美籍印度裔学者 A. K. Narain 所著。

③ 参见余太山《塞种史研究》,第58页。

进的生产、生活方式。① 所以，张骞称大夏"其俗土著，有城屋，与大宛同俗。……大夏民多，可百余万"。而大月氏仍是一个逐水草的"行国"，"控弦者可一二十万"。② 这种情况直到《汉书·西域传》的记载中仍未改变。所以，在大月氏征服大夏以后，月氏与吐火罗是游牧的统治民族与定居的被统治民族的关系，不能把两者混为一谈。至于从对音上将"大夏"比定为"巴克特里亚"，也是站不住脚的。有学者已对此加以辩证，兹不赘言。③

再次，早在先秦时期，月氏与吐火罗（大夏）就活动在今中国的北部地区。《逸周书·王会解》所附《伊尹朝献篇》中列举了 13 个活动在中国"正北"的游牧民族，其中就将"月氏"与"大夏"（吐火罗）并列，表明先秦时期周人已经意识到他们分属不同的民族群体，并将两者区分开来。尽管他们后来陆续西迁，但张骞西使时似乎仍保留有这方面的认识，并在他的有关记述过程中反映出来。

所以，综合以上分析，笔者更倾向于认为，尽管月氏和吐火罗均属印欧人种，在历史上关系十分密切，但仍属于印欧人中不同的民族群体。

如果假定月氏人的故乡在今近东一带，那么东徙的路线很可能是先经过波斯进入中亚草原，后又沿天山南北进入河西走廊。从后来月氏西迁的路线来看，他们东徙时所走的路线很可能也是天山北麓一线。

从《逸周书》及《穆天子传》的有关记载来看，月氏至少在春秋时期就已活动在今中国北方的一些地区。《史记·大宛列传》称："始月氏居敦煌、祁连间。"据研究，汉代所说的"祁连"实际上是今天的天山。所以，月氏在西迁塞地（今伊犁河、楚河流域）之前的活动中心主要在"东起今祁连山以北，西抵今天山、阿尔泰山东麓"一带；而在先秦时期，其"势力曾一度东向伸展至河套内外"。④ 唐代仍活动在今阿姆河以北的撒马尔罕地区的所谓昭武九姓胡人即为西迁大月氏的余裔，他们在追述故地的时候均不约而同地将其指向今河西走廊的昭武城，即今天甘肃临

---

① 参见内田吟风《吐火罗（Tukhāra）国史考》，《东方学论集》，昭和四十七年（1972 年），东京，第 106 页注③。斯英琦、徐文堪的汉译文载《民族译丛》1981 年第 2、3 期。

② 《史记·大宛列传》。

③ 参见杨建新《吐火罗论》，《西北史地》1986 年第 2 期，第 18～31 页。

④ 余太山：《塞种史研究》，第 55～56 页。

泽一带。① 结合《史记》、《汉书》的有关记载可知，月氏西迁前活动的中心地区仍然在河西走廊。

匈奴兴起前，月氏已成为中国西北的一支最为强盛的游牧民族。匈奴单于冒顿在即位前曾被作为人质送往月氏。前209年冒顿弑父自立，随后东击东胡、西击月氏，匈奴从此强大起来。前176年左右，冒顿在致汉文帝的一封信中声称："今以小吏之败约故，罚右贤王，使之西求月氏击之。以天之福，吏卒良，马强力，以夷灭月氏，尽斩杀降下之。"② 但是，冒顿此言显然有夸大之嫌。据《史记·大宛列传》的记载，直到老上单于（前174~前161年）时，匈奴尚有"杀月氏王，以其头为饮器"的做法。此外月氏也并没有被"夷灭"或"尽斩杀降下之"，只是在匈奴的不断打击下，大部西迁今伊犁河、楚河流域所谓的"塞地"，史称"大月氏"。③

大月氏的西迁导致了今中亚草原一系列的民族迁徙活动的发生。原驻牧于伊犁河、楚河流域的塞种人被迫西迁，史称"塞王南君罽宾。塞种分散，往往为数国。自疏勒以西北，休循、捐毒之属，皆故塞种也"④。不仅如此，塞种人还进一步深入到了印度次大陆，从而使印度和阿拉霍西亚（Arachosia）从前1世纪开始便进入了所谓的"塞种帝国时代"⑤。前述吐火罗四部游牧集团进占巴克特里亚、灭亡希腊-巴克特里亚王国的举动，很可能也是在这一背景下进行的。

大约在前130年左右⑥，西迁的大月氏又被乌孙人所击破，遂西迁至中亚的锡尔河、阿姆河流域地区，并征服了占据巴克特里亚的吐火罗人

---

① 《新唐书·西域传》，并参见《辞海·历史地理分册》"昭武九姓"条，上海辞书出版社1982年版。

② 《史记·匈奴列传》。

③ 大月氏西迁的时间一般认为在前174~前160年，亦即老上单于在位时期。参见王治来《中亚史纲》，湖南教育出版社1986年版，第89页。也有人认为在前177年或前176年，亦即右贤王西击月氏时，参见余太山《塞种史研究》，第56~57页。

④ 《汉书·西域传》。

⑤ 参见加文·汉布里主编《中亚史纲要》，吴玉贵译，商务印书馆1994年版，第56~57页。

⑥ 有关大月氏离开伊犁河、楚河流域的时间，请参阅余太山《塞种史研究》，第57~58页的考证。

（大夏）。大月氏初建王廷于妫水北，后又南移至巴克特里亚。据研究，此后在这里兴起的贵霜王朝同大月氏有着密切的关系，而贵霜在古代东西方文化交流中所起的重要作用早已为国际学术界所公认。[①]　此外，大部分大月氏人仍活动在河中地区的撒马尔罕，并与当地居民相融合；隋唐时期，他们又以昭武九姓的面目出现，活跃于当时的东西方经济贸易和文化交流的各种活动之中。所以，大月氏的西迁不仅导致了古代丝路中段政治格局和民族结构的改变，为这一地区社会经济文化的发展注入了新鲜的血液，而且他们自己也为促进东西方文明的进步和经济文化的交流作出了卓越的贡献。

在大月氏从河西走廊西迁的同时，"其余小众不能去者，保南山羌，号小月氏"[②]。这些残留下来的月氏人主要活动在从河西走廊到昆仑山一线。《魏略·西戎传》云："敦煌、西域之南山中，从婼羌西至葱岭数千里，有月氏余种葱茈羌、白马、黄牛羌，各有酋豪，北与诸国接，不知其道里广狭。"[③]　他们与羌族杂居相处，逐渐为羌族所融合。所以《后汉书·西羌传》称其"被服饮食言语略与羌同"。西晋末年，部分小月氏人的后裔甚至深入到了关中及其邻近地区，而在敦煌、吐鲁番和罗布泊等地区亦可看到有关他们零星活动的材料。[④]　直到五代时期，还有一支被称作"仲云"的"小月氏之遗种"活动在沙州（敦煌）以西地区。[⑤]　此后，小月氏之名便从历史上消失，散处各地的小月氏人后裔最终完全融入了其他族体之中。作为古代印欧人种的一支，他们的汇入无疑丰富了以蒙古利亚人种为主体发展而来的汉民族的内涵。

三　乌孙人

乌孙也是较早见于汉文史籍的印欧人，至少在秦汉之际就已游牧在河

---

① 详见沈福伟《中西文化交流史》第二章、第三章，上海人民出版社 1985 年版。
② 《史记·大宛列传》。
③ 《三国志·魏志·乌丸鲜卑东夷传》注引。
④ 详见荣新江《小月氏考》，载《中亚学刊》第三辑，中华书局 1990 年版，第 57～59 页。
⑤ 《新五代史·四夷》云："沙州西曰仲云，其牙帐居胡庐碛。云仲者，小月氏之遗种也，其人勇而好战，瓜沙之人皆惮之。"

西走廊以西的地区。张骞西使被拘匈奴时听说,乌孙为匈奴西边的小国,
"本与大月氏俱在祁连、敦煌间"①。此时乌孙已西迁伊犁河、楚河流域。
从在天山北麓一线所发现的乌孙墓群来看,他们西迁前可能主要活动在准
噶尔盆地。至于他们何时、从何地来到这里,我们已无从探究了。

日本学者多根据汉文史籍中所残存的一些乌孙的语言学材料,认为乌
孙所操的为突厥语②,或径直说乌孙"属于突厥种,乌孙的音为 Asein、
asän 或 asin,大概就是后来突厥的阿史那氏的祖先"③。有人认为"乌孙"
之音相当于突厥语中的"uysun",意为"团结"、"联合"。④ 乌孙最后为
突厥语民族所融合,今哈萨克族中还有一个叫"乌孙"(或"玉孙")的
部落,恐与历史上的乌孙人有关。不过,乌孙兴起于前,突厥勃兴于后,
故突厥语中融有一些乌孙语的词汇亦未可知,更何况乌孙语中的一些词在
原始印欧语中也能得到合理的解释⑤,故不能以此遽断乌孙属突厥族或突
厥种。

从体质特征来分析,乌孙应为印欧人种,属古代印欧民族的一支。唐
代颜师古在为《汉书·西域传》乌孙条作注时就已经指出:"乌孙于西域
诸戎,其形最异。今之胡人青眼赤须状类弥猴者,本其种也。"乌孙本为
印欧人种的体质外貌特征昭然若揭。有学者根据上述记载推断,乌孙属浅
色素的诺的克(Nordic)种族。⑥ 而近年来,通过对新疆伊犁昭苏土墩墓
所出乌孙人头骨的体质人类学的分析,人们发现其"主要成分是以短颅
为特征的欧洲人种中亚的两河类型(包括个别前亚类型)和少数欧洲人
种和蒙古人种间的混杂型"。结合苏联学者对七河地区乌孙人头骨的研究

① 《汉书·张骞传》。

② 参见羽田亨《中央亚细亚的文化》,张宏英译,商务印书馆 1938 年版,第 8、9 页;同
书增订重译本作《西域文化史》,耿世民译,新疆人民出版社 1981 年版,第 6～7 页。

③ 白鸟库吉:《东西交通史上之游牧民族》,傅正译,载《蒙古史研究参考资料》新编第
35 辑(总第 60 辑),1984 年 11 月,第 58 页。

④ 王明哲、王炳华:《乌孙研究》,新疆人民出版社 1983 年版,第 42 页。

⑤ 据法国学者列维研究,乌孙王号"昆莫"之"昆"字,相当于吐火罗语中的 Kaun 或
kon,意为"日(太阳)",参见《所谓乙种吐火罗语即龟兹语考》,汉译文载《吐火罗语考》,
冯承钧译,中华书局 1957 年版,第 41 页。今哈萨克语中太阳也被称作"Kün",参见《乌孙研
究》,第 76～77 页。

⑥ 参见林惠祥《中国民族史》下册,商务印书馆 1936 年版,第 1 版,1993 年影印本,第
299 页。

成果，可以断定"各地方乌孙是体质上比较一致的种族人类学集团"。由此推断，"乌孙在西去以前（在河西走廊）便是欧洲人种或欧洲人种占优势的类型。或者说，西徙前和西徙后的乌孙，可能具有相同或较为接近的人类学类型"①。所以，从文献记载和体质人类学的研究成果来看，乌孙本为古代印欧民族的一支殆无疑义。

值得注意的是，乌孙人在体质形态上还保存有时代更早的原始欧洲人种古欧洲人类型（主要为安德罗诺沃型，Andronovo）特点，"在人类学关系上，乌孙同其前期居民之间存在密切的联系"②。这表明，至少在秦汉之际就已经出现在河西西部的乌孙人很可能是从中亚草原迁徙来的。这一点与前述早期印欧人东向发展的总趋势也是一致的。据苏联学者的研究，乌孙人的头骨中除了安德罗诺沃型之外，还有中亚两河型、北欧型和地中海与北欧型之间的类型，说明"乌孙不是单一类型而是多类型组成的"③。《汉书·西域传》乌孙条云："大月氏西破走塞王，塞王南越县度，大月氏居其地。后乌孙昆莫击破大月氏，大月氏徙西臣大夏，而乌孙昆莫居之，故乌孙民有塞种、大月氏种云。"如前所述，吐火罗（大夏）与月氏都是古老的印欧人，他们出现在中国西北地区的时间要早于乌孙，后来又先后西迁伊犁河、楚河流域（即七河地区，即汉文文献中所说的"塞地"），并在此停留过一段时间；而这里本来就是塞种人传统的活动中心。所以，乌孙人后来占据这里后，融合了残存于这一地区的吐火罗人、月氏人、塞种人等印欧人就并不奇怪了。

体质人类学的研究成果业已证明，今天山南部、塔里木盆地的早期居民亦多属从西方徙入的古代印欧人种民族。④ 其中古墓沟人的头骨基本属于北欧型，与之相近的还有哈密焉不拉克古墓所出头骨；楼兰城郊古墓所出头骨则属于所谓的地中海东支（或称印度-阿富汗）类型，与之相近的

---

① 　均请参见韩康信、潘其风《新疆昭苏土墩墓古人类学材料的研究》，原载《考古学报》1987 年第 4 期，第 503～523 页，收入韩康信《丝绸之路古代居民种族人类学研究》，新疆人民出版社 1995 年版，第 261～304 页。

② 　韩康信：《丝绸之路古代居民种族人类学研究》，新疆人民出版社 1995 年版。

③ 　同上书，第 287 页。

④ 　详见韩康信《新疆古代居民种族人类学的初步研究》，原载《新疆社会科学》1985 年第 6 期，第 61～71 页，后收入《丝绸之路古代居民种族人类学研究》，第 1～32 页。

还有洛浦山普拉古代丛葬墓所出头骨以及塔什库尔干塔吉克自治县香宝宝古墓所出可能属于古代塞人遗存的人类头骨。国际上多学科综合研究的成果表明，今塔里木盆地出现的这些早期印欧人种居民的遗骨（体）同吐火罗人或月氏人有着密切的关系，很可能属于吐火罗人或月氏人的文化遗存。① 这一点对于我们认识吐火罗人或月氏人的体质形态特征无疑具有重要价值。如果是这样的话，那么吐火罗人和月氏人在体质形态上就应属于古代印欧人种的北欧型和地中海型，与主要属于中亚两河型（或称帕米尔－费尔干型）的乌孙人明显分属古代印欧人中的不同族群。塞人在体质形态上也属于地中海东支型。乌孙在占据伊犁河、楚河流域后融合了残留在这里的吐火罗人、月氏人和塞人，所以在乌孙人中也就出现了北欧型、地中海型或介于两者之间类型的其他印欧人种的成分。所有这些与《汉书·西域传》中"故乌孙民有塞种、大月氏种"的记述可以交互印证。

此外，乌孙人类学类型的另一个特点便是少量蒙古人种特征的混合，而且越往东这一特点越明显。具有这种混合特点的乌孙头骨在类型上有些接近匈奴。② 这表明乌孙在西迁前曾与蒙古人种的民族发生过接触。据《汉书·张骞传》的记载，乌孙在河西西部活动的时候，其王难兜靡为大月氏攻杀③，部众投奔匈奴，其新生之子昆莫亦为匈奴单于收养。匈奴单于将昆莫抚养成人后，将乌孙部众又交还给他，并助其复国。所以乌孙在西迁前与匈奴的关系是相当密切的。在此期间，乌孙人中融入一些匈奴人

① 参见 A Collection of Papers on the Mummified Remains Found in the Tarim Basin, Edited by Victor H. Mair, the *Journal of Indo-European Studies*, Vol 23, Number 3、4, 1995.

② 韩康信:《丝绸之路古代居民种族人类学研究》，新疆人民出版社 1995 年版，第 284、287 页。

③ 《史记·大宛列传》云难兜靡为匈奴所杀。匈奴开始时在西方的主要敌人是月氏，而乌孙又在月氏的西部，所以很难想象匈奴会越过月氏攻击乌孙。此外，《史记》、《汉书》都说难兜靡死后，其子昆莫为匈奴所收养，乌孙民众亦多归附匈奴。匈奴单于在昆莫长大后将其父的部众交还给他，助其复国。如果难兜靡是匈奴所杀，那么匈奴单于的上述做法明显与情理相悖。所以，比较合理的解释只能是难兜靡被月氏所杀后，乌孙民众投奔匈奴。匈奴单于将难兜靡之子昆莫抚养成人，助其复国，并用以进一步打击匈奴在西方的大敌月氏。于是才有以后昆莫西击月氏，占据塞地之事。乌孙西迁后势力虽然逐渐壮大，不肯听命于匈奴，但仍保持中立状态；匈奴为此发兵征讨，却被乌孙击退，双方关系从此才开始恶化。即使这样，当汉朝试图联合乌孙以制匈奴的时候，乌孙昆莫的态度却十分冷漠。乌孙与匈奴早期的关系由此可见一斑。

的成分也是很自然的。

　　匈奴军臣单于在位期间（前 161～前 126 年），乌孙昆莫在匈奴的支持下西击大月氏以报杀父之仇，并占据了今伊犁河、楚河流域，从此势力逐渐壮大，不肯听命于匈奴。匈奴派军前往征讨，也为乌孙所击退，双方关系开始恶化。① 汉朝乘机联络乌孙以制匈奴，并先后将细君公主和解忧公主嫁给了乌孙王。细君公主与乌孙王军须靡生有一女。解忧公主与乌孙王翁归靡则生有三男二女，"长男曰元贵靡；次曰万年，为莎车王；次曰大乐，为左大将；长女弟史，为龟兹王绛宾妻，小女素光，为若呼翕侯妻"。她后来又嫁给了有"狂王"之称的泥靡（军须靡之子），并生有一男曰鸱靡。② 所以，至少在乌孙王族中就融入了汉人的血统，在体质形态上便混入了蒙古利亚人种的一些特征。苏联学者金兹布尔格研究了唯一一个所谓"天山乌孙-月氏期"的、具有典型蒙古人种特征的女性头骨，并指出这个头骨可能是汉族妇女的。③ 从上引汉文史籍的记载来看，这种可能性是完全存在的。

　　乌孙西迁后，势力逐渐壮大，"户十二万、口六十三万、胜兵十八万八千八百人"，一度成为西域地区的"最为强国"。④ 西汉宣帝甘露元年（前 53 年），乌孙分为大、小昆弥二部，从此内乱不已，纷争不断，其力量逐渐受到削弱。到元始年间（前 12～前 9 年），乌孙"两昆弥皆弱"，已呈现出衰微之势。5 世纪中叶以后，乌孙不断受到蠕蠕（柔然）的侵扰，被迫西徙葱岭山中⑤，从此退出了"丝路"历史舞台。在以上半个世纪的时间里，乌孙作为"丝绸之路"上的一支重要的游牧势力，始终与中原王朝保持着密切的联系，与邻近的西域诸国也基本上保持着良好关系。张骞第二次出使西域时，"乌孙发导译送骞还"⑥，北魏董琬、高明西使时，"乌孙王为发导译达二国（破洛那、者舌）"⑦。由于乌孙在对外关

---

①　《汉书·张骞传》。

②　《汉书·西域传》"乌孙"条。

③　参见韩康信《丝绸之路古代居民种族人类学研究》，新疆人民出版社 1995 年版，第 284～285 页。

④　《汉书·西域传》。

⑤　《北史·西域传》。

⑥　《史记·大宛列传》。

⑦　《北史·西域传》。

系上采取了"中立"的政策，与周围诸民族之间的关系处理得较为妥当，从而有效地保证"丝绸之路"草原段的畅通，为 6 世纪前东西方政治、经济、文化交流活动的顺利开展作出了重要的贡献。

与吐火罗、月氏等其他印欧民族不同，乌孙的主体在历史上始终过着"无城郭、随畜牧、逐水草"式的游牧生活，直至最终被融于游牧的突厥语民族（如哈萨克族）中后也依然如此。所以，相对于后来陆续在丝路沿线走向定居的吐火罗、月氏来讲，乌孙在各地的文化积累较为薄弱，对后世的影响也要小于前两者。尽管如此，乌孙仍在体质上为一些突厥语民族的发展注入了新鲜的血液，成为现代哈萨克族族源中的一个重要组成部分。

以吐火罗人、月氏人和乌孙人为代表的早期印欧人群的东徙活动，不仅在客观上造成了东西方早期陆路交通的开通，形成了东西方文明之间初始联系，而且还具有如下几点意义：

第一，中国西部单一的种族结构被打破。体质人类学的研究成果表明，黄河流域最初是以蒙古利亚人种为主的诸民族活动的地区，吐火罗人、月氏人和乌孙人等印欧人种族群的到来则为这一带，尤其是今天新疆地区的种族构成增加了新的成分，从而使中国西部古代民族关系的发展呈现出更加复杂的局面。以汉族为主的蒙古利亚人种诸民族的西向发展，以及以回鹘为代表的北方游牧民族的南下，最终在天山南北与他们发生撞击和融合，并汇流成河，为近代新疆民族的形成奠定了基础。

第二，早期印欧文明的引入。以考古文化为例，目前新疆地区早期文化遗址中，铜石并用的现象相当普遍，其出现亦具突然性，缺乏与当地前期石器时代文化的承继关系，却与中亚青铜文化存在密切的联系。有的（如古墓沟）青铜器的出现甚至早于中原地区，而且制作工艺已十分成熟和完备。这些无疑与印欧人群的东向发展有关。此外，有印欧语中"甲骨文"之称的"吐火罗语"文献在新疆地区的发现与解读，使人们更加明确了原始印欧人群在早期东西文明交流史中的重要地位与作用。

第三，创造东西合璧的西域文明。吐火罗等印欧人在进入西域后，一部分与当地的土著居民相融合，成为塔里木盆地诸绿洲城邦的主人。因为同属印欧人种，他们与中亚、印度、波斯的古代文明始终存在着某种天然的密切联系。西汉统一西域后，他们又成为中原王朝治下的一部分，沐浴在东方文化之中。在东西文化交流史上，他们不仅起到了桥梁和纽带的作用，而且还根据各自的文化传统，将东西方诸文化因子有机地结合在了一起，创造出独具地方特色的古代楼兰、龟兹等文化，成为早期东西文化交流史中璀璨的一页。

第二节　塔里木盆地南部的早期居民

从于阗到楼兰一带的塔里木盆地南缘诸绿洲，曾是新疆古代居民生活的重要地区之一。在这里孔雀河下游古墓沟墓地中曾发现了一批距今大约3800 年的古人类遗骨[①]，这也是迄今所知今新疆境内最早的人类活动遗存之一。此外，在洛浦山普拉、楼兰等地也相继出土了一些稍晚的人类活动的遗物和遗体（骨）。但直到汉通西域以后，有关塔里木盆地古代居民分布的可靠情况才见诸文字记载，为世人所知。

据《汉书·西域传》，塔里木盆地南部于阗到楼兰一带的诸绿洲上分布着鄯善、且末、精绝、扞弥、于阗等国，而在邻近的昆仑山谷和山前地带则有婼羌、小宛、戎卢、渠勒、皮山等国。东汉永平五年（62 年）以后，"小宛、精绝、戎卢、且末为鄯善所并。渠勒、皮山为于阗所统，悉有其地"[②]。从而形成了鄯善和于阗两大政治势力，且直到鄯善国灭亡之前，这种政治格局也基本没有发生什么太大的变化。在此期间，尽管汉文文献中时常见有涉及这一地区情况的各种记载，但对于当地居民的民族属性却大多语焉不详。所以，仅仅依靠文献记载来判明塔里木盆地南部早期居民的属性是十分困难的。20 世纪初以来，随着各种国际范围的新疆考古探险活动的展开，沉寂沙碛达千年之久的古文明遗址和遗物重现于世。通过对这里出土的古代各种古文字材料（"死文字"）的研究与成功的释读，尤其是 20 世纪 80 年代以来对已发现的古代人类遗体（骨）的体质人类学与遗传学研究所取得的突破性成就，塔里木盆地南部早期居民的神

---

① 王炳华：《孔雀河古墓沟发掘及其初步研究》，《新疆社会科学》1983 年第 1 期。

② 《后汉书·西域传》。

秘面纱才逐渐被揭开。

　　体质人类学的研究表明,"至少在这个地区的青铜时代,具有某种古老形态的西方高加索人种成分已经深入到今新疆腹地的罗布泊地区,这些居民在体质形态上与苏联境内的中亚(包括哈萨克斯坦)、南西伯利亚直至更西部的伏尔加河流域的同时代居民有更接近的关系。在人种起源上,他们与东欧的旧石器时代的类似克罗马农人(Cromagnom)类型的晚期智人种(Homo sapiens)祖先有更直接的联系,这样的晚期智人化石在顿河流域的沃罗湟什旧石器晚期墓葬中有完整的发现,其头骨的形态特征与新疆孔雀河古墓沟墓地的人骨有明显的相似,但又比后者显示更原始的性质"①。这就揭示出塔里木盆地南部早期居民起源于东欧,复又经过伏尔加河流域、南西伯利亚、中亚大草原向东发展,最后越过帕米尔高原进入塔里木盆地的可能性。意大利学者弗朗卡拉奇(Francalcci)则通过遗传学的研究,发现了新疆境内早期居民在遗传基因(DNA)上与原始印欧人(Proto-Indo-European)的一致性。② 由此我们可以推测,塔里木盆地南部的早期居民具备原始印欧的体质和遗传特征,应为原始印欧人群的一支。

　　流行于 3 ~ 5 世纪鄯善王国境内的佉卢文材料的发现与解读,则使我们对塔里木盆地南部的早期居民具备原始印欧居民的认识更深入了一步。此前,佉卢文曾一度流行于印度西北部的犍陀罗地区,用于拼写当地居民所操的所谓西北俗语(Prakrit),又称犍陀罗语(Gāndhārī)。2 世纪中叶首先传入于阗,3 世纪以后则成为鄯善王国的官方文字。③ 英国语言学家贝罗(T. Burrow)通过对鄯善王国所使用的佉卢文材料作进一步分析后发现,尽管鄯善的官方和上层使用的是随佉卢文传入的犍陀罗语,但其民间用语和一些基本词汇中却保存了大量的吐火罗语的成分。所以,楼兰至

---

　　① 韩康信:《新疆古代居民的种族人类学研究和维吾尔族的体质特点》,《西域研究》1991年第 2 期,第 7 页。

　　② Paolo Francalacci, "DNA Analysis of Ancient Desiccated Corpese from Xinjiang", *the Journal of Indo—European Studies* (*JIES*), Volume 23, Number 3 - 4, 1995, pp. 385 ~ 397.

　　③ 马雍:《新疆所出佉卢文书的断代问题》,原载《文史》第 7 辑,中华书局 1980 年版;又见同作者《西域史地文物丛考》,文物出版社 1990 年版,第 89 ~ 111 页。

尼雅一带的土著人所操的语言实际上应是吐火罗语（*Tocharian*）。[1] 有研究者据此认为，"楼兰人说的是一种吐火罗语。换言之，楼兰人是吐火罗人的一支"[2]。但对这一论断，学术界尚有不同的看法。[3]

楼兰至尼雅一带土著居民所操的语言被称为吐火罗语的第三种方言，其他两种方言曾一度流行于塔里木盆地北部的库车、焉耆、吐鲁番一带，又被称为焉耆语（Tocharian A）和龟兹语（Tocharian B）。[4] 吐火罗语被德国语言学家西格（E. Sieg）和西格林（W. Sieglin）成功释读后[5]，其语言形态特征及在印欧语系中的地位等问题日益引起国际学术界的注意。经过研究后人们发现，吐火罗语中保存有许多原始印欧语的典型形态特征，故有所谓的印欧语中的"甲骨文"之说。这一点同塔里木盆地南部早期居民所具有的体质上和遗传上的原始印欧人的形态特征也是一致的。比较语言学的研究成果已经证明，吐火罗语是迄今所知最古老的原始印欧语的一支[6]，它原属原始印欧语系东支 Centum 语支的西北语组（North-West Group），其起源地同塔里木盆地早期居民亦源于东欧的可能性也是相符的。综合上述体质人类学、遗传学、比较语言学的研究成果，可以有理由认为，塔里木盆地早期居民很可能就是原始印欧人群中的一支——吐火罗人。至于吐火罗人东迁塔里木盆地的具体情况，海内外学者均有研究和推测[7]，需另文探讨，此处不赘。

需要强调的是，吐火罗人在东徙过程中曾与许多印欧人种和非印欧人种的人群发生了接触，很可能吸收并融合有其他民族的某些因素。前 141 年前后进占巴克特里亚，消灭希腊-巴克特里亚王国（Graeco-Bactria King-

---

① T. Burrow, "Tocharian Elements in the Kharosthi Documents from Chinese Turkstan", *Journal of Royal Asiatic Studies*, 1935, pp. 667~675.

② 林梅村：《西域文明》，东方出版社 1995 年版，第 3 页。

③ 黄盛璋：《塔里木盆地东缘的早期居民》，《西域研究》1992 年第 1 期，第 1~14 页。

④ 李铁：《焉耆-龟兹文的研究》，载《中国民族古文字研究》，中国社会科学出版社 1984 年版，第 56~63 页。

⑤ E. Sieg and W. Sieglin, *Tocharische Grammtik*, Gottingen, 1931.

⑥ Douglas. Q. Adams, "The Position of Tocharian Among the other Indo-European Languages", *Journal of the American Oriental Society*, 104. 3. 1984, pp. 395~402.

⑦ 徐文堪：《关于吐火罗人的起源和迁徙问题》，第三十四届亚洲及北非研究国际学术大会论文打印稿，上海，1993 年. J. P. Mallory, Speculations on the Xinjiang Mummies, JIES, Volum 23, Number 3-4, 1995, pp. 371~383.

dom) 的吐火罗人集团中就包括有 Asii、Pasiani、Tocharoi 和 Sacarauli 等四部。[①] 比较语言学揭示出的吐火罗语与日耳曼语、波罗的语等之间的某种联系[②]，则是这种东徙过程中发生的吸收与融合特征在文化上的反映；而今塔里木盆地南缘所发现的古印欧人头骨中所表现出的不同类型，则是其在体质人类学上的反映。事实上，吐火罗人对其他民族或种族在文化上和体质上的吸收与融合贯穿于他们迁徙过程的始终。从孔雀河古墓沟墓地[③]、洛浦山普拉古墓[④]、楼兰城郊古墓[⑤]和且末扎洪鲁克古墓[⑥]所出人骨（或遗体）在体质人类学上的研究成果来分析，塔里木盆地南部早期活动的人类可能是由从西方迁来的印欧人群中的不同支系所构成，其中又以古墓沟人为最早。前已考订，古墓沟人可能就是吐火罗人的主体。果然，则吐火罗人可视为进入塔里木盆地南部最早的印欧人。

继吐火罗人之后进入塔里木盆地南缘的印欧人群可能是东西方历史上著名的塞人。1966~1967 年间考古学者在帕米尔高原上的塔什库尔干塔吉克自治县境内香宝宝古墓群发掘了 40 座墓葬，其年代为前 5 世纪至前 4 世纪左右。考古学和体质人类学的研究成果表明，香宝宝古墓系塞人的活动遗存。[⑦] 洛浦县山普拉古墓所出土人头骨的体质人类学特征亦与"帕米尔塞人"相一致，其时代大约在前 3 世纪以后。[⑧] 在楼兰城郊古墓所发现的人头骨中，也有"帕米尔塞人"在体质特征上相同者，其时代大约

---

① *The Geography of Strabo*, with an English Translation by H. L. Jones, London, 1916, pp. 259 ~ 261. 有关年代考订参见 W. W. Tam, *The Greek in Bactria and India*, Cambridge, 1951, pp. 272 ~ 273.

② Adams 上揭文，p. 401.

③ 韩康信：《新疆孔雀河古墓沟墓地人骨研究》，《考古学报》1986 年第 3 期，第 361 ~ 383 页。

④ 邵兴周：《洛浦县山普拉出土颅骨的初步研究》，《人类学报》1988 年第 1 期，第 226 ~ 238 页。

⑤ 韩康信：《新疆楼兰城郊古墓人骨人类学特征的研究》，《人类学报》1986 年第 3 期，第 227 ~ 242 页。

⑥ 邵兴周、王博：《扎洪鲁克二号墓两具古尸的初步研究》，《新疆文物》1989 年第 4 期，收入《楼兰文化研究论集》，新疆人民出版社 1995 年版，第 400 ~ 408 页。

⑦ 陈戈：《帕米尔高原古墓》，《考古学报》1981 年第 2 期，第 199 ~ 216 页；韩康信：《塔吉克县香宝宝古墓出土人骨》，《新疆文物》1987 年第 1 期，第 32 ~ 36 页。

⑧ 韩康信、左崇新：《新疆洛浦桑普拉古代丛葬头骨的研究与复原》，《考古与文物》1987 年第 5 期，第 91 ~ 99 页。

在纪元前后。① 上述三处与塞人相关的遗存大致可以反映出在塔里木盆地南缘向东发展的情况。塞人的一支大约在前 3 世纪左右进入了今塔里木盆地南部,并在纪元前后发展到罗布泊一带。据研究,这支塞人在体质上与地中海东支类型(East Mediterranean)接近,他们从中亚进入今新疆西部,"其中的一部分可能在一些时间内沿塔里木盆地(Tarim)的南缘逐渐移植到罗布泊(Lop-nor)地区,并与那里先期占据的居民会合,这或许暗示了古楼兰国人民的基本种族生物学起源"②。如前所述,在塞人进入前,这里是吐火罗人活动的地区。塞人的到来无疑会与当地的吐火罗人发生关系。由于材料缺乏,因而对其具体情况尚不清楚。但有迹象表明,塞人活动的中心地区主要在西部的于阗。据研究,古代于阗地区曾流行一种于阗塞语,其早期居民的主体应是塞人。③ 或许由于塞人的到来,使此后吐火罗人的活动主要集中在于阗以东的地区。所以,塔里木盆地南部最终形成鄯善、于阗两大王国,除了地理原因外,两国境内的主体居民在种族上和文化上分属吐火罗和塞人体系,恐怕是造成这种政治格局的决定性因素。

王国维在《西胡考》中说:"案,于阗国姓实为尉迟。而画家之尉迟乙僧,张彦远《历代名画记》云于阗人,朱景元《唐朝名画录》云吐火罗人。二者皆唐人所记,是于阗与吐火罗本同族,亦吐火罗人曾居于阗之证。又今和阗以东大沙碛,《唐书》谓之图伦碛(《唐书·西域·吐谷浑》传,李靖等军且末之西,伏允走图伦碛,将托于阗。是图伦碛在且末、于阗间),今谓之塔哈尔马干碛,皆覩货逻之讹变。"④ 今之塔克拉玛干之名是否为覩货逻(吐火罗)之讹变暂且不论,但于阗与吐火罗同族的论断却难以令人接受。盖唐人所记,多为吐火罗人活动的遗迹或影响,如玄奘"覩货逻故国"之谓。于阗人所操为塞语,吐火罗人所操为吐火罗语;在体质特征上,属塞人遗存的"帕米尔塞人"头骨和可能属吐火罗人遗存

---

① 韩康信、左崇新:《新疆洛浦桑普拉古代丛葬头骨的研究与复原》,《考古与文物》1987年第 5 期,第 91 ~ 99 页。

② 同上书,第 7 页。

③ 张广达、荣新江:《上古于阗的塞种居民》,收入《于阗史丛考》,上海书店出版社 1993年版,第 191 ~ 211 页。

④ 王国维:《西胡考》,《观堂集林》第 2 册,中华书局 1959 年版,第 613 页。

的古墓沟人头骨亦分属不同类型。从时间先后来看,吐火罗人要早于塞人进入塔里木盆地南部。所以,两者尽管均为印欧人种,但明显分属不同的支系。故笔者更倾向于认为,尉迟乙僧居住在于阗,属于于阗国人,但其族属则为吐火罗人,二者并不矛盾。

从汉语文文献的记载来看,最早进入塔里木盆地南缘的蒙古人种民族是中国历史上十分古老的羌族。据《后汉书·西羌传》的记载,秦献公时(前384～前362年在位)伐西戎,导致一系列的民族迁徙。曾在今青海河湟一带活动的一部分,"出赐支河曲西数千里,与众羌绝远,不复交通"①。据研究,这支羌族后来就沿今阿尔金山进入塔里木盆地南缘,分布在东起婼羌(今若羌)地区,西及帕米尔的广大地区。② 1979～1980年在楼兰城郊古墓中发现6个人类头骨,其中5个属印欧人种,1个则明显为蒙古人种,据测,墓葬绝对年代距今约两千年。而在这里的一座东汉墓中所出一具蒙古人种头骨则与青海湖北岸刚察附近卡约文化墓葬头骨十分相似。③"卡约文化"已被认为是以羌人为主体的西戎部落的文化遗存。④ 这些羌人部落在进入塔里木盆地南部以后,似乎与当地的吐火罗人、塞人等印欧人群发生了一定程度的融合现象。基思(A. Keith)所谓的具有蒙古人种和高加索人种(印欧人)两个大人种特征的"楼兰型"(Loulan type)人种的形成,或许与此有关。⑤ 当然,这个问题目前学术界有不同的看法,尚无定论。但同活动于这一地区的吐火罗人、塞人、羌人彼此之间有所接触和联系应当没有什么问题。

《汉书·西域传》云:"又去胡来王唐兜,国比大种赤水羌,数相寇,不胜,靠急都护。都护但钦不以时救助,唐兜困急,怨钦,东守玉门关。玉门关不内,即将妻子人民千余人亡降匈奴。"该传婼羌条云:"婼羌国王号去胡来王。"⑥ 故此唐兜实即婼羌国王。"去胡来"一词经前辈学者黄

---

① 《后汉书·西羌传》。

② 参见杨建新、马曼丽主编《西北民族关系史》,民族出版社1990年版,第47～48页。

③ 韩康信:《新疆古代居民种族人类学的初步研究》,《新疆社会科学》1985年第6期,第63～64、69页。

④ 赵丛苍、何利群:《塔里木地区羌人初探》,《中国史研究》1996年第2期,第26～34页。

⑤ 韩康信:《新疆古代居民种族人类学的初步研究》,《新疆社会科学》1985年第6期。

⑥ 《汉书·西域传》。

文弼考证,"当为种族之名。去胡来为吐火罗之对音,疑皆大夏之异名也"。他还进一步指出,"去胡来"为匈奴人对大夏(吐火罗)的称呼,而婼羌即为大夏民族所建立。① 如果上述考订不误的话,那么婼羌王国实际上可视为一个吐火罗人居统治地位而建立的国家。王宗维认为去胡来部的方位在今若羌以东至敦煌的阿尔金山一带。② 周连宽则详细考订出婼羌去胡来王国的四至,其北界与鄯善接;西界则同时与且末、小宛相连;南界偏西与发羌、唐旄等九种羌人相邻、南界偏东侧以今楚拉克阿干河南边的昆仑山东支为界;东界大约从哈那木丕、大柴沟、丁字口向南,经过台吉乃尔湖,以达阿勒克戞图一线。其王廷大约在今楚拉克阿干河上游的地区,或即阿克楚克塞。③ 这一带当为婼羌人活动的中心地区,"去胡来王"的出现似乎表明吐火罗人的影响已经深入到邻近的羌人之中。

一般认为,婼羌为羌族的一支。婼羌国中的主体民族是羌人当属无疑。而其王号"去胡来"表明婼羌国中应有吐火罗人,至少其统治民族为吐火罗人。张澍所辑《十三州志》云:"婼羌国宾带南山,西有葱岭余种,或虏或羌,户口甚多也。在古不立君长,无分长幼。强则分种为酋豪,弱则为人附落。"这或许可以解释何以婼羌人会为吐火罗所统。有学者指出:"婼羌种分布的地域甚广,而传文'婼羌'条所记载的仅仅是'王号去胡来王'的一支。"④ 这一看法应是没有问题的。西汉平帝元始二年(2年)作为吐火罗人的去胡来王唐兜被杀⑤,婼羌国灭亡,而这支婼羌人"可能仍回到南山一带,依附其种人生活"⑥。从上引《十三州志》所记婼羌余种"或虏或羌"来看, "羌"和"虏"是有明显区别的。"羌"无疑指羌人,而"虏"或即指吐火罗人。要之,则婼羌去胡来王国灭亡后,部分吐火罗人融入婼羌之中亦未可知。塔里木盆地南部的吐火罗人与羌人的密切关系由此可见一斑。

① 黄文弼:《西北史地论丛》,上海人民出版社1981年版,第127~129页。

② 王宗维:《"敦煌"释名》,《新疆社会科学》1987年第1期,第68页。

③ 周连宽:《婼羌国考》,载《中亚学刊》第一辑,中华书局1983年版,第81~90页。

④ 余太山:《两汉魏晋南北朝与西域关系史研究》,中国社会科学出版社1995年版,第35页。

⑤ 《资治通鉴》第3册,中华书局校点本,第1137页。

⑥ 周连宽:《婼羌国考》,载《中亚学刊》第一辑,中华书局1983年版,第84页。

继羌人之后从东部进入今塔里木盆地南部的可能是小月氏人。《史记·大宛列传》云:"始月氏居敦煌、祁连间,及为匈奴所败,乃远去,西击大夏而臣之,遂都妫水北,为王廷。其余小众不能去者,保南山羌,号小月氏。"月氏放弃河西,西迁伊犁河流域的时间大致在前 177～前 176年①,小月氏"保南山羌"的时间也应该在此前后。这时羌人部落早已进入了塔里木盆地,所以我们同意《史记·大宛列传》所记"南山羌"之南山,"不仅包括祁连山东西各处,甚至还应指昆仑山(即南山)"②。事实上,在《魏略·西戎传》中已有"敦煌、西域之南山"之称,并明确指出:"从婼羌西至葱岭数千里,有月氏余种葱茈羌、白马、黄牛羌,各有酋豪,北与诸国接,不知道里广狭。"③ 说明小月氏与这一带的羌人部落产生了一定程度的融合。从《魏略》的记载中可以看到,这一带的羌人、小月氏人主要分布在北接诸国的"敦煌、西域之南山",也就是昆仑山中的河谷地带,其经济生活似乎应仍以传统的游牧业为主。而从考古材料和文献的有关记载来看,塔里木盆地南部的吐火罗人主要生活在各个绿洲上,从事定居的农业生产,并且已建立了自己的各个绿洲城郭国家。吐火罗人与小月氏之间尽管应该存在有正常的各种交往,但却鲜见其有相互融合的迹象。

3 世纪初,以佉卢文文化为主体的贵霜王国,其境内的月氏人和康居人成批迁入鄯善王国境内。与此相应的则是后来楼兰、尼雅出土的汉文简中记载,出现了一批支姓和康姓胡人。④ 据推测,这批人可能是贵霜内战中的失败者,后来流亡到塔里木盆地南部,并在鄯善一带定居下来。"他们可能人数颇多,同时由于他们具有较高的文化,故而对鄯善地区的语言和文字产生过重大影响。"⑤ 从佉卢文简牍的记载中可以发现,鄯善王国还经常面临着一个名为"Supi"的游牧民族的威胁。研究已经证实这支游牧民族来自今藏北和青海南部,相当于汉文文献中提到的"苏毗"和藏

---

① 余太山:《塞种史研究》,中国社会科学出版社 1992 年版,第 56 页。

② 荣新江:《小月氏考》,载《中亚学刊》第三辑,中华书局 1990 年版,第 54 页。

③ 《三国志·魏书·乌桓鲜卑东夷传》注引。

④ 参见林梅村编《楼兰尼雅出土文书》,文物出版社 1985 年版。

⑤ 马雍:《古代鄯善、于阗地区佉卢文字资料综考》,载《中国民族古文字研究》,中国社会科学出版社 1984 年版,第 45 页。

文文献中的"孙波"（Sum po）。他们最初可能是通过所谓的"青海路"进入塔里木盆地南部。对于鄯善王国来讲，苏毗人的入侵开始只属袭扰的性质，但后来有一部分苏毗人甚至定居于今新疆的和田、且末、若羌一带。敦煌石室所出《沙州地志》、《沙洲伊州地志》、《寿昌县地境》等文书中所见"萨毗泽"、"萨毗城"或即为这部分苏毗人的活动遗迹。[①] 他们可能以后融入塔里木盆地南部的吐火罗人之中亦未可知。

鄯善国灭亡以后，塔里木盆地南部的吐火罗人流散殆尽，而于阗的塞人王国则又继续存在了相当长的一段历史时期。此后，高车、鲜卑、柔然、吐谷浑、吐蕃、突厥诸族先后亦曾染指塔里木盆地南部，7 世纪上半叶在罗布泊地区（即蒲昌海）甚至曾经出现了四个中亚粟特人的聚落城，从而使塔里木盆地南部的民族关系呈现出更为错综复杂的局面。至于汉通西域以后，中原历代王朝在此设官遣戍卒实施有效管辖，大量汉人随之不断地流入包括塔里木盆地南部在内的广大西域地区则早已是一个不争的事实。

第三节　鄯善苏贝希遗址与早期车师文化

车师人是西域地区较为古老的民族之一。至少在西汉时期，车师人就生活在以今吐鲁番盆地为中心，东起今哈密，西到今玛纳斯的天山南北广大地区。这一地区自然环境多样，既有高山峻岭深处水草丰美的牧场，也有盆地戈壁沙漠中的片片绿洲。生活在不同环境下的古代车师人，他们的经济生活方式自然也各不相同，所呈现出来的文化外貌也反映出多样性的特点。就鄯善吐峪沟的自然环境和气候条件而言，以绿洲农业为主的生产和生活方式应该是当地车师人的首选。据分析，"早期车师人的活动中心，好像更多的偏重于天山深处、火焰山内外，而不是远离山地的盆地中心"[②]。而位于火焰山吐峪沟北沟口的苏贝希遗址，与之正合，可视为车师人早期活动的文化遗存。

---

① 周伟洲：《苏毗与女国》，《大陆杂志》（台北）第九十二卷第四期，1996 年油印本。
② 王炳华：《访古吐鲁番》，新疆人民出版社 2001 年版，第 51 页。

车师（姑师）人是文献所见今鄯善地区最早的居民之一，他们在吐峪沟南北沟口及其附近地区留下了较为丰富的文化遗存，是古代车师文化的重要组成部分。而在今鄯善县境内的这些车师文化遗存中，最重要的当属位于吐峪沟沟北入口处的苏贝希遗址群。该遗址群主要由古墓群和居住遗址组成，其中包括 4 处墓葬群和 1 处居住遗址，比较集中地反映出鄯善境内早期车师文化的外貌。[①] 需要说明的是，尽管苏贝希遗址位于今天的鄯善县境内，可是无论现在还是历史上，均属于吐鲁番地区，原本就是古代吐鲁番历史和文化的一个组成部分。

一　苏贝希墓葬群与居住遗址概况

苏贝希又译作苏巴什，为维吾尔语，其意为"源头"。苏贝希村属于今鄯善县吐峪沟乡的一个行政村，地处火焰山中段北麓、吐峪沟北入口处附近。遗址群因位于苏贝希村附近而得名。下面先根据有关考古发掘和文物普查的材料，对该遗址群的情况加以简要的介绍。[②]

1. 苏贝希一号墓地

一号墓地位于苏贝希村南约 2.5 公里、吐峪沟沟西的一处台地上，北距沟口居住遗址约 800 米，地理坐标：东经 89°43′44″～45″，北纬 42°53′42″～43″。墓地东临沟崖，西邻"连心路"，地势呈西高东低状。在长约 157 米、宽约 88 米，总面积 15725 平方米的范围内分布着 52 座墓葬，其中经过清理发掘的 13 座，被盗的有 39 座。墓地中部有一条自然形成的低洼浅沟，将墓地分成东、西两个部分。

该墓地在 1980 年曾经由新疆维吾尔自治区博物馆文物队和吐鲁番地区文管所进行过两次发掘，共清理墓葬 8 座；1988 年自治区文物普查队在此进行了调查记录，并正式将该墓地命名为"苏贝希墓群一号墓地"；

---

① 有关苏贝希遗址的考古学文化研究情况，请参见陈戈《新疆史前时期又一种考古学文化——苏贝希文化试析》，载《苏秉琦与当代中国考古学》，科学出版社 2001 年版。

② 参见《吐鲁番地区文物普查资料汇编》，《新疆文物》1988 年第 3 期；《鄯善苏贝希墓群一号墓地发掘简报》，《新疆文物》1993 年第 4 期；《鄯善县苏贝希三号墓地》，《新疆文物》1994 年第 2 期；《鄯善县苏贝希考古调查》，《考古与文物》1983 年第 2 期；《鄯善苏巴什古墓葬发掘简报》，《考古》1984 年第 1 期；《鄯善县苏巴什古墓群的新发现》，《考古》1987 年第 6 期。

1992 年 3、4 月间，新疆文物考古研究所又抢救性地发掘了 5 座墓葬。

一号墓地属于石堆墓，墓葬地表均有砾石封堆，挖掘前直径在 1~2 米之间，高度在 30~50 厘米左右；墓坑可分为竖穴土圹墓和竖穴偏室墓两大类型，在已经发现的墓葬中，属于竖穴土圹墓的有 22 座，属于竖穴偏室墓的有 13 座。经过碳十四测定，竖穴土圹墓标本距今 3145±75 年，树轮校正年代距今 3335±145 年；竖穴偏室墓标本距今 2225±70 年，树轮校正年代距今 2220±85 年。前者的年代要早于后者，而墓地的年代应当属于战国末期到西汉初期。据分析，"两种类型的墓葬方向基本一致，无一例叠压打破关系，表明墓葬分布遵循一定的埋葬习俗"。至于两者之间是否存在着某种承继关系，还需要作进一步的研究。

一号墓地随葬的器物十分丰富，按照质地大致可分为石器、陶器、铜器、铁器、银器、木器、漆器、角质器、骨器、皮毛织物和毡制品等。石器中包括有石球、石磨盘和磨石等，似乎是用于粮食作物的加工。陶器主要是夹砂红陶，多为盛器和炊具等生活用品，器形包括有罐、壶、杯、盆、钵、碗、釜，有些器物上还饰有变体几何纹。铜器属于青铜质，多为装饰品，其中有耳环、兽头和兽牙饰件、花形饰件等。铁器有环首刀、箭镞、木柄铁锥、簪、带钩和铁泡。出土的银器只有一件指环。

一号墓地出土木器的种类比较齐全，包括有盆、豆、盘、碗、勺、铣、簪、梳子、带扣、盒子、鞭杆以及雕花木制品等。出土的漆器只有一件，为一块已经残破的漆木板。角质器有梳子、角弓和用途不明的牛角尖状器等。发现的骨器中除了一件带扣外基本上都是一些饰件，包括佩饰骨牌、骨环、骨板、贝和蚌饰品。墓地中还出土有一颗玛瑙珠，也应该是用于装饰的。

皮毛制品在一号墓地出土的器物中也占有重要地位。皮制品中有皮大衣、长靿及短靿皮毡靴、皮手套、皮枕头、皮腰袋、褥子、皮刀套和箭箙等；毛织品主要是毛布，可分为平纹毛布和斜纹毛布，毛制品有毛裤、毛裙和发套。毡制品中有毛毡（分为黑毡和白毡）以及毡腰袋。大量皮毛制品的发现和广泛使用，表明畜牧业在古代车师人的社会经济生活中占有重要地位。这一点从墓地发现的一套完整的马具也能得到反映，其中包括马络、铁质马衔、木质马镳，由皮带、毛编织带和带扣组成的肚带，由毡皮合制而成的马鞍等。此外，该墓地还出土一件保存完整、制作工艺考究的箭箙，由鞣制后的皮子缝合而成，内装弓、弦、箭以及固定箭箙的拱形木器，弓被折为两段置入。[①]

2. 苏贝希二号墓地

该墓地位于吐峪沟乡苏贝希村托万买来西 500 米左右的地方，东南距沟口 800 米，地理坐标东经 89°43′~44′，北纬 42°54′~55′，海拔高度为 260 米。墓葬分布在总面积约 45750 平方米的范围内，共有 40 多座，大多被盗掘破坏。

二号墓地虽还未进行系统的发掘，但调查发现，其与一号墓地的墓葬形制有所不同。一号墓地的墓葬为石堆墓，而二号墓地的地表则无任何封土，墓穴均为长方形土坑竖穴墓。在该墓地地表采集到的主要是陶器残片和人骨，应都是盗扰以后留下来的。

二号墓地采集的陶器残片均为夹砂红陶，其中部分为彩陶。彩陶为墨彩，纹饰包括倒三角纹，外绘弧线纹；或者正反交替三角弧线纹，内填弧线纹等。器形有杯、罐、釜、钵等。据判断，该墓葬的年代在战国到汉代。[②]

3. 苏贝希三号墓地

该墓地是 1991 年修筑北连苏贝希村、南达 312 国道、纵穿吐峪沟的"连心路"时发现的。墓地位于苏贝希村南 3 公里处，北距一号墓地 800 余米，东距苏贝希居住遗址 80 米。1992 年 3 月，新疆文物考古研究所和吐鲁番地区博物馆在此进行了发掘，在宽 16 米、长 40 米的范围内共清理墓葬 30 座。

三号墓地与二号墓地一样，地表均没有封土。墓葬分布均匀，无打破和叠压关系，墓葬形制除一座为竖穴侧室外，其他均为竖穴土坑墓。该墓地出土的随葬品也比较丰富，按照质地可分为陶器、木器、铁器、石器、骨角质器、铜器、皮革制品和毛织物等。

陶器在该墓地出土文物中所占比例较大，共有 80 余件，大多是夹砂红陶，彩陶较少。纹饰以内饰平行线的涡纹为主，还有网纹和竖条纹。陶器均为盛器和炊具，器形包括碗、盆、釜、罐、杯、盒、壶和豆等。盛器

---

① 参见《鄯善苏贝希墓群一号墓地发掘简报》，《新疆文物》1993 年第 4 期。

② 参见《吐鲁番地区文物普查资料汇编》，《新疆文物》1988 年第 3 期。

在出土的时候大都装有粟米饼等粮食或者羊肉、羊骨等食物。

该墓地发现的木器数量也很多，共有 40 余件，器形包括俎、碗、勺、桶、月牙形木器以及木扣、木牌、木簪、木杖、木鞭和钻木取火器、钻杆等。木俎大多在出土的时候里面还盛有羊骨肉，有的还内置小型陶器，似乎是用于供祭的。

三号墓地出土的铁器有 10 件。据报告，这些铁器在发现的时候都光亮如新，没有生锈，显示出高超的冶炼与锻造工艺，令人惊异。其器形包括扣、牌、镞、针、簪、刀和带钩等。另发现铜器一件，为一面圆形铜镜。

在这一墓地出土的石器有 4 件，包括 2 件眉石和 2 件石杵；骨角质器共有 10 件，包括角梳 8 件，骨扣和觿各一件。还有项链 1 条，上面穿着 8 枚草果和 1 颗绿松石。

该墓地出土的皮革制品也很多，其中有皮囊、皮刀鞘、皮符和皮枕头等。这些皮制品上大多有纹饰，比如火焰纹、穷曲纹、梯形纹和雷纹等。

三号墓地共发现 4 套弓箭和箭囊，弓和弓弦均被拦腰截断置入囊中，每个弓囊之中放有 2 到 6 根不等的木杆箭。类似的随葬品在一号墓地中也有发现。

值得一提的是三号墓地中的遗体保存较为完好，服装与饰物也颇具特点。男性一般头戴毡帽，外穿羊皮大衣，下着毛布裤，足蹬长筒毡靴；女性一般头戴长形尖状冠饰，外穿皮大衣，下着彩色长裙，内穿毛布裤。以 6 号夫妻合葬墓为例，该墓发现时男墓主头戴盔形毡帽，外着光面长毛羊皮衣，下穿毛布裤，足蹬长筒毡靴，腰系粗毛编织的腰带；女墓主头戴用黑毡卷成的牛角状冠饰，头顶中间栽植一高帽状毡棒，用毛绳系于颅顶，外披长毛羊皮大衣，下身穿横彩条毛布长裙，内着毛布裤，足蹬短鞡野羊皮靴。25 号墓男性墓主胸前还戴有一个梯形皮质护身符，上绘火焰纹和穷曲纹，据推测似乎与祆教有关。[①] 一般认为，苏贝希三号墓地的年代相当于战国到西汉。此时，祆教是否已经传入了西域即今新疆地区，尚是一个有疑问的问题。

4. 苏贝希四号墓地

四号墓地位于吐峪沟西侧的山坡上，距三号墓地南约 1.5 公里，南北

---

①　参见《鄯善县苏贝希三号墓地》，《新疆文物》1994 年第 2 期。

长约 300 米、东西宽约 60 米。墓葬均为石堆墓,分布很稀疏。该墓地似乎被盗扰过,地表散落有石器残片和许多陶片。因为没有经过系统的发掘,所以该墓地的文化面貌不详。不过,从与一号墓地同属石堆墓的情况来判断,四号墓地可能类似于一号墓地,两者的年代应该比较接近。

1985 年 1 月,吐峪沟苏贝希古墓群曾经遭到了大规模的盗掘。吐鲁番地区文管所闻讯后曾经前往调查,在各墓葬区采集到了一批珍贵文物,其中最引人注目的是 3 件包金卧虎铜牌和虎纹金箔。铜牌呈长方形,外模压一层金箔,边框饰一圈连珠纹,中间透雕一只卧虎,卧虎右前腿高扬,回首张口,尾巴上翘;虎形金箔呈圆形,内饰以一个回首张口、尾巴上翘的猛虎形象。两者的风格完全一致,明显带有游牧民族的文化审美特点。此外,这次调查还发现了一条由三幅粗厚斜纹毛布拼缀而成的毛毯,长3.05 米,宽 1.38 米,被认为是中国现存最早、最完整的毛毯实物。①

5. 苏贝希居住遗址

苏贝希居住遗址位于吐峪沟沟北苏贝希村西南约 2.5 公里处,距沟口500 米左右,地理坐标为东经 89°43′26″~27″,北纬 42°53′27″~28″。该遗址坐落在沟西的台地上,东临河,左右为洪水冲沟环绕,地势西高东低,由西向东倾斜,坡度较大;遗址东西长约 84 米,南北宽约 89 米,现存面积约 7476 平方米。遗址地表为黄色熟土,由于后人在上面取土做肥等生产活动,所以导致地面遍布凹坑。

居住遗址上的建筑基本上已经被破坏殆尽,仅在北部还保存有三段残墙。残墙均为土坯所筑,土坯内混有泥草,较为结实。第一段残墙长6.7,高 1.8,厚 0.5 米;墙外有三个突出的附加建筑,与墙面呈直角三角形状,底长 0.8,高 1.68,厚 0.5 米。由于该残墙紧靠北沟边缘,可能起防护作用,所以这三个附加建筑似乎是护墙垛或者马面墙亦未可知。第二段残墙位于第一段的西南,长 3.85,高 0.6,厚 0.28 米。第三段残墙在第一段东南 5 米处,长 3 米,高 1 米。据推测,后两段残墙可能是房屋的墙壁。

尽管该居住遗址经过了两千多年岁月的侵蚀和各种破坏,但是考古工作者还是在遗址的地表采集到了许多石器和陶器残片。石器中包括石球、

① 参见《鄯善县苏巴什古墓群的新发现》,《考古》1987 年第 6 期。

石杵和石磨盘等；陶器则均为夹砂红陶或红褐陶，器形包括盆、罐、壶、釜等储器和炊器，器沿的纹饰有两种：一种是在口沿处用手指按压出的波浪纹，一种是在口沿下贴泥条，再用手指按捏出鸡冠状纹饰。在发现的彩陶片上，绘有平行弧线纹、双线纹、竖条纹、三角斜线纹和网格纹等纹饰，有的陶片内沿还饰有倒三角纹。

根据在遗址上所采集的各种器物来判断，苏贝希居住遗址的时代属于战国到汉代，而这一历史时期活动在吐峪沟一带的正是车师人，所以该遗址可能应该是古代车师人的文化遗存。据分析，"该遗址的居民使用的生活器具主要为粗厚的普遍带耳的器形较大的罐、壶、盆、釜等储器和炊器；许多罐、盆口沿饰鸡冠状附加堆纹；定居的生活，陶器在日常生活中的大量使用以及石磨盘等粮食加工器的使用，另外在灰坑中发现的有粮食作物，应主要从事农业生产，并经营狩猎。至于遗址北部的几段残墙，可能为该遗址居民某一时期的居住建筑遗址"①。如果这些判断不误的话，那么生活在吐峪沟的这支车师人似乎是以定居生活方式为主。

二　苏贝希墓葬群与居住遗址所反映出的车师文化

学术界一般将苏贝希遗址作为古代车师文化的一个重要组成部分，而车师文化的分布区域在今天山山脉东部，中心则主要集中在吐鲁番盆地及其附近的天山地带。从时间上来看，苏贝希遗址所反映的是早期车师文化的情况。

车师最早以"姑师"之名见于汉文史册，这也是国内外文献有关这一地区民族活动的最早记载，所以一般认为车师就是古代吐鲁番地区最早的土著居民，包括苏贝希遗址在内的吐鲁番盆地早期文化遗址便被归于车师名下。"姑师"与"车师"本为同名异译，大概在西汉武帝元封三年（前108年）左右，王恢辅佐赵破奴击破姑师，姑师分裂为"车师八国"，姑师之名遂为车师所取代。② 如果从这一点上来讲，称苏贝希遗址为姑师

① 以上均参见《吐鲁番地区文物普查资料汇编》，《新疆文物》1988年第3期，第26～28页。

② 参见王素《高昌史稿·统治编》，文物出版社1998年版，第5页。

文化也许更为准确。

车师人早在西周晚期就已经活动在以今吐鲁番盆地为中心的东部天山一带，正如苏贝希遗址考古发现所反映的那样。一般认为，与该遗址同时代的车师文化遗址还曾经在鄯善县的斯瑞克普、和什场子、奇克曼，乌鲁木齐市南山矿区的阿拉沟、鱼儿沟，吐鲁番市的艾丁湖、交河沟北以及托克逊县的英亚依拉克等地发现。车师文化概貌呈现出游牧文化与农业文化的交错状态，早期仍以游牧文化为主。但是综合以上各处墓葬和遗址的考古发现材料来分析，吐鲁番地区的早期文化并不是整齐划一的，而是具有明显的区域性特点。以天山深处的阿拉沟和鱼儿沟为例，这里气候较周边凉爽湿润，有比较良好的山间草场，自然环境与气候条件与吐峪沟相比差异很大，适合从事游牧生活；1976 年到 1977 年间发掘的四座阿拉沟竖穴木椁石堆古墓，与苏贝希古墓的竖穴土圹形制明显不同，曾出土一批包括虎纹圆金牌、对虎纹金箔带、狮形金箔、兽面金饰牌等金器具，具有以动物纹而著称的"斯基泰艺术"风格，其中一座墓出土的"方座承兽铜盘，同类器物过去在苏联哈萨克斯坦境内曾有所见，被认为是塞种的文化遗存"[①]。1980 年在艾丁湖古墓出土的属于西汉时期的素面铜镜，"其样式、大小，与内蒙古（准格尔旗）西沟畔匈奴墓中所发现的非常相似，特别是对马纹铜饰牌的形状和纹饰与内蒙古匈奴墓中屡有发现的非常类似，显然含有匈奴人文化艺术的因素"[②]。有学者据此认为，"在姑师与车师等国境内，出现塞种、大月氏以及匈奴等民族"[③]。姑师或车师国境内是否有塞种人或匈奴人可暂且不论，但车师人受周围民族文化尤其是游牧文化的影响应该是存在的。笔者认为，上述的这些遗址尤其是包括苏贝希在内的早期应该是车师人的文化遗存，其中只是后来融合了一部分其他游牧文化的因素。据分析，"鱼儿沟及阿拉沟的一批从春秋到战国稍后的墓葬，与苏巴什墓葬不仅陶器有着密切的渊源关系，而且死者的发型都是长发梳

---

① 参见新疆社会科学院考古研究所《阿拉沟竖穴木椁墓发掘简报》，《文物》1981 年第 1 期。

② 新疆维吾尔自治区博物馆、吐鲁番地区文管所：《新疆吐鲁番艾丁湖古墓葬》，《考古》1982 年第 4 期。

③ 王素：《高昌史稿·统治编》，文物出版社 1998 年版，第 47 页。

辫，罩网状发套，应是属于同一个民族"①。我们认为，很可能是由于两者在生存环境和经济生产方式方面的不同，使得苏贝希遗址与阿拉沟、鱼儿沟遗址的文化外貌呈现出一定的差异，但这似乎并不足以影响彼此在民族属性上的一致性。②

根据《史记·匈奴列传》记载，匈奴冒顿单于曾经在前 176 年前后派右贤王西征大月氏，并征服了"楼兰、乌孙、呼揭及其旁二十六国"，形成"诸引弓之民，并为一家"的局面，包括车师在内的西域地区才纳入到匈奴的统治范围。在此之前，车师和其他西域诸小国应该还处于互不相属的状态，车师文化应该有一个比较长的独立发展时期。正如有的学者所指出的那样，"苏贝希遗址不是一个时期的堆积，而可能有早晚之别"③。就吐峪沟苏贝希墓葬群而言，二号和三号墓地的地表没有封土，一号和四号墓地则是石堆墓；在时间先后的顺序上，二号和三号墓地似乎在前，时间较早，一号和四号墓地在后，时间稍晚；从出土和采集的器物上来看，一号和四号墓地明显带有匈奴文化影响的色彩。据此可否判断，二号和三号墓地基本属于匈奴征服前的车师（姑师）文化遗存，而一号和三号墓地主要为匈奴征服后的车师文化遗存。也就是说，没有封土的墓葬和石堆墓可以作为判断苏贝希墓葬群时代先后的重要的地表依据，前 176 年前后匈奴征服西域则是区分两者时代先后和文化面貌特征的时间标尺。鉴于苏贝希墓葬群经过反复盗扰和多次发掘，上述四个主要墓地的某些具体的分布关系以及出土器物的隶属关系还不太清楚，所以我们的这种时间判断还有待今后进一步证实和修正。

从春秋、战国到 449 年沮渠氏北凉余裔灭车师国，车师文化在吐鲁番盆地前后延续了一千多年，并呈现出前期以畜牧业和农业兼营、后期则以绿洲农业为主的文化发展形态。苏贝希遗址反映的就是车师前期文化，或

---

① 吐鲁番地区文管所：《鄯善苏巴什古墓葬发掘简报》，《考古》1984 年第 1 期。

② 陈戈强调："苏贝希文化的起源主要应该在当地较其为早的青铜时代文化中寻求，同时也要注意与其邻近的较其为早的其他文化对它所产生的影响和作用。"他还进一步指出："苏贝希文化的最后发展去向应是当地的较其为晚的汉晋文化，同时也可能对与其地域邻近的较其为晚的其他汉晋文化产生一定的影响。"参见陈戈《苏贝希文化的源流及与其它文化的关系》，《西域研究》2002 年第 2 期。

③ 参见新疆考古研究所《鄯善县苏贝希考古调查》，《考古与文物》1983 年第 2 期。

者更准确地说是姑师时期的情况；也就是说，苏贝希遗址所反映的主要是车师人在畜牧业与农业兼营的经济状态下的文化状况，这也是我们对于苏贝希文化遗址的基本定位。

　　1. 经济文化

　　经济生活方式在很大程度上影响乃至决定着某个民族的文化外貌，而经济生活方式又主要取决于当地的生态环境和自然资源。这种情况在农牧业分野之后更是如此。

　　与阿拉沟、鱼儿沟等地相比，地处吐鲁番盆地腹地的吐峪沟的自然环境似乎更适合于从事以定居为主的绿洲农业生产。苏贝希遗址大量陶器的出土，表明这里的姑师人从一开始就以定居生活为主。苏贝希遗址中的居住遗址的发现也说明了这一点，其中的一处房屋遗址"还附设敞篷式作坊一间，内有残陶窑一座，说明陶器是当地烧制的。这时的人们过着定居生活，住多开间半地穴式房屋，经营农业，种植糜子、黄豆和葡萄，同时采集野生植物种子食用或做装饰品。并有一定规模的畜牧业和狩猎业"①。在苏贝希遗址的各个墓葬中，都出土了糜子等粮食作物。据研究，"随葬陶器内盛放的糜子食品和干巴了的糜子粥，表明糜子是当时居民种植的主要农作物之一。糜子属早播植物，土壤解冻后即可播种。性喜温暖，抗旱能力强，不耐霜，不耐潮湿，很适合在绿洲地带垦种"。《汉书·西域传》也记载说吐鲁番盆地的居民"颇知田作"，具有农业生产的传统。这些都表明在苏贝希"农作物种植是当时居民的一项重要活动，粮食已成为主要的食物来源"②。苏贝希一号墓地曾经出土了一件石磨盘，估计是用来加工糜子的用具。但从苏贝希居住遗址的时代上来看，车师人以定居农业为主的经济生活方式出现得似乎相对要晚一些。

　　值得注意的是，在苏贝希古墓群中出土了大量反映畜牧和狩猎经济生产的器物，其中主要包括弓箭与箭囊、马具、皮革制品和毛织物，畜产品

---

　　① 新疆文物考古研究所、吐鲁番地区博物馆：《鄯善县苏贝希墓群三号墓地》，原载《新疆文物》1994年第2期，收入王炳华、杜根成主编《新疆文物考古新收获（续）》，新疆美术摄影出版社1997年版。

　　② 参见新疆文物考古研究所、吐鲁番地区文管所《鄯善苏贝希墓群一号墓地发掘简报》，原载《新疆文物》1993年第4期，收入王炳华、杜根成主编《新疆文物考古新收获（续）》，新疆美术摄影出版社1997年版。

在当地姑师人日常生活中所占的比重似乎远远要大于农产品，表明当时畜牧和狩猎经济在姑师人的经济文化中具有举足轻重的地位。

以苏贝希一号墓地为例，这里曾经出土了 6 件保存完整的皮质箭箙，内装弓、箭、弓弦以及用来固定箭箙的拱形木器。箭箙是用鞣制后的皮子缝合制成，由皮质系带、铁带钩斜挎于身后。"弓被折为二段放在箭箙内。制作工艺十分考究：首先把熔化的动物角质物铸成弓形。用两条木条加固，以胶粘贴。取动物筋，蘸胶后通体缠绕在木条上，再均匀涂一层胶，使器表光滑明净。制弓的材料，必备了弓的韧性和弹性，并具有一定装饰性。"弓弦是用牛皮卷曲制成。弓箭为"木质箭杆。箭镞有锥形角质和三翼状铁质，均嵌在箭杆上。箭尾部涂黑，并粘贴 4 根鸟羽"[1]。与之完全相同的箭箙在苏贝希三号墓地中也有发现，而且制作工艺也十分高超，说明弓箭在当时的姑师人的社会生活中已经普遍使用。弓箭的主要作用便是狩猎或者作战，苏贝希古墓用弓箭随葬对于当时的姑师人来讲可能具有以下几点文化意义。第一，弓箭似乎是墓主人生前地位与身份的象征，因为不是所有的墓葬中都随葬有弓箭，其中本身就有贫富差距和社会地位的高低的因素在里面。第二，用弓箭随葬似乎表明它与墓主人生前的社会经济生活密不可分，他要么是一个技艺精湛的狩猎高手，要么是一个能征善战的勇士；在通常情况下，狩猎也往往是畜牧业（或游牧业）的伴生物，也就是说苏贝希墓主人（男子）很可能是一个牧人。第三，弓箭随葬对于当时的姑师人的生死观来讲还具有特殊的意义，因为所有弓箭在随葬的时候，弓都已经被拦腰折断放入箭箙之中，而且弓弦也是被利刃断为两截的[2]，似乎说明在姑师人的观念中具有人在弓存、人亡弓断的思想。弓箭在姑师人社会文化中的意义由此可见一斑。

畜产品在苏贝希墓葬中的大量发现反映了姑师人牧业经济文化的发达，这些出土的畜产品主要可以分为皮革制品、毛织品、畜肉食品以及其

---

① 新疆文物考古研究所、吐鲁番地区文管所：《鄯善苏贝希墓群一号墓地发掘简报》，原载《新疆文物》1993 年第 4 期，收入王炳华、杜根成主编《新疆文物考古新收获（续）》，新疆美术摄影出版社 1997 年版。

② 参见新疆文物考古研究所、吐鲁番地区文管所《鄯善苏贝希墓群三号墓地》，原载《新疆文物》1994 年第 2 期，收入王炳华、杜根成主编《新疆文物考古新收获（续）》，新疆美术摄影出版社 1997 年版。

他生活必需品等，皮革制品和毛织品大多用于服饰上。以一号墓地为例，这里就出土了皮大衣、皮手套、皮腰带、短靿和长靿皮毡靴、皮枕头和皮刀套等一整套皮质服装，还有男性所穿着的毛织裤和女性穿着的毛织裙，所用的皮毛主要来自牛羊等牲畜；苏贝希三号墓地所出土的皮革制品就达到了300余件，其中的几具古尸身上的服装则可以比较完整系统地反映古代车师人对皮毛制品的使用情况。例如，编号为M8：A的女性干尸在出土的时候"身体用毛毡紧紧裹住，并用细绳缝牢，身穿带红边的圆领毛布衫和长裙，足穿短靿单皮靴，双辫盘在头顶用黑发网罩住，中间有固定着的硬皮圆形帽托连接于发网。当剥开毛毡，发现胸部置放生牛皮缝制的帽饰，粗端圆形，长15厘米，分做两根，逐渐变细，顶端固定细木棍"。编号为M6：A的男性干尸"头戴盔形毡帽，帽中部缝出一条脊棱。前额尖钉有一木质帽花，向头顶部绘三条等长平行线。外着光面长毛羊皮衣，前襟和袖口饰边毛外翻，内衣缀红边的毛布圆领衫。下着粗毛布裤，外套长筒毡靴，粗毛线编织的腰带还结实如初"[①]。由此可见，皮毛制品是苏贝希车师人主要的服饰原料。三号墓地还发现了各种样式用动物筋线缝制的皮袋，内装铁刀、药物、化妆用品等什物；出土的10件皮枕头，里面充填的也是碎皮革条；墓主人胸前佩戴的一件护身符（？）也是皮制的。1985年1月吐鲁番地区文管所在墓葬区采集的一条长3.05米、宽1.38米的毛毯，被认为是中国现存最早、最完整的毛毯实物，显示出苏贝希车师人的毛织工艺已经比较发达和成熟。此外，在苏贝希墓葬群中，将羊肉作为食物随葬也是一个普遍现象，表明在车师人的食物结构中畜肉也占有很大的比重。在一号墓地里甚至出土了一套完整的马具，包括马络、绞具、铁衔、木镳、皮毛肚带和毡皮马鞍，显然是一套用于骑乘的马具。

　　所有的这一切给人们的直观认识是，苏贝希的车师人在当时会不会是处于一种半农半牧的经济状态？不妨推测，车师男子夏季从居住地苏贝希驱赶着畜群前往天山牧场游牧，冬季返回这里；车师女子则常年居住在这

<hr>

　　① 参见新疆文物考古研究所、吐鲁番地区文管所《鄯善苏贝希墓群三号墓地》，原载《新疆文物》1994年第2期，收入王炳华、杜根成主编《新疆文物考古新收获（续）》，新疆美术摄影出版社1997年版。

里，养儿育女，耕种田地，从事农业生产。如果是这样，苏贝希车师人的经济文化才会呈现出农牧文化交糅的特征。

产生这种文化现象的原因我们似乎可以从历史上的民族活动以及当地的自然生态环境条件两个方面加以寻找。一般认为，包括吐鲁番在内的新疆东部地区是东方的蒙古利亚人种和西方的欧罗巴人种两大人群的交会地带。体质人类学的研究成果表明，"苏贝希墓地出土人骨大致可分为欧罗巴人种、蒙古人种以及这两大人种的混合类型三类。其中属于欧罗巴人种的个体又可以分为三个亚组：Ⅰ组普遍具有较长的颅型，发达的眉骨和眉间突度，较突起的鼻梁，低而宽的面形，较宽的颧骨，较低的眶型。鼻较宽，梨状孔多心型。在体质特征上较接近原始欧洲人种类型。Ⅱ组多具有长的颅型，高且狭的面形，较窄的颧骨，略高的眶型。鼻较狭，梨状孔多梨形。在体质特征上较接近欧洲人种的地中海东支类型。Ⅲ组仅一例，颅形为卵圆形，属圆颅形、正颅形结合阔颅形。矢状峪较弱，枕部较平，不见'发警样'突起。……其人类学特征接近欧洲人种的中亚两河类型"①。分子生物学的研究成果也证明："由于吐鲁番所处的地理位置和长时间的居民居住历史，使之成为一个亚欧人种混杂、融会的地区。形态学分析表明，青铜至铁器时代的吐鲁番盆地居民是一个由大量的欧洲人种的古欧洲人类型、地中海类型、中亚两河类型及他们的混合类型和少量的蒙古人种共同构成的混杂民族。"② 如果从前 2000 年末到前 1000 年初印欧人群东迁进入今塔里木盆地的大背景来分析③，苏贝希的这支车师人很有可能是东迁印欧人的一支，而且他们最初应该是以游牧者的身份进入吐鲁番盆地的。这就意味着苏贝希的车师人原本可能具有游牧经济生活的传统，迁居吐峪沟以后为了适应当地的自然生态环境而同时兼营农业，所以在苏贝希墓葬所出土的器物中呈现出显著的游牧文化的色彩，并表现出农牧经济文化交糅的特征。至于"苏贝希古尸"中蒙古人种的成分是否和匈奴人的南下有关，则不得而知，因为匈奴人的人种属性

---

① 参见崔银秋《新疆古代居民线粒体 DNA 研究——吐鲁番与罗布泊》，吉林大学出版社 2003 年版，第 5～6 页。

② 崔银秋：《新疆古代居民线粒体 DNA 研究——吐鲁番与罗布泊》，吉林大学出版社 2003 年版，第 121 页。

③ 参见王欣《吐火罗史研究》，中国社会科学出版社 2002 年版，第 33～52 页。

学术界还有争论。不过，西汉昭帝末年，解忧公主上书汉廷的时候曾经说："匈奴发骑田车师。车师与匈奴为一，共侵乌孙"①，说明车师与匈奴的关系一度十分密切，匈奴此次"田车师"之地是否就在苏贝希，也值得进一步研究。

2. 物质文化

在农牧兼营的经济生活方式下，苏贝希车师人的物质文化也呈现出农业文化与牧业文化交融的特点。就所发现的陶器而言，其形制就有壶（均为敞口，可分为彩陶和素面两种）、罐（有单耳和双耳之分）、杯（包括罐形杯、桶形杯、勺杯和带流杯等）、盆（有敞口和直口之分）、碗（可分为无鋬和双鋬两类）、钵（有敞口和敛口之分）、釜（有直口和敛口之分）、方盒与豆等，基本上都是炊事和饮食用具，其品种齐全，用途多样，构成了苏贝希车师人饮食文化中的主要物质形态。在这些随葬的陶器中，考古人员既发现了里面盛装的糜子和糜子粥等谷物食品，也发现了羊肉和羊骨等畜类食品，而且随葬的炊具（比如釜）大都有烟熏的痕迹，表明它们应该都是被人（？）使用过的物品。一般认为，陶器的大量使用与定居的生活方式密切相关，苏贝希墓葬群的上述发现说明，这里至少是古代车师人的一个重要聚居区，定居生活方式已经成为一种常态，农产品与畜产品构成了当地车师人的基本食物结构，而陶器则是他们饮食文化中的主要用具。

在塔里木盆地，从史前到现今，木器的使用一直都具有十分悠久的传统，在西域古代物质文化中占有重要地位。苏贝希墓葬出土的木器包括有木笄（簪）、木梳、木盘、木豆、木勺、木碗、木铣、木俎（案）、木桶、木扣、木牌、木鞭、木杖、钻木取火器、鞣制皮革用的木质拐把以及其他木制品，表明木器在车师人的日常生活中得到了广泛的使用。在这些木器当中，值得注意的是一号墓地发现的一件木铣，它在出土的时候表面已经磨损严重，随葬前显然经过长期使用，这是苏贝希出土物中迄今所见到的唯一一件农业耕作工具。苏贝希墓葬出土的木俎（案）较多，它们一般"个体较大，厚木板挖成，直径在24厘米以上，一般有两种作用，反扣时底部做砧板用，块剁骨肉，因此器底都很厚。平底向下平放时，类似盘

---

① 《汉书·西域传下》。

状器，主要是盛熟肉。出土时多数里面有残存的羊骨肉"。可见，将羊肉放在木俎上随葬供奉亡人是苏贝希车师人的一种习俗。此外，在苏贝希墓葬中，钻木取火器一般都和箭箙同出，"说明这是外出狩猎时必备的用具。家中生活似乎不怎么需要它"①。也就是说，钻木取火是苏贝希车师人外出放牧或狩猎时主要的取火方式。苏贝希的车师人鞣制和加工皮革的时候，所使用的工具也是木质拐把。

铜器和铁器的出土对于认识和了解苏贝希墓葬群以及当时活动在这一地区的车师人文化具有特殊的意义，该遗址因此被国际学术界纳入了中亚东部青铜与早期铁器时代的范畴，有学者据此还将新疆地区出现和使用铁器的历史上限追溯到前1000年前后。② 苏贝希古墓出土的青铜器主要是一些装饰品，其中包括兽头饰件、花形饰件、兽牙形饰件、铜耳环以及铜镜、铜匕首、小铜刀等，其装饰风格具有明显的游牧文化色彩。苏贝希出土的铁器大多是一些实用品，例如铁刀、铁簪、铁锥、铁带钩、铁箭镞、铁牌和铁扣饰等，许多铁器出土的时候虽然已经历经数千年的时间，却依然光亮如新，显示出当时高超的冶炼与锻造工艺。

与同时代新疆境内其他地方发现的金银制品一样，苏贝希出土的金银制品也多为装饰品，具有明显的"斯基泰文化"特征，亦即草原游牧文化的风格。其中最具代表性的是包金卧虎铜牌和虎纹金箔。包金卧虎铜牌的"外围边框饰一周圆点纹，中间铸成透雕状的一只卧虎，右前腿高高扬起，回首张口，尾巴上翘，形象生动。铜牌背面有一桥形钮，原依附于其他物件。正面模压一层金箔，图样清晰如铜牌。金箔边缘包折到铜牌背面，发现时金箔与铜牌已被剥离开"；虎纹金箔的"中间是一只站立的老虎，尾巴上翘，回首长啸，观之如闻其声"。③ 这两件器物的装饰主体、表现手法和艺术风格与阿拉沟石堆竖穴木椁墓出土的虎纹圆金牌、对虎纹

---

① 以上均参见新疆文物考古研究所、吐鲁番地区文管所《鄯善苏贝希墓群三号墓地》，原载《新疆文物》1994年第2期，收入王炳华、杜根成主编《新疆文物考古新收获（续）》，新疆美术摄影出版社1997年版。

② 吐鲁番地区文管所:《新疆鄯善县苏巴什古墓群的新发现》，原载《考古》1988年第6期，收入新疆文物考古研究所编《新疆文物考古新收获》，新疆人民出版社1995年版。

③ 参见吐鲁番地区文管所《新疆鄯善县苏巴什古墓群的新发现》，原载《考古》1988年第6期，收入新疆文物考古研究所编《新疆文物考古新收获》，新疆人民出版社1995年版。

金箔带和狮形金箔等几乎如出一辙①，均是车师游牧文化中的典型代表。遗憾的是，由于这两件金器是采集所得，对于它们与苏贝希古墓群墓地的对应关系并不是很清楚。不过，从其艺术风格上可以推测，这些金器应该是石堆墓里出土的，也就是说有可能是从苏贝希一号或三号墓地出土的。

如前所述，苏贝希车师人对于牲畜皮毛的加工和利用已经相当成熟和普遍，皮毛制品已经成为车师人日常生活中必不可缺的东西。从用途上来看，这些皮毛主要是用于加工以后制作服装。牲畜皮（主要是牛羊皮）一般要首先用木质工具进行鞣制，然后再制成各种衣服或其他皮具；牲畜毛（主要是羊毛）则要经过捻线、织造、染色等过程制成毛布，然后再加工成各种衣物，或者直接擀压成毛毡；在苏贝希居住遗址内也发现有带着毛线团的纺杆，可见毛线是用手工捻制的。相对来讲，毛织品的制作与加工工艺更为复杂一些。据研究，苏贝希出土的毛织品（毛布）可以分为平纹毛布和斜纹毛布两种；平纹毛布又可细分为粗、细、经向起凸棱三种，斜纹毛布可细分为纬面斜纹和经面斜纹两种②；毛布上的染色有红色、黄色、绿色、蓝色、白色和黑色等，基本上都属于匹染上色。毛布的制成品则包括圆领衫、长裙、长裤、腰带和毛毯等，其中一条由三幅粗厚斜纹毛布拼缀而成的长 3.05 米、宽 1.38 米的毛毯，被认为是中国现存最早、最完整的毛毯实物。苏贝希墓葬出土的毛毡有一些被用于包裹尸体，更常见的则是被制成各种各样的毡帽，女子所戴的一般是带毡棒的尖顶高毡帽，男子所戴的则是盔形毡帽。

苏贝希墓葬出土的皮革制品种类繁多，用途广泛，除了皮大衣、皮手套、皮腰带、皮毡靴和皮枕头，还有用途各异的各种皮袋以及具有某种"护身符"性质的皮符。在入葬的时候，女子一般是外披羊皮大衣或用毛毡裹身，里面上身着圆领毛布衫，下身穿长裙，足蹬短鞡皮毡靴；男子一般也是外着长羊毛皮大衣或羊皮袄，里面上身穿圆领毛布衫，但下身穿的则是粗毛布裤，脚上穿的是长鞡皮毡靴，男女在服饰上

---

① 参见新疆社会科学院考古研究所《阿拉沟竖穴木椁墓发掘简报》，原载《文物》1981 年第 1 期，收入新疆文物考古研究所编《新疆文物考古新收获》，新疆人民出版社 1995 年版。

② 参见吐鲁番地区文管所《新疆鄯善苏巴什古墓葬发掘简报》，原载《考古》1984 年第 1 期，收入新疆文物考古研究所编《新疆文物考古新收获》，新疆人民出版社 1995 年版。

具有明显的区别。苏贝希一号墓地出土的一套马具则是皮、毛、木、铁等制品的综合体，它一方面说明了车师人在多种材质的利用和加工方面的水平，另一方面也显示出马匹在古代车师人社会经济生活中所占的重要地位。

在建筑文化方面，苏贝希居住遗址可视为古代车师人在建筑文化方面成就的集中体现。尽管苏贝希居住遗址上的建筑基本上已经被破坏殆尽，仅在北部还保存有三段残墙，但大致还是能够看出其基本的轮廓。苏贝希车师人的房屋建筑风格和近代吐鲁番地区农村的民居大致相似，基本上都是就地取土和泥，并在泥中加入泥草以增加强度，然后制成比较结实的土坯，土坯晾干后再垒砌成墙，以树干作梁。从当地的气候条件和现存的传统民居来推测，苏贝希居住遗址的住房有可能也是平顶。在苏贝希住房遗址的周围可能有"防护墙"，而且防护墙上似乎还有类似马面之类的附属建筑。在防护墙内除了有供起居用的住房外，在有些房屋遗址内还发现有已经残破的陶窑以及纺杆等遗存，表明这里不仅是古代车师人的居住中心，很可能也是他们的手工业中心。

3. 精神文化

由于材料的限制，要对苏贝希遗址的车师人精神文化有所认识，只能依据墓葬及其出土器物作出些许推断，也就是说基本是通过葬俗来分析，由此所揭示的也仅仅是车师人精神文化的一角，其局限性不言而喻。

前面已经谈到，苏贝希古墓群从地表有无封土或石堆来看，可以分为石堆墓（如第一号和第四号墓地）与无地标的无封土墓（如第二号和第三号墓地）。石堆墓所出器物带有明显的游牧文化的风格，其时代似乎要早些；无封土墓所出器物则带有比较强烈的农业文化的色彩，比石堆墓的时代稍晚。据研究，"从整体上看，这也说明三号墓地早于一号墓地，其时代应在战国，也即公元前5～3世纪"①，无封土墓的碳十四测定结果表明，其时代属战国末期到西汉初期。苏贝希古墓群似乎是分区埋葬，各区单个墓葬之间排列整齐、紧凑，而且"墓葬方向基本一致，无一例叠压

_____

① 参见新疆文物考古研究所、吐鲁番地区文管所《鄯善苏贝希墓群三号墓地》，原载《新疆文物》1994年第2期，收入王炳华、杜根成主编《新疆文物考古新收获（续）》，新疆美术摄影出版社1997年版。

打破关系，表明墓葬分布遵循一定的埋葬习俗"①。苏贝希墓群的上述分布特征，似乎表明这里的车师人已经具有"聚族而居"的族群意识。用积石作为墓葬标志的石堆墓一方面是为了易于辨识，另一方面能否视为这种族群意识的凸显？

从苏贝希墓葬的葬俗来分析，古代车师人对于人的生死似乎有自己一整套的认识和看法。弓箭在当时车师人的生死观中具有特殊的意义，它们在随葬的时候无一例外地都被拦腰折断或切断后放入箭箙之中，说明在车师人的观念中存在"人在弓存、人亡弓断"的思想。折断弓箭似乎是古代车师人离开现实世界的一种重要标志。他们似乎相信人的死亡只是从现实世界进入到了另外一个世界去生活了，所以他们不能两手空空地走，生前所使用的东西也应该带到另外一个世界去用，因此在各个墓葬中都随葬了一批墓主人生前所使用的各种器物。不仅如此，墓葬中还随葬了谷物以及畜肉食品。谷物一般放在陶器中，而畜肉食品还供奉在木案上，似乎是为了供死者在前往另外一个世界的路上食用。也即是说，古代车师人似乎是相信人有来世的。正因为如此，他们才把给亡人入葬当做是送入另外一个世界的方式。不仅这样，为了使死者走得更好，他们一般还在入葬前给死者精心梳洗打扮，甚至文面。例如，苏贝希三号墓地 M2 中的一个男性干尸的头颅，"面部绘有彩绘，前额正中两竖道，两颊分别有两横道。说明彩绘是在死者埋葬前临时画上的，在实施过程中，应举行过某种宗教仪式"。在一号墓地中一具女性干尸身旁的小皮袋中，则出土有化妆用的眉石，"同一个皮袋中还装有角梳，黑、红、白三种矿物染料，染料块口有磨出的沟槽，其作用非常明白，当为化妆用具。以眉石将矿石磨成粉末，如需要可分别涂抹在眉毛、脸颊和面部，起到与眉笔、胭脂、粉相同的作用"②。古代车师妇女的审美旨趣由此可见一斑。

苏贝希三号墓地发现的一件皮符曾经引起了发掘者的注意。这件器物

　　① 　新疆文物考古研究所、吐鲁番地区文管所：《鄯善苏贝希墓群一号墓地发掘简报》，原载《新疆文物》1993 年第 4 期，收入王炳华、杜根成主编《新疆文物考古新收获（续）》，新疆美术摄影出版社 1997 年版。

　　② 　参见新疆文物考古研究所、吐鲁番地区文管所《鄯善苏贝希墓群三号墓地》，原载《新疆文物》1994 年第 2 期，收入王炳华、杜根成主编《新疆文物考古新收获（续）》，新疆美术摄影出版社 1997 年版。

在"出土时戴在墓主中胸，形状为凹边梯形，上宽下窄，卷边，下有四条系带，分缀在四角。四周为一圈三角锯齿状火焰纹，内填三堆簇火纹和穷曲纹"。发掘者认为，"此件似乎与祆教（拜火教）有关"。对此，我们持怀疑的态度。这种置于胸前的皮符很可能是护佑死者进入另外一个世界的护身符，其作用似乎是为了防止死者在前往另外一个世界的路上受到恶鬼之类的骚扰或侵害。类似锯齿状的倒三角纹饰在苏贝希墓葬中出土的彩陶罐上也可以见到，它们显然与祆教无关。事实上，对火的崇拜在北亚游牧民族的萨满教习俗中也是普遍存在的，所以与其将之和祆教联系起来，倒不如归之于车师人的原始宗教信仰——萨满教的影响。

除锯齿状倒三角纹外，在苏贝希墓葬群中出土的彩陶上，还可以见到斜十字状网纹、涡纹，附加堆纹、垂帐纹、点状平行线纹、菱格纹等等；在皮革制品上可见到有梯形纹、同心圆纹等纹饰；在毛织物上所见到的也大都是各种比较简洁的几何纹饰。苏贝希车师人当时的审美风格总的来讲是比较简洁而明快的。

第四节 从巴克特里亚到吐火罗斯坦

今阿富汗地区自古以来就是一个多民族生活在一起的地区。现今阿富汗境内大约有 30 个民族，除了分布在东部和南部地区的主体民族普什图人外，其他民族主要分布在西部和北部地区。20 世纪 90 年代，当以普什图人为主的"塔利班"武装占领阿富汗绝大部分地区的时候，东北部地区成为抵抗这一集团的最后据点，而当地存在众多民族是形成这种格局的主要原因之一。阿富汗东北部地区这种多民族分布的格局与历史上尤其是前伊斯兰时期民族活动的情况密切相关。

阿富汗东北部地区在古代曾称为"巴克特里亚"（Bactria，即中国史书所称"大夏"），东部有帕米尔高原，南接被称为"大雪山"的兴都库什山，西为地势相对平缓的伊朗高原，北有阿姆河，从而形成了一个相对独立的地理单元。但是，高山大河从未能阻止该地与外界的交往，地理上的封闭性反而使这一地区的人们更加迫切地需要各种文明的滋润和营养。这也是中亚文明发展的一个普遍特征。

　　阿富汗曾被中外学术界视为古代"文明的十字路口"。对此,彭树智指出:阿富汗"四周受着东西方各种文明的冲击,时而是游牧世界文明的火光,时而是波斯伊朗文明的火炬,时而是希腊文明的阳光,时而是印度文明的星辉,还映射有中华文明的彩辉。这许多文明的光辉,都先后在阿富汗闪烁,并经过它不断打开古代闭塞之路"①。东接西域(今新疆)、西连波斯、南通印度、北接草原的古代"丝绸之路"的会聚点就在巴克特里亚的中心城市巴克特拉(Bactra,即缚喝;今巴尔赫,Balkh)。因此,从严格意义上来讲,东、西方诸文明的十字交叉点就在巴克特里亚。民族是文明的创造者,也是文明的载体与传播者。东、西方诸文明在巴克特里亚的交汇无疑与周边民族的活动密切相关。通过探讨巴克特里亚古代民族的发展与变迁,将使人们对古代世界各民族文明在此传播的轨迹能有一个较为清晰的认识。从巴克特里亚到吐火罗斯坦(Tocharistan,"吐火罗"即 Tochari,也作"Tukhara"),这一地区在称谓上的变化过程也折射了当地在前伊斯兰时期民族变迁的基本历程。本节即以此为线索,对前伊斯兰时期该地区民族的分布与变化情况试加探讨。

一　巴克特里亚的早期居民及政治演进

　　种种迹象表明,巴克特里亚的早期居民是古代印欧民族(白种人)的一支,所操的语言属于印欧语系印度－伊朗语族东伊朗语(即波斯语)。② 从有文字记载以来,他们同北部中亚草原上的一些游牧民族如斯基泰人(Scythians,又译"塞西安人"、"西徐亚人"等)、萨尔马希安人(Sarmatians,又译作"萨尔马特人")等有密切的亲缘关系。③ 早期生活在巴克特里亚的东伊朗语民族可能是从邻近地区迁入的,在该地早期居民定居点遗址中所发现的许多文物均表现出明显的美索不达米亚艺术风格和

---

① 彭树智:《文明交往论》,陕西人民出版社 2002 年版,第 103 页。

② 参见 *The New Encyclopaedia Britannica*, 15th Edition, London, 1985, vol. Ⅰ, p. 779。

③ 参见〔美〕W. M. 麦高文《中亚古国史》,章巽译,中华书局 2004 年版,第 70~71 页;〔日〕羽田亨《中央亚细亚的文化》,张宏英译,商务印书馆 1938 年版,第 18~19 页。《中央亚细亚的文化》增订本复由耿世民译出,更名为《西域文化史》,由新疆人民出版社于 1981 年出版,见该书第 12~14 页。

北方游牧民族文化的色彩，两者之间可能存在着某种渊源与交融关系。①
易言之，阿富汗早期文明的多样性本身就意味着当地多民族活动的特点。

从地理环境看，从西方和北方进入巴克特里亚比从南部和东部进入要
容易得多，这亦为东伊朗语民族东向和南向发展提供了较为有利的条件。
事实上，尽管在此后的各个历史时期不断有外来民族徙入甚至统治这一地
区，但东伊朗语民族和北方游牧民族始终是巴克特里亚居民的主要成分。
正因为如此，巴克特里亚同伊朗高原和中亚草原上诸民族、国家在政治、
经济、文化等方面的联系似乎显得更为密切。

早在前6世纪中叶波斯的阿契美尼德（Achaemenid）王朝兴起前，巴
克特里亚一带的东伊朗人已经建立了自己的城郭国家，被波斯文献称为巴
克特里亚人。② 据说琐罗亚斯德教（中文旧译"祆教"、"拜火教"等）
的创建者琐罗亚斯德（Zoroaster）就是巴克特里亚人，他的传教活动曾经
得到巴克特里亚国王维什塔斯帕（Vishtappa，又译"维斯塔巴"）的支持
和保护。琐罗亚斯德教经典《阿维斯陀》（Avesta，即《波斯古经》）提到
当时的巴克特里亚"有英武的领袖，统率着众多的军队，管治其地"③。
可以看出，巴克特里亚人已经形成一个较为稳定的族群共同体。据说，在
亚述同米底（又译"米堤亚"）的争斗过程中，巴克特里亚人作为一支独
立的力量曾参与其中。④

前558年居鲁士（Cyrus）大帝继位，波斯阿契美尼德王朝兴起。前
550年居鲁士消灭了米底帝国，进而向东扩张，将巴克特里亚等地首次纳
入波斯帝国的统治之下。大流士一世（Darius Ⅰ）在位时（前521～前
486年），波斯在巴克特里亚的统治日臻完善。在关于他的各种碑铭中反
复提到巴克特里亚是阿契美尼德王朝的一个属郡，须向王廷缴纳一定数量

---

① 参见彭树智主编，彭树智、黄杨文著《中东国家通史·阿富汗卷》，商务印书馆2000年
版，第24～28页。

② 在古波斯和琐罗亚斯德教经典《阿维斯陀》中，巴克特里亚被称作"巴赫地"（Bakh-
di）和"巴赫特里什"（Bakhtrish），英国的塞克斯认为当时阿富汗境内居住的是亚利安族各部
落。参见［英］珀西·塞克斯《阿富汗史》（第一卷上册），张家麟译，潘庆舲校，商务印书馆
1972年版，第77页。

③ 参见王治来《中亚史纲》，湖南教育出版社1986年版，第33页。

④ 同上书，第36页。

的贡赋。① 被西方历史学称为"历史之父"的希罗多德在《历史》（即《希腊波斯战争史》）中明确记载巴克特里亚及其邻近部落向波斯缴纳的贡赋为 360 塔兰特。② 虽然阿契美尼德王朝时期波斯帝国东部地区叛乱不断，但巴克特里亚却基本与王廷保持着良好的关系，不仅未参与任何叛乱活动，而且忠于波斯帝国的巴克特里亚总督达达尔什（Dadarshi）还曾领命镇压马尔吉亚那（Margiana）的费拉达（Frada）的反叛。③ 巴克特里亚人是波斯帝国所征募的军队的一个重要组成部分。尽管波斯阿契美尼德王朝统治巴克特里亚达两个世纪之久（前 6 ~ 前 4 世纪），但鉴于两者在民族、语言等方面的天然联系，故其统治对巴克特里亚地区民族的构成影响不大，反而"所有在这两群人民之间曾经存在的文化上的不同，也随着时间的前进及相互交换种种文化特征而减少了"④。

随着希腊马其顿帝国的兴起以及亚历山大（Alexandros）大帝的东征，巴克特里亚地区的民族成分开始发生重大变化。在前 331 年发生的高加米拉（Gaugamela）之战中，亚历山大率领的马其顿大军彻底击溃了大流士三世统领的波斯大军，后者在逃亡途中被巴克特里亚总督贝苏斯（Bessos，又译"贝索斯"）所弑，阿契美尼德王朝从此灭亡。前 329 年，亚历山大率军越过兴都库什山进入巴克特里亚，并处死了僭越称王的贝苏斯，进而征服索格底亚那（Sogdiana，即粟特，Sogd）；确立了希腊马其顿帝国在中亚地区的统治。

在征服巴克特里亚以后，亚历山大派波斯人阿塔巴扎斯为督办，军事首领则由希腊人担任。亚历山大在东征途中大肆推行殖民政策，在所征服的地区修筑了许多城堡，并从本土迁徙来大批希腊人。他曾在巴克特里亚建了四个城堡，于东征途中在此一次就留驻了 3500 名骑兵和 10000 名步兵。⑤ 据研究，"许多希腊人、马其顿人、伊朗人等就在这个时期迁移到

---

① 有关铭文的详细内容请参见余太山《塞种史研究》，中国社会科学出版社 1992 年版，第 1 ~ 4 页。

② 参见［古希腊］希罗多德《历史》上册，王以铸译，商务印书馆 1985 年版，第 238 页。

③ 参见［美］加文·汉布里主编《中亚史纲要》，吴玉贵译，商务印书馆 1994 年版，第 27 页。

④ ［美］W. M. 麦高文：《中亚古国史》，第 73 页。

⑤ 参见［古希腊］阿里安《亚历山大远征记》，商务印书馆 1979 年版，第 116 ~ 117 页。

中亚，使得当地居民中增加了新的因素"。① 有记载说，前 326 年亚历山大征服今旁遮普地区时，有 3000 名希腊人在巴克特里亚和索格底亚那发动了要求返回欧洲的叛乱。② 可见，随亚历山大移居巴克特里亚的希腊人、马其顿人当不在少数。不仅如此，为了维护其统治，亚历山大还接受了当地民族的一些风俗习惯，如行跪拜礼、着波斯服等。他还鼓励希腊移民与当地居民通婚，以使巴克特里亚人彻底归附。亚历山大本人也与巴克特里亚贵族奥克夏特联姻，以其女露珊娜为妻。有学者将这种联姻的原因归于为了调和马其顿人与巴克特里亚人等东伊朗民族的关系，强调其政治性。③ 不管怎样，亚历山大的上述措施在客观上推动了希腊马其顿人与巴克特里亚人的融合。

前 323 年，亚历山大大帝在巴比伦病故，他所创建的庞大帝国随之土崩瓦解。包括巴克特里亚在内的马其顿帝国在亚洲的大部分领地归由亚历山大部将、前巴比伦总督塞琉古（Seleucus 又作 Seleukos）统治，史称塞琉古王朝（也称塞琉西王朝）。该王朝继续执行亚历山大大帝的殖民政策，在中亚建立了更多的希腊人定居点，同时大力推动中亚的希腊化，并使巴克特里亚成为希腊人在东方的一个政治、经济和文化中心。前 250 年，当塞琉古王朝摇摇欲坠之际，巴克特里亚的希腊人总督狄奥多德（Diodotos）宣布独立，建立了希腊－巴克特里亚王国（Graeco-Bactrian Kingdom）。随即阿萨息斯（Arsaces）也率部宣布独立，建立了东伊朗语民族占统治地位的帕提亚（Parthia）王国，即汉语文文献中的安息。④

二　吐火罗人与月氏人

早期东、西方文献中几乎完全没有关于巴克特里亚王国的记载，而有关的历史基本上是后世学者在钱币学的基础上重建的。巴克特里亚王国的统治者和上层无疑是希腊人后裔。其国内居民的基本成分似亦未发生太大

---

① 王治来：《中亚史纲》，第 61 页。

② 参见 ［美］加文·汉布里主编《中亚史纲要》，第 39 页。

③ 参见 W. W. Tarn, *Alexander the Great*, p. 326, 2vol, Cambridge, Cambridge University Press 1948。

④ 参见王治来《中亚史纲》，第 72～73 页。

的变化,即除希腊人外,仍以巴克特里亚人为主,两者在一定程度上有所融合。德米特里(Demetrius)在位时(前190~前170年),希腊-巴克特里亚王国的势力范围扩展到兴都库什山以南的犍陀罗(Gāndhāra)、旁遮普(Punjab)等地,他还将统治中心南移至奢羯罗(今巴基斯坦锡亚尔科特城),常住不归。前174年,一个名叫欧克拉提德斯(Eucratides)的希腊人趁机在巴克特里亚之地自立为王,从而形成南、北两个希腊人王朝对峙的局面。[①] 据说欧克拉提德斯以正统的希腊人自居,极力在其统治之地推行希腊化,而对本地民族的传统十分轻视,以致引起当地居民的反感;加之其在与安息的关系中的无能表现,导致统治集团内部也对他不满。[②] 欧克拉提德斯后来亦因此被杀。这多少也能反映出在希腊人统治时期,巴克特里亚人的影响依然存在。

前141年前后,北方游牧民族的入侵不仅直接导致了希腊-巴克特里亚王国的灭亡,同时也揭开了北方和东方的民族进入巴克特里亚的序幕。正如有学者指出的那样:"丝绸之路上几乎所有的中亚民族,都不断地经历过种族遗传学的改变过程,因为他们吸收过新的、首先是异族的成分,或者是自己归属到其他异族中去。这一点特别适用于大夏(即巴克特里亚——引者注)居民。"而且,"来自东方的与来自西方的一些民族,特别是从广阔的中亚各地来的民族,都在这个地区找到了避难所。他们或者作为主人在这里定居下来,或者作为移民加入到现存的社会中去"[③]。巴克特里亚地区因之也就成为一个周边民族的大熔炉。

根据古希腊地理学家和历史学家斯特拉波(Strabo)的记载,灭亡希腊-巴克特里亚王国、进占巴克特里亚的是由 Asii、Pasiani、Tocharoi 和 Sacarauli 等游牧部落组成的斯基泰人四部。他们来自锡尔河北岸,其迁徙的原因可能在于那里已被强大的"Sacae"人(即汉语文文献中的"塞种人")所占据。[④] Tocharoi 即吐火罗人,为原始印欧人(Proto-Indo-Europe-

---

① 参见 W. W. Tarn, *The Greek in Bactria an India*, Chapter Ⅲ-Ⅳ, Cambridge, 1951。

② 参见王治来《中亚史纲》,第79页。

③ [德] 克林凯特:《丝绸古道上的文化》,赵崇民译,新疆美术摄影出版社1994年版,第46~47页。

④ 参见 *The Geography of Strabo*, with an English Translation by H. L. Jones, London, 1916, pp. 259~261。

ans）的一支，在四部中其势力可能最大，所以他们占据巴克特里亚以后所建立的国家在汉语文文献中被称为"大夏"①。据研究，"大夏"为"Tocharoi"的音译。② 这一地区也被后世称为"觊货逻国故地"或"吐火罗斯坦"。

巴克特里亚的希腊统治者被游牧民族驱逐到兴都库什山以南。进占这一地区的吐火罗等四部则定居下来，继希腊人成为这里的统治者，并且很快就与当地的居民相融合。汉语文文献《史记·大宛列传》记载，"大夏在大宛西南二千余里，妫水（今阿姆河——引者注）南。其俗土著，有城屋，与大宛同俗"，其民众多达"百万余"。不过吐火罗人在巴克特里亚的统治十分短暂，在前129年汉朝使者张骞到达前，该地已被另一支游牧民族大月氏人所征服。大月氏初设王庭于妫水（即阿姆河）以北，不久便将统治中心迁至监氏城，即巴克特拉③，时间大概在西汉后期。④ 但大部分大月氏人似乎仍然活动在阿姆河以北的地区。⑤

在大月氏统治时期，巴克特里亚东部山区形成了休密翕侯、双靡翕侯、贵霜翕侯、肸顿翕侯和高附翕侯等五个政权，"皆属大月氏"⑥。这五翕侯是在原巴克特里亚及希腊人和土著化了的吐火罗人的基础上建立的，其首领亦当为吐火罗人的上层贵族。⑦ 他们共尊大月氏为宗主国，并向其缴纳贡赋。吐火罗人和大月氏人均属印欧人种，西方有很多学者认为月氏就是吐火罗人，但笔者更倾向于认为他们是原始印欧人中的不同族群。⑧ 两者在历史上的关系相当密切，入侵巴克特里亚的吐火罗等四部中可能就

---

① 详见王欣《吐火罗史研究》，中国社会科学出版社2002年版，第98～106页。

② 参见余太山《塞种史研究》，第24～51页。目前人们多将西文文献中的"Bactria"译为"大夏"，对此杨建新曾加以辨正，见《吐火罗论》，《西北史地》1986年第2期。但笔者以为"大夏"为"Tocharoi"的音译，所指的为"Bactria"地区也许更符合事实。

③ 参见余太山《塞种史研究》，第52～69页。

④ 参见杨建新《吐火罗论》，《西北史地》1986年第2期。

⑤ 参见［苏］V. V. 巴托尔德《中亚简史》，耿世民译，新疆人民出版社1981年版，第27页。

⑥ 《汉书·西域传》。《后汉书·西域传》以"都密翕侯"替代"高附翕侯"。

⑦ 参见王欣《吐火罗史研究》，第113页。

⑧ 参见王欣《丝绸之路上的原始印欧人》，载《西北大学史学丛刊》第2辑，三秦出版社1999年版，第52～72页。

有月氏的成分，如"Asii"可能就是月氏。① 正因为如此，大月氏统治者将王庭移至阿姆河南部以后，很快便与当地的吐火罗人上层相结合，并借助他们的力量统治大夏全境。

大约在1世纪初，五翕侯中的贵霜翕侯丘就却（Kujula Kadphises，也作"丘就劫"）"攻灭四翕侯，自立为王，国号贵霜。侵安息，取高附地。又灭濮达、罽宾，悉有其国"②。贵霜王朝建立后，吐火罗人取代大月氏恢复了对巴克特里亚的统治，但在汉语文文献中仍称其为大月氏。对此，日本学者羽田亨早已指出："此吐火罗族建立的贵霜王朝即西方记录中的Kushan王朝，著名的伽腻色迦王即此王朝之人。中国也称此王朝为大月氏，这是基于大月氏臣畜了大夏的原因，遂也就习惯上用此称大夏人之王朝，实际上汉人也知道不应称为大月氏。"③ 对于贵霜王朝而言，"贵霜"（Kushan）一词主要含有政治意义，而"吐火罗"（Tochari）一词主要表明其民族属性。④ 由于贵霜王朝常常打着大月氏的旗号活动，因此在汉语文文献中很少把二者加以区分。而在实际上，贵霜王朝的统治集团很可能是由少数进入巴克特里亚的大月氏上层统治者与当地的吐火罗贵族共同组成的。140年前后，"Kaniska"（伽腻色迦）王系取代了丘就却所建属于吐火罗人的"Kadphises"王系，前者很可能属于大月氏贵族。⑤ 两个王系的更替似可视为统治者内部不同族属集团斗争的结果，但其统治境内的居民仍当以土著化了的并融合有其他民族成分的吐火罗人为主，所以经过这场变故后，"贵霜"作为国号仍继续沿用，表明即使统治集团内部族属之间的差异也已渐趋缩小。

237年，贵霜王朝为波斯萨珊王朝（Sasanian Dynasty，也作萨桑王朝）所征服。萨珊王朝设总督管理巴克特里亚地区，其君王大多亦拥有"贵霜王"（Kushanshahr）的头衔。在巴克特里亚地区被萨珊王朝统治的

---

① 参见 W. W. Tarn, *The Greek in Bactria an India*，pp. 272～273。

② 《后汉书·西域传》。

③ ［日］羽田亨：《西域文化史》，新疆人民出版社1981年版，第26页。

④ 参见［苏］Б. Г. 加富罗夫《中亚塔吉克史》，中国社会科学出版社1985年版，第76页；［苏］V. V. 巴托尔德《中亚简史》，第5页。

⑤ 参见黄靖《贵霜帝国的年代体系》，载《中亚学刊》第二辑，中华书局1987年版，第37～38页。

百余年间，没有迹象表明其民族构成情况发生了大的变化，倒是在 4 世纪末出现了以大月氏寄多罗（Kidara）为首的贵霜王朝的短暂复兴。在寄多罗统治时期的钱币上出现了"贵霜王"的字样①，他曾以巴克特里亚为基地，越过兴都库什山，"南侵北天竺，自乾陀罗以北五国尽役属之"②。此五国即《魏书·西域传》所记之伽倍国、折薛莫孙国、钳敦国、弗敌沙国和阎浮谒国，皆为原大夏五翕侯故地，故寄多罗复兴贵霜王朝的基础可能主要仍是巴克特里亚的吐火罗人。

三　嚈哒与突厥

437 年左右，嚈哒人从索格底亚那进占巴克特里亚，大月氏寄多罗贵霜王被驱逐③，贵霜王朝所统治的大部分地区及人民基本被纳入嚈哒游牧王国的势力范围。嚈哒人在进入中亚初期仍然保持着游牧生活方式，即所谓的"居无城郭"，"以毡为屋，随逐水草"；其统治方式则为"游军而治"、"受诸国贡献"。④ 这样便出现了嚈哒势力范围内小国林立的局面。正是在这种背景下，巴克特里亚的吐火罗人乘机建国。在汉语文文献中便出现了北魏和平五年（464 年）"吐呼罗国遣使朝献"⑤ 的记载。《魏书·西域传》为其立有专传，其文云："吐呼罗国，去代一万二千里，东至范阳国，西至悉万斤国，中间相去二千里；南至连山，不知名；北去波斯国，中间相去一万里。"此时，这一地区在原巴克特里亚人的基础上，至少已先后融入了希腊人、波斯人、吐火罗人四部、大月氏人和嚈哒人的成分。"吐火罗"一词作为民族称谓的意义已经下降，并逐渐取代巴克特里亚，日益成为一个地域性的概念。正因为如此，在此后东、西方的各种文献中开始改称这里为吐火罗（吐呼罗）国、覩货逻国故地或吐火罗斯坦。

和其他游牧民族统治者最终的归宿一样，嚈哒也在 550 年前后将统治

---

① 以上参见［美］加文·汉布里主编《中亚史纲要》，第 73～75 页。

② 《魏书》卷一〇二。

③ 参见余太山《嚈哒史研究》，齐鲁书社 1986 年版，第 66～75 页。

④ 杨衒之撰，范祥雍校注：《洛阳伽蓝记校注》，古典文学出版社 1958 年版，第 288 页。

⑤ 《魏书》卷五。

中心移到了拔底延，即吐火罗斯坦的中心城市巴克特拉。① 在成书于唐贞观十年（636 年）的《周书》中的有关记载里已不见有吐火罗国之名，可能表明寄多罗贵霜灭亡以后吐火罗人所建立的吐火（呼）罗国随着呋哒人的进入而终结。552 年强大的突厥汗国在阿尔泰山一带兴起。558 年左右，西突厥始祖室点密（Istami）与波斯王库萨和一世（Khosrau Ⅰ）联兵击灭呋哒，双方以阿姆河为界分呋哒之旧地，吐火罗斯坦暂属波斯。② 但至少在 568 年以前，突厥已经从波斯人手中夺取了这一地区。③ 从此，吐火罗斯坦的吐火罗人后裔及呋哒余部便受制于突厥，突厥统治者在此扶植了亲突厥的"傀儡政权"——吐火罗国和挹怛（呋哒）国。《隋书·西域传》"吐火罗"条云："吐火罗国，都葱岭西五百里，与挹怛杂居。都城方二里，胜兵者十万人，皆习战。"同书"挹怛国"条云："挹怛国，都乌浒水南二百里，大月氏之种类也。胜兵者五六千人，俗善战。先时国乱，突厥设通设字诘强领其国。"上述记载表明，在突厥统治初期，吐火罗斯坦的呋哒人与当地居民已经出现了融合的趋势。

　　西突厥统叶护可汗在位时（619 ~ 628 年），其长子呾度设进驻活国（即吐火罗斯坦境内）④，开始直接统治这一地区，亦即玄奘所说的"覩货罗国故地"。根据玄奘在《大唐西域记》中的记载，此时吐火罗斯坦上诸小国林立，"自数百年王族绝嗣，酋豪力竟，各擅君长，依川据险，分为二十七国。虽画野区分，总役属突厥"⑤。除活国外，只有忽露摩国、愉漫国"其王奚素突厥"。此外还有呬摩呾罗国，"其先强国，王，释种也。葱岭之西，多见臣伏。境邻突厥，遂染其俗，又为侵掠，自守其境"⑥。

　　① 参见余太山《呋哒史研究》，齐鲁书社 1986 年版，第 138、141 页。

　　② 参见余太山《呋哒史研究》，第 104 ~ 107 页。法国学者沙畹则将呋哒灭亡的时间系于563 ~ 567 年之间，参见［法］沙畹《西突厥史料》，冯承钧译，中华书局 2004 年新 1 版，第 200页。

　　③ 参见［日］内田吟风《吐火罗（Tukhara）国史考》，载［日］内田吟风《东方学论集》，东京，1972 年版，第 100 页。

　　④（唐）慧立、彦悰著，孙毓棠、谢方点校：《大慈恩寺三藏法师传》，中华书局 1983 年版，第 31 页。

　　⑤（唐）玄奘、辩机原著，季羡林等校注：《大唐西域记校注》，中华书局 1985 年版，第100 页。

　　⑥ 同上书，第 969 页。

表明突厥文化已经在当地产生了一定的影响。其他诸国虽然"无大君长"或"无别君长"①，但应由西突厥的代理人管理。玄奘虽未明言其族属，但他们显然应为本地居民，亦即已经土著化了的吐火罗人、月氏人甚至哒人的后裔。波斯文史料记载："吐火罗斯坦是一个多山的美好省份。它的草原上生活着哥逻禄突厥人（Khalluckh Turks）。这里出产马、羊，盛产谷物和各种水果。"② 以上情况说明，突厥人已经成为吐火罗斯坦的一个新的民族成分。不管怎样，西突厥统治者在该地被称为"吐火罗叶护"，一方面表明其对吐火罗之地统治的确立；另一方面也说明吐火罗人在当地曾发挥过重要的作用，产生了深远的影响。

从大夏灭亡到唐初这 700 余年的时间里，阿富汗东北这片被称作覩货罗国故地的土地先后被大月氏、哒、波斯、突厥所征服，从而使得这一地区在历史上就形成了民族纷杂、战乱不已的局面。但进入这一地区的各个民族大部分都相继融入原来"众可百余万"的大夏人之中当是一个基本的事实。正因为如此，虽然在数百年的时间里，吐火罗斯坦的吐火罗人在不同的时期以不同的面貌出现，其民族内涵也不断地丰富和变化，但其主体地位则没有发生太大的变化。无论是汉语文文献中的覩货罗国故地或西方文献中的吐火罗斯坦，均反映了吐火罗人历史上在这一地区活动的基本范围及其所产生的深刻影响。正是由于民族融合的不断深入，"吐火罗"作为民族称谓的意义才日益下降，并逐渐被后人作为地理上的概念而使用。伴随着唐中叶以后中亚地区突厥化的全面展开，阿富汗东北地区逐渐成为突厥语民族活动的主要舞台之一，其影响一直延续到今天。

---

① （唐）玄奘、辩机原著，季羡林等校注：《大唐西域记校注》，中华书局 1985 年版，第 962 ~ 963 页。

② *Hudud al-'Alam*, *"The Regions of The World"*, Translated and explained by V. Minorsky, Second Edition, London, 1970, p. 108.

第二章

两汉时期的西域：文本与简牍

第一节　敦煌悬泉置遗址所出有关
乌孙的几枚汉简考释

悬泉置遗址位于甘肃敦煌市和安西县之间的交界处，两汉时期曾是丝绸之路上的一个重要驿站，因此地有悬泉水，设悬泉置（驿），故名；今人则称这里为"甜水井"。从 1990 年 10 月到 1992 年 12 月，甘肃省文物考古研究所对该遗址进行了全面的发掘，出土的各类器物达 7 万余件。其中简牍 35000 多枚，书写有文字的 23000 多枚。简牍中有明确纪年者，最早为汉武帝元鼎六年（前 111 年），最晚为东汉安帝永初元年（107 年），中间或有空缺，大致延续有 220 多年。[①] 在已刊布的悬泉汉简中，有 5 枚涉及了古代西北地区的重要民族——乌孙。[②] 除正史记载外，有关乌孙的文献材料极其罕见，所以这些简牍的发现对于研究乌孙及其与汉朝的关系来讲，就显得弥足珍贵。下面，根据最新刊布这 5 枚汉简的释文，对其中所涉及的有关内容试加考释。

[①]　甘肃省文物考古研究所：《甘肃敦煌汉代悬泉置遗址发掘简报》，《文物》2000 年第 5 期，第 4～20 页。

[②]　甘肃省文物考古研究所：《敦煌悬泉汉简释文选》，《文物》2000 年第 5 期，第 27～45 页。

一　录文

为行文方便，兹将这些汉简重新编号，格式依旧，迻录如下:

简1:（原编号 Ⅱ90DXT0113③:65）

　　　　　其一封长罗侯
上书二封　　　　　　　　甘露二年二月辛未日夕时受平望译
　　　　　一乌孙公主　　骑当富

　　　　　　　　　　　　　　　　　　　付万年译

　　　　　　　　　　　　县泉译骑朱定
　　　　　　　　　　　　　　　骑

简2:（原编号 Ⅴ92DXT1412③:100）
　　甘露三年十月辛亥
　　丞相属王彭护乌孙公主及将军贵人从传车马为驾二封轺传□
　　请部
　　　者道上
　　　　御史大夫万年下咸阳以次为驾
　　　　当舍传舍如律令

简3:（原编号 Ⅰ90DXT0309③:20）
　　乌孙莎车王使者四人贵人十七献橐佗六匹阳赐记教

简4:（原编号 Ⅰ90DXT0110②:33）
　　出粟六升　以食守属高博送自来乌孙小昆弥使再食东

简5:（原编号 Ⅱ90DXT0214②:385）
　　鸿嘉三年三月癸酉遣守属单彭送自来乌孙大昆
　　弥副使者薄侯左大将　敦煌长史充国行大□
　　掾使敞单皆奉献诣行在所以令为驾一乘传凡二人　三月戊寅东

六月以次为驾如律令

二　考释

简1为悬泉置传递书信的记录,简文中的"译骑"即"驿骑",内容大致是悬泉置驿骑朱定在甘露二年二月辛未日夕时收到平望驿驿骑当富送来的两封信,然后又将这两封信交付县(悬)泉置下一站的万年驿驿骑。从驿传的顺序来看,平望驿在悬泉置以西,万年驿在悬泉置以东。简2为御史大夫万年给咸阳以西各驿站所下达的公文,要求各地按照规定为乌孙公主一行人等安排好车马和住宿。简3、简4、简5则分别是乌孙等使者经过悬泉置时有关提供食宿、车驾以及朝贡物品的记录,简文中的"昆弥"在文献中又作"昆莫",乃乌孙最高统治者的称谓。

简1和简2中均出现有"乌孙公主",时间分别是甘露二年(前52年)和甘露三年(前51年)。此"乌孙公主"就是汉、乌孙关系史上大名鼎鼎的解忧公主。

乌孙是中国西北地区的一个古老的游牧民族,早在先秦时期就曾活动在河西走廊西部和天山北麓一带。月氏雄霸西北的时候,乌孙王难兜靡被月氏攻杀,领地尽失,其部众被匈奴所收留。匈奴崛起后,取代了月氏在西北的霸主地位,月氏大部被迫远徙伊犁河、楚河流域的所谓"塞种故地"。前130年前后[①],在匈奴的支持下,乌孙昆莫(王)以报杀父之仇为名,向西迁的大月氏人发动了进攻,并进而占据了伊犁河、楚河流域,势力逐渐壮大起来,遂"不肯复朝事匈奴"[②]。乌孙与匈奴的关系从此开始恶化,双方不时有冲突发生。与此同时,西汉王朝为了解除匈奴在北方的威胁,"断匈奴右臂",正积极寻求与已经西迁的月氏建立联系,共抗匈奴,于是才有武帝建元二年(前139年)张骞奉使"凿空"西域之举。张骞虽然历尽艰辛找到了已臣服大夏的大月氏,"不能得月氏

---

① 　关于乌孙西迁的时间有五种不同的看法:前177~前176年说;前174~前161年说;前161~前160年说;前139年说;前130年左右说。参见王明哲、王炳华《乌孙研究》,新疆人民出版社1983年版,第8~9页。本书采最后一说,详见余太山《塞种史研究》,中国社会科学出版社1992年版,第131~137页。

② 　《汉书·张骞传》。

要领”而还，但却在羁留匈奴期间意外地了解到了以上有关乌孙的情况。在张骞的建议下，汉武帝命令他于元鼎元年（前 116 年）二次出使西域，联络乌孙，并打算对乌孙妻以汉公主，“结为昆弟”，共同打击匈奴。经过双方的接触和了解，汉与乌孙的关系逐渐变得密切起来，并通过联姻等形式确定了联盟的关系，于是便出现了汉简中的“乌孙公主”。这些汉家公主嫁给乌孙昆莫以后在正史记载中一般便被称作“乌孙公主”。①

在西汉与乌孙关系史上，曾有两个汉皇室公主先后嫁到了乌孙。一个是元封三年（前 108 年）出嫁的江都王刘建之女细君公主②，她于元封六年或太初元年（前 104 年）在乌孙故去，前后仅四五年的时间。③ 所以，上录悬泉置所出甘露年汉简中所记的“乌孙公主”不可能是细君公主。

西汉嫁与乌孙的昆莫的第二个公主便是楚王戊的孙女——解忧公主。她在细君公主死后不久就接替了细君，成为了新的“乌孙公主”，直到甘露三年（前 51 年）冬才回到长安。④ 解忧公主在乌孙活动的时间长达 50 多年，先后嫁给了乌孙昆莫军须靡、翁归靡和泥靡，其中与翁归靡共生有三男两女，“长男曰元贵靡；次曰万年，为莎车王；次曰大乐，为左大将；长女弟史，为龟兹王绛宾妻；小女素光，为若呼翕侯妻”⑤。同行的侍女冯嫽也嫁给了乌孙右大将，人称“冯夫人”。她们在乌孙乃至西域的政治生活和西汉与乌孙关系等方面均曾发挥过十分重要的影响。简 1、简 2 所记的时间正与解忧在乌孙的时间相合，其所记内容当与解忧公主的活动情况有关。

证之以史乘发现，《汉书·乌孙传》有以下记载：“元贵靡，鸱靡皆病死，公主上书言年老土思，愿得归骸骨葬汉地，天子闵而迎之。公主与乌孙男女三人俱来京师，是岁甘露三年也。”《汉书·宣帝纪》甘露三年条亦云：“冬，乌孙公主来归。”简 2 所记甘露三年十月辛亥应当是解忧

---

① 有关“乌孙公主”的记载请参见《汉书·宣帝纪》、《汉书·乌孙传》、《汉书·常惠传》等。

② 细君公主出嫁的时间参见王明哲、王炳华《乌孙研究》，第 73～74 页。

③ 参见余太山《两汉魏晋南北朝与西域关系史研究》，中国社会科学出版社 1995 年版，第 19 页。

④ 《汉书·宣帝纪》“甘露三年”条。

⑤ 《汉书·乌孙传》。

东归时经过悬泉置并在此暂作歇息的时间,他们一行人到达长安时正是初冬,与《汉书·宣帝纪》的记载完全吻合。至于解忧上书乞归的时间、天子悯而迎之的具体情况,《汉书·乌孙传》的记载则比较含糊或语焉不详,所以以往人们一般均将这些事情的发生笼统地置于甘露三年。从当时的交通书信往来以及解忧 70 岁高龄的身体状况来看,解忧上书乞归、汉廷派人迎接到解忧再回到京师长安,这些事情似乎不大可能在不到一年的时间里完成。从简 1 所记内容来判断,解忧上书乞归的时间很可能是在甘露二年初,而悬泉置甘露二年二月辛未日夕时所收到的"乌孙公主"的上书一封的内容,应当就是《汉书·乌孙传》所记"年老土思,愿得归骸骨葬汉地"。

汉廷对于解忧公主的东归显然十分重视。一般人员的接来送往通常都是由郡太守派属下负责,但从简 2 的记载来看,护送解忧公主还乡的官员是京师丞相的属员,他应当是汉廷从长安专门派往迎接公主,并负责全程护送。检诸《汉书·百官公卿表》可知此时汉廷的丞相是淮阳阳夏(今河南太康县)人黄霸,他在汉宣帝五凤三年(前 55 年)二月丙吉死后担任的丞相,甘露三年卒于任所,担任丞相之职达 5 年;解忧东归时黄霸正好在任,王彭或许就是他派去迎接解忧的亦未可知。此外,简 2 还明确要求,对于解忧公主一行的接送,"御史大夫万年下咸阳以次为驾,当舍传舍如律令"。与她同行的三个孙子、孙女,亦按照将军和贵人的标准予以接待,"从传车马为驾二封"。解忧回到长安以后,汉廷给予了她很高的待遇,"赐以公主田宅奴婢,奉养甚厚,朝见仪比公主"[①]。这些都是对解忧 50 多年来在汉与乌孙关系发展中所作出贡献的肯定和褒扬。简 1、简 2 的发现,对于深化这种认识,弥补正史记载的简约之处,无疑具有重要的价值。

简 1 中与解忧一起上书的"长罗侯"指的是常惠。常惠是太原人,少时家贫;汉武帝天汉元年(前 100 年)曾经自告奋勇地跟随栘中监苏武出使匈奴,结果一起被匈奴扣留 10 余年;常惠和苏武归朝后,汉廷"嘉其勤劳,拜为光禄大夫",曾先后 5 次受命出使或驻节乌孙,史称其

---

① 《汉书·乌孙传》。

"明习外国事，勤劳数有功"①，在汉对乌孙政策和汉与乌孙关系发展方面曾起过至关重要的作用。汉宣帝本始二年（前 72 年），常惠以校尉的官职首次出使乌孙时，就根据当时的形势建议汉廷出兵征讨匈奴以解乌孙之危，从而促成了汉朝大发 15 万大军、兵分 5 路进讨匈奴的重大军事行动。尽管汉朝的各路大军均无功而返，只有常惠"持节护乌孙兵"，大破匈奴。"天子以惠奉使克获，遂封惠为长罗侯"②，是年本始三年（前 71 年）。③《汉书·乌孙传》云："后乌就屠不尽归诸翕侯民众，汉复遣长罗侯（常）惠将三校屯赤谷，因为分别其人民界。"《资治通鉴》将此事系于汉宣帝甘露元年（前 53 年），有学者却认为在甘露二年④；从简 1 常惠上书抵达悬泉置时间甘露二年二月来看，汉廷下令派遣常惠屯驻赤谷（今吉尔吉斯斯坦伊塞克湖东南，或以为在今特克斯河流域）应以甘露元年为妥，所以《通鉴》的记载是正确的。

　　简 3、简 4、简 5 都是有关乌孙遣使的记录，然除简 5 外，均没有纪年，但检诸史乘，仍然有迹可寻。甘露元年（前 53 年）是乌孙及汉与乌孙关系史上的一个转折点。在这一年，乌孙昆莫泥靡被其父翁归靡与胡（匈奴）妇所生之子乌就屠袭杀，乌就屠自立为昆莫，汉朝派破羌将军辛武贤率 5 万大军屯驻敦煌，准备征讨。乌就屠闻讯后十分恐慌，在冯嫽的劝说下表示愿意放弃昆莫的称号，改做小昆莫。汉宣帝将冯嫽召回朝中问明情况后，就派她"锦车持节，诏乌就屠诣长罗侯赤谷城，立元贵靡为大昆弥，乌就屠为小昆弥，皆赐印绶。破羌将军不出塞，还"⑤。从此，乌孙分裂为两个部分，并正式接受汉朝的册封，成为汉朝的一个属国，此后的文献记载中也就有了大、小昆莫之分了。据此可知，简 3 所记只称"乌孙王"，当属甘露元年前；而简 4 中有"小昆莫"，当为甘露元年后。

　　在简 3 的记载中，与乌孙王一起遣使的还有莎车王，而乌孙与莎车的关系中曾有一段不寻常的历史。汉宣帝时，乌孙公主（解忧）的小儿子

---

①　《汉书·常惠传》。

②　同上。

③　《汉书·宣帝纪》"本始三年"条。

④　《乌孙研究》，第 99 页。

⑤　《汉书·乌孙传》。

万年甚得莎车王的宠爱。莎车王生前膝下无子,他死的时候万年正在汉廷,"莎车国人计欲自托于汉,又欲得乌孙心,即上书请万年为莎车王。汉许之,遣使者奚充国送万年"①。这件事情发生在元康元年(前65年)。所以,简3所记乌孙、莎车王使者四人、贵人十七献橐驼之事,或许与正史中莎车国人"上书请万年为莎车王"有关,或者至少事发生在万年为莎车王期间。由于万年到了莎车以后为非作歹,引起莎车国人的憎恶,当年便被前莎车王之弟呼屠徵所杀。如果以上的推论不误的话,那么简3所属的时间当在元康元年前。

此外,乌孙与莎车联合遣使是与当时西域的政治格局密切相关的。乌孙西迁伊犁河、楚河流域以后,逐渐强大起来,不仅摆脱了附属于匈奴的地位,而且在西域地区"最为强国"。②加之其又与汉朝联姻,共抗匈奴,所以西域诸国大多与乌孙保持着密切的关系。随着匈奴的日渐衰落、西汉势力的进入,尤其是神爵二年(前60年)西域都护的设立,使得西汉与乌孙成为直接影响西域政局的主要势力,并且这种格局一直延续到甘露元年(前53年)乌孙成为西汉属国。如何处理与这两大势力的关系,成为这一时期西域诸国,尤其是塔里木盆地各绿洲小国所面临的一个重大问题。为了自身的生存和发展,像莎车那样"欲自托于汉,又欲得乌孙心"的政策,自然便是诸国在这一时期的共同选择。对于西域诸国来讲,汉公主与乌孙昆莫所生子女的独特身份便成为这一政策付诸实施的最佳锲入点。正因如此,在这一时期龟兹王绛宾才会遣使至乌孙求解忧公主之女为妻,甚至强行截留前往长安学习鼓琴、途经龟兹的解忧长女弟史,绛宾与弟史之子丞德即位后遂自称汉外孙③;而莎车国人干脆就把解忧的次子万年迎为莎车王。甘露元年以后,乌孙和西域诸国一样均成为汉的属国,接受汉廷的册封与保护,莎车"欲得乌孙心"的政策随即也就失去了存在的条件;加之,万年在莎车又被杀害,所以双方在特殊历史条件下的这种联系便从此不复存在了。从以上的历史背景来分析,把简3的时代置于万年为莎车王时期,即汉宣帝地节年间(前69~前66年)是可以的。④

---

① 《汉书·西域传》"莎车"条。

② 《汉书·乌孙传》。

③ 《汉书·西域传》"龟兹"条。

④ 参见《乌孙研究》,第79~80页。

简 5 是汉成帝鸿嘉三年（前 18 年）乌孙大昆弥遣使的记录，而乌孙大昆弥的此次遣使在正史中不见记载。按此时在位的乌孙大昆弥是雌栗靡，他是解忧公主长子元贵靡之孙、乌孙大昆莫星靡之子。雌栗靡于汉元帝竟宁元年（前 33 年）继任大昆弥之位，汉成帝永始元年（前 16 年）被小昆弥末振派人刺杀身亡，前后在位时间有 18 年①，是乌孙后期较有作为的一位领袖。史称："时大昆弥雌栗靡健，翕侯皆畏服之，告民牧马畜无使人牧，国中大安和翁归靡时。"② 在此期间，乌孙小昆弥多次反汉作乱，西域都护段会宗甚至曾一度被乌孙小昆弥部众所围困③，而乌孙大昆弥则一直与汉保持着友好的关系，简 5 的发现就是明证。正因如此，汉廷在雌栗靡被小昆弥末振派人刺杀以后，一方面"欲以兵讨之而未能，遣中郎将段会宗持金币与都护图方略，立雌栗靡季父公主孙伊秩靡为大昆弥"，另一方面则"没入小昆弥侍子在京师者"。④ 由于正史中有关雌栗靡与汉关系的材料阙载，所以简 5 正好就可以填补这一空白。⑤

第二节　常惠与西域

在西汉与西域，尤其与乌孙关系史中，常惠是一个至关重要的人物。他在西域的稳定以及汉朝与乌孙关系的和睦等方面，曾经发挥过相当积极的作用。有关常惠的研究始于 20 世纪初考古新材料的发现，并随着 20 世纪 90 年代敦煌悬泉置汉简的出土而进一步展开，从一个侧面反映出 20 世

---

① 参见《乌孙研究》，第 101～105 页。

② 《汉书·乌孙传》。

③ 参见余太山《两汉魏晋南北朝与西域关系史研究》，中国社会科学出版社 1995 年版，第 25 页。

④ 《汉书·乌孙传》。

⑤ 本节完成于 2000 年 6 月，亦即悬泉置遗址发掘简报和部分汉简释文正式刊布后的一个月；后来才得知参加悬泉置汉简整理的张德芳也有这方面的研究。参见张德芳《〈长罗侯费用簿〉及长罗侯与乌孙关系考略》，《文物》2000 年第 9 期。此后张德芳和胡平生又共同编撰了《敦煌悬泉汉简释粹》，由上海古籍出版社 2001 年 8 月出版。该书对部分释文作了校订，与首次刊布的录文中的某些内容或有出入。好在张、胡两氏校订后的释文对本文所讨论的主题影响不大，故仍然保持原貌。

纪中国学术发展史的基本轨迹。① 随着有关研究的不断深入，一些新的问题也随之出现，各种分歧也相继产生，有必要对此加以全面地分析和总结；另一方面，以往对常惠的研究也多偏重于其与乌孙的关系，缺乏对常惠的生平活动的全面研究。本书拟在前人研究的基础上，结合新发现的简牍材料，以常惠在西域的活动为中心，对其一生的活动试加总结，借以讨论西汉在西域的边政与边事方面的得失。

一　早期活动

常惠本为太原人，生年不详；关于他的卒年，史传的记载略有差异。《汉书·景武昭宣元成功臣表》云：长罗壮侯常惠"本始四年四月封，二十四年薨"②。本始四年为前70年，常惠受封24年后去世，据此似可推断他的卒年当为前47年，亦即元帝初元二年。然而《汉书·常惠传》却云："宣帝崩，惠事元帝，三岁薨，谥曰壮武侯。"③ 据此常惠似卒于初元三年（前46年）。但上引《汉书·景武昭宣元成功臣表》却记载说，"初元二年，严侯成嗣，十六年薨"④。如果常惠之子常成袭爵的时间确如表中所记载的那样在初元二年的话，那么依惯例则常惠的卒年不可能在初元三年。所以本书更倾向于认为常惠卒于西汉初元二年。

类似的年代问题还出现在常惠封侯的时间上。据《汉书·乌孙传》的记载，常惠在奉命持节护乌孙兵大破匈奴后，"还，封惠为长罗侯。是

---

① 1914年，王国维在和罗振玉合著的《流沙坠简》中对斯坦因在敦煌一座烽燧中发现的有关长罗侯常惠的汉简进行考证的时候认为，常惠在封侯以后"凡四出西域"。参见《流沙坠简》，中华书局1993年版，第162~163页。王明哲、王炳华在《乌孙研究》中根据考古和文献材料，认为常惠曾经5次出使乌孙，见《乌孙研究》，新疆人民出版社1983年版，第99页。张德芳根据1990~1992年悬泉置遗址出土的汉简考证出常惠的一次史书未载的出使乌孙的史实，并认为常惠至少6次出使西域，见《〈长罗侯费用簿〉及长罗侯与乌孙关系考略》，《文物》2000年第9期，第93页。由此可以看出，正是随着新材料的不断发现，有关常惠的研究才不断地深入。这也正如前辈史学大家陈寅恪所指出的那样："一时代之学术，必有其新材料与新问题。取用此材料，以研求问题，则为此时代学术之新潮流。"参见《金明馆丛稿二编》，上海古籍出版社1980年版，第236页。

② 《汉书》卷一七，第669页。

③ 《汉书》卷七〇。

④ 《汉书》卷一七。

岁本始三年也"①。而上引《汉书·景武昭宣元成功臣表》则明确记载说，常惠封侯的时间在本始四年四月。有学者以《汉书·乌孙传》的记载为是，认为常惠封侯在本始三年（前 71 年）。② 考虑到《汉书·乌孙传》的上述记载讲述的主要是常惠在本始三年奉命持节护乌孙兵大破匈奴之事，而这场汉朝与乌孙联兵进攻匈奴的战争直到本始三年夏五月才告一段落③，常惠在战争结束后并未立刻返回汉廷，而是跟随着乌孙昆弥前往乌孙在伊犁河一带的驻地（途中还被乌孙人盗去了印绶和节杖），然后才从乌孙返回。由于丢失印绶、节杖之事关系重大，常惠势必要与乌孙交涉讨回它们，否则回去无法向皇帝交代，而乌孙似乎有意为难汉使（因为双方此次联兵攻打匈奴只有乌孙大获全胜，乌孙难免恃功自傲），常惠最终也未能要回被乌孙盗去的印绶。在万般无奈的情况下，常惠只有硬着头皮返回汉廷，事实上连他自己都清楚丢失印绶回去的结果肯定是"自以当诛"。没想到"时汉五将皆无功，天子以惠奉使克获，遂封惠为长罗侯"④。这样，以当时的交通工具，常惠能否在本始三年的当年返回汉廷就很令人怀疑。考虑到当时在正常情况下往返一次乌孙至少需要十个月左右的时间⑤，而常惠还跟随乌孙前往蒲类泽（今新疆巴里坤）进攻匈奴，后来又可能原路折回乌孙，为了讨要印绶肯定也要耽搁一段时间，他此次返回汉廷的时间当以本始四年为宜，很可能就是汉廷封侯的本始四年年初。所以，《汉书·景武昭宣元成功臣表》所记载的封侯时间应该是准确的，《汉书·乌孙传》的上述记载讲述的主要是本始三年乌孙大败匈奴之事，对于常惠封侯只是追记，不当被视为当年之事。

常惠出身贫寒，与当时的许多渴望通过建功异域改变自己命运的贫寒之士一样，"自奋应募，随栘中监苏武使匈奴"⑥，时间是汉武帝天汉元年（前 100 年）。苏武乃官宦子弟，"少以父任，兄弟并为郎，稍迁

---

① 《汉书》卷七〇。

② 参见王明哲、王炳华《乌孙研究》，新疆人民出版社 1983 年版，第 86 页。

③ 《汉书·宣帝纪》"本始三年"条云："（正月）戊辰，五将军师发长安。夏五月，军罢。"见《汉书》卷八，第 244 页。

④ 以上均请参见《汉书》卷七〇。

⑤ 据敦煌悬泉置遗址所出汉简，常惠曾于神爵元年正月出使乌孙，当年十月返回。详见张德芳《〈长罗侯费用簿〉及长罗侯与乌孙关系考略》，《文物》2000 年第 9 期。

⑥ 《汉书》卷七〇。

至栘中厩监",此次出使的身份是中郎将。常惠虽然是一介布衣,但朝廷却对他另眼相看,给了他一个"假吏"的名号①,并让其和苏武以及副中郎将张胜一起,"募士斥候百余人俱"②。这样,在此次使团的三位带队官员当中,只有常惠是以布衣的身份充任的,说明他的才能在当时可能是比较出众的。事实上,此次苏武率团出使,由于张胜在匈奴处事不当,导致使团全体成员被扣留达19年之久,正是常惠凭借着自己的机敏和智慧,适时把握住了时机,才使得包括苏武在内的使团的残余人员得以返回汉廷。

　　苏武使团的任务主要是为了交换汉匈双方所扣留的对方使节,但张胜却私下里参与了匈奴内部的政变活动,事情败露后使团成员均受到了牵连。匈奴单于软硬兼施,试图降伏苏武未果,遂将其一人放逐到北海(今俄罗斯贝加尔湖)一带的无人区,"别其官属常惠等,各置他所"③。至于匈奴将常惠具体安置到了什么地方,已无法确知。后来汉朝使者前来询问苏武等人下落的时候,匈奴却谎称苏武已经死了,汉朝使者似乎信以为真,并没有继续追问下去。当汉朝使者再次来到匈奴的时候,常惠得到了这个消息,并且说服看守一起趁夜色前去拜见汉使,可见他被流放的地方应该离匈奴的汗廷不太远。而且,常惠对于苏武的下落和当时的处境也十分了解,他在见到汉使以后将上述的有关情况进行了陈述并设一计,"教使者谓单于,言天子射上林中,得雁,足有系帛书,言武等在某泽中"④。汉朝使者听后大喜过望,于是就依照常惠的计策行事,最终迫使单于承认苏武还活着的事实,并将苏武、常惠等9人放还汉朝。常惠依靠自己的机敏和才智,不仅解救了苏武,也解救了自己和其他7人,汉朝因此拜常惠为中郎、光禄大夫。⑤ 常惠与苏武一起出使匈奴虽然被拘留了19年,但在此期间苏武基本上处于与世隔绝的状态,而常惠显然一直和匈奴

---

① 颜师古注曰:"假吏犹言兼吏也,使权为使之吏,若今之差人充使典矣。"见《汉书》卷五四。

② 《汉书》卷五四。

③ 同上。

④ 同上。

⑤ 《汉书》卷五四《苏武传》云:"常惠、徐圣、赵终根皆拜为中郎,赐帛各二百匹。"《汉书》卷七〇《常惠传》却记载说:常惠回来后,"汉嘉其勤劳,拜为光禄大夫"。《汉书》卷一七《景武昭宣元成功臣表》亦记常惠具有"光禄大夫"的头衔,均不提"中郎"的职衔。

人生活在一起，各种消息似乎也比较灵通，与看守相处得也比较融洽，甚至在单于严密封锁消息的情况下还能够和看守一起偷偷地拜见汉朝的使者，并且运用十分巧妙的计谋使自己和苏武等人成功获救（至少"鸿雁传书"是为匈奴等游牧民族普遍采用的通信形式，所以单于才会对常惠编造的汉朝天子"射雁得帛书"的说法深信不疑），可见他也对匈奴的内部情况有了一个比较全面而深入的了解和认识。常惠在匈奴的这 19 年中所积累的丰富经验，也为他以后在汉朝与匈奴争夺西域的过程当中充分施展自己的才华奠定了基础。

二 出使西域

汉昭帝始元六年（前 81 年），常惠和苏武等人终于回到了阔别 19 年之久的长安。此后，常惠的主要活动基本集中在汉匈斗争的焦点——西域地区。西汉宣帝在位期间（前 73～前 49 年），常惠曾经多次前往西域，但是在他到底去了几次的问题上，学术界尚有不同的看法，故拟以此为线索，对常惠在西域的活动情况试加系统地分析和论述。

常惠第一次出使西域在本始二年（前 72 年）年初。此前，与汉朝联姻的乌孙由于遭到匈奴的进攻，遂向汉朝求救。"乌孙公主上书言'匈奴发骑田车师。车师与匈奴为一，共侵乌孙，唯天子救之！'"① 这里的乌孙公主就是嫁给乌孙昆莫（弥）的西汉楚王刘戊之孙女，著名的解忧公主。令人感到奇怪的是，此次上书求救的只有解忧公主而没有乌孙昆弥。当然，乌孙借助解忧公主与西汉皇室的亲缘关系向朝廷求救固然可能是原因之一，但解忧公主独自上书求救的主要原因乃是在于她个人的安全受到了匈奴的直接威胁，即匈奴竟然向乌孙提出了索要解忧公主的要求。至于匈奴向乌孙索要解忧公主的具体原因，在《汉书·匈奴传》中曾有记述：昭帝元凤年间（前 80～前 75 年），汉军趁匈奴攻击辽东乌桓之机，派度辽将军范明友率 2 万骑攻打匈奴，匈奴闻讯后撤走，"乌桓时新中匈奴兵，明友既后匈奴，因乘乌桓敝，击之，斩首六千余级，获三王首，还，

---

① 《汉书》卷七〇。

封为平陵侯。匈奴緣是恐，不能出兵。即使使之乌孙，求欲得汉公主"①。可见正是由于汉朝的这次军事行动的成功，才使得匈奴在东击乌桓没有占到便宜的情况下，转而向西方迁怒于与汉朝关系密切的乌孙，提出"欲得汉公主"的非分要求，从而为打击乌孙寻找借口。不知乌孙是否拒绝了这一无理要求，匈奴最终还是向乌孙发动了进攻，史称其"击乌孙，取车延、恶师地"②。解忧正是在这种背景下上书朝廷的，但是她在上书中对匈奴"求欲得汉公主"之事却只字未提，只是强调车师和匈奴联合攻打乌孙，请求天子救援。在乌孙昆弥态度不明的情况下，解忧公主的这种做法是意味深长的。事实上，朝廷在接到解忧的上书后，"下公卿议就"，结果却是"未决"。③恰逢汉昭帝亡故（前74年），汉朝更是暂时无暇西顾。汉宣帝继位后，此事马上就被纳入了议事日程之中。可能是因为新帝初立，局势不稳，汉朝此次显得格外慎重，并未马上出兵，而是首先选派使节前往乌孙了解有关情况，熟知匈奴内情的常惠遂在本始二年受命出使。

　　常惠此次出使圆满地完成任务，很快就与乌孙昆弥和解忧公主的使者一起返回，并且遵照昆弥和公主的托付向汉朝陈述乌孙的处境和请求："匈奴连发大兵击乌孙，取车延、恶师地，收其人民去，使使胁求公主，欲隔绝汉。昆弥愿发国半精兵，自给人马五万骑，尽力击匈奴。唯天子出兵以救公主、昆弥！"④常惠在这里实际上带回了两个重要的信息：其一乌孙尤其是解忧公主的处境十分危急；其二乌孙表达了将用本国一半的精兵，有5万骑，与汉朝一起联兵，共同打击匈奴的愿望。前一点在解忧公主的上书中已经讲明，只是增加了匈奴向乌孙索要解忧公主的内容（这自然有助于促使汉朝发兵相救），或许有难言之隐而借常惠之口说出；而后者无疑是常惠此次出使的最大成果。事实上，汉朝一直希望在西域与乌孙联合，共同打击匈奴，所以才先后将两个公主嫁给了乌孙昆莫。第一个嫁给乌孙昆莫猎骄靡的汉朝公主细君，由于无法接受猎骄靡又再让她转嫁给自己的孙子的要求，曾经向朝廷上书告状，而汉武帝却要求细君公主"从其国

---

①　参见《汉书》卷九四上。

②　《汉书》卷九四上。

③　同上。

④　参见《汉书》卷七〇。

俗"，并明确指出这样做的目的是"欲与乌孙共灭胡（即匈奴）"。① 细君去世后，汉朝随即又以解忧公主下嫁乌孙，也都是为实现这一战略目的服务的。显然，与公主本人的好恶与安全相比，汉朝更关心的是与乌孙联合共击匈奴。但是即使如此，在常惠此次出使之前，乌孙在与汉朝联合打击匈奴的问题上并没有采取任何实质性的行动，反而在求得汉公主的同时又接纳了匈奴之女为左夫人，一直在汉朝和匈奴之间采取着"持两端"的态度。在李广利征讨大宛的时候，汉武帝曾经"使使告乌孙大发兵击宛。乌孙发二千骑往，持两端，不肯前"②。直到常惠出使乌孙以后，这种情况才有了根本性的改变，汉朝自张骞出使西域以来联合乌孙共击匈奴，断匈奴右臂，进而彻底解除来自北方威胁的战略方针从此才得以付诸实施。

据《汉书·宣帝纪》本始二年（前72年）条的记载，汉朝在从常惠那里了解到了有关乌孙的情况后，随即就在当年秋天调集军队，准备与乌孙联合征讨匈奴。所以常惠最晚应该是在当年的夏秋之交出使归来的，从当时往返长安与乌孙之间的时间来推断，他第一次出使的时间可能在本始二年年初。汉朝在调兵遣将的同时，还给常惠封了一个"校尉"的头衔，令其"持节护乌孙兵"，于是就有了常惠第二次出使西域，时间应该在本始二年的秋天，因为汉朝的五路大军在本始三年正月就从长安进发了，他必须在此之前赶到乌孙。③

常惠第二次出使西域在名义上是所谓的"持节护乌孙兵"，但他的真正使命应该是告知乌孙有关汉朝征讨匈奴的计划和部署，协调双方在军事上的相互配合与联合行动。汉朝的这次军事行动声势颇大，10 余万骑的大军分五路全面出击，乌孙也按照约定发 5 万余骑从西方进击匈奴。《汉书·匈奴传》说："匈奴闻汉兵大出，老弱奔走，欧畜产远遁逃，是以五将少所得。"④ 其实，汉朝此次军事行动没有达到预定的目的还和几路将领"不至期"或"逗留不进"有关，从五原出塞的云中太守、虎牙将军田顺和从西河出塞的御史大夫、祁连将军田广明都是因此引咎自杀的。⑤

---

① 《汉书》卷九六下。
② 《汉书》卷六一。
③ 参见《汉书》卷八。
④ 《汉书》卷九四上。
⑤ 同上。

与此形成鲜明对比的是，乌孙的军队却大获全胜，虏获甚丰。"昆弥自将
翁侯以下五万骑从西方入，至右谷蠡王庭，获单于父行及嫂、居次、名
王、犁汙都尉、千长、骑将以下四万级，马牛羊驴橐驼七十余万头。"①
但是，本来汉朝是与乌孙商定共同夹击在蒲类泽（今新疆巴里坤）的匈
奴右谷蠡王一部的，和乌孙相配合的是由蒲类将军赵充国率领的 3 万大
军。"蒲类将军兵当与乌孙合击匈奴蒲类泽，乌孙先期至而去，汉兵不与
相及。"② 显然，双方的这次联合军事行动在协调上还是存在着问题，"合
击匈奴"最后却演变成了乌孙单方面的行动，"持节护乌孙兵"的常惠在
这方面似乎并没有发挥应有的作用。乌孙获胜后并没有告知与之联合的汉
朝，而是立刻带上战利品返回，常惠则"从吏卒十余人随昆弥还"，路上
反而被乌孙人盗去了印绶与节杖，最终也未能讨要回来。他深知自己在这
次联合作战中协调不力，加之又丢失了印绶和节杖，更是有辱使命，所以
尽管明明知道"自以当诛"，最后还是只好硬着头皮返回长安。如前所
述，常惠回到长安的时间大概在本始四年（前 70 年）年初。

　　令常惠所没有想到的是，汉朝由于五路大军无功而返丢尽了颜面，只
有常惠所在的乌孙大获全胜（尽管他本人在双方的协同作战方面实际上
并没有发挥太大的作用，反而有失职之嫌），多少使这次联合军事行动取
得了一定的成果；更重要的是，乌孙的出兵，使汉朝终于实现了自武帝以
来在西域寻求同盟军"断匈奴右臂"的夙愿，从而为最终击败匈奴，彻
底解除北部边患开了一个好头。不管怎样，常惠在这一点上是立了大功
的，与此相比，丢失印绶和节杖之事倒真的变成"小节"了。加之与乌
孙联兵合击匈奴才刚刚开始，匈奴的力量并没有受到太大的削弱，以后还
有大量的工作要做，而常惠在这一方面无疑还是最佳人选。正因为考虑到
了上面的这几个因素，汉朝不仅没有追究常惠丢失印绶和节杖的过失，反
而在本始四年四月加封他为长罗侯，并令其第三次出使西域。③

---

① 《汉书》卷九六下。

② 《汉书》卷九四上。

③ 有学者认为这是常惠第二次去乌孙，似有不妥。参见王明哲、王炳华《乌孙研究》，新
疆人民出版社 1983 年版，第 87 页。王国维认为这是常惠封侯后第一次出西域，见《流沙坠简》，
中华书局 1993 年版，第 163 页。

三　建功立业

本始四年（前 70 年）四月后不久，已经封侯的常惠受命第三次出使西域。从此，西域这个历史舞台为常惠充分施展自己的才能提供了更加广阔的空间。汉朝此次交代给常惠的使命是"持金币还赐乌孙贵人有功者"，一方面是为了奖赏乌孙征伐匈奴的功绩，另一方面则是借此进一步巩固双方的反匈联盟。而常惠显然并不满足这种在自己看来仅仅是礼节性质的出使，非常希望能有更大的作为，于是在行前便趁机上奏汉宣帝，以"龟兹国尝杀校尉赖丹，未伏诛"为由，提出"请便道击之"。汉宣帝则以汉乌关系为重，不想节外生枝，所以没有允之。时为大将军的外戚霍光似乎本来就对并没有立下什么大功而获封侯殊荣的常惠心存不满，于是就借机指责常惠"以便宜从事"，擅作主张。① 由此看来，对于意外封侯的常惠来讲，来自朝廷上下的这种压力，很可能也是他急于建功立业的一个重要原因。此时，取得实际的军功，对于贫民出身而又有"无功受禄"之嫌的常惠而言便具有了特殊的意义。事实上常惠在表面上虽然并不敢违抗君命，但一到西域便"将在外，君命有所不受"了。

与第二次出使时随行人员仅 10 余人形成鲜明对比的是，常惠此次的使命尽管只是代汉朝廷礼节性的赏赐乌孙，但随从士卒却有 500 人之多，这在客观上也为他在西域采取相应的军事行动提供了条件。果然，常惠到了乌孙很快就完成了朝廷交与的任务，像预先计划好的那样在返回的途中"擅自"发动了对龟兹的进攻。在这次行动当中，充分显示出了常惠杰出的军事指挥才能。他征发龟兹以西诸国兵马 2 万人为西路军，由自己亲自指挥，并命令自己的副使征发龟兹以东诸国兵马 2 万人为东路军，又以乌孙兵 7000 人为中路，摆出了从东、西、北三面攻打龟兹的架势。在首先对龟兹形成合围压迫之势的基础上，他再派人前往龟兹，"责其王以前杀汉使状。王谢曰：'乃我先王时为贵人姑翼所误耳，我无罪。'惠曰：'即如此，缚姑翼来，吾置王。'王执姑翼诣惠，惠斩之而还"②。就这样兵不

---

① 以上均参见《汉书》卷七〇。
② 《汉书》卷七〇。

血刃，常惠征服了龟兹，从而最终达到了"不战而屈人之兵"的战略目的。需要指出的是，像常惠这样如此大规模地征发西域各国大量兵马进行征讨活动，在当时是空前的，也是需要有相当的胆识和能力的。尽管常惠是公然违抗君令，擅自发西域诸国兵征讨龟兹，但毕竟还是取得了胜利，为汉朝一雪此前的使者被杀之耻。所以常惠并没有因此受到汉宣帝的处罚，同时也未受到奖赏，功过各半，算是扯平了。不管怎样，此事过后的史料中，也再没有见到有关指责常惠"便宜从事"的记载，而常惠在以后的行为上倒也基本是中规中矩了。有趣的是，此后常惠的各项活动在其本传中均略而不谈，只散见于其他的有关传记之中。

元康二年（前64年），常惠第四次前往西域，所执行的任务是率军解救被匈奴围困在车师的汉朝屯田士卒。自汉武帝天汉二年（前99年）以来，汉朝和匈奴围绕着车师展开了数十年的争夺战，双方互有胜负，车师曾经几度易手。宣帝地节四年（前66年），驻扎在渠犁的汉将郑吉派遣吏卒300人前往车师屯田，试图在此建立一个比较稳固的支撑点。对于匈奴来讲，"车师地肥美，近匈奴，使汉得之，多田积谷，必害人国，不可不争也"①，所以就发兵前来袭扰。为了对抗匈奴，郑吉将在渠犁屯戍的全部士卒1500人派往车师②，而匈奴也随即增兵。汉军终因寡不敌众，被迫退入车师城内。此后，汉朝在车师的屯戍陷入困境，郑吉为此上书朝廷，请求增加在车师屯戍的士卒，而朝廷则以"道远烦费"为由，决定停止在车师屯田。为了使郑吉能够从车师顺利地撤出，朝廷派常惠率军前往解救。但是常惠的大军并没有直接开往车师，而是从张掖和酒泉出发，来到车师北千余里的地方，"扬威武车师旁"，截断了匈奴军队的退路，最终迫使匈奴从车师撤兵，车师之围遂解，郑吉趁机退回渠犁。③ 常惠这种不战而解车师之围的做法是很高明的。

常惠此次不仅成功地解救了郑吉，还意外地与乌孙发生了关系。或以

---

① 《汉书》卷九六下。

② 参见《汉书》卷九六下。《资治通鉴》卷二五则记道："郑吉将渠犁田卒七千余人就之，为匈奴所困。"

③ 参见《汉书》卷九六下。《资治通鉴》卷二五云："止遣长罗侯常惠将张掖、酒泉骑往车师，迎郑吉及其吏士还渠犁。"似有不确。

为常惠这次到西域并没有至乌孙。① 然而常惠所到车师北千余里的地方，至少应该是乌孙与匈奴的接合部，或许已经进入了乌孙的领地亦未可知。尽管常惠此次的使命主要是解车师之围，并没有联络乌孙的任务，但是乌孙显然知晓常惠的活动。常惠"扬威武车师旁"，成功地迫使匈奴撤军，无疑对乌孙产生了很大的影响，因为这毕竟是汉朝大军首次逼近乌孙的大门口。面对汉朝在西域的势力日益壮大，乌孙遂开始主动与常惠联络，于是便有元康二年委托常惠给汉朝上书之事。

《汉书·西域传》乌孙条云："元康二年，乌孙昆弥因惠上书:'愿以汉外孙元贵靡为嗣，得令复尚汉公主，结婚重亲，畔绝匈奴，愿聘马、骡各千匹。'"② 如上所述，正因为常惠在解车师之围的时候到了乌孙或其邻近的地区并与其发生了联系，所以乌孙昆弥才得以"因惠上书"。事实上，乌孙在宣帝之朝与汉廷的联系主要是通过常惠来进行的，这固然与乌孙没有自己的文字，需要借助汉文上书有关，但从中也可以看出乌孙是十分倚重和信任常惠的。与此前的两次汉乌和亲相比，乌孙的这次上书请婚具有特殊的意义。首先，如果说前两次和亲是汉朝主动或乌孙面临外部（匈奴）威胁情况下进行的话，那么这一次则是乌孙主动提出的，表明汉乌之间的关系已经发生了某种微妙的变化。其次，元贵靡乃乌孙昆弥翁归靡与解忧公主之长子，乌孙立其为嗣并为之请婚，不仅有亲上加亲（即"结婚重亲"）的意味，而且还表达了其主动亲近汉朝、进一步加强和巩固汉乌关系的愿望。此外，乌孙此次请婚的聘礼为马、骡各千匹，但首次迎娶汉公主细君时的聘礼仅为马千匹，解忧公主出嫁却未见有迎聘的记载，说明乌孙现在已更加看重与汉朝的这种联姻关系。再次，这也是乌孙首次向汉朝表明了其与匈奴决裂，即"畔绝匈奴"的态度。本来乌孙前昆弥岑陬与匈奴左夫人曾生有一子，名叫泥靡，他在临死的时候泥靡年龄尚小，无法主政，于是便传位给了翁归靡，但同时立下遗嘱要求翁归靡待到"泥靡大，以国归之"③。可见在岑陬当政的时候，乌孙还是比较倾向于匈奴的。翁归靡上台后，西域地区的政治形势开始发生变化，汉朝的势

---

① 参见王明哲、王炳华《乌孙研究》，第87页。
② 《汉书》卷九六下。
③ 同上。

力逐渐占了上风，乌孙遂与匈奴决裂转而倒向汉朝。翁归靡不顾先王之遗嘱，立元贵靡为嗣，就不仅仅是因为元贵靡是自己的儿子，更重要的在于元贵靡还是汉朝的"外孙"，所以这实际上可视为乌孙转变政策，"畔绝匈奴"的实际行动。所有的这些与前述汉乌联合攻打匈奴，乌孙大败匈奴独吞胜果后扬长而去甚至还盗取汉使常惠的印绶、节杖，常惠反而要奉命"持金币赐乌孙贵人有功者"，乌孙却竟然未加回复，均形成了鲜明的对比。要之，乌孙上述这些政策、态度和行为的转变，其直接的动因就是常惠"扬威武车师旁"。

也许是因为乌孙这一态度的转变显得有些突然，一时间使得汉朝的有些大臣对此心怀疑虑，如大鸿胪萧望之就认为："乌孙绝域，变故难保，不可许。"但汉宣帝在匈奴未灭的情况下，仍以汉乌联盟大局为重，便以"乌孙新立大功，又重绝故业"为由否决了萧望之的异议，"遣使者至乌孙先迎娶聘，昆弥及太子、左右大将、都尉皆遣使，凡三百余人入汉，迎娶少主"①。至于此次迎娶聘的时间，奉命出使的为何人，史乘则没有任何明确的记载，所以一直是一个悬案。随着近 20 年前敦煌悬泉置遗址中有关汉简的大量出土，这一问题才终于得以水落石出。② 根据该遗址出土的《悬泉置元康五年正月过长罗侯费用簿》等有关汉简推断，研究者张德芳认为，常惠曾在元康五年（即神爵元年，前 61 年）正月出使西域，当年十月返回，其使命正是上引史书所记载的"至乌孙先迎娶聘"③。这应该是常惠第五次出使西域。

常惠于神爵元年（前 61 年）正月第五次出使西域时随行人员的情况，在《悬泉置元康五年正月过长罗侯费用簿》中有所反映。根据此简所记内容进行统计④，他此次的随行人员在 450 人以上，包括长史、军侯

---

① 《汉书》卷九六下。

② 有关悬泉置遗址及所出汉简的具体情况，请参见《甘肃敦煌汉代悬泉置遗址发掘简报》、《敦煌悬泉置汉简内容概述》和《敦煌悬泉汉简释文选》等文，载《文物》2000 年第 5 期，第 4～45 页。

③ 张德芳：《〈长罗侯费用簿〉及长罗侯与乌孙关系考略》，《文物》2000 年第 9 期，第 91～95 页；修订稿收入张德芳、胡平生编撰《敦煌悬泉汉简释粹》，上海古籍出版社 2001 年版，第 230～246 页。

④ 张德芳上揭文修订稿中编号为 14 号简的录文中的"斥候五人"当为"斥候五十人"之误，见《敦煌悬泉汉简释粹》，第 232 页。

丞、司马丞、斥候和施刑士等，其中又以施刑士居多，达 300 人。但其实际人数似乎应不少于常惠第三次出使时所带的 500 人。常惠这次出使乌孙不仅迎取了聘礼，而且还带回乌孙 300 人的迎娶使团，包括乌孙昆弥、太子、左右都尉、大将在内，从统治者到主要的高级官员都分别派遣了使者。这也是有史以来乌孙派往汉朝规模最大、规格最高的一个使团。由此可知，乌孙对于这次联姻是特别重视和认真。而汉宣帝对于此次联姻也相当重视并做了细致的准备，"上乃以乌孙主解忧弟子相夫为公主，置官署侍御百余人，舍上林中，学乌孙言，天子自临平乐观，会匈奴使者、外国君长大角抵，设乐而遣之"①。以此向匈奴和其他外国君长显示汉乌关系之密切。因为相夫此时年幼，故史书中称之为"少主"，而护送少主的任务自然又落到了常惠的身上。

神爵二年（前 60 年），常惠第六次出使西域，护送少主相夫出嫁乌孙，使团中持节者就达四人之多，规模颇大，规格亦很高。但当他们一行到达敦煌的时候，乌孙内部却发生了变故。原来，就在这时乌孙昆弥翁归靡突然逝世，乌孙贵族按照前昆弥岑陬的遗嘱"共从本约，立岑陬子泥靡代为昆弥，号狂王"。这样，护送少主的常惠使团的处境就颇为尴尬，进退两难。面对这一突发的变故，常惠当机立断，上书朝廷："愿留少主敦煌，惠驰至乌孙责让不立元贵靡为昆弥，还迎少主。"加之萧望之重提旧议，认为乌孙"持两端，难约结"，双方联姻的作用不大。汉宣帝在万般无奈之下也只好采纳了他们的建议，"征还少主"。② 而常惠尽管前往乌孙指责其不立元贵靡为昆弥，但也似乎是无功而返。这一年，苏武去世，常惠接替他的职务为典属国。③

由于有岑陬立泥靡为昆弥的遗嘱在先，故乌孙贵族的做法并无不妥，而翁归靡反而有背约之嫌，所以汉宣帝仍以汉乌联盟之事为重，对于泥靡代为昆弥的既成事实也只好采取默认的态度，所以狂王泥靡得以"复尚楚主解忧"。但接下来发生的事情使得汉朝开始改变对乌孙的政策。

泥靡上台后与解忧公主不和，"又暴恶失众"，不得人心。解忧公主

① 《汉书》卷九六下。
② 同上。
③ 《汉书》卷五四、卷七〇。

借汉使卫司马魏和意、副侯任昌送侍子之机,设计刺杀泥靡,泥靡负伤逃走。"其子细沈瘦会兵围和意、昌及公主于赤谷城。数月,都护郑吉发诸国兵就之,乃解去。"在这种情况下汉朝派遣中郎将张遵"持药医治狂王,赐金二十斤,采缯",并将参与刺杀狂王的魏和意与任昌押回长安斩首。但对此事的主谋解忧公主却未加追究,留下来了解刺杀狂王事件原委的车骑将军长史张翁反而因为打骂公主而被处死。此外,副使季都因为在派人医治狂王的时候没有趁机诛杀,也获罪下蚕室。对此,徐松在《汉书西域传补注》中曾一针见血地指出:"公主、和意谋杀狂王,固汉意也,特以不死委罪和意耳。张翁、季都之获罪,盖不知朝廷之意。"[1] 由此也可以看出,显然他对汉朝是不够友好的,故汉朝对于泥靡为乌孙昆弥亦是十分不满。泥靡在受伤逃到北山之后,曾"扬言母家匈奴兵来,故众归之"[2]。汉朝对于其与匈奴的这种特殊的关系是颇有疑虑的。事实上,甘露元年(前53年)翁归靡之子乌就屠袭杀泥靡并自立为昆弥[3],由于乌就屠之母亦为匈奴人,又有泥靡的前车之鉴,所以汉朝立刻就派遣破羌将军辛武贤率兵一万五千人在敦煌集结,准备出塞征讨,其目的显然是为了实现此前与翁归靡的约定,拥立解忧公主之子元贵靡为乌孙新昆弥。以此为标志,汉朝从而开始直接插手乌孙昆弥的废立之事,干预乌孙的内部事务,逐渐加强对乌孙的控制。

在此背景下,常惠第七次前往西域,目的地仍是乌孙。此时西域的政治形势已经发生了很大的变化,随着匈奴势力的衰落和逐步退出西域,汉朝于神爵三年(前59年)设立西域都护,任命郑吉为首任都护,直接管理西域城郭诸国,并对乌孙负有督察、征伐之责。如前所述,郑吉就曾经发兵前往乌孙赤谷城解救汉使和解忧公主。尽管如此,汉朝对乌孙仍有鞭长莫及之感,以至于乌就屠杀泥靡自立为昆弥,汉朝不得不从内地发兵征讨。就在辛武贤的大军即将出塞之际,嫁给乌孙右大将为妻的解忧公主侍女冯嫽对乌就屠晓之以利害,"乌就屠恐,曰:'愿得小号。'"这其实是一种折中方案,即乌就屠放弃昆弥之位,改为小昆弥,言外之意就是亲汉

---

① 徐松:《汉书西域传补注》卷下,第七叶,《西域三种》,北平隆福寺文奎堂藏版。
② 《汉书》卷九六下。
③ 有关年代的考订,参见王明哲、王炳华《乌孙研究》,第93~94页。

的元贵靡可以担任大昆弥。为此汉宣帝特地征召冯夫人入朝亲自问明情况后，同意了这一方案，"遣谒者竺次、期门甘延寿为副，送冯夫人。冯夫人锦车持节，诏乌就屠诣长罗侯赤谷城，立元贵靡为大昆弥，乌就屠为小昆弥，皆赐印绶"①。至于长罗侯常惠何时、负何使命来到赤谷城，上述记载则语焉不详。徐松在《汉书西域传补注》中曾认为，"常惠盖与辛武贤同讨而独至乌孙也"②。其实，由于冯嫽成功地说服了乌就屠改称小昆弥，辛武贤的大军根本就没有出塞便返回了，常惠是否在大军之中史无明文，至于其独至乌孙之事更是无从谈起。史书称此次竺次、甘延寿为副使送冯夫人，却未言正使为何人，而立元贵靡为大昆弥、乌就屠为小昆弥之事（这也应该是汉朝使团的主要使命）却是在长罗侯常惠的主持下进行的，所以常惠应该就是此次汉朝使团的正使。要之，这当是常惠第七次出使西域，时间是甘露元年（前53年）。作为正使的他直接来到了赤谷城（此地应该是解忧公主和元贵靡的常驻之地），而副使竺次、甘延寿则护送冯夫人前往乌就屠处，诏其来到赤谷城，接受正使常惠代表汉朝所作的册封与印绶。从此，乌孙分裂为大小昆弥两部。

　　如果说常惠上述的七次前往西域都是出使或征伐性质的话（完成任务后就返回），那么他第八次奉命来到乌孙则在这里常驻了下来。常惠前次尽管册立了乌孙大小昆弥，但对于两者的地界和属民等问题并没有作具体的划分，因而为大小昆弥之间的纷争埋下隐患，比如乌就屠后来就没有完全归还乌孙诸翕侯的全部属民。为了解决这些遗留问题，汉朝于甘露二年（前52年），即册封大小昆弥的第二年再次派遣常惠前往乌孙。《汉书·乌孙传》记载说："汉复遣长罗侯惠将三校屯赤谷，因为分别其人民地界，大昆弥户六万余，小昆弥户四万余。"③ 常惠此次率将校和士卒屯戍乌孙赤谷城，表明汉朝已经开始像设西域都护管理城郭诸国那样，直接派大员监管乌孙。常惠第八次前往西域，除了划分了乌孙大小昆弥的地界和属民之外，还在屯戍赤谷城期间征伐乌孙内乱。《汉书·辛庆忌传》云："辛庆忌字子真，少以父任为右校丞，随长罗侯常惠屯田乌孙赤谷

---

① 《汉书》卷九六下。
② 徐松：《汉书西域传补注》卷下，第八叶。
③ 《汉书》卷九六下。

城，与翕侯战，陷阵却敌。惠奏其功，拜为侍郎，迁校尉，将吏士屯焉耆国。"① 由此可知，大小昆弥分立后，乌孙内部局势并不是很稳定，这是因为乌孙仍然"众心皆附小昆弥"，所以前述"乌就屠不尽归诸翕侯民众"才显得有恃无恐。② 常惠率众屯戍赤谷城，自然负有相机处理乌孙事务，稳定乌孙内部局势的使命，很可能就是为扶持大昆弥元贵靡。此外，乌孙在屯戍赤谷城期间与朝廷保持着联系，随时上奏有关乌孙的情况。在敦煌悬泉置遗址出土的汉简中就可以见到相关的记载，如编号为Ⅱ90DXT0113③：65 的汉简上说："上书二封。其一封长罗侯，一乌孙公主。甘露二年二月辛未日夕时受平望译骑当富，县泉译骑朱定付万年译骑。"这是常惠通过当时的驿传机构向朝廷上书的记录。有时，常惠还派手下士卒将上书专程送达朝廷，如Ⅴ92 DXT1311③：315 汉简云："使乌孙长罗侯惠遣斥候恭，上书诣行在所。以令为驾一乘传。甘露二年二月甲戌，敦煌骑司马充行大守事，库令贺兼行丞事，谓敦煌以次为，当舍传舍，如律令。"③

也就在这一年（甘露二年，前52 年），右将军赵充国去世④，汉宣帝可能随即将常惠从乌孙召回朝中，代替赵充国为右将军，并继续兼任典属国之职。⑤ 从上引悬泉置汉简所记可知，常惠在甘露二年二月的时候还在乌孙向朝廷上书，所以他回到朝中的具体时间应该在甘露三年。常惠此时年岁已高，故史书中以后再也不见有他出使或出征的记载，可能主要在朝中出谋划策。甘露三年（前51 年）冬天，解忧公主也回到长安，落叶归根。常惠和解忧的回朝，表明汉朝经营乌孙的目标已经基本实现，他们各自的历史使命也已经完成。

从本始二年（前72 年）出使乌孙到甘露三年（前51 年）从赤谷城屯戍地返回长安，常惠在这21 年的时间当中至少8 次前往西域，而这些活动又全都与乌孙有关。正如有学者指出的那样，"自神爵二年至甘

①　《汉书》卷六九。

②　参见《汉书》卷九六下。

③　以上汉简的录文与具体讨论情况，请参见张德芳《〈长罗侯费用簿〉及长罗侯与乌孙关系考略》，《文物》2000 年第9 期。

④　《汉书》卷六九。

⑤　《汉书》卷七〇。

露三年，乌孙完成了自汉之盟国变为汉之属国的过程"①。在这一过程的各个阶段当中，常惠均作出了主要的贡献。如果说是张骞首倡联合乌孙共抗匈奴的话，那么这一战略目标的最终实现则多有赖于常惠的各种努力。

---

① 余太山主编：《西域通史》，中州古籍出版社 1996 年版，第 57 页。

第三章

魏晋南北朝时期的西域:文本与文书

第一节　魏晋南北朝时期西域的基本形势

　　进入魏晋以后，在中原战乱频仍，群雄称霸割据，匈奴势力衰落并逐渐退出北方草原政治舞台的情况下，西域地区的政治格局同时也发生了相应的变化。两汉时期诸绿洲城郭国林立（所谓西汉时的三十六国及东汉时的五十余国）的状况，在三国时期已为几个大国的兴起所取代。在古今中外的历史上，一些大国的兴起，往往伴随着扩张和对周边小国的兼并。而这一世界历史上久演不衰的一幕，在魏晋时期西域的历史舞台上又得到了再现。且志（末）国（今且末）、小宛国（今且末南）、精绝国（今尼雅）、楼兰国（今若羌）为鄯善国所兼并；戎卢国（今民丰南）、扞弥国（今于阗附近）、渠勒国（今于阗南）、穴山国（即皮山国，今皮山）等为于阗（今和田）所并；尉梨国（今焉耆西南）、危须国（今焉耆东北）、山王国（今库尔勒东）为焉耆国（今焉耆）所兼并；姑墨国（今阿克苏）、温宿国（今乌什附近）、尉头国（今阿合奇西）为龟兹国（今库车）所并；桢中国（？）、莎车国（今莎车）、竭石国（？）、渠沙国（？）、西夜国（今叶城南）、依耐国（？）、满犁国（即蒲犁国，今叶城西）、亿若国（今叶城西南）、榆令国（？）、捐毒国（今乌恰西）、休脩国（今乌恰西）、琴国（？）均为疏勒国（今喀什噶尔）所并；东且弥国（今乌鲁木齐附近）、西且弥国（今乌鲁木齐西）、单桓国（今乌鲁木齐北）、毕陆国（今乌鲁木齐东）、薄陆国（今巴里坤）、乌贪国（今玛纳斯东）等为车师后部所并。① 这样，在今塔里木盆地主要就有鄯善、于阗、焉耆、龟兹、疏勒、车师后部（及以后的高昌）几个较大的政权活跃在这一时期西域的历史舞台上，对西域历史产生了深远的影响。这一政治格局在此后相当长的一段时间里没有发生太大的变化。此种格局的形成则是"丝路"开通以后，各国之间政治、经济、文化交流日益加强的结果。其中"丝路"贸易起了决定性的作用，地理因素的影响自不待言。这种兼并活动客观上推动了西域地区政治、经济的发展，同时也为当地地域文化的形成和发展开辟了广阔的远景。

在天山以北，主要有乌孙、悦般、柔然、高车、嚈哒等游牧民族在这一历史时期兴起，更替主宰，他们的势力经常越过天山，并对以农业为主的今塔里木盆地北缘、天山南麓城郭国产生了一定的影响。"除了和平共处的时期之外，侵袭、劫掠、战争往往是游牧民族经常使用的一种对外交往方式。农耕定居民族与草原游牧民族的冲突往往沿着山脉、沙漠、绿洲边缘地区等自然屏障而展开。"② 这些游牧民族与中原王朝争夺对西域绿洲城郭国的控制权，并借此控制丝路贸易，从中获取丰厚的经济利益。"有时，恰恰是游牧民族充当了历史使者，沟通了欧亚内陆两端的交通，促进了物质文明和思想文化的交流"③，在中西文化交流史上起着桥梁和纽带的作用。他们在继承和发扬前人文明成果的基础上，不断吸收外来文化，创造出具有游牧经济特色的"行国文化"。

汉宣帝时期的神爵三年（前59年）西汉设西域都护，将西域地区正式纳入中原王朝的版图。虽然魏晋以来，中原地区内战四起，纷乱不已，但西域与中原的各种联系和交流并没有中断。曹魏时曾设戊己校尉和西域长史管理西域诸国，并对各国首领颁发印信、加以册封，予以确认，而西域诸国则"无岁不奉朝贡"。西晋承继曹魏对西域的统治，相沿不改，在高昌（今吐鲁番高昌故城）设戊己校尉，在海头（今罗布淖尔东北）设西域长史。西晋灭亡以后，前秦及割据河西地方的前凉、后凉、西凉、北凉诸王朝都先后在不同程度和不同范围内行使着对西域的管辖权。特别是

---

① 《三国志》卷三〇注引《魏略·西戎传》。

② 张广达：《古代欧亚的内陆交通》，载《第十六届国际历史科学大会中国学者论文集》，中华书局1985年版，第260页。

③ 同上书，第261页。

327 年，前凉张骏在今吐鲁番地区设置高昌郡，并立田地县，是为郡县制度在西域实施之始。这一制度为以后建立的一些王朝所承袭，标志着内地政权对西域管理的加强。386 年，鲜卑拓跋部崛起，其首领拓跋珪称魏王，建北魏，并于 439 年灭北凉。北凉王族沮渠无讳及弟安周率余众经敦煌最后逃往高昌。为了打垮柔然，445 年北魏派兵攻打鄯善，并于 449 年任命交趾公韩拔为假征西将军、领护西戎校尉、鄯善王，镇守鄯善，"赋役其民，比之郡县"①。并先后设鄯善、焉耆两镇，实施对这些地区的直接管理。此后，尽管中原南、北各王朝更替频繁，但西域各政权仍然遣使不断，同中原王朝保持着较为密切的政治联系。此外，以"丝路"贸易为中心，西域与中原的经济联系也得到了进一步的发展。这种联系通过遣使纳贡的形式表现出来，一次遣使纳贡往往伴随着一场较大的贸易活动。在这一时期，养蚕及农耕技术从中原传入西域，促进了当地手工业和农业的发展。属于两晋时期的今拜城克孜尔 175 窟中已出现表现"二牛抬杠"耕地的壁画，于阗当时已成了一个养蚕中心，高昌则是织锦的产地。在吐鲁番出土的《北凉承平五年道人法安弟阿奴举锦券》文书中有"高昌所作黄地丘慈中锦一张"②的记载。这一年是 447 年，丘慈即龟兹。文书同时也表明龟兹可能也生产具有本地特点的织锦。在中原王朝管理西域以及西域各地方政权与内地政治、经济交往日益密切的同时，中原文化对这一地区产生了深远的影响，并已成为魏晋南北朝时期西域文化的一个重要特点。

魏晋南北朝时期，"丝路"交通在西汉的基础上得到了进一步的发展，其标志之一就是新道的开通。新道从玉门关西北行，经横坑，避开三陇沙及龙堆，经五船等地到高昌，复西行与中道合于龟兹。③ 这样，西域就有南道、中道和北道（新道）三条主要的交通干线了。新道的开通把高昌正式纳入"丝绸之路"中，使高昌在当时西域的政治、经济、文化生活中所发挥的作用日益重要，对这一时期高昌文化的形成与发展起着决定性的作用。从更广泛的意义上来讲，"丝路"的开通与扩展，加强了西域诸绿洲城郭国同西方、中原的联系，而且伴随着作为载体的中外使者、

---

① 《魏书·世祖纪》。
② 《吐鲁番出土文书》第 1 册，文物出版社 1981 年版，第 181 页。
③ 《三国志》卷三〇注引《魏略·西戎传》。

商贾的东来西往，东西文化也在这里交汇和碰撞，并经过当地人民的吸收与创造，形成独具特色的西域文化。质言之，丝绸之路不仅是东西政治、经济交流之路，而且也是中西文化交流之路，处于东西丝路交通中介地位的西域所形成的文化必然具有东西合璧的特点。

佛教自公元前 1 世纪前后传入西域以后，在这一时期得到了广泛的传播与发展，并对西域各国产生了重大的影响。于阗、疏勒、龟兹等地当时都是佛教中心。于阗王尤尚佛法，国内寺塔僧尼甚众；疏勒在北魏高宗末年向北魏遣使送释迦牟尼佛袈裟一件；焉耆和龟兹亦崇信佛教，尤其是焉耆国在每年二月八日、四月八日的时候，"其国咸依释教，斋戒行道焉"①。而在龟兹地区（今库车）至今仍有大量这一时期的佛教洞窟保存下来，由此可见当时西域佛教之兴盛。据研究，早期传入西域的佛教以小乘为主，而到魏晋时期则大、小乘并存。鄯善、焉耆皆习小乘，而于阗则多习大乘。② 到了南北朝时期，大乘佛教逐渐占了优势，但小乘在各地仍然存在。高昌建国以后，尤其是麹氏高昌时期，佛教在当地有了较大的发展，并与魏晋时期中原流行的门阀制度相结合，使之在信仰上深深地烙上了家族的印记。佛教在西域的进一步传播，对这一时期西域各国的文化思想产生了极为深远的影响。众多高僧在西域各国出现，广弘佛法，有的还自创教义，所以西域的佛教已与印度的有所区别。③ 他们或西去求法，或东行布道，传译经典，不仅促进了当地佛教的发展，而且还对中原佛教的兴盛起到了推波助澜的作用。龟兹高僧鸠摩罗什就是一个杰出的代表。此外，佛教经中亚传入西域以后，印度和中亚文化、艺术，尤其是犍陀罗艺术对西域的绘画和雕塑产生了很大影响，这一点已为众多的考古材料所证实。

除佛教外，祆教也传入了西域，并在有些地区找到了自己的信徒。波斯萨珊王朝的建立者阿尔达希尔曾大力提倡祆教，并将其经典《阿维斯陀》以文字的形式记录下来，留存后人。祆教成了波斯的国教，并很快流传到邻近的今中亚地区，为许多粟特人所信奉。很可能是这些粟特人在

---

① 《魏书·西域传》。
② 《法显传校注》，章巽校注，上海古籍出版社 1985 年版，第 7、8、13 页。
③ 吕澂：《中国佛学源流略讲》，中华书局 1979 年版，第 40 页。

从事东西"丝路"商贸活动的时候，将祆教由中亚引入西域。北魏时期，高昌、焉耆等国除了信仰佛教外，还"俗事天神（即祆神）"①，对祆教的信奉似仅限于民间，但也表明祆教在西域形成了一定的势力，可与佛教并立了。到唐代，甚至佛国疏勒、于阗也好"俗事祆神"②。可见祆教在民间的生命力是很强的。吐鲁番出土文书表明，在麹氏高昌时期，曾设有专门负责祆教事务的官员"萨簿"（唐代称"萨宝"）。除了祆教之外，萨珊波斯艺术风格对这一时期西域的绘画、雕刻及丝织物的纹样等方面均有一定的影响。在今库车克孜尔石窟的壁画上及吐鲁番所出丝织物的纹样中均可看到有萨珊波斯艺术影响的因素。可见萨珊波斯文化对魏晋南北朝时期西域文化的影响是多方面的。

　　魏晋南北朝时期的西域是一个多民族聚居的地区，各民族（地区）都有自己的传统和文化。除了东、西方各种外来文化的影响外，这一时期西域本土文化也是多样的。其最突出的特点便是语言文字的多样性。自鄯善以西，"国国胡语不同"③。从考古发现的材料来看，佉卢文（kharosthi）主要流行于鄯善、于阗（今和田）、精绝（今民丰尼雅）等地，于阗还流行于阗塞语；焉耆有焉耆语（即甲种吐火罗语，Tocharia A），并已影响到了高昌地区；龟兹有龟兹语（即乙种吐火罗语，Tocharia B），并对焉耆有影响。此外，在今和田、库车、焉耆、吐鲁番地区还发现有梵文（Sankrit）的佛经写本或贝叶经，这显然是印度佛教文化影响的结果。粟特文的材料也在"丝路"沿线上（主要是北道）有所发现。据认为，粟特语曾一度成为"丝路"商贸活动中的通用语言。此外，在风俗习惯上，西域诸国又大都保留有自己的某些传统，但在外来文化的冲击下，已呈现出与外来文化融合的趋势，从而具有了独特的地方特色。

　　魏晋南北朝时期的西域也是民族迁徙频繁、人口流动较大的时期。首先，这一时期许多河西的汉族人为避战乱移居西域，主要在高昌地区定居下来。汉人的西迁过程持续了很长时间，并逐渐形成了一个以汉民族为主的高昌王国。这一迁徙过程实际上也是汉文化西传的过程，使汉魏时期以

---

①　《魏书》卷一○三。

②　《旧唐书》卷一九八。

③　《法显传校注》，章巽校注，上海古籍出版社 1985 年版，第 8 页。

儒学为主体的中原文化在高昌扎下了根，道教文化在民间也有较大的影响。汉文化成为高昌文化圈的一个重要组成部分。此外，随着大量中原僧侣的西行求法，汉文化的影响也波及西域其他地区。中原王朝对鄯善地区的直接管理及派兵屯戍，也使中原的一整套文化制度移植于此，并与当地固有的文化一起构成两种文化体制并行的鄯善文化圈。其次是西域各地民族、人口的流动。沮渠无讳在北凉灭亡后避走敦煌，并派其弟安周攻打鄯善，鄯善王比龙为避战乱曾于 442 年率国人之半 4000 余家西奔且末。① 后吐谷浑也多次占据鄯善，其势力甚至达到于阗。北魏太平真君十一年（450 年），车师前部国为沮渠无讳所破，其王车夷落率三分之一的国人逃奔焉耆，所剩三分之二后又被高车全部迁入焉耆。焉耆后又为哒哒所灭，"国人分散"②。这一时期西域各国间人口的迁徙和流动在客观上也促进了各国间文化的相互影响和交流。最后，今中亚的一些民族（主要是粟特人）在从事东西贸易的同时，有的也在西域定居下来。据敦煌石窟所出《沙州图经》记载，在"丝路"沿线的许多地方都有粟特人所建立的居民点。这些粟特人不仅促进了东西方经济贸易的发展，而且他们也在经过或留居西域的同时，源源不断地将中亚、波斯等地的文化带入西域，对东西方文化的传播和西域各国文化的发展起到了重要的作用。他们的经商范围愈广，文化相互传播的范围也就愈大。他们的商业发达史也就是文化传播史。同时，天竺、中亚僧侣的东行弘法，也对佛教在西域的传播起了重要的推动作用。作为个体的人成为某个民族或某个地区文化的载体，在流动中传播着文化。总之，西域地区的人口流动和民族迁徙是影响这一时期各文化圈形成的一个重要因素。此外，北方游牧民族的频繁南侵及其对"丝路"重镇的控制，也使其一些文化、习俗在西域产生了一定的影响。但还没有迹象表明，他们中已有大量人放弃游牧生活，定居于西域各绿洲。

　　东西文化在西域地区的交汇与融合是不平衡的。这种不平衡性表现在当时几个文化圈的形成上，即两种文化体制并行的鄯善、且末文化圈、以

---

　　① 冯承钧：《高车之西徙与车师鄯善国人之分散》，载《西域南海史地考证论著汇辑》，中华书局 1957 年版，第 44 页。

　　② 《魏书》卷一〇二。

东西文化交融为特点的高昌文化圈和以佛教文化为主体的于阗文化圈及龟兹文化圈，天山以北则为乌孙、悦般、柔然、高车、嚈哒等游牧民族的"行国"文化圈。天山以南诸文化圈的形成及特点，与东方文化（主要是汉文化）的西传和西方文化（主要是佛教文化）的东渐路线基本一致，即越往西，东方文化的影响越小，而西方文化的影响则愈大，如于阗、龟兹文化圈；越往东，西方文化的成分愈少，而东方文化和本土文化的成分则愈多，如鄯善文化圈。处于中间的高昌包容了东西方各种文化的因子，并将之结合为一体，形成中西合璧、独具特色的高昌文化圈。

第二节　麹氏高昌王国的祭祀制度

麹氏高昌王国是一个以汉族为主体，结合周边其他民族而建立的多民族的政权；自 499 年麹嘉有国，至 640 年麹智盛降唐，历 10 王、140 余年，在南北朝至隋唐时期的中国历史上占有重要地位。王国的统治大权基本上为魏晋以后来自河西的世家大族所把持。由于当时学术、宗教与家族、地域不可分离，而河西又是永嘉之乱以后中原文化的保存之地[①]，这些世家大族在西迁高昌的同时，也把汉魏文化制度带到了这里，儒学成为高昌汉文化的主体。[②] 故而高昌不仅人口多"为汉魏之遗黎"[③]，文化制度亦多袭汉魏之旧制，其祭祀制度也不例外。惜史乘对此几无记载。虽有学者借助吐鲁番出土的材料，探索这一制度[④]，但感到尚不全面，还须作进一步的研究。

一　录文与考释

一般的统治者都很重视祭祀活动，并把它作为教化群庶、维护统治的一项重要措施，在制度上予以确认并系统化，成为各王朝礼仪的重要组成

---

① 参见陈寅恪《隋唐制度渊源略论稿》，上海古籍出版社 1982 年版，第 2、17 页。
② 薛宗正：《以儒学为主体的高昌汉文化》，《新疆文物》1989 年第 1 期。
③ 《魏书·高昌传》。
④ 孟宪实：《麹氏高昌祀部班祭诸神及其祭祀制度初探》，《新疆文物》1991 年第 8 期。

部分，中国历朝历代概不例外。中国古代历史文献《礼记·祭统》云：
"凡治人之道，莫急于礼。礼有五经，莫重于祭。"明确指出了祭祀的重
要性，《礼记·祭法》又云："有天下者祭百神，诸侯在其地则祭之，亡
其地则不祭。……天下有王，分地建国，置都立邑，设庙祧坛墠而祭之。"
麹氏高昌王国以高昌（今吐鲁番高昌古城）为都，称王有国，自当亦行
祭祀。从吐鲁番出土的文书中可以明确地看到这一点。

与祭祀有关的文书主要出自今吐鲁番阿斯塔那 524 号墓，共 5 件。兹
用通行的简体字迻录如下。文书年代均据《吐鲁番出土文书》第 2 册编
者之考订。夹行字据意补入。文书所缺之字句，或据有关文书、或据上下
文，补入方括号内。并比照原件，略加笺释。

（一）高昌章和五年（535 年）取牛羊供祀帐[①]

1. 章和五年乙卯岁正月　　日，取严天奴羊一口，供始耕；辰英
羊一口，供始耕。合二口。次三月

2. 十一日，取胡未驹羊一口，供祀风伯。次取麹孟顺羊一口，
供祀树石。

3. 次三月廿四日，康祈羊一口，供祀丁谷天。次五月廿八日，
取白姚

4. 羊一口，供祀浑堂清山神。次六月十六日，取屠儿胡羊一口，
供祀

5. 丁谷天。次取孟阿石儿羊一口，供祀大坞、阿摩。次七

6. 月十四日，取康酉儿牛一头，供谷里祀。

（二）高昌永平元年（549 年）十二月十九日祀部班示为知祀人上名
及谪罚事[②]

［前缺］

1.　　　　（上缺）　　将僧□　　（下缺）

---

①　《吐鲁番出土文书》第 2 册，文物出版社 1981 年版，第 39 页。

②　同上书，第 40～41 页。

2.　　　　　　　（上缺）　虎牙训己　　　虎牙绍弘　　　右三人知祀楼头

3.　［十二月二十日当敬祀］诸神。诸上名者，今十九日暮悉诣殿里宿。若

4.　［逋不宿者，司马人］谪酒二斛。自下诸人，人谪酒一斛，罚杖六十，不听

5.　［过祀。若］有痈胀瘵疹之疾，不得遇（过）祀，犯者谪羊一口。若不上［名者］

6.　嘿突祀所，谪羊半口。若不诣祀所煮肉，谪羊一口。若上名不遇（过）祀

7.　者，谪酒二斗。故先班示，咸使闻知。

8.　［永平］元年己［巳岁］十二月十九日祀部　　　　　　班

9.　　　　　　　（上缺）［氾］　　恢芝

（三）高昌永平元年（549年）十二月廿九日祀部班示为明正一日知祀人上名及谪罚事①

［前缺］

1.　（上缺）　　　　　　义　　主簿双智　　吏处贤
右六人知［祀］□□

2.　（上缺）　　　　［将］□□　　主簿令秀　　吏孝和
右六人知祀风［伯］

3.　（上缺）［阿］顺　主簿贤文　　主簿义真　　吏仁贤
右六人知祀西［门］

4.　（上缺）参军忠顺　主簿孟□　　主簿孝和　　吏阿弥胡
右六人知祀南［门］

5.　（上缺）礼　将禅奴　将［武］　　　　（中缺）
［右］六人知祀秦□

6.　（上缺）［将］　　　　　　　　　　（中缺）

①　《吐鲁番出土文书》第2册，文物出版社1981年版，第42～44页。

［知］祀秦□

　　7.（上缺）

［知祀］西洞［神］

　　8.（上缺）

右［六人］知祀长壖

　　9. □□［师奴］　　　　　虎牙肆□　　　　□□□□

右三人知祀（下缺）

　　10. 明正一日当敬祀诸神，诸上名者，今十二［月廿九日悉诣］

　　11. 殿里宿，若逋不宿者，司马人谪酒二斛；自［下诸人，人谪］

　　12.［酒］一斛，［罚杖六十，不］听过祀。若有痈创条疮创者，［不］

　　13.［得过祀，犯者谪］羊一口。若不上名者，嘿突祀所，谪羊

　　14.［半口。若不诣祀所煮］肉，谪羊一口。若上名不过祀者，谪酒二

　　15.［斗。故先班示，咸］使闻知。

　　16.　　　　　　［永平元年己巳岁］十二月二十九日祀部班

　　17.　　　　　　　　　　将军兼祀部事氾　　　　　恢芝

（四）高昌永平二年（550 年）十二月三十日祀部班示为知祀人上名及谪罚事①

　　1. 谏议乳茂 参军忠穆　明威世和　主簿处顺 将厕奴　吏孝受 右六人［知祀］□□

　　2. 谏议僧祐 参军祐义　中郎忠达　虎牙广达 将貶奴　吏容婢 右六人知祀风伯

　　3.［仓］部司马 中郎忠贤 参军崇宗 将兴老主［簿众］义 吏元滕　右六人知祀［西门］

---

① 《吐鲁番出土文书》第 2 册，文物出版社 1981 年版，第 45～47 页。

4.　　　　［参］军崇德　参军□□　　将元［智］（中缺）

右六人知［祀］□□

5.（上缺）　　　　［通］事元琛　通事　　（下缺）

6.□郎张孝忠　　参军智运　　　　（下缺）

7.校郎孟孝　　　通事［元］□　　（下缺）

8.□郎师奴　　　参军忠顺　　　将禅奴　　（下缺）

9.虎牙孝恕　　　萨簿□□　　　虎牙孟义　　（下缺）

10.明正月一日当［敬祀诸神，诸上名者，今］十二月三十日［暮悉诣殿里宿］。

11.［若逋不宿者，司马人谪酒二斛，自下诸人，人谪酒一斛，罚杖六十，不听遇］

12.祀。若［有痈胀瘝疹之疾，不得遇祀，犯者谪羊一口。若不上名者，嘿］

13.突祀所，谪［羊半口。若不诣祀所煮肉，谪羊一口。若上名不遇祀］

14.［者，谪］酒二斗。故［先班示，咸使闻知］。

15.［永平二年］庚午［岁］十二月卅日祀部　　　　　［班］

16.　　　长史虎威将军兼祀部事麹　　　　　　　［顺］

文书（一）是高昌章和五年（535 年）一至七月供祀情况的记录，其中包括供祀时间、供祀人、供祀物与数量、供祀对象等，由此可了解麹氏高昌王国祭祀活动的大概情况。以下四件文书均是祀部为次日将要举行的祭祀活动而下的班示，其中包括祭祀人员的构成、数量、祭祀对象、对祭祀活动有关要求及对违反者的惩罚措施，从中可以看到麹氏高昌王国祭祀制度的具体实施情况。

《吐鲁番出土文书》第 2 册编者在文书（三）的题解中云："本件纪年已残，但与前件（即文书二）《永平元年十二月十九日祀部班示》内容及签署均同，又据本件所署月日为'十二月二十九日'，又有'明正一日当敬祀诸神'语，查《中西日历》，永平元年除夕为'十二月二十九日'，故此件年代亦当为永平元年。"甚是。文书（四）班示所下时间为永平二年十二月三十日，亦为该年除夕，举行祭祀的时间亦为"明正月一日"。

唯文书（二）中班示下达的时间是永平元年十二月十九日，举行祭祀的时间已缺，因前述二件班示均系祭祀前一日下达，故疑本件正式祭日为当月二十日，三行所缺之处拟补"十二月二十日当敬祀"数字。

文书（三）七行行末所缺之字，据原件残笔，拟补作"神"字，或"社"字亦可。八行行尾字原件作"壜"，据《礼记·祭法》"设庙祧坛墠（墠）而祭之"之语，因疑"壜"为"墠"之俗写。如是则"长墠（墠）"亦为一种祭祀对象。

二　祭祀的制度性因素

从以上所列文书中可以看到，麹氏高昌王国的祭祀管理机构为"祀部"，有关祭祀的命令由祀部长史（或兼祀部事）亲自签署下达。魏晋各朝已置祠部，宋齐梁陈因之，北魏曰"仪曹"，可见高昌实承魏晋之制。《周书·高昌传》云："官有令尹一人，比中夏相国……次有八长史，曰吏部、祠部、库部、仓部、主客部、礼部、民部、兵部等长史也。"证之以出土文书，知"祠部"当即"祀部"，"祠"、"祀"相通。

祀部的长官多由王府长史兼，或由具有相应等级将军戎号的官员兼领。[①] 下有司马、参军、主簿、吏等若干人。文书所列参加祭祀活动的人员则有：司马、谏议、中郎、校郎、参军、明威、通事、萨簿、虎牙、主簿、将、吏等。名单尽管是由祀部所发，但这些人员并非都是祀部所属官吏，有相当一部分是从其他机构临时抽调上来的，待祭祀完毕后仍各归其职。这与中原王朝多在祀所"侍设祀官祀"[②] 有所不同，其原因可能在于此系高昌王朝主持组织之祭祀活动，非国王亲祀大典，故不设"祀官侍祀"。但诸神各有主祀（各组知祀人员官阶最高者），以下者为陪祀。这里的祭祀活动不仅仅是祀部本身之事，但祀部主其事（代国王班示），知祀官员属轮班性质。另外，从上录文书可知，麹氏王朝在祭祀的人数上有一定的规定，一般为 6 人或 3 人一组，人数的多寡则与所祭祀的对象有关。上录文书尽管时间有先后，但参加祭祀活动的各组人数均是比较稳定

---

① 王素：《麹氏高昌中央行政体制考论》，《文物》1989 年第 11 期。

② 参见《魏书·礼志一》。

的。此外，参加祭祀活动的官员中官职最高的是司马，文书（三）中还有"司马人谪酒二斛，自下诸人，人谪酒一斛，罚杖六十，不听过祀"云云，说明祀部有权抽调其他部门司马及其以下的各级官员参加祭祀，并能对违反规定者加以处罚。

文书（一）中所反映的情况表明，麹氏高昌王国祭祀活动是比较频繁的，仅一至七月就达 8 次。文书（二）、（三）、（四）则反映比较大的祭祀活动。如文书（三）所列上名的人数就至少有 51 人。根据这几件文书，拟部分还原麹氏高昌王国祭祀制度实施的具体过程、有关规定及对违反者的处罚措施。

首先由祀部下达有祀部长官署名的班示，具列参加祭祀者官职及其名字（仓部司马姓名俱免），以及各组将祭祀的对象。上引文书（二）、（三）、（四）中的祭祀活动均是在次日进行，祀部一般于前一日下达班示，告知参加者人，并规定参加祭祀必须在班示下达的当天傍晚全部到指定地点集中住宿，即文书中的"悉诣殿里宿"，洁身以示虔敬。知祀人员可能从此至祭祀之前与外界暂时隔离开。参加祭祀人员若不按照班示的命令前来指定地点（殿里）集中，将要受到处罚。"司马人谪酒二斛；自下诸人，人谪酒一斛，罚杖六十"，并不许参加祭祀。对于身有"痈、胀、瘵、疹"等疾的人员，则视之为不洁，亦"不得过祀，犯者谪羊一口"。班示中还规定，未登记祭祀的人员不得进入祀所，违者"谪羊半口"；被要求参加祭祀者若"不诣祀所煮肉"，准备祭品，将"谪羊一口"。对于被要求参加祭祀而不参加的人员则要"谪酒二斗"。所有这些均以"班示"的形式告示有关人员。

上录三件祀部班示文书尽管时间有先后，但其格式、对祭祀人员的规定和要求及有关处罚措施却是完全一致的，表明麹氏高昌王国对于祭祀活动有成文或不成文的统一规定。

班示中要求被登记的各部参与祭祀人员，于班示下达的当天到指定地点集中，然而实际上却几乎是不可能的。这一方面是因为时间过紧，有关人员未必全能接到命令；另一方面是因为即使祀部官吏专司祭祀，可随时听差，其他部门的官吏各有其本职工作，也不可能毫无准备地前去参加祭祀活动。然则为什么在以后所下的班示中仍作如是规定而相沿不改呢？另外，这些被登记参与祭祀的人员为什么要提前一天到指定地点（殿里）

住宿呢？班示中的"殿里"和"祀所"有何不同呢？现有大部分史料，包括所有已出土文书和同时期的史籍均不能提供满意的答案，而《礼记》、《后汉书》及唐代典籍中的有关记载，却可为推测形成上述现象的原因提供线索。

《唐律疏议·职制》载律云："诸大祀不预申期及不颁所司者，杖六十；以故废事者，徒二年。"本条疏议引令云："大祀，谓天地、宗庙、神州等为大祀。或车驾自行，或三公行事。斋官皆散斋之日，平明集省，受誓诫。二十日以前，所司预申祠部，祠部颁告诸司。"从唐代律令的这条规定中，可推测出：麹氏高昌王国在举行祭祀之前，祠部须预先规定将参加上名过祀人员集中的时间并通知各部（从出土文书的情况来看，每年的时间似有不同，而唐代在这一方面则趋于完善，规定是二十日之前），有关部门则将本部门上名遇祀人员的名单在此之前上报祠部，祠部据此作出统一安排下达班示。由于上名人员已预先做好了准备，所以才能够在班示下达的当天傍晚（暮时）"悉诣殿里宿"。至于上名人员有无"痛、胀、瘵、疹"之疾，则可能已经上报各部门负责甄别，祠部班示中只不过重申这一要求而已。

班示中明显将"祀所"和"殿"区分开来。"祀所"是祭祀的场所，那么"殿"又是什么呢？我们认为"殿"应是行斋受戒的"斋所"。祭祀前行斋受戒早在《礼记》中就有记载。《礼记·祭统》云："及时将祭，君子乃斋。……及其将斋也，防其邪物。……故散斋七日以定之，致斋三日以斋之，定之之谓斋。斋者，精明之至也，然后可以交于神明也。是故先期旬有一日，宫宰宿夫人，夫人亦散斋七日，致斋三日。君致斋于外，夫人致斋于内，然后会于太庙。"对斋戒的作用（防邪物）、目的（交于神明）及时间地点作了系统的解说和规定，并为历代王朝所尊奉。前已述及，麹氏高昌王国汉文化的主体是儒学，在祭祀制度上亦当准于《礼记》，祭祀前于斋所斋戒一定的时间，然后至祀所祭祀（即所谓的"会于太庙"）。《开元礼》卷三《序例下·斋戒》则明确规定："凡大祀，斋官皆祀前七日，平明集尚书省，受誓戒；其致斋日，三公于都省安置，所司铺设；其余官，皇城内有本司者，致斋于本司，无本司者于太常，郊设太庙斋坊安置，皆日出前到斋所。至祀前一日，各从斋所，昼漏上水三刻，向祠所，仍令平明清所行之路，道次不得见诸凶秽衰绖，过讫任行。"由此可以看出"斋所"和"祠（祀）所"是有区别的，而班示文书中的"殿"应是上名遇祀人员祭祀前集中进行斋戒的斋所。这种斋戒的形式当属"致斋"。麴氏高昌王国还应有"散斋"。据推测，散斋人员应当是高昌王及长史以上的高级官员，这些人无疑要参加相应的祭祀活动，故亦当行斋戒。班示仅对长史以下参与祭祀的官员作出"致斋"的要求，而高昌王及长史以上官员则应采取"散斋"的形式。所有这些人员只有完成斋戒以后才能参加祭祀活动。至于"致斋"的时间，从文书（一）、（二）、（三）所反映的情况看，一般只有一天。麴氏高昌王国"散斋"时间的长短则无从得知。

文书中的这些上名者，还要到祀所"煮羊肉"，似乎要做祭祀前的某些准备工作，而"煮羊肉"应为牺（夕）牲的一种，且属"熟献"。《后汉书·礼仪志》云："正月，天郊，夕牲。昼漏未尽十八刻初纳，进熟献，太祝送。旋，皆有燎位，宰祝举火燔柴。火然，天子再拜，兴，有司告事毕也。明堂、五郊、宗庙、太社稷、六宗夕牲，皆以昼漏未尽十四刻初纳，夜漏未尽七刻初纳，进熟献。送神，还，有司告事毕。六宗燔燎，火大然，有司告事毕。"麴氏高昌王国作为一个地方割据政权，其祭祀规模显然不如中央王朝大，但献牺牲在其祭祀活动中并未缺少。由此也可以看出，高昌的祭祀制度是比较完善的。

从上录文书（一）中可以发现，麴氏高昌王国主要用羊做牺牲（只有一次是取牛供祀）。用于牺牲的牛羊似取自某些固定的人家，而这些人家有专门为祭祀提供牺牲的义务。《礼记·祭仪》云："古者天子诸侯，必有养兽之官。及岁时，斋戒沐浴而躬朝之。牺牷祭牲，必于是取之，敬之至也。"高昌对牺牲的选择基本上遵循了《礼记》的规定，仅此就足以反映儒家文化在这里的影响。但在高昌，这种"取"却并不是无偿的。阿斯塔那 307 号墓所出《高昌买羊供祀文书》中有："□□文半，买羊一口，平估肉九十九斤，供祀诸神。"① 知这里的"取"实际上当是"买"。

---

① 《吐鲁番出土文书》第 3 册，文物出版社 1981 年版，第 265 页。

三　祭祀的特征与制度渊源

魏氏高昌王国和中原王朝一样"祭有常日"①。据前引文书，除二月、四月外，一月、三月、五月、六月、七月均有祭祀活动。祭祀对象有14个。这些自然不是魏氏高昌王国祭祀对象的全部。文书（一）所取供祀用羊有八口，牛一头，其中还不包括正月一日大祀所用的牺牲数。频繁的祭祀活动、众多的祭祀对象和巨额的祭祀费用，已成为困扰历代封建统治者的一大问题。北魏延兴二年（472年），"有司奏天地五郊，社稷已下诸神，合一千七十五所，岁用牲七万五千五百"，正因如此，才有官吏提出"总为一祀而祭之"，以期一劳永逸之功②。与此相比，魏氏高昌王国的祭祀对象和所用牺牲的数量要少得多。这主要是由王国的地位所决定的，同时也说明魏氏政权所实行的祭祀制度比较成功，既达到了目的，又避免了时间上和费用上的过度花费。事实上，十二月二十日和正月一日的祭祀活动把各种祭祀对象一次性地予以祭祀，已具有"总为一祀而祭之"的性质。但这并不意味着它们只被祭祀一次。有些祭祀对象，如风伯，除了在大祀中祭祀外，在三月十一日还要再次祭祀；丁谷天也在三月二十四日和六月十六日两次祭祀。从祭祀对象的构成上，可以看出高昌祭祀制度上的某些特征。

魏氏高昌王国的祭祀对象中，始耕、风伯、西门、树石等均为汉民族传统的祭祀对象。《礼记·祭法》云：三代诸王除祭祀祖先外，还"燔柴于泰坛，祭天也；瘗埋于泰折，祭地也。用骍犊。埋少牢于泰昭，祭时也；相近于坎坛，祭寒暑也；王宫，祭日也；夜明，祭月也；幽宗，祭星也；雩宗，祭水旱也；四坎坛，祭四方也；山林川谷丘陵，能出云为风雨，见怪物皆曰神。有天下者祭百神，诸侯在其地则祭之，亡其地则不祭"。后代诸朝虽或有损益，但基本上是相沿不改，而所祭祀的对象则更加广泛。除先祖外，日月天地、山川河流、风雨雷电、怪异神物均受到祭祀。民间的祭祀对象则更加具体和繁杂。魏氏高昌王国承汉魏之制，在祭

①　参见《魏书·礼志一》。
②　同上。

祀方面表现得更加明显。

如祭"始耕"是中原各王朝尤为重视的一项。历代帝王在开春之日都要举行一定的祭祀活动,以求风调雨顺、五谷丰登,并亲自动手垦地,以示一年农耕之始。《礼记·月令》云:"是月也(孟春之月),天子乃以元日祈谷于上帝。乃择元辰,天子亲栽耒耜,措之于参保介之御间。帅三公九卿诸侯大夫,躬耕帝籍。天子三推,三公五推,卿诸侯九推。"《后汉书·礼仪上》更明言:"正月始耕。昼漏上水初纳,执事告祠先农,已享。耕时,有司请行事,就耕位,天子、三公、九卿、诸侯、百官以次耕。力田种各耰讫,有司告事毕。是月令曰:'郡国守相皆劝民始耕,如仪。'"麹氏高昌王国显然沿袭此制。

《后汉书·祭祀上》:"(建武)二年(26年)正月,初制郊兆于洛阳城南七里,依镐。采元始中故事。为圆坛八陛,中又为重坛,天地位其上,皆南乡,西上。其外坛上为五帝位。青帝位在甲寅之地,赤帝位在丙巳之地,黄帝位在丁未之地,白帝位在庚申之地,黑帝位在壬亥之地。其外为壝,重营皆紫,以像紫宫;有四通道以为门。日月在中营内南道,日在东,月在西,北斗在北道之西,皆别位,不在群神列中。八陛,陛五十八醊,合四百六十四醊。五帝陛郭,帝七十二醊,合三百六十醊。中营四门,门五十四神,合二百一十六神。外营四门,门百八神,合四百三十二神。皆背营内乡。中营四门,门封神四;外营四门,门封神四,合三十二神。凡千五百一十四神。营即壝也。封,封土筑也。背中营神,五星也,及中官宿五官神及五岳之属也。背外营神,二十八宿外官星,雷公、先农、风伯、雨师、四海、四渎、名山、大川之属也。"虽然没有材料表明麹氏高昌王国是否祭祀五帝及如何祭祀五帝及其他诸神,但其对"风伯"的祭祀则是与内地一脉相承的。《魏书·礼志一》亦云:"又六宗、灵星、风伯、雨师、司民、司禄、先农之坛,皆有别兆,祭有常日,牲用少劳。"而麹氏高昌王国也比较重视祭祀风伯,对风伯的祭祀至少有两次。

据上引《后汉书·祭祀上》的记载,我们推测:麹氏高昌王国所祭祀的"西门"、"南门"等实则应是"门神",或许是指王都高昌的"西门"和"南门"。从文书反映的情况来看,高昌所祭门神无论在种类或数量上均不及中原王朝的多,但两者是有承继关系的。又,吐鲁番阿斯塔那 88 号墓所出《高昌高乾秀等按亩入供帐》中"玄领寺一半"下记"十二月十五日,一斛,付阿□□祀胡天"①。"胡天"是祆教(即琐罗亚斯德教,又称拜火教)所祭祀的神祇。据研究:"胡天是晋唐之间对于火祆教祭祀场所的通称。"② 吐鲁番出土的《金光明经卷第二》的题记中有"城南太后祠下胡天"之语。③ 祆教主要是为从中亚等地迁入高昌的昭武九姓人所信奉。一些西域少数民族(如焉耆人)甚至一部分汉族人也信奉过。④ 文书(一)中的康祈、康酉儿、屠儿胡、孟阿石儿等为康姓昭武人及其他少数民族,而他们所供祀的大坞、阿摩、谷里、丁谷天等很可能是祆教所信奉的神祇。文书(四)所举知祀人中有主管祆教事务的官员萨簿,表明祆教祭祀活动在麴氏高昌王国中也是由祀部统一管理的。其所信奉的神祇和汉民族所信奉的神祇在十二月二十日和正月一日的祭祀活动中一起进行祭祀。这一方面可能是祀部出于管理方面的需要,另一方面也从一个侧面反映出麴氏高昌王国的各族人民在文化上的某种认同性。统治者则可以此加强不同信仰的各族人民之间的凝聚力和向心力。这可视为麴氏高昌王国在祭祀制度上的一大特点。

对于树石的祭祀,在汉文典籍中亦可寻到某些线索。《通典·礼八十一》云:"前一日,社正及诸社人应祭者各清斋一日,于家中正寝。应设馔之家光修治神树之下,又为瘗坎于神树之北方。"高昌所祭祀的应为当地某处具有特定意义的树石。文书中所出现的秦□、西涧神、长埠、楼头、清山神等供祭对象虽然所属不明,但我们推测它们有可能是当地人所祭祀的具有本地特色的神祇,亦即"能出云为风雨,见怪物皆曰神"之类。因材料缺乏,其具体情况尚待进一步研究。

麴氏高昌王国所祭祀的对象尽管比较庞杂,但其数量乃至祭祀规模均不及中原王朝。作为一个汉文化色彩浓厚的地方割据政权,麴氏高昌王国基本行承继了中央王朝的祭祀制度,并根据自身特点(王国的地位及其所处的社会环境)有所增损,从而具有一定的地方性,但其基本体系与

① 《吐鲁番出土文书》第 2 册,文物出版社 1981 年版,第 184 页。

② 王素:《高昌火祆教论稿》,《历史研究》1986 年第 3 期。

③ 原件藏新疆博物馆,参见《吐鲁番晋—唐墓葬出土文书概述》,《文物》1977 年第 3 期。

④ 王素:《高昌火祆教论稿》,《历史研究》1986 年第 3 期。

中原内地是一脉相承的。

<h2 style="text-align:center">第三节　麴氏高昌王国与北方
游牧民族的关系</h2>

一　概说

麴氏高昌王国是中国历史上一个以汉族为主，在今新疆吐鲁番和其邻近地区建立的政权。[①] 自北魏太和二十一年（497 年）国人杀马儒立麴嘉为王，至唐太宗贞观十四年（640 年）麴智盛降唐，历 11 王约百四十余年。其间尽管发生过政变和北方各游牧民族的侵袭，但与同时期中原各王朝的频繁更替相比，麴氏在高昌的统治还是比较稳定的。

高昌地处中西交通的要冲，隋以前与伊吾、鄯善并称为"西域之门户"；隋以后，这里则成了东、西方使者、商贾往来的必经之地。[②] 从高昌向北穿过天山山脉可以到达现在的准噶尔盆地，即汉时的车师后国地区，那时是与车师前国（治今吐鲁番交河故城）连成一体的。因此，高昌是处于东西、南北交通的十字交叉点上，其重要的战略地位自不待言。由此也就必然成为四周各个势力争夺的对象；同时也就不可避免地与邻近各个民族发生密切的关系。

在麴氏有国的 140 余年的时间里，北方蒙古草原上先后有柔然、高车、铁勒、突厥等游牧民族兴起和衰亡。它们在势力强大的时候往往控制中西丝路贸易并从中获取商业税收。对西域他们不是直接而是间接地通过控制丝路上的各城郭国而达到这一目的。在这一过程中，作为中西丝路要

---

① 据一些研究者对吐鲁番出土的这一时期文书中人口的统计，其民族的组成大致是：汉族占总人口的 70%～75%，少数民族占 25%～30%。参见杜斗城、郑炳林《高昌王国的民族和人口结构》，《西北民族研究》1988 年第 1 期。

② 《隋书》卷六七《裴矩传》引《西域图记序》云："发自敦煌，至于西海，凡为三道……其中道从高昌……故知伊吾、高昌、鄯善，并西域之门户也。"《旧唐书》卷一九八《焉耆传》则云："自隋末罹乱，碛路遂闭，西域朝贡者皆由高昌。"

冲的高昌地区自然便与上述各游牧民族产生密切的关系。

这些游牧民族极少直接插手王国的内部事务,他们大多只是定期或长期派遣官员至高昌"以督赋入"①。麹氏高昌王国国小势弱,只求彼此相安无事。所以,二者之间的关系基本是平稳的。其间尽管也有冲突,但只是次要的。由于地处边陲,加之中原内地在这一时期处于四分五裂、内战不休的状态,各王朝无暇西顾,故麹氏王朝在政治上受北方各游牧势力的影响要更大一些。前期有柔然与高车、后期有铁勒和突厥;麹氏高昌王国往往同时面对两大北方势力,从而与它们的关系呈现出纷繁复杂的交替局面。

二 与柔然、高车的关系

柔然,又作蝚蠕、蠕蠕、芮芮或茹茹等,西方史书中称之为阿哇尔人(Avars),与拓跋鲜卑有共同的族源,4 世纪末 5 世纪初兴起于蒙古草原,与西域各国关系密切。柔然内部就有许多西域人。② 麹氏建国便与柔然有关。《魏书·高昌传》云:"(沮渠)无讳死,弟安周代立,和平元年(460 年)为蠕蠕所并。蠕蠕以阚伯周为高昌王,其称王自此始也。……(麹)嘉字灵风,金城榆中人。既立,又臣于蠕蠕那盖。"所以,从高昌称王到麹氏有国,我们都可以看到柔然的影响。

柔然自和平元年(460 年)灭沮渠氏,扶立高昌阚氏政权至 506 年柔然可汗伏图为高车所杀,"(麹)嘉又臣于高车"③,前后控制了高昌 40 余年。其间还有高车控制的一段时间,但很短。高昌曾一度使用了柔然的年号"永康",以示政治上的臣属关系。出土有《高昌永康十七年(480年)残文书》的吐鲁番哈拉和卓 90 号墓中还出土有《高昌主簿张绾等传供帐》文书:④

1. (上缺)疋,毯六张半,付索寅义,买厚绢,供涞□

---

① 参见《旧唐书·西突厥传》。

② 周伟洲:《敕勒与柔然》,上海人民出版社 1983 年版,第 107、48 页。

③ 《魏书》卷一〇一《高昌传》。

④ 《吐鲁番出土文书》第 2 册,文物出版社 1981 年版,第 17～18 页。

2.（上缺）半斤,付双爱,供□涞。

3.（上缺）出行继卅疋,主簿张绾传令,与道人昙训。

4.（上缺）出行继五疋,付左首兴,与若愍提。

5.（上缺）出赤违一枚,付爱宗,与乌胡慎。

6.（上缺）阿钱条用毯六张,买沾缋。

7.（上缺）疋,付得钱,与吴儿折胡真。

8.（上缺）赤违一枚,付得钱,与作都施摩何勃。

9.（上缺）继一疋,赤违一枚,与秃地提勲无根。

10.（上缺）月廿五日,出继二疋,付□富买肉供□□

（中略）

14.（上缺）行继二疋,赤违三枚,付隗已隆,与阿祝至火下。

15.（上缺）张绾传令,出疏勒锦一张,与处论无根。

（后略）

从同墓出土的有纪年（永康十七年为 480 年）文书来判断,上录文书中的若愍提勲、乌胡慎、吴儿折胡真、作都施摩何勃、秃地提勲无根、处论无根等显然当为柔然人。仅从这份文书来看,在高昌的柔然人还不少;从他们作为被供食者的情况来分析,这些柔然人的身份很可能是使者,这表明柔然当时与高昌的关系是比较密切的。

漠北的高车族原来是在柔然的统治之下。由于柔然统治者的倒行逆施,激起了高车人的不断反抗。487 年,高车王阿伏至罗趁柔然可汗豆仑南侵大败之机,率其族人西迁至车师后国（今乌鲁木齐西北）建立了高车国,开始了与柔然争夺对高昌控制权的斗争。

高车国建立以后势力曾一度强大起来,控制的地区"东北至色楞格河、鄂尔浑河、土拉河一带,北达阿尔泰山,南服高昌、焉耆、鄯善,西接悦般,东与北魏相邻"[①]。太和十五年（491 年）"高车王可至罗（按:即阿伏至罗）杀首归兄弟,以敦煌人张孟明为王"。是为高车与高昌接触之始。但好景不长,高车所立的高昌王张孟明"为国人所杀,立马儒为

---

①　周伟洲:《敕勒与柔然》,上海人民出版社 1983 年版,第 48 页。

王,以巩顾礼、麹嘉为左右长史"①。至少在497年马儒遣司马王体玄"求举国内徙"之前,柔然的势力又回到了高昌。马儒大概承受不了来自高车、柔然两个方面的压力而采取上述行动,而他自己则因"高昌旧人情恋本土,不愿东迁"②而被杀。与此同时,高车国的西南又受到嚈哒人的进攻。高车尽徙前部胡人入焉耆,很可能是为了抵抗西部的嚈哒;然终为嚈哒所破,高车王穷奇也被杀。此事发生在498~500年之间。③此时高车已控制不了西域地区的局势。被徙居焉耆的前部胡人"国人分散,众不自立,请王于嘉。嘉遣第二子为焉耆王以主之"④。高车的势力暂时退出了高昌,柔然则再度控制此地;高车王麹嘉遂复臣于柔然。

此后一段时间里,高车、柔然两大势力相互争战不已,势力此消彼长。508年高车杀柔然主伏图,"嘉又臣于高车"。516年柔然大败高车,擒其王弥俄突,"系其两脚于驽马之上,顿曳杀之,漆其头为饮器。其部众悉入嚈哒"⑤,柔然则"(尽)复其旧土"⑥。高昌又置于柔然的影响之下。520年、521年,高车人在弥俄突之弟伊匐的率领下击败柔然,几乎灭亡了柔然汗国。541年高车国终为柔然所灭,以后的史书中也不见有任何它们与高昌发生关系的记载。取而代之的是两个新兴的强大游牧势力——铁勒与突厥。

从上面的论述中可以看到,在麹嘉即王位之前,无论是柔然还是高车均采取扶植傀儡的方式实施对高昌的控制。但由于它们之间争战不休,双方势力交替消长,有时也无更多的力量顾及高昌。所以,在这段时间里一个最明显的特点就是高昌王像走马灯似的换了五六个,直至国人立麹嘉为王以后才逐渐稳定了下来。这也表明它们对高昌的影响有所减弱。

麹嘉上台后所做的第一件事便是"臣于蠕蠕(王)那盖"。后柔然主

---

① 关于高车杀首归兄弟,立张孟明为高昌王的时间,《魏书》、《北史》和《资治通鉴》均作太和五年(481年)。但据哈拉和卓90号墓出土的《高昌永康十七年(480年)残文书》,表明此时高昌仍臣属于柔然,故高车似不可能在481年袭击高昌。冯承钧先生认为:"此处太和五年疑是太和十五年(491年)之误。"见冯承钧《高车之西徙与车师鄯善国人之分散》,载《西域南海史地考证论著汇辑》,中华书局1957年版,第40页。

② 《北史》卷九七。

③ 段连勤:《丁零、高车与铁勒》,上海人民出版社1988年版,第239页。

④ 《北史》卷九七。

⑤ 《魏书》卷一〇三。

⑥ 《梁书》卷五四《西北诸戎传》。

伏图为高车所杀,"嘉又臣高车"。这样在名义上臣服于北方最强大的游牧民族,并随其势力的消长而变化的灵活策略,对于麴氏王朝存在 140 余年起了很重要的作用。

三　与突厥、铁勒的关系

北齐天宝二年(552 年),柔然的"锻奴"突厥族在首领土门的率领下灭柔然汗国,取而代之成为北方草原上最强大的势力,并随即与麴氏高昌王国发生了接触。这一点史乘虽无记载,但在《麴斌造寺碑》中却有反映。此碑正文云[①]:

> 宁朔将军绾曹郎中麴斌者。……年十九,擢拜威远将军、横截令。……其后属突厥雄强,威振朔方,治兵练卒,侵我北鄙。□□□□军之委,承庙胜之策,鹰扬阃外,虎步敌境。兵锋暂交,应机退散。数之期,深知□□□,□安虑危,见机而作,乃欲与之交好,永固邦疆。以专对之才,非人莫□,□□君厥庭,远和□□。□□□之以机辨,陈之以祸福。厥主钦共英规,□众畏其雄略,遂同盟结姻,而归,自是边□□无虞,干戈载戢,弓失斯韬,皆君之力也。

此碑立于高昌延昌十五年(575 年),碑中所载突厥进攻高昌北部边境的时间,马雍先生系之于和平四年(554 年)[②],为突厥灭柔然后不久。对于突厥的进犯,麴氏王朝曾作出了反击,派麴斌"虎步敌境",但结果却是"兵锋暂交,应机退散",显然不是突厥的对手,最后不得不于第二年下半年[③]派麴斌出使突厥求和。突厥可汗以其女妻麴宝茂,并授宝茂及

---

①　黄文弼:《吐鲁番考古记》附录,科学出版社 1985 年版。参见马雍《突厥与麴氏高昌始建交考》录文,载《向达先生纪念论文集》,新疆人民出版社 1986 年版,第 355 页。

②　钱伯泉先生认为是和平三年(553 年),见所著《从〈麴斌造寺碑〉谈高昌国麴氏王朝与突厥的关系》,《新疆历史研究》1985 年第 4 期。

③　马雍:《突厥与麴氏高昌始建交考》,载《向达先生纪念论文集》,新疆人民出版社 1986 年版,第 360 页。

其世子乾固以突厥官号。《麹斌造寺碑》反面契约之末记其官号为：麹宝茂，使持节、骠骑大将军、开府仪同三司、都督瓜州诸军事、侍中、瓜州刺史、西平郡开国公、希董、时多浮、跌无亥、希利发、高昌王；麹乾固，卫将军、波多旱、锄屯发、高昌令尹。二人头衔前一部分是中原王朝的封号，《梁书·高昌传》记麹坚的封号为"使持节、骠骑大将军、散骑常侍、都督瓜州诸军事，瓜州刺史，河西郡开国公，仪同三司"。其曾孙麹宝茂承继了这些封号，但显然只是虚封。后一部分是突厥的封号。麹氏王朝虽然在名义上同时臣属于这南北两大势力，但实际上处在突厥的控制之下。

据马雍的研究，麹氏高昌政权与突厥的早期接触和结姻虽然在时间上属木杆可汗时期（553～572年），但实际上与麹氏高昌政权发生关系的应是西突厥的创始人室点密（Istami）。"本碑文所提到的'厥主'当指室点密而言，而高昌王宝茂所娶突厥可汗女亦当是室点密之女。"① 《续高僧传》卷十二《道判传》云："保定二年（562年），（道判）达于京邑。……乘机急行，止经七夕，便至高昌国，是小蕃附庸突厥。又请国书，至西面可汗所。"冯承钧先生认为道判行经高昌似在保定五年（565年）。② 说明至少在这个时候突厥还控制着高昌。

隋开皇三年（583年），东突厥沙钵略可汗因忌阿波骄悍，遂袭其部，杀阿波母。阿波奔西面可汗达头（Tardous），达头乃"遣阿波率兵而东，其部落归之者将十万骑，遂与沙钵略相攻。又有贪汗可汗，素睦阿波，沙钵略夺其众而废之，贪汗亡奔达头。沙钵略从弟勤察，别统部落，与沙钵略有隙，复以众叛归阿波"。③ 突厥从此正式分裂为东、西二部。就在突厥内部相互"连兵不已"的情况下，麹氏王朝曾乘机一度摆脱其控制，时间长达七年（583～590年）。

隋开皇七年（587年）西突厥泥撅处罗可汗立，势力再度壮大起来。史称其"居无恒处，然多在乌孙故地。复立二小可汗，分统所部。

① 马雍：《突厥与麹氏高昌始建交考》，载《向达先生纪念论文集》，新疆人民出版社1986年版，第361页。

② 冯承钧：《高昌事辑》注26，载氏著《西域南海史地考证论著汇辑》，中华书局1957年版，第66～67页。

③ 《北史》卷九九。

一在石国北,以制诸胡国。一居龟兹北,其地名应娑"①。这样,西突厥显然加强了对西域、中亚诸国的控制。开皇十年(590年),泥撅处罗可汗发动了对麴氏高昌王国的征服战争,"破其四城,有二千人来归中国。坚(按当为乾固)死,子伯雅立。其大母本突厥可汗女,其父死,突厥令依其俗。伯雅不从者久之。突厥逼之,不得已而从"②。冯承钧认为:"此与延昌十五年(575年)《麴斌造寺碑》同盟结婚(按:向达释为结姻)之语合。伯雅大母应是宝茂之妻。突厥俗,父死子妻其群母。则宝茂死,乾固曾妻之;乾固死,突厥又逼伯雅妻之。"③

西突厥通过这次军事行动和强迫联姻,将麴氏高昌王国再度置于自己的势力范围之中。这一点在吐鲁番出土的文书中也有反映,如阿斯塔那302号墓出土的《唐妇女郭阿胜辞为请官宅事》残文书中记道:④

1.(上缺)妇女郭阿胜辞

2.(上缺)贰人 男儿一字尾周,年六岁

3.(上缺)被突厥抄转(下缺)

4.(上缺)大军一来,天下太平,并(下缺)

5.(上缺)无宅住。城北面门内道西有一官小宅,(下缺)

6.(上缺)牒陈,请乞矜裁,谨牒。

　　　　　(后缺)

文书尽管残缺,但仍可以看出郭阿胜原居住于高昌,因开皇十年"被突厥抄略",遂加入到了"有二千人来归中国"的行列之中。唐平定高昌以后,她又回到此地,时间相隔50年,反映出"高昌旧人情恋本土"⑤的感情是很深的。

---

① 《隋书》卷八四。

② 《隋书》卷八三。

③ 冯承钧:《高昌事辑》注30,载《西域南海史地考证论著汇辑》,中华书局1957年版,第72页。

④ 《吐鲁番出土文书》第5册,文物出版社1983年版,第39页。

⑤ 《北史》卷九七。

隋大业初年（605 年），泥撅处罗可汗因"抚御无道"，激起了统治下的铁勒诸部的反抗。西突厥"与铁勒屡相攻，大为铁勒所败"，从而再一次失去了对西域诸国的控制。而铁勒诸部中的白山铁勒契苾部和金山西南铁勒薛延陀部却在反抗西突厥的斗争中结成联盟，建立了"一个同历史上的高车国相类似的契苾－薛延陀汗国"①。此后的一段时间里，"伊吾、高昌、焉耆诸国悉附之"②。麴氏高昌王国便被置于这个汗国的控制之下。《隋书·高昌传》亦云：（高昌）"北有赤石山，山北七十里有贪汗山。此山之北，铁勒界也"。与此正合。

铁勒对高昌的控制方式是"恒遣重臣高昌国"，以监督麴氏政权；同时"有商胡往来则税之送于铁勒"。这一措施产生了一定的效果。如大业八年（612 年），朝隋归来的麴伯雅曾下令准备"袭缨解辫，削衽曳裾，变夷从夏"，然终因"畏铁勒而不敢改也"。③ 表明麴氏高昌王国不仅在政治上臣属于铁勒，而且在服饰上受其影响也是很大的。

西突厥在射匮可汗统治的九年时间里（611 ~ 619 年）再度强大起来，"延陀、契苾二部并去可汗之号以臣之"④。至少在唐武德二年（619 年），麴氏高昌国王已完全被置于西突厥的控制之下。下面是高昌与西突厥唐初朝贡在《旧唐书》卷一中的一些记录：

> 武德二年七月，西突厥叶护可汗及高昌并遣使朝贡。
> 武德三年癸酉，西突厥叶护可汗高昌王麴伯难遣使朝贡。
> 贞观三年十一月丙午，西突厥及高昌遣使朝贡。

以上所载西突厥与高昌一起朝贡绝非偶然，似有监督之意。从中我们可以看出，西突厥对高昌的控制是相当严密的。

西突厥对麴氏政权的控制措施除了上面所提到的政治联姻、联袂朝贡外，还以授高昌王及其世子突厥官号的形式，以确立其臣属关系，并如铁

---

① 段连勤：《丁零、高车与铁勒》，上海人民出版社 1988 年版，第 354 页。
② 《隋书》卷八四。
③ 《隋书》卷八三。
④ 《旧唐书》卷一九九下。

勒一样派遣官员驻于高昌监统。《旧唐书·西突厥传》云：在统叶护可汗
（619～628 年在位）统治时期，"西域诸国王悉授颉利发，并遣吐屯一人
监统之，督其征赋"。高昌自然也不例外。马长寿先生曾指出："突厥汗
国对于西域诸国，并不改变它们原来的组织，只革去各国独立的王号，改
称颉利发，臣属于西突厥可汗之下。同时又遣一武官'吐屯'监统之，
监督他们征收赋税，把租税运送于可汗的牙帐。这种办法，对于各城郭国
家的封建主有利，而对于西突厥的可汗更为有利。"① 马先生的这一看法
已为近年来吐鲁番学的研究成果所证实，但说中 "革去各国独立的王号"
之语似不确。

　　吐鲁番阿斯塔那 24 号墓所出《高昌延昌酉岁屯田条例得横截等城
葡萄园顷亩数奏行文书》末的签署中有 "□□□军肤叠□吐诸他跋□输
屯发高昌令尹麴伯雅"②。法国人马斯伯乐（Maspero）所收斯坦因在吐
峪沟所获 Toy·042（a）号文书《大品经卷第十八》的题记则记有：
"延昌九年，己未岁五月廿三日，使持节大将军、大都督、瓜州诸军事、
瓜州刺史、西平郡开国公、希近、时多浮、跋弥砲、伊离地、都芦悌、
阤豆、阿破、摩亥（据图版补入——引者注）、希利发、高昌王麴
乾固。"③

　　所有这些均表明，麴氏诸王在接受突厥官号的同时，并未放弃原来的
王号，相反还继续承接中原内地各朝的封号。突厥有重臣驻于高昌，自然
不可能不知道这一情况，但显然并没有加以干涉。因为不管怎样，高昌实
际上还是在它的控制之下。西突厥甚至把输屯发（即吐屯发，tudun）的
称号授予非突厥族的高昌王麴乾固之世子（即后来的高昌王）麴伯雅，
伯雅很可能也就负有为突厥"以督赋入"的使命。

　　此外，有迹象表明麴氏政权中有突厥人担任官职。《旧唐书·高昌
传》云：因高昌与突厥联合袭伊吾，"（唐）太宗以其反覆，下书切让。
征其大臣冠军阿史那矩入朝，将与议事"。阿史那矩显系突厥王族，他并

---

　　① 马长寿：《论突厥人和突厥汗国的社会变革》，原载《历史研究》1958 年第 3～4 期，收
入林幹编《突厥回纥历史论文选集》上册，中华书局 1987 年版，第 165 页。
　　②《吐鲁番出土文书》第 5 册，文物出版社 1983 年版，第 3 页。
　　③ H. Maspero, *Les Doeumeuts Choinois*, The trustees of the British Museum, London, 1953,
p. 177.

没有吐屯的头衔（或为文泰之世子智盛所代？），却是高昌王国的大臣，拥有"冠军"的职位。"冠军"在高昌军职等级中居第二位，仅次于高昌王，是监管军队的重要官职。① 可见西突厥对麹氏政权的控制又更加深入了一步。正因如此，麹文泰拒绝了唐太宗的要求，没有也不敢让阿史那矩入朝，只是"遣其长史麹雍来谢罪"②。

吐鲁番出土的文书也表明当时有许多突厥的使者频繁地来往于高昌。其中不仅有突厥本族人，还有其所征服的其他部族的人，如婆瓠（仆骨）部、乌浑（韦纥、回纥）部、鸡弊零（契苾、契弊、契苾羽）部、栈头（延陀）部、阿咥（诃咥、阿跌）部等。③ 阿斯塔那 329 号墓中出土有《高昌虎牙元治等传供食帐》④：

（一）

（前略）

8.（上缺）供恕罗珂寒乌都伦大官（下缺）

（中略）

11.（上缺）不六多娶妻，次康元相

12.（上缺）供北厢珂寒使吐别贪旱上一人，尽

13.（上缺）传二斗，供卑失移浮孤使乌庚延、伊利

14.（上缺）次上二人，中二人，尽。（中缺）五斗，供射尼

15.（上缺）珂寒使吐屯（中缺）四人，尽。

（后缺）

（二）

（前缺）

1.（上缺）尽。四斛，供属贪旱（后缺）

2. 次康赵苟传，（中缺）卑面二人服药。

3.（上缺）那（中缺）缝作胡阿赖姿儿，下

---

① 嶋崎昌：《隋唐时代的东土耳其斯坦研究》，东京大学出版会 1977 年版，第 91 页。

② 《旧唐书》卷一九八《高昌传》。

③ 姜伯勤：《高昌文书中所见的铁勒人》，《文物》1986 年第 12 期。

④ 《吐鲁番出土文书》第 3 册，文物出版社 1981 年版，第 342～344 页。

4.（上缺）次虎（中缺）供吐别贪旱（下缺）

（后缺）

　　上录文书中供食的对象显然均是突厥使人，看来突厥派往高昌的不仅有吐屯，而且还有许多拥有大官（即达干）称号的使人。他们的使命与吐屯不同，似主要是为了加强彼此政治、军事上的联系。文书也清楚地表明，这些使者来自突厥内部各种不同的集团。如恕罗珂寒（疑即处罗可汗使乌都伦大官，北厢珂寒使吐别贪旱，卑失移浮孤使乌庚延、伊利等。《新旧书·樊子盖传》云："时处罗可汗及高昌主款塞，复以子盖检校武威太守，应接二蕃。"文书中恕罗（处罗）珂寒使者乌都伦大官或与此类联系共同朝贡中原之事有关。值得注意的是"北厢可汗"在文书中的出现。与此相对应，在阿斯塔那 307 号墓出土的《高昌竺佛图等传供食帐》中又有谓的"南厢珂寒"①。检索史乘可知，贞观十三年（639 年）"西突厥咥利失可汗死，子乙毗沙钵罗叶护立，号南庭。咄陆号北庭"②。文书中的"南厢"、"北厢"或即指此"南庭"、"北庭"。

　　从这些文书中还可以看到，来到高昌的使者中不仅有西突厥可汗派来的，也有其统治下的各部族首领派来的。如乌浑摩诃先使河干，乌浑即指韦绝（回纥）部；栈头大官使炎畔阤、栈头大官使脾娑，栈头即指延陀部。此外还有贪旱提懃使、阿都纥希瑾使畔阤。提瑾即特勤（Te-gin），突厥可汗之弟或伯叔之子均可称特勤，亦用于异族③，故此贪旱提懃使很可能为某突厥可汗之弟或伯叔之子所派。希瑾当即俟斤（Ivkin），为北方突厥、铁勒诸部部落酋长或其王子、亲王的称号，畔阤当为阿都纥希瑾（俟斤）所遣。西突厥五弩失毕部尝置五大俟斤，阿都纥希瑾（俟斤）或指其一。以上分析表明，当时突厥及其统治诸部中有许多派有使臣到达高昌，使高昌来往的使臣显得十分杂乱，而且人数众多。这一切都说明西突厥及其统治诸部与麹氏高昌政权的关系是相当密切的。史乘的有关记载也证明了这一点。

---

①　《吐鲁番出土文书》第 3 册，文物出版社 1981 年版，第 251 页。

②　《唐会要》卷九四，商务印书馆 1936 年版。

③　韩儒林：《突厥官号研究》，收入林幹编《突厥与回纥历史论文选集》上册，中华书局 1987 年版，第 249～251 页。

前面提到的高僧道判在 565 年到达高昌后，"又请国书，至西面可汗所"。玄奘在离开高昌时，高昌王麴文泰"遣郎中侍御史欢信送至叶护可汗衙。又作二十四封书，通屈支等二十四国，每一封书附大绫一匹为信。又以绫绢五百匹、果味两车献叶护可汗，并书称'法师者是奴弟，欲求法于婆罗门国，愿可汗怜师如怜奴，仍请敕以西诸国给邬落马递送出境'"①。高昌王的书信可使玄奘在西突厥辖境畅通，足以说明双方关系密切之程度。

吐鲁番所出这一时期的文书中，出现有突厥或其治下各部族人的文书主要有以下这些：

1. 《高昌众保等传供粮食帐》
2. 《高昌付张都堆等供粮食帐》
3. 《高昌传供粮食帐》
4. 《高昌竺佛图等传供食帐》
5. 《高昌虎牙都子等传供食帐》
6. 《高昌□善等传供食帐》
7. 《高昌令狐等传供食帐》
8. 《高昌崇保等传寺院使人供奉客使文书》
9. 《高昌虎牙元治等传供食帐》
10. 《高昌延寿十四年（637 年）兵部差人看客馆客使文书》
11. 《高昌都子等传供食帐》
12. 《高昌曹石子等传供食帐》
13. 《高昌元礼等传供食帐》

文书中出现的北方游牧民族的人在高昌基本上都是过客或使者，食宿均由麴氏政权提供。而在传供文书之外的其他各类文书中则基本上见不到他们活动的迹象。说明他们尽管与麴氏王国关系密切，但极少有人在此长期定居下来从事生产和生活。

贞观四年（630 年），臣服于突厥的伊吾归属了唐朝，麴氏王朝感到

---

① 慧立、彦悰：《大慈恩寺三藏法师传》，中华书局 1983 年版，第 21 页。

了来自东方的压力，遂更加加强了与西突厥的联系。麴文泰还以其妹妻叶护可汗长子咄度设[①]；贞观六年（632 年）又与西突厥乙昆设破焉耆三城，并与西突厥欲谷设"约有急相为表里"，欲谷设屯兵于可汗浮图城"与高昌相影响"，共同抵抗唐朝的西进。但多民族国家的统一乃是历史发展的必然。高昌童谣亦云："高昌兵马如霜雪，汉家兵马如日月，日月照霜雪，回手自消灭。"这多少反映出了当时高昌人民的意愿。所以，当唐将侯君集兵临高昌，麴文泰便"惶骇计无所出，发病而死"。子麴智盛继立。此时欲谷设却望风而逃，智盛降唐。[②] 高昌的历史从此进入了一个新的阶段。

四　结语

麴氏有国 140 余年中，高昌始终与中国北方的游牧民族保持着密切的关系。前期是高车与柔然，后期是突厥与铁勒。麴氏王朝往往同时周旋于两大游牧势力之间，为自身的生存依附于强者。这就使王国在对外政策上呈现出多变的特点；与它们的关系则呈现出复杂纷纭的局面。北方草原上各强大的游牧民族对高昌仅满足于政治上的宗主国地位和经济上的丰厚赋税。他们尽管经常派遣"重臣"于高昌监督，但从来没有也不可能改变这里原有的那一套承袭汉魏并具有自己特点的政治、经济制度，只是在某些习俗方面（如服饰）对高昌产生一些影响，而且一定程度上带有强迫的性质。

游牧经济的相对不稳定性，往往导致各游牧民族在北方草原政治格局中的大起大落。因此，也就使得其与高昌的宗主国关系显得十分松散。这一切便使麴氏政权与北方诸游牧民族关系史中产生了一个最突出的特点——若即若离。相反，具有共同的政治、经济、文化基础的统一的多民族国家才是高昌最后的、也是必然的归宿。

---

①　慧立、彦悰：《大慈恩寺三藏法师传》，中华书局 1983 年版，第 31 页。

②　《旧唐书》卷一九八。

第四节　"绿洲"王国的经济:以鄯善为例

鄯善本名楼兰（Kroraina），原为所谓的西域三十六国之一。西汉昭帝元凤四年（前77年），"更名其国为鄯善"①。东汉永平五年（62年）以后，鄯善相继吞并了小宛、精绝、戎卢、且末等国②，从而在塔里木盆地南部形成了东起罗布泊、西至尼雅的一大政治势力。北魏太和十七年（493年）前后，"鄯善为丁零所破，人民散尽"③。存在了500余年的鄯善王国从此彻底灭亡。在此期间，地处丝路南道的鄯善王国境内各地的社会经济、文化得到了长足的发展，有效地保证了丝路南道的畅通和东西方使者、商贾、僧侣的往来供给，其功至伟。

由于自然和生态环境的原因，古代西域地区的经济类型在相当长的一段时期里，大致以天山为界，呈"南农北牧"的基本分布态势。但是，即使在以绿洲农业为主的天山南部，畜牧业也是普遍存在的，故《汉书·西域传》称"西域诸国大率土著，有城郭田畜"，准确说明了当时这一地区"田、畜"并存的整体经济状况。但是历史上，天山南部诸城郭国绿洲农业的经济特征至为显著，并与天山北部活跃的游牧民族和发达的游牧经济形成鲜明的反差；加之历代中央王朝多以天山南部的绿洲为基地，屯田驻守，进行统治，故而当地的农业经济十分发达。所以，对天山南部绿洲农业经济的研究自然成为国内外学术界关注的重点，也取得了大量的成果。相反，有关这一地区牧业经济的具体情况却没有引起学术界的充分注意，更缺乏深度的专题研究。④

和西域其他诸城郭国一样，鄯善王国的社会经济以绿洲农业为主，畜牧业也占有很大的比重。通过对鄯善王国境内社会经济形态的分析，不仅有助于认识其在东西方丝路经济文化交流中的地位与作用，完整把握绿洲

---

① 《汉书·西域传》。

② 《后汉书·西域传》。

③ 《南齐书·芮芮虏传》。

④ 殷晴曾在《新疆古代畜牧业的发展》一文中简要地论及了鄯善王国的畜牧业情况。参见殷晴主编《新疆经济开发史研究》（下册），新疆人民出版社1995年版，第11~18页。

经济的总体格局,而且对于研究古代塔里木盆地的整体经济状况亦不无一定的借鉴意义。由于文献中的有关记载十分简略,不可能据此复原古代西域诸国经济发展的具体情况。所幸的是,20 世纪初以来的原鄯善王国境内各种考古发现不断问世,尤其是作为王国官方文字的佉卢文(Kharosthi)被成功解读,才使得这一湮没千年之久古国的社会经济生活状况生动地呈现于世人面前。目前,集中刊布佉卢文材料汉译文的主要有林梅村的《沙海古卷——中国所出佉卢文文书》(初集)①和英国学者贝罗英译、王广智汉译的《中国出土佉卢文残卷译文集》②。这些以简牍形式出现的佉卢文文书业已经过波叶尔等人统一编号。我们在引用的时候主要以前者为准,以后者为辅;为避免烦琐,一般只在引文后注明简牍编号,除非必要,不另出注。本节拟利用各种最新的考古学、语言学的研究成果,结合文献的相关记载,对鄯善地区古代农业、园艺业和畜牧业的形成、发展及其内涵等方面试加探讨。

一　农业

罗布泊西北的今孔雀河下游北岸曾发现了距今 3800 年左右的古墓沟墓地,其地理坐标为东经 88°55′21″,北纬 40°40′35″。这里出土了一批新疆境内迄今所知最早的人类遗体(骨)。体质人类学的研究成果业已证明,古墓沟人是最早从西方迁入塔里木盆地的原始印欧人(又称高加索人种)的一支。③ 从随葬品来分析,他们的经济生活基本以畜牧业为主,牲畜有牛、羊(山羊、绵羊)等。此外,在古墓沟发掘的 42 座墓葬中没有出土一件陶器,日常用品则多为草编、木、角类等适于游牧状态下使用的制器。④ 从上述情况推测,最初进入鄯善地区的可能是一支来自西方的

① 林梅村:《沙海古卷——中国所出佉卢文文书》(初集),文物出版社 1998 年版。

② 收入韩翔等主编《尼雅考古资料》,新疆维吾尔自治区文化厅编印,1988 年内部印刷,第 183 ~ 267 页。

③ 韩康信:《新疆古代居民的种族人类学研究和维吾尔族的体质特点》,《西域研究》1991 年第 2 期,第 1 ~ 13 页。

④ 王炳华:《孔雀河古墓沟发掘及其初步研究》,收入《丝绸之路考古研究》,新疆人民出版社 1993 年版,第 183 ~ 201 页。

古老游牧人群，其早期经济生活以畜牧业为主。作为补充，这里也有渔猎业，同时出土的小块残破的网罟说明了这一点。

值得注意的是，古墓沟墓地中还发现了少量的小麦粒随葬，数量从十数粒至一百多粒不等。这些麦粒大多保存完好，据鉴定均为与现代小麦无异的普通小麦或相似的圆锥小麦，为中国境内所见最早的实物标本。① 一般认为，中国是普通小麦的故乡，其原产地在青藏高原，甘肃仰韶文化早期已经开始栽培普通小麦。② 也有人认为普通小麦是圆锥小麦与新疆天然的野生节节麦自然杂交而形成的。③ 古墓沟普通小麦出现的时间显然要晚于内地。更为重要的是，古墓沟人原是以游牧者的身份迁入这一地区的，其自身本来亦夹带有某些其他类型的物质文化因素。如该地出土的3件小型红铜饰物，其纯度之高达到了三、四级的标准，显然不是当时人们的生产力所能达到的工艺水平④，应是从其他地区带入或传入的。古墓沟所出麦粒数量较少，似乎主要用于随葬，足见其十分珍贵；况且这些麦粒形态完整而成熟，显系长期培育所致。鉴于古墓沟墓地周围尚未发现有与之时代相应的农耕遗迹，所以虽不能完全排除早期存在少量农业生产的可能性，但笔者更倾向于认为古墓沟出现的麦粒是其他地区流入的。迁入塔里木盆地南部的早期人类的初始经济形态仍以畜牧业为主。

从自然条件来看，塔里木盆地南部诸绿洲上并不适于从事大规模的或长期的以畜牧业为主的经济生活。所以，最初迁入这一地区的各游牧人群此后逐渐走向定居，转而开始从事绿洲农业生产则是必然的。从稍晚的且末扎洪鲁克墓（距今 2800～3000 年，地理坐标为东经 85°28′29″，北纬 38°07′16″）的考古发现中已可见其端倪。据研究，这一带的古代人群虽然以从事畜牧业为主，但农业生产已经出现，种植的农作物有麦、粟等。古墓沟墓地所无的陶器在这里却大量出现⑤，表明当地的人们已开始转入

① 王炳华：《丝绸之路考古研究》，新疆人民出版社 1993 年版，第 189 页。
② 李根璠：《起源于中国的栽培植物及其原始农业文明》，载黄盛璋主编《亚洲文明》第三辑，安徽教育出版社 1995 年版，第 27～40 页。
③ 王炳华：《丝绸之路考古研究》，新疆人民出版社 1993 年版，第 189 页。
④ 同上书，第 191 页。
⑤ 何德修：《且末县扎洪鲁克古墓葬清理简报》，收入《楼兰文化研究论集》，新疆人民出版社 1995 年版，第 175～191 页。

定居，从事农业生产。至于这一转变过程的具体情况我们则不得而知。

前176年，匈奴征服了楼兰等西域诸国，楼兰之名始见于文献记载。① 前138年张骞出使西域，据他所见，"楼兰，姑师邑有城郭，临盐泽"②。表明此前西域诸绿洲城郭国已经形成。自张骞凿空以后，官方意义上的丝绸之路正式开通。地处丝路南道的楼兰至尼雅一带成为东西方使者、商贾频繁往来之地，有关这一地区的社会经济状况才为世人所知。

据《汉书·西域传》的记载，"西域诸国大率土著，有城郭田畜"，大致说明了汉代塔里木盆地的总体经济情况。具体到楼兰至尼雅一带则可分为以农业为主的绿洲城郭国和以畜牧业为主的昆仑山山前诸国。从罗布泊以西的诸绿洲上依次分布着楼兰、且末、精绝等城郭国，其经济形态以绿洲农业为主。它们"皆种五谷，土地草木，畜产作兵，略与汉同"。园艺业已经出现，如且末就有"蒲桃（葡萄）诸果"③。由于降水稀少，故这里的农业主要依靠河流灌溉。在楼兰有孔雀河，且末有车尔臣河，精绝有尼雅河。正因如此，汉代这里就已经有了一定规模的灌溉系统。考古发现楼兰古城（东经89°55′22″，北纬40°29′55″）有古水道从西北至东南穿城而过，附近则有宽丈余、高2尺、直通于河的古渠道及断河引水柳堤。④古城中甚至还发现有厚达70厘米、宽约1米的糜子堆积，并夹杂有少许的大麦和小麦粒⑤，表明当地不仅有农业生产的传统，而且在西汉时已形成了一定的规模。

楼兰本为一绿洲城郭国。《汉书·西域传》却云："鄯善，本名楼兰，王治扜泥城。""地沙卤，少田，寄田仰谷旁国。国出玉，多葭苇、柽柳、胡桐、白草。民随畜牧逐水草，有驴马，多橐它（驼）。能作兵，与婼羌同。"这一记载显然与地处罗布泊畔的楼兰国情况不符。且同传鄯善条下又称"楼兰国最在东垂，近汉，当白龙堆，乏水草，常主发导，负水担

① 《史记·匈奴列传》。
② 《史记·大宛列传》。
③ 《汉书·西域传》。
④ 黄文弼：《罗布淖尔考古记》，国立北京大学出版部1948年版，第111~112页。
⑤ 侯灿：《论楼兰城的发展及其衰废》，收入《楼兰文化研究论集》，新疆人民出版社1995年版，第35页。

粮,送迎汉使"。楼兰既然"乏水草",鄯善何以"随畜牧逐水草"？鄯善既然"地沙卤,少田,寄田仰谷旁国",婼羌又何以"仰鄯善、且末谷"？因此,史乘这种看似相互矛盾的记载需结合当时罗布泊地区政治形势的变化予以分析才能得到较为合理的解释。

西汉元凤四年（前77年）,大将军霍光派遣平乐监傅介子刺杀了亲匈奴的楼兰王尝归,立其弟、亲汉的尉屠耆为王,并改国号为鄯善。有研究认为,与此同时,鄯善还将国都从罗布泊畔的楼兰城南迁至扜泥城（今若羌县治）。① 同楼兰城相比,扜泥城地近婼羌,而且"地沙卤,少田",所以才有类似婼羌的"随畜牧逐水草"等经济生活方式的变化。正因如此,尉屠耆才要求西汉遣将在扜泥城附近的伊循（今米兰）屯田,以便"依其威重"②。所以,《汉书·西域传》鄯善条的上述记载事实上应分为楼兰、扜泥两个历史时期。以鄯善国的建立为标志,随着政治中心的南移,所处自然环境的改变,其经济生产方式也发生了相应的变化。从"寄田仰谷旁国"的记载来看,鄯善仍然在某种程度上沿袭着楼兰时期的绿洲农业经济,只不过在方式上由直接耕种改为"寄田仰谷旁国"罢了。在且末、精绝等地并没有看到有类似变化的迹象。

随着西汉开始在伊循屯田,中原王朝各种先进的农业生产技术便源源不断地传入鄯善地区,从而极大地促进了这一地区绿洲农业经济的发展。其表现之一便是人工灌溉系统的扩大和完善。在伊循故地的米兰就发现了一个包括总干渠、七条支渠和众多斗渠、毛渠构成的庞大的灌溉渠道系统,灌溉面积达30平方公里。犁耕技术已在这里开始采用,种植的农作物则以小麦为主。③ 考古发现业已表明,楼兰、尼雅一带诸绿洲城郭国的规模在汉代有了很大的发展,并从此基本确立了下来。较为完整的城郭遗址大多始于汉代,所出遗物的种类和数量亦逐渐地丰富了起来。显然,"丝绸之路"的形成加强了塔里木盆地诸国与外界的联系,各种先进的生产技术的引进提高了当地生产力发展水平,促进了各城郭国社会经济的繁

---

① 穆舜英:《古楼兰文明的发展及研究》,收入《楼兰文化研究论集》,新疆人民出版社1995年版,第1~9页。

② 《汉书·西域传》。

③ 陈戈:《米兰古灌溉渠道及其相关的一些问题》,收入《楼兰文化研究论集》,新疆人民出版社1995年版,第252~274页。

荣。不仅如此，诸国之间的交往与联系亦因之不断加强，从而为东汉初期开始的西域诸国的局部统一创造了条件。

东汉初期，匈奴势力大衰，中原王朝一时亦无暇西顾，导致西域地区出现了一时的权力分散。在这种形势下，莎车王贤一度诛灭诸国，称霸西域。永平五年（62 年）贤为于阗王广德所擒杀，诸国一时"更相攻伐"。经过一番混战，在塔里木盆地南部形成了鄯善、于阗两大政治势力。小宛、精绝、戎卢、且末等国均为鄯善兼并，鄯善王国正式建立。① 鄯善改诸国为"州"（佉卢文中作 Raya），各州行政长官称"州长"（Cojhbo），由国王亲自任命；王廷的各种敕谕、政令在各地得到了有效的贯彻和执行。② 这种有限范围的统一局面的形成，对于保证这一地区社会经济持续稳定地发展无疑具有积极意义。鄯善王国农业、园艺业的繁荣景象可以从有关考古发现及佉卢文书的记载中得到十分充分的反映。③

鄯善各地的农业生产已经十分普及，佉卢文书中有关土地耕种方面的内容随处可见。如编号为 83 号的佉卢文书中提到："至于农耕、大麦、小麦和 ad'imi 之事，请汝等精心关照。……无论彼等在农耕地播种多少谷物，汝都应该让黎弗罗摩记账。"编号 278 号文书说："余已将耕作之事交鸠罗格耶和周伐罗夷那照料。彼处生产的食物和酒类应交詹阇，并登记造册送来。还有，鸠善陀私人……黎帕那和帕尔伐陀在田里……现请汝等予以照料。此地所获谷物应交詹阇。账目应给余。"④

据上引文书可知，鄯善王国的农业耕种十分精细，而不是流于简单的粗放式经营，耕种者从谷物的播种到收获均要付出很多心血。谷物的播种与收获则要登记造账，显示出时人对农业生产极为重视。编号 225 号文书就是这样的一份详细账目，其中记道："……另一次播种已在……尼伽之

---

① 《后汉书·西域传》。

② 孟凡人：《楼兰鄯善简牍年代学研究》，新疆人民出版社 1995 年版，第 299、305 页。

③ 佉卢文大致在 2 世纪末传入鄯善，3、4 世纪成为鄯善王国的官方文字，此后被废弃不用。参见马雍《古代鄯善、于阗地区佉卢文字资料综考》，载《中国民族古文字研究》，中国社会科学出版社 1984 年版，第 6~49 页。但有关文献、考古材料却表明鄯善王国的成立早于佉卢文传入的时间，它也并未因佉卢文的废弃而灭亡，而是一直存在到 5 世纪以后。

④ 本节所引佉卢文书均据林梅村《沙海古卷——中国所出佉卢文文书》（初集），文物出版社 1988 年版；参见王广智所译《新疆出土佉卢文残卷译文集》（T. 贝罗原著），载《楼兰尼雅考古资料》（内部资料），乌鲁木齐，1988 年，第 183~267 页。以下不另注。

土地上进行……一弥里码，谷物……一弥里码。索柯陀之土地正在播种……获五硒，谷物……获二（硒）。余在克特霜之土地上播种，获谷物二弥里码。……支耶之土地正在播种，获谷物二弥里码，获酒六硒。""弥里码"、"硒"是当地有关物品质量的计量单位。显然，鄯善王国对农业生产的管理是比较严格的，各级行政机关中设有司谷（Koyimam）、谷吏（Tsamgina）等专门负责粮食作物的播种与收获。王国还设有司账（Maravara）负责有关账目的管理，从而形成由王廷到地方的一套完整而严密的粮食管理体系。事实上，耕地上农作物的产量是王国据以征税的主要依据。这一点在许多文书中均有反映，兹不赘录。正因为农业生产在鄯善经济生活中占有重要地位，所以王国常常采取措施扩大农作物的种植规模。在鄯善王的一件敕谕中明确要求地方官吏"必须给那些难民以田地和房舍……和种子务必发给那些难民，以便彼等能耕种更多更好的土地"（编号 292 号文书）。鄯善王国还设有司土（Vasu）一职管理有关耕地事宜。

鄯善农业的精耕细作在对耕地的灌溉上也能反映出来。编号 72 号佉卢文书中记道：

（栏三）	（栏四）
1. 探长苏遮摩灌溉三次	1. 州长林苏灌溉小麦三次
2. 雅吉陀灌溉小麦三次	2. 优波色那灌溉三次
3. 楼支伽灌溉小麦三次	3. 安提耶灌溉三次
4. 婆数罗灌溉小麦三次	4. 苏阇陀灌溉两次
5. 鸠罗罗·日友灌溉小麦三次	5. ……
6. 沙色伽·苏耆陀灌溉三次	6. 州长林苏灌溉三次
7. 探长苏遮摩灌溉三次	7. 帕尔伐提·左摩色灌溉两次

绿洲农业赖以存在的基础就是灌溉，能否得到良好的灌溉对于耕地上农作物的产量的高低具有决定性作用。由于塔里木盆地周边除塔里木河外，多为短小河流，且流量受季节性影响，河水的流量有限，所以在鄯善耕地的灌溉一般是有计划进行的，各人耕地在灌溉时间和次数上似有相应的规定。虽然并不清楚这种规定的具体依据是什么，但上引文书中拥有"州长"头衔的林苏和"探长"苏遮摩耕地的灌溉要比其他普通人多一

轮，此或许与二人的职位有关。

在鄯善王国，水利资源可能是由"国家"统一管理，按计划分配。鄯善王的敕谕中提到："耕地无水，结果无水。现将水引入汝州。"由于水在绿洲农业中起着决定性作用，故鄯善时常发生有关用水方面的纠纷（如编号 604 号文书）。鄯善王在一份处理用水事务的敕谕中明确指出："当汝（指'州长'、税监）接到此楔形泥封木牍时，应即刻对此详细审理，此水是否为阿波尼耶所借，又是否将此水借人。此外，若排水口未曾准备好，则不能让阿波尼耶赔偿损失。"（编号 502 号文书）由此可见，鄯善王在耕地用水的管理上是具体而微的，而灌溉的发达则无疑是这里绿洲农业的一大特色。

从有关耕地买卖、租佃的佉卢文书中可以注意到，鄯善王国的耕地的地块是以农作物种子播种量的多少来计算的，而不是通常以面积的大小来确定。当时各类耕种文书中所涉及的主要内容是水和种子，基本不提产量（如编号 160 号文书）。在灌溉用水有保证或相同的条件下，播种量的多少似乎是衡量某一块土地的面积或决定其产量的主要标准。由此可以推测，鄯善王国各类耕地单位面积的产量应该是比较稳定的。为便于分析说明，兹将佉卢文书中的有关内容摘录如下[①]:

1. 能种 2 希（Khi，又译作硒，计量单位）adini 籽种之 akri 土地一块及另一些总共能种 5 希 aāini 之土地。（编号 222 号文书）

2. 该地能种 2 米里马（milima，又译作弥里码，计量单位，1 弥里码 = 20 希）。（编号 422 号文书）

3. 该地能种 1 米里马 10 希籽种。（编号 495 号文书）

4. 能种 4 米里马籽种并与伐没都村之土地相毗连之 kurora 地。（编号 496 号文书）

5. 能种 1 米里马 10 希籽种之土地。（编号 549 号文书）

6. 播种量为 3 米里马 juthi 之 misiya 地。（编号 571 号文书）

7. 能种 1 米里马 10 希 adimni 籽种之 akri 地一块。（编号 579 号文书）

---

① 以下录文均据王广智译本。

8. 能种 1 米里马 1 希籽种之 misiya 地一块。该地尚连有几块能种 1 米里马籽种之 akri 地。（编号 580 号文书）

9. 能种 7 希 Sahini 籽种之 ciraimta 地一块。（编号 587 号文书）

10. 能种 1 米里马籽种之土地一块。（编号 652 号文书）

11. 能种 3 米里马之 agri 土地一块。（编号 654 号文书）

12. misi 地一块，该地播种量为 1 米里马五希。（编号 655 号文书）

13. 该地之播种量为 2 希。（编号 656 号文书）

14. 全部土地（能播）3 米里马 jhuthi（juthi?）籽种（编号 677 号文书）

15. 能种 3 米里马（籽种）之 kurora 土地一块。（编号 678 号文书）

16. 一块能种 3 米里马种籽之 misi 地。（编号 715 号文书）

从以上材料判断，鄯善王国的耕地似分为几类，如 akri 地、kurora 地、misi 地、ciraimta 地、agri 地等。由于这些词的含义尚未得到圆满的释读，加之相关材料缺乏，还暂时无法肯定鄯善耕地的分类标准。从上引文书的情况来看，各类耕地的差异或许与所种农作物的不同有关，如种植 adimi 的 ciraimta 地等。编号 572 号文书说："彼愿将在 misi 地中正种植大麦（？）之 10Kuthala 给彼之邻居鸠尼多。"编号 582 号文书则明确记道："从前该地系 misi 地，但后来该地即成为 akri 地。"这一变化或与该地上种植作物的改变有关。在通常情况下，耕地种类的划分往往是根据土地的肥沃程度、所处的位置以及灌溉条件的好坏等因素来决定的。鉴于佉卢文书的解读中还有许多问题尚未得到解决，故鄯善王国耕地的分类、各类耕地的产量等情况还有待作进一步的研究。

此外，鄯善王国的农业生产已形成了一定的规模性经营，其标志便是庄园的出现，这也是鄯善农业生产的另一个地方特色。在一件有关庄园诉讼的佉卢文书中说："该庄园已耕种之田地应加以适当灌水和照料。庄园内外之耕作皆应加以适当照料。"（编号 298 号文书）鄯善有被称作 gotha-dara 的庄园主，驱使奴隶为其耕作。有的庄园主本身就是所谓的"州长"等高级官吏。如"州长"柯利沙和鸠那罗致国王所遣税监的信中说："汝曾从余等之庄园派一人来此干活。现彼等正让其在此干活。但是又传闻，诸差役又派其到彼处……干铁匠活。"（编号 107 号文书）在另一件"州长"驮克罗谨致州司土的信中则声称："若汝（司土）所送税收再短缺，则务必用自己庄园之收入补上。……汝现在已年复一年地减少自己庄园之税务。"（编号 714 号文书）但他在给税监的信中却抱怨说："他人耕种县属土地，却让余私有庄园交纳 maka 及 ogana 税，殊不合法。"（编号 713 号文书）显然，无论何种性质的庄园均需向王廷缴纳一定数量的各种税负。编号 373 号文书说："彼处有两座庄园，尚有其他人住在附近。汝若去，可从该地征税。若再去，还能征到税收。"所以，庄园已成为鄯善农业经济中不可或缺的组成部分。

二　园艺业

作为名扬中外的瓜果之乡，园艺业自古以来就是西域农业中的传统与特色行业。鄯善地区自然亦不例外，其中又以葡萄的种植最为普及。汉通西域，葡萄是最早被引入中原种植的园艺作物之一。《汉书·西域传》就称且末有"蒲陶（葡萄）诸果"。北魏神龟二年（519 年）宋云行经这一带时，鄯善王国虽已灭亡，但该地依然"城傍花果似洛阳"[①]。英国的斯坦因（Stein）曾在尼雅发现了规模较大的古代葡萄园遗址。[②]

佉卢文书中亦多见有关葡萄园的记载。编号 419 号、574 号、581 号、586 号、655 号等文书均涉及当时葡萄园买卖的各种事宜，其中 586 号文书记道："彼愿将内有 15 sujada 之葡萄园一所及地上之树卖给司书罗没索蹉。给价马 1 匹。双方同意并做了决定。自今以后，司书罗没索蹉对该葡萄园有权支架、拆架、剪葡萄、饮（酒）、交换、出卖，为所欲为。"据此可知，鄯善的葡萄生产工艺已十分成熟，形成了一套从种植、护理、收获到酿造的完整体系。在一件类似中原"皇历"的文书中还规定："于亥（猪）naksatra（日？），宜耕种，播种及翻耕葡萄园。定能结果增产。"（编号 565 号文书）表明葡萄的种植和其他粮食作物一样，在鄯善的农业生产中占有同样重要的地位。

---

① 范祥雍：《洛阳伽蓝记校注》，古典文学出版社 1958 年版，第 265 页。

② 斯坦因：《斯坦因西域考古记》，向达译，上海书店、中华书局 1987 年版，第 75 页。

正因为有较发达的葡萄种植业作保证，鄯善的葡萄酿酒业也很兴盛。由于葡萄本身受保存期的限制，故其一般以葡萄酒的形式出现在当时的各种经济生活之中。葡萄园的产量是以所能酿酒的多少来计算。在一件有关耕地及葡萄园所生产食物和酒的文件中（编号 574 号文书）记道："Kori（御牧）牟啰德耶现已允许罗没索蹉今年开辟葡萄园及耕种该地。秋天（？）无论该地生产多少食物和酒，皆归罗没索蹉所有。"编号 278 号文书亦云："余已将耕作之事交鸠罗格耶和周伐罗夷照料。彼处生产的食物和酒类应交詹阇，并登记造册来。"文书中所提到的食物是耕地上生产的粮食作物，而酒只能是葡萄园中所产葡萄酿造而成。鄯善王的敕谕中说："现在且末酿酒业盛行。当此谕令到达汝处时，务必即刻将五头橐驼（所能驮载）之酒交左尔格耶，日夜兼程送来。"（编号 329 号文书）

鄯善王国在葡萄园上的税收是通过葡萄酒的形式来征收的。编号 431 号、432 号文书中记道："耶吠村人三年之 suki 酒应分别计量出来。apsu 舍凯之人及耶吠村之全村人原有之 suki 酒各为 19 希。酒现已征收二年。"鄯善王在一件敕谕中明确要求精绝州长索阇伽："去年，皇家之苏克酒已在汝处征收。现传闻税监和差役已将征收到的酒全部饮完。当汝接到此命令书时，应即刻从速全部征收去年之苏克酒和今年之酒，并应倒在一起。"（编号 272 号文书）王国对所征之酒的管理也十分重视，设有专门的酒库。编号 567 号文书的国王敕谕中说："今有苏耆耶上奉，彼任税监业已四年。彼之仓库浪费极大。酒库记有账单，税监苏耆耶和波耆沙现欠酒达一百五十弥里码。当汝接到此楔形泥封木牍时，应即刻对此事详加审理。若该苏耆耶将仓库的酒浪费，应免去苏耆耶税监之职，任命其他人当税监。仓库内有酒和皇家专用之酒，这些酒均由苏耆耶和波耆沙赔偿并征收以前欠下的酒债，至于新欠酒债，和苏耆耶无关，应由其他税监征收。"显然，酒是鄯善王国一项重要的税收，由此也反映出当时葡萄的种植有了一定规模，亦有相当的产量。①

鄯善王国酒的日常消费量也比较大。仅在编号 637 号文书中就记道，卡拉（kāla，又译作太侯，鄯善高官，通常由太子或王子担任）基特耶在

---

① 参见 169～176 号等 8 件佉卢文酒账，载林梅村《沙海古卷——中国所出佉卢文文书》（初集），第 191～196 页。

精绝州时曾先后用去酒 11 米里马 17 希。还有 1 米里马 （20 希） 酒作为礼物送给钵多罗耶等 4 人，每人 5 希。酒在鄯善还具有货币的某些功能，用以购买物品。如编号 307 号文书说："若谷物须用酒类购买，就请购买。"编号 585 号文书记有："因为汝处尚欠余等的酒，所以余等现已支付酒 2 米里马 10 希于皇家账目内。"在编号 571 号文书中，酒还被作为所谓的附加费用 （atgamuli） 当做土地买卖的等价物。此外，酒甚至被用于放贷，如编号 539 号文书说："波格耶和阿般那取酒八硒 （希），谷物三弥里码 （米里马）、羊一头。……于秋天取酒四硒。第二次，酒之利息为四硒，谷物利息为……"可见，酒作为鄯善园艺业的主要产品已深入到了王国社会经济生活的诸多方面，其意义已超过了葡萄或葡萄酒本身。

鄯善园艺业中种植的作物除葡萄外，据佉卢文书的记载还有石榴 （编号 207 号、252 号等）、茜草 （编号 252 号、272 号、385 号、387 号等）。斯坦因在尼雅遗址中还发现当时这里还种植有桃、苹果、梅、杏、桑树等果木。[①] 编号 702 号文书中记有胡椒、姜、小豆蔻等调味品，表明鄯善园艺业作物种类是十分丰富的。和葡萄一样，它们亦均被纳入王国的社会经济体系之中。编号 295 号文书的敕谕说："和以前一样，税收为一瓶一硒之石榴，故现在须要此税。关于哲蒂女神县之茜草，已从中免除，故不再收该物。"编号 387 号文书的敕谕复云："当此谕令到达汝地时，应即刻从骑都处取茜草一弥里马十硒 （下残——引者注）。还有，勤军处的税收务必全部交皇 （王） 廷。"

鄯善各类作物渊源大都有迹可寻。以粮食作物为例，除前面讨论过的小麦外，粟和糜子也均是中原内地最古老的栽培作物。从且末扎洪鲁克古墓的考古发现来看，早在 2800 年前，它们就传入了鄯善地区，至少在汉代已经广泛种植。大麦在 5000 年前就被中国西北的古羌民广泛栽培[②]，考虑到先秦时期羌人的活动范围已到了青藏高原西北的昆仑山环塔里木盆地南缘一带，有理由推测，鄯善地区种植的大麦有可能是通过羌人传入的。一般认为，葡萄是亚洲西部和埃及的一种古代的人工栽培的植物，石

---

① 斯坦因：《斯坦因西域考古记》，第 60 页。

② 李根潘：《起源于中国的栽培植物及其原始农业文明》，载黄盛璋主编《亚洲文明》第三辑，安徽教育出版社 1995 年版，第 30 页。

榴的原产地在波斯及其邻近国家，胡椒最早则产自印度。[①] 不管怎样，这些来自东西方的各类作物至迟到汉晋时期都在古代鄯善地区找到了适合它们成长的土壤。鄯善是东西方诸文明的会聚之地，就鄯善的农业、园艺业等社会经济而言，这一特点亦充分地表现了出来。

三　畜牧业

鄯善国自西汉昭帝元凤四年（前77年）由楼兰更名而来，至北魏太和十七年（493年）为丁零所破而亡，前后延续500余年。在此期间，鄯善又于东汉永平五年（62年）后陆续兼并了且末、戎卢、精绝、小宛等国[②]，从而在塔里木盆地南部形成了东起罗布泊、西至今民丰的一大政治势力。历史上，天山南部的牧业经济类型大致可分为游牧和畜牧两种。前者主要分布在帕米尔高原以及昆仑山、阿尔金山和天山南麓的山间或山前草原地带，一般以游牧生活为特征，无定居农业，亦无城郭；以此种游牧经济生活为主的这些国家和天山以北的那些游牧民族政权一样，当时又被称为"行国"[③]。后者则以绿洲为依托，以定居生活为特征，有较为发达的农业，并有功能和设施相对完备的城郭和都邑；以此种经济生活方式为主的国家当时被称作"城郭诸国"[④]。除了地理环境因素外，两者的主要区别在于是否有城郭都邑，是否在从事牧业的同时还从事农业。鄯善牧业的情况则属于后者，是畜牧业。

事实上，在现存各种古代文献中，唯有《汉书·西域传》对鄯善王国整体经济的状况有过较为简约的记述，其文云：鄯善国"地沙卤，少

---

① 劳费尔：《中国伊朗编》，材筩因译，商务印书馆1964年版，第43～44、101、199～201页。

② 《后汉书·西域传》。从《魏略·西戎传》的记载来看，戎卢后来又归属于阗，参见《三国志·魏书·乌丸鲜卑东夷传》注引。

③ 据《汉书·西域传》记载，位于今阿尔金山一带的若羌"随畜逐水草，不田作，仰鄯善、且末谷"；位于帕米尔高原的蒲犁、依耐和无雷国"皆西夜类也。西夜与胡异，其种类氐羌；行国，随畜逐水草往来"。

④ 据《汉书·西域传》记载，位于绿洲上的且末国，王治且末城，"自且末以往皆种五谷，土地草木，略与汉同"，其他绿洲诸国也皆有城郭都邑。《晋书·西戎传》称龟兹国"人以田种畜牧为业"，《周书·异域传》则称焉耆国"土田良沃，谷有稻粟菽麦，畜有驼马"。

田，寄田仰谷旁国。国出玉，多葭苇、柽柳、胡桐、白草。民随畜牧逐水草。有驴马，多橐它（驼）"。有学者据此认为鄯善国的经济是以畜牧业为主。① 但是鄯善地处绿洲，作为城郭诸国之一，自楼兰时期就以有"城邑"而闻名，绿洲农业经济十分发达②；它在汉代不仅为婼羌等游牧民族提供谷物，而且还为往来的汉朝使者"负水担粮"，绿洲农业似乎至少应当是鄯善王国与畜牧业并重的经济类型。加之当地原本就"乏水草"③，缺乏发展大规模畜牧业的基本条件，所以我们更倾向于认为该国的经济类型是以绿洲农业为主，兼营畜牧业。

中国正史中有关鄯善王国畜牧业的具体情况的记载不仅十分简约，而且大多语焉不详，所以只能依靠当地出土的佉卢文材料对此加以部分复原。作为鄯善王国的官方文字，佉卢文在这一地区流行的准确时间问题尽管学术界还有不同看法，但大致可以判断是在 3～5 世纪之间，所以本节所探讨的实际上是这一时段鄯善王国的畜牧业情况。

从佉卢文材料所反映的情况来看，鄯善王国既有王室专有的王家畜群，民间百姓也普遍畜养各类牲畜。该国畜牧业大致可分为放养和厩养两种方式。放养应当主要集中在邻近的阿尔金山山前或山谷草场，或者戈壁半干旱地带的草场上；厩养则主要在绿洲定居点上。今天南疆绿洲地带的情况依然如此。与此相对应，鄯善王国设有御牧（kori）和厩吏（sruva tomga）等职官分别加以管理。

御牧的主要职责是管理为皇家牧养的畜群的牧户，同时还协助地方官员处理民间因牲畜而引起的纠纷。鄯善王致御牧卢达罗耶的一件敕谕中称："黎贝耶此子业已作为使者外出，秋天理应由黎贝耶随畜群放牧。待汝接到此楔形泥封木牍时，务必即刻对此事详加审理。黎贝耶若随……畜群放牧，则必须于秋天至此地随畜群放牧，而黎贝耶秋天根本不能来此随畜群放牧。"（编号 5 号文书）此件文书中所提到的黎贝耶一家应当是专门为王室牧养畜群的牧户，其子由于奉命出使，无法在秋季按时赶回牧场放牧，故而鄯善王专门敕谕御牧妥善处理此事。编号 55 号简牍文书则是

---

① 余太山：《两汉魏晋南北朝正史西域传研究》，中华书局 2003 年版，第 343 页。
② 王欣：《古代鄯善地区的农业与园艺业》，《中国历史地理论丛》1998 年第 3 期。
③ 《汉书·西域传》。《魏书·西域传》亦称鄯善"地多沙卤，少水草"。

一件明确题为"关于黎贝耶和皇家畜群之事"的敕谕，其文云："威德宏大、伟大之国王陛下敕谕，致监察摩尔布陀，诸州长史牟尔伽、韦尔耶、梵陀兹摩伽、檀阇伽谕令如下：务必由皇家驼群途经各城镇提供饲料和饮水。无论其在何处病倒，都要由当地给予照料。"据此可知黎贝耶一家是专门为王室放养骆驼的牧户，牧养的方式为"随畜群放牧"，与《汉书》所记"民随畜牧逐水草"相合；而从骆驼的习性来判断，其放牧的范围应当在各绿洲之间的半干旱戈壁草场；王室的畜群所经过的绿洲城镇有责任为其提供必要的饲料和饮水。鄯善王室对自己的驼群可谓是十分重视，管理严格，经营细致，关爱有加。同时，这也验证了前引《汉书》有关鄯善"多橐它（驼）"的记载。

在鄯善王国，为王室牧养畜群的牧户身份特殊，待遇颇好，其衣食均由"国家"提供，而且还能领取一定数量的"薪俸"。所有这些都以"国法"的形式加以规定。如编号 19 号简牍文书中的国王谕令说："威德宏大、伟大之国王陛下敕谕，致'州长'克罗那耶、税监黎贝谕令如下：今有一女子，名驮摩施耶那。彼于此地代替夷陀色那随畜群放牧。当汝接到此楔形泥封木牍时，务必亲自详细审理此事。倘若驮摩施耶那确实替代夷陀色那随畜群放牧，依据原有国法，应给予其衣食及薪俸。若发生争执，则由朕亲自裁决。"

不仅如此，鄯善王国甚至还为这些王家牧人配备卫兵。编号 182 号简牍文书是一件"关于税监甘阇伽"的敕谕，内称"今有甘阇伽上奏本廷，彼系王室驼群之牧人。以前，一直由州给王室驼群之牧人配备卫兵，现在彼等不再给这些人配备卫兵"。这些卫兵的职责似乎是为了协助牧人护卫驼群。值得注意的是，此处的甘阇伽具有王室牧人和税监的双重身份，也显示出其地位之特殊。

鄯善国的牧人虽然"随畜群放牧"，但是各地事实上有相对固定的牧场。上引编号 19 号简牍文书中的女子驮摩施耶那当时就在州长克罗那耶所辖州境内放牧[①]，而编号 13 号简牍文书的敕谕中明确提到"黎贝耶之牧场"，并指出"彼之牧场内有骡马牲畜，竟然有人于此地狩猎，杀伤骡

---

① 王广智所据贝罗译本作"随畜群在夷多犀那地方放牧"，见韩翔等主编《尼雅考古资料》，第 188 页。

马"，要求"州长"索阇伽对此事严加处理，"依法作出判决，禁止人们再去狩猎"。

虽然设有御牧之职专门管理王室畜牧事务，但是鄯善王还是常常直接插手或处理牧养中出现的各种问题，并以谕令的方式协调王室牧群与地方官员之间的关系，甚至到了事无巨细的程度。例如，编号52号文书记有致"州长"索阇伽的谕令称："今有黎贝耶上奏本廷，遵照克罗色那在此处的安排，由彼护送一匹橐驼给朕，伟大的国王；但彼之包裹被窃，朕未能租到驮物之橐驼。该黎贝耶已被朕、伟大的国王宽恕，免予追究租金。汝等须商议，该橐驼之租金由何处支付。"编号40号文书是"关于皇（王）家畜群之事"的简牍，亦云："威德宏大、伟大之国王陛下敕谕，致御牧吠尔耶、梵陀、诸州长罗陀施跋、沙弥伽和鸠那罗谕令如下：无论皇（王）室畜群之橐驼于何州病倒不能行走，均应由当地扶养。倘若……由于驮物赶路而亡，则要由牧驼者赔偿。倘若其自然衰老而亡，应将饲料上缴当地州邦。"这说明鄯善王对于王室畜群十分重视，也说明骆驼可能是当时最主要的财富与驮载运输工具。

厩养是鄯善饲养牲畜的另一种方式，为此王国设有厩吏一职专门管理与此相关的各类事务，而王室厩养的牲畜有相当一部分可能是交由普通百姓或下级官吏分别饲养的，由王国提供饲料和薪俸。编号509号简牍敕谕文书中提到："今有左施格上奏，彼系皇（王）家之厩吏。彼将一些牝马交苏伐耶看管，并给其工钱和饲料。苏伐耶从中将一匹牝马借给人猎鹿，以致该牝马死亡。当汝接到此楔形泥封木牍时，应即刻对此案亲自详细审理，确认是否如此。将他人私有之物借予别人，殊不合法。汝务必对此案争讼和誓约、证人一起亲自审理。依法作出判决。汝若不能澄清此案，应将彼等押送皇（王）廷由朕亲自裁决。"显然，未经王廷允许，他人无权动用王室之牲畜，否则将受到处罚。

尽管如此，鄯善仍有厩吏私自出售王室牝马，借以谋利。编号524号简牍敕谕称："今有税监苏遮摩和善喜向本廷起诉。据税监苏遮摩上奏，彼听吉臣说，'余之主人确系皇（王）室厩吏。彼等靠皇（王）室牝马才得以谋利。彼等将其到处出售。善喜之父苏怙陀用皇（王）家饲料喂马，百户长……以致许多牝马死亡'。彼还如此说，太侯伽兰查曾赏给苏怙陀三匹牝马，并说有'手书为证'。当汝接到此楔形泥封木牍时，应即刻审理此事。若有手书为证,彼可如是判决。关于吉臣说……皇(王)室厩吏到处出售牝马。若有证人,应和彼等之誓约一起审理。依法作出判决。倘若无其他证人,应起草一份报告,由本廷裁决。"不仅如此,还有人甚至将皇家的牲畜擅自送人或者变卖。编号 122 号简牍文书中记道:"那摩罗色摩在洛迷那那将皇(王)室之牛一头作为礼物送人。在毕沙莱,一头牛被卖给索都吉;samgha(僧伽)之主得价款[……]米里马谷物。在且末,一头牛卖给伐难,得价款[……]一头大牛于本康那桥丢失;该四头牛,那摩罗色摩[……]"① 对于上述行为,鄯善国显然已有相应的成文法或习惯法加以惩处。

为了加强对厩养牲畜的管理,鄯善王还将分养各处的王室牲畜详细登记造册,对某一时段每头牲畜的生、死、产仔等状况详加记录,以备核查,时间甚至精确到某月某日。编号 180 号简牍文书所记录的就是这样的一份有关皇家橐驼的登记账册:

唯威德宏大的伟大的国王陛下,侍中摩醯利天子在位之 13 年……月 26 日,是时皇(王)室橐驼之账目登记如下:

(栏 一)

1. 司土安提耶有橐驼九头,牝驼一头,初生小驼一头
2. 鸠那色那有橐驼九头,牝驼……头,初生小驼……头
3. 甘支耶有橐驼十头
4. 司土乌波格耶有于阗驼六头,其他橐驼一头,新生小驼一头
5. 司土乌波格耶有于阗驼六头,其他新生驼四头

(栏 二)

1. 唯威德宏大的伟大的国王陛下,侍中摩醯利天子在位之……年 9 月 17 日,是时:
2. 婆尔贝耶有十四头牝驼活着,另外两头牝驼已死,两头小驼已死
3. 司土乌波格耶有第四胎所生小驼二头,另有第五胎所生小驼二头

---

① 韩翔等主编:《尼雅考古资料》,第 197 页。

4. 司土乌波格耶有十一头牝驼活着，有两头橐驼送到皇（王）廷，另有六头其他牝驼

5. 柯罗罗·卢特罗耶有牝驼八头，一头橐驼送到皇（王）廷，另一头已死

6. 督军阿般那有牝驼三头

7. 甘支耶有……初生小驼二头，现仍活着。并有牝驼十头，另有六头橐驼已死

8. ……有……橐驼活着，另有九头牝驼已死

从这件账册中还可以看到，鄯善对王室牲畜管理是动态的，其中不仅有不同年度牲畜数量的变化情况的记录，而且对于增减的数量与原因都有详细的说明。所有这一切是鄯善王有效管理王室厩养牲畜的前提和根据。编号 600 号简牍文书为一件王国的官方文书，其中提到："兹于伟大国王、上天之子夷都伽·摩夷利陛下在位之 21 年 6 月 20 日，妇人啰卢阿从皇（王）家（马厩）牵走牝马一匹进行交换。现皇廷已对该马厩之牝马作了检查。啰卢阿取去牝马一匹，交回两匹。该牝马之幼牝驹［……］二匹，（及）三匹母马。皆已被移交给皇（王）家（马厩）。决定（业已收到）。"[1] 这类文书似乎应该是鄯善汇总和登记上引王室牲畜账目的依据。

如前所述，鄯善王室的牲畜主要是分养的，而为王室饲养牲畜似乎是国人的一种赋役形式，除了专门的牧户外，从各级官吏到平民都有此义务。编号 350 号简牍文书明言："兹于 4 年 3 月 1 日，皇（王）后之牝骆驼务必由属于 cozbo（州长）夷多迦之男人一名看管。"[2] 编号 439 号简牍敕谕则记道："今有怖军上奏，彼已收到王妃之母牛。彼现为叶吠县之牧羊人，同时又是 kuvana 谷物之司税，现又将皇（王）家母牛交给彼。此人身兼五职，殊不合法。当汝接到此楔形泥封木牍时，应即刻详细审理此案，确彼是否身兼如此之多的职务。倘若确实如此，皇（王）家母牛不应再交给彼，若有人未担任任何职务，应将皇（王）家母牛交付此人。"

---

① T. 贝罗英译、王广智汉译：《中国出土佉卢文残卷译文集》，韩翔等主编：《尼雅考古资料》，第 256 页。

② 同上书，第 222 页。

类似的敕谕还见于编号 134 号简牍文书,其中提到:"今有黎弥那上奏本廷,彼现已负责管理皇(王)家之牛,但有人现在又让彼主管橐驼。当汝接到此楔形泥封木牍时,应即刻详细调查此事。绝不允许有人以口头之法诋毁国法。"显然,鄯善对于王室牲畜的饲养者不仅有饲养数量的要求,而且还有饲养种类以及兼职职数的规定,以保证他们有足够的时间和精力饲养好牲畜。所有这些还以所谓"国法"的形式固定下来,显示出鄯善对牲畜饲养管理之重视与严格。

鄯善王室牲畜的主要来源可能是实物税。编号 725 号简牍敕谕中说:"须向司土乌波格耶作特别指令。此项税收应交税吏鸠元陀和沙尔毗伽送来。还有,税收应由甘阇伐利详细核查和统计,并全部送来。牛羊应交妇女楼阿面前,归汝处皇(王)家牛群和羊群,接此信后交司土乌波格耶。"由此可知,鄯善王廷在各地所征税的国税中至少有一部分是以牛、羊等牲畜的形式征收的,而且一般交由该地附近的王家畜群统一牧养,从而构成王家畜群的主要来源之一。

为了保证质量,王国对作为国税征收的牲畜也有相应的规定和要求。编号 16 号简牍敕谕明确指出:"现由朕,伟大的国王陛下委任且渠阿周那主管毗陀县。昔日从诸领地至……之处。年逾十三岁之橐驼不得带去。当汝接到此楔形泥封木牍时,务必立即……申明,禁止拿这等年齿之橐驼赋税。"编号 42 号简牍敕谕则要求:"和往常一样,毗陀县地方的年税要计入一头橐驼。该橐驼既不能老朽,也不能瘦弱,应将橐驼和上述税收一并送来。"另据编号 162 号简牍信函说:"汝等(州长、税监——引者注)曾派波耆陀来此征收毗陀县处之税收。去年,彼已征收到三年之税收绵羊十八只。今年,彼等已将全年税收绵羊六只带至扜泥。"尽管我们还不清楚毗陀县的准确位置,但联系上引文书可知,该县的畜牧业无疑是十分发达的,在该国的畜牧业中占有重要地位。

除少量食用外,作为国有的所谓王家牲畜主要用于以下几个方面:

(1)王室自用。如上引编号 52 号文书提到鄯善王曾经调用一匹骆驼用于驮载货物,编号 439 号文书中所提到的所谓"王妃之母牛"等,均系王室成员专用的牲畜。

(2)运送国税。在鄯善,运送货物的任务主要由"沙漠之舟"骆驼来承担。编号 291 号简牍敕谕云:"前曾从汝处征收 kuvana 谷物三百五十弥里码。因知悉彼等将此税（三分之）一带至扜泥，所以，现派司税波尔柯陀来汝处。当此诏书到达汝处时，应即刻从速征收此项谷物，应派四十头橐驼运送，每只橐驼载物三弥里码，其中二份 juthi 和一份 sahini。（其余）三分之二应存放皮沙利耶处。应预先准备好十五头橐驼运酒，这批橐驼应从军人处筹备……"

（3）军事用途。据编号 292 号简牍文书可知，鄯善国军队中有骑兵，而王家畜群中的所饲养的马匹可能主要是用于装备骑兵。编号 84 号简牍文书记道："……余已派一人去那里。余还将一名菩提（县）骑丘（兵）扣留。当此人到汝处时，应速派一匹快马和一名适合作护从之人来此。"此外，骆驼也被用于军事目的，编号 484 号简牍敕谕中提到："今有叶波怙上奏，彼有军用橐驼一头，被信差骑来。当汝接到此楔形泥封木牍时，应即刻对此案亲自详加审理，确认彼是否有一头军用橐驼。……根据法律，不得扣留。若彼有许多军用橐驼（残）。"

（4）有关公务活动。编号 135 号简牍敕谕云："今有监察善亲须出使于阗。当汝接到此楔形泥封木牍时，阿毗陀也须出使，和善亲一起到于阗。务必向监察善亲提供两头专用橐驼，并给阿毗陀一头专用橐驼，还要向彼等提供一位合适之人作响（向）导，在前面引路。该响（向）导应骑自己的牲畜。和以前一样，使者之粮秣和水由汝提供，现在就应发给。"

（5）供祭或礼物。编号 157 号简牍文书记道："当这些人到汝处时，要在泉边将祭牛一头奉献给贤善天神。据贵人昆格耶说：'余曾得一梦，梦见天神未接受该泉边之祭牛。'贵人昆格耶还说，在尼壤之乌宾陀之牛栏中有一头两岁之牛。彼要将这头两岁之牛作为奉献贤善天神之祭品。贵人昆格耶还说，该祭祀须在埃卡罗侯牟特格耶之庄园进行。关于这头两岁之牛之事，汝不可玩忽职守，应速派祭司林苏前去。由彼和贵人左摩将牛带来。不得留难。贵人昆格耶还做过一梦，梦见三位曹长的一只五岁之羊在布尼和累弥那作为祭品。务必从速处理此事，认真办理。"编号 214 号简牍敕谕中则提到鄯善王将马匹作为礼物送给阗王的情况，马匹所需饲料则由沿途各地供给，敕谕说："现在朕派奥古侯阿罗耶出使于阗。为处理汝州之事，朕还嘱托奥古侯阿罗耶带去一匹马，馈赠于阗大王。务必提供该马从莎阇到精绝之饲料。由莎阇提供面粉十瓦查厘，帕利陀伽饲料十瓦查厘和紫苜蓿两份，直到累弥那为止。再由精绝提供提供谷物饲料十五瓦查厘，帕利陀伽饲料十五瓦查厘，三叶苜蓿和紫苜蓿三份，直到扣弥为止。"

鄯善王国的牲畜种类也较多，见于佉卢文文书记载的就有骆驼、马、牛、山羊和绵羊等。畜牧业的一项重要副产品便是酥油，同时酥油也是鄯善实物税的一种。编号 159 号简牍文书说："人皆爱慕的亲爱的兄长州长檀阁伽和税监黎贝耶亲启（印章）现送上发自皇（王）廷之谕令书一份，令云，来自莎阁之皇（王）家牛群所产酥油，应从精绝之牲畜上卸下来。当精绝人鸠波苏到达汝处时，从彼处，余未听到任何关于汝及诸大夫的情况。为此事余现已委托百户长柯利沙送上两瓦查厘送往精绝（酥油？），一瓦查厘送往莎阁，另一瓦查厘送往精绝。当彼将其拿到汝处时，应即刻将一瓦查厘从速送往精绝。今年有多少酥油？应从速上报，以便使余了解情况。无论何年何日，只要关于酥油之谕令书一到汝处，是时务必即刻将酥油送至本皇廷。汝办此事不可有任何疏忽。此信件经多人辗转而来，不必介意所奉礼品。"瓦查厘为计量单位。此外，鄯善王廷在畜牧业发达的毗陀（多）县所征收的诸税中就有酥油，鄯善王的谕令中还要求纳税者"酥油税应预先从速送至"（编号 42 号简牍）。酥油通常以牦牛奶所制为佳，是以牧养牦牛为主的高原游牧民族的重要食物来源。如果考虑到鄯善临近青藏高原的地理位置，那么文书中的毗陀县似乎应该在阿尔金山一带。

鄯善百姓所牧养和饲养的牲畜无疑是王国畜牧业的基础，也是王家畜群的主要来源。斯坦因在尼雅遗址曾发现了数处厩养遗址，主要是牲畜棚圈或马厩，其中堆积着厚厚的牲畜粪便。[①] 中国考古工作者在这里也发掘出一处牲畜与人同住的厩房，里面堆积着一层厚 5~12 厘米的牛羊粪及一些日常生活用品，甚至还有佉卢文木简。该处或许原本为厩吏的住所亦未可知。[②] 从考古发现来看，在当时的住宅旁通常都有一处或以一处以上的厩房或牲口棚，表明在鄯善王国的绿洲居民点上，牲畜的畜养是十分普遍的。据 164 号简牍文书记载说："关于庄园之事，请认真对待。畜群亦请适当照料，精心喂以粮食及水。"这里所提到的畜群显然是饲养在民间庄园中的厩房或马棚之中的。

---

① 斯坦因：《尼雅河尽头以外的古遗址》，王庭恺译，收入韩翔等主编《尼雅考古资料》，第 44~170 页。

② 李遇春：《尼雅遗址和东汉合葬墓》，韩翔等主编：《尼雅考古资料》，第 16~43 页。

　　在佉卢文文书中发现的鄯善民间有关交易和买卖活动的记录中，驼、马等牲畜常常充当货币的角色，而且主要用在价钱较高的人口和土地买卖中。例如，买一名叫色迷蹉的女孩，给价是价值40穆立的一头1岁骆驼（编号589号简牍）；买一名身高4distis、名叫莱迷索阿之女孩，给价为一头价值30穆立之amklatsa骆驼（编号592号简牍）。成人的卖价则要高得多，如买一名叫莱钵的妇人，给价为一头价值40穆立的viyala骆驼、一头价值30穆立的amkala（tsa）骆驼、一条12手长的地毯和一条11手长的地毯，还需另加8sutra穆立，总价达98穆立（编号590号简牍）；买一名叫钵楼色达耶的男子，给价为一头5岁骆驼、一匹5岁马以及atga（附加费）25（穆立）（编号591号简牍）。

　　在有关土地买卖的佉卢文文书中提到，购买一块内有25kuthala之misi地，地价为3匹价值15穆立之马（编号582号简牍）；购买一所内有15sujada之葡萄园以及地上的树，给价1匹马（编号586号简牍）。在编号571号简牍上则详细记道："兹于伟大国王、上天之子夷都伽·阿没笈伐伽（Amguvaka）陛下在位之15年12月8日，有一男人，名科那耶。彼愿将misiya地连同地上之树一起卖给司书罗没索蹉。该地作价值50（穆立）之二岁骆驼一峰。该骆驼，柯那耶已收取。另收到之atgamuli（附加费用）为酒10希。柯那耶从罗没索蹉处总共收到地价60（穆立）。"[①] 至于由于牲畜所引起的官方和民间诉讼、纠纷在监督文书中则随处可见。由此可知，牲畜和畜牧业在鄯善社会经济生活中所处的特殊地位和所起的特殊作用。

　　鄯善牲畜的主要饲料是紫苜蓿，是西域地区著名的传统饲草，自张骞通西域以后便被引入到内地，也是良种马匹的重要饲草。[②] 编号272号简牍敕谕中称："饲料柴（紫）苜蓿亦在城内征收。"前引编号214号简牍敕谕中所提到的马匹饲料除了紫苜蓿外还有面粉（粗粉）、谷物、三叶苜蓿和帕利陀伽饲料等。编号146号简牍文书则明确要求"务必向王家畜群交纳般遮雷那（谷物）"，并详列了每个须交纳谷物的人员名单及交纳的数量。由于游牧民族苏毗（supiya）兴起，活跃于山（阿尔金山?）前

---

① 以上简牍引文均见韩翔等主编《尼雅考古资料》，第248～256页。

② 劳费尔：《中国伊朗编》，商务印书馆1964年版，第32～34页。

的草原地带并经常袭扰鄯善，使王国牧养的畜群受到了极大威胁。据编号212号简牍敕谕说:"今有乌波格耶于本廷起诉，迦克和黎贝曾将几匹牝马赶到彼之耕地间放牧，苏毗人从该地将马牵走。现在彼等要求赔偿这些马。"在草场安全无法得到保障的情况下，苜蓿、谷物等饲料的征缴对于王国的畜群来讲就显得尤为重要。

　　狩猎业与畜牧业几乎都是相伴相生的。在鄯善王国，狩猎业在一定程度上也是以这种形态存在的。鄯善国狩猎的主要对象可能是野生的骆驼、野马等，20世纪初在楼兰、尼雅一带仍然可以看到它们的踪迹。[1] 佉卢文的记载表明，在鄯善甚至有人到牧场去狩猎，伤及王家畜群中的马和牝马。为此，鄯善王还专门下敕谕禁止人们去牧场狩猎（参见编号13、15号简牍文书）。同时期的楼兰和尼雅遗址曾出土了弓、箭等实物，鄯善王国的手工业者中也有专门的制弓匠。弓箭既可用于战斗，也可用于狩猎。

---

　　① 斯文·赫定:《亚洲腹地旅行记》，上海书店1984年版，第206页。

第四章

魏晋南北朝时期的西域文化:交流与交融

第一节　两种文化体制并行的鄯善文化圈

鄯善在兼并了且末、小宛、精绝、楼兰等城郭国之后，其势大增，成为曹魏时期西域的一个大国。与此同时，曹魏袭两汉之制，设西域长史等职，派兵屯戍，对这一地区实施着有效的管辖。

关于鄯善国的原有居民，有人认为他们是公元前 2、3 世纪时从印度迁来的。[①] 也有人认为楼兰土人与塞种人不无关系。[②] 近年来，楼兰、且末等地所发现的距今 3000～5000 年的干尸，从体质人类学的角度来分析，大多属白色人种。所以，鄯善早期受中亚、印度文化影响极大。鄯善国的官方文字是佉卢文，语言为中古印度西北方言，属印欧语系，原流行于印度西北部，即所谓的犍陀罗地区，故又称"犍陀罗"语。后传入精绝、鄯善、于阗等地。从楼兰（鄯善）及尼雅（精绝）遗址所发现的大量佉卢文简牍及其时代来看，鄯善国早期通用的语言应是犍陀罗语，文字是佉卢文。除了地理上的因素外，这些恐怕也是且末、精绝等城郭国并属鄯善的一个重要原因。

魏晋时期，鄯善国从国王到平民都信奉小乘佛教，国内僧侣达 4000

---

① 参见冯承钧《西域南海史地考证论著汇辑》，中华书局 1957 年版，第 1 页。

② 黄文弼：《楼兰土著民族之推测及其文化》，载《西北史地论丛》，上海人民出版社 1981 年版。

多人①，如果以西汉时该国的总人口 1.41 万计②，僧人就占四分之一强，可见当时鄯善佛教之繁盛。小乘佛教在鄯善的流行，恐与这里的居民原从印度西北的早期小乘佛教中心——犍陀罗地区迁入有关。不仅如此，这里的佛教艺术也深深地打上了犍陀罗早期文化影响的烙印。如斯坦因在米兰废址中就曾发现有这一时期的多座佛寺、佛塔遗址，遗址中有许多壁画保存下来，其内容多属佛传故事。其中有一幅木板水彩画，所描绘的是一个带翼天使的形象，其风格完全是罗马式的。壁画中所绘善牙太子和王妃所驾马车也是罗马式的驷马车，而壁画在技法上和埃及法雍的罗马绘画同属一个体系，采用的均是透视学上的渲染法，故米兰壁画受早期犍陀罗艺术影响很大，所以具有浓厚的罗马风格。③ 近年来，新疆考古工作者在米兰西寺地下残存壁画中也发现了带翼天使的形象。

　　鄯善国内佛教流行的情况在佉卢文书中也有反映。当时鄯善僧界制定有自己的一套规章，并指派专人管理僧界之一切活动。任何僧人需在规章所允许的范围内活动，如有违反，将视其情节轻重，给予不同程度的处罚。在一篇赞美浴佛的长篇佉卢文书中写道："愿世间时刻祈祷丰食衣足；愿奉献之主释天增多雨水；愿五谷丰登，王道昌盛；愿彼在诸神之佛法下永生。"表达了古代信奉佛教的鄯善人民的美好愿望。④ 佉卢文书中还有一些对佛供奉和祭祀的记载。在楼兰遗址中还发现有一些婆罗迷文的文书，这显然是印度佛教文化影响的结果。此外，佉卢文书中还暗示鄯善国民间存在对"巫"的原始信仰，文书中多处有杀死女巫和对女巫进行惩罚、禁止其活动的诏令，这有可能是受到佛教排斥和打击的缘故。

　　鄯善地处东西"丝绸之路"交通的要冲，同时也是东西文化的会聚

---

① 《法显传校注》，上海古籍出版社 1985 年版，第 8 页。

② 《汉书·西域传》"鄯善"条。

③ 参见沈福伟《中西文化交流史》，上海人民出版社 1985 年版，第 102 页。他认为米兰壁画属早期犍陀罗艺术，所言甚是。但同书认为壁画可能早到 2 世纪，似有不妥。鄯善国人早在公元前 2、3 世纪迁入这里，故深受早期犍陀罗艺术的影响，此后犍陀罗艺术在印度西北部虽有发展，但对鄯善影响不大。所以这一地区在魏晋时期仍保持着早期犍陀罗艺术的风格。从佉卢文书的时代看，这些佛寺属魏晋时期，故其壁画亦当为这一时期，只不过在风格上仍保持着早期犍陀罗艺术的特征而已。

④ T. 贝罗：《新疆出土佉卢文残卷译文集》，王广智译，载韩翔等主编《尼雅考古资料》，乌鲁木齐，1988 年。

之地。在鄯善文化圈中，西方犍陀罗文化的影响是自西向东的，越往西影响愈大，反之则愈小；而东方汉文化的影响是自东向西的，越往东影响愈大，反之亦愈小。这一点已为考古材料所证实。据统计，表达印度西北方言的佉卢文简牍主要发现于尼雅，共764种，而楼兰仅发现48件；汉文文书、简牍主要发现于楼兰，共670件，而尼雅仅发现58件。[①] 斯坦因在古精绝国遗址——尼雅遗址所发掘的情况表明，印度文化在这里占主导地位。他所发现的古代地毯上的图案、木雕椅上的装饰主题、扶手椅和木托架以及古代建筑构件（双托架）的设计与风格，均明显借鉴了犍陀罗艺术的风格。如编号为N. vii4的木雕椅上雕刻有很多反复出现的四瓣形花，而这一特点正是犍陀罗艺术中所常用的手法。此外，在一个尚未开启的简牍的封泥上钤有帕拉斯、雅典娜的形象。在其他简牍的钤记上亦可见据认为是海克力斯和爱神厄洛斯的图案，显示出古代希腊艺术在这里的影响。[②]

　　斯坦因在尼雅遗址中还发现一批汉文木简，其数量尽管较少，但也可以看到中原文化在这里是有一定影响的。在编号为N. xv93的木简上记有"晋守侍中大都尉奉晋大侯亲晋鄯善、焉耆、龟兹、疏勒"等语，编号为N. xv 328 + 75木简则是"西域长史"发布的命令，同时还发现有几件汉文的具有"过所"（通行证）性质的简牍，其中有一件是敦煌太守签发的。这一切均表明，自两汉以来到魏晋时期，中原王朝应该是一直对这一地区实施着有效的行政管辖。联系到居延、敦煌汉简的大量出土，中原内地早就有采用竹、木书写的传统，而这一传统显然是随着中原王朝对鄯善地区的管辖，通过敦煌影响到这里的。所以，佉卢文采用木简书写，很可能本身就是中原文化影响的一个直接结果。有迹象表明，中原文化和犍陀罗文化在某些方面相互影响而融为一体。在编号为N. xv167的木函上并列钤有两疗泥封，右方上是四个汉字"鄯善王诏"，另一个则是一个面朝左方拿着花的女性头像，其风格完全是罗马式的。但这种东西方文化混合影响的特点在鄯善表现得并不是很突出。

　　两汉以来，中原各王朝均在此派兵屯戍，设官管理。但从西域长史的指令下达及鄯善国王诏令的传布来看，中原王朝和鄯善国王对这一地区的

---

① 林梅村编：《楼兰尼雅出土文书》，文物出版社1985年版，第24页。

② 斯坦因：《尼雅河尽头以外的古遗址》，王庭恺译，载韩翔等主编《尼雅考古资料》。

管理是并行的。当地居民的有关事务，大都由鄯善王及其属下直接处理，而中原王朝所属地方官吏则极少插手干涉。这就导致鄯善文化圈中产生两种文化并行，相互影响而各自发展的情况。从楼兰、尼雅所出汉文、佉卢文简牍文书的内容来看，汉文简牍文书主要是魏晋时期西域长史在当地进行行政管理、有关军队屯戍的官府文书，所涉大多为汉族官吏、戍卒等。而佉卢文简牍大多是鄯善王发布的诏令、处理各种民间纠纷及其他事务的文书，所涉大多为当地的官吏、平民及奴隶。两种各有所司，极少相互干涉。汉文简牍中出现的官吏名称有西域长史、司马、都邮、水曹及水曹掾、功曹、仓曹及仓曹掾、督田掾、兵曹及兵曹史、口威将军、征房都尉、主簿及敦煌太守等等①，完全是中原王朝行政体制下的各种基层官吏的名称。佉卢文书中除有"国王陛下"外，还有大量的活跃在王国经济生活中的税吏，以及被称为"诸执政官"的地方官员，还有 tsege、vasu、koyiman、tmoga、acovina、spasavamns、cuvalayina、kori、tasucas、cpzbo 等职位，另外还有"百户"的行政区及"户长"的官衔②，在行政体制上表现出极强的地方特点，与中原王朝的行政体制完全不同，当为鄯善文化的一个重要的地方性特点。

从佉卢文书所反映的情况来看，鄯善国不仅有自己的一套行政管理体制，还有自己的法律，其内容几乎涉及人们日常生活的各个方面。如借贷、土地和奴隶买卖，税收、婚姻、各种日常纠纷的诉讼等等。简牍中常见有"国家之法律"、"国家旧有的法律"、"决定应按国家法律作出"等语。东晋沙门法显在到达鄯善时曾指出："诸国俗人及沙门尽行天竺法，但有精粗。从此西行，所经诸国类皆如是。"③ 所以，鄯善国在法律制度上也深受印度文化的影响。此外，鄯善国有自己的历法和纪年。纪年通常采用某某陛下在位之某年某月某日的形式，类似中原王朝的纪年，只是国王没有年号。斯坦因发现的佉卢文书中有一件历书，记载各日应做或禁忌的各种事情，类似于中原内地流行的"皇历"④：

---

① 林梅村编：《楼兰尼雅出土文书》，文物出版社 1985 年版。

② T. 贝罗英译、王广智汉译：《中国出土佉卢文残卷译文集》，载韩翔等主编《尼雅考古资料》。

③ 《法显传校注》，上海古籍出版社 1985 年版，第 8 页。

④ T. 贝罗英译、王广智汉译：《中国出土佉卢文残卷译文集》，载韩翔等主编《尼雅考古资料》。

第一个 naksatra 称为子（鼠），该日，诸事皆宜。

于丑（牛）naksatra，应洗（？）头，酒饭之后，应独自奏（音——引者注）乐取（娱——引者注）乐。

于寅（虎）naksatra，应交战。

于卯（兔）naksatra，有人逃跑，甚难找见。

于辰（龙）naksatra，忍耐（？）诸事必须忍耐。

于巳（蛇）naksatra，诸事不宜。

于午（马）naksatra，出门宜赴东西。

于未（羊）na：ksatra，应洗（？）头。

于酉（鸡）naksatra，应裁缝衣着被褥。

于申（猴）naksatra，诸事顺利。

于戌（犬）naksatra，来去宜速。

于亥（猪）naksatra，宜耕种、播种及翻耕葡萄园，定能结果增产。

从这件历书中，亦可见鄯善国民间习俗之一斑。

从鄯善出土的织物上，也可以看到东西文化在这里的影响。丝织品基本上均由内地传入，在技法上和艺术风格上完全是纯中原式的。如斯坦因在楼兰发现的带有"长乐明光"和"延年益寿"字样的蔓草组合纹锦。[1] 中国考古工作者在尼雅 59MNM001 号墓中也发现有许多带有"万事如意"和"延年益寿大宜子孙"字样的织锦，以及用它们制作的口罩、手套、帽子、袜子、鸡鸣枕等实物。还有用菱纹锦制作的袜子、帽子、覆面、夹上衣、夹裙、裤子、腿带、粉带、大节囊、胭脂包等实物。此外还有镜套及周围镌有"君宜高官"四字的铜镜，其图案也体现了东汉至魏晋时期中原铜镜的某些特点。[2] 值得注意的是，这些随葬品的主人均属印欧人种，为当地原有的居民。他们显然十分喜爱从中原传入的丝织品，并已

---

① 一般称云纹锦，今从武敏说，见氏著《织绣》，台湾幼狮文化公司 1992 年版。

② 李遇春：《尼雅遗址和东汉合葬墓》，见韩翔等主编《尼雅考古资料》。关于 59MNM001 号墓的时代，孟凡人认为属魏晋时期，今从之。参见氏著《论尼雅 59MNM001 号墓的时代》，《西域研究》1992 年第 4 期。

影响到了他们日常生活的某些方面。在这里出土的棉织品和毛织品上则更多地表现出印度犍陀罗文化的影响。如在 MNM001 号墓中所出腊缬花蓝棉布上有一半身裸体的菩萨像（原件藏新疆博物馆），显然是印度佛教文化影响下的产物。斯坦因发现的一件彩绘地毯上所出现的"卐"形及绿色浮图塔形图案，明显属印度风格。中国考古工作者在尼雅也发现有蓝地白线圈四瓣红花图案的毛织品残片和深浅黄色组成的四瓣花朵图案的毛织物残片①，在图案的风格上，显然受到了犍陀罗艺术的影响。所以，在这里发现的丝织品和棉、毛织品上分别表现了东方汉文化和西方印度文化的影响。

　　鄯善文化圈是一种东方汉文化和西方印度犍陀罗文化并行的文化圈。两者之间虽时有影响，但基本上是各自发展，相互交融的程度不是很大，这或许与鄯善国灭亡较早有关。鄯善文化圈的形成乃东西方文化共同会聚的结果。

第二节　以东西文化交融为特点的高昌文化圈

一　高昌之地位与车师国

　　高昌最早是以"高昌壁"的名称见于汉文史籍的，西汉时为戊己校尉之驻所。② 到三国时期，随着"丝路"新道的开通，东西方交流的加强，高昌逐渐兴起，并日益显示出其重要的地位和作用。从地理位置上来讲，高昌（今吐鲁番高昌故城）地区位于中西交通的要冲，与伊吾、鄯善并称为"西域之门户"，在这一时期日益成为东西方使者、商贾、僧侣往来的必经之地，这些东来西往的人同时也使东、西方各种文化得以在此会聚和交融。

　　从高昌向北，穿过天山山脉的孔道可以到达现在的准噶尔盆地，即汉代的车师后部王国地区［那时这里与车师前部王国（治今吐鲁番交河故

---

① 　新疆博物馆考古队：《新疆民丰大沙漠中的古代遗址》，《考古》1961 年第 3 期。
② 　《后汉书·西域传》

城)是连成一体的],魏晋南北朝时期曾有高车、柔然、铁勒、突厥等游牧民族在此活动。这里在历史上一直是中原各王朝与北方游牧民族争夺的对象,汉代曾有所谓的"五争车师"。这些游牧民族频繁地南下袭扰,高昌常常为其所役属,在某些风俗和习惯上也受到了游牧文化的影响。所以,高昌实际上处于东西、南北交通的十字交叉点上。这种重要的战略位置为东方、西方和北方游牧文化的会聚创造了条件。如果说西域文化是一种十字路口文化的话,那么这一特点在高昌地区表现得最为突出。

高昌地区原有的居民是车师人,在历史上曾建立了车师前部王国和车师后部王国。车师前部王国到这一时期已在历史上湮没不闻,而车师后部王国则存在了很长时间,直到北魏太平真君十一年(450年)才为沮渠无讳所灭,车师前部王车伊洛仅率其国人之三分之一逃到焉耆,国王本人则于北魏兴安二年(453年)入朝,次年卒于平城(今山西大同)。剩下的车师人后又都被高车徙入焉耆,而焉耆不久又为哌哒所破,"国人分散",车师人遂在史书的记载中消失。但在今吐鲁番所出高昌国时期的文书中,仍然可以看到车姓即车师人活动的痕迹。

车师前部人这一时期已信仰佛教,而且佛教似已成为其国教并有高僧为其国师。前秦建元十八年(382年)车师前部王弥弟来朝,随行的国师鸠摩罗跋提曾献胡语之大品经一部。[①] 此外,车师前部始终与中原王朝保持着密切的联系,其王历代入朝不断。382年吕光西征时,总兵10万人、铁骑7000人,西伐龟兹、焉耆等国,曾命车师前部王弥寘(弟)为使持节、平西将军、西域都护,并率国兵为向导。[②] 加之曹魏以后历代中原王朝在此设官管辖,所以车师人无疑受到了中原文化的影响。只是由于史乘记载较少,而车师国又较早灭亡,国人分散,具体情况今人知道的并不多。

二　高昌与汉文化

魏晋时期,由于中原内乱不已,内地各族许多人(主要是河西汉人)

---

① 释僧佑撰,苏晋仁、肖炼子点校:《出三藏记》卷八,中华书局1995年版。
② 《十六国春秋》卷三八;《晋书》卷一一四。

为避战乱移居高昌壁，高昌地区在两汉屯戍的基础上得到了进一步的开发，社会经济得到了很大的发展。晋咸和二年（327 年）在此置高昌郡并立田地县，是为郡县制度在西域实施之始。这一方面说明中原王朝统治的加强，另一方面也标志着中原文化制度在这里的确立。此后诸凉袭之，相沿不改。吐鲁番出土文书中有前凉"升平"，前秦"建元"，西凉"建初"，北凉"真兴"、"玄始"、"义和"、"缘禾"、"承平"等年号，表明他们对高昌实行着有效的管辖。东晋太元十年（385 年）吕光伐龟兹后东归，苻秦高昌太守杨翰以郡迎降。吕光派其子吕覆为西域大都护，镇守高昌。后凉灭亡后不久，有一个叫阚爽的人自立为高昌太守。442 年前后，阚爽为沮渠无讳所攻，逃奔柔然，高昌遂为北凉余裔所有。和平元年（460 年），柔然复夺高昌，并立阚伯周为高昌王，史称阚氏高昌王朝，标志着高昌郡时期的结束和高昌国时代的开始。此后这一地区又相继经历了张氏（孟明）、马氏（儒）和麹氏高昌王朝的统治。其中麹氏高昌王朝统治时间最长，自 499 年麹嘉称王，到 640 年麹智盛降唐，历 11 王，凡 140 年。在麹氏统治时期，高昌文化在相对稳定的环境中得到了进一步的发展，以中西文化交融为特点，并受游牧文化影响的高昌文化圈最终形成。

在高昌文化圈中，中原汉文化占有重要地位，其中汉魏儒家文化又居主导地位。《周书·高昌传》载:（高昌国）"有《毛诗》、《论语》、《孝经》。置学官弟子以相教授……其刑法、风俗、婚姻、丧葬，与华夏小异而大同"。《隋书·高昌传》则记高昌王"于坐室画鲁哀公问政于孔子像"。儒家思想显然已成为高昌统治阶级的统治思想，这固然与当地居民多为"汉魏遗黎"有关。在吐鲁番阿斯塔那古墓群所出晋至高昌国时期的文书中，已发现有许多《尚书》、《诗经》写本，印证了史乘记载属实。而唐代墓葬中所发现的《论语》写本均系郑玄注本，从一个侧面说明晋至高昌国时期《论语》在高昌地区流行的事实。据研究，高昌奉行的儒学严格师承东汉、魏、晋以来国子经师所遵守的古文经学家法。[1] 这些儒家经典经历代高昌统治者的提倡和传布，对高昌人民的文化生活产生了重大的影响。在阿斯塔那出土的大量《随葬衣物疏》中就列具有《孝经》随葬，而在出土的文书中亦发现有《孝经》写本，表明儒家思想在当时

---

[1]　薛宗正:《以儒学为主体的高昌文化》，《新疆文物》1989 年第 1 期。

的高昌应已深入人心。此外，在这一地区还曾先后发现有属这一时期的《汉书·西域传》、《三国志·孙权传》、《晋阳秋》等写本残卷，以及《书仪》、《急就章》、《千字文》等写本，在哈喇和卓 91 号墓中还发现有西凉建初四年（408 年）的《秀才对策文》[①]，反映出儒家思想在高昌地区影响的广泛性。

高昌王国在行政体制上也表现出中原文化的影响。如麴氏高昌王国中央行政体制可分为出纳审查机构、诸部执行机构和王府三个部分。诸部中又包括吏部、祀部、民部、兵部、屯田部、都官部、库部、仓部、主客部等，并设绾曹郎中总领之。此外还设有令尹一职，主管王城事务，并兼有宰相的职能，似为高昌特有之官职。高昌国在地方上准内地分置郡县，设太守、县令。由于高昌国是在前高昌郡的基础上建立起来的，故其地方行政体制实际上是原高昌郡之地方行政组织（县、乡、里）之扩大。高昌国只置郡县、没有乡里也说明了这一点。高昌在行政体制上尽管有一定的地方特色，但无疑是源于汉晋及诸凉，只是因时因地有所变通而已。所以，在高昌的行政体制方面，亦可视为汉文化在这一地区的延伸和发展。

除了儒家思想作为高昌官方的统治思想之外，汉民族民间的许多传统信仰和风俗习惯也流布于此，成为高昌文化的一个有机组成部分。阿斯塔那古墓群中出土有大量伏羲女娲绢画，伏羲女娲均为人首蛇身，伏羲左手执矩，女娲右手执规，二人对面相拥，下部作交尾状，周围饰以各种星象图。汉民族传统认为，伏羲、女娲原为兄妹，后结合而繁衍人类，创造万物，并作为人类的祖先，为后人所崇拜。这种题材的汉代砖刻在内地多有发现。以伏羲、女娲绢画随葬，反映了当时高昌民间流行祖先崇拜和生殖崇拜的思想和习俗，而这一思想和习俗无疑是从内地传入高昌的。据研究，中原地区在汉和汉以前，伏羲、女娲创世思想曾广泛流行（后世曾有大量反映这一题材的画像砖出土），汉以后则基本绝迹。魏晋时期这一习俗在古代高昌地区的兴起，一方面是对汉代文化的继承；另一方面则是当时独处异域的高昌国人民缅怀先祖，遐思故国的特殊心态的特殊反映。[②]

---

①   《吐鲁番出土文书》第 1 册，文物出版社 1981 年版，第 113 页。

②   王素：《吐鲁番出土伏羲女娲绢画新探》，《文物天地》1991 年第 4 期。

随着大量汉人为避战乱移居高昌,中原传统的道教文化也传播到了这一地区,并在民间广泛流传,并深深影响着高昌人民的日常生活。在吐鲁番阿斯塔那 1 号墓中所出《西凉建初十四年(418 年)韩渠妻随葬衣物疏》① 中就有"时见:左清(青)龙,右白虎,书物数前朱雀、后玄武"、"急急如律令"云等道教用语。在《北凉真兴七年(425 年)宋泮妻隗仪容随葬衣物疏》中亦有"辛(幸)关津河梁不得留难,如律令"之语②,均常见于各种道教文书中。在阿斯塔那 303 号墓中则发现有一件随葬的道教《符篆》③,黄纸、朱书,上部绘一持叉的武士形象,起驱邪避鬼作用,并书有"天帝"、"死鬼"、"道鬼"等,显然均为道教传统信仰的一些神祇。在吐鲁番出土的这一时期的大量随葬衣物疏中,基本上都可以看到道教文化在民间影响的痕迹,反映出高昌汉人普遍信仰道教的这一事实。值得注意的是,由于佛教的传入及历代高昌王广弘佛法,使佛教文化的影响在民间日益深入,形成高昌国时期佛、道二教在民间并行,共为百姓所信奉的现象,二者出现了相互融合的趋势。反映在这一时期的随葬衣物疏中则多见"大德比丘"、"佛弟子"、"持佛五戒"、"专修十善"等佛教用语,复又见"敬移五道大神"、"若欲求海东头,欲觅海西壁,不得奄遏留停,急急如律令"等道教术语,反映出墓主人生前既信佛又崇道的事实,表明当时佛教、道教两种文化信仰在高昌相会聚,共同成为具有地方特色的高昌文化的一个重要组成部分。

汉文化在高昌地区的影响在语言文字上也表现出来。汉语流行于高昌地区。阿斯塔那古墓群所出各种官私文书,基本上是用汉文书写,表明汉文是当时官方和民间通用的文字。不仅如此,诸凉、高昌郡到高昌国各个时期的官府文书中各种公文在用语、程式上也反映出秦汉以来中原汉文化的影响。如班示、符、启、奏、条呈(或条记)、货簿、籍帐、契券等,均可从汉魏以来中原王朝相应的文案制度上溯其渊源。从出土文书中所见高昌城门的名称上,亦可看出中原汉文化的影响。如东面的"青阳门"和"建阳门",南面的"横城门",西部的"金章门"和"金福门",北

---

① 《吐鲁番出土文书》第 1 册,文物出版社 1981 年版,第 60 页。

② 同上书,第 14 页。

③ 《吐鲁番出土文书》第 2 册,文物出版社 1981 年版,第 33 页。

面的"玄德门"和"武城门",这些城门的名称有的与汉长安城、十六国姑臧城、魏晋及北魏洛阳等都城城门名称相同,均是以五行、天象等学说为基础命名的,反映出汉文化在高昌地区影响的广泛性。

三　高昌之佛教与祆教

佛教传入吐鲁番地区的确切时间,今已无从知晓。日本大谷探险队在吐峪沟所获汉文佛典《诸佛要集经》为元康六年(296 年)写本,应是月氏高僧法护于西晋元康二年(292 年)在洛阳译出不久由内地传入高昌的。是笔者目前所知出土佛典中时间最早的。联系到上文所述前秦建元十八年(382 年)车师前部王国国师献胡本《大品般若经》的史实,佛教至少在 3 世纪末 4 世纪初就已传入了吐鲁番地区。阿斯塔那 13 号墓中出土有《佛说七女经》写本,属十六国时期,也说明了这一点。①

魏晋南北朝时期的高昌佛教,一方面受到印度、龟兹等地的影响,另一方面内地汉化佛教的西传也是一个重要因素;同时,当地所固有的汉魏时期中原文化的传统,也对高昌佛教的形成和发展起到了不可忽视的作用。

高昌僧侣多有西行印度、龟兹等地求法者。北凉时有一僧人智猛尝赴印度求法,得胡本《大涅槃纪记》十卷五品,回国途中曾留住高昌一段时间。当时年仅 19 岁的高昌僧人法盛受其影响,与同门 29 人共赴印度,在北凉作《菩萨投身饿虎起塔因缘经》一卷。② 高昌僧人法郎在北魏武帝灭佛以后,亦曾赴佛国龟兹,并受其国王礼遇,最后圆寂于此。③ 又有高昌高僧道普尝游历西域诸国,巡拜佛教圣迹。据云他本人不仅通梵书,还知晓六国语言。④ 北齐时高昌高僧法惠曾两次赴龟兹修学禅律,并拜龟兹高僧直月为师悟道,回国后广弘禅法,僧俗咸归之⑤,对大乘佛教在高昌的流布作出了很大的贡献。此外还有印度僧人东来高昌者。如 589 年南印

---

① 《吐鲁番出土文书》第 1 册,文物出版社 1981 年版,第 218~221 页。
② 宝唱撰:《名僧传钞》;智升编撰:《开元释教录》卷四。
③ 《梁高僧传》卷一五。
④ 《梁高僧传》卷二。
⑤ 《名僧传》。

度沙门达摩笈多曾经北道诸国到高昌，留住达两年之久。尽管"未尝有宣述"，但他的到来，无疑对当时高昌佛教产生了一定的影响。高昌僧人的西行求法及印度沙门的东来，一方面把许多佛教典籍的原本引入高昌，如 19 世纪末德国探险队在交河故城、胜金口等地曾发现大批梵文佛经写本，如《杂阿含经》、《法集颂》、《俱舍论本颂》、《妙法莲华经》、《相应阿含》、《比丘尼戒本》、《大般涅槃经》等；另一方面也将求法所获教义在高昌弘扬，使印度、龟兹佛教在高昌的影响逐渐扩大。

　　佛教在传入中国内地之后，又有回传高昌的迹象。前述新疆吐鲁番吐峪沟所发现的元康六年（296 年）汉文《诸佛要集经》写本，就是法护元康二年（292 年）在洛阳所译，后又传入高昌的。此后又有许多高昌僧人前往内地求法，如北凉凉州高僧法进之弟子法郎、僧遵均为高昌人；南朝刘宋高僧道普，在西蜀精励禅定与颂经之法绪亦为高昌人。此外还有南朝宋明帝时来长安灵基寺说法之高昌人智村，他是《成实论义疏》的作者、高僧道亮的弟子。[1] 北魏末年，高昌王曾派遣沙门慧嵩入魏习法。慧嵩颇通昆昙、成实等论，时人称之"昆昙孔子"[2]。尽管最后慧嵩未还其国，但大量高昌僧人的东、西习法，无疑是汉传佛教影响高昌的结果之一。汉传佛教对高昌的影响以唐代僧人玄奘西行达到高峰。这从一个侧面也反映出汉传佛教在当地已产生了深远的影响。

　　中原佛教在高昌地区的影响从 20 世纪初以来在这里发现的大量汉文佛教文献中亦可以得到证明。仅德国人在这里所获各种佛教典籍写本和刻本已整理的就达 153 种，约 2300 余号。其中有许多佛典译于或写于 4 世纪初到 7 世纪中，它们除了部分可能在高昌译成汉文外，大部分则是在内地译成汉文或是中原高僧的撰述，后又传入高昌的。据研究，早在东晋十六国时期，吐鲁番的佛教教团便与内地佛教教团有着密切的联系，传承内地的佛教典籍，接受内地佛教的影响，而这种联系主要是通过敦煌来实现的。[3]

　　佛教在高昌的影响及其扩大也是一个渐进的过程。在高昌郡时期，高

---

① 《梁高僧传》。

② 《续高僧传》卷七。

③ 参见方广锠《吐鲁番出土汉文佛典述略》，《西域研究》1992 年第 1 期。

昌的佛教信奉者主要是外地前来布道的僧侣和统治阶级上层，中原文化的影响在民间仍占据主导地位。进入高昌国时期，尤其是麹氏王朝时期，佛教不但为高昌王所信奉并由其所提倡，其影响已及高昌民间，并与当地原有的汉文化传统相结合，共同影响高昌人民的日常生活。这一点在麹氏高昌国时期的随葬衣物疏中表现得至为明显。高昌郡时期的这类文书中只见有"左青龙、右白虎、前朱雀、后玄武"和"急急如律令"、"敬移五道大神"等道教用语，而到高昌国时期，又多加入"持佛五戒，专修十善"、"佛弟子"、"大德比丘"等佛教用语，表明佛教已为当地人民普遍接受并与汉民族传统文化相融合。

高昌佛教的兴盛一方面是因为众多佛教徒虔诚地布道，另一方面则与历代高昌统治者的大力提倡有很大关系。北凉沮渠氏王族就是佛教的虔诚教徒和热情传布者。20 世纪初德国探险队在高昌故城"可汗堡"旁的佛寺遗址中曾发现了承平三年（445 年）《凉王大沮渠安周功德碑》中有"一念之善，成菩提之果"之语，记述了北凉余裔在高昌造寺之事。据研究，吐鲁番吐峪沟 44 窟与敦煌莫高窟北凉窟无论在壁画题材、表现手法及窟形风格上均有许多共同之处，反映出北凉佛教在高昌的影响。北凉王族不仅在高昌广建佛寺，而且还供养写经，传布佛法。在吐鲁番地区就发现有凉王沮渠安周供养所写的《持世经》第一、《佛说菩萨藏经》卷一、《十住毗婆沙》覆卷七、《佛华严经》卷二八等写本。[①] 北凉王族对佛教的提倡，不仅使北凉佛教的影响达于高昌，也为以后高昌佛教的发展奠定了基础。

在麹氏高昌王国时期，由于麹氏诸王的大力提倡，佛教在高昌的传播和发展达到了一个高潮。日本大谷探险队所获《佛说仁王般若波罗蜜经》写本的题记中记有"延昌三十三年癸丑，八月十五日白衣弟子高昌王"。延昌三十三年为 593 年。此时正是高昌第七代王麹乾固执政时期。20 世纪初，德国的格伦威德尔、勒柯克及英国的斯坦因也发现了麹乾固供奉抄写的各种佛经写本，表明至迟在乾固时，高昌王族已皈依佛教，并成为佛教的推广者。麹氏高昌王族对佛教的尊崇在乾固之孙、第九代高昌王麹文

---

① 参见方广锠《吐鲁番出土汉文佛典述略》，《西域研究》1992 年第 1 期；杜斗城《试论北凉佛教对高昌的影响》，《西域研究》1991 年第 4 期。

泰时达到了一个无以复加的地步。正是因为高昌诸王的虔诚信奉与大力提倡，高昌佛教在这一时期有了长足的发展。据保守估计，仅高昌城附近就有"佛寺三百余座，僧尼逾三千人"[①]。从吐鲁番所出高昌时期文书中所见大量僧尼名籍和施舍财物疏，就可以看到当时高昌佛教的兴盛状况。

高昌佛教在吸收印度、龟兹佛教和中原汉传佛教的基础上，还融合了当地汉魏以来汉文化的某些因素，从而形成了独具特色的高昌佛教文化，并在民间产生了广泛的影响。高昌佛寺多以姓氏名之。如出土文书所见魏寺、马寺、张寺、阚寺、阴寺、唐寺、李寺、韩寺、朱寺、王寺、高寺、贾寺、赵寺、陈寺、苏寺、崔寺、靳寺、裴寺、周寺、罗寺、董寺、程寺等等，反映出当时高昌聚族兴建佛寺和家族信仰佛教的情况。有的佛寺则以官职名之。如抚军寺、和郎中寺、和虎威寺、都郎中寺、绾曹寺、宿卫寺、公主寺、太后寺、大司马寺、田地公寺等。由于这些建寺的官吏本身就是当时各个世家大族的代表人物，因此这些寺实际上与前类寺性质相同。这些以族姓或官职命名的佛寺，反映出佛教传入高昌以后，与当地原有的汉魏以来的门阀制度相融合。也就是说，佛教在高昌的传播，适应了当地传统的汉文化，并借助家族的力量在民间发展起来，从而出现了高昌佛寺"像庙星罗，僧榄云布"的局面，并具备了家族化的特征。

高昌佛教在民间则与道教信仰相结合，使该地区出现了佛、道信仰并行的情况。前已述及，在这一时期的大量随葬衣物疏中，不仅保留有前期同类文书中道教祛鬼神的各种咒语，又融入了佛教的一些术语，墓主人同时也是佛教徒，表明佛教的影响已深入民心并与原来的道教信仰结合在一起。在这里，佛陀已成为死者进入天堂的护身神灵，与道教神祇无异，反映出汉民族对外来文化吸收时的独特的实用心理。

具有地方特色的高昌佛教文化对当地的少数民族也产生了一定的影响，尤其是家俗信仰的习俗亦同样为他们所接受。在高昌佛寺中可见九姓粟特人所建的安寺、史寺、曹寺等，还有车师人的车寺及鄯善人的鄯寺、龟兹人的白寺，还有突厥人的珂寒（可汗）寺、提懃（特勤）寺、天竺人的竺寺等，表明高昌少数民族在佛教的信仰上已某种程度地高昌化了。

---

① 吴震：《寺院经济在高昌社会中的地位》，《新疆文物》1990 年第 4 期。

　　除佛教外，祆教也传入了高昌地区。祆教即琐罗亚斯德教，又称拜火教，曾作为萨珊波斯的国教兴盛一时，后传入今中亚地区。从吐鲁番出土文书中，亦可以看到祆教在高昌影响的痕迹。吐鲁番安乐城发现的《金光明经卷第二》的题记中记有："庚午岁一月十三日，于高昌城东胡天南太后祠下，为索将军保子妻息合家，写此《金光明》一部断手记竟"之语。庚午岁应是 430 年①，而"胡天"据认为是晋唐之间对于火祆教祭祀场所的通称。② 说明早在高昌郡时期，祆教的影响已达于高昌。祆教的传入主要与粟特人从事商业活动并大量移居高昌有关；此外，部分信奉祆教的焉耆人流入高昌也是一个重要的原因。③ 粟特人与焉耆人应是祆教的基本信仰者。随着祆教影响的扩大，部分汉族人也有信奉祆教者。在吐鲁番出土的这一时期文书中可见以"奣"或"暥"为名的汉族人。据研究，"奣"或"暥"系由"天"、"明"两部分构成，"天"即火祆教在中国的俗称，"明"即火祆教崇奉的对象，所以在当时的汉族人中有一大批火祆教徒。④ 在《高昌永平二年（550 年）十二月三十日祀部班示为知祀人上名及谪罚事》文书中可见"萨簿"的官职，与北齐、隋、唐官制中的"萨甫"、"萨保"、"萨宝"均系不同的音译，为主管祆教事务的官员。这一方面表明祆教在当时的高昌已有了很大的影响；另一方面也表明，祆教传入高昌以后，已被纳入高昌王国统一管理的体制中，成为高昌文化的一部分。在吐鲁番阿斯塔那 88 号墓中所出《高昌商乾秀按亩入供帐》中亦有"祀胡天"的记载。⑤ 而吐鲁番阿斯塔那 524 号墓中所出《高昌章和五年（535 年）取牛羊供祀帐》中所具列的"丁谷天"、"大坞"、"阿摩"等，很可能为祆教所供祭的神祇，它们与汉民族传统所供祭的"始耕"、"风伯"、"树石"等对象并列，表明祆教已为当地各族人民所容纳、接受。

---

　　① 参见胡戟等《吐鲁番》，三秦出版社 1987 年版。

　　② 王素：《高昌火祆教论稿》，《历史研究》1986 年第 3 期。

　　③ 王欣：《魏氏高昌王国各民族的文化及其相互交流》，载《马长寿先生纪念论文集》，西北大学出版社 1992 年版。

　　④ 王素：《高昌火祆教论稿》，《历史研究》1986 年第 3 期。

　　⑤ 《吐鲁番出土文书》第 2 册，文物出版社 1981 年版，第 184 页。

四 高昌之商业文化与游牧文化

高昌地处中西交通的要冲，东西商贾总凑其国，因此在中西"丝路"贸易中获取了丰厚的利润，并引起北方游牧民族的垂涎。这些游牧民族竞相争夺对高昌的控制权，"有商胡往来则税之"①。商业发达的高昌亦产生了比较发达的商业文化，这也是魏晋南北朝时期高昌文化的一个重要特点。反映在当时高昌的社会生活中，则可以看到具有浓厚商业文化特征的契约关系十分发达。在出土文书中不仅有大量的买卖契券，而且这种契约关系已发展到租佃、雇佣、借贷等经济生活之中，生活在高昌的各族人民基本上都处于各种契约关系之中。另外，高昌民间已形成了比较完善的契约制度，各种契券都有一定的程式。从契券的订立、立契双方的权利、义务及见证人、保人、立契双方签名、押署都有不成文的习惯法加以规范，有些甚至很严格。② 发达的商业文化不仅保证了高昌各种经济活动的正常进行，而且也影响到了高昌民间的某些习俗。如在出土的《随葬衣物疏》中也出现了类似契券中见证人的"时见"，反映出高昌商业文化影响的广泛性。

魏晋南北朝时期，高昌北方的草原上曾先后兴起了高车、柔然、铁勒、突厥等游牧民族政权。它们在势力强大的时候往往控制西域，以与中原政权相对抗，而高昌常常亦为其所役属。这些游牧民族政权在与高昌的关系中，主要在政治上保持宗主国的地位，并借助联姻加以巩固，最多派重臣"监统之"③。它们在经济上满足于获取丰厚的商业赋税，并未实施对高昌的直接统治。由于双方经济生活迥异，故而在关系史上呈现出若即若离的特点。④ 尽管如此，在与高车、柔然、铁勒、突厥的交往过程中，游牧文化也在高昌产生了一定的影响。

在官制上，高昌王及其世子亦曾接受游牧政权的封号。著名的《麴斌造寺碑》（立于高昌延昌十五年，575 年）背面记有：麴宝茂，使持节、

① 《隋书·高昌传》
② 王欣：《吐鲁番出土文书所涉及的晋唐法制》，《西域研究》1992 年第 2 期。
③ 《隋书·高昌传》
④ 王欣：《麴氏高昌王国与北方游牧民族的关系》，《西北民族研究》1991 年第 2 期。

骠骑大将军、开府仪同三司、都督瓜州诸军事、侍中、瓜州刺史、西平郡开国公、希堇、时多浮、跃无亥、希利王、高昌王。麴乾固，卫将军、波多旱、锄屯发、高昌令尹。[①] 二人前一部分的官爵系中原王朝的封号及自置的官职（如高昌王、令尹等），而后一部分的"希堇"、"时多浮"、"跃无亥"、"波多旱"、"锄屯发"显然均为突厥等游牧民族政权的官职。而斯坦因在吐鲁番吐峪沟所获 Toy. 042（a）号《大品经卷第十八》文书的题记中亦记有："延昌九年，己丑岁五月廿三日，使持节大将军、大都督、瓜州诸军事、瓜州刺史、西北郡开国公、希堇、时多浮、跋弥砲、伊离地、都芦悌、陁豆、阿跛、摩亥、希利发、高昌王麴乾固。"[②] 与《麴斌造寺碑》的记载相比，可以看到，麴乾固不仅基本上接受了其父的各种称号，而且还增加了"跋弥砲、伊离地、都芦悌、陁豆、阿跛、摩亥"等封号，反映出突厥官制在高昌影响的加深，对高昌控制的加强。此外，在吐鲁番阿斯塔那 24 号墓中所出《高昌延昌酉岁屯田条例得横截等城葡萄顷亩数奏行文书》末的签署中有 "□□□军、肤叠□、吐诺他、跋罡久、锄屯发、高昌令尹麴伯雅"[③]。这些名称反映出突厥官制在高昌影响的连续性，而这种影响与突厥对高昌的控制又是密切相关的。从现有出土资料来看，突厥官制在高昌的影响还是有限的，且仅限于高昌王及其世子，而高昌官职的基本体制，尤其是中央和地方的官制及行政体制，丝毫未见有受突厥等游牧民族政权影响的痕迹，仍然是承袭汉魏之制并稍又变通而已。

高昌人在婚姻关系上，也可以看到受游牧文化影响的某些方面。《隋书·高昌传》云，麴伯雅即位后，"其大母本突厥可汗女，其父死，突厥令依其旧俗，伯雅不从者久之，突厥逼之，不得已而从"。据《周书·突厥传》云：（突厥）"父兄伯叔死者，子弟及侄等妻其后母及嫂"。故突厥是依其本族的习俗强迫伯雅妻其大母的。这种游牧文化下所产生的习俗与前述的官制一样，在高昌其影响亦只限于高昌王，且带有明显的政治性和强迫性。而从出土文书所反映的情况看，民间婚娶主要是按照汉民族传统

---

①　参见黄文弼《吐鲁番考古记》，科学出版社 1958 年版。

②　H. Maspero Les Documents Choinois, The Trustees of the Brithis Museum, London, 1953, p. 177.

③　《吐鲁番出土文书》第 5 册，文物出版社 1983 年版，第 3 页。

的习惯来进行的，也就是《梁书·高昌传》所说的"姻有六礼"。

　　游牧文化中服饰文化在高昌的影响与官制、婚俗相比，无论在深度上还是广度上都要大得多。《梁书·高昌传》云：高昌人"面貌类高骊（人），辫发垂之于背。著长身小袖袍，缦裆裤。女子头发辫而不垂，著锦缬缨珞环钏"。从此段记载来看，高昌国男子的"辫发垂之于背"及"著长身小袖袍，缦裆裤"显然并非汉族人的装束，似更接近于北方游牧民族的衣着特点。而女子的"头发辫而不垂，著锦缬缨珞环钏"则更像是汉族妇女的打扮。而《周书·高昌传》更明言其"服饰，丈夫从胡法，妇人略同华夏"。《隋书·高昌传》亦云其"男子胡服，妇人裙襦，头上作髻"。二书所记虽较简略，但大意与《梁书》所载相合。高昌王麹伯雅在朝隋归来后于大业八年（612 年）所下一道诏令中承认："先者以国外边荒，境连猛狄，同人无咎，被发左衽。"炀帝给高昌所下诏书中亦指责其"数穷毁冕，剪为胡服"①。可见，高昌在服装、头饰方面受游牧文化的影响很大。1959 年在新疆吐鲁番阿斯塔那发掘的属这一时期的墓葬中，"306 墓男尸头结双辫交盘于后，306 墓男女都于头顶束髻。305 墓男女都穿绢制斜领右衽外衣，下系裙"，与史书的记载基本吻合。②

五　东、西方文化在高昌的交融

　　东、西方文化在高昌的交融同样也体现在东西方贸易的主要商品，即丝织物的制作技艺及纹样风格等方面。作为中西交通的要冲和中西贸易的集散地，高昌同时也就成了东西文化的会聚之地。这一点在吐鲁番出土的这一时期的丝织物上表现得比较充分。

　　从考古发现的材料来看，高昌境内，内地的丝绸产品仍占主要地位，但也有不少具有本地方特色的织锦。如哈喇和卓 90 号墓所出《高昌主簿张绾等传供帐》中有"张绾传令，出疏勒锦一张，与处论无根"。同墓所出《高昌口归等买铺石等物残帐》文书中记有"钵斯锦"③。"钵斯"应

①　《隋书·高昌传》。
②　新疆博物馆：《新疆吐鲁番阿斯塔那北区墓葬发掘简报》，《文物》1960 年第 6 期。
③　《吐鲁番出土文书》第 2 册，文物出版社 1981 年版，第 18、24 页。

是"波斯"的另一意译。这种以地名或国名称呼的织锦在织法上或图案风格上均有别于中原的织锦。"高昌出土的地产织锦纹样与内地的风格也显然不同。根据出土实物所见,其花纹整体类似帕拉斯(Palas,一种疑织横条加杂花纹的毛毯)。大都以平行线、六色龟背纹、散点式圆、间歇方腾等不同组合作二方连续,二、三排纹样,沿纵向相间循环。稍晚的有在纹样中嵌织出倒正对称的汉文'吉'字,这显然是受到来自内地锦、绮纹样的影响。此外,也有仿内地流行的纹样,如狮纹锦。"这些显然是中原文化影响的结果。[①]

英国的斯坦因在研究了吐鲁番所获的丝织物(主要是"覆面",face-cover)后谈道:"我们现在已经注意到一批尽管数量少但却明显不同的丝织物,它们在技法上明显受西方的影响,但图案的风格表明它们无疑是出自中国织匠之手。"他还举例指出:"在一张保存完好的 V2.01 号覆面上,有两个卵形像版的图案,一个在另一个的上面。每一个图案的外部都有边珠相围。里面则是鸢尾纹的花押。这些显然是来自'萨珊(波斯)'的模式。但是在那些对兽纹中,其中一个和覆面底部的树叶纹一样,显然是中国式的风格。"[②] 在高昌的丝织物上,中国文化和波斯文化有机、协调地融为了一体。

中国考古工作者 1959 年在吐鲁番阿斯塔那—哈喇和卓古墓群中发现这一时期的各种花纹的织锦有 7 种。其中第一种"鸟兽树木纹锦",第二种"双兽对鸟纹锦",第三种"树纹锦"及第七种"对马锦",据研究显然不是中原风格,大约是波斯文化的产物。[③] 1963 ~ 1966 年间发掘的阿斯塔那 117 号墓,时代是麴氏高昌末唐西州初年,其中"出土的绢褥锦边,是用垂组织经斜纹宝相花锦,剪成宽约 3.5 厘米的长条镶缠的。其中最长的一条长达 103 厘米,它和这里先后出土的连珠组织边圈的圆饰(大连珠圈)纹样的织锦,尽管花纹风格不同,组织却完全一致"[④]。前者可能为西域本地的产品,即文书中所见的"龟兹锦"、"疏勒锦",而后者显然与所谓的"波斯锦"有关。据研究,"古代新疆地区至迟在魏晋就有了丝

①　武敏:《织绣》,台湾幼狮文化公司 1992 年版,第 113 页。
②　Aurel Stein: Innermost Asia, Cosmo Publication, New Dalli, Vol Ⅱ, p. 677.
③　新疆博物馆:《新疆吐鲁番阿斯塔那北区墓葬发掘简报》,《文物》1960 年第 6 期。
④　新疆博物馆:《吐鲁番阿斯塔那—哈喇和卓古墓群清理简报》,《文物》1972 年第 1 期。

织品的织造工业,其中心是疏勒(今喀什一带)、龟兹(今库车)、高昌(今吐鲁番地区)"①。这些地区所生产的丝织品,由于吸收了中原和今西亚的传统织造技法与纹样风格,并结合本地的文化传统,从而形成各自的地方特色。"高昌所纺织的丘(龟)兹、疏勒、波斯锦,可以分别仿上述各地锦的组织结构,也可以分别仿其纹样风格,当然,也可能二者兼仿。"② 不仅如此,高昌在吸收东西方编织技法、纹样风格的基础上,将二者融为一体,已能生产具有"绵经绵纬"特点的"丘(龟)兹中锦"③。夏鼐曾经指出:"中国为了满足西方市场的需要,在隋代和初唐中国丝织品的图样有些便采用波斯的风格,在织锦技术方面,有时也受到波斯锦的影响。"④ 魏晋南北朝时期的高昌亦当如是,也就是说,波斯文化之影响达于高昌,实乃中西丝绸贸易的直接结果之一。

魏晋南北朝时期的高昌,是中西诸种文化大会聚、大融合的地方,汉文化始终属于主导地位。各种文化以汉文化为中心,相互吸收彼此的优点,经过数百年的不断碰撞和发展,从而最终形成以东西文化交融为特点的高昌文化圈。

第三节　以佛教文化为主体的于阗、龟兹文化圈

佛教传入西域大约在公元前后 100 年间,准确的时间已不可考。到魏晋南北朝时期,佛教经过二三百年的发展,不仅在西域站稳了脚跟,而且也进入了一个鼎盛时期。其影响已达西域诸城郭国的政治、经济、文化等方面,进而由此及于中原地区,并在西域形成了一个以于阗、龟兹为中心的佛教文化圈,在中国佛教发展史上占有重要地位。

---

① 新疆博物馆考古队:《吐鲁番哈喇和卓古墓群发掘简报》,穆舜英执笔,《文物》1978 年第 6 期。

② 武敏:《织绣》,台湾幼狮文化公司 1992 年版,第 112 页。

③ 《吐鲁番出土文书》第 1 册,文物出版社 1981 年版,第 195 页。

④ 夏鼐:《新疆新发现的古代丝织品——绮、锦和刺绣》,《考古学报》1963 年第 1 期。

一　于阗之佛教与于阗文化

于阗（今新疆和田）地当"丝路"南道之要冲，与佛教中心之一的罽宾（今克什米尔一带）相连，为天竺（今印度）及罽宾等地僧侣、商贾东行的必经之地，客观上为佛教的直接传入提供了条件。魏晋时期，于阗兼并了周围的戎卢、扜弥、渠勒、皮山等国，国势日益强盛，成为当时西域的一个大国，加上其独特的地理位置，具备了成为一个佛教中心的客观条件。

佛教最初是通过印度西北部曾深受希腊文化影响的犍陀罗（今巴基斯坦白沙瓦一带）、罽宾（迦湿弥罗）等地传入西域的，而于阗则首当其冲。由于地理上的原因，于阗自古以来就与这一地区保持着密切的联系，在政治、经济、文化等方面广泛受其影响。历史上，迦湿弥罗国最初曾是小乘佛教的中心，故早期于阗佛教似以小乘为主。①　进入魏晋以后，这一情况才发生了较大的变化。

曹魏甘露五年（260 年），作为中原西行求法第一人的朱士行，因求大乘经典《道行经》之梵文原本，从雍州（治今陕西西安市西北）出发，涉流沙，抵于阗，并如其所愿获梵文正本 90 章 60 余万字，并由其弟子弗如檀送回中原。由于阗僧人无叉罗、印度僧人竺叔兰和中原的祝太玄、周玄明等在水南寺共同译出，这就是著名的《放光般若经》。从朱士行的于阗之行来看，曹魏时期于阗已有大乘佛教在此流传了，但小乘佛教的势力仍然很大。《朱士行传》中曾记有"于阗小乘学众"之语。朱士行在得大乘经典之后欲传送中原，曾受到当地小乘教徒的反对，并请国王阻止。②此事虽经朱士行多方努力才得以成行，但也表明于阗当时大乘教派势力较弱，其国王似也信奉、支持小乘佛教。所以，在这一时期，于阗佛教处于大乘、小乘并行而以小乘为主的阶段。从晋太康七年（286 年）曾携《光赞般若》梵文本入中原的于阗沙门祇多密罗所译佛典来看，既有属大乘派的华严部、方等部、般若部经典，也有属小乘派的阿含部经典，也从侧

---

① 羽溪了谛:《西域之佛教》，贺昌群译，商务印书馆 1956 年版，第 211 页。
② 《梁高僧传》卷四。

面反映出大、小两乘佛教流行于阗的事实。

至迟到 5 世纪初期，大乘佛教的势力在于阗已占了上风，而小乘教派则退居次要地位。后秦弘始二年（400 年），中原高僧法显西行天竺求法，次年抵于阗，并在此留住三月。据《法显传》记载，这时于阗已"多大乘学"，大乘佛教已为于阗王所敬重和推崇。法显所居之瞿摩帝寺有 3000 多名僧侣，规模很大，是一座大乘寺庙，在于阗诸寺中地位很高。在当地每年 4 月 1 日所举行的大规模"行像"佛事活动中，因"王所敬重"，故瞿摩帝寺"最先行像"。于阗王"脱天冠，易著新衣，徒跣，持华香"，率侍从亲自出城迎接，并"头面礼足，散华烧香"。可谓虔诚之至了。这种"行像"活动一般至 4 月 14 日才结束，时间长，规模大（倾城出动，行像遍及当时的所有 14 所大寺），就其实质而言，已超出了一般佛事活动的意义，而成为于阗举国上下的一大节日。可见，当时佛教，尤其是大乘佛教在于阗由于国王的提倡已深入人心，并已影响到国民日常生活的某些方面，成为于阗文化的一个重要组成部分。法显到于阗时，这里已有数万僧人，上自国王、下至平民都是佛教徒，佛教显然已成为国教。据吐蕃文《于阗教法史》记载，这一时期于阗信仰大乘的佛教徒"如马身上的毛一样多"，而信仰小乘的比较起来只有"马耳朵上的毛"那样多，与法显所见的情况基本一致，说明至少在 5 世纪初，大乘佛教在于阗已占有很大优势，而小乘佛教依然存在，但势力明显大不如前。《法显传》中还提到一座于阗王城西七八里处的著名佛寺——王新寺。这是一座用了 80 年时间，历三代王始建成的规模宏大、富丽堂皇的佛寺。塔及佛堂多以金银饰之，并供以葱岭以东诸国所上宝物。最高的塔可达 25 丈。可 5 世纪初，凉州沙门僧表欲往迦湿弥罗国礼拜其国所藏之佛钵，因道阻停留于阗。于阗王怜之，乃摹写佛钵与之，同时在赞摩寺为僧表造了座高 1 丈的佛塔，并饰以金箔，顶部置一真佛舍利。以上记载一方面说明，于阗佛教仍然与迦湿弥罗国保持着密切的联系；另一方面也表明，于阗历代诸王的虔心奉佛与大力提倡，同样也对大乘佛教在于阗的发展起了很重要的作用。

大乘佛教在于阗的兴盛还表现在各种大乘典籍的流行上。如晋代沙门支领在于阗求得之梵本《四分律》和《六十华严》，昙无谶在这里所获之梵本《大般若涅槃经》均为大乘经典。北凉沮渠京声到于阗时，在瞿摩帝寺正逢天竺大乘高僧佛驮斯纳弘传教义，遂从受禅法，并获《禅法要解》、《禅祕要治病经》各二卷。

然而，大乘佛教在于阗的发展也并非一帆风顺。据吐蕃文《西藏传》记载，420～430 年间在位的一位于阗王 Vijayadharma 信奉小乘佛教。王弟旦德刺斯从印度请来了小乘说一切有部之高僧曼特喜德，并为之建索梯尔寺，弘传小乘教义。前面所提到的沮渠京声从于阗带回中原的佛教典籍中，以乘经律为主，但小乘经律也为数不少。这一时期于阗小乘佛教有复兴的迹象，其原因仍然是受到了迦湿弥罗的影响。[1] 要之，在 5 世纪 20～30 年代，小乘佛教在于阗曾一度复苏，其势力虽然没有压倒大乘，但它仍然与大乘并行一直到唐初。

Vijayadharma 王之后，Vijayasemha 即位，时间大概在 5 世纪中叶。此时，于阗佛教随着王国势力的扩张与强大开始进入了向外发展的阶段。于阗曾战败邻近的迦萨格王，其王以信奉佛教为代价才免于一死，并将女儿阿里迦嫁给于阗王。阿里迦本人不仅皈依佛门，而且还在苏纳（即疏勒，今喀什噶尔）大力传播佛教。所以，在这一时期，于阗佛教的发展已超越了本国的范围，并对周边诸城郭小国产生了直接的影响。此外，据《于阗教法史》记载，于阗在 Vijayasimha 的继任者 Vijayakirti 时，曾与库赞（Gu-Zan）、迦腻迦（Kanika）等国联合入侵印度，征服索克德城（So-Kid），掠夺许多舍利，归国后建弗洛尼（Phro-Nyo）寺而藏之。当此王时，于阗佛教随着其国势的强盛而进入了鼎盛时期。此后，于阗外患不断，国力受到严重打击，而佛教也在不同程度上受到破坏。

北魏太平真君六年（445 年），吐谷浑为北魏所败，其王慕利延西渡流沙，经且末入侵于阗，杀害国王及许多平民，一年后才离开，于阗损失惨重。[2] 北魏献帝末年（471 年），柔然侵犯于阗，于阗王遣使素目伽向北魏求援未果，而沦为柔然的附庸。柔然亦信奉佛教，估计未对于阗佛教造成太大的破坏，但对其国力终究是一次打击。5 世纪末，呋哒（Eph-thalitai）兴起，并取代了柔然对于阗的统治。《于阗教法史》记载，曾有 Druggu 部之 A-no-shos 人侵入于阗，将牛角山（Gošrñga）南部的伽蓝大部

---

① 羽溪了谛：《西域之佛教》，贺昌群译，商务印书馆 1956 年版，第 221 页。

② 《魏书·吐谷浑传》

分烧毁,对于阗佛教打击很大。有人认为,这些人当为不信佛教的哒哒人。[①] 此后,于阗佛教已显颓势。519 年,惠生、宋云曾到这里,然而在流传下来的《宋云行纪》中对当时于阗佛教的流行情况几无记录。玄奘644 年到达此国时,其国僧人仅 5000 余人,远不如法显时所见的数万人,而且许多伽蓝久无人住,业已荒废。

尽管于阗佛教已呈衰势,但其影响犹存。《宋云行纪》记其国葬俗云:"死者以火焚烧,收骨葬之,上起浮图。"可知佛教的一套葬仪在于阗已普及化,成为民间的一种习俗。但于阗王死后却仍棺葬于野,并"立庙祭祀",似仍保持着开国以后的习俗。宋云西行入于阗城前,还在其东的捍麼城南 15 里处看到一座有 300 多僧人的大寺。寺中有一座高丈六的金像,尝受于阗王之礼拜,并在原地起塔,封 400 户,供洒扫户。后人在像旁造塔数千,多加供奉。"悬彩幡盖亦有万计,而魏国之幡过半矣。"其中幡上所书年号有太和十九年(495 年)、景明二年(501 年)、延昌二年(513 年)等。还有一幡甚至上书姚秦之年号。可见即使在于阗遭受外患的情况下,这里仍然是一个佛教中心,是其他地方(尤其是中原地区)僧侣求法之所在。从《宋云行纪》的记载来看,由于外族入侵(尤其是哒哒的毁佛),于阗之佛教中心似有东移的迹象。当然,这也许只是一个短暂的现象。玄奘西行时,其中心又回到了王城附近。

值得注意的是,大约在 Vijayakirti 王统治时期,于阗已有密教流行的情况。《历代三宝记》曾载,宋元徽三年(475 年),沙门法献巡礼西域,在于阗尝求得《妙法莲花经提婆达多品》及《观世音忏悔除罪咒》经原本各一卷,说明密教已传入这里,而且一直存在至唐代。如于阗沙门提云般若,唐天授二年(691 年)来到中原,在魏国东寺译华严部、密教部之经典各二部。其人通晓大、小两乘及咒术禅门。日本学者羽溪了谛认为,唐代于阗华严部、密部教之经典最为流行,而密教在于阗的传播当发端于南北朝时期。

于阗地处中西"丝路"交通的要冲,也是东、西方文化交流的中继站和会聚之地。在佛教东弘的过程中,于阗一方面直接从邻近的迦湿弥罗和天竺接受佛教,并在其国王的大力提倡下发扬光大;另一方面则通过于

① 羽溪了谛:《西域之佛教》,贺昌群译,商务印书馆 1956 年版,第 221~225 页。

阗沙门的东行弘法和中原僧侣的西行求法,将于阗的佛教直接输入中原地区,对内地早期佛教的发展产生了深远的影响。魏晋南北朝时期是于阗佛教发展的鼎盛阶段,与此相适应的则是中原佛教传播的第一个高潮的到来。于阗及龟兹、高昌等西域各地佛教的兴盛,对这一时期佛教在中原的传播无疑起到了重要的推动作用,而且这种影响是直接的。

伴随着东西"丝路"贸易的发展和大批中原僧侣西行求法、巡礼,中原文化也影响到了于阗地区。前面曾提到,宋云、惠生一行在捍麽城南15里处大寺旁所见数万"悬彩幡盖"中,北魏僧侣所献有一半以上,甚至还书有姚秦的年号。惠生一行西行时,北魏胡太后曾敕付幡千口、锦香囊500枚,王公卿士献幡2000口,供其沿途做佛事所用。可见,魏晋南北朝时期,中原僧侣西行求法、巡礼圣迹时,献幡已成为时尚。宋云、惠生所见那些写有中原王朝年号的幡盖,显然应是中原僧侣巡礼时所留。仅从幡盖的数量上来推测,当时来于阗求法或途经于阗的中原僧侣亦当为数不少。

桑蚕传入于阗是这一时期的一件大事。在玄奘《大唐西域记》和吐蕃文的《于阗教法史》中对此均有记载。《大唐西域记》记载说,于阗国原未知桑蚕,闻东国有之,却由于防范甚严,无法取得。于阗王遂求婚东国,借婚嫁之机,使东国公主偷偷地把桑蚕种藏于帽中,带入于阗,并为此建麻射僧伽蓝。关于桑蚕传入于阗的时间,众说不一。《魏书·西域传》曾记于阗"土宜五谷并桑麻",结合吐蕃文史料的记载,桑蚕可能在魏晋之初就已传入于阗地区。有研究者认为,"蚕桑不是由中原直接传入,而是依次由东渐西,先传至古于阗东的邻国,然后才进入于阗本土"[①]。可以说桑蚕的传入是中原文化渐次影响于阗的一个典型事例。

此外,于阗在这一时期仍然保留有一些传统的习俗,它们是于阗本土文化的一部分。如对"鼠壤坟"的祭祀。据《大唐西域记》的记载,过去匈奴曾有数十万人进犯于阗,至鼠坟旁屯军。于阗王手下仅有数万兵力,恐难力敌,遂焚香设祭,求助于鼠。是夜,于阗王梦中闻大鼠告之曰:"敬欲相助,愿早治兵,旦日合战,必当克胜。"果然,在第二天,匈奴骑兵在迎战时发现,他们的马鞍、服装、弓弦、甲链上的带子均被鼠

---

① 李吟屏:《佛国于阗》,新疆人民出版社1991年版,第77页。

咬断，最终大败而逃。于阗的这一传说如果舍去其玄虚的成分，那么鼠咬断匈奴骑兵的带子可能是事实。这也许仅仅是一个偶然的事件，于阗人也只是事后才得知事件的真相，但他们却认为是神鼠的庇佑，助其破匈奴。故于阗"上自君王，下至黎庶，咸修祀祭，以求福佑"。行人经过鼠坟时，均"下乘而趋，拜以致敬，祭以祈福。或衣服弓矢，或香花肴膳，亦既输诚，多蒙福利"。尽管于阗佛教文化十分发达，但这一传统的祭鼠坟的活动仍保存下来，显示出于阗本土文化所具有的强大生命力。除了祭祀鼠坟外，《大唐西域记》中还记载了于阗王有祭祀先祖神祠的习俗。传说于阗王出世时还是个婴孩，且不饮人乳，国人"寻诣神祠，重请养育。神前之地忽然隆起，其状如乳，神堂饮呒，遂至成立"。故这一神祠也受到了历代于阗王的供奉，"拜祠享祭，无替于时"。并以"地乳"为其国号。吐蕃文史料中也有类似的记载。值得注意的是，于阗这一固有的文化习俗在佛教文化传入以后也深受其影响，而这一神祠也被说成是"毗沙门天神所"。于阗梵文化的名称瞿萨旦那（Gostana）亦即梵文"大地"（Go）"乳房"（stana）的意思，也就是《玄奘传》所说"唐言地乳"。由此可见于阗本土文化与外来文化的融合。

古代印度文化在雕塑、绘画、建筑等方面对于阗的影响尤大，而且带有浓厚的佛教文化的色彩。今新疆洛浦县西北的热瓦克佛寺遗址，其时代在 4 世纪中叶至 7 世纪中叶之间。据研究，热瓦克的建筑格局是以佛塔为中心，佛塔为印度的覆钵式，"四周筑墙，墙内外贴塑一排的佛或菩萨立像，而庙宇则在院外"。其他遗址中也多为上圆下方的覆钵式窣堵婆，与内地佛塔明显不同。其原因显然是佛像传入影响的结果。在佛像造型上则体现出犍陀罗艺术的影响。遗址所出佛教造像大多"面部安详，双目微闭，鼻梁直通额际，发呈波状"，"衣褶用醒目的凸线表示"，均表现出典型的犍陀罗艺术的特征。如斯坦因所发掘的编号为 R1、R5、R9、R10 等泥塑佛像。在洛浦县热瓦克和于阗县喀孜纳克佛寺所存这一时期的壁画上，既有中国传统的线描法，又有犍陀罗式的平涂着色、凹凸画法以及衣褶表现的整齐划一。在建筑构件和木器的雕刻纹样上，则有源于印度的毕钵罗树叶、月桂花圈、菱格、金刚顶等。[①] 显示出魏晋南北朝时期，于阗

---

① 　李吟屏:《佛国于阗》，新疆人民出版社 1991 年版，第 93～96 页。

文化所具有的极其丰富的内涵。

二　龟兹之佛教与龟兹文化

进入魏晋时期，龟兹（今库车）已兼并了姑墨、温宿、尉头等城郭国，政治、经济亦由之得到了较大的发展，国势日益壮大，成为"丝路"北道上的一个大国，在这一时期西域政治、经济、文化舞台上所起的作用更加令人瞩目。以佛教文化为中心，结合当地文化传统的"龟兹文化圈"逐渐形成，并以其独具特色的佛教石窟艺术在西域文化史上大放异彩。

魏晋南北朝时期，龟兹地区一直处于白（又称帛）氏王朝的统治之下，并始终与中原各王朝保持着自两汉以来的诸方面的密切联系，朝贡遣使不断，双方在政治、经济、文化等方面的交流亦得到了进一步的发展。古代龟兹人民和高昌、鄯善、于阗等各族人民一起，用智慧和汗水创造出灿烂的西域诸绿洲文化，成为中国古代文化的一个有机的重要组成部分。

据记载，龟兹国以延城（今库车皮朗古城）为都城，城有三重，中有佛塔庙千所，其王坐金狮子床，显示出浓厚的佛教文化的色彩。[①]一般认为，佛教大约在公元前1世纪前后经中亚传入龟兹，到这一时期经过二三百年的发展，进入鼎盛时期，并在龟兹政治、文化等方面产生了深远的影响。佛教已成为龟兹的国教，并受到龟兹历代诸王的崇信和弘扬，其影响近及周边诸国，远达中原内地。在这一历史时期之初，众多的龟兹高僧、居士东行中原弘法，由此揭开了龟兹佛教文化的重要一页。

《开元释教录》卷二记载，在曹魏时期，有龟兹沙门白延游化洛阳，于甘露三年（258年）在白马寺译出大乘经典《无量清净平等觉经》二卷及小乘经典《除灾患经》一卷等。一般认为，龟兹之初传佛教以小乘为主，但从白延所译佛经的情况来看，大、小乘经典均有，表明至少在曹魏时期，龟兹已有大乘教义在流布。西晋永嘉中（307~312年）有龟兹王世子帛尸梨蜜多罗出家后来到中原，在建初寺中传译密教经典，并于晋元帝年间译出《大孔雀王神咒》一卷和《孔雀杂神咒》一卷，使密教开

---

① 《晋书》卷九七；《魏书》卷一〇二。

始在中原流传。① 帛尸梨蜜多罗的布道活动说明，龟兹国内除了大、小二乘外，还有密教在流行，并得到了其某些王族成员的信奉。此外，晋武帝太康五年（284 年）沙门法护所译之《阿维越致遮经》，其梵文原本是他在敦煌从龟兹副使美子侯处得来的，而法护在太康七年（286 年）译《正法华经》时，参与校对的人中就有龟兹居士帛元信。② 以上事实一方面说明龟兹佛教对中原影响很大；另一方面，大量龟兹僧侣中原弘法亦表明当时龟兹佛教应是十分兴盛的。

尽管白延带入中原所译的佛经中，有大乘经典四部，小乘经典仅一部，但大量的材料表明，龟兹在 3～4 世纪时仍然是一个以小乘佛教为主的地方。20 世纪初，西方探险家在这里发现的用龟兹文（即所谓的乙种吐火罗语）所写的佛经中，多数属小乘说一切有部的写本。用本地的语言、文字译写佛经，足以说明当时佛教，尤其是小乘佛教已在龟兹广为传播。白延之后，在西晋惠帝时（290～306 年）又有龟兹沙门帛法巨与汉僧法立共译佛典 4 部 12 卷，其中仅《大方等如来藏经》属大乘经典，余 3 部均为小乘经典。故日本学者羽溪了谛氏认为"龟兹古来一方面盛行大乘学，而同时小乘学亦甚占势力，故其所译多属小乘经典，亦为当然之事"③。总之，尽管龟兹传统上是一个以小乘佛教为主的国家，但在魏晋时期也有大乘在流行，并在一定程度上有密教在流布。

4 世纪中叶，随着龟兹高僧鸠摩罗什（343～413 年）的大力弘扬及其声望的日益提高，大乘佛教的影响在龟兹有扩大的迹象。鸠摩罗什（华言童寿）其先本印度婆罗门族，世居高位。其父鸠摩罗炎弃相位皈依佛门，东渡葱岭避投龟兹，被龟兹王聘为国师，并以其妹耆婆嫁之，生罗什。7 岁时罗什与母俱出家，从佛图舌弥习诵阿毗昙。史称其日诵千偈，偈有 32 字，凡 32000 言，义亦自通。罗什 9 岁时随母去罽宾（迦湿弥罗），师当地大德、罽宾王从弟盘头达多习《杂藏》及《中》、《长》两部阿含等小乘经典。12 岁时还归龟兹，途经沙勒（即疏勒）时留住一年，所习诵的《发智论》及《阿毗昙六足论》、《增一阿含》等亦为小乘说一

---

① 释慧皎撰，汤用彤校注：《高僧传》卷一，中华书局 1992 年版。
② 释僧佑撰，苏晋仁、肖炼子点校：《出三藏记集》卷七、卷八，中华书局 1995 年版。
③ 羽溪了谛：《西域之佛教》，贺昌群译，商务印书馆 1956 年版，第 271 页。

切有部之经典。疏勒王还为罗什特别举行大会,请他讲说《转法轮经》。
从罗什早期的游学经历来看,他所接受和宣讲的基本上为小乘教义。然
而,就在罗什留住疏勒的这一年中,他先遇到了学通大、小二乘教义的罽
宾高僧佛陀耶舍,并受其影响习诵《韦陀舍罗论》、《四韦陀》及王明诸
论,开始接触大乘教义。后又在此从师莎车大乘名师须利耶苏摩,听受
《阿耨达经》;始悟蕴、界、处诸法皆空无相,遂放弃小乘,专务方等,
广求大乘义要,受诵《中论》、《百论》、《十二门论》等大乘经典。① 罗
什离开疏勒回国途中又在温宿辩败一神辩英秀之道士。鸠摩罗什在外游学
12 年,声名大振,龟兹王白纯亲自赴温宿迎其回国,并为他造金狮子座,
铺以大秦锦褥,请其上座说法。他还应王女阿竭耶末帝比丘尼之请,讲说
大乘教义。罗什在龟兹住王新寺,"广说诸经,四远学徒莫之能抗",影
响波及周边诸国。"西域诸国咸伏罗什神俊,每至讲说,诸王皆长跪坐
侧,令罗什践而登焉。"② 罗什声名甚至已远播中原。前秦苻坚闻其名,
命骁骑将军吕光借西伐龟兹之机迎罗什入辅中国。罗什到中原后广译各种
大乘经典。从所译佛经的内容上来看,他所弘扬的主要是龙树系的大乘般
若学说,这很可能也是罗什在龟兹所讲学的主要教义。

　　罗什时代,龟兹大乘佛教虽经其大力弘扬,影响有所扩大,然因小乘
势厚,故不像于阗那样,最终取得主导地位。而小乘佛教在龟兹仍占优
势。除罗什回国后在王新寺习诵大乘教义,龟兹佛寺大都为佛图舌弥所
统,比丘尼亦受其法戒。佛图舌弥本人就是龟兹的小乘高僧,习阿含学。
罗什幼时亦曾师之。③ 罗什在龟兹的弘法活动,虽使大乘佛教的影响有所
扩大,但并未动摇小乘佛教在龟兹的统治地位,罗什本人亦处于小乘势力
的包围之中。鸠摩罗什离开之后,龟兹再无一能与小乘相匹敌的大乘高
僧。在 585 年前后,南印度沙门达摩笈多到达龟兹时,其国王笃信大乘佛
教④,说明大乘佛教在龟兹一直还是有一定影响的。也就是说,魏晋南北
朝时期,龟兹佛教的发展是大、小二乘并行,而以小乘势力为主的时期。
据对拜城克孜尔石窟涅槃壁画的研究,其题材大多出于小乘经典,但也有

---

① 参见游侠《鸠摩罗什》,载《中国佛教》(二),知识出版社 1982 年版,第 37 页。
② 《晋书》卷九五。
③ 《出三藏记集》卷一一。
④ 《唐高僧传》卷二。

大乘经典的内容，甚至有大、小乘经典的不同题材，同出现于一个画面的情况①，从而从一个侧面证明了这一点。630 年前后，玄奘抵龟兹时，这里"伽蓝百余所，僧徒五千人，习小乘教说一切有部"②。唐慧英所辑《华严经感应传》记圣历年中（698～699 年）"龟兹国中唯习小乘，不知释迦分化百亿，现种种身云，示新境界，不信华严大经"。说明小乘佛教在南北朝后期很可能又有了一个新的发展。

由于不同的地理位置，于阗是"丝路"南道的佛教中心，而龟兹则是"丝路"北道的佛教中心。这里寺院林立，僧尼众多。据《梁高僧传·罗什传》的记载，罗什时代龟兹的僧尼多达 1 万人。羽溪了谛对此不以为然。③ 但结合龟兹作为一个佛教中心的地位以及当时有许多中亚和西域诸国僧尼挂锡于此的事实，加上其属国姑墨、温宿、尉头等国的僧尼，这个数字即使未必准确，但也说明了龟兹佛教的繁盛。《出三藏记集》所收《比丘尼戒本所出本末记》载："拘夷（龟兹）国，寺甚多，修饰至丽，王宫雕镂立佛形像与寺无异。"著名的大寺有达慕蓝，有僧 170人；致隶蓝剑，有僧 50 人；剑慕王新蓝，有僧 60 人；温宿王蓝，有僧70 人；王新僧加蓝（鸠摩罗什在此习诵大乘之学），有僧 90 人。此外还有三座比丘尼寺，如阿丽蓝，有 180 比丘尼；输若干蓝，有 50 比丘尼；阿丽跋蓝，有 30 尼道。专为比丘尼设独立的佛寺似为龟兹所独有，葱岭以东王侯女眷多来此出家，这恐怕也是龟兹吸引境外僧尼的一个重要原因。龟兹还有东西雀离大寺、金华寺、阿奢理贰伽蓝、法华寺等见诸史乘，小型寺庙则难以数计。库车地区现在亦保存有大量的佛寺遗址和石窟寺，如克孜尔石窟群，已编号的有 236 个洞窟；库木吐拉石窟群，已编号的有 112 个洞窟；森木撒姆石窟群，已编号的有 52 个洞窟；克孜尕哈石窟群，已编号的有 46 个洞窟；玛扎伯哈石窟群，现存较完整的有 41 个；托乎拉克埃肯石窟群（在今新和县境内）现存 14 个洞窟；台台尔石窟群，尚存 8 个已残破的洞窟。还有苏巴什等佛寺遗址，有的石窟群旁即为佛寺遗址。这些规模宏大的佛教洞窟和佛寺遗址，基本都开凿或建造于魏

① 参见韩翔、朱英荣《龟兹石窟》，新疆大学出版社 1990 年版，第 36～39 页。
② 《大唐西域记》卷一。
③ 羽溪了谛：《西域之佛教》，贺昌群译，商务印书馆 1956 年版。

晋南北朝时期，由此也可反映出这一时期龟兹作为"丝路"北道佛教中心规模之一斑。

这些石窟群及其中所保存下来的大量壁画及题记，为后人探讨古代龟兹的历史文化提供了极为丰富的第一手资料。据研究，龟兹石窟在建筑、壁画风格题材等方面都明显受到了中原文化的影响，其原因不难从两汉以来龟兹与中原所保持的密切关系中找到。随着佛教从印度、中亚地区传入，以犍陀罗佛教艺术为中心的西方文化随之亦传入龟兹，对龟兹石窟文化产生了重大的影响。古代犍陀罗人结合古代希腊、罗马艺术与印度佛教文化，创造出中亚文明史上绚丽多彩的"犍陀罗艺术风格"，并伴随着佛教的东传，使古代印度、希腊、罗马文化的影响及于龟兹。如龟兹石窟早期壁画中以人为本的艺术特征和大量裸体艺术的表现形式，均可以看出龟兹似乎对古代希腊、罗马文化的借鉴与吸收，而这些特征显然与犍陀罗艺术风格是一致的。古代波斯文化的某些方面也影响到了龟兹，如龟兹石窟建筑中的穹庐顶和拱券顶窟形及壁画中用平行双线表现人物衣服折痕的手法，据认为就是古代波斯文化影响的结果。然而龟兹对外来文化并不是机械地全盘接受，而是将其与本土文化传统相结合，不断地加以改造和创新。龟兹石窟中的中心柱支提窟窟形就是对印度文化改造和创新的一个典型，这种窟形因这一独特的本地特点而被称为"龟兹式"。龟兹在佛塔造型、石窟的总体布局、艺术表现形式、壁画中佛与诸神的形象等方面，均可以看到犍陀罗文化的直接影响。"它的许多艺术形象、艺术观念、艺术风格、艺术技巧以及艺术处理方法来自犍陀罗，但是龟兹文化融合了它们，改造了它们，把它们与本地区的文化传统和艺术风格结合起来，从而造就了一种新的文化。"① 龟兹佛教文化实为中西文化与本地文化的融合体，是中西文化交流的结果。

龟兹作为"丝路"北道的佛教中心，不仅表现在其国内佛教的兴盛方面，更重要的还在于龟兹佛教对中原及西域周边诸国的影响上。龟兹佛教文化是开放的。这种开放性一方面表现在本国僧侣西去印度、罽宾、犍陀罗等地区求法，如佛图澄、鸠摩罗什和其母耆婆，以及对西来布道高僧的礼遇，如鸠摩罗炎、佛陀耶舍、盘头达多、卑摩罗叉、昙摩密多、达摩

①　韩翔、朱英荣:《龟兹石窟》，新疆大学出版社1990年版，第359页。

笈多等；另一方面则表现在龟兹高僧的东行弘法，使龟兹佛教文化广播中原及西域诸国，如白延、帛法祖、帛尸梨蜜多罗、佛图澄、鸠摩罗什等，以及龟兹佛教文化的独特魅力，引起周边国家僧尼的向往，如前面所提的龟兹所特有的比丘尼寺，引得葱岭以东一些王国王侯女眷多来此出家。温宿王寺很可能亦为温宿王在龟兹求法时所立之寺。龟兹佛教在西域尤其对高昌产生了重大的影响。据《梁高僧传》记载，4 世纪中叶，高昌僧法朗曾赴龟兹，并受龟兹王礼遇。北齐时，又有高昌高僧法惠先后两次赴龟兹修学禅律，回高昌后从事布教，教导民众。① 玄奘在 630 年到龟兹时，"有高昌人数十于屈支（龟兹）出家，别居一寺"。由此亦可见高昌僧侣与龟兹关系之密切，他们去龟兹修学，回高昌布道，把龟兹佛教文化直接引入高昌。20 世纪初德国探险队在吐鲁番所获大量汉文佛教典籍，其中有不少是龟兹名僧的译经，如鸠摩罗什所译的有《摩诃般若波罗蜜经》、《小品般若波罗蜜经》、《阿弥陀经》、《中论》等至少 14 种佛经；还有帛尸梨蜜多罗译的《大灌顶经》，帛法祖译的《佛般泥洹经》。② 这些汉文佛经尽管有可能从内地传入，但这些龟兹高僧的译经无疑曾流行于龟兹，它们在高昌地区的出现，反映了龟兹佛教对这里的影响。高昌伯孜克里克石窟中供僧人坐禅修行的"毗诃罗窟"，在形制上与龟兹的类似，而被称为"龟兹式"的中心柱支提窟在高昌石窟中亦可以看到，可见龟兹佛教对高昌的影响是很深的。

《北史·龟兹传》云："其刑法，杀人者死，劫贼则断其一臂，并刖一足。赋税，准征地租，无田者则税银。风俗、婚姻、丧葬、物产与焉耆略同。"以后史籍中对龟兹世俗文化的记载大致与此同。《北史·焉耆传》云："婚姻略同华夏。死亡者，皆焚而后葬，其服制满七日则除之。丈夫并剪发以为首饰。文字与婆罗门同。俗事天神，并崇信佛法也。尤重二月八日、四月八日。是日也，其国咸依释教，斋戒行道焉。"由此推之，龟兹国的法律还处于比较原始的"同态复仇"阶段，不甚发达。龟兹男子似有剪发之习俗，在克孜尔石窟壁画中的龟兹供养人像中可以看到。考古发现的文书材料还证明，龟兹有自己的地方语言，即所谓的乙种吐火罗语

---

① 《名僧传》。
② 施密特、梯楼：《汉文佛教文献残卷目录》二卷，载《柏林吐鲁番文献丛刊》，1985 年。

(Tocharian B，属印欧语系 Centum 语支)，其文字则用的是婆罗迷斜体字母，与史书的记载基本一致。至于葬俗中的火葬以及二月八日、四月八日的礼佛活动，显然是佛教文化影响的结果，同时也是佛教文化在龟兹的世俗化。

龟兹古代乐舞十分发达。382 年吕光西伐龟兹后，也将龟兹乐带入了凉州。其舞蹈则"举止轻飙，或踊、或跃、乍动、乍息、跷脚、弹指、撼头、弄目，情发于中而不能自止"①，具有较强的地方特色。这些特点在龟兹石窟的壁画中得到了形象的反映。从龟兹石窟壁画中出现的大量乐伎图中，还可以看到，龟兹古代乐舞已与佛教融为一体，成为龟兹乐舞文化的一大特点。所以，从某种意义上来讲，佛教文化已深深地渗透到龟兹人民的日常生活之中，并与其本土文化相结合。

祆教在魏晋南北朝时期可能已传入龟兹。龟兹风俗与焉耆略同，而焉耆又俗事祆教之"天神"，故龟兹亦应有祆教的信仰。玄奘在抵龟兹时，曾注意到其国境城北有"天祠"。②但历代对龟兹祆教的流行情况甚少提到，或许是因为佛教在龟兹始终处于主导地位，影响太深的缘故。

除龟兹外，疏勒（又称佉沙、竭叉，今喀什）、焉耆（又称乌耆、阿耆尼，今焉耆）亦主要为流行小乘佛教的地区，其文化与龟兹、于阗一样，也表现为浓厚的佛教文化的色彩。前述龟兹高僧鸠摩罗什从罽宾归国途中，留住疏勒一年修习，他开始在此所习经论皆为小乘经典，后莎车高僧须利耶苏摩到疏勒传布大乘教义，罗什师之，始改习大乘，摒弃小乘。但不久须利耶苏摩便离开疏勒赴龟兹布道。故羽溪了谛氏认为：疏勒"对于大乘教似不甚欢迎，而古来疏勒之佛教，皆为小乘教所独占也"③。法显在 5 世纪初到疏勒时，亦记此国"尽小乘学"。虽然在 585 年前后，南天竺沙门达摩笈多留住疏勒两年之久，讲说《说破论》、《如实论》等大乘经典，但影响甚微。④直至玄奘到这里时，疏勒国僧徒仍然均习小乘教说一切有部。所以，在魏晋南北朝时期，疏勒国基本上是一个纯小乘佛教的地区，小乘佛教在这里的影响可谓根深蒂固，虽有大乘名僧须利耶苏

---

① 《文献通考》卷一二九。

② 《大唐西域记》卷一。

③ 羽溪了谛：《西域之佛教》，贺昌群译，商务印书馆 1956 年版，第 294 页。

④ 《续高僧传》卷二。

摩、达摩笈多对大乘教义的宣扬，亦实难动摇其根基。

疏勒国有许多佛教圣物。道安《西域记》中记载，在 4 世纪中叶，疏勒国中有赤真檀木所做的佛浴床，在王宫中受到其王的供养。① 鸠摩罗什从罽宾求法归国途中，在留住疏勒期间，曾见此国有佛钵，并受其母启示参拜悟道。② 5 世纪初，中原僧侣智猛巡礼佛迹，也在疏勒见到了罗什所参悟的佛钵，并对之详细描述道："（佛钵）光色紫绀，四际尽然，猛花香供养，顶戴发原，钵若有应，能轻能重。既而轻重，力遂不堪；及下案时，复不觉重，其道心所应如此。"③ 法显 400 年到竭叉（疏勒）时，则记"其国中有佛唾壶，以石作之，色似佛钵。又有一佛齿，其国中人为佛齿起塔"。④ 465 年前后，疏勒王遣使中原，曾献一件释迦牟尼佛袈裟，此袈裟"置于猛火之上，经日不然"⑤。从以上史实观之，疏勒国有收集、尊崇佛之圣物的传统，并借此参拜悟道，可谓是疏勒佛教比较突出的一个特点。

与于阗、龟兹等国一样，佛教在疏勒也得到了其国王的信奉和支持。前面述及的"佛浴床"就被疏勒王置于王宫之中，悉心供养。鸠摩罗什在疏勒时亦曾受其王之请，讲说《转法轮经》。法显曾对疏勒王崇奉、弘扬佛教的情况详细地记载道："其国王作般遮越师。般遮越师，汉言五年大会也。会时请四方沙门皆来云集。集已，庄严众僧座处，悬缯幡盖，作金银莲花，著缯座后，铺净坐具。王及群臣如法供养，或一月二月，或三月，多在春时。王作会已，复劝诸群臣设供供养，或一日、二日、三日、五日，乃至七日。供养都毕，王以所乘马，鞍勒自副，使国中贵臣重臣骑之，并诸白氎、种种珍宝、沙门所需之物，共诸臣发愿布施。布施已，还从僧赎。其地山寒，不生余谷，唯熟麦耳。众僧受岁已，其晨辄霜，故其王每赞众僧，令麦熟然后受岁。"⑥ 其虔诚之心，可谓细致入微。正是由于疏勒王的虔心奉佛，大力弘扬，佛教在疏勒得到了很大的发展。至玄奘

---

①　《水经注》卷二引。

②　《梁高僧传》卷二。

③　《出三藏记集》卷一五。

④　《法显传》卷一。

⑤　《北史》卷九七。

⑥　《法显传》。

时，疏勒僧徒已由法显时的千余人增加到 1 万余人，伽蓝亦有数百所，僧徒在人数上已超过了同期的龟兹等国，俨然成为一个佛教大国。

焉耆也是一个以小乘佛教为主的地区。5 世纪初，这里有 4000 余僧人，均习小乘学。[①] 至 7 世纪上半叶，焉耆有伽蓝 10 余所，僧徒 2000 余人，仍然尽习小乘学说一切有部。[②] 在这 200 余年的时间里，由于史料缺乏，焉耆佛教发展的详细情况无法得知，但小乘佛教贯穿于魏晋南北朝时期焉耆历史文化发展的始终，并居主导地位的这个事实当不会有什么太大的变化。焉耆和龟兹在文化上有着密切的联系，两个地区在风俗、婚姻、丧葬、物产等方面大致相同。焉耆语（Tocharian A）和龟兹语（Tocharian B）均属印欧语系 Centum 语支，都使用婆罗迷字母斜体书写，二者的区别只是在于方言的不同。20 世纪初，西方探险家曾在焉耆发现有龟兹文的写本，反映出龟兹文化在这里的影响。1950～1960 年，中国考古工作者在焉耆古代佛寺遗址中也发现有大量具有犍陀罗艺术风格的佛教造像。[③] 犍陀罗艺术影响及此，显然也是受龟兹佛教文化影响的结果。

焉耆文化和龟兹文化一样，也具有一定的地方特色。如死者先焚后葬，服制满七日则除之的丧葬习俗；每年二月八日和四月八日的举国事佛活动，均反映出佛教文化的影响及佛教文化的世俗化和地方化。此外，焉耆也有男子剪发以为首饰的习惯，以及在一定范围内存在着对祆教天神的信仰。20 世纪初在吐鲁番地区所发现的焉耆文佛经写本，反映出焉耆佛教文化的影响在某种程度上已达高昌。

魏晋南北朝时期，西域佛教经过三四百年的发展，在"丝路"南道形成了以于阗为主的大乘佛教中心；在"丝路"北道则形成了以龟兹为主，包括焉耆、疏勒在内的小乘佛教中心。二者共同构成西域佛教文化圈。而在这两个中心里，均可以看到有小乘或大乘佛教流行的情况。所以，这里的"中心"也不是绝对的。在这个文化圈中，尽管佛教文化居主导地位，并深深地影响到当地人民日常生活的各个方面，但它们无一不是东、西方文化与本地文化传统相结合的产物。易言之，以于阗、龟兹为

---

① 《法显传》卷一。
② 《北史》卷九七。
③ 原物现藏新疆博物馆。

中心的西域佛教文化圈，亦为东、西方文化在西域会聚、交融，并经过当地人民的吸收和改造而形成的具有各自地方特色文化圈，是这一历史时期西域文化的一个重要组成部分。

第四节　哌哒、悦般、高车、柔然等游牧民族的"行国"文化

天山以北，今准噶尔盆地及其周围地区，自古以来就是游牧民族生活的乐园。魏晋南北朝时期，这里又先后有哌哒、悦般、高车、柔然等游牧民族勃兴、更替。在共同的游牧经济生活的基础上，游牧民族创造出具有各自特色的文化。逐水草而居的经济生活以及各游牧政权的频繁更替，使这一地区的文化也具有了浓厚的"行国"特色。随着势力的勃兴，这些游牧民族又往往控制了天山以南的某些"丝路"重镇，并借此从中西"丝路"贸易中获取丰厚的经济利润。这些游牧民族因其活动范围的不同，受到了东西方诸种文化的不同影响。游牧的生活方式造成游牧民族的活动范围比较广大，客观上为充当东、西方文化交流的"天然使者"创造了条件。

哌哒（Ephthalitai），又称悒怛、挹阗等，《梁书》称其为"滑"。原出于塞北，大约在4世纪后半叶越过今阿尔泰山进入中亚的阿姆河地区，并在5世纪时势力急剧扩张，以吐火罗斯坦为根据地，与波斯展开了一场长达一个多世纪的战争。6世纪初，其疆域南到印度，西到波斯东部，北接高车，并成功地控制了西域的焉耆、于阗、疏勒、安息等国，势力达到极盛。6世纪中叶，哌哒在突厥、波斯的联合夹击下，国破灭亡。哌哒人肤色较白，故印度人曾称其为"白匈奴"。哌哒是一个典型的游牧民族，"无城邑，依随水草，以毡为屋，夏迁凉土，冬遂暖处"①。进入中亚地区以后，尤其是与波斯频繁地接触后，在宗教信仰上首先接受了袄教。《梁书·滑国传》云，其"事天神、火神，每日则出户祀神而后食"。据研

---

① 《魏书·哌哒传》。

究，呎哒人所事的天神即袄教的宇宙创造神 Ahurā Mazdā。① 而事火神，则是袄教最突出的一种祭祀形式，故又称拜火教。《宋云行纪》中所记呎哒"多事外神，煞生血食，器用七宝"② 之俗，显然是受袄教文化影响的结果。呎哒尽管曾一度占领了包括犍陀罗地区在内的印度西北部，但受佛教文化的影响却并不大。《宋云行纪》明言其"不信佛法"，从一个侧面也说明呎哒受袄教影响较深。有迹象表明，进入印度的那些呎哒人虽然没有改宗佛教，但却受到了印度婆罗门教诸教派的影响。如呎哒王摩醯逻矩罗据认为就是一个热忱而忠实的湿婆信徒。此外，呎哒在中亚活动期间，还曾受到了景教（聂斯脱里教，基督教天主教的一支派）的影响。③

　　从呎哒人的宗教信仰上来看，他们在接受各种外部文化的时候是有所取舍的，而且还在某种程度上依然保持着本民族原有的一些文化习俗。呎哒在中亚尽管接受了袄教，但在葬俗上并未像袄教徒那样实施"天葬"，而是"葬以木为椁，父母死，其子截一耳，葬讫则吉"④；或者"死者，富者累石为藏，贫者掘地而埋，随身诸物，皆置冢内"⑤。土葬的习俗显然当为呎哒所固有的传统，并未因信仰袄教后而有所改变。据《周书·呎哒传》记载，呎哒在婚俗上有一妻多夫的特点，但仅限于兄弟之间共有一妻。或以为此俗非呎哒人所固有，实乃呎哒治下诸民族的土著之风。⑥ 呎哒在服饰上是"衣服类加以璎珞，头皆剪发"；在法律制度上则"用刑严急，偷盗无多少皆腰斩，盗一责十"⑦。这一点与其迁徙无定的游牧生活是一致的。呎哒没有自己的文字，据《梁书·滑国传》记载，呎哒"无文字，以木为契。与旁国通，则使旁国胡为胡书，羊皮为纸"。所以呎哒至少在文字上借鉴了周边国家，但其是否借用某种文字书写本族语言则难以遽断。总之，呎哒文化本质上仍属游牧文化的范畴，它尽管随着势力的扩展，对所征服地区、民族的文化有所取舍地接受，但由于游牧经济生活

---

① 余太山:《呎哒史研究》，齐鲁书社 1986 年版，第 143~145 页。

② 《洛阳伽蓝记》卷五。

③ 余太山:《呎哒史研究》，齐鲁书社 1986 年版，第 65 页。

④ 《梁书·滑国传》。

⑤ 《魏书·呎哒传》。

⑥ 余太山:《呎哒史研究》，齐鲁书社 1986 年版，第 155 页。

⑦ 《魏书·呎哒传》。

的基础并未改变，故其在生活习俗上仍然保持着本民族的文化传统。

悦般原居于龟兹北，后乌孙西迁，乃据有其故地。5 世纪中，与柔然交恶，数相征讨，遂西徙不知所终。关于悦般的习俗，《魏书·西域传》仅记其 "风俗言语与高车同，而其人清洁于胡。俗剪发齐眉，以醍醐涂之，昱昱然光泽，日三澡漱，然后饮食"。除较注意清洁外，与其他游牧民族的习俗无大异。值得注意的是，北魏太平真君九年（448 年）悦般在遣使朝献时曾送一能以草药止血的 "幻人"，颇有神效。其国内又有 "术人"，能作霖雨、狂风、大雪及行潦。据此我们推测，原始的萨满信仰可能在悦般十分流行。向中原献 "幻人" 的事实，则可视为悦般向东方传播当地文化的一个例子。

高车，又称敕勒、丁零，为中国古代的一个民族。魏晋时期主要活动于漠北，役属于柔然。487 年，高车副伏罗部首领阿伏至罗摆脱柔然的统治，率众西迁至今阿尔泰山一带，建高车国，前后达 50 余年，并曾一度控制了高昌、焉耆等地，终为柔然所灭。《魏书·高车传》记其 "迁徙随水草，衣皮食肉"，是个典型的游牧国家。关于高车的文化习俗，《魏书》本传里亦有详细的记载。在婚俗方面，第一步是送聘礼、定亲。"婚姻用牛马纳聘以为荣。结言既定，男党营东阑马，令女党恣取，上马祖乘出阑，马主立于阑外，振手惊马，不坠者即取之，坠则更取，数满乃止。" 这种送取聘礼的方式似为高车所独有。第二步是迎娶，"迎妇之日，男女相将，持马酪熟肉节解。主人延宾亦无行位，穹庐前丛坐，饮宴终日，复留其宿"。男方迎娶时需在女方家留宿一日的习俗，据研究系母系氏族社会之遗风。[①] 最后是第二天 "将妇归"，婚仪完成。在葬俗上，"其死亡葬送，掘地作坎，坐尸于中，张臂引弓，佩刀挟鞘，无异于生，而露坎不掩"，反映出高车人对死者及死亡认识的一种特殊心态。"时有震死及疫疠，则为之祈福。若安全无他，则为报赛。" 高车还盛行原始萨满教的巫祝，"喜[②]致雷霆，每震则叫呼射天而弃之移去。至来岁秋，马肥，复相率候于震所，埋殺羊，燃火，拔刀，女巫祝说，似如中国被除，而群队驰

---

　　①　周伟洲：《敕勒与柔然》，上海人民出版社 1983 年版，第 42 页。
　　②　王国维疑 "喜" 上脱一 "不" 字。段连勤则认为 "喜" 应为 "恶" 字之误，今从之。见氏著《丁零、高车与铁勒》，上海人民出版社 1988 年版，第 196 页。

马旋绕，百币乃止。人持一束柳棳，回竖之，以乳酪灌焉。妇人以皮里羊骸，戴之首上，萦屈发鬓而缀之，有似轩冕"。显然，高车的这些文化习俗亦与他们的游牧生活方式是相适应的。

柔然，又称茹茹、蠕蠕、芮芮等，亦为中国的一个古老民族。402 年曾在漠北建立了一个强大的游牧政权，前后达一个半世纪之久，势力强盛时，西域诸城郭国多役属之，在魏晋南北朝时期的西域历史上占有重要的地位。555 年为突厥所亡。柔然的语言属阿尔泰语系蒙古语族，可能并无自己的文字。《南齐书·芮芮传》记其"刻木记事，不识文书"。随着它与中原交往的不断密切，在汉文化的影响下，也在一定程度上使用了汉字，而在柔然可汗予成在位的第二年（466 年）还曾仿汉制，立"永康"年号。这一点已为吐鲁番出土带有永康年号的文书所证明。

柔然在这一时期已信奉了佛教。据《魏书·蠕蠕传》的记载，北魏永平四年（511 年）柔然可汗丑奴曾"遣沙门洪宣奉献珠象"。而且佛教亦为柔然可汗所推崇，并以僧人为国师。《高僧传》卷八曾记载，有沙门法爱，"解经论兼数术，为芮芮国师，俸以三千户"。可见法爱在柔然地位很高。在吐鲁番曾发现有写于永康五年的《莲华经》残卷。正因为柔然信奉佛教的缘故，才有 5 世纪 70 年代南朝高僧法献取道柔然西行于阗求法[1]和 6 世纪中印度僧人那连提黎耶舍等北赴柔然。[2] 故佛教流行于蒙古草原，当首推柔然。尽管柔然受到汉文化的影响，并接受了佛教信仰，但在游牧经济基础未发生重大变化的情况下，仍保持着一些传统的文化习俗。如萨满信仰仍然盛行于此。"其国能以术祭天而致风雪"（《梁书·芮芮传》）；在婚俗上盛行收继婚和弟娶寡嫂的习俗。据研究，"这种婚俗有着保持本氏族或家族生产力量（人力或牲畜）的经济意义，它对游牧为生的民族来讲，是十分重要的"[3]。柔然在服饰上"编发左衽"（《梁书·芮芮传》），此外还有以仇敌之头盖骨为饮器、以东方为贵等习俗，均表现出浓厚的游牧文化的色彩。佛教的传入与汉文化的影响，为柔然游牧文化的发展增添了新的内容。

---

① 《高僧传》卷一三。
② 《续高僧传》卷三。
③ 周伟洲：《敕勒与柔然》，上海人民出版社 1983 年版，第 162 页。

　　魏晋南北朝时期，尽管在天山以北的草原上有嚈哒、悦般、高车、柔然等游牧民族兴起，并创造了各自的文化，但这种游牧文化的继承和发展并不明显，往往一个民族退出历史舞台以后，其文化亦烟消云散，从而使游牧文化在总体上发展迟缓。造成这种现象的原因，归根到底还是在于"逐水草而居"的"行国式"的游牧经济方式。在这种极少变换的经济生活方式下，生产力的发展严重滞后，人们抵抗自然灾害的能力较弱，导致经济上的不稳定，反映在政治上则表现为各游牧政权的勃兴与骤衰，其文化发展亦常常因政权灭亡、民族离散而中断。但是，作为古代西域文化的一个有机组成部分，"行国文化"仍然占有重要地位。尤其是这些行国在东西文化交流中所起的重要作用，虽不易被察觉，但应是客观存在的。这一点，在以后的历史时期中将会清楚地看到。

　　魏晋南北朝时期的西域，是东、西方各种文化大会聚、大交融的时期，这种会聚和交融又因其不同地区的不同历史条件而呈现出各自不同的特点，表现出某种不平衡性。各个文化圈又因各自地区民族文化传统的不同，在其形成和发展上呈现出不同的特色。

　　1. 随着这一时期西域政治格局的基本形成，与此相对应的则是以地域为特点的诸文化圈的出现。以天山为界，其北的草原上形成嚈哒、悦般、高车、柔然等游牧民族创造的"行国文化圈"；其南的诸绿洲上形成各城郭国创造的"城邦文化圈"。在生产力不甚发达的古代，形成西域整体文化格局的这种形态，不能不将其归之于西域地理因素的影响。

　　2. 在天山以南的诸城郭国中，以汉文化为主的东方文化和以佛教文化为主的西方文化从不同的方向、以不同的方式进入这里，并与各地的文化传统相结合，在各个地区产生了不同程度的影响，并进而形成以汉文化为主体、东西文化交融为特点的高昌文化圈、以佛教文化为主体的于阗－龟兹文化圈和两种文化体制并行的鄯善文化圈。各文化圈中的"主体文化"，并不意味着对其他文化的排斥。相反，东西方各种文化的会聚、交融是魏晋南北朝时期西域诸文化圈的共同特点。不同文化圈的形成只是这种会聚、交融之不平衡性的一种表现形态而已。

　　3. 西域各族人民对东、西方各种外来文化的态度并不是全盘接受或简单照搬，而是根据各自不同的文化传统对其自觉地加以改造和吸收，使之成为本民族、本地区文化的一个有机组成部分。除鄯善文化圈外，这种外来文化与当地文化的融合在魏晋南北朝时期的西域诸文化圈中已基本完成并日臻成熟，为有唐一代西域文化的繁盛奠定了坚实的基础。

4. 魏晋南北朝时期的西域文化是开放的，这种开放性一方面表现在西域各族、各地区对外来文化的改造和吸收上；另一方面则表现在西域在传播东、西方诸文化方面所起到的桥梁作用上，以及诸城郭国之间的文化交流上。正是在这种开放和相互交流的前提下，西域诸文化圈才得以形成和发展。所有的这些均是中西“丝路”贸易发展的直接结果，因而从某种意义上来说，中西“丝路”贸易是魏晋南北朝时期西域诸文化圈建立的经济基础。

第五节　文化交流的使者:鸠摩罗什

佛教初兴于印度，后来流布至中亚、西域等地，复又从这里传入中国的中原地区。历史上，众多的高僧大德历尽艰辛，东行弘法，为佛教及佛教文化移植中土作出了卓越的贡献。以鸠摩罗什及其父母为代表的佛学世家则是这方面的杰出代表。罗什家族在古代“丝绸之路”沿线各地以佛学为中心的文化活动，生动而具体地反映出魏晋时期佛教及其教义从天竺弘传中原的历史轨迹。鸠摩罗什在长安以译经为中心传习授业，影响广被后世，其功至伟。中国佛学的发展也因此进入了一个新的历史阶段。

一　家学渊源

鸠摩罗什，又作鸠摩罗耆婆、究摩罗耆婆、拘摩罗耆婆，均系梵文Kumārajīva一词的不同译写形式，相当于汉语中“童寿”的意思。在佛传中也简称他为鸠摩罗、究摩罗，或径称他为罗什或耆婆。《出三藏记集》(《佑录》)、《高僧传》及《晋书·艺术传》中都有他的专传。晋康帝建元二年（344年），鸠摩罗什出生在西域的龟兹（今新疆库车），但他的祖上原来并不是当地人。

据记载，鸠摩罗什的先祖原为天竺（今印度）高贵的婆罗门种姓，他的家族中人世代担任国相的要职。罗什的祖父达多当时以“倜傥不群”

而名重其国。他的父亲鸠摩罗炎则皈依佛教，潜心佛法，为避嗣相位，抛弃功名利禄，毅然出家并东越葱岭（今帕米尔）来到了龟兹。①

地处"丝绸之路"中道要冲的龟兹当时是西域的一个佛教文化中心，境内佛塔、寺庙有一千多座、所，僧尼总数多达万人，高僧名德频出，一派繁荣兴旺的景象。龟兹王族也世代尊奉佛法。鸠摩罗炎的到来受到了当地民众的热烈欢迎，龟兹王亲自出城迎接，并尊其为国师。年方二十，正值妙龄的龟兹王妹耆婆据说屡拒各国王子的婚聘，却对罗炎一见倾心，表示非他不嫁。在龟兹王恩威并施的情况下，鸠摩罗炎娶耆婆为妻。

耆婆本性聪敏，据说既有"过目必能，一闻即诵"的才能，又有"体有赤黡，法生智子"的瑞相。② 怀上罗什后，耆婆慧解倍常，随即与王族贵女前往龟兹城北著名的雀梨大寺整日设供，请斋听法，并突然无师自通了天竺语，引起了众人的惊叹。当时有一个罗汉叫达摩瞿沙看到这一情况后马上指出"此必怀智子"，甚至用舍利佛还在胎中时他的母亲就能言善辩的事例加以佐证。罗什出生以后，耆婆就要求出家为尼，后来以绝食的方式得以受戒如愿，这无疑与她在雀梨大寺的这段经历有关。③ 当时龟兹有一座远近闻名的温宿王蓝（寺），葱岭以东的王侯女眷大多到这里出家学佛，所以，作为龟兹王妹的耆婆的上述行为也绝不是偶然的，而是与当时龟兹佛教文化氛围浓厚密切相关。耆婆出家后，修习禅法，学得初果。

幼年的鸠摩罗什则深受母亲的影响，年仅7岁的时候就跟随出家的母亲从师受经。童年罗什一入佛门，就显示出良好的天赋和悟性。据说罗什每天能口诵佛经达千偈，共三万二千言之多；诵读完《毗昙经》仅一遍，只需师父稍微讲授一下该经的主要意思，便可以自通无碍。罗什母子虽然出家在外，然而由于他们出身王族，所以在国内的寺院中颇受优待。耆婆清醒地意识到这样的环境对他们母子修行不利。为了改变这种状况，创造良好的修行环境，同时也为了广求名师，增长见识，在罗什9岁的时候，耆婆携子离开龟兹，开始了长达4年的游学生涯。

---

① 释僧佑撰，苏晋仁、肖炼子点校：《出三藏记集》，中华书局1995年版，第530页。

② 同上。

③ 释慧皎撰，汤用彤校注：《高僧传》，中华书局1992年版，第45～46页。

罗什母子西行游学，首先渡过辛头河到达了罽宾（今克什米尔）。在这里，他们遇见了罽宾王的徒弟、名德法师盘头达多。佛传中称盘头达多"渊粹大量，方明博识，独步当时；三藏九部，莫不该练。从旦至中，手写千偈，从中至暮，亦诵千偈。名播诸国，远近师之"①。罗什于是就拜他为师，学习了杂藏，中、长二含等小乘经典，凡400万言。罗什深得盘头达多的赏识，因此也逐渐有了一些名声。罽宾王听说后就邀请罗什入宫，并召集"外道"论师与他进行辩难，考验罗什的实际学识和能力。少年罗什果然不负众望，在辩论伊始便利用"外道"论师轻其年幼、出言不逊的漏洞，一举将他们挫败，最终使对手羞愧难当、哑口无言，深深地折服。罗什首次论道即大获成功。罽宾王对他则更加敬重，待之以上供，每天为他提供鹅腊1只，粳米、面各 3 斗，酥 6 升；并派遣大僧 5 人、沙弥 10 人像弟子那样侍奉在罗什左右，供他随时差遣。②

在罽宾修习三年以后，12 岁的鸠摩罗什随母亲东还龟兹。这时的罗什已经名扬岭右，沿途各国听说他要东归，都纷纷以高官厚禄相邀约。罗什母子却不为所动，一路上仍然悉心求法，从中获益。在行经月氏北山时，又一个罗汉见到罗什后大为惊异，并对耆婆说："常当守护此沙弥，若至三十五不破戒者，当大兴佛法，度无数人，与沤波掬多无异。若戒不全，无能为也，正可才明俊艺法师而已。"③ 后来，罗汉的这一预言果然得到了验证。

母子二人还至沙勒国（即疏勒，今新疆喀什噶尔）时，罗什曾经顶戴佛钵，心中自言自语道："钵形甚大，何其轻耶？"没想到这个念头刚冒出来，他就觉得佛钵突然之间变得重不堪负，大叫一声赶紧将它从头上卸下。耆婆见状后连忙上前询问，罗什则回答说："我心有分别，故钵有轻重耳！"④ 或许经过此事，罗什发现自己的修行多有缺憾和不足之处，于是临时决定在沙勒停留一年继续修行。不管怎样，在沙勒的这一年确是罗什一生佛学思想的一个转折点。

罗什此前所习的基本上多是佛教中的小乘之学。龟兹佛教原来就是以

---

① 释慧皎撰，汤用彤校注：《高僧传》卷二，中华书局 1992 年版。
② 同上书，第 46 页。
③ 释僧佑撰，苏晋仁、肖炼子点校：《出三藏记集》，中华书局 1995 年版，第 531 页。
④ 同上。

小乘为主，它的戒律极为谨严，罗什母子一直深受它的浸染。在罽宾的三年时间里，他们所习的也均为当地流行的小乘说一切有部之学。但在沙勒期间，罗时却将注意力转向寻访被小乘斥为"外道"的其他学说的经书上。佛传称罗什此时"善学围陀舍多论，多明文辞制作问答等事，又博览四围陀典及五明诸论。阴阳星算，莫不必尽，妙达吉凶，言若符契，为性率达，不历（拘）小检"①。从在罽宾折服外道论师到沙勒寻访外道经书，罗什的这一转变引起了他周围修行者的忧虑。然而罗什本人却自得于心，对此并不在意。直到拜大乘高僧须利耶苏摩为师并听讲说《阿耨达经》，潜心研核大、小二乘的教义之后，罗什才知理有所归。不仅如此，他还进一步专心修习大乘方等经典，并深为大乘教义所折服，于是遂有"吾昔学小乘，如人不识金"②的感叹。此后，罗什如饥似渴地广求大乘义要，受诵《中论》、《百论》及《十二门》等大乘经论，从而最终完成了他佛学思想从小乘到大乘的历史性转变。

游学四年不仅使罗什放弃小乘而皈依大乘，而且也使这一少年沙弥得以广闻博见，更加成熟起来。离开沙勒后，罗什随母亲进入了龟兹以北的温宿国。此地有一个道士以神辩英秀而名振诸国，甚至声称如果有人能论辩过他，他愿意"斩首谢之"。然而罗什见到他后仅"以二义相检"，便使他稽首皈依。罗什也因此"声满葱右，誉宣河外"。龟兹王得到消息后亲自前往温宿，奉迎罗什母子回国。回到龟兹以后，罗什首先在这里向传统的小乘教义发起了挑战。他在国内极力宣讲大乘要义，听者莫不有恨觉悟太晚之感。罗什甚至说服了从罽宾赶来劝诫他的授业恩师盘头达多皈依大乘。本打算让罗什"改邪归正"的盘头达多却深为罗什的学说所折服，反而拜罗什为师，并感慨地说："我是和尚（罗什）小乘师，和尚是我大乘师矣！"③师徒二人在佛学上互学互敬，成为后世的美谈。

刚年满 20 岁的时候，鸠摩罗什就正式受具足戒，并从卑摩罗叉学《十诵律》。不久，罗什的母亲耆婆再次前往天竺求法。临行前她告诫爱子说："方等深教，应大阐真丹，传之东土，唯尔之力。但于自身无利，

①　释慧皎撰，汤用彤校注：《高僧传》，中华书局 1992 年版，第 47 页。
②　同上。
③　释僧佑撰，苏晋仁、肖炼子点校：《出三藏记集》，中华书局 1995 年版，第 531 页。

其可如何。"罗什则回答道:"大士之道,利彼忘躯。若必使大化流传,能洗悟矇俗,虽复身当炉镬,苦而无恨。"① 字字句句表达了罗什矢志弘法的志向与决心。母亲走后,罗什留住在龟兹王新寺,继续潜心研习大乘经论。龟兹王专门为他建造了金狮子座,上面铺上名贵的大秦锦褥,让他升座说法。每年罗什说法的时候,西域各国的国王都长跪在狮子座侧当阶梯,让罗什踏着他们的身体走到座上。此时的鸠摩罗什已经是"道流西域,名被东川"② 了。

二　弘法中原

前秦建元十八年（382 年）,好大喜功的苻坚应车师前部王弥阗、鄯善王休密驮的请求,派遣了骁骑将军吕光、陵江将军姜飞等同前部王及车师王一道,率领 7 万大军讨伐龟兹和焉耆等国。在吕光出发前,苻坚特别叮嘱他说,鸠摩罗什是后学之宗,"国之大宝",要求吕光攻克龟兹后立即将罗什"驰驿"送到长安。③ 鸠摩罗什得到中原大军西征的消息,就在吕光的军队还没有抵达龟兹的时候劝说龟兹王白纯放弃抵抗,以避免无谓的牺牲。然而白纯没有接受罗什的建议,结果兵败被杀。此时,罗什已经到了不惑之年。

吕光是氐族人,不信佛法,对佛教僧侣也不加敬奉。他在东晋太元九年（384 年）攻破龟兹后,并没有按照苻坚的命令将罗什驰驿送到长安,反而在龟兹对罗什百般戏辱。吕光首先强迫罗什娶龟兹王的妹妹为妻,使他节操受损;后又故意让他乘坐牛和劣马,想看他坠地取乐。罗什忍辱负重,对这一切泰然处之。吕光自觉无趣,只得作罢。

太元十年（385 年）,吕光率军东还,也把罗什带到了凉州。此时苻坚已经被杀,吕光就在凉州（今甘肃武威）自称皇帝,建立了后凉政权,以太安为年号。罗什因此在凉州滞留了长达 17 年之久。由于吕光父子并不奉佛法,所以罗什在这里也无法弘布自己的学说。相反,他以前所习的

---

① 　释慧皎撰,汤用彤校注:《高僧传》,中华书局 1992 年版,第 48 页。
② 　同上书,第 49 页。
③ 　同上书,第 50 页。

阴阳星算之术却派上了用场。例如，吕光离开龟兹东返途中，曾率军驻扎在一座山下，罗什认为这样不妥，请求吕光把军队扎营之地移到陇上的高地，否则"必见狼狈"。然而吕光对罗什的建议却置之不理。结果当天晚上天降大雨引起山洪突发，吕光所率大军有数千人溺水而亡。事后罗什又告诉吕光说，这里是凶亡之地，不宜久留，应速速离开，前方则有福地可居。吕光到达凉州时才听说苻坚已经被姚苌所害，于是就在此建立了后凉政权。凉州便成了吕光的福地，罗什的预言又得到了验证。后凉太安元年（386 年）正月，姑臧忽起大风，罗什认为此系"不祥之风，当有奸叛，然不劳自定也"①。不久果然发生了梁谦、彭晃的叛乱，但很快就自动平息了。类似的事情还有不少，所以罗什在后凉吕氏政权统治地区的所作所为看起来更像是一个江湖术士，高深造诣的佛学却无法宣化。

建都于长安的后秦姚苌早闻罗什的大名，曾多次诚心相邀。但后凉吕氏政权却担心罗什无所不应的星算之术会被姚秦所利用，对自己产生不利，所以就极力阻止罗什东去长安。姚苌的儿子姚兴即位后于弘始三年（401 年）五月发兵大败后凉，迫使其上表归降。罗什终于在这一年的 12 月 25 日被迎到了长安。崇奉佛教的姚兴用国师之礼款待罗什，并多加优宠，罗什在中土的译经弘法活动从此才得以全面展开。这时的罗什已经57 岁了。

长安经竺法护、释道安等人的努力，已成为当时的一个译经中心；加之历代统治者崇奉佛道，使这里名僧云集，佛法甚盛。鸠摩罗什的到来自然是如鱼得水。罗什本人不仅学识渊博，而且在龟兹的时候就已经精通天竺语（梵文）及西域本地的所谓"胡语"写成的佛教经籍。他在凉州 17年虽不得弘法，但却打下了一定的汉语基础。所有这些使得罗什能够独步当时，无人能匹。

罗什一进长安就被姚兴请入西明阁和逍遥园译经。对于所译诸经，罗什大多已经熟读并穷究其意，转译成汉文自然得心应手，音译流利。他在披览以往所译旧经时发现，由于旧译未与原本（梵文或胡文本）相对应，加之译文晦涩，导致其义多乖谬，难以卒读。鉴于这种情况，姚兴便派出了以高僧僧肇、僧迁等为首的 800 多名沙门在罗什的指导下重译《大品

---

① 释慧皎撰，汤用彤校注：《高僧传》，中华书局 1992 年版，第 50 页。

经》。当时罗什手拿原本,姚兴则拿着旧译本相对校。这样,旧译本的文义乖谬不通之处在罗什的新译本中均变得流畅,使众人心悦诚服。此后,罗什又相继译出了《小品》、《金刚般若》、《十住》、《法华》、《维摩》、《思译》、《首愣严》、《华手》、《持世》、《佛藏》、《菩萨藏》、《遗教》、《菩提》、《呵欲》、《自在王》、《因缘观》、《无量寿》、《新贤劫》、《诸法无行》、《禅经》、《禅法要》、《禅要解》、《弥勒成佛》、《弥勒下生》、《称扬诸佛功德》、《十诵律》、《戒本》、《大智》、《成实》以及《中》、《百》、《十二门》诸论 32 部,共 300 余卷。① 姚秦王族多次请罗什在长安大寺中讲说新经,广招门徒,罗什的名声也因此在中土大振。四方义学沙门、明德俊秀不远万里,齐聚罗什门下。包括道恒、僧标、僧叡、僧敦、僧弼、僧肇等一批有道高僧在内的 3000 余僧侣(也有记载说是 5000 人)先后受业于罗什。罗什之学终得广播。

　　罗什在长安也遇到了一些身不由己、无可奈何的事情。后秦主姚兴对罗什笃性仁厚的品质与出类拔萃的才华十分钦佩和赞赏,总觉得像他这样杰出的人如果没有后代岂不可惜? 所以姚兴对罗什说:"大师聪明超悟,天下莫二,若一旦后世,何可使法种无嗣?"最后竟自作主张地挑选了十名美女强迫罗什接受,并为他另辟住所,供给丰盈。所以此后罗什每次讲经说法前,常常先说几句譬语自嘲道:"譬如臭泥,中生莲华,但采莲花,勿取臭泥也。"② 罗什在龟兹受业的律师卑摩罗叉后来也到了长安,受到了罗什的热情接待,仍以师礼敬待。卑摩罗叉初来乍到,在不知前情的情况下询问罗什在中土授法的弟子有多少,罗什则回答说:"汉境经律未备,新经及律多是什所传出,三千徒众,皆从什受法;但什累业障深,故不受师敬耳。"③ 这些都是罗什无奈心态的一种反映。

　　更使罗什感到苦恼的却是在弘布大乘教义时所遇到的困难。佛教经典本来就十分深奥,转译成汉文后又难免有失其原旨之处。罗什在与得意门生僧叡讨论佛经的辞体时曾谈道:"天竺国俗,甚重文制,其宫商体韵,以入弦为善。凡觐国王,必有赞德,见佛之仪,以歌叹为贵,经中偈诵,

---

① 　释僧佑撰,苏晋仁、肖炼子点校:《出三藏记集》,中华书局 1995 年版,第 534 页。
② 　同上书,第 535 页。
③ 　同上。

皆其式也。但改梵为秦，失其藻蔚，虽得大意，殊隔文体。有似嚼饭与人，非徒失味，乃令呕哕也。"① 不仅如此，罗什意欲大加弘扬的大乘教义在中土却甚少深识者，难觅知音，故而发出了"哀鸾鸣孤桐"之感慨，更生回龟兹的打算。

姚秦弘始十五年（413 年）鸠摩罗什卒于长安。临终前他与众僧告别时说："因法相遇，殊未尽伊心，方复异世，恻怆何言！"② 就这样，他带着遗憾圆寂了。后来，有一名了解罗什的外国沙门看了罗什的有关译经后称，"罗什所谙，十不出一"。这对罗什本人或是中土佛教界来讲，都是一桩憾事。鸠摩罗什的舍利至今仍保存在陕西西安附近的户县草堂寺中的舍利塔内，供后人凭吊。尽管罗什带着遗憾而去，但他的译经弘法活动却对中国乃至整个东亚的佛学发展产生了极为深远的影响。

三　泽被后世

鸠摩罗什在长安弘法活动的主要贡献在于译经，但他的译经却与以往有所不同。首先，罗什之前中国的译经活动基本上是佛界僧侣的个人行为，有较大的局限性，难以形成一定的规模，且译文良莠不齐，乖谬之处甚多。而罗什在长安的译经则有皇帝的支持，后秦皇帝姚兴甚至亲自参与并主持一些活动，这样便从人力、物力和财力上为罗什的译经活动提供了充足的物质支持，从而也使罗什的译经带有浓厚的官方色彩。正因为有统治者的提倡和支持，使罗什时期长安的译经事业达到了历史上的一个高峰。罗什在长安仅 12 年，所译经籍的数量就达 35 部 294 卷，成果斐然，超过了前代。

其次，罗什的译经活动是一种群体行为，在他的周围聚集了一批造诣很深的中土高僧，如罗什在译《大品经》时有所谓的"义学沙门"500余人协助、译《法华经》时有 2000 余人、译《思益经》时有 2000 余人、译《维摩经》时有 1200 余人相伴左右。《魏书·释老志》云："时沙门道彤、僧略、道恒、道剽、僧肇、昙影等，与罗什共相提挈，发明幽致。"

① 释慧皎撰，汤用彤校注：《高僧传》，中华书局 1992 年版，第 53 页。
② 释僧佑撰，苏晋仁、肖炼子点校：《出三藏记集》，中华书局 1995 年版，第 535 页。

以罗什在梵（胡）语佛经原本上的高深造诣，结合中土高僧良好的汉文功底，双方相互切磋，取长补短，相得益彰，所以使得罗什的译本无论在文辞还是义理上均达到了当时的最高水平。有的经籍甚至后世重译也少有能达到或超过他的。以《法华经》为例，在罗什前有西晋太康七年（286年）竺法护所译的《正法华》，罗什后又有隋仁寿年中（601～604年）北天竺沙门阇那笈多所译的《添品妙法莲花经》，但后人公认罗什所译的《妙法莲花经》言、词、义都是最好的，所以一直到现在仍是最为流行的译本。值得一提的是，罗什所译的《妙法莲花经》至今仍为日本国以池田大作为首的日莲宗所尊奉，其思想和学说也成为该宗门徒的重要行为准则之一。

再次，罗什不仅译经，而且讲经。罗什对于所译诸经深通其义而且多有创见，他本人先习小乘，后奉大乘，并成为大乘教义在中土的热情传播者。这一点从他所译多为大乘经论上可以清楚地反映出来。罗什在翻译经典的同时，更对它们详加解释，弘其大义，并将自己的思想贯穿其中。罗什在译《法华经》的同时还"指其大归"①；译《思益经》时，"既得更译梵音，正文言于竹帛"，又"披释玄旨，晓大归于句下"②。因此，罗什门下3000弟子不仅帮助他译经，更是罗什学说思想的接受者和传播者。罗什的译经活动，实际上也是他弘布其佛学思想的过程。

罗什的译经务求精益求精。他在翻译《大品经》时，据说曾对译文进行了三译五校，多次修改，力求完美。僧叡与罗什译经时，罗什对于竺法护前译《正法华经·受决品》中"天见人，人见天"的译文不甚满意，认为"此语与西域义同，而在言过质"。僧叡按自己的理解以"人天交接，两得相见"之语相译对，正合原文的旨趣，罗什高兴地予以采纳。慧观《法华宗要序》认为罗什所译该经已经达到了"霄云披翳，阳景俱晖"的境界，但罗什仍然觉得译文"语现而理沈，事近而旨远，又释言表之隐，以应探赜之求"。所以罗什译经往往都是"一言三复，陶冶精求，务存圣意"，从而使他译出的经典达到了"文约而诣、旨婉而彰"的很高境界。而对于自己不甚通解经典的翻译，罗什则十分持重，从不轻易

---

① 僧睿：《法华经后序》。
② 僧睿：《思益经序》。

动笔。比如他在翻译原本《十住经》时，因为对此经的经义不太了解，就特地请来了自己的老师佛陀耶舍到长安来共同讨论，直到彻底弄通以后才将该经全文译出。① 正因如此，罗什所译诸经大都通行于世，流布至今。罗什精益求精、严肃认真的态度是值得后世借鉴和学习的。

有了罗什可靠的翻译、讲说作保证，他的门下后学才得以在此基础上对译出的诸经加以阐释，根据各自的理解，弘布他们自己的学说和思想。如道融受业于罗什，曾著有《法华》、《大品》、《金光明》、《十地》、《维摩》等经的义疏；以后他又回到彭城（今江苏徐州）讲说其教义，门徒甚众。昙影协助罗什译经，曾著有《法华义疏》，并对罗什所译的《中论》加以注解和阐释。

比起丰硕的译经成果，罗什本人的著述却非常少。他曾为《维摩经》、《金刚经》作过注疏，比较系统的著作只有《实相论》，但这些著述也大多早已亡佚。唯一流传下来的只有后人根据罗什与慧远、王稚远的问答文所辑的《大乘大义章》。所以，罗什的思想和学说主要体现在他所译的经典及其讲说之中。②

鸠摩罗什信奉和弘布的主要是大乘般若经类的中观派学说，这一学派的代表人物是古印度佛学思想家龙树和提婆。罗什译作中的代表作便是龙树的《大智度论》、《中论》、《十二门论》以及提婆的《百论》。他还译有《龙树传》和《提婆传》，表明他在思想上与二者的师承关系。罗什的弟子们也都研习以上四论，而且还多有建树。如昙影曾注《中论》，道融疏《大品经》、《维摩经》，道生注《小品经》及《维摩经》，僧导作《三论义疏》。正因如此，后世常称罗什学派为三论（或四论）学派。中观四论的核心思想是实相学说。罗什曾明确地告诉姚兴说，佛学"以实相命宗"，他自己也专门写了《实相论》二卷，所以后来人们又称罗什之学为实相宗。罗什的这一思想直接导致了中国佛学史上的三论宗的形成，并影响到了以后形成的天台宗。③

罗什思想中的第二个方面是对小乘及外道学说的激烈批判。他于姚秦

① 释慧皎撰，汤用彤校注：《高僧传》，中华书局 1992 年版，第 67 页。
② 汤用彤：《汉魏两晋南北朝佛教史》上册，中华书局 1983 年版，第 220 页。
③ 吕澂：《中国佛教源流略讲》，中华书局 1979 年版，第 93～99 页。

弘始三年（401年）进入长安后译出的第一部经是《诸法无行经》，矛头直指小乘中的"头陀（Dhūta）行者"（苦行僧）。在罗什看来，小乘主张"少欲知足"，大行苦修的目的是为了下一个轮回转世为大富大贵，十分虚伪；而大乘"虽有财宝"但心无贪欲并且乐于圣道，所以"虽复富有七珍盈溢，心无希求"，这才是真正的"少欲"。他还译有《持世经》并对它加以解说，主张"世间实相即是出世间"，"有为法的实相即是无为"，从而驳斥了那些逃避世间的小乘学说。他的得意门生僧肇则著有《物不迁论》，进一步对小乘"三世有"的有部学说予以辩难。罗什对外道诸论的批判主要集中在六师中的胜论师（Vaisska）和数论师（Sāmkhya），他所译的《大庄严经论》则是这方面的代表作。通过对小乘和外道学说的批判，罗什维护并弘布了他的大乘学说。

罗什在翻译、解说《大品般若经》、《大智度论》等经和译注《维摩经》时，还将大乘教义加以发展。在这些译述中，他提出了"毕竟空"的观点，扫一切相，主张绝对的虚空，断言语道，将大乘的这一学说发展到了极致，将"空观"贯彻到底。僧肇则著有《不真空论》进一步阐释罗什的主张。此外，罗什还将中国佛学界所困惑的"无我"之义加以辩明，并为当时南部中国的佛学大师慧远解疑答难。①

据传，罗什门下就学弟子达3000多人，有姓名可考者30余人。影响和成就都比较大的主要有道生、道融、昙影、僧叡、慧严、慧观、道恒、僧肇等，人称"什门八子"或"什门八俊"，加上道契、道标共称"十哲"。其中的道融、僧叡、道生、僧肇又被后人誉为"关中四子"。② 罗什这些弟子不仅从师受业而且多有著述，后来遍布全国，对南北朝时期中国佛教学派的形成产生了直接的影响。在他们的代表人物中，道生接受并发展了《大般泥洹经》的思想，成为中国佛教涅槃学之圣；僧导著有《成实义疏》，他和僧嵩一起被称为后来在南朝佛教界占统治地位的成实学派之宗和著名论师；道融著《大品义疏》，昙影著《中论注》，僧导有《三论义疏》，道生有《小品经义疏》和《二谛论》，僧肇著有《物不迁论》、

---

① 汤用彤:《汉魏两晋南北朝佛教史》上册，中华书局1983年版，第223～229页；释慧皎撰，汤用彤校注:《高僧传》，中华书局1992年版，第53页。

② 《中论疏》卷一。

《不真空论》和《般若无知论》等，他们均为罗什的三论之学的兴盛作出了贡献，僧肇甚至被称为"三论之祖"。罗什的这些门徒大都"学该内（佛典）外（儒道）"，他们将罗什所弘布的古代印度佛教哲学思想同中国的传统文化相结合，从而使佛教进一步中国化，为中国佛教思想体系的形成发挥了重要的作用。①

　　不仅如此，由于罗什的弘布，佛教在后秦时期得到了广泛的传播，门徒日众，影响日甚，从而直接导致后秦创立了中国历史上第一套僧尼管理机构，罗什的弟子僧契被任命为僧正，总管佛众；僧迁为悦众（都维纳），法钦、慧斌共掌僧录。这样便为中国古代官制的发展增添了新的内容。

　　1994 年 9 月，鸠摩罗什的故乡新疆库车秋高气爽，阳光明媚。在鸠摩罗什诞辰 1650 年之际，来自海内外的学者、高僧齐聚号称中国四大石窟寺之一的克孜尔石窟前举行纪念鸠摩罗什诞辰国际学术讨论会及罗什铜像开光仪式。9 月 9 日上午 10 时，铜像上的幕布徐徐揭开，罗什的法身重现于世，中外僧尼环跪四周，诵经唱法。在这一瞬千载、千载一瞬的时刻，人们共同缅怀鸠摩罗什对人类文化传播所作出的杰出贡献。

第六节　新疆博物馆藏吐鲁番写本
《妙法莲花经》残卷校勘

一　鸠摩罗什与《妙法莲华经》

《妙法莲花经》（Saddharmapundarīkasūtra）为鸠摩罗什于后秦弘始八年（406 年）在长安译出。在此之前，竺法护（Dharmaraksha）曾于西晋惠帝永安年中（300~301 年）译出此经，名曰《正法华》。其后，北天竺沙门阇那笈多（Djñânagupta）又于隋仁寿年中（601~604 年）在长安大兴善寺复译此经，名曰《添品妙法莲华经》。有唐一代，这三种译

---

　　①　汤用彤：《汉魏两晋南北朝佛教史》上册，中华书局 1983 年版，第 229~232 页。

本并存行世，然以罗什所译独得其要旨，故当时所宗尚者皆为罗什所译之《妙法莲华经》。[①] 三种译本除文字相异外，卷数、品数及品序亦有相左，如《妙法莲华经》为七卷二八品，《正法华》为十卷二七品，《添品妙法莲华经》为七卷二七品。由于法护、罗什、阇那笈多各自译本所据原本不同，故其译文内容亦稍有差异。

这里所讨论的《妙法莲花经》写本残卷是 1965 年在新疆吐鲁番英沙古城（唐安乐城）外佛塔遗址发现的，属北凉时期。[②] 这些残卷中品名尚存的有以下这些：《譬喻品第三》、《法师品第十》、《安乐行品第十三》、《药王菩萨本事品第廿二》、《观世音普门品第廿四》，各个残卷以存品名者为中心，分别已被装裱成 5 个卷轴，并以以上品名做卷题，现均藏新疆维吾尔自治区博物馆。

有学者指出，吐鲁番所出汉文写本《妙法莲花经》所残存各品次与今存《添品妙法莲华经》相应诸品品次同，并怀疑新疆博物馆藏吐鲁番写本《妙法莲花经》残卷可能属《添品妙法莲华经》之一部分。由于吐鲁番写本残损严重，已无法将其与《妙法莲花经》或《添品妙法莲华经》进行全面、系统的比较；尤其是《妙法莲花经》与《添品妙法莲华经》相异之处，写本则付阙如。由于没有足够的证据，现在尚无法将该写本与《添品》联系到一起。本书之所以认为吐鲁番出土的《妙法莲花经》残卷写本为鸠摩罗什所译的《妙法莲华经》，主要是基于以下考虑：

首先，吐鲁番写本的断代主要是根据考古材料作出的，如纸张的规格，文书书写之字体、异体、别体字等均具有典型的北凉统治吐鲁番时期文书的特征，结合同时出土的其他材料可认定，吐鲁番出土《妙法莲花经》残卷写于北凉时期，而不太可能是隋代阇那笈多于仁寿元年（601年）在罗什译本的基础上补充、整理后的《添品妙法莲华经》。

其次，从《添品妙法莲华经序》中可知，罗什译本是根据所谓的

---

① 参见（唐）释道宣《妙法莲华经弘传序》，《中华大藏经》第 15 册，中华书局 1985 年版，第 507 页。又该经道宣序前尚有明成祖朱棣永乐十八年（1420 年）四月十七日所作《御制大乘妙法莲花经序》，《中华大藏经》本目却作"明太祖文皇帝制"，误也。见该册第 6 页。

② 这批文书的断代情况请参见吴震《吐鲁番写本所见鸠摩罗什汉译佛教经籍举要》，收入新疆龟兹石窟研究所编《鸠摩罗什和中国民族文化》，新疆美术摄影出版社 2001 年版，第 69 ~ 80 页。

"龟兹文"本（即乙种吐火罗语）所作的，而关于龟兹文本《法华经》的情况学界至今几乎一无所知。① 今本罗什所译《妙法莲花经》在一千年的流传过程中也有所变化和发展（如吐鲁番写本就有不分卷的现象），所以在龟兹文本《法华经》的具体情况尚不明晰的情况下，似亦无法得知罗什译本的最初情况及其品次的排列、分卷情况，也不能片面地用今本《法华经》与出土所获得的写本相比附。因此，仅仅根据吐鲁番写本存在某些品次与《添品》巧合的现象而遽断其属《添品》之一部分尚显证据不足，更何况《添品》与其梵文原本在分品和品次排列上也有相左之处。所以，在龟兹文《法华经》尚未发现的情况下，是无法研究其与梵文《法华经》之异同的。这使相关问题显然比想象的要复杂得多。在上述情况尚未厘清的情况下，笔者以为考古材料所提供的证据要更可靠些。

将汉文《正法华》、《妙法莲华经》、《添品妙法莲华经》译本与其相应的梵文、龟兹文原典相比勘是一件十分有意义的工作，尚待以后根据考古材料作更深一步的研究。

本书以吐鲁番写本为底本，首先校之以中华书局《中华大藏经》中的《妙法莲华经》校勘本，在校勘比对中发现如下一些问题：

1. 残卷所涉该《妙法莲花经》内容已超出了新疆博物馆馆藏卷轴卷题所示。如《法师品第十》卷所存该品正文仅 6 行，余者基本上为该经《授学无学人记品第九》有关内容之残卷；《安乐行品第十三》卷中除该品内容外，品名前尚存有该经《劝持品第十二》之残卷。《药王菩萨本事品第廿二》卷中该品仅残存正文 6 行，品名前所存该经《嘱累品第廿一》却有 17 行之多。如上所述，则新疆博物馆所藏吐鲁番北凉写本《妙法莲花经》各残卷内容至少涉及该经以下八品：《譬喻品第三》、《授学无学人记品第九》、《法师品第十》、《劝持品第十二》、《安乐行品第十三》、《嘱累品第廿一》、《药王菩萨本事品第廿二》、《观世音普门品第廿四》。从各残卷所涉及诸品名及字体抄写的一致性来看，有理由怀疑当时埋入佛塔下的很可能是一部完整的《妙法莲花经》写本。

2. 吐鲁番北凉写本《妙法莲花经》残卷各品之品序多与今本不合，

---

① 参见岩本裕《梵语〈法华经〉及其研究》，刘永增译，《敦煌研究》1994 年第 4 期。

品名亦有稍异之处。今本一般均分卷，而抄本相应各品前（如《譬喻品第三》、《安乐行品第十三》）均不见卷名，似未分卷。如《劝持品第十二》，今本品序作十三；《安乐行品第十三》，今本作十四；《嘱累品第廿一》，今本作廿二；《药王菩萨本事品第廿二》，今本作廿三；《观世音普门品第廿四》，今本作廿五。而《譬喻品第三》、《授学无学人记品第九》、《法师品第十》各品品序均与今本同。故知抄本《法师品第十》以后各品品序比今本少一。对照今本知，抄本残卷所存《法师品第十》、《劝持品第十二》之间仅有一品，而今本《劝持品》品序为十三，前复有《见宝塔品第十一》、《提婆达多品第十二》，比抄本多一品。究竟是抄本两品合作一品，抑或是今本后人一品分二，因抄本残缺，难以确定。此外，《授学无学人记品第九》、《劝持品第十二》、《嘱累品第廿一》各品虽品名、品序均已残缺，但品尾均与各品品首相连，故据今本补入品名，据抄本补入相应品序。除品序外，抄本品名亦有与今本稍异者，如抄本《观世音普门品第廿四》，今本作《观世音菩萨普门品第二十五》，今本多"菩萨"二字，疑为抄本所遗漏，或为后人另加。

3. 出土抄本各残片在拼接、装裱的过程中有次序颠倒、误接的现象。如新疆博物馆藏卷题为《法师品第十》的装裱卷轴中，由大小 16 个残片构成，依次裱接。第 13 残片上有"妙法莲花经法师品第十"的品题，以下当为该品之残片，但卷内第 15、第 16 残片均属《授学无学人记品第九》，这些内容被误植于《法师品第十》之后。类似的情况还有一些，容校勘时详述。

鸠摩罗什于 406 年在长安译出《妙法莲花经》，而在当时的高昌地区很快便出现了该经北凉时期的抄本，这固然与当时占据高昌的北凉王族沮渠氏均为虔诚的佛教徒有关，但同时也可以看出高昌与内地联系之密切。该经在吐鲁番地区发现，对今人认识中原佛教之西传，亦具有一定的意义。

二　录文与校勘

在这里首先选取较完整的《妙法莲花经譬喻品第三》北凉抄本作为底本加以校勘。底本在新疆博物馆的藏品编号为 65TIN：34，全长 196.5

厘米，宽 25 厘米。这样的宽度，是南北朝时期纸张通行的规格。底本存字 113 行，各行字数除品题外分别为 16 至 21 字不等，但上下抄写齐整；卷中虽然有些字已残损，但全卷首尾相连，中间没有断行的现象。全卷自始至终字迹工整、一致，显示出抄写者的虔诚与认真。此外，行间、行尾、行中亦多见淡墨补字或删除、倒钩等符号。毫无疑问，抄本在完成以后显然已经进行过校对，所以漏误较少，说明当时佛经的抄写是一件相当严肃而认真的工作。下面，就该写本之录文、校勘体例作如下说明：

1. 录文。底本（即新疆博物馆所藏《妙法莲花经》抄本残卷）原系竖行，为方便排印，均改横写，并用现今通用的简体字迻录。底本已简化了的字（如"无"）照录。底本中的异体、俗体字径改，必要时出注说明。底本中的行外补字，一般均据今本补入，必要时加注说明。底本中删除、倒钩之字一般径改，必要时与今本相比勘，出注说明。

2. 校本。校本限于条件，采用中华书局 1985 年版《中华大藏经》（第 15 册）。该版中的《妙法莲华经譬喻品第三》是影印的《赵城金藏》，因发现于山西赵城（现并入洪洞县）广胜寺，故亦称广胜寺本（简称广本），并以《永乐南藏》（简称南本）、《清藏》（简称清本）、《高丽藏》（简称丽本）、《径山藏》（简称径本）本略加校勘。今以《中华大藏经》所影印之广本为校本，并参考其所附校勘。本书还辅以日本《大正新修大藏经》（简称大正本）加以比勘和补充。

3. 底本残损之字，一般今本补入，外加□；底本残缺之字，亦据今本补入，外加括号。

（一）录文

[前空]

1. 妙法莲花经譬喻品第三[一]
2. 尔时舍利弗踊[二]跃欢喜即起合掌瞻仰尊
3. 颜而白佛言今从世尊闻此法音心怀踊[三]跃得
4. 未曾有所以者何[四]我昔从佛闻如是法见诸菩萨
5. 谩记[五]作佛而我等不豫[六]斯事甚自咸伤[七]失于如
6. 来无量智见[八]世尊我尝独处[九]山林树下若坐若行

7. 每作是念我等同入法性云何如来以小乘法

8: 而见济度然是我估非如来也【一〇】所以者何若我

9. 等待说所成就【一一】阿耨多罗三藐三菩提者必

10. 以大乘而得度脱然我等不解方便随宜所说

11. 初闻佛法遇便信受思惟取证世尊我从昔来

12. 终【一二】日竟夜每自克责【一三】而今从佛闻所未闻未

13. 曾有法断诸疑悔身意泰然快【一四】得安隐今日乃智【一五】

14. 真是佛子从佛口生从法花生得佛法分尔时舍

15. 利弗欲重宣此义而说偈言

16. 我闻是法者【一六】得所未曾有　心怀大欢喜【一七】疑纲皆已除

17. 昔未【一八】蒙佛教　不失于大乘　佛音甚稀有　能除众生恼，

18. 我已得漏尽　闻亦除忧恼　我处于山林【一九】或在林树【二〇】下

19. 若坐若经行　常思惟是事　呜呼深自责　云何而自欺

20. 我等亦佛子　同入无漏法　不能于未来　演说无上道

21. 金色三十二　十力诸解说　同共一法中　而不得此事

22. 八十种妙好　十八不共法　如是诸功德【二一】　而我皆已失

23. 我独经行时　见佛在大众　名闻满十方　广饶益众生

24. 自惟失此利　我为自欺诳【二二】　我常于日夜　每思惟是事

25. 欲以问世尊　为失为不失　我常见世尊　称赞诸菩萨

26. 以是于日夜　筹量如此事　今闻佛音声　随宜而说法

27. 无漏难思议　令欲至道场【二三】我本著邪见　为诸梵志师

28. 世尊知我心　拔邪说涅槃　我悉除邪见　于虚【二四】法得证

29. 尔时心自谓　得至于灭度　而今乃自觉　非是实灭度

30. 若得作佛时　具三十二相　龙神等共敬　天人夜叉众【二五】

31. 是时乃可谓　永尽灭无除【二六】　佛于大众中　说我当作佛

32. 闻如是法音　疑悔悉以除【二七】　初闻佛所说　心中大惊疑

33. 将非魔作佛　恼乱我心邪【二八】　佛以种种 缘　譬喻巧言说

34. 其心安如海　我闻疑纲断　佛说过去世　无量灭度佛

35. 安住方便中　亦皆说是法　现在未来佛　其数无有量

36. 亦以诸方便　演说如是法　如今者世尊　从生及出家

37. 得佛【二九】转法轮　亦以方便说　世尊说实道　波【三〇】旬无此事

38. 以是我定智　非是魔作佛　我堕疑纲故　谓是魔所为

39. 闻佛柔濡【三一】音　深远甚微妙【三二】演畅　【三三】清净法　我心
大欢喜

40. 疑悔永已尽　安住实智中　我定当作佛　为天人所敬

41. 转无上法轮　教化诸【三四】菩萨

42. 尔时佛告舍利弗吾今于天人沙门婆罗门等大

43. 众中说我昔曾于三万亿【三五】佛所为无上【三六】道故常

44. 教化汝亦长夜随我受与【三七】我以方便以引导汝【三八】

45. 故生我法中舍利弗我昔教志愿道【三九】如【四〇】今悉

46. 忘而便自谓已得灭度我今还欲令汝忆□【四一】念本

47. 愿所行（道故为）诸声闻说是大乘经【四二】（名妙）法莲花

48. 教菩萨法佛所护念舍利弗汝于未来世过无

49. 量无边不可思议劫供养若干千万佛【四三】奉持正

50. 法具足菩萨所行之道当得作（佛号曰）花光如来

51. 应供正遍智明行足善逝世间闻【四四】解无上士调

52. 御丈夫天人师佛世尊国名离垢其土平正清

53. 净严饰【四五】安隐丰乐天人炽盛瑠离【四六】为地有八

54. 交道黄金为绳以界道其测【四七】其旁各有七宝

55. 行树常（有花果）花光如来亦以三乘（教化）众生

56. 舍利弗彼佛出时虽非恶世以本愿故说三乘法其

57. 劫名大宝庄严【四八】何故名曰为【四九】大宝庄严其国中

58. 以菩萨为大宝庄严【五〇】故彼诸菩萨无量无

59. 边不可思议等数譬喻所不能及非佛智力无

60. 能智者若欲智【五一】行时宝花承足此诸菩萨非初

61. 发意皆久殖【五二】德本于无量百千万亿佛所净修梵

62. 行恒为诸佛之称叹【五三】常梵【五四】修佛慧具大神通善智

63. 一切诸之法门质直无为【五五】志念坚固如是（菩萨）

充满【五六】

64. 舍利弗花光佛寿十二小劫除为王子未作佛

65. 时其国人民寿八小劫花光如来过十二小劫授

66. 坚满菩萨阿耨多罗三藐三 菩 提 授【五七】记告诸

67. 比丘是坚满菩萨次当作佛号曰花足安行多阤【五八】

68. 阿迦度【五九】阿罗呵【六〇】三藐三佛阤【六一】其佛国土亦复如是

69. 舍利弗是花光佛灭度之后正法住世十二【六二】小劫像

70. 法住世亦三十二劫【六三】尔时世尊欲重宣此义而说偈言

71. 尔时舍 利 弗 【六四】成佛普智尊　号名曰花光　 当 度 无

量众

72. 供义【六五】无数佛　　具足菩萨行　　十力等功德　　证于无上道

73. 过无量劫已　　初【六六】名大宝严　　世界名离垢　　清净无瑕秽

74. 以琉离为地　　金绳界其道　　七宝杂色树　　常有花果实

75. 彼国诸菩萨　　志念常坚固　　神通波罗蜜　　皆已【六七】悉具足

76. 于无数佛所　　善学菩萨道　　如是等功德【六八】　花光佛所化

77. 佛为王子时　　弃国舍世荣　　于最末后身　　出家成佛道

78. 花光佛住世　　寿十二小劫　　其国人民众　　受【六九】 命 八小劫

79. 佛灭度之后　　正法往于世　　三十二小劫　　广度诸众生

80. 正法灭尽已　　像法三十二　　舍利广流布　　天人普供养

81. 花光佛所为　　其事皆如是　　其两足圣尊　　最胜无伦正【七〇】

82. 彼即是汝身　　宜应自欣庆

83. 尔时四部众比丘比丘尼优婆塞优婆夷天龙夜

84. 叉乾闼婆阿修罗加【七一】楼罗紧阤【七二】罗摩睺罗伽

85. 等大众见舍利弗于佛前授阿耨多罗三

86. 藐三菩提记心大欢喜踊跃无量各各脱

87. 身所著上衣以供养佛释提恒【七三】因梵天王

88. 等各各【七四】与无数天子亦以天妙亦【七五】天曼陀罗

89. 花等【七六】供养于佛所散天衣住虚空【七七】中而自

90. 回转诸天伎乐百千万种于虚空中一时俱

91. 作雨众天花而作是言佛昔于波罗捺【七八】初

92. 转法轮今及【七九】复转无上最上【八〇】大法转轮【八一】尔时

93. 诸天子欲重宣此义而说偈言

94. 昔于波罗捺　转四部【八二】法轮　分别说诸法　五众之生灭

95. 今复转最妙　无上大法轮　是法甚深奥　少有能信者

96. 我等从昔来　数闻世尊说　未曾闻如是　深妙之上法

97. 世尊说是法　我等皆随喜　大智舍利弗　今得授尊记

98. 我等亦如是　我【八三】当得作佛　于一切世间　最尊无有上

99. 佛道叵思议　方便随宜说　我所有福业　今世若后世【八四】

100. 及见佛功德　尽回向佛道

101. 尔时舍利弗白佛言世尊我今无复疑悔

102. 亲于佛前【八五】得受阿耨多罗三藐三菩提记

103. 是诸千二心【八六】自在者昔住学地佛常教化言

104. 我法能离生老病死究竟涅槃是学无学

105. 人亦各自以【八七】离我见及有无见等谓得涅槃而【八八】

106. 于世尊前闻所未闻皆堕疑惑善哉世尊

107. 愿为四众说其因缘令离疑悔令尔【八九】时 佛 告 舍利

108. 弗我先不言诸佛世尊以种种因缘譬喻言

109. 辞【九〇】方便说法皆为阿耨多罗三藐三提【九一】耶

110. 者【九二】诸说【九三】皆为化菩萨故然舍利弗今欲【九四】复

111. 以譬喻更明此义诸有智者以譬得解【九五】舍

112. 利弗若有邑聚洛【九六】有大长者其年衰迈

113. （前缺） 及 诸 僮 仆 其 家 广

[后缺]

（二）校勘

【一】广胜寺本（广本）与《大正新修大藏经》（大正本，见该本第九函）品名前均有"妙法莲花经卷第二　鸣　姚秦三藏鸠摩罗什　奉诏译"数字，底本无，故疑其原不分卷。"莲花"，广本、大正本均作"莲华"，"花"、"华"通假，以下同。

【二】踊：广本、大正本均作"踊"，据《中华大藏经》校勘，丽本作"勇"。

【三】踊：广本同，大正本作"勇"。

【四】所以何：广本、大正本均作"所以者何"。

【五】谩记：广本作："受记"，大正本、丽本均作"授记"。

【六】不豫：大正本同，广本作"不预"。

【七】咸伤：广本、大正本均作"感伤"。

【八】智见：广本、大正本均作"知见"，"智"、"知"通假。

【九】尝独处：广本、大正本均作"常独处"，普本作"尝独处"，"常"、"尝"通假。

【一〇】是我估非如来也：广本、大正本均作"是我等咎非世尊也"，恐底本此处抄误。

【一一】待说所成就：广本作"侍说所因成就"，大正本作"待说所因成就"。

【一二】终：底本此字旁有一删字符号"ミ"，广本、大正本则存是字。

【一三】克责：广本、大正本均作"剋责"。

【一四】使：大正本作"快"。

【一五】智：底本此字原系淡墨补字，似为当时校对后所加。

【一六】法者：广本、大正本均作"法音"。

【一七】喜：底本原作"者"，后旁改为"喜"，广本、大正本均作"喜"。

【一八】昔未：广本、大正本均作"昔来"。

【一九】山林：广本、大正本均作"山谷"。

【二〇】林树：大正本作"树林"。

【二一】诸功德：广本、大正本均作"等功德"。

【二二】诳：广本同，大正本作"诳"。

【二三】令欲至道场：广本、大正本均作"令众至道场"。

【二四】虚：底本此字原作"虗"，即"虚"，详见校勘【七七】。广本、大正本此处作"空"。

【二五】龙神等共敬，天人夜叉众：广本、大藏本此两句偈语前后颠倒，且"共敬"作"恭敬"。

【二六】无除：广本、大正本均作"无余"。

【二七】以除：广本、大正本均作"已除"。

【二八】心邪：广本、大正本均作"心耶"。

【二九】得佛：广本、大正本均作"得道"。

【三〇】波：原作"决"，"波"系行外改补之字，今径补入。广本、大正本均作"波"。

【三一】柔濡：广本、大正本均作"柔软"。

【三二】是微妙：广本、大正本均作"甚微妙"。

【三三】演𣊵：广本、大正本均作"演畅"。

【三四】诸：底本原作"说"，后又改为"诸"，广本、大正本均作"诸"。

【三五】三万亿：广本、大正本均作"二万亿"。

【三六】无上：广本、大正本同，普本作"求佛"。

【三七】教化汝亦长夜随我受与：广本、大正本均作"教化汝汝亦长夜随我受学"。

【三八】我以方便以引导汝：广本、大正本均作"我以方便引导汝"。底本似后衍一"以"字。

【三九】我昔教志愿道：广本、大正本均作"我昔教汝志愿佛道"。

【四〇】如：广本、大正本均作"汝"。

【四一】□：此字原已残损，无法辨识。广本、大正本亦无此字，原句意、理均通，疑底本此系一衍字。

【四二】说大乘经：广本、大正本均作"说是大乘经"。

【四三】千万佛：广本、大正本均作"千万亿佛"。

【四四】闻：广本同，大正本作"问"。

【四五】严饬：广本、大正本均作"严饰。"

【四六】瑠离：广本作"琉璃"，下同；大正本作"琉璃"。

【四七】以界道其测：广本、大正本作"以界其侧"。

【四八】庄严：广本、大正本均作"莊严"，"庄"、"莊"通假。

【四九】曰为：底本"曰"原系行外补字，"为"字下有衍字符号"△"，广本、大正本均无此二字。

【五〇】庄严：大正本无此二字。

【五一】智：底本此字旁有删字符号"彡"，广本、大正本均无此字。

【五二】殖：大正本同，广本作"植"。

【五三】诸佛之称叹：广本、大正本均作"诸佛之所称叹"。

【五四】梵：底本此字旁有删字符号，当系一衍字。广本、大正本亦无此字。

【五五】一切诸之 法 门 质 直无为：底本"直无"二字原系行外补字。广本、大正本此句作"一切诸法之门质直无伪"。

【五六】充满：广本、大正本此二字下复有"其国"二字。

【五七】授：底本此字旁有删字符号，当为衍字。广本、大正本均无此字。

【五八】阤：广本、大正本作"陀"。

【五九】阿迦度：广本、大正本均作"阿伽度"。

【六〇】呵：广本、大正本作"诃"。

【六一】阤：广本、大正本作"陁"。

【六二】十二：广本、大正本作"三十二"。

【六三】三十二劫：大正本作"三十二小劫"。

【六四】尔时舍 利 弗：广本、大正本均作"舍利弗来世"。

【六五】义：广本、大正本均作"养"。

【六六】初：广本、大正本均作"劫"。

【六七】已：底本原系行外补字，诸本均存此字。

【六八】功德：广本、大正本均作"大士"。

【六九】受：广本、大正本均作"寿"。

【七〇】伦正：广本、大正本均作"伦匹"。

【七一】加：广本、大正本均作"迦"。

【七二】阤：广本、大正本均作"那"。

【七三】恒：广本、大正本均作"桓"。

【七四】各各：底本原为一"各"字，下有重字符号，故录作"各各"。广本、大正本均无此二字。

【七五】亦：广本、大正本均作"衣"。

【七六】花等：此二字间广本、大正本复有"摩诃曼陁罗花"等六字。

【七七】虚空：底本原作"覤空"，广本、大正本均作"虚空"，故知"覤"即为"虚"之异体字。

【七八】捺：广本作"奈"，大正本作"㮈"。

【七九】及：底本此字捺画下有一"△"删字符号，广本、大正本均作"乃"，与此字删改后相合。

【八〇】上：底本此字旁有删字符号，当为衍字。广本、大正本均无此字。

【八一】法转轮：广本、大正本均作"法轮"。

【八二】四部：广本、大正本均作"四谛"。

【八三】我：广本、大正本均作"必"。

【八四】后世：广本、大正本均作"过世"。

【八五】佛前：广本无"前"字。据《中华大藏经》校记，资本、碛本、普本、南本、径本、清本、丽本均作"佛前"。大正本亦作"佛前"。

【八六】千二心：广本、大正本均作"千二百心"。

【八七】以：底本此字原系行外补字，大正本与之同；广本作"已"。

【八八】而：广本、大正本此字下还有一"今"字。

【八九】尔：底本原作"令"，旁有删字符号。"尔"原系行外补字，底本删改后与诸本同，故径补入。

【九〇】辞：大正本与之同，广本作"词"。

【九一】三提：广本、大正本均作"三菩提"。

【九二】者：广本、大正本均作"是"。

【九三】诸说：广本、大正本均作"诸所说"。

【九四】欲：广本、大正本均作"当"。

【九五】以譬得解：广本、大正本均作"以譬喻得解"。

【九六】若有邑聚洛：广本、大正本均作"若国邑聚落"。

第五章

唐代西域:文化与制度

第一节 吐鲁番出土文书所涉晋唐法制

新疆吐鲁番阿斯塔那—哈拉和卓古墓群所出土汉文文书的时代大致从晋到唐,其中有大量涉及中国中古时期的法制文献。这些相关文书所反映的情况表明:该时期当地的法律制度与内地中原王朝是一脉相承的,属中国古代法制系统,为中国古代法制史的一个重要组成部分。① 在这一历史时期,吐鲁番地区大致经历了高昌郡、高昌国、唐西州等三个阶段,而这些出土的法制文书则较为完整而系统地反映了魏晋南北朝至隋唐时期中国古代法制的发展与演变状况,其中虽然属于法典性质的文书不多,但大量属于"判集"与"判例"性质的案例文书则集中而生动地展示了这一时期各种法制制度的实施情况,足以弥补中国法制史研究中的某些欠缺和不足,具有较高的史料价值。本节仅对文书中涉及的古代高昌刑罚法与民间契约司法的内容试加探讨。

一 刑罚法

在吐鲁番所出唐以前的文书中,虽不见成文的刑罚法典,但仍有一些相关文书保存下来。其中有纪年最早的当属《前秦建元二十年(384 年)

---

① 详见吴震《吐鲁番出土法制文书概述》,《西域研究》1992 年第 3 期。

韩盆辞为自期召弟应见事》①。在这份文书中，韩盆以"立字为据"的形式保证在 2 日内"召弟到应见"，如有违背则愿"受马鞭一百"。这尽管属"自愿受罚"的性质，但也表明当时官府对应召"逋违"者有某些相应的刑罚规定。

哈拉和卓 91 号墓中出土的几件兵曹行罚文书反映了北凉时期军队刑罚法的一些情况。如《北凉义和□年兵曹行罚部陨五人文书》中记道："□双等五人由来长□（逋），不逐部伍"，故以"慢乏兵事"的罪名，"各罚髡鞭二百"，并由兵曹行刑。在《兵曹行罚幢校文书》中，因幢、校等人擅离职守，分别受到 50 杖和 70 杖的刑罚。此外，从同一座墓出土的其他文书中还可以看到，北凉时期"入军之人"需自备"行军之具"，违者则被"鞭二百，幢、校杖一百"。② 阿斯塔那 22 号墓出土的《县兵曹刺为点阅兵人事》文书中，就有一人因为没有准备弓箭受到"鞭一百"的处罚。③ 仅从以上文书所反映的事实来看，十六国时期高昌兵、民的刑罚种类主要以"鞭"、"杖"为主（不包括死刑），各类罪行视其具体情节量刑不一。尽管流传下来的这一时期的史乘和典籍缺乏有关这方面的具体记载，但从已经亡佚的《晋律·刑名》中仍保存有与之相关的《鞭杖令》、《军法》等条目。结合上引出土文书的情况，说明高昌郡时期当地法制应当是依照晋之律、令行事的。

高昌国时期的出土文书中有关刑罚法的材料相对较少，仅在阿斯塔那 524 号墓中出土有几件关于祭祀刑罚规定的班示文书，其中提到如下内容④：

（1）知祀人必须要在祀部下达班示的当天傍晚到指定地点寝宿。违者，司马要被罚酒一斛；官职在司马以下诸人，除每人罚酒一斛之外，杖六十，并不许参加祭祀活动。（2）知祀人若有"痛、胀、瘰、疹"之疾者，不得参加祭祀活动。违者，罚羊一口。（3）未上名遇祀而擅自闯入祀所者，罚羊半口。（4）上名遇祀者若不到祀所煮肉，准备"熟献"，则罚羊一口。（5）上名遇祀者若不参加祭祀活动，则罚酒二斗。

---

① 《吐鲁番出土文书》第 1 册，文物出版社 1981 年版，第 11 页。

② 同上书，第 136～147 页。

③ 同上书，第 197 页。

④ 《吐鲁番出土文书》第 2 册，文物出版社 1981 年版，第 40～46 页。

　　以上条文虽均以"班示"的形式下达,但各年班示文书中的这些基本内容却基本相同,也许当时高昌国在祭祀制度上有成文或不成文的处罚法条。此外,同前一时期相比,高昌国法制有刑、罚并行的现象,如每人罚酒一斛、杖六十等。这一点在前期的有关文书中则未见到,表明高昌在刑罚法方面已趋于完善。事实上,高昌国在祭祀制度上的各种规定基本上是按照中国最早的一部行政法典——《周礼》①为基准制定的,而在现存最早、保存最完整的中国刑罚法典《唐律疏议》中则保留有最早的有关祭祀方面的刑罚条文。如《唐律·职制》中的"大祀不预申期及不如法"条、"大祀在散斋吊丧问疾"条和"祭祀朝会等失错违仪"条等。这些刑罚条文的基本精神与高昌国在祭祀方面若干规定的出发点大致是一致的,显示出依从高昌的法律制度与中原内地是一脉相承的。唐之法律、政令是在前代基础上继承发展而来的,高昌国时期法制亦当依从内地前朝发展而来。

　　唐平高昌在 640 年,以其地为西州,唐之政令遂在此地施行。在出土的这一时期的文书中,即可见有部分唐代刑罚法法典的残篇。如阿斯塔那532 号墓出土的《唐律疏议·名例》(涉及"称日月及众谋"条和"称加减"条)②,大谷 8098 号《唐律·擅兴》(涉及"征讨告贼消息"条及"主将守城弃去"条),大谷 5098 号、5099 号《唐律·贼盗》(涉及"知略和诱和同相卖而买"条),大谷 4491 号、4452 号《唐律·诈伪》(涉及"伪造御宝"条和"伪写官文书印"条),以及编号为 TIVK70—71 的《唐律·擅兴》(涉及"征讨告贼消息"条及"非公文出给戎仗"条)等。③ 唐代刑罚遵循"律以正刑定罪"④ 的原则,其具体条文主要体现在《唐律》中。所以,这些法典残篇的出土,为研究唐代刑罚法在西域的实施情况提供了极为珍贵的第一手资料。

　　吐鲁番出土唐代文书中虽然属于刑法法典内容的不多,但却有大量涉

---

　　① 　参见王欣《麹氏高昌王国的祭祀制度》,载《出土文献研究》第三辑,中华书局 1998 年版,第 170 ~ 178 页。

　　② 　《吐鲁番出土文书》第 9 册,文物出版社 1990 年版,第 199 页。

　　③ 　以上均见 *Tun-huang and Turfan Documents Concerning Social and Economical History* Ⅰ, The Toyo Bunko, 1980。

　　④ 　李隆基撰,李林甫注:《大唐六典·尚书刑部》,三秦出版社 1991 年版,第 139 页。

及刑罚法条文的内容，并大多能在《唐律》中找到依据。通过对这些文书的分析，可以清楚地看到唐代刑罚法的有关条文是如何在西州施行的，由此亦可以了解中国中古时期社会法律生活的具体状况。

阿斯塔那78号墓所出《唐贞观十四年高昌县李石住手实》的牒文中，在具列当户各人性别、姓名、年状及受田情况之后云:"牒被责当户手实，具注如前，更无加减。若后虚妄，求受罪。"户主李石住所称"虚妄"实际上指的是"脱户"和"增减年状"，而其所受之罪当即《唐律·户婚》中所云:"诸脱户者，家长徒三年;无课役者，减二等;女户，又减三等（谓一户俱不附贯。若不由家长，罪其所由。即见在役任者，虽脱户及计口多者，各从漏口法）"以及"脱口及增减年状（谓疾、老、中、小之类），以免课役者，一口徒一年，二口加一等，罪止徒三年。其增减非免课役及漏无课役口者，四口为一口，罪止徒一年半;即不满四口，杖六十"[1]。从牒文中"若虚妄，求受罪"之语来看，户主李石住等显然知晓以上刑罚条文;如其所报手实有"虚妄"，则要按此条文获罪。需要指出的是，该件文书所署时间与唐平定高昌同年（均在640年），说明在唐统一高昌的同时，其法律制度随即在此施行。

阿斯塔那61号墓出土了几件有关唐麟德二年（665年）张玄逸失盗案的文书。[2] 在此案中，张玄逸因家中失物，不知盗者何人，便疑为麴运贞家奴春香或邻人知是所为，并告到官府。官府召当事人前来推问，结果他们均以种种事实予以否认。当官府再召玄逸问讯的时候，她却声称其所失之物"已见踪迹"，并要求"更自访觅"。因文书本身残缺，现在已无法知道官府的最后判决，但依《唐律》可知，玄逸的上述行为是违法的，依律当应获罪。《唐律·斗讼》云:"诸告人罪，皆须明注年月，指陈实事，不得称疑。违者，笞五十。"显然，玄逸所告之人均属"称疑"，因无实据，故难成立，按律原告当"笞五十";而玄逸或害怕因此获罪，故提出"更自访觅"的请求。

在《唐咸亨五年（674年）王文欢诉酒泉人张尾仁贷钱不还辞》[3] 文书

---

① （唐）长孙无忌等撰，刘俊文点校:《唐律疏议》，中华书局1983年版，第231~232页。
② 《吐鲁番出土文书》第6册，文物出版社1985年版，第462~465页。
③ 同上书，第527~528页。

所涉及的借贷纠纷案中,张尾仁向王文欢立契借银钱 20 文,但到期时张氏却既不向王氏还本也不付息,王氏便因此诉诸官府解决。张尾仁违契不还所借债款已属违法,依律当受刑罚。如《唐律·杂律》"诸负债违契不偿"条云:"诸负债违契不偿,一匹以上,违二十日笞二十,(每超过)二十日加一等,罪止杖六十;三十匹,加二等;百匹,又加三等。各令备偿。"

阿斯塔那 209 号墓出土有《唐贞观年间西州高昌县勘问梁延台、雷陇贵婚娶案卷》① 文书,涉及两桩婚姻纠纷案件。其一是某家欲娶梁延台,将聘财送上并为梁家所收;后梁母反悔,将延台嫁与张干为妾,因而引起诉讼。如果上述情况属实,那么梁母的行为便属违法,当依律获罪。《唐律·户婚》"许嫁女辄悔"条云:"诸许嫁女,已报婚书及有私约(约,谓先知夫身老、幼、疾、残、养、庶之类),而辄悔者,杖六十(男家自悔者,不坐。不追聘财)。虽无许婚之书,但受聘财,亦是。若更许他人者,杖一百;已成者,徒一年半。后娶者知情,减一等。女追归前夫,前夫不娶,还聘财,后夫婚如法。"所以,在这一案件中尽管双方没有婚书及私约,但梁母如已收聘财而反悔便属违律,当依法"杖六十";又将女嫁给张干为妾,当"徒一年半",而延台仍归前夫所有。如前夫不娶,梁家还须归还聘财。又案中梁母回答讯问时声称,只是回书答应嫁给前家,并未接受聘财。即便如此,梁家回书亦具有私约的效力,仍将因此获罪。从这件案卷中我们可以清楚地看到,梁延台的命运完全掌握在其父母及媒妁的手里。少许聘财或一纸婚书即可决定其婚姻,而作为当事人的她本人不仅没有选择配偶的权利,甚至连抗拒的能力都没有。相反,作为男方则可以随意毁约而不受处罚,只需舍弃一些聘财即可。由此案可知,在专制社会里妇女法律地位的低下以及买卖婚姻是如何对妇女身心进行摧残的。

在第二桩婚姻纠纷中,案主雷陇贵自称娶阿赵为妾。14 年后因雷氏正室阿马早已亡故,复又娶阿常。阿赵此时自称为妻,故引起纷争。依《唐律·户婚》"以妻为妾"条:"诸以妻为妾,以婢为妻者,徒二年。以妾及客女为妻,以婢为妾者,徒一年半。"《疏》曰:"妻者,齐也,秦晋为匹。妾通卖买,等数相悬。"妻、妾的名分区别得十分严格,不许有所

---

① 《吐鲁番出土文书》第 7 册,文物出版社 1986 年版,第 37～41 页。

僭越。所以，无论是雷陇贵以妾为妻还是阿赵妾身称妻，只要事实成立，均将因违律获罪。从陇贵的辩词推测，在纳阿赵为妾时雷妻阿马似仍在世，在阿马死后或复娶阿常的这段时间里，可能由阿赵代行妻子的权利，因此称妻的阿赵仍属违律。由此可见等级制度森严之一斑。

阿斯塔那29号墓所出《唐垂拱元年（685年）西州都督府法曹下高昌县符为掩劫贼张爽等事》[①]为一份追捕强盗张爽的符文，犹今之通缉令。张爽如被捕获，将按《唐律·贼盗》"强盗"条判罪。同墓还出土有《唐垂拱元年（685年）康义罗施等请过所案》[②]文书，在该案中，康义罗施等人"并从西来，欲向东兴易，为在西无人遮得更不请公文，请乞责保"，以获"过所"类似通行证的文书。保人在文书中反复强调康义罗施等人"不是厌良、假代等色"，否则"求受依法罪"。《唐律·卫禁》"私度及越度关"条云："诸私度关者，徒一年。越度者，加一等。"该条《疏》云："议曰：水陆等关，两处各有门禁，行人来往皆有公文，谓驿使验符券，传送据递牒，军防、丁夫有总历，自余各请过所而度。若无公文，私从关门过，合徒一年。""不应度关而给过所"条云："诸不应度关而给过所，若冒名请过所而度者，各徒一年。"据此可知康义罗施等人"欲向东兴易"均须先请公文或过所，以备关津查问，否则不仅无法度关，还将依律获罪；若要获得过所还须有人作保，而保人所言如有虚妄，依《唐律·诈伪》"保任不如所任"条也会获罪。由此亦可见唐代关津制度之严密。

在《唐仪凤二年（677年）西州高昌县宁昌乡卜老师辞为诉男及男妻不养赡事》[③]一案中，卜老师年老体衰，双眼俱盲，已失去生活自理能力；而其子石德与妻汉姜却不事赡养，故引起诉讼。如卜老师所诉属实，那么其子石德与妻汉姜的行为则触犯《唐律·名例》十恶中的"不孝"条。该条"若供养有阙"下《疏》云："《礼》云：'孝子之养亲也，乐其心，不违其志，以其饮食而忠养之。'其有堪供而阙者，祖父母、父母告乃坐。"石德及妻所犯为十恶之罪，属不赦之列。

阿斯塔那36号墓中出土的《唐高昌县史成忠帖为催送田参军地子并

---

① 《吐鲁番出土文书》第7册，文物出版社1986年版，第86~87页。
② 同上书，第88~94页。
③ 同上书，第528页。

□事》①　文书中,先具列田亩数、佃人及应交地子并□的数目,最后称:"右件人并佃田参军地,帖至,仰即送地子并限帖到当日纳了。计会如迟,所由当杖。"高昌史成忠所下帖文是具有法律效力的。《唐律·户婚》"输课税物违期"条规定,对违期缴纳官税者要处以笞刑。从该件帖文中可以发现,当时高昌对逾期不缴纳私租者竟然要处以杖刑,其惩处力度显然要比《唐律》中违期缴纳官税的规定更重些。

在题为《唐盗物计赃科罪牒》文书末的判词中②,可以清楚地看到唐西州官员依《唐律》有关条文对罪犯实施处罚的情况。其判词云:(前缺)"一匹杖六十,一匹加一等。王庆计赃不满一匹,合杖六十。□案咨决讫,放。其钱征到,分付来宾领取□陪赃牒送咨。"判词首句所引乃《唐律·贼盗》"窃盗"条:"诸窃盗,不得财笞五十;一尺杖六十,一匹加一等;五匹徒一年,五匹加一等,五十匹加役流。"据此知判词中"一匹杖六十"当为"一尺杖六十"。王庆计赃不满一匹(尺),故被杖六十后释放。需要指出的是,这一判决是在追回王庆所窃全部赃物并交还失主的前提下作出的。

阿斯塔那230号墓中出土了16件有关"唐建进状告天山县主簿高元祯私自营种还公、逃死、户绝田地案卷"的一组文书。③　此案中如唐建进所告属实,那么高元祯的行为便触犯了《唐律·户婚》"盗耕种公私田"条,依律当获罪。但经过西州都督府推问有关证人,均声称高元祯"唯种职田四亩,自余更无种处","(唐)建进所注并是虚妄"云云。如证人所言属实,那么唐建进便犯有诬告之罪。《唐律·斗讼》"诬告反坐"条《疏》云:"议曰:假有白丁诬七品官流罪,若实,官人即合例减、官当;如虚,反坐还得流罪。"所以白丁唐建进状告官人高元祯一案不管罪名是否成立,均对原告不利,所以唐诬告的可能性不大。或许证人已为高元祯所收买亦未可知。因案卷文书残缺,无法知道此案最后的结果,但由此可以看出法律是维护当权者利益的。

《唐为处分支女赃罪牒》④　文书的案子涉及《唐律·名例》"彼此俱

---

① 《吐鲁番出土文书》第8册,文物出版社1987年版,第34页。
② 同上书,第107~108页。
③ 同上书,第145~164页。
④ 同上书,第274页。

罪之脏"条和《唐律·斗讼》"诬告反坐"条。其具体情况可参阅刘俊文《敦煌吐鲁番唐代法制文书考释》一书中的相关内容①,兹不赘述。

阿斯塔那 193 号墓所出《武周智通拟判为康随风作病避军役等事》②文书涉及两桩案子。其一是康随风为避军役,"妄作患由。臂肘蹉跌,遂非真病,挛拳手腕,乃是诈伪"。依《唐律·诈伪》"诈疾病及故伤残"条:"诸诈疾病,有所避者,杖一百。若故自伤残者,徒一年半。"康随风为避军役诈称"臂肘蹉跌"、"挛拳手腕",依律当杖一百。其二是唐为防斩啜(即默啜)作乱,欲在伊、西二州募兵五百;在"官赐未期至日"的情况下,要求"私家借便资装"。但是凭虚此人尽管"藏帛万余"且"相知于百里",却"无事上之意,令乖臣子之心"。依《唐律·擅兴》"调发供给军事违法"条:"若事有警急,得便调发给予,并即言上。若不调发及不给予者,亦徒一年;不即言上者,各减一等。"据此可知凭虚所为当依法获罪。文书中还声称:"彼此二人,罪非轻小,齐楚之失,失在两家。"可见西州因地处边陲,故对边防军事是相当重视的;对违反与军事相关的律、令的处理也是比较严格的。该件文书属拟判,虽虚设案情,但其判词仍是据有关律、令的条文拟定的,具有一定的法律实践意义。

阿斯塔那 509 号墓所出《武周天山府符为追校尉已下并团佐等分番到府事》、《武周军府符为番兵到州事》以及《武周成建违番不到辩辞》等一组文书③,涉及当时有关镇戍番代制度的若干律文。文书中多次提到"限某某日到府,如后到者,得杖者","违番不上"云云。因文书本身残缺,已无法知道最后的结果。但文书所述如果属实,那么当事人的行为在当时均属违律,当依法获罪。依《唐律·擅兴》"遣番代违限"条:"诸镇,戍应遣番代,而违限不遣者,一日杖一百,三日加一等,罪至徒二年;即代到而不放者,减一等。"文书所说"得杖者"应即指此。同墓所出《武周天山府下张父团帖为新兵造幕事》④ 文书则与《唐律·擅兴》"兴造不言上待报"条有关。该条云:"诸有所兴造,应言上而不言上,

---

① 刘俊文:《敦煌吐鲁番唐代法制文书考释》,中华书局 1989 年版,第 495~498 页。

② 《吐鲁番出土文书》第 8 册,文物出版社 1987 年版,第 492~493 页。

③ 《吐鲁番出土文书》第 9 册,文物出版社 1990 年版,第 3、11、19 页。

④ 同上书,第 5~6 页。

应待报而不待报，各计庸，坐赃论减一等。"《疏》云："有所营造，依《营缮令》：'计人功多少，申尚书省听报，始合役功。'"该件帖文亦称，在造幕前应"先申大数，不得迟晚"。可见唐之《律》、《令》在西州得到了比较严格的遵循。

阿斯塔那 509 号墓还出土有几件关于《唐开元二十一年（773 年）西州都督府为推勘天山县车坊孳生牛无印案卷》的文书。① 按，《唐律·贼盗》"盗官私马牛而杀"条《疏》云："马牛军国所用，故与余畜不同。若盗而杀者，徒二年半。"同时，唐朝对马、牛的管理也十分严格，官马、牛身上均加印识，并定期检验。在这一案卷中，天山县车坊死牛的牛皮及孳生牛身上均无印识，故西州都督府召有关人员推问。依《唐律·厩库》"验畜产不实"条："诸验畜产不以实者，一笞四十，三加一等，罪止杖一百。若以故价有增减，赃重者，计所增减坐赃论；入己者，以盗论。"所以，如果西州都督府以上勘问属实，无论什么原因，天山县车坊有关当事人均将依据情节依法获罪。

同时，阿斯塔那 509 号墓还出土有一组比较完整的有关《唐宝应元年（762 年）六月康失芬行车伤人案卷》文书。② 此案的大致情况如下：康失芬原为突厥处蜜部人，为行客靳嗔奴"雇使年作"；他在驾驶一辆借来的牛车时，因"不谙性行，拽挽不得，力所不逮"，在张游鹤店门前碾伤史拂那之子金儿（8 岁）和曹没冒之女想子（8 岁）。经推问以上情况属实，康失芬所犯乃"过失伤人罪"。康失芬对所犯罪行供认不讳，并表示："今情愿保辜，将医药看待，如不差身死，情受准法科断。"连保之人"情愿代罪"，愿受"重杖廿者"。依《唐律·斗讼》"过失杀伤人"条："诸过失杀伤人者，各依其状，以赎论。"案卷后高昌县录事诚所拟判词为："靳嗔奴并作人责保到，随案引过，咨，取处分讫。各牒所由。"县丞曾的判词为："依判，咨。"高昌县令舒的最后判示为："放出。勒保辜，仍随牙。余依判。"据此可知，康失芬取保赎出的判决基本是依律作出的。但这并不是此案的最终判决。因受害人生死未卜，故判词中反复强调"随案引过"、"勒保辜"。依《唐律·斗讼》"保辜"条："诸保辜者，

---

① 《吐鲁番出土文书》第 9 册，文物出版社 1990 年版，第 75～96 页。

② 同上书，第 128～134 页。

手足殴伤人限十日，以他物伤人者二十日，以刃及汤火伤人者三十日，折跌支体及破骨者五十日。限内死者，各依杀人论；其在外限及虽在限内，以他故死者，各依本殴伤法。"故而可知对康失芬的最后判决，将视二十日内受害人伤势发展情况而定。据研究，"观史拂那、曹没冒、康失芬、何伏昏四人姓氏，盖为九姓胡人移居西州者。是可证唐代边疆地区之少数族人，亦同内地汉人一样受国家法律之约束也"①。这样的案例在吐鲁番出土文书中还有不少，唯此处康失芬虽然以九姓胡中之"康"氏为姓，但文书中明言其"身是处蜜部落百姓"，故康失芬有可能是九姓胡人，亦可能本为突厥处蜜部人，入西州后以"康"为姓。康失芬在辩辞中表示"今情愿保辜，将医药看待，如不差身死，情受准法科断"。表明唐代生活在西州的少数民族不仅受当时法律的约束，而且他们对唐代的法律条文也是比较熟悉的。

此外，阿斯塔那 509 号墓中还出土有《唐西州天山县申西州户曹状为张无场请往北庭请兄禄事》文书。② 在该案中，前安西流外张无场带奴 1 人、马 1 匹、驴 2 头前往北庭，为其兄张无价请禄；天山县为此状申西州户曹，称无场"所将奴畜，并是当家家生奴畜，亦不是詃诱影他等色"，并具里正张仁彦、保头高义感等人连保："如后有人糺告，称是詃诱等色，义感等连保各求受重罪者。"这里所谓的"重罪"当即《唐律·诈伪》"保任不如所任"条："诸保任不如所任，减所任罪二等。"该案中的"所任罪"指的则应是张无场之奴畜是否为"詃诱等色"而言的。如张无场之奴畜确属"詃诱等色"，则其将依《唐律》有关条文获罪，而义感等保人将会按照无场所获之罪减二等受罚。同墓还出有《唐开元廿一年（733 年）西州都督府处分行旅文案残卷》③，其中颇涉唐代律、令中的有关刑罚条文。④

阿斯塔那 531 墓所出《唐残文书》中有"按律云：宿卫"，及"上番

① 刘俊文：《敦煌吐鲁番唐代法制文书考释》，中华书局 1989 年版，第 547 页。
② 《吐鲁番出土文书》第 9 册，文物出版社 1990 年版，第 135 ~ 136 页。
③ 同上书，第 26 ~ 73 页。
④ 参见吴震《唐开元廿一年西州都督府处分行旅文案残卷的复原与研究》，《文物研究》第五、六辑，黄山书社 1989、1990 年版。

不到,一日笞"① 等内容。该件文书所引当为《唐律·卫禁》"宿卫上番不到"条:"诸宿卫人,应上番不到及因假而违者,一日笞四十,三日加一等;过杖一百,五日加一等,罪止徒二年。"该件残文书的内容当为引律文对卫士违限上番不到的处罚,这与《唐律·断狱》"诸断罪皆须具引律、令、格、式正文"的要求是一致的。

《唐西州蒲昌县户曹牒为催征逋悬事》② 文书中提到:"户曹得帖,通诸县欠上件稽逋,具如脚注者。诸县及府各有逋悬,长官宽限,事难违越。咸须厉己,输纳及时,倘有乖疎,必寘刑罚。各令自录悬欠,准数催征,限满不来,举出科责。"后具列所欠课税之物的数量与缴纳之期限,并钤有"西州都督府之印"。文书中的"咸须厉己,输纳及时,倘有乖疎,必寘刑罚"之语是针对县府长官及其以下各级官吏的。《唐律·户婚》"输课税物违期"条注云:"州、县皆以长官为首,佐职以下节级连坐。议曰:刺史、县令,宣导之首,课税违限,责在长官。'佐职以下节级连坐',既以长官为首,通判官为第二从,判官为第三从,主典及检勾之官为第四从。以劝导之首属在长官,故不同判事差等。"这即是户曹牒文中所谓的"刑罚",同时也表明西州各级官员熟知有关各自职司的律文,并基本能以此为准尽职守。而文书中"各令自录悬欠,准数催征,限满不来,举出科责"的内容则是针对课税人而讲的。上引《唐律·户婚》"输课税物违期"条亦云:"诸部内输课税之物,违期不充者,以十分论,一分笞四十,一分加一等。"该条《疏》云:"议曰:'输课税之物',谓租、调及庸,地租、杂税之类。物有头数,输有期限,而违不充者,以十分论,一分笞四十。假有当里之内,征百石物,十斛不充笞四十,每十斛加一等,全违期不入者徒二年。州、县各以部内分数,不充科罪准此。"该牒文对课税之种类(如藉口钱、丁庸继、诸色行客等)、课税之数量(廿九贯、十二千、二石等)、输课之期限(如限九月一日申、限五日申、限八日申等)均作了明确的规定,与律文之内容和要求完全一致,当非偶然,显示出唐代法律条文之完备及执行之严格,表明唐代各级官吏在有意或无意中都是依照当时的有关法律条文和规定行事的。

---

① 《吐鲁番出土文书》第 9 册,文物出版社 1990 年版,第 206 页。

② 同上书,第 236 ~ 237 页。

吐鲁番出土文书中与刑罚法有关者当然远不止这些,仅本书所讨论的文书就涉及唐《名例律》、《擅兴律》、《贼盗律》、《诈伪律》、《户婚律》、《斗讼律》、《杂律》、《卫禁律》、《厩库律》等有关条文,表明唐之法律已渗透到了当时高昌地区当地生活的各个方面。唐代法律文化在这一地区的影响由此可见一斑。

唐代成文法典有《律》、《令》、《格》、《式》,"律以正刑定罪,令以设范立制,格以禁违正邪,式以轨物程式"。而以上所讨论的只是和《唐律》有关的部分,文书中涉及唐代《令》、《格》、《式》的内容还有不少。《唐律杂律》"违令"条云:"诸违令者,笞五十;(谓令有禁制而律无罪名者。)别式,减一等。""不应得为"条云:"诸不应得而为之者,笞四十;(谓律、令无条,理不可为者。)事理重者,杖八十。"所以,唐代刑罚法的内容是相当丰富的。限于篇幅,与这部分刑罚法有关的文书此处暂置不论。

二 民间私法

吐鲁番出土文书中反映晋唐时期民间私法的内容主要体现在这一时期的各种契约中,这些契约涉及买卖、租佃、雇佣、借贷等方面,是民间处理和协调各种经济关系的一种最常见的形式,在高昌的经济生活中占有极其重要的地位。从这种意义上来讲,高昌民间的各种经济关系实际上可视为一种契约关系。目前吐鲁番所出土各类文书中有纪年最早者即为《晋泰始九年(273年)大女翟姜女买棺契》木简。在发生民间经济关系时,处理和协调关系双方各自权利和义务的准则,就构成了高昌民间契约私法的主要内容。

吐鲁番所出土各类契约文书在高昌国时期以及之前一般称"券",唐西州时期以后则大多称"契"。关于这些契券的种类和性质,吴震曾在《近年出土高昌租佃契约研究》一文中作了很有意义的深入研究,这里仅从中国古代法制史的角度,对这些契券的法律意义作尝试性的探讨。

在一些契券文书中经常写明"官有政法,民有私要(约)",或"依乡法生利"云云,表明各种契约文书的制定应有相应的法律依据。"官有政法"说明官府对民间契约的合法性是承认的,在中国现存最早的成文刑罚法典——《唐律疏议》中就有相关的条文。《唐律·杂律》"负债违契不偿"条云："诸负债违契不偿，一匹以上，违二十日笞二十，二十日加一等，罪止杖六十；三十匹，加二等；百匹，又加三等。各令备偿。""负债强牵财物"条云："诸负债不告官司，而强牵财物，过本契者，坐赃论。"对于立契双方的违法行为均作了明确的处罚规定。而《唐律》对于买卖契约的管理则更加严格，如"买奴婢牛马不立券"条云："诸买奴婢、牛、马、驼、骡、驴，已过价，不立市卷，过三日笞三十；卖者，减一等。立券之后，有旧病者三日内听悔，无病欺者市如法，违者笞四十。"《疏》曰："令无私契之文，不准和券之限。"这一点，在《唐开元十九年（731 年）唐荣买婢市券》和《唐开元二十年（732 年）薛十五娘买婢市券》① 等唐代文书中可以看得很清楚，而在唐以前的买卖契约文书中则不见这种情况，显示唐代加强了对买卖契约尤其是人口买卖的宏观管理，但似并未涉及民间所立的其他私契。《宋刑统》卷二六引唐《杂令》云："又条，诸公私以财物出举者，任依私契，官不为理。"吐鲁番出土的大量契约文书表明，这些民间私契虽无成文的统一格式文本，但却显然存在某些不成文的"私要（约）"，这即应是指那些约定俗成的民间契约私法，其主要内容可大致归纳如下：

1. 契券通常一式两份，由立契双方各执一本。有的契券背面边缘还书有"契合"二字之半，另一半应当书于同一内容的另一份契券之上，由对方收执。二者相合为证，以防作伪。但早期的买卖契券似仅一份，由买主保存。②

2. 契券均首书纪年，并对与契券有关的时限（如佃田契中的偿麦期、夏田契中的耕田时、雇人上烽契中的上烽期等等）作出明确的规定。这是契约在以后得以按期执行的一个必要依据。

3. 契券中明确立契双方的权利与义务。如佃田契中佃田人佃种的田亩数和佃期应由田主保证，否则便属违契；佃田人则须按期交纳田租，否则田主有权按租额曳其家资抵租。田中与国家有关的"租输百役"均由

---

① 《吐鲁番出土文书》第 9 册，文物出版社 1990 年版，第 26～30 页。市券上有"西州都督府之印"，末还有"史、丞上柱国玄亮，券"及史竹无冬和史康登的签署。

② 如哈拉和卓 99 号墓所出《北凉承平八年（450 年）翟绍远买婢券》中记有"券唯一支，在绍远边"。见于《吐鲁番出土文书》第 1 册，文物出版社 1981 年版，第 187 页。

田主承担，而"渠破水谪"的损失则由佃田人负责。所有契券中大多有"民有私要（约），要行二主"之语，表明立契双方均须按契约中规定的各自权利和义务行事。

4. 契券一般由倩书人（书券）代笔并署名，最后由立契双方或一方亲自署名或画指节，开具见证人或保人（知见人、时见等）署名或"画指为信"，一件契约始告完成。

5. 券成之后立即生效，立契双方均不得反悔，否则反悔一方将受处罚。从吐鲁番所出各种契券文书来看，当时最常见的处罚方式是"悔者壹罚二人不悔者"。

从晋至唐的大量契约文书的演变状况而言，各种民间契券在格式与程式上基本没有什么太大的变化，说明古代高昌民间不成文的契约私法比较稳定和成熟。

吐鲁番出土的法制文书表明，高昌法律为中国古代法制体系的一部分，两者密不可分；生活在这里的人熟知并遵从共同的法律条文，在共同的法律制度下生产和生活。吐鲁番法制文书的出土填补了晋唐时期有关法律条文实施方面的某些空白，使人们对中国古代法制状况有了一个具体而生动的认识，对中国古代社会的所谓"人治"（或"礼治"）也有重新审视的必要。

第二节　吐鲁番出土文书所见唐代"译语人"

一　汉晋西域的"译语人"

言语相异的人们之间正常交往的实现，首先要打破言语不通的障碍，并只有在此基础上才能开展各种交流活动，而翻译人员作为沟通双方意愿的使者，自古以来在这些方面就起着重要作用。

古代西域是一个多种族人活动的地区，因此在语言上也呈现多样性，而这种多样性正是这一地区多元文化的具体表征。据东晋沙门法显的记载，当时西域的情况是自鄯善以西"所经诸国，皆类如此，唯国国胡语不同,然出家人习天竺书、天竺语"①。法显所言已由 19 世纪末 20 世纪初以来的考古发现所证实,仅在新疆地区考古发现的汉至唐的文物中,就有梵文、佉卢文、粟特文、焉耆文、龟兹文、于阗文、突厥文、回纥文、吐蕃文和汉文的各种文书、简牍及碑铭。它们分属阿勒泰语系、印欧语系和汉藏语系三大语系下的各个语族,所以语言的"翻译者"一直在古代西域各国、各民族之间的交往中起着不可或缺的重要作用。

据《汉书·西域传》记载,当时西域三十六国大多设有"译长"一职,专事翻译:各国少则 1 人,多则 4 人不等。如鄯善国,译长 2 人;且末国,译长 1 人;精绝国,译长 1 人;扜弥国,译长 2 人;于阗国,译长 1 人;莎车国,译长 4 人;皮山国,译长 1 人;疏勒国,左右译长各 1 人;姑墨国,译长 2 人;温宿国,译长 2 人;龟兹国,译长 4 人;乌垒国,译长 1 人;尉犁国,译长 1 人;危须国,译长 1 人;焉耆国,译长 3 人;山国,译长 1 人;车师前国,译长 2 人;车师后国,译长 1 人;卑陆国,左右译长各 1 人;卑陆后国,译长 1 人;郁立师国,译长 1 人;单桓国,译长 1 人;蒲类后国,译长 1 人;劫国,译长 1 人。西域是古代"丝绸之路"的必经之地,译长的出现则是古代东西方各民族之间、西域诸国之间进行政治、经济和文化交流的必然产物。从译长一职设置的情况,可以知道西域诸国对于同外界的交往是很重视的。"丝路"重镇莎车、龟兹、焉耆所设译长多达三四人,从一个侧面反映出这些地方东来西往的人员是比较多的,同时也表明其交通位置之重要。

西汉张骞出使大月氏,凿空西域,随从中特别提到胡人堂邑父。他既为胡人,自然应通一种或几种"胡语";又在长安生活过,应懂汉语。所以,堂邑父不仅是一名随从和向导,更重要的是他能为张骞承担起沟通语言的任务。也就是说,堂邑父当为汉文史料中所见中原与西域交往过程中可考的第一个"胡人"翻译人员。

佛教的东弘首先进入西域,再经西域传入中国的中原和其他地区,而汉晋时期西域僧人对佛教典籍的汉译在中西文化交流史上居功至伟。例如,龟兹高僧鸠摩罗什在长安译经时"率多谙诵,无不究尽,转能汉言,

---

① 法显著,章巽校注:《法显传校注》,中华书局 2008 年版,第 7 页。

音译流便"①。当时在高昌等地还设有译场，有一些僧人专事佛经的翻译。早期许多传入内地的佛经并不是从梵文直接译成汉文的，而是由西域当地的一些文字转译而来的，例如汉文中的"佛"一词就源于焉耆文（吐火罗文 A）中的 pät 或龟兹文（吐火罗文 B）中的 pud、pūd②，而汉语"和尚"一词则是从于阗语和疏勒语 a sana/a sana 译出的。③ 有关这一问题的论著已有很多，兹不赘述。④

二　唐代高昌的"译语人"

唐朝 640 年统一高昌以后，"丝绸之路"东段和中段不久就基本连为一体，东、西方在政治、经济、文化方面的交流也因之进入了一个新的发展阶段，"译语人"也在吐鲁番出土的唐代文书中出现。通过对"译语人"身份、地位及其作用的研究，就可以较为详细地了解到唐代西州各民族之间的关系，尤其是当地各民族民间交往的具体情况。

吐鲁番出土的汉文文书中提到"译语人"的主要见于阿斯塔那 210 号、61 号、29 号、188 号墓所出以下文书中（这些文书原系直书，今改横写，尽量保持原来的行文格式，并依次用通行的简体字迻录如下，最后附文书出土编号），这些文书均涉及了法律问题。

Ⅰ. 唐史王公□牒为杜崇礼等绫价钱事⑤

（前缺）

1.　　　　（上缺）管合（下缺）

2.　　　　（上缺）叁文（下缺）

---

① 释慧皎撰，汤用彤校注：《高僧传》，中华书局 1992 年版，第 52 页。

② 季羡林：《浮屠与佛》，收入季羡林《中印文化关系史论文集》，生活·读书·新知三联书店 1982 年版，第 323～336 页。

③ 林梅村：《和尚词源考》，1992 年敦煌吐鲁番国际学术讨论会论文。

④ 参见汤用彤《汉魏两晋南北朝佛教史》第十二章，中华书局 1983 年版；郭朋《汉魏两晋南北朝佛教》有关章节，齐鲁书社 1986 年版。

⑤ 《吐鲁番出土文书》第 6 册，文物出版社 1985 年版，第 70 页。

3. 高昌 （中缺） 人杜崇礼等

4. 上件物及（中缺）到。谨牒。

5.   四月一日史王 公 □

6.   紫绅绫等价及（后缺）

7.   译语人等（后缺）

        （后缺）   73TAM210∶136/10－3

Ⅱ. 唐西州高昌县译语人康某辩辞为领军资练事①

1. 高昌县译语人康（下缺）

            领（下缺）

2. 资练拾疋（下缺）

3. 辩被问付上

4. □但（下缺）

        （后缺）   73TAM210∶136/10－2

Ⅲ. 唐麟德二年（665 年）婢春香辩辞为张玄逸失盗事②

            （前缺）

1. 春香等辩：被问所盗张逸之物夜□更

2. 共何人同盗，其物今见（中缺）答□

            及今因（下缺）

3. 审：但春香等身是突厥（下缺）

4. 更老患，当夜并在家宿，实（下缺）

5. 依实谨辩。

6.   麟德二年   月   日

7.   译语人翟浮知□

            ｜ ｜ ｜③

8. 问张逸贰   □

————————————

① 《吐鲁番出土文书》第6册，文物出版社1985年版，第72页。

② 同上书，第465页。

③ 此为画指节符号，以下同。

（后缺）

66TAM61：23（a）、27/1（a）、27/2（a）

Ⅳ. 唐垂拱元年（685 年）康义罗施等请过所案卷①

（前缺）

1.　　　　　垂拱元年四月　日

2.　　　　　　译翟那你潘

　　　　　　　　｜　｜　｜

3.　　　　　连。亨　白。

　　　　　　　　　　　十九日。

···（文书连接缝）

5.　（上缺）义罗施年卅　｜　｜　｜

6.　（上缺）钵年六十　　｜　｜　｜

7.　（上缺）拂延年卅　　｜　｜　｜

8.　（上缺）色多年卅五　｜　｜　｜

9.　（上缺）　被问所请过所，有何来文，

10.　仰答者！谨审：但罗施等并从西

11.　来，欲向东兴易，为在西无人遮得，更

12.　不请公文，请乞责保，被问依实谨

13.　□　亨

14.　（上缺）　　　　　月　　日

　　　　　（后残）　　64TAM29：17（a）、95（a）

Ⅴ. 唐译语人何德力代书突骑施首领多亥达干收领马价抄②

（前缺）

1.　□ 钱贰拾贯肆佰文

2.　　右酬首领多亥达干马叁疋直。

3.　　十二月十一日付突骑施首领多亥达

① 《吐鲁番出土文书》第 7 册，文物出版社 1986 年版，第 88 页。

② 《吐鲁番出土文书》第 8 册，文物出版社 1987 年版，第 87 页。

4.　　　　干领。

　　　　　　　　　｜　　｜　　｜

5.　　　　　　　译语人何　德力

　　　　　　　　　｜　　｜　　｜

72TAM188：87（a）

　　文书Ⅰ、Ⅱ同出于阿斯塔那210墓中，虽均无纪年，但二者均属同墓所出《唐贞观二十三年（694年）杜崇礼等领军资案卷》之一部分，其时间应与之相当。文书Ⅰ中仅存"译语人等"数语，其姓氏亦缺；文书Ⅱ中存"高昌县译语人康"，故知该人应为"昭武九姓"之一的康姓粟特人。因文书Ⅰ、Ⅱ均属于同一案卷，疑文书Ⅰ中姓氏已缺的"译语人"即为文书Ⅱ中的"高昌县译语人康"。文书Ⅲ、Ⅳ中的译语人分别为"翟浮知□"和"翟那你潘"，均应是非汉族人。在文书Ⅲ中，译语人"翟浮知□"为突厥人春香等作其辩辞（口供）翻译，显然该人不仅懂汉语，而且懂突厥语，也许原来就是北方某游牧民族成员。文书Ⅳ中的"翟那你潘"在《康义罗施等请过所案卷》中担任译语人，案卷中不仅有康、安、史、曹、何等九姓粟特人，还有一些吐火罗人。"翟那你潘"应该是除了懂汉语外，还懂西域的其他语言，如粟特语和吐火罗语等，并能将它们译成汉语。文书Ⅴ中的译语人应是"昭武九姓"之一的何姓粟特人，该人能为突骑施首领多亥达干代写汉文领马价抄，说明他除了精通本民族的语言之外，还懂汉语和突骑施人所操的突厥语。

　　从以上分析中可以看出，吐鲁番所出土的唐代文书中所见的译语人基本上不是由汉族人担任。这些人不仅精通本民族的语言，而且还懂汉语甚至其他民族的语言，并在言语相异的民族之间的交流中起着桥梁的作用，其中九姓粟特人的表现尤为突出。粟特人在古代"丝路"贸易的商业活动中十分活跃，史称其"善商贾，诸夷多凑其国"[①]。他们的足迹几乎遍布了"丝绸之路"上的各个地段，其商业活动在古代"丝路贸易史"上占有重要的地位。世代以经商为业的粟特人在精通其他民族的语言方面，有着其他民族无法与之相比的传统优势。由他们担任译语人是再自然、再

---

　　① 《魏书·西域传》。

合适不过的了。这一点在吐鲁番所出的以上文书中得到了具体的表现。此外，从以上文书的分析中可以看到，粟特人不仅在古代"丝路"贸易的商业活动中起过重要作用，而且在沟通其他民族之间政治、经济、文化的交流方面也起着不容忽视的作用。

文书Ⅰ、Ⅱ中，粟特译语人康某在"杜崇礼领军资"一案中所扮演的不仅仅是一个译语人的角色，实际上文书Ⅱ是译语人康某本人的辩辞。这说明他自己已成了本案的当事人之一。至于他何以卷入此案，因文书有关内容已残，只好试作以下推测：第一，康某是杜崇礼领取军资时的见证人，后崇礼否认领取了军资，或有多领、冒领之嫌。案发后，康某被官府招去推问。第二，康某在此案中可能有"译语不实"之嫌，而被官府讯问。文书Ⅰ、Ⅱ均强调康某的译语人身份，故后者的可能性大些。不管怎样，从以上两件文书所反映的情况看，译语人已参与到唐代西州的政治生活之中。事实上，唐代对译人（译语人）失职诈伪有明确的处罚规定。《唐律疏议·诈伪》"证不言情及译人作伪"条云："诸证不言情，及译人诈伪，致罪有出者，证人减二等，译人与同罪。"注云："谓夷人有罪，译传其对者。"疏云："议曰：'证不言情'，谓应议、请、减，七十（岁）以上，十五（岁）以下及废疾，并据众证定罪，证人不吐情实，遂令罪有增减；及传译番人之语，令共罪有出入者：'证人减二等'，谓减所出入罪二等。'译人与同罪'，若夷人承徒一年，译人云'承徒二年'，即译人得所加一年徒坐；或夷人承流，译者云'徒二年'，即译者得所减两年徒之类。故注云，'谓夷人有罪，译传其对者'。律称'治罪有出入'，即明据证及译以定刑名。若刑名未定而知证、译不实者，止当'不应为'法：证、译徒罪以上从重，杖罪以下从轻。"① 用法律条文的形式将"译人"与"证人"同列，并对条文加以详细地举例解说，可见唐代对译人的重视。同时也说明，唐代各民族之间的交往是相当频繁的，译人的出现已是一个普遍的现象。如果文书Ⅰ、Ⅱ在译语人的职责方面的表述还比较模糊的话，那么在以下几件文书中的反映则比较明显。

文书Ⅲ按字面看应是婢女春香等人对案时的辩辞。辩辞中春香自称"身是突厥"。最后有译语人"翟浮知□"的押署。春香如果仅从姓名上

---

① （唐）长孙无忌等撰，刘俊文点校：《唐律疏议》，中华书局1983年版，第475页。

来看，似为一名汉族女子，而实际上她却可能是一名突厥女子，甚至根本不懂汉语。这种情况在当时还有一些，如在《唐西州高昌县上安西都护府牒稿为录上讯问曹禄山诉李绍谨两造辩辞事》文书中，粟特人曹禄山就称其阿兄"身是胡，不解汉语"①。所以，春香的辩辞当是用她本民族的语言——突厥语陈述的，由译语人"翟浮知□"从突厥语译成汉语记录下来。辩辞译语人"翟浮知□"在本人名下亲自画指押，表明他将对辩辞汉文文本内容的真实性和准确性负责。"传译番人之语，令其罪有出入者"，将按上引《唐律》有关条文，依法获罪并被处置。在文书Ⅵ，即康义罗施等人请过所的案卷中，有译语人（文书省写作"译"）"翟那你潘"本人的指节押署，依《唐律》的规定，他和前文件书中的译语人"翟浮知□"一样，也应对其所译辩辞的真实性负有法律责任。

文书Ⅴ是译语人何德力为突骑施首领多亥达干代写的收领马价抄。突骑施人多亥达干可能不懂汉语，在收到3匹马的钱（贰拾贯肆佰文）后，由译语人何德力代书汉文收条。本件文书末有两处指押，前者应为多亥达干的押署。在这里，译语人不仅代书领马价抄，而且还亲自画押，表明他需对所书抄的真实性向马价发、领双方负责。这样，译语人不仅有《唐律》中所说的在对案中"传译番人之语"的作用，而且还可以为那些不懂汉语的其他人代书各类有关的汉文文书，并帮助他们完成各自在高昌所进行的其他政治、经济活动。

译语人的出现绝不是一个偶然的现象，他是人们之间交流加强的必然产物。通过对上述吐鲁番出土唐代涉及法律文书中所见译语人的分析，可以看到，译语人当时一般由既精通汉语和本民族语言，又懂一种或几种其他民族语言的非汉族人，尤其是在"丝路贸易"中十分活跃的粟特人担任；译语人在当时案件审理过程中，为那些不懂官方语言——汉语的人充当翻译，并对所译内容的准确性和真实性负有法律责任。他们还为那些不懂汉语的人书写各种汉文文书，使这些人在高昌地区所从事的各种活动得以顺利进行。译语人已参与到唐西州的政治，经济生活之中，并发挥了中介的作用。这些译语人在唐代东、西方交流和中国民族关系中起着不容忽视的桥梁作用，在中国翻译史上也应占有一定的地位。

---

① 《吐鲁番出土文书》第6册，文物出版社1985年版，第471页。

第三节　吐蕃驿站制度在西域的实施

　　7 世纪中叶以后，随着吐蕃王国力量的壮大，其势力从青藏高原的腹心部位雅隆河谷发展到西至今中亚河中地区，北抵河陇，南达尼婆罗（今尼泊尔），东接唐境的广大地区。松赞干布即位后建立了一套完整的政治、军事和经济制度，政令的下达以及下情的上报通过一套系统完整的驿站制度来完成。这种驿站制度对维系整个王国的统一性，尤其是在交通比较困难的青藏高原、西域地区，其重要性是显而易见的。著名的《唐蕃会盟碑》上便记有:"每须通传，彼此驿骑一往一来，悉遵囊昔旧路。"①这可以说是吐蕃驿制存在的明证。

　　关于吐蕃驿站制度的情况，藏汉史籍中只有一些零星的记载，如欲恢复这一重要制度的全貌则很不易。在吐蕃驿制的研究上，张广达做了开拓性的工作。他在《吐蕃飞鸟使与吐蕃驿传制度》② 一文中利用甘肃省敦煌市文化馆所藏《十万般若颂》经卷写本的空白处所记的一份吐蕃驿传文书及国外所刊布的一些藏文文书、简牍，结合汉文史料，对吐蕃驿制的一些名称、组织体制及其作用作了一番十分有益的研究。但张氏等的研究还只是偏重于驿传制度③，对于吐蕃驿站制度实施的具体情况则谈得不多。

　　新疆维吾尔自治区博物馆考古队 1959 年、1973 年、1974 年在位于新疆若羌县的米兰遗址的一座唐代吐蕃古戍堡中先后发掘了一批藏文简牍，其中有一些关于吐蕃驿站情况的内容。王尧、陈践两位研究者对此进行了释读，并连同 F. W. 托马斯著作④中所收录的简牍一并分类释读，刊布出版了《吐蕃简牍综录》一书。这些珍贵的原始资料的刊布，使吐蕃驿站

---

　　①　王尧:《吐蕃金石录》，文物出版社 1982 年版，第 3 页。

　　②　文载北京大学中古史研究中心编《敦煌吐鲁番文献研究论集》，中华书局 1982 年版，第 167 ~ 178 页。

　　③　这方面的论文还有陈庆英、端智嘉《一份敦煌吐蕃驿递文书》，《甘肃社会科学》1981 年第 3 期。

　　④　F. W. Thomas, *Tibetan Literary Texts and Documents concerning Chinese Turkestan*, Part Ⅰ & Ⅱ, London, 1935, 1951.

制度实施的具体情况的研究成为可能。

一　驿路与驿传

吐蕃到西域的驿路大致有两条。其一是从逻些（今拉萨）出发沿唐蕃故道至青海湖附近，再沿古青海路由伏俟城（今青海共和县铁卜卡古城）经白兰（今青海都兰、巴隆一带）西至今格尔木，再西北经尕斯库勒湖，越阿尔金山至今新疆的罗布地区；或者经白兰西北至今大、小柴旦穿过祁连山到河西走廊的沙州，从此亦可以到罗布地区。[①] 其二是从逻些至于阗，再从于阗至罗布地区甚至沙州。探险家斯坦因在罗布泊地区发现的藏文木简中有"毕当及多赞森木抱于兔年夏季六月二十二日从和阗往鄯善城驿站驿传"[②] 的记载。另据阿拉伯地理学家格尔迪孜的记载，从吐蕃至于阗的道路是从所谓的"吐蕃可汗之门"出发，越过一座"有毒之山"，穿过一座由于阗人建造的处于两山之间的桥到达阿尔珊（Alshan），再北上至于阗。[③] 从吐蕃境内到于阗这条路是最短的，很可能被作为到于阗的驿路。从吐蕃在中亚地区活动的情况来看，此条驿路的开设时间当晚于前者。从于阗至罗布地区的驿路在吐蕃文简牍中被称为"官道"[④]。

吐蕃有一套完整的驿传系统。张广达据日本藏学家山口瑞风的研究指出："吐蕃宫廷的政令似从相当于唐廷的给事中的递送诏命大臣下达，由传送'王命'、'诏敕'的使者驰送目的地，交与有关军政要员。在接待使者的地方，有大、中、小机密书记、机密收集官、机密传布官以及机密书吏。他们依次公布下达的政令。反之，他们搜集的军政要闻也以同样的途径报向'给事中'和吐蕃宫廷。"[⑤] 来往使者按其使命来分有"信使"、"传令使"和"外交使"，而传令使很可能就是汉文史籍中所记载的"飞

---

① 周伟洲:《吐谷浑史》，宁夏人民出版社 1985 年版，第 135～136 页。

② 王尧、陈践:《吐蕃简牍综录》，文物出版社 1985 年版，第 135 条。

③ *Hudud al Alam*, *The Regions of the World*, translated and explained by V. Minorsky, London, 1970, pp. 135～136.

④ 王尧、陈践:《吐蕃简牍综录》，文物出版社 1985 年版，第 334 条。

⑤ 张广达:《吐蕃飞鸟使与吐蕃驿传制度》，载北京大学中古史研究中心编《敦煌吐鲁番文献研究论集》，中华书局 1982 年版，第 176 页。

鸟使"。接待这些使者的任务主要是由驿吏①承担起来的。

《吐蕃简牍综录》（以下简称《综录》）第 404 条记有："早餐至晚餐前，过往之人由驿吏接应。"但驿吏的任务并不仅限于此，《综录》第 136 条还提到："作为萨众驿吏，应去各自讯地。近来，有些地方，有情况，望勿懈惰，每日不忘查看驻地，马嘶和敌人踪迹……抓紧夜间巡逻，来敌……"在巡视中如发现什么情况，驿吏便有上报的责任。《综录》第 142 条说："悉诺谢之驿吏向大兄赞巴报告，于阗山一名坐哨于十一日夜逃跑，哨口空阗，无人防守。"这样，吐蕃在西域各驿站的驿吏就与所谓的守边"斥候"有某种相似之处，因为某些驿站的成员本身就是由斥候组成的。《综录》第 144 条就记有"虾蟆山四名斥候一个驿站"。在某些情况下，斥候甚至还负有传递信件的使命。如《综录》第 148 条记："我所写木牍信件，江朗孜以上之斥候速往鄯善递送。"第 330 条记："驻在倭东玉慕以上之斥候——林仁之斥候禀报：山上斥候请我驿吏及寮属助理二人向论当列大人报告，口粮已尽，烦驾请先送来，如不去突厥嘬尔，请将此木牍送往鄯善。"可见驿站和斥候的关系是很密切的。所以，产生驿吏巡视的这种情况并不奇怪。同时还可以看到，吐蕃的驿站制度与斥候制度似有某种合一的趋向，这种情况自然主要发生在边境地区。

二　驿站与驿站制度

从藏文简牍中可以看到，吐蕃在西域各个驿站中的成员除有驿吏外，还有驿站长和寮属、炊事人（伙夫）及伙夫之仆役等。《综录》第 49 条记有"桑倭儿部落驿站长官年几胡"；第 185 条记有"大必力中游的部落，驿站长包巴鲁穹"；第 296 条记有"鲁则泉之驿吏藏白梅，炊事人庐白布"。驿站各成员大致来自他们所在的部落，事实上，某些驿站就设在一些部落之中。如《综录》第 186 条记有"驿吏为喀若部落之朗鲁顿。寮属为管仓部落之萨东鲁道。男伙夫为那雪部落之拆通玛。伙夫之仆役为恰拉部落之甲木萨肖"；第 246 条载"驿吏系悉诺雪部落之孜宇容玛，寮

---

① 驿吏，藏文作 Tshi dpon。陈庆英在上揭文中据《太平广记》卷一五二引《嘉话录》所记，译作"置顿官"。

属为下郭包部落……之尼道岛固北方管丁部落之松西晓，君育悉诺雪部落之慕容卡尔"；第257条记有"北方管丁部落……期扎驿吏则玛杂"。这些部落当为所谓的行人部落，上引张广达文中所说的与驿传有关的人员属于行人部落的论断是可信的。

从藏文简牍所反映出的情况来看，在西域的吐蕃驿站一般是由4人组成的，其中包括驿站长、驿吏、寮属、伙夫等。除了上引第144条外，《综录》第301条还记有，"卓安之属民阔洛……在胡阿小堡，四吐蕃人驻……一驿站……驿吏在巴尔孜斯"。第313条更说："囊与处之堡塞有四名吐蕃人在一个驿站……。"但这种情况也并非是划一的，上引《综录》第186条中所记除驿吏、寮属、男伙夫、伙夫之仆役4人外，还应当有驿站长，共5人。这种5人的驿站中除有一名伙夫外还有伙夫之仆役，说明在驿站就食的不仅是驿站本身的成员，自然还包括有来有往的使者。张广达在上文所引由陈庆英、端智嘉译的敦煌吐蕃驿传文书中记有："派予护送骑士一名……行经牧区时，贝玛驿站以东供应口粮面粉一合，酥油一两。行经农区时，麦秀驿站以东供应面粉四掬，酥油一两。"张广达据此认为，吐蕃一定有一种划一的供应来往使者的制度，同时也指出："现有文献不能告诉我们吐蕃指派什么机构供应这些驿使。"[①]《综录》第38条记有："沙州使者十名……按一头毛驴能驮够三人吃一月之口粮计算，糌粑……克……升，二十二日使者动身。"联系上引驿传文书可以知道，吐蕃来往于西域的使者口粮主要由各驿站供应或自带，而且自带的可能性要更大些。从藏文简牍的记载来看，从于阗至罗布地区各驿站的粮食主要也是由上述这两个地方供应的。

此外，信使还可以领受所谓的"信使田"维持自身的生活。《综录》第13条就记有"扎热领受信使田一突"[②]。而驿站的供应则似乎主要由所谓的驿户来承担。日本学者池田温在《中国古代籍帐研究》中引用敦煌出土的吐蕃统治时期文书中记有，"右弟子薄福，离此木乡，小失翁母，处吁大蕃，配充驿户"。这些驿户的负担在当时是很重的，以至于造成了

---

① 张广达:《吐蕃飞鸟使与吐蕃驿传制度》，载北京大学中古史研究中心编《敦煌吐鲁番文献研究论集》，中华书局1982年版，第177页。

② 突，藏文作dor，吐蕃计量土地的单位。一突相当于10亩，参见姜伯勤《突地考》，《敦煌学辑刊》1984年第1期。

"受诸辛苦，求死不得。乃贪生路，饥食众生血肉"的悲惨情形①。在这种情况下，驿户们便纷纷起义，反抗吐蕃的残酷统治。斯坦因 S1438 号敦煌文书《书仪残卷》中便记有驿户氾国忠、邢兴、张清等发动的起义，使得吐蕃"人吏散乱，难与力争"②。

《册府元龟》卷九六一《外臣部·土风三》云：吐蕃"每驿百里。随水草而居，不常厥所"。王忠认为此"乃谓驿站随水草而居，不常厥所"③。笔者以为，此说值得商榷。作为驿站是不可能没有固定驻所的。上引《综录》第 136 条简牍亦明言驿吏有其驻地，而且吐蕃在西域的驿站有许多是设在堡塞之中的，如上引《综录》第 313 条记有"囊与处之堡塞有四名吐蕃人在一个驿站"。在米兰地区所发现的那个吐蕃堡塞显然也当为一个吐蕃驿站的驻地。《综录》第 299 条还记有"大夏和玉慕两驿站，在巴尔本（地名）……"。等等。这些至少说明吐蕃在西域的驿站是有固定驻所的，而并非是"不常厥所"。《册府元龟》所云当或指驿吏的巡视情况，或指牧区驿站所配驿户的游牧生活状况。此外，史乘的记载还表明，吐蕃驿站不仅有其常住之所，而且有些大的驿站还设有馆驿，供来往使臣、行人居住。如吐蕃勃令驿就有所谓的鸿鸿胪馆。④ 唐长庆元年（821 年）刘元鼎出使吐蕃时曾"至糜谷，就馆"；返回时吐蕃元帅尚塔藏就"馆客"其于大夏川。⑤《新唐书·地理志》"鄯州"条所记之"列驿"，在《旧唐书·吐蕃传》中便直呼其为"列馆"。这些馆驿在西域的一些驿站中也是应当存在的。

当然，与其他制度一样，吐蕃在西域的驿站也是逐步完善的。《综录》第 271 条便记有"在新巴尔本……此侧……增设一所驿站……颁令于部落"。不仅如此，从这枚简牍中还可以看到，吐蕃是如何利用其驿站对分布在西域各地的部落传达政令，实施管理和统治的。所以，从某种意义上来讲，驿站的增加就意味着吐蕃势力的扩张和对这一地区统治的加强。驿站制度在边远地区最重要的作用或许就在于此。

---

① 池田温：《中国古代籍帐研究》，录文第 251 条，1979 年版，第 546 页。
② 见史苇湘《吐蕃王朝管辖沙州前后》一文附录，载《敦煌研究》创刊号。
③ 王忠：《新唐书吐蕃传笺证》，科学出版社 1958 年版，第 15 页。
④ 《新唐书·吐蕃传》。
⑤ 《旧唐书·吐蕃传》。

正因为驿站制度有如此重要的作用，所以吐蕃对驿站的组织及驿传制度都有一套完整而严密的管理方法和规定。"吐蕃通过驿传发送的公文照例有有关官员的押署和日期，沿途签发也有极为严格的手续。公文信札分急件、平件，急件由骑士护送，沿指定路线、驿程昼夜兼行，而且一般使者不得与之结伴同行。诸如此类的细节具体反映了吐蕃驿传组织的严密，运行手续的完善。"① 新疆出土的藏文木简表明这些规定在西域也是通行的。如《综录》第 344 条记有"金册钟向尚悉诺热报告：已盖印送往于阗"；第 134 条记有"给巴本以下和突厥啜尔以上斥候之木牍：新增的（斥候木牍）不能遗失，专门送往鄯善，不得怠惰，夜以继日，偷懒惰怠而延误者严予惩罚"；第 135 条记有"毕当及多赞森木抱于兔年夏季六月二十二日从和阗往鄯善城驿站驿传：增加斥候之木牍急速递送，抓紧时间，不得延误（晚间住宿有定），如耽误或不送，将从严处罚"；第 266 条更记有"从和阗驿站发给鄯善岸本书信：一天一夜要行五个驿站，此木牍迅速紧急送往高齐巴。木牍不能按时到达或有失误，依法惩办。从和阗……日……"。由此可以看出，吐蕃在西域对于驿递的行程是有具体规定的。从"依法惩办"的记述来看，对于传递中的延期或失误的惩处，吐蕃还有一些法律性质的规定。另外，对于塘报公文的发送、接收，吐蕃更有许多具体的规定。如《综录》第 167 条记有"火速分驿站传递塘报，按顺序先后，不要错乱；若仍送不完，另派他人接替"；第 169 条记有"从甲玛往悉那都交付之塘报驿传大小木牍，交与住在悉诺都之驿吏"。从第 168 条所记"塘报驿传之背子，约有满满十七背"，可知当时从于阗到鄯善来往的公文还是有一定数量的，这从一个侧面可以反映出吐蕃在西域统治之严密和吐蕃驿站任务之繁重。

综上所述，可以看到吐蕃在西域实施驿站制度的情况大致如下：

1. 吐蕃在西域的驿站一般由 4 人组成，即驿站长、驿吏、寮属、伙夫；有的还有伙夫之仆役。

2. 驿站各个成员主要来自西域的吐蕃部落；有些驿站就设在当地部落中，有的则设在吐蕃在西域所建的堡寨中。

---

① 张广达：《吐蕃飞鸟使与吐蕃驿传制度》，载北京大学中古史研究中心编《敦煌吐鲁番文献研究论集》，中华书局 1982 年版，第 175 页。

3. 在西域的吐蕃驿吏除负责接待往来使者、传递塘报信件外，还有巡边的责任，与吐蕃的守边斥候有某种合一的趋向。

4. 驿站的供应主要由驿户承担，通过于阗或鄯善发往各个驿站；信使一般自带口粮，吐蕃还配以"信使田"维持信使的生活。

5. 对于驿传中的行程、顺序、交接方式都有严格的规定；对于驿传中的延期或失误亦有具体的惩罚措施。

6. 从来往于鄯善、于阗之间的驿传公文数量之繁多来看，吐蕃在西域的统治还是比较严密的。

第四节　唐末宋初于阗王国的社会经济

9 世纪中叶，随着吐蕃势力的衰落并逐渐退出西域，位于今塔里木盆地南部的佛国于阗摆脱了吐蕃的统治，重新又作为一个独立的地方政权出现在唐末宋初的西域历史舞台上。其王族尉迟氏（Visa' Vijaya'）得以复兴。

于阗王国自 851 年重建，至 1006 年前后为喀喇汗王朝所灭，前后延续 150 余年。在此期间，其在位国王可考者有：尉迟僧乌波（Visa' Sambhava，即李圣天，912～966 年在位）、尉迟输罗（Visa' Sura，967～977 年在位）、尉迟达磨（Visa' Dharma，978～982 年在位）、尉迟僧伽罗摩（Visa' Samgrama，983～1006 年在位）。[①] 于阗作为古"丝路"上的重镇，在这一段历史时期里对于推动西域与内地各王朝，尤其是与河西沙州归义军政权的政治、经济、文化交流，繁荣古代"丝路"贸易，仍然发挥着十分重要的作用。于阗王国的社会经济亦平稳地向前发展。

唐末五代以来，中原地区出现了战乱频仍、四分五裂的混乱局面，中央政权与西域的联系亦中断，关于这一时期于阗地区的详细情况在史乘中

---

① 参见张广达、荣新江《关于唐末宋初于阗国的国号、年号及其王家世系问题》，载《敦煌吐鲁番文献研究论集》，中华书局 1982 年版，第 202 页；收入张广达、荣新江《于阗史丛考》，上海书店 1993 年版。

亦鲜见记载。《新五代史·四夷附录三》于阗条云:"五代乱世,中国多故,不能抚来四夷,其尝自通于中国者仅以名见,其君世、始终,皆不可知。"事实上,于阗与中原的联系并未完全中断。后晋天福三年（938年）,于阗遣使来朝,石敬瑭册封于阗王李圣天为"大宝于阗国王"[①]。这一封号显然为于阗所接受。在敦煌藏经洞所出 P2793 号于阗文卷子中的"ttayi-pū yūttyenä kuhä：jinave"和"ttaya-pau yūttyaina kūauha"即为"大宝于阗"的于阗语对音,而这一卷子正写于李圣天统治时期,表明于阗仍然以中原王朝为宗主。

此外,北宋乾德四年（966 年）李圣天还遣其子从德入宋贡方物。[②]在这一历史时期,于阗与中原的联系虽不如从前及其后,但从敦煌所出土的文献的情况来看,于阗与河西诸政权的关系却至为密切。沙州归义军曹氏政权首领曹议金之女曾嫁与李圣天为后,而于阗公主李氏亦曾嫁给了曹延禄;李圣天与曹氏所生之太子李从德自幼生活在沙州,长大成人后回国继其父之位为新一代于阗国王,即于阗文文献中的"Visa'Sura"[③],并与沙州以甥舅相称。除联姻外,双方使臣往来不断,在敦煌石窟及所出文书中出现了大量于阗人活动的记载。所以,这一时期于阗与内地的政治、经济和文化往来主要体现在其与河西政权的关系中。正因为如此,敦煌所出文献对于探索于阗的社会经济情况也就具有特别重要的意义。

一　农业与园艺业

于阗有史记载以来就是一个以"绿洲经济"为主的地方,农业及园艺业较为发达。虽然这一时期史籍中有关这一方面的情况记载较少,但从

---

① 《册府元龟》卷九六五,中华书局 1960 年版。
② 《续资治通鉴》卷七"从德"作"德从",据研究当为敦煌 P3510 号卷子中的"从德"之讹。参见张广达、荣新江《敦煌文书 P3510（于阗文）〈从德太子发愿文〉（拟）及其年代》,载《1983 年全国敦煌学术讨论会论文集·文史遗书编》上册,甘肃人民出版社 1987 年,收入《于阗史丛考》。
③ 张广达、荣新江:《敦煌文书 P3510（于阗文）〈从德太子发愿文〉（拟）及其年代》,载《1983 年全国敦煌学术讨论会论文集·文史遗书编》上册,甘肃人民出版社 1987 年版。

汉唐及其后喀喇汗王朝统治这一地区的情况来推测，唐末五代及宋初于阗王国农业的基本格局当不会有太大的变化。从有关文献的记载中人们亦可以大略地看到于阗王国农业、园艺业的一些基本线索。《新五代史·四夷附录三》于阗条云："于阗，国地、君世、物俗见于唐。" 也就是说，于阗王国这一时期的农业生产情况大致与唐朝时相同。那么隋唐朝时这里的农业情况又是怎样的呢？《隋书·西域传》称：于阗"土多麻、麦、粟、稻……多园林"。曾经在于阗停留过一年的玄奘在《大唐西域记》卷一二中说："瞿萨旦那国（即于阗）周四千余里，沙碛太半，壤土隘狭，宜谷稼，多众果。出氍毹细毡，工纺绩絁紬，又产白玉、黳玉。气序和畅，飘风飞埃。"《新五代史·四夷附录三》于阗条云："其食，粳沃以蜜，粟沃以酪"，"有园圃花木"。《宋史·外国传六》记载说：于阗"土宜蒲萄"。可见，于阗国的农业仍以传统的稻、粟等农作物的种植为主，农业经济基本上处于平稳的发展状态，以葡萄等"众果"种植为主的园艺业在于阗的经济生活中占有一定的地位，是农业经济的重要补充。值得注意的是，玄奘所记载的"飘风飞埃"时期亲身经历，表明这里至少在唐朝的时候就已经出现了类似沙尘的天气（?），环境开始趋于恶化。

二　手工业

手工业是于阗的主要经济门类。于阗王国的手工业以酿酒业和玉石的开采与加工最为突出。这里的葡萄酒种类较多，有紫酒和清酒等；酿造工艺也十分成熟，所酿造的酒味道甘美，深受当地人民及往来商贾和使者的欢迎。《新五代史》记载说，于阗"以蒲萄为酒，又有紫酒、清酒，不知其所酿，而味尤美"。《宋史·外国传六》亦云：于阗"土宜蒲萄，人多酝以为酒，甚美"。

于阗是丝绸和蚕桑最早传入的地区之一，纺织业一直比较发达。后晋高居诲在天福三年（938 年）出使于阗时曾记载道："其衣，布帛。"[①] 这说明于阗王国的棉织业和丝织业仍然和以前一样。北宋乾德三年（965

---

① 《新五代史》卷七四。

年），于阗摩尼师入宋的贡物中还有"胡锦一段"①，当为于阗所产；既称"胡锦"，那么其织造工艺、纹饰等方面显然应当具有自己的特点。

于阗的玉石开采和加工具有悠久的历史，早在夏商时期，于阗的玉石就传到了内地。《新五代史》于阗传记载说："其河源所出，至于阗为三：东曰白玉河，西曰绿玉河，又西曰乌玉河。三河皆有玉而色异，每岁秋水涸，国王捞玉于河，然后国人得捞玉。"可见玉石的开采和使用在于阗王国是极为普遍的。北宋开宝四年（971 年）于阗使臣直末山入宋的国都朝贡时声称："本国有玉一块，凡三百三十七斤，愿以上进，乞遣使取之。"② 而李圣天在遣刘再昇入使后晋时一次所纳贡物就有玉石千斤。③ 可见于阗王国的玉石开采量是很大的。

于阗王国的玉石加工也是这里传统的一项手艺，其加工技术高超，种类繁多。仅从于阗与内地交往过程中所纳贡物里就可以见到玉甃、玉印、圭和玉枕等。从后晋天福三年于阗使臣马继荣所纳贡物中，还发现有红盐、郁金等，可见于阗矿产品的开采并不仅限于玉石一种，其矿产品的种类还是比较丰富的。值得一提的是于阗在建筑业上所取得的某些成就，当时在于阗国内著名的建筑就有金册殿、七凤楼等。④ 前面所提到的于阗摩尼师所纳贡物中还有琉璃瓶两个，疑为摩尼教之法器，或为于阗生产，亦未可知。

三　商业

于阗地当东西方交通要冲，汉唐以来贸易已较发达。在 9 世纪中叶摆脱吐蕃的统治之后，由于伊斯兰教势力在中亚的扩张，作为佛国的于阗便处于抵抗伊斯兰教势力扩张活动的前沿，其与西方的贸易关系因此受到影响而有所减弱，并经常与吐蕃相攻劫。

于阗在传统上一直与中原王朝保持着一定的政治、经济和文化联系。在当时的这种形势下，于阗王国便自然进一步加强和巩固与内地，

---

① 《宋史》卷四九○。
② 《新五代史》卷七四。
③ 《宋史》卷四九○。
④ 参见《新五代史》卷七四。

尤其是与沙州归义军政权的关系。除了与曹氏政权联姻外,于阗还频繁地向内地遣使。从敦煌所出的文书来看,于阗的使臣、僧侣乃至宰相、尚书、公主、太子等都曾往来于两地之间。10 世纪的敦煌留下了一些有关他们在此活动的材料。P2704 敦煌文书中记载道:"东朝奉使,早拜天颜;于阗使人,往来无滞;于阗使人,回骑无虞。朝廷奉使,驲骑亲宜;于阗专人,关山不滞。"正因为于阗和内地一直保持着人员往来,所以才保持了双方的商贸往来。

据研究,于阗与沙州归义军政权的交往始于 901 年①,其最初的交往就带有浓厚的商业色彩。敦煌 S4359 卷子中所抄《谒金门·开于阗》词云:"开于阗,锦绫家家总满。奉戏生龙及玉碗,将来百姓看。"显然,这种商业贸易对于双方的经济都是大有裨益的。词中所言"锦绫家家总满"的情况,在当时的沙州存在两种可能性。一是通于阗后,由于恢复了和西域的联系,沙州准备了充足的锦绫用于与于阗的贸易;二是因为通于阗后,大量于阗的锦绫流入了沙州。笔者以为第一种可能性不大,原因在于当时中原正处于战乱之中,沙州曹氏政权和中原地区基本处于半隔绝状态,无法从内地获取充足的丝织品,而敦煌受自然条件所限,丝织品的产量十分有限,似不大可能有大量的锦绫输出到于阗;而于阗本地亦产蚕桑,有一定规模的丝织业,满足自己的需要应该不会有太大的问题;在今中亚联结中国中原与西方的通道为伊斯兰势力占据后,双方处于敌对状态,影响到于阗与西方的贸易,故也不大可能需要从内地输入大量的丝绸用于和西方的贸易;此时位于河西走廊最西端的沙州与内地的联系不甚畅通,故无法从内地获取足够的丝织品,甚至可能因此产生丝绸短缺现象,自然更不可能有大量的输出了。于阗不仅有一定规模的丝织品生产,而且前面所提到的摩尼师还曾经以"胡锦"入贡,说明于阗生产的丝织品除了满足自身的需要外还能够输出一部分。所以,当于阗与沙州建立联系以后,于阗丝织品输入沙州,缓解了那里的供应紧张状况,受到当地居民的欢迎当亦在情理之中。也就会出现"开于阗,锦绫家家总满"的喜人景象。如果以上推断不误的话,那么很可

①　参见张广达、荣新江《关于敦煌出土于阗文献的年代及其相关问题》,载《纪念陈寅恪先生诞辰百年学术论文集》,北京大学出版社 1989 年版。收入《于阗史丛考》。

能出现了于阗所产丝绸向东方输入的有趣现象。当然，这种情况也许只是暂时的。在 P2638《后唐清泰三年（936 年）六月沙州倮司教授福集等状》文书中有"锦绫壹匹，于阗僧鞔衣用"的记载，但也不能由此排除沙州所供于阗僧人的锦绫原产自于阗的可能性，只是说明此时沙州的丝织品可能已经比较充足了。

于阗对外贸易的另外一项重要商品就是玉石和玉器。于阗的玉石一直以其高品位而闻名于世，在于阗文文献中于阗有"玉国"（ranījai janavai）之称。于阗在遣使贸易中最常见的就是玉石和玉器。如后晋天福三年（938），李圣天遣使马继荣贡玉甑，后又复遣都督刘再昇献玉千斤及玉印、降魔杵等[1]；北宋建隆二年（961 年）李圣天遣使贡圭一，以玉为柙，玉枕一。开宝四年（971 年）于阗使臣直末山前往赵宋朝贡时说，"本国有玉一块，凡三百三十七斤，愿以上进，乞遣使取之；其国太子总尝贡玉欐刀"[2]。上引《开于阗》词中的"玉碗"很可能亦是从于阗输入的。

于阗对外贸易的商品虽然是以玉石、玉器和丝织品为主，但也并不仅限于这些。马继荣使晋时所纳贡物中除了玉器外，还有红盐、郁金和氂牛尾等。中原王朝回赐的物品有"书及器币"等。开宝四年，于阗王上书宋朝，"自言破疏勒国得舞象一，欲以为贡，诏许之"。[3] 当然，于阗与中原王朝的这种贸易往来从总体上来看，其政治意义要大于经济意义。

众多于阗使臣、僧侣在沙州的活动十分令人瞩目。在敦煌所出有关于阗僧、使的卷子中，大都是沙州为他们提供食物的记录。沙州所供的食物包括油、面、粟、胡并（饼）、胡油并（饼）子、灌肠面、截饼小食子，还有酒、肉甚至供马食用的麸及薪柴等。[4] 所供食物的数量和种类都是比较多的。除了沙州官方的供食外，还有众多的供食，尤其于阗僧侣的供食是由沙州的有关佛寺提供的。从当时于阗与沙州僧界的密切关系来看，沙

---

① 《新五代史》卷七四。

② 《宋史》卷四九○。

③ 同上。

④ 参见张广达、荣新江《关于敦煌出土于阗文献的年代及其相关问题》所列资料 1～21 条，载《纪念陈寅恪先生诞辰百年学术论文集》，北京大学出版社 1989 年版。收入《于阗史丛考》。

州也可能有许多僧侣去了于阗，而于阗众多的僧侣就需要有一定的寺院经济做依托，开展佛事活动和接待外来僧侣。在玛札塔格出土的《唐于阗神山某寺支用历》文书中记道：该寺曾经"出钱壹伯捌拾文，西旧园状，请两处掏渠，乡原沽酒，供百姓用，付直岁僧智寅"；"十三日出钱叁仟玖百壹拾文，价彩帛贰拾叁匹，匹别一百七十文"。由于材料缺乏，有关于阗寺院经济的情况暂时还无法详知，但是有一点是可以肯定的，僧侣众多的佛国于阗和高昌、沙州一样，应该有规模相当的寺院经济的存在，用以保证其佛教事业的发展。

　　在唐末宋初这一阶段，于阗王国社会经济的发展情况总的来讲似乎不如汉唐甚至其后突出，这或许部分是由于史乘缺失的缘故。但有一点是不容忽视的，那就是这一段时期由于伊斯兰教势力的东侵造成的东西方"丝路"交通的暂时阻断而对于阗社会经济产生的影响。虽然于阗一直与沙州保持着联系，但是过境贸易无疑因为"丝路"西段的阻断而大大减少，这一点对于当地社会经济的发展显然要产生或大或小的影响。事实上，随着 1006 年前后喀喇汗王朝对于阗征服的完成，"丝路"南道的重新开通，于阗作为该王朝与内地贸易通商的窗口又重新发挥了其应有的作用。[1] 这足以说明东、西方"丝路"交通的畅通对于西域"绿洲"地区社会经济的发展发挥着何等重要的作用了。

---

[1]　参见程溯洛《〈宋史·于阗传〉中几个问题补证》，载《唐宋回鹘史论集》，人民出版社1994 年版。

第六章

10世纪前中国西北边疆的演进:特点与规律

作为现代中国西北边疆（即古代狭义上的西域，主要包括天山山脉南北在内的今新疆地区），尽管其疆界的具体范围在历史上曾经历了一个十分复杂的变化过程，并在不同时期呈现出不同的特点，但是其边疆属性却从未改变。10世纪前中国西北边疆的发展在大致相似的政治环境、文化环境与民族分布格局下也呈现出阶段性的特点，具有一定的规律性。

第一节　西北边疆:内涵与外延

在认识和探索10世纪前中国西北边疆发展的规律和特点之前，有必要对这一时期决定和影响西北边疆发展的几个要素作一分析。

中国古代历史上的西北边疆是东亚历史和文化条件下的产物，在对边疆和边界层面上的理解和定义上具有自己特定的内涵和外延，并不完全等同于近现代意义上的国家边疆和边界。即使在西方，其边疆也经历过从传统边疆向近代边疆的转变。[①] 所以，古今中外，边界（或疆界）和边疆原本就是两个范畴不同的概念，两者既有区别又有联系。[②] 从理论上来讲，近代的边界通常指的主要是政治边界，即两种或两种以上的政治实体（国家或势力）在地理上的分界线，或者行使主权的地理界线；其中包括

---

① 章永俊：《西方近代边疆理论的初步发展》，《中国边疆史地研究》2005年第2期。
② 张世明、龚胜泉：《"边疆"一词在世界主要法系中的镜像：一个语源学角度的考察》，《中国边疆史地研究》2004年第6期。

领地、领空、领海等方面的内容，具有较为明确的客观（包括山川、湖泊、岛屿等自然标志）和主观（如领空、领海、经纬度等人为测度或想象的界线）界线，以及法律，如国际法所规定的具有一定普适性的划分标准与原则。近代意义上的边疆一般则指的是主权国家政治边界内的边缘地带，属于内政范畴，又因为国情的不同而具有各自特定的划分原则和标准。但是，与近现代意义上具有较为精确划分标准的边界不同的是，古代中国西北部的边疆界线实际上却往往是"模糊"的，所指的往往是地区或地域概念，即历史上的所谓的西域。历史上西北边疆地区尽管也存在有烽燧线、交通线以及所附属的守捉、驿站等设施，但是它们更多的是属于驻防和服务性质，用于保障中央政令的下达、沿边地区的稳定以及来往使者、商贾的安全和供给，并不是近代意义上的边界线；西北沿边地区主要是处在羁縻状态下的一种"地带"，严格意义上的近代边界分界线显然并不存在。有疆无边乃是近代前中国西北边疆的一种常态，所以中国历史上所谓的边界地区称之为边疆地区也许更符合事实，而这里也主要是在边疆的范畴上讨论这一问题。

中国西北边疆的历史发展是一个相对连续和稳定的过程。即使在中原地区处在分裂割据的状态下，只要条件成熟，各政权、各民族无不以"大一统"为终极的追求目标，其中自然也包括对前朝（不管是汉族还是其他民族建立的）边疆"遗产"的继承。[①] 所有这些，在10世纪前作为中国历史上西北边疆的西域地区（主要指今天山山脉南北两侧地区）的发展演变上表现得尤为典型。西域地区自西汉首次纳入中原王朝的边疆版图后，经过魏晋南北朝的分裂割据时期，至唐代复归一统；在这一历史时期，西北边疆既经历了开拓、稳定和演变等时期，又分别处在大一统形势下中原王朝有效治理、管辖以及分裂形势下内地地方割据政权统摄的状态，边疆发展的各种形态尽皆呈现，可作为一个完整的发展阶段予以考察。

就中国西北边疆而言，在这一时期决定和影响其形成与发展的要素主要包括主体、客体和旁体等三个方面，是以上三种因素共同作用的结果。作为历史上中国政治和文化中心的中原或内地王朝是中国西北边疆的主

---

① 　马大正：《中国疆域的形成与发展》，《中国边疆史地研究》2004年第3期。

体；它不仅规定着中国西北边疆的基本政治和地理属性，而且还决定着中国西北边疆发展的基本历史走向，是影响中国西北边疆发展的主导性力量。中国西北边疆则是相对于中原或内地王朝而言的客体范畴；它是作为中原或内地王朝西北部的边疆而存在的，是中原或内地王朝政治疆域的有机组成部分，并随着作为主体的中原或内地王朝的政治变迁而变化和发展。北方游牧民族政权是影响中国西北边疆发展的旁体因素；它一方面作为仅次于主体的政治力量而对中国西北边疆地区施加各种影响，另一方面又在与中原或内地王朝的对抗中促进了中国西北边疆的形成。中国西北边疆发展的主要特点就是在以上三种因素共同作用的基本框架下出现的。

　　中国古代历史上的西北边疆也与近代意义上的国家的西北边疆不同，它实际上至少包含两个方面的内容，即"政治边疆"和"文化边疆"。[①]所谓政治边疆指的是以正统自居的内地或中原王朝（包括汉族和其他民族所建立）政治势力所及的西北边缘地带，其中既包括华夏族所居住的传统边缘地区，也包括朝贡体制下周边民族活动的地区；中原王朝对此所采取的统治方式也明显不同，前者是郡县制下的直接管理，而后者则是在羁縻状态下的"因俗而治"或者朝贡体制下名义上的"臣属"。文化边疆则具有相对明确的疆界，一般指的是华夏族与周边民族的分界线，在中国北部大致相当于传统的农业与牧业分界线，西北部则基本在今甘肃河西走廊西端的阳关、玉门关一线。但是，西北文化边疆的疆界也只是一个相对的概念，它一方面与该地区民族分布格局密切相关，另一方面也随着民族迁徙、杂居、融合而改变。随着魏晋以后大量的内地和中原人士迁徙、定居西域，中原文化亦整体移植到西北边疆的某些区域，郡县制在今吐鲁番盆地等地也得到了建立和实施，西北"文化边疆"的疆界一度延伸到西域腹地；而匈奴、鲜卑、羯、氐、羌等民族内迁中原一些地区，则使得这条"文化疆界"被打破。正因为如此，"文化边疆"实际上也是包括在"政治边疆"之内的；它既不能等同于"政治边疆"，更不能作为划分"政治边疆"疆界的依据。事实上，西北边疆的政治、文化的两分，与历

---

　　① 有学者将中国历史上边疆的含义归纳为政治、军事、经济和文化等四个方面。参见马大正、刘逖《二十世纪中国边疆研究》，黑龙江教育出版社1998年版，第2页。事实上，在中国边疆发展史上，相关的军事和经济活动不妨可视为政治的延续。

史上中原王朝长期以来所处的强势政治和经济地位、占统治地位的儒家文化中的"天下观"和"民族观"，以及西北边疆地区的民族分布格局是密切相关的，两者原本就相辅相成。学界对此已有专论①，此处不赘。

第二节　西北边疆的演进：规律与特点

从地理形态来看，今新疆地区北部的阿尔泰山，南部的昆仑山、喀喇昆仑山和青藏高原，以及西部由昆仑山、喀喇昆仑山和天山形成的巨大山结——即有"世界屋脊"之称的帕米尔高原，呈字母"C"状分布，使西域地区成为一个相对封闭的地理单元，并将其与今欧亚大陆西部（今中亚及更远的西亚等）和南部（青藏高原）隔绝开来。无论是历史上强大的亚历山大帝国、波斯帝国还是阿拉伯帝国，均止步于帕米尔高原，从而使得天山南北极少直接受到来自西部的政治和军事影响。但在西域北部，阿尔泰山、天山不仅没有阻挡住蒙古草原游牧民族南下的马群，而且其山间的森林、草原反而成为许多游牧民族生存和发展的重要基地，更何况两山之中一些纵向沟谷原本就是连接南北的天然交通线，成为北方游牧民族影响和控制西域的主要通道。西域东部则并不存在西部、南部和北部那样的天然地理屏障，而是呈一种自然开放态势，且通过河西走廊与内地相连接，为中原王朝拓展西北边疆提供了相对有利的自然条件。在此种地理条件下，北方游牧民族与中原农业王朝自然成为影响西域政治局势的主要因素。这样，西域地区事实上便成为中原王朝或北方游牧政权的"势力边疆"，其归属亦随着各方势力的消长而变化着。7世纪崛起于青藏高原的吐蕃向北扩张，虽然一度改变了中原王朝与北方游牧政权对抗这种基本格局，但也只是这一时期中国西北边疆发展史中的一个短暂"插曲"。一般来讲，古代边疆的形成基本是主体与一种或一种以上旁体因素相向博弈的结果。但是在西域这样的地理环境下，作为主体的中原或内地王朝，对其西北边疆发展影响最大的旁体因素最初并非来自与之相对的西方或南方，而是来自北方。易言之，北方游牧民族与东方农业民族的角力是这一时期

---

① 李大龙：《传统夷夏观与中国疆域的形成》，《中国边疆史地研究》2004年第1期。

中国西北边疆发展的突出特点。

从经济类型上来看，南农北牧的经济格局是作为客体的古代西北中国边疆的西域地区的主要特征，它对西北边疆基本的政治和民族分布格局起着决定性作用。横贯中部的天山山脉大致将西域划分为南北两部分，并在相应的自然环境下形成了天山北部的游牧经济区和天山南部的"绿洲"经济区。不同时期漠北草原游牧民族政权的交替勃兴与势力的扩张，直接影响着天山北部游牧经济区的归属以及民族分布的变化；而天山南部被戈壁沙漠所分割的众多绿洲上则自然形成了一些大小不一、以绿洲农业为主的政权群。在这种格局之下，天山南部自然成为中原王朝经营西北边疆的主要依托和基地，而天山北部则被游牧民族视为自己当然的势力范围；因之，中原农业王朝和北方游牧政权的对抗的基本格局又从"长城"（大致的农业与牧业分界标志）一线延伸到西北边疆地区。

从政治态势来看，10世纪以前的这一历史时期作为中国西北边疆的西域地区事实上是有着各种规模的政权群存在的。诸如西汉时所谓的"三十六国"，东汉时一度发展到"五十余国"，而经过东汉末年的兼并演变为"二十国"。[①] 至魏晋初天山南部大致形成了以鄯善、于阗、疏勒、龟兹、焉耆、高昌等为中心的几大较为稳定的政治势力，并一直延续到唐末五代。天山北部则相继成为塞种、月氏、乌孙、匈奴、柔然、高车、嚈哒、铁勒、突厥等游牧民族活动的历史舞台。天山南部诸绿洲大小不一，几乎每一个绿洲上都曾出现过规模不等的城郭国。魏晋以后，几个较大的政权虽然兼并了周围的一些小绿洲，但仍没有一个具备统一所有绿洲的实力。其原因除了自然环境（戈壁、沙漠）的相对隔离、"绿洲经济"的局限性之外，还有一个主要因素就在于各绿洲民族的多样性和文化的多元性。仅就语言文字而言，古代西域地区便是"国国胡语不同"[②]。例如，这一时期鄯善国流行犍陀罗语，使用佉卢文；于阗国流行塞语，主要使用婆罗迷文，还曾使用过佉卢文；龟兹、焉耆等国则流行吐火罗语，使用的是一种婆罗迷文斜体的变体文字；中原王朝的统治则使得汉语和汉文通行

---

① 《三国志》卷三〇，注引《魏略·西戎传》。参见余太山《两汉魏晋南北朝正史西域传要注》，中华书局2005年版，第329～330页。

② 章巽校注：《法显传校注》，上海古籍出版社1985年版，第8页。

西域,至魏晋以后随着内地人士的不断迁入,甚至在今吐鲁番盆地出现了一个以汉文化为主体的高昌王国。① 在这一历史和文化背景下,中国西北边疆地区在相当长的一段时期里没有出现一个统一的政治实体就显得不奇怪了。由于没有一个统一的、足以与中原王朝和北方游牧政权相抗衡的政权或政治实体,西域诸城郭国往往采取"两属"的策略②,视不同时期周围政治态势的变化而决定各自的政治取舍,从而使得中原王朝西北边疆的实际范围或有伸缩。

在上述地理形态、经济类型和政治态势的基本格局下,历代中原王朝对中国西北边疆的拓展往往肇始于稳固北部边疆的战略目标。事实上,北方游牧政权和中原农业王朝的对抗贯穿于中国古代历史发展的大部分时间,前者一直是后者最大的威胁。从秦朝开始,处于农业经济与牧业经济分野带上的长城沿线大致成为双方较为明确的分界线,也就是两者相对稳定的政治地理边界。但是,这条长城边界线对于中原农业王朝而言实际上只具有某种象征性的防御意义,它在事实上从来就没有能够真正阻挡住北方游牧民族的南下。和平时期正常的农牧经济交流与战争状态下对南部农业区人口和资源的掠夺成为北方游牧民族经济社会发展的必要补充形式。在南北力量均衡,发生对抗和战争,正常交往中断的形势下,如果说相对自给自足的中原农业王朝还能够维系自己的统治的话,那么对于经济生活单一的北方游牧政权而言,整个中国北部地区包括天山南北在内的西域地区不仅可以为其提供必要的物力与人力资源,而且也为其与中原王朝周旋提供了足够的活动空间,在事实上这些地方成为游牧政权的战略大后方。正因为如此,即使在与北方游牧政权的对抗和战争中处于优势,甚至军事力量深入漠北腹地的形势下,中原王朝既无法彻底消灭其有生力量,又不可能占据其地,最终只得退回到被动防御状态。而良好的机动性和广阔的活动空间使得北方游牧政权在大多数情况下掌握着战争的主动权。当单纯地经营北方并不能彻底解决问题的时候,中原王朝才逐渐意识到河西和西域地区对于双方,尤其是对于北方游牧政权的战略性意义。因之,经营西北边疆也就成为中原王朝必然的选择,西北边疆的拓展于是付诸实施。汉

---

① 参见余太山主编《西域文化史》,中国友谊出版公司1995年版,第103页。
② 汉武帝时楼兰王尝云:"小国在大国间,不两属无以自安。"参见《汉书》卷九六上。

武帝时开河西"隔绝羌胡"与张骞"凿空"西域,其战略目标都是为了"断(活动在其北方的)匈奴右臂"①,阻断其赖以生存和发展的资源命脉,从根本上解除来自北方的威胁。中国西北边疆拓展的初始意义正在于此。延至北朝、隋唐,中原或内地王朝与柔然、突厥不断争夺西域,其意义也在于此。

从主体与客体的关系来看,多种体制并存也是这一时期中国西北边疆发展史上的显著特点。在朝贡和藩属体制之下,中原王朝的"羁縻统治"、"因俗而治"长期以来就是统治西北边疆尤其是当地民族的主要策略;其在西域设置的各类职官基本属于"监统"或"督察"的性质,主要职责在于维护边疆地区的稳定和安全,协调诸民族、政权之间的关系,并不触及西域地方政权的内部统治体制;魏晋以后郡县制的实行则主要是针对内地移民。"游军而治"② 是游牧政权影响和控制西域的主要形式,其终极目标则是为了获取当地的财富和资源。此外,为了加强对西域的统治与控制,中原王朝与游牧政权双方不约而同地采取了派驻官员"监统"的措施,西汉在西域所设置的"西域都护"与匈奴派驻的"僮仆都尉"都属于此种性质。③ 但是相对来讲,中原王朝在中国西北边疆的统治体制更加严密和完善,这主要体现在驻军与屯田一体的统治方式上。在这一历史背景下,西域各国原有的统治体制得以保存和延续。一方面,在前伊斯兰时期,西域地区一直没有形成一个统一的地方性政权,诸国各自为政;另一方面,甚至在中原王朝和北方游牧政权的直接控制下,天山南部的各城郭国各自完整而相对独立的统治体制依然与前者的统治体制并存。

边疆问题与民族问题一体化是中国古代西北边疆发展史上的另一个特点。边疆问题与民族问题原本是既有联系又有区别的。前者主要是对外而言的,涉及的是两个或两个以上独立政治实体相关的边疆事务或势力范围;而后者一般指的是各个政治实体的内部事务,涉及的一般是其各自治理范围内的民族和民族关系。但是在"溥天之下,莫非王土"的"天下观"以及"华夷之辨"的"民族观"的指导下,中原王朝所谓的边疆不

---

① 《汉书》卷九六下。

② 杨衒之撰,范祥雍校注:《洛阳伽蓝记校注》卷五,古典文学出版社 1958 年版。

③ 李大龙:《都护制度研究》,黑龙江教育出版社 2003 年版,第 53 页。

仅是政治边疆,更是一种文化边疆;其现实边疆既是政治势力所能达到的边缘地带,同时也是华夏民族与其他民族的文化分野之处,亦即所谓的"化外之地"。正因为如此,经营中国西北边疆实际上被中原王朝视为管理少数民族区域事务或处理与周边少数民族关系的问题,所谓"事征四夷,广威德"①,两者原本是二位一体,并没有严格的区别。与此相应的是,边疆民族政策的制定以及民族关系的处理亦主要服务于藩属制度体系框架的协调与稳固。这样,边疆政策与民族政策通常亦联系在一起,而边疆问题则常常又以民族问题的形式出现。② 如何处理边疆民族事务便成了中原王朝经营边疆的核心问题。

对于中原王朝而言,作为西北边疆的西域地区不仅在文化上与内地差别很大,当地绝大部分居民甚至在体质特征上也与华夏族存在明显的区别,更是被作为"化外之地"和"化外之民"看待的;作为边疆而言,其政治和军事意义似乎大于文化意义。虽然西域地区的战略地位极为重要,但是漫长的交通线和沿途恶劣的气候与自然条件,天然形成的地理距离与障碍,无疑加大了中原王朝的控制和管理成本,只有在国力足够强大的时候才得以维系中原与西域的关系。即使如汉唐这样的"盛世"与"国力",一旦西域多事,朝野上下有关西域的"舍弃"之论亦时常甚嚣尘上。至于在魏晋南北朝那样的分裂割据时期,中原或内地王朝在政治上和军事上无暇西顾,主体和客体的关系则主要依靠经济和文化联系所维系,作为旁体的北方游牧民族反而成为左右中国西北边疆政治形势的主要因素。所以,中原王朝的盛衰、国力的强弱也就成为影响中国西北政治边疆伸缩的决定性因素。

9 世纪 40 年代,随着回鹘人的大量迁入,西域地区以吐鲁番盆地为中心开始进入回鹘化时期;10 世纪初中亚地区的操突厥语民族开始皈依伊斯兰教,并随之出现了第一个以伊斯兰教为国教的突厥语民族政权——喀喇汗王朝;伊斯兰教借助该王朝政治和军事势力的扩张进入到西域南部,并进而向北发展。从此,回鹘化与伊斯兰化逐渐在西域合流,并经过近 500 年的发展,基本完成了天山南部民族与文化的重新整合。中国西北

---

① 《汉书》卷九六上。

② 李大龙:《西汉王朝藩属体制的建立和维系》,《学习与探索》2005 年第 3 期。

边疆地区民族多样性和文化多样性的局面就此改变，当地的发展亦因之进入到了一个新的历史时期。但这也并未改变西域作为中原王朝西北边疆的性质。逮至近代，随着西方列强的扩张，中国传统的"天下观"和"民族观"遇到前所未有的挑战，边疆游戏规则的制定权易手，原有的边疆统治体制彻底崩溃，边疆危机遂全面爆发。

第七章

宋代至元代的西域:边事与边政

第一节　耶律大石西迁中亚

12 世纪 20 年代，辽朝的契丹贵族耶律大石因为与天祚帝政见不和，率部西迁西域和中亚地区。在复国无望的情况下，他巧妙地利用当地各族的力量，结束了这一地区分裂割据的混乱局面，建立了西辽王朝。"这是八世纪唐在中亚的军事力量败于大食后，华夏政治势力的复归，是汉文化在伊斯兰世界中的成功的渗入。"① 在中原内地陷入南北对抗，无暇西顾的形势下，西辽王朝较为有效地处理了当地纷繁复杂的民族和宗教矛盾，维持了长达 88 年之久的统治，并在中亚和西域地区产生了极为深远的影响。

一　耶律大石西迁前中亚和西域地区的形势

从漠北回鹘汗国灭亡的 840 年到耶律大石西迁前的近 400 年间，西域地区和内地一样也陷入了分裂与割据的局面。正是在这个混乱的背景之下，以西迁回鹘为主的突厥语族诸民族逐渐成为西域地区的主导力量，出现了高昌回鹘王国、喀喇汗王国等政权。而以喀喇汗王朝为首的突厥语民族开始接受伊斯兰教，逐渐伊斯兰化，"佛国"于阗最终被喀喇汗王朝所吞并，今塔里木盆地南部地区的民族分布格局和文化面貌也因此发生了根

---

① 参见邓锐龄《〈西辽史研究·序〉》，宁夏人民出版社 1987 年版，第 1 页。

本性的变化。高昌回鹘王国成为西域地区完成伊斯兰化之前，佛教、摩尼教、景教和袄教等多种宗教文化并存和发展的最后繁荣期。

唐咸通七年（866 年），驻牧在北庭（今新疆吉木萨尔）一带的回鹘"大酋"仆固俊率部击败吐蕃，并占领了西州（高昌，即今新疆吐鲁番）和轮台（今乌鲁木齐）等地，从而基本确立了西迁回鹘在天山南北地区的统治。高昌回鹘王国从此正式建立，它在汉文文献中被称为西州回鹘，在穆斯林史料中则被称为"九姓乌古斯国"（Toghuzghuz）。[①]

有迹象表明，在高昌回鹘政权建立后的一段时间里，作为统治者的回鹘人依然保持着游牧民族的生活方式，以高昌为冬都，以北庭为夏都。北宋太平兴国六年（981 年）四月，王延德出使西域抵达高昌时，被回鹘可汗在避暑的夏都北庭接见。王延德在北庭所看到的情况是：北庭"地多马，王及王后、太子各养马，放牧平川中，弥亘百余里，以毛色分别为群，莫知其数"[②]。但是汗国的政治中心仍然在高昌，北庭则是传统的农业区，在回鹘可汗避暑夏都的时候，通常是任命一位大臣留守高昌。[③] 在中国历史上许多游牧民族建立的政权大多采取这种统治方式，这样既可以保持本民族传统的生活方式，又可以保持游牧民族骑兵在军事上的优势；同时，又能有效地保证对农业区的控制和统治。但是这种农牧兼顾的统治方式往往由于游牧统治集团的腐化而逐渐走向崩溃，最终变得有名无实。

高昌回鹘王国的统治区域大致包括今天新疆哈密以西、阿克苏以北和伊犁以南的地区。汗国境内民众成分复杂，除了包括回鹘人在内的一些突厥语系诸族外，还有境内各地从事商业的中亚粟特人以及活动在罗布淖尔一代的众熨（仲云）人（两者均属于印欧语系民族），而因唐末战乱被阻滞在高昌的汉族人应该也成为了王国的臣民。[④] 在高昌回鹘汗国存世 500 多年的时间里，这些民族应该最终都融入了回鹘人当中。

---

① HUDUD al-'ALAM, translated and explained by V. Minorsky, second edition, London, 1970，pp. 84～85.

② 《宋史》卷四九○。

③ 王延德出使高昌时，回鹘可汗避暑于北庭，以其舅阿多裕悦在高昌"守国"。

④ 《续资治通鉴长编》卷二五记王延德出使高昌。王氏"初至塔坦境。颇见晋末陷房者之子孙，咸相率遮迎献饮食，问其乡里亲戚意甚凄感。留旬日不得去"。《长春真人西游记》卷上云："时回纥王部族供葡萄酒，供以异花、杂果、名香，且列侏儒伎乐，皆中州人。"

由于历史的原因，高昌回鹘王国的统治体制比较特殊，境内实行"双王制"①。原因是境内的部分回鹘，史称"龟兹回鹘"的，最初西迁到高昌西部焉耆和龟兹一带，具有一定的独立性。北宋太平兴国六年（981年），高昌回鹘国王阿尔斯兰（突厥语"狮子"的音译）汗开始自称"西州外生（外甥）狮子王"②，而龟兹回鹘的首领也自称"狮子王"（在汉文文献中又称之为"大回鹘龟兹国"）③。两者一般各自分别向宋朝遣使朝贡，显示出高昌回鹘与龟兹回鹘之间所存在的某种微妙关系。高昌回鹘的最高统治者称为"亦都护"，这一称谓源自突厥语，意为"幸福的君主"。龟兹回鹘虽然和高昌回鹘的统治者一样曾经自称"狮子王"，但是却没有见到自称"亦都护"的记载，表明其至少在名义上是置于高昌亦都护的统治之下的。大概在西辽西迁之前（12世纪初），龟兹回鹘的独立地位才丧失，高昌回鹘在政治上完成了彻底的统一。高昌亦都护的统治则历经五代、北宋、辽、西辽、蒙元等几个历史时期，直到1275年海都、都哇叛乱后避居甘肃永昌才结束，前后延续达500多年，从而基本上确立了回鹘民族在塔里木盆地北缘的主体地位。

高昌回鹘王国在官制上杂糅了中原王朝和漠北回鹘汗国的体制。高昌亦都护之下既设有宰相、枢密使、金紫光禄大夫、检校太师、左神武军大将军、御史大夫、上柱国封谯县开国子、监使、判官、都督等一系列源自内地的职官，也有于越（üqü，太守）、于尔奇（ülcj，大臣）和断事官（司法长官）等具有游牧民族特点的职官④；前者可能适用于高昌等农业地区，后者有可能适用于王国境内的游牧区域。也就是说，高昌回鹘王国不仅在形式上实行所谓的"双王制"，而且还针对境内不同的民族及其不同的生产、生活方式和文化传统，实行了农区和牧区两套统治体制。这种情况在游牧民族征服农业地区以后是常见的。此外，高昌回鹘王国还在除高昌和龟兹之外的其他"绿洲农业区"分别设置大小伯克（Beg）作为当地的最高行政长官进行管理，这一职官称号一直延续到清代，对后世产生

---

① 参见《维吾尔族简史》编写组《维吾尔族简史》，新疆人民出版社1991年版，第50页。

② 《续资治通鉴长编》卷二二。

③ 《宋会要辑稿·蕃夷四》"龟兹"条。

④ 参见白寿彝总主编、陈振主编《中国通史》第11册，上海人民出版社1999年版，第449页；《维吾尔族简史》编写组《维吾尔族简史》，新疆人民出版社1991年版，第51页。

了十分深远的影响。

回鹘文文献的研究成果表明，高昌回鹘王国的封建农奴制度已经比较成熟和完善，这无疑是对当地汉唐以来统治秩序的一种继承。以亦都护为首的回鹘贵族和官僚集团以及宗教上层构成了王国的统治阶级，而各族农牧民则是被统治者。其中农民的身份又比较复杂，可分为卡朗齐（即卡兰奇，直接向王国缴纳赋税，身份类似自由民或平民）、伊德如（即英朱，向王国缴纳农副产品，但与封建主有较强的人身依附关系）、库瓦克（接受王国和官吏的双重剥削，同时向他们缴纳赋税）、图图克（类似契约或债务奴隶，在完成契约或偿还债务后才能重新获得人身自由）和卡达篱（即卡达施，类似家奴，身份介于自由民和农奴之间）。作为制度的一种补充，高昌回鹘王国境内也有奴隶存在，他们的主要来源是战俘和债务奴隶。除此之外，王国还有一种被称为"萨里"的寺院僧侣仆人，其地位也类似奴隶，只不过农奴主是宗教上层罢了。① 尽管这一地区在元代以后逐渐伊斯兰化，但是这种封建农奴制度以及各个被统治阶层在内容和形式上却一直没有发生太大的变化，高昌回鹘王国的影响由此可见一斑。

无论如何，高昌回鹘王国作为一个地方政权存在长达 500 多年的时间，这在西域历史上是绝无仅有的，其中既有外部环境的因素，也和王国灵活的对外政策有密切的关系。在历史上，汉与匈奴对抗和唐与突厥的对抗都曾经对西域地区的政治形势、民族分布格局产生过重大的影响，对包括高昌在内的西域地区政治形势影响最大的主要是中原王朝和北方游牧民族政权，东部农业政权与游牧政权的南北对抗格局的演变，常常左右着西域地区的政治向背，而西方对这一地区的影响主要是文化的而不是政治的。西域地区的政治内倾性（倾向于中原地区）是显而易见的，其中尽管有地理环境因素的关系，但归根到底还是西域与内地的经济联系发挥着决定性的作用。

在高昌回鹘政权建立和耶律大石西迁前的一段历史时期，中原地区首先经历了唐末战乱、五代更替、十国割据等阶段，此后则是宋、辽、夏、金的南北对峙局面。在这一背景下，中原农业王朝或者忙于内争，自顾不

---

① 参见白寿彝总主编、陈振主编《中国通史》第 11 册，上海人民出版社 1999 年版，第449 页；《维吾尔族简史》编写组《维吾尔族简史》，新疆人民出版社 1991 年版，第 51～52 页。

暇;或者倾力北防,无暇西顾。而北方游牧政权的主要精力仍然放在南下上。与此同时,西夏政权的长期存在在一定程度上既阻隔了中原农业王朝对西域地区的直接控制,同时也遏制了北方游牧政权的西向发展。所有这一切均在客观上为高昌回鹘王国的生存提供了外在的时空条件。

高昌回鹘王国在建立以后不仅一直延续着漠北回鹘汗国时期的传统,与内地中原农业王朝保持着政治、经济和文化联系,而且与这一时期的北方游牧政权也保持着某种藩属关系。在史书记载中,不仅能见到高昌回鹘与五代和北宋朝贡贸易的大量记录,同时由于历史上漠北回鹘汗国与唐朝曾经存在过联姻的关系,高昌回鹘王国的统治者还以中原农业王朝的"外甥"自居,在给北宋所上的表章中自称"西州外甥师子王阿斯兰汗",借以追溯和强调双方的亲缘关系。史称"唐朝继以公主下嫁,故回鹘世称中朝为舅,中朝每次答诏亦曰外甥。五代之后皆因之"①。北宋太平兴国六年(981年),王延德奉命出使高昌回鹘,使得两者的政治关系得到了加强。但是相对来讲,北方游牧政权在政治上对高昌回鹘王国的影响要更大一些。

907年契丹族首领耶律阿保机建立辽朝,天赞三年(924年)辽朝征服西域,在高昌设置"高昌国大王府",在龟兹设置了"阿萨兰回鹘大王府",高昌回鹘从此成辽朝的属国。辽朝对包括高昌回鹘在内的所有属国总的统治原则是:"属国、属部官,大者拟王封,小者准部使。命其酋长与契丹人区别而用,恩威兼制,得柔远之道。"② 这些属国事实上与辽朝的关系是十分松散的,他们对辽朝一般"朝贡无常",只是在遇到发生战事时需要应召出兵从征,而且可以"助军众寡,各从其便,无常额"③。辽朝的这种统治方式也为高昌回鹘王国保持相对独立的地位提供了外在的条件,使得其在从属辽朝的同时,也与同时期的北宋保持着密切的关系。高昌回鹘利用这种属国关系,与辽朝发展经贸关系,最大程度地谋取经济利益。当时在辽上京的回鹘商人不仅人数很多而且十分活跃,以至于辽朝不得不在此设置"回鹘营"供他们居住。在南北农牧政权对峙且势均力

---

① 《宋史·回鹘传》。
② 《辽史》卷四六。
③ 《辽史》卷三六。

敌的情况下，西域地方政权的这种"两属"状态也是历史上的一种常见现象，其背后往往蕴涵着某些政治的和经济的利益。982 年宋使王延德在高昌与辽朝派来的使者不期而遇，王延德欲杀辽使，被高昌王所止，其原因也就在此。1125 年辽朝被新兴的女真族所建立的金朝灭亡后，高昌回鹘转而向金朝朝贡，甚至在天会九年（1131 年）主动将随耶律大石西迁的契丹首领撒八、迪里、突迭等俘获献给金朝。① 当耶律大石在西域站稳脚跟，建立西辽政权后，高昌回鹘又臣属了西辽。这种多变的对外政策，是高昌回鹘王国得以在复杂多变的外部环境下能够自保的无奈之举。这种情形一直延续到蒙古兴起之后。

与西域其他地区相比，于阗可能是受回鹘西迁影响较小的地区。即使在唐"安史之乱"后吐蕃统治西域期间，于阗尉迟氏的王统也并没有断绝。在 866 年仆固俊击败吐蕃后，于阗也乘机将吐蕃的残余势力驱逐，重获独立。此时当政的于阗王是尉迟瓦兰（851～912 年在位）。在"驱逐吐蕃势力后，尉迟瓦兰在于阗大修边备，开边扩土，将疆域扩展了四五倍。于阗东至约昌（今且末）城，西北至鸭儿看（今莎车），西部疆域越过帕米尔高原，到了兴都库什山和阿姆河上游的喷赤河一带，南到昆仑山，成为西域鼎足百年的三强之一"②。即历史上所称之"大宝于阗国"。

从敦煌等地发现的同时期的于阗文文献来看，大宝于阗国的官方语言仍然是塞语，文字也是于阗文，与高昌回鹘有明显的区别。在驱逐了吐蕃势力后，于阗至少在尉迟娑缚婆（Visa Sanbhara，即李圣天）上台时（912 年）就已经恢复了唐朝的赐姓，与中原王朝交往时以"李"姓自称。在今甘肃敦煌千佛洞的供养人壁画旁可以见到"故大朝于阗金玉国天公主李氏供养"的题记，而李圣天本人也是一个虔诚的佛教徒。938 年李圣天派遣马继荣为使向后晋朝贡，后晋则派遣高居诲回访，正式册封李圣天为"大宝于阗国王"。高居诲在于阗见到的情况是："圣天衣冠如中国，其殿皆东向，曰金册殿，有楼曰七凤楼。"③ 继李圣天之后的于阗王分别是尉迟苏拉、尉迟达摩和尉迟散葛拉玛等，也都是属于于阗尉迟氏王

---

① 参见《金史》卷三。
② 参见新疆《和田简史》编纂委员会《和田简史》，中州古籍出版社 2002 年版，第 19 页。
③ 参见《新五代史》卷七七，四夷附录第三。

族。即使在 11 世纪 70 年代（那时于阗已经被信奉伊斯兰教的喀喇汗王朝所征服）完成的《突厥语大词典》的作者麻赫穆德·喀什葛里也认为："我们不认为他们（即和阗人和坎切克人）是突厥人。"[①] 上述情况表明，大宝于阗王国在民族（种族）、王统上和文化上仍然延续了唐代的传统，至少其统治阶层是这样。所以，于阗地区的突厥化（回鹘化）、伊斯兰化实际上是 11 世纪初被喀喇汗王朝征服以后的事情。

大宝于阗王国尽管与五代各朝、北宋甚至辽朝都保持着一种朝贡关系，接受内地王朝的各种册封，但是由于这一时期的内地各王朝基本无暇西顾，使得其不得不依靠割据河西的沙州归义军政权，借以抵御来自西方的喀喇汗王朝的威胁。于阗王多次将公主嫁给沙州曹氏政权，双方往来密切。

信奉佛教的于阗王国和信奉伊斯兰教的喀喇汗王朝之间的战争前后持续了几十年。由于宗教信仰不同，双方的战争甚至在形式上演变为两大宗教集团之间的对抗。一方是以佛国于阗为首，背后依托的是信仰佛教的吐蕃、沙州和高昌回鹘；另一方则是已经皈依伊斯兰教的喀喇汗王朝，其背后则有来自萨曼王朝的支持。经过多次惨烈的战斗后，喀喇汗王朝最终在 1009 年前后征服了于阗[②]，从而结束了尉迟氏在当地长达数百年的统治，流行千年的佛教也被伊斯兰教所取代。佛国于阗从此不复存在，而这一地区的文化与民族面貌亦从此发生了根本性的改变。

喀喇汗王朝是由以回鹘为主的操突厥语诸民族建立的政权，它的出现可能与回鹘族的西迁密切相关。喀喇汗王朝建立的准确时间与具体过程已经不可考，穆斯林史料曾经记载说该王朝的建立者是毗伽阙·卡迪尔汗，此人很可能就是西迁回鹘的首领庞特勤就汗位后的称号。据研究，庞特勤最初在今中亚七河地区巴拉沙衮附近的"虎思斡耳朵"称汗建牙，然后"又回头东进，并南下，先后占领了伊犁河谷和喀什噶尔地区，即唐朝的北庭和安西两都护府的部分地区"[③]，从而奠定了王朝的基础。

喀喇汗王朝的统治地区大致包括今巴尔喀什湖以东以南地区、河中地

---

① 麻赫穆德·喀什葛里：《突厥语大词典》第 1 册，校仲彝等译，民族出版社 2002 年版，第 36 页。

② 参见魏良弢《喀喇汗王朝史稿》，新疆人民出版社 1986 年版，第 78 页。

③ 同上书，第 73 页。

区以及塔里木盆地南缘一带,统治中心分别位于中亚楚河附近的巴拉沙衮和新疆南部的喀什噶尔。① 前者可能是王朝的夏都,而后者应该是王朝的冬都,这也是游牧民族征服农业地区以后的一种常见现象。不仅如此,喀喇汗王朝的政治体制最初也是按照阿尔泰语系各民族古老的习惯法,实行所谓的"双王制",即"汗国分为两部分,由汗族中最长者任大可汗,次长者任副可汗,分别统治汗国的一部分"。② 王朝的官制中既有宰相、将军、内侍官、秘书官和财务官等具有波斯萨曼王朝特点的中央职官,也有特勤、于伽、俟斤等具有阿尔泰语系游牧民族特征的职官和称号,表明喀喇汗王朝的在政治制度上杂糅了中亚地区和漠北游牧民族的因素。

事实上,喀喇汗王朝不仅在政治制度上明显受到波斯萨曼王朝的影响,在文化上也深深地打上了中亚和西亚的烙印,成本地区第一个接受伊斯兰教的突厥语民族建立的政权,从而开了中亚突厥语民族伊斯兰化的先河。伊斯兰教在中亚的传播方式大致有两种类型,其一是战争的强迫方式,充满了血与火;其二是教士的布道影响到当地的君王,再借助君王的力量推而广之,其中苏非派的作用比较明显。喀喇汗王朝的情况应该属于后者,萨图克·博格拉汗的皈依据说就是受到了苏非派教士阿布勒哈桑·穆罕默德·卡里马提的直接影响,而喀喇汗君主首先皈依伊斯兰教无疑也有巩固对当地广大穆斯林统治的目的。萨图克·博格拉汗(故于伊斯兰历330年,公元942/943年)成为第一个接受伊斯兰教的喀喇汗君主,并拥有了"阿布杜·克里木"的教名,而960年又有20万突厥人皈依了伊斯兰教。喀喇汗王朝的伊斯兰化显然是自上而下的,总的来讲是比较平和的。

萨图克的一个儿子波格拉汗·哈仑将伊斯兰教推行到王朝统治的喀什噶尔地区,使伊斯兰教首次传入到南疆地区,而他的另一个儿子阿尔斯兰汗·阿利却死于992年对英吉沙尔的圣战中。③ 事实上,几乎在喀喇汗王

---

① 参见新疆社会科学院民族研究所编著《新疆简史》第1册,新疆人民出版社1980年版,第156页。

② 参见白寿彝总主编、陈振主编《中国通史》第11册,上海人民出版社1999年版,第453页。

③ 参见新疆社会科学院民族研究所编著《新疆简史》第1册,新疆人民出版社1980年版,第157页。

朝向南疆扩张的同时，便遭到了以于阗地区为主的佛教力量的抵抗，双方经过了 30 多年的战争，最终喀喇汗王朝在 11 世纪初征服了于阗，其疆域也因此扩展到若羌以东的整个塔里木盆地南缘地区。但是喀喇汗王朝的北向扩张活动却止步于龟兹，这可能与龟兹回鹘的遏制有关。

喀喇汗王朝尽管皈依了伊斯兰教，但是由于其回鹘统治者在漠北时期与中原王朝长久而密切的关系，使得这种历史记忆在西迁后仍然深深地根植于喀喇汗君王的心中。喀喇汗王朝的统治者自称"桃花石汗"，意即"东方与中国之王"；在与宋朝的交往过程中，喀喇汗君主称宋朝皇帝为"汉家阿舅大官家"，借以强调历史上双方因为唐代的联姻而存在过的"甥舅"关系。在耶律大石西迁前，喀喇汗王朝一直与宋朝和辽朝保持着商贸关系，甚至还与辽朝联姻。在此阶段，喀喇汗王朝的突厥-伊斯兰文化逐渐形成，出现了麻赫穆德·喀什葛里的百科全书性质的语言学巨著《突厥语大词典》和玉素甫·哈斯·哈吉甫的《福乐智慧》等一批优秀的作品。

二　耶律大石的西迁与西辽的建立

辽保大四年（1124 年）契丹重臣耶律大石由于擅立秦晋王淳为帝的缘故而与天祚帝结怨，乃"不自安"，遂"自立为王，率铁骑二百宵遁"，并在西北的可敦城召集所谓的"七州十八部"王众举行大会，申明自己脱离辽廷的原因："金以臣属，逼我国家，残我黎庶，屠剪我州邑，使我天祚皇帝蒙尘于外，日夜痛心疾首。我今仗义而西，欲借力诸蕃，剪我仇敌，复我疆域。"耶律大石的号召得到了各部的响应，"遂得精兵万余，置官吏，立排甲，具器仗"。以上这些 200 铁骑和万余精兵便成为耶律大石向西域发展的主要力量。①

经过五年的休整之后，耶律大石在 1130 年率军西征，首先是"假道"高昌。按照他给高昌回鹘王毕勒哥的书信中的说法，高昌等地原本就是辽朝的藩属，此次西行的目的地是远在西方的"大食"国。这样，

---

① 以上均见《辽史》卷三〇《天祚帝本纪四》，中华书局校点本。所谓"七州"指的是威武、崇德、会番、新、大林、紫河、驼；"十八部"指的是大黄室韦、敌剌、王纪剌、茶赤剌、也喜、鼻古德、尼剌、达剌乖、达密里、密儿纪、合主、乌古里、阻卜、普速完、唐古、忽母思、奚的、糺而毕，基本都是辽朝的藩属地区和部落。

耶律大石打消了高昌回鹘的顾虑，顺利地通过了高昌向西方进军。此后，耶律大石采取了"敌者胜之，降者安之"的政策，结果是"兵行万里，归者数国，获驼、马、牛、羊、财物，不可胜计。军势日盛，锐气日倍"①。1132 年耶律大石在叶密立（今新疆额敏）正式称帝，建元延庆，尊号"天佑皇帝"，国号仍称"辽"，史称"西辽"；在穆斯林史料中则称耶律大石为"菊儿汗"，意为"汗中之汗"；称其所建立的国家为"哈喇契丹"。巴尔托里德指出："这似乎是历史上异族王朝被逐出中国后仍保有中国朝号的唯一例子。"② 在西辽创建的过程中，耶律大石采取的基本方针是"养兵待时而动"，"对外表面上仍然执行睦邻政策，实际上是待机而动。对内仍然执行生聚政策，所以得到征服地区部族的支持，社会秩序安定。这为西辽帝国以后的向外扩展奠定了社会物质基础"③。

西辽王朝建立后，耶律大石首先以武力迫使高昌回鹘归附，接着又挥军直指喀喇汗王朝境内的喀什噶尔地区，受到强烈抵抗，因而遭到了失败。1134 年，耶律大石趁东部喀喇汗王位更替、新君主伊卜拉欣软弱无能之机"不费分文"地进驻中亚的巴拉沙衮（今吉尔吉斯斯坦托克马克附近），将东部喀喇汗变成自己的附庸，从而也将喀什噶尔、和田等地纳入了自己的统治范围，势力因此大增。同年耶律大石在巴拉沙衮正式建都，号"虎思斡尔多"，改元康国。此时，耶律大石感到复国的时机已经成熟，遂于康国元年（1134 年）三月任命萧斡里剌为兵马都元帅，率领 7 万骑兵东征金朝。但是此次大规模的东征却因路途遥远，"牛马多死"，最终"勒兵而还"。④ 耶律大石自知复国无望，只得全力经营西域，向西方发展。

1137 年，耶律大石进军中亚河中地区，在今锡尔河流域的忽毡击败了西部喀喇汗王朝的君主马赫穆德汗，后者向塞尔柱苏丹桑贾尔求援。1141 年，桑贾尔以"抗奉异端者"的名义召集各地穆斯林组成了一支十余万骑兵的大军，越过阿姆河向西辽的军队发动进攻，双方于当年的 9 月 9 日在撒马尔罕以北的卡特万草原爆发了激战。卡特万之战以西辽大胜而告终，"在这之后，喀拉契丹人再也没有遇到任何抵抗，他们占领布哈

---

① 《辽史》卷三〇《天祚帝本纪四》。

② V. V. 巴尔托里德:《中亚简史》，新疆人民出版社 1980 年版，第 31 页。

③ 以上参见魏良弢《西辽史研究》，宁夏人民出版社 1987 年版，第 72 页。

④ 《辽史》卷三〇《天祚帝本纪四》。

拉，成为整个河中地区的主人"①。

卡特万之战不仅对西辽，而且对中亚乃至世界历史的发展均具有重要的意义。首先，通过这场战争的胜利，耶律大石彻底地把塞尔柱王朝的势力逐出中亚，将西部喀喇汗王朝和花剌子模国变成自己的附庸，从而确立了西辽在中亚地区的统治地位。其次，卡特万之战不仅使得"契丹"之名远播欧亚，一度成为中国的代名词；而且消息传到欧洲的基督教世界，导致了富有传奇色彩的有关"长老王·约翰"传说的产生，甚至直接影响到15世纪"新航路"的开辟。如果说751年唐朝与大食的怛逻斯之战由于唐朝的失败而使得中亚地区的文化面貌发生了很大改观而趋于单一的"伊斯兰化"的话，那么西辽在卡特万之战的胜利却促进了这一地区宗教文化的多样性。"自卡特万会战，西辽在中亚统治确立后，耶律大石一改喀喇汗王朝定伊斯兰教为国教，视其他宗教为异端的作法，允许各种宗教在帝国境内信仰和传播，使伊斯兰教在中亚失去了独尊地位，因此佛教、基督教、摩尼教、犹太教又开始活跃起来，迫使伊斯兰教也进行改革，以适应当时的具体情况，吸收当地突厥人信仰，扩大影响。因此形成了一个新的教派——'亚塞维派'，简化了伊斯兰教仪式，吸收游牧民族的神和宗教仪式，用当地流行的突厥语传教，使伊斯兰教在'突厥化'后，又出现了新的活力，这在伊斯兰教发展和向东传播过程中是具有划时代意义的。"② 这一情况在13世纪蒙古帝国征服之后再度出现，而漠北游牧民族在中亚和西域地区宽容的文化与宗教政策就连当地的穆斯林也是交口称赞的，但是这些征服者最终却无一例外地走向伊斯兰化。

西辽将辽朝"北治契丹、南待汉人"的南北"两部制"官僚体制整体移植到了中亚和西域地区，并将直属领地的军政大权统归中央。这种统治体系的一大特点是在其疆域的北部重军事，威慑各族；南部重财政，获取财富。"实际上，这是辽朝统治者根据游牧民族和农业民族的不同特点，分别设置国家机构进行统治，即定居之农业民族按地区管理，设置州县，中央设南面朝官总理军政事务；游牧的畜牧民族，仍以其部族为行政

---

① Б. Г. 加富罗夫：《中亚塔吉克史》，中国社会科学出版社1985年版，第241页。

② 参见肖爱民《从怛逻斯到卡特万》，《昭乌达蒙古族师范专科学校学报》（汉文哲学社会科学版）1997年第1期。

单位,设官统治,中央设北面朝官总理部族军政事务。这种国家机构的'两部制'对于一切立国于游牧而征服了农业地区的政权都有普遍的使用价值,所以耶律大石沿用不废。"① 但是这种统治体制似乎仅限于西辽王朝的直属领地,具有明显的中央集权的特征,其表现之一便是在直辖地区废止了喀喇汗王朝时期流行的分封制(伊克塔制),同时也取消了辽朝具有分封性质的"头下军州"制,把军政大权统归中央,实行对直辖地的直接管理,从根本上杜绝了封地成为"独立省"的现象②;表现之二便是限制将军们的领兵数量,一般不超过百人,"西辽王朝的军队由皇帝直接控制;如征战,临时派若干士兵给某位将军指挥,而不是派遣某位将军率'所部'去执行任务",防止军事将领们拥兵自立。"取消分封,这在中亚史上是一个重大进步,它不仅限制了领主的肆虐,而且有效地保证了中央集权。所以终西辽一代,从史籍中未见有地方政权独立、封建领主混战的记载,这有利于社会的安定和生产的发展。"③

西辽尽管征服了西域和中亚的广大地区,但是却并没有消灭任何一个被征服的政权,只是将它们变成自己的属国,而允许其继续存在,统治各自所属的地区和人民,甚至还允许它们在各自的领地内享有较高的自主权。西辽对这些属国在名义上保持着宗主国的地位,"凡是受西辽统治的地区、民族、部落的首领都要佩戴和使用西辽颁发的牌、印。牌子是银子做的,把它佩戴在身上,就表示自己是西辽的臣属"。在统治方式上则主要有三种类型:"一是派官吏常驻在那里,对那里的统治者进行监督,如在高昌回鹘、割禄部及撒马尔罕就是这样;一是定期派代表到那里去征收赋税,如在花剌子模就是这样;一是由那里的统治者代征赋税,如在布哈拉就是这样。"④ 前者是政治上的归属确认,后者则是政治统治的实质和目的。这种"开明的羁縻政策"不仅降低了西辽王朝的统治成本,减少了中央与地方发生直接矛盾和冲突的可能性,而且也得到了各个属国统治

---

① 余太山主编:《西域通史》,中州古籍出版社1996年版,第308页。

② 参见威廉·巴托尔德《中亚突厥史十二讲》,中国社会科学出版社1984年版,第128页。

③ 参见余太山主编《西域通史》,中州古籍出版社1996年版,第309页。

④ 新疆社会科学院民族研究所编著:《新疆简史》第1册,新疆人民出版社1980年版,第171页。

者的欢迎，有利于西辽对当地多民族政权的统治。据记载，"当喀喇契丹的诸汗控制了河中时，算端乌思蛮也受到菊儿汗的统治，服从他的敕旨和禁令。菊儿汗那方面让他继续拥有河中的国土，没有把他从那里撵走，满足于征收一小笔年贡和把一名沙黑那派驻在他那里。算端乌思蛮过着安适和快乐的生活，每当他朝见菊儿汗的时候，总是受到尊崇礼敬的接待"①。然而，在西辽后期王廷衰微、派驻官员腐败暴虐的情况下，这种松散的统治方式的弱点也暴露无遗。高昌回鹘杀西辽少监转投蒙古便是一个例子。正如巴尔托里德指出的那样:"在菊儿汗国中，也见不到封邑制度的任何表现，但也没有行政上的统一。"②

　　西辽王朝虽然是一个汉文化色彩浓厚的封建政权，但是其宽松的文化政策却对当地的民族关系和多元文化的发展产生了深远的影响。契丹人使用的官方文字有汉文和契丹文，但在与信仰伊斯兰教的属国交往时也使用波斯文，与高昌回鹘交往时则使用回鹘文。③ 契丹人原来信仰萨满教，西辽统治集团后来有部分信仰了佛教，但是他们对当地原有的各种宗教均采取了宽容的政策，改变了喀喇汗王朝时期强制推行伊斯兰教的状况。在西辽统治时期，原本被压制的摩尼教、景教（基督教的一支派）和佛教得到了一定程度的复兴。"佛教在附属国高昌回鹘汗国盛行。景教在巴拉沙衮地区流传，在喀什噶尔设立了教区。犹太教在撒马尔罕也流行起来。至于当地人民信奉的主要宗教——伊斯兰教，更得到了耶律大石的尊重……由于西辽政府执行比较开明的宗教政策，使各种宗教信仰的人都得到了保护，有利于社会的安定和思想文化的交流、融合。"④

第二节　成吉思汗西征及蒙古帝国在西域的统治

　　13 世纪初，以铁木真为首的蒙古部在漠北草原兴起。在相继击败

---

① 　志费尼:《世界征服者史》下册，内蒙古人民出版社 1980 年版，第 466 页。
② 　V. V. 巴尔托里德:《中亚简史》，新疆人民出版社 1980 年版，第 32 页。
③ 　参见陈国光《西辽统治者与西域地方伊斯兰政权》，《新疆社会科学》2003 年第 2 期。
④ 　魏良弢:《西辽史研究》，宁夏人民出版社 1987 年版，第 90 页。

塔塔尔、篾尔乞、克烈和乃蛮等部后，铁木真召集蒙古各部贵族于
1206 年在鄂嫩河畔举行了忽里勒台大会，他本人在这次会议上被推举
为蒙古各部的大汗，尊号"成吉思汗"，强大的蒙古汗国正式建立。与
历史上在漠北草原出现的所有强大的游牧政权一样，东征西讨、南征北
伐成为蒙古汗国建立之初的主要特征之一，而成吉思汗针对今新疆和中
亚的西征不仅结束了该地区分裂割据的局面，改变了当地民族分布的格
局，同时也为蒙古进一步征服西亚和东欧，建立世界性的帝国奠定了
基础。

　　但是，与以往人们普遍认为的单纯的军事征服正相反，成吉思汗对
今新疆的统一始于高昌回鹘亦都护政权的主动归附，而后者在归附后多
次跟随成吉思汗征讨，屡立战功，深受蒙古统治者的信赖，成为蒙元时
期影响西北边政与边事的重要因素。

一　高昌亦都护的归附

　　在蒙古部兴起于漠北的时候，以吐鲁番为中心的高昌回鹘正处于
西辽（哈拉契丹）政权的统治之下，其首领称为"亦都护"（idu-
qut），在波斯文献中则称其地为"畏吾儿地"。西辽的建立者耶律大
石在西迁的时候对沿途各地采取的是"敌者胜之，降者安之"①的政
策，而高昌回鹘属于降附之类，所以保持着一定程度的自治性，西辽只
是派遣一名少监（Shaukem）驻扎高昌，监管其国。但是"这个少监，
当他在职位上站稳了，就开始作威作福，对亦都护和他的将官百般凌
辱，撕毁他们的荣誉面纱；因而他成为贵族与平民共同憎恨的对
象"②。可见高昌回鹘对西辽少监的残暴统治是十分不满的。

　　正当蒙古部在漠北草原兴起的时候，西辽的统治却正趋式微。当时的
高昌回鹘亦都护巴而术阿尔忒的斤（Barchuq）审时度势，杀死了残暴的
西辽少监，毅然宣布脱离西辽的统治转而投附成吉思汗。据《高昌契氏
家传》记载："（西辽）命太师僧少监来围其国，恣睢用权，奢淫自奉。

---

① 脱脱等撰：《辽史》卷三〇《天祚帝本纪四》。
② 志费尼：《世界征服者史》上册，内蒙古人民出版社 1981 年版，第 49 页。

（回鹘）王患之，谋于怵俚伽曰:'计将安出?'对曰:'能杀少监,挈吾众归大蒙古国,彼且震骇矣!'遂率众围少监。少监避兵于楼,升楼斩之,掷首楼下。"① 关于高昌回鹘归附蒙古的具体过程,《元圣武亲征录》曾详细记载道:"己巳（1209 年）春,畏兀儿国王亦都护闻上（成吉思汗）威名,遂杀契丹所置监国少监,欲求议和。上先遣按力不也、奴答拜二人使其国。亦都护大喜,待我礼甚厚,即遣其官别吉斯、阿邻帖木儿二人入奏曰:'臣且闻皇帝威名,故弃契丹旧好,方将遣使来通诚意,躬自效顺,岂料远辱,天使降临下国,譬云开见日,冰泮得水,喜不胜矣。而今以后,当尽率部众,为仆为子,竭犬马之劳也。'……汎前安鲁不也、奴答儿班（按即按力不也、奴答拜）二人复使其国,亦都护遣使奉珍宝方物为贡。"② 这样,高昌回鹘便在 1209 年首先以和平的方式归附了蒙古,并成为成吉思汗西征所依赖的基本力量。

成吉思汗对于高昌畏兀儿人的归附十分重视,不仅给予亦都护巴而术阿尔忒的斤极高的礼遇,保留其原有的自治地位,令其后代永远承袭王位,而且还极尽拉拢之能事,将自己的女儿也立安顿公主嫁给他③,并且允许其在自己的四个儿子之后享有"第五子"的待遇,"使其与诸皇子约为兄弟,宠异于诸国"④。这样,成吉思汗在兴起之初便借助巴而术阿尔忒的斤的归附之机,通过联姻、收子等方式建立了蒙古与畏兀儿之间的特

---

① 欧阳玄:《圭斋文集》卷一一,商务印书馆《四部丛刊初编》本。

② 波斯文文献对于高昌亦都护归附蒙古的经过也记载道:"成吉思汗征服契丹,他凯旋的信息传遍四方,这时,亦都护下令把少监围困在他们称为哈剌火者（Kara-Khoja）城的一所房屋中,把房子推倒压在他头上。然后,为宣布他背叛哈剌契丹,归顺征服世界的皇帝成吉思汗,亦都护派忽底阿勒密失哈牙（Qut-Almish-Qaya）、乌马儿斡兀立（'Umar Oghul）、塔尔伯（Tarbai）去见成吉思汗。成吉思汗对这几个使臣极为优礼相待,但表示要亦都护亲自人朝。亦都护很快服从此令,在他人朝后,亲眼看见原先对他许的愿都兑现,然后满载荣誉从宫廷归去。"参见《世界征服者史》上册,第 49 页。

③ 按照志费尼的说法,"因成吉思汗之死,此女没有嫁;故此亦都护返回别失八里。合罕登上帝位,遵照其父遗命,把阿勒屯别吉（Altun Beki）配给他;他尚未抵达宫廷,阿勒屯别吉就死了。过了些时候,合罕又将阿剌真别吉（Alajin Beki）下嫁与他,但在把她送给亦都护之前,亦都护已不在人间。后来,他的儿子怯失迈失（Kesmes）人朝,成为亦都护,与阿剌真别吉成婚"。参见《世界征服者史》上册,第 50 页。尽管学术界对于成吉思汗是否最终给巴而术阿尔忒的斤嫁成女儿还有争论,但蒙古与高昌亦都护政权联姻并为后世蒙古大汗所承袭的事实则是毋庸置疑的。

④ 赵孟頫:《全公神道碑》,载《松雪斋文集》卷七。

殊关系,为以后征服天山南北、统治畏兀儿人地区奠定了基础。

作为对成吉思汗优厚待遇的回报,高昌畏兀儿人积极配合和参加蒙古汗国对新疆与中亚地区的西征和消灭西夏的军事行动。1218 年巴而术阿尔忒的斤率领 300 名士兵跟随成吉思汗讨伐屈出律,灭西辽,进而占领南疆;1219 年奉命从征中亚,并于 1221 年消灭了花剌子模;1225 年秋天又奉命从别失八里出师与成吉思汗会合进兵河西,经过近两年的激战,于 1227 年 7 月消灭西夏。在蒙古早期征服中亚和西北地区的历次战争中,高昌亦都护政权几乎都参与其中,而且屡立战功,成为蒙古汗国在西北地区最忠实的同盟者。

尽管高昌亦都护政权在蒙古汗国内地位特殊,对其领地和属民享有相当程度的自主权,但是作为汗国的一部分,蒙古依然按照自己的方式对畏兀儿地区实施着有效的管辖。这些具体的管辖措施包括:

1. 设置职官,统一政令

高昌亦都护归附后,成吉思汗在此和其他地区一样设置了"达鲁花赤"(蒙古语,daruqa či,意为镇守者),作为畏兀儿地区的最高派驻长官,由汗廷直接指派或委任。由于亦都护与蒙古汗廷之间的特殊关系,所以这些达鲁花赤大多由畏兀儿人担任,其职责主要是核定和征收各种赋税。有证据表明,以札鲁忽赤(蒙古语,Jarqu či,意为断事官)为首的蒙古"断事官制度"也曾经在畏兀儿地区得到实施,其下设置必阇赤(蒙古语,bichikchi,意为书吏),协助札鲁忽赤草拟文书、计点财富、校阅户口清册等。而当地的民政事务则主要仍由亦都护及其治下的各级官吏管理。"就其政治制度而言,一方面,沿用成吉思汗建立的蒙古国体制;另一方面,元代在畏兀儿地区设立行政机构对其实施有效管辖;再次,以亦都护为首的地方政权在管理畏兀儿事务中起着重要作用。因之,三元一体的复合行政体制颇具特色。"[①]

元朝建立初期,由于蒙古的西北诸王频频作乱,造成吐鲁番地区的畏兀儿人部众离散,亦都护也被迫内迁永昌,当地原来的统治体制也被打破。为了加强对畏兀儿地区的管理,元朝曾经于至元十五年(1278 年)在吐鲁番地区设置提刑按察司,统一了管理体制;1281 年复撤罢提刑按

---

① 参见尚衍斌《元代畏兀儿研究》,民族出版社 1999 年版,第 41 页。

察司，在永昌建立了河西行御史台；1283 年，河西行御史台又被设在甘州的河西陇北道提刑按察司所取代。

2. 推行"札撒"法，统一法令

"札撒"是蒙古语"Jasaq"的音译，又作"札撒黑"，意为"规章、法令"，是蒙古民族传统习惯法的总称，内容涉及民法、刑法和行政法。札撒法自 1206 年的忽里勒台大会纂定、颁行后，伴随着成吉思汗的"敕令"一起通行于蒙古统治全境，畏兀儿地区也不例外。吐鲁番曾发现的一件"人口买卖契约"，明文指出："如果谁违约，他们将受到札撒法的惩罚。"① 蒙古札撒法应该说在畏兀儿地区的确得到了贯彻和执行，它对畏兀儿人社会产生过一定的影响，但是这种影响似乎主要表现在社会经济领域。

由于蒙古札撒法本身具有明显的局限性，内容也极不完备，所以蒙古统治者在推行札撒法的同时，还规定了在不同的民族地区可以"各从本俗法"的原则。由于高昌亦都护是成吉思汗的忠实追随者，高昌地区传统的习惯法在相当程度上也得到了保存和继承，尤其在财产继承、婚姻关系等民事方面，但是涉及刑事的重大案件仍然主要由蒙古派驻或任命的官员处理。

3. 建立站赤，保证政令畅通

蒙古汗国在扩张的过程中，不断延伸和完善以汗廷为中心、通达四方的站赤（驿站）制度，借以"通达政令，布宣政令"，维系汗国统一。高昌亦都护归附后，蒙古的站赤随即也延伸到吐鲁番地区。这条交通线从和林（今蒙古国中部地区）出发，沿漠北草原西到金山（阿尔泰山），然后南下经过别失八里（今新疆乌鲁木齐）越过天山达到吐鲁番。成吉思汗征服中亚、占领南疆地区后，这条路线和驿站又进一步沿天山北麓延伸到阿力麻里（今伊犁霍城），并由此进入中亚与河中地区；同时又在于阗、鸭儿看（今莎车）等地建立驿站。这样，蒙古统治者就按照"丝绸之路"的基本路线在今新疆建立了一套完整的驿站体系。

---

①　参见李经纬《吐鲁番回鹘文社会经济文书研究》，新疆人民出版社 1996 年版，第 50 页。

二　征服西辽与天山南北的和平降附

1218 年对西辽的征服是蒙古汗国建立以后发动的第一次西征活动，其对象是已经攫取了西辽统治权的乃蛮部流亡的王子屈出律。成吉思汗在统一漠北草原的过程中，曾经在 1208 年打败并征服了乃蛮部，但乃蛮部王子屈出律却带领几个随从逃脱，投奔到西辽菊儿汗（古尔汗）直鲁古的帐下，并于 1211 年取而代之成为西辽的君主。

屈出律之所以能够攫取西辽政权，很大程度上是由于西辽末代统治者的荒淫、腐败和无能。在菊儿汗直鲁古统治时期，西辽对外穷兵黩武，对附属国肆意盘剥和欺压，导致国力衰落、诸国叛离。"由于各国君主长期受到古尔汗压迫，长期期待着［解放］。"① 除了高昌回鹘外，伊犁一带的哈剌鲁部首领阿昔兰可汗也在 1211 年归附蒙古，而中亚地区的花剌子模和西喀喇汗王朝也相继摆脱了西辽的统治。屈出律逃到西辽后，首先取得了直鲁古的信任（直鲁古甚至将自己的女儿嫁给了他），在西辽境内召集族人，继而向中亚地区发动战争以扩充实力，最后又与花剌子模联合进攻西辽，并约定瓜分西辽领地。菊儿汗直鲁古的军队尽管一度击退了屈出律和花剌子模的进攻，但是西辽的军队却因为军纪败坏、杀烧抢掠无度和分赃不均等原因导致军心涣散，与直鲁古离心离德。1211 年的秋天，屈出律趁直鲁古外出狩猎之机设下埋伏，擒获了直鲁古，从而结束了 88 年的契丹西辽王朝。

屈出律在擒获直鲁古后尊其为"太上皇"，自己则成为实际的统治者。屈出律在西辽故地上的统治基本上是失败的。上台后不久屈出律便将被直鲁古囚禁的东喀喇汗王子释放，令其回到喀什噶尔。然而这位屈出律的代理人却遭到了当地贵族们的抵制，在入城的时候便被人刺死了。屈出律采取了一种令人无法忍受的方式压服当地人的反抗。他派出军队不是直接去攻城略地，而是定期毁坏农田、焚烧谷物，从而使当地"谷物多年不收，粮食缺到了极点"，人们最后只得被迫降服。屈出律再趁机将自己

---

① 拉施特主编:《史集》第一卷第 2 分册，余大钧、周建奇译，商务印书馆 1983 年版，第 249 页。

的军队派驻到各城之中，甚至"每个户主的住房里，都住下了［古失鲁克的——按，即"屈出律"］一个士兵"①。这种做法看似加强了对当地居民的监视与控制，但是除了扰民不说，驻军与当地居民之间的文化与宗教矛盾反而因此变得经常化了。显然，这种单纯的军事高压是不可能维持长久的。

不仅如此，屈出律在当地所采取的宗教压迫政策直接导致其彻底丧失了民心。他原来和大部分乃蛮人一样信奉景教（即聂思托里教，基督教的一个支派），后来受到契丹妻子的影响皈依了佛教。屈出律在攫取了西辽政权后，一改以往西辽比较宽容的宗教政策，强迫境内的穆斯林放弃自己的信仰，改信景教或者佛教，并且改穿契丹人的服装。屈出律的这些做法自然遭到了当地穆斯林的激烈反对，当时忽炭（于阗）的伊斯兰教教长阿剌丁·马合谋挺身而出与屈出律进行面对面的辩论，称其为"真教的敌人"。恼羞成怒的屈出律下令逮捕了阿剌丁·马合谋，并将其钉死在十字架上。② 屈出律因此完全失去了当地广大穆斯林群众的支持。

屈出律后来擒获了自称受蒙古人保护的阿力麻里（今伊犁一带）王子不匝儿，并贸然地将其杀死。这一挑衅行为激起了原本就将屈出律视为后患的成吉思汗的愤怒，直接导致了蒙古的第一次西征。1218 年，成吉思汗委任木华黎镇守东方，自己则率军向西域进军，发动了以乃蛮余裔为对象的第一次西征。他命令哲别为先锋向屈出律发动进攻，屈出律望风而逃，所以此次西征事实上成一场对屈出律的追歼战。

蒙古军队针对屈出律的倒行逆施在西辽地区宣布了宽容的宗教政策，获得了当地人民的普遍欢迎和支持，从而使第一次西征顺利完成。"哲别那颜与那可儿们通过传令官宣布：每个人都可以有自己的信仰，保持自己祖先的［宗教］规矩。住在城里伊斯兰教徒家里的古失鲁克士兵全部被消灭了。蒙古军到处追逐古失鲁克，追得他走投无路。最后他在巴达哈伤境内山里迷了路；［蒙古人］在名叫撒里桓的峡谷里将他抓起来杀死后，回去了。"③ 所以，蒙古军队的第一次西征其实并没有经过什么大型或激

---

① 参见拉施特主编《史集》第一卷第 2 分册，商务印书馆 1983 年版，第 251～252 页。

② 同上书，第 252 页。

③ 同上书，第 253 页。

烈的战斗，反而成当地人民的"解放者"。正如研究者指出的那样："这
并不是一次战争。蒙古人被城市居民当做解放者迎接，由于古失鲁克缺乏
行政上的经验曾将他们苛待，被他迫害的伊斯兰教成员也这样迎接蒙古
军，由于被迫害，因此八剌撒浑、喀什噶尔与和田都自动来归附蒙古
人。"① 蒙古大军第一次西征几乎兵不血刃地大获成功，其原因与其说是
蒙古军队能征善战，倒不如说是屈出律的暴虐统治不得民心，而蒙古人正
确的宗教信仰政策则是其取得西征胜利的重要原因。此外，蒙古军队纪律
严明，禁止抢劫，也使他们获得被征服地居民的好感，

　　在第一次西征之后，天山南北的广大地区都被纳入蒙古汗国的势力范
围之中。与此后的几次充满血腥的西征不同，蒙古汗国对天山南北的征服
不仅没有遭到当地人民的反抗，反而受到了欢迎和响应，尤其是高昌、库
车、喀什噶尔与和田等地的畏兀儿人都是主动归附蒙古的。从表面上来
看，这与当地人民不堪忍受西辽和屈出律的残酷压迫与暴虐统治以及蒙古
正确的宗教政策有一定的关系，但在背后还有西域地区与内地和漠北草原
之间密切的经济、文化联系发挥着十分重要的作用。在历史上的大部分时
间里，天山南北地区要么归附中原的中央王朝，要么便成为漠北游牧政权
的附庸。蒙古的第一次西征正是顺应了这一历史发展的趋势，它虽然也是
以武力为后盾，但仍是本着"敌者胜之，降者安之"的原则行事的。天
山南北几乎兵不血刃的归附，正是体现了所谓"成吉思汗式的和平"，亦
即蒙古汗国"降者安之"的征服思想。但"成吉思汗式的和平"之所以
得以在天山南北实现，在很大程度上还是在于这里与内地和漠北地区历史
上形成的密不可分的政治、经济与文化联系。

　　蒙古汗国的第一次西征以及天山南部畏兀儿地区的和平归附对此后中
国西北边疆的形势乃至蒙元时期的历史发展均产生了十分深远的影响。一
方面，蒙古通过第一次西征取得了今新疆地区，为此后进一步征服中亚和
西亚地区奠定了基础；另一方面，畏兀儿地区的和平归附不仅使当地免遭
战火的破坏，社会经济得以保护，而且畏兀儿人借此也与蒙古汗国结成亲
密的关系，成为蒙古汉国乃至元朝统治者扩张和维系统治所依赖的一支主
要力量。此后，以畏兀儿人为主体的所谓西域色目人不仅在将人划分出等

① 雷纳·格鲁塞:《蒙古帝国史》，龚钺译，翁独健校，商务印书馆 1989 年版，第 185 页。

级的蒙古汉国和元朝中享有仅次于蒙古人的较高地位，而且在蒙元时期的政治、经济和文化生活中发挥了相当重要的作用。据不完全统计，元代（明初）见于文献记载的畏兀儿人有 98 人之多，其中主要以北庭和高昌地区的为多；元顺帝初（1333 年）殿试中及第三甲的人当中就有 6 名畏兀儿人。①

在蒙元时期，以畏兀儿人为主的大量西域色目人得到了普遍重用。例如，蒙古汗国初期使用畏兀儿文字，书吏（必阇赤）基本上均由畏兀儿人担任；成吉思汗、窝阔台和贵由汗三朝，总管天山南北税赋征收的都是以善于理财而著称的色目人麻速忽，他每年将征收的实物折成钞币直接送交大汗宫廷，从而深受蒙古统治者的赏识和重用；元朝建立初期，畏兀儿人阿鲁浑萨里、撒吉思、廉希宪等为忽必烈巩固统治出谋划策，多有建树；色目人阿合马因为聚敛财富有方而受到忽必烈的重用，以至大权独揽，族党横行，"内通货贿，外示威刑，廷中相视，无敢论列"，甚至形成朝廷中蒙古、汉、色目各族统治集团争权夺利、相互倾轧的局面；畏兀儿农学家鲁明善则编纂了《农桑衣食撮要》，成为中国科技史中的一部名著。所有这一切与畏兀儿人的和平归附，从而得到蒙古统治者的信任和重用是分不开的。法国学者格鲁塞曾经总结说：成吉思汗"似乎特别接近契丹人和回鹘人，他们是突厥－蒙古社会中文明程度最高的两支。契丹人在不使成吉思汗帝国丧失它的民族性的情况下，向它引进了中国文化；而回鹘人能够使蒙古人分享鄂尔浑和吐鲁番的古代突厥文明，分享叙利亚的、摩尼教—聂斯托里安教徒的和佛教传统的全部遗产"②。

蒙古汗国的征服活动本身就具有双重性，也就是前面所说的"敌者胜之，降者安之"，无论是对于归附者的和平征服还是对于反抗者的战争征服，都是以强大的武力做后盾的。如果说对天山南北畏兀儿地区的征服是以"成吉思汗式的和平"方式进行的话，那么与此形成鲜明对比的便是蒙古对西夏的战争征服与残酷的报复和屠戮。就蒙古的战争征服活动而

---

① 参见安部健夫《西回鹘国史的研究》，宋肃瀛、刘美崧、徐伯夫译，新疆人民出版社1985 年版，第 218～229 页。

② 参见勒内·格鲁塞《草原帝国》，蓝琪译，项英杰校，商务印书馆 1998 年版，第321 页。

言，反抗越激烈，那么报复与杀戮也就越严重。

三　并吞西夏与成吉思汗之死

蒙古对西夏发动的战争前后共有六次，是成吉思汗一生中用兵次数最多、也是最为惨烈的征服战争之一。早在铁木真征服漠北各部的过程中，被其打败的克烈部首领脱斡邻之子亦剌哈·桑昆就逃入西夏，为西夏所收留；铁木真在 1205 年打败乃蛮部落之后随即以追击亦剌哈·桑昆的名义首次入侵西夏，在经过一番掳掠之后退回。此后，西夏采取了依附金朝，联合抵御蒙古的策略。而对于蒙古的南下或西进而言，西夏都是其必须首先扫除的障碍。

1207 年秋季，蒙古大军第二次向西夏发动进攻。当时的夏襄宗李安全急忙调集右厢各路军队前来救援，蒙古军在西夏境内攻略了五个多月后，于次年二月退兵。

蒙古对西夏的第三次战争是成吉思汗于 1209 年 3 月亲自率领发动的。在这次为期半年的战争中，成吉思汗大败西夏军队，并围困了西夏的首府中兴府（今宁夏银川），而作为西夏宗主国的金朝却坐视不管，拒绝出兵援救。在这种情况下，夏襄宗只好向成吉思汗献女求和，蒙古这才退兵。1211 年夏神宗继位后改变了附金抗蒙的政策，转而开始附蒙攻金，并在 1216 年和 1217 年应蒙古的征调出兵攻金。

由于蒙古频繁地征调西夏军队四处征伐，给西夏的人力和财力造成了重大损失。1217 年，当蒙古为了西征花剌子模而征调西夏军队遭到夏神宗的拒绝后，蒙古大军第四次发兵入侵西夏，围攻中兴府。夏神宗留下太子德任守卫，自己逃往凉州，直到蒙古大军撤退后才返回。此后，西夏又相继尝试着采取联金抗蒙、联宋攻金的策略，但均以失败告终，最后不得已又回到了附蒙攻金的旧策略上。但是蒙古仍然对西夏频繁地征兵，加之西夏与金朝连年征战，双方"十年不解，一胜一负，精锐皆尽，而两国俱敝"[1]，因而引起了西夏军民的不满，并遭到抵制。1223 年，夏神宗被迫退位，次子李德旺继立，是为夏献宗。

---

[1] 《金史》卷一三四。

德旺上台后改变以往附蒙攻金的政策，转而与金朝议和，双方在1224 年结为"兄弟之国"，并趁成吉思汗西征中亚之机与漠北诸部联络，共同抗击蒙古。当年秋季，远在西域的成吉思汗闻讯后命令木华黎之子孛鲁率军对西夏进行第五次征讨，破银州，杀西夏军数万，大掠而还，使西夏的力量受到了进一步的削弱。

为了彻底征服西夏，从根本上解除后顾之忧，成吉思汗从西域回来后于1226 年发动了第六次，也就是对西夏的最后一次征服战争。在出兵前，成吉思汗派遣了一个使者前往西夏问罪，指责西夏曾经接纳仇人亦剌哈·桑昆、不送质子、拒绝征调并出言不逊，西夏王拒不接受。成吉思汗在攻占黑水城之后，首先率军对西夏的河西地区展开攻略杀伐，陆续占领了沙州、肃州、甘州、西凉与河曲等地，截断了西夏的后援与退路；十一月又挥师进攻灵州，消灭了西夏的有生力量，进而围攻中兴府。鉴于此时西夏基本上已经人地尽失，无力为患，故成吉思汗只留下部分军队继续围困中兴，并派人入城招降，而他本人则率军南下攻金，同时又派一支军队入宋境掳掠。

在蒙古军队长达半年的围困之后，中兴府城内弹尽粮绝，难以继续支撑；西夏末帝睍被迫表示降伏，并"请求一个月的期限，以便准备礼物，降城里居民迁出来"。此时已经是重病缠身的成吉思汗答应了西夏的请求，并立下遗嘱说："我死后，你们不要为我发丧、举哀，好叫敌人不知我已死去。当唐兀惕（即西夏）国王和居民在指定时间从城里出来时，你们可将他们一下子全部消灭掉。"① 1227 年 7 月，"一代天骄"成吉思汗在六盘山驻夏之地去世，部下按照遗嘱秘不发丧。不明就里的西夏君民出城投降，遭到蒙古军队的大肆屠杀，立国190 年的西夏政权宣告灭亡。

从1205 ～ 1227 年，蒙古大军经过23 年、先后6 次的战争才彻底征服并消灭了西夏，这在成吉思汗一生的征服史中是绝无仅有的。其原因固然与西夏军民的顽强抵抗有重要的关系，但在相当程度上还与当时西北地区复杂的政治形势以及蒙古汗国对西夏的征伐策略有关。

最初，成吉思汗在漠北兴起的时候，南部是西夏、金朝和宋朝三足鼎

---

①　参见拉施特主编《史集》第一卷第 2 分册，商务印书馆 1983 年版，第 320 ～ 321 页。

立之势，蒙古汗国的兴起则打破了这种平衡的态势。所以对于成吉思汗来讲，首先，南下将被征服的首要对象便是与之邻近的西夏和金朝。但是金朝"自天会（1124 年）议和，八十余年与夏人未尝有兵革之事"①，双方的贡使关系一直没有中断，一直维持着密切的藩属关系。面对西夏与金朝两强并立而金朝为大的形势，成吉思汗先撇开主要对手金朝，将矛头指向相对较弱的西夏，进而直接导致夏、金失和，为蒙古大军各个击破创造了条件。在此期间，西夏与金朝迫于蒙古的压力也曾有过联合抗蒙的意愿和行动，虽然因为双方各有所图、积怨太深、互不信任而最终失败，但是夏、金势力的并存毕竟在一定程度上对蒙古的军事行动有所牵制，延缓了蒙古最终征服西夏的军事行动的成功。

其次，作为西夏后援基地的河西地区在延缓蒙古征服活动中也发挥了十分重要的作用。1207 年蒙古军队第二次攻夏战争时，西夏依靠河西右厢军队的增援才使得蒙古退兵；1217 年蒙古军队第四次进兵围攻中兴府，夏神宗逃往凉州躲过一劫。河西地区不仅给西夏提供了人力、物力和财力的支持，也是西夏皇族的避难所。成吉思汗最后也清楚地看到了这一点，所以在对西夏的最后一次战争中首先攻占了河西地区，断绝了西夏的后援，然后围困中兴府，迫使西夏在内无粮草、外无援兵的情况下被迫降服。

最后，蒙古灭夏战略也是西夏一直存在的一个原因。"1205 ~ 1209 年，蒙古经过三次对西夏用兵，感到一时灭不了西夏，灭夏只能做长远打算，由军事进攻转变为利用西夏人力、物力，迫其从征，消耗其国力，从而使西夏不攻自破。"②

在蒙古汗国初期征服史上，西夏的抵抗是最为激烈、最为顽强的，蒙古人所遭受的损失也是最大的。正因为如此，蒙古对西夏人的镇压和屠杀也是最为残厉的。成吉思汗临终前曾经遗训子孙，要将西夏人斩尽杀绝，乃至"天兵破灭夏以西，有旨：戈矛所向，耆髫无遗"③。耆，年迈之人；髫，未成年之人。西夏的城池无论降服或者被蒙古大军攻破，最终都极少

---

① 《金史》卷一三四。

② 参见杜建录《西夏与周边民族关系史》，甘肃文化出版社 1995 年版，第 182 页。

③ 柳贯:《柳待制文集》卷一〇《师氏先墓碑铭》。

逃脱被屠城的命运，就连按约出城投降的西夏末帝及宗室王族也未逃脱亡命的厄运。

蒙古对西夏"进行了有计划、有步骤的屠杀，目的是摧垮西夏军民的意志，削弱西夏民族的反抗力"。为了彻底灭亡西夏民族，蒙古人还将西夏民族文化的标志性"典籍与建筑一并焚毁，其民族文化的载体儒士梵僧或死或虏，一切民族的象征均被有意识地消灭，亡其国并亡其史"①。在蒙古人的这一政策下，具有悠久历史和丰厚文化积淀的西夏民族作为一个整体从此消亡，以至于在西夏故地几乎荡然无存。幸存下来的西夏人离散到中亚、西藏、漠北和内地，仍然凭借着顽强的历史记忆追溯先人的辉煌。

四　察合台与窝阔台封地的建立及行省制度在西域的实施

在统一漠北诸部后，成吉思汗就按照"黄金家族"的传统，将其所辖领地以及领地上的百姓分封给自己的弟弟和子侄们，共享富贵。这种分民与分地的结合体被称作"兀鲁思"。随着蒙古汗国征服地区的扩大，成吉思汗诸弟的兀鲁思没有发生太大的变化，但是诸子的兀鲁思范围却不断地变化和扩大，新征服的地区基本上成为诸子的兀鲁思。在畏兀儿地区归附和西辽被征服之后，包括天山南北在内的广大地区分别成为成吉思汗次子察合台、三子窝阔台的兀鲁思，在此基础上形成了后来的察合台汗国与窝阔台汗国，并对此后中国西北边疆的历史产生了极为深远的影响。

根据波斯文史料的记载，察合台在西北地区封地（兀鲁思）的中心最初在别失八里（今新疆吉木萨尔县北之破城子），这应该是1209年高昌回鹘亦都护巴尔术阿而忒的斤归附后分封的。"河中和突厥斯坦诸地被征服后，他（指察合台）的驻地，以及他的子女和军队的驻地，从别失八里扩展到撒麻尔干（Samarqand），适合帝王居住的美丽富饶的地方。春夏两季，他在阿力麻里和忽牙思驻跸。"具体来说，"察合台受封的领

---

① 参见胡小鹏《元代西北历史与民族研究》，甘肃文化出版社1999年版，第186～187页。

域，从畏吾儿地起，至撒麻尔干和不花剌（Bokhara）止"①。包括西辽旧地、伊犁草原、伊塞克库尔（热海）、楚河和塔拉斯（怛逻斯）等地。但是，由于高昌亦都护最早归附而享有特殊地位，其领地直属汗廷而并未进行分封，所以确切地说"察合台分地只是与畏兀儿邻接，而不是包括畏兀儿"②。

窝阔台在西北地区的始封地的中心在叶迷立（Emil，今新疆额敏一带）和霍博（Qobaq，今新疆和布克赛尔），与察合台兀鲁思相邻，具体范围包括今新疆塔城周围的大阿尔泰山与巴尔喀什湖之间，从前乃蛮部落所属的西南部分。③ 1229 年窝阔台按照成吉思汗的遗命就任蒙古大汗之后，将自己的这些封地赐给了长子贵由，次子阔端则被封在河西一带。

据研究，"察合台封地或许是蒙古宗王所有封地中最大的，境内种族和部族最为繁杂，生活方式亦极不一致。它既包括某些最繁华的亚洲城市，以及某些最富饶的农业区，定居其地的农业居民在亚洲文明中遥遥领先，同时也包括某些最野蛮的山区部落（即居住在南方高原上，当时被称为哈札拉人的部落）和几乎同样原始的游牧民所占据的广大荒原"④。如何管理和统治这一文化不同、经济生活方式不同的多民族广阔地区，是摆在蒙古统治者面前的一个难题。

与传统的游牧统治者一样，察合台和窝阔台的统治中心或者驻地均在各自兀鲁思中的草原地带，保持着游牧的生活方式。他们除了和大汗分享封地上的各种收益外，还有义务随时接受汗廷的调遣派兵出征。为了维系蒙古汗国的统一，成吉思汗事实上已经将游牧政权下的分封制与农耕政权下的中央集权制结合起来。实施中央集权应该与契丹政治家耶律楚材的影响有关。成吉思汗在位时期，包括察合台兀鲁思与窝阔台所辖兀鲁思在内

---

① 以上参见志费尼《世界征服者史》上册，内蒙古人民出版社 1981 年版，第 321、45 页。

② 参见韩儒林主编，陈得芝、邱树森、丁国范、施一揆《元朝史》上册，人民出版社 1981 年版，第 194 页。

③ 参见雷纳·格鲁塞《蒙古帝国史》，龚钺译，翁独健校，商务印书馆 1989 年版，第 230 页。

④ 米尔咱·马黑麻·海答儿：《中亚蒙兀儿史——拉失德史》第一编"英译本绪论"，新疆社会科学院民族研究所译，王治来校，新疆人民出版社 1983 年版，第 165 页。

的各个封地上的最高统治权在名义上都属于大汗汗廷；他还通过将各兀鲁思中游牧区与农耕城郭区分治的方式，把察合台和窝阔台封地上的首领的活动区域限制在草原地带，禁止蒙古宗王扰掠或破坏农耕区的生产生活，中亚和西北富庶的农耕城郭之地也成为蒙古汗国主要的财富来源。

　　成吉思汗在察合台和窝阔台的兀鲁思上采取的一项主要措施，就是在农耕城郭区各城派驻"达鲁花赤"，实施行政和经济的直接管辖。这些见于记载的城郭包括忽炭（和田）、可失哈儿（喀什噶尔）、鸭儿看（叶尔羌）、曲先（库车）、坤间（库尔勒）、合迷力（哈密）、亦剌八里（伊宁）、别失八里（吉木萨尔）、独山城（吉木萨尔东）、阿力麻里（霍城）、海押立（巴尔喀什湖东南）、哈剌火州（吐鲁番）等处。成吉思汗后来又任命麻速忽总管上述地区税赋的征收，按年度将所收税赋折成钞币直接送交汗廷。由于实行上述统治体制，最终造成各兀鲁思与汗廷之间的矛盾，也为察合台和窝阔台的兀鲁思最后与汗廷分庭抗礼埋下伏笔。

　　为了保证政令的畅通、维系汗国的统一，蒙古汗国从成吉思汗开始便在西北地区建立了一套完整、有效的驿站体系。"窝阔台汗时期的驿站达1400多处，忽必烈时期已超过万数，国家签发专为驿站服务的站户达30万户以上，客观上形成了以驿站为中心的欧亚商路网络，此商路网络大致以察合台汗国首府阿力麻里（今新疆霍城附近）为枢纽，东西段均分为两大干线。"① 事实上，正是在蒙古汗国时期，连接东、西方政治、经济和文化关系的"丝绸之路"得到了全面的复兴，并且历史上第一次打破了"丝路"沿线政治上的壁垒。

　　在窝阔台、贵由汗统治时期，察合台兀鲁思的继承人按照惯例都由蒙古大汗指定，并对大汗服守藩之礼。② 1248 年贵由汗死后，蒙哥汗继位，蒙古汗国的大汗之位从窝阔台系转到拖雷系。由于察合台和窝阔台的兀鲁思在汗位的争夺斗争中站在了蒙哥的对立面，所以蒙哥上台后采取了一系列措施加强对这些地区的管理与控制。

　　对于察合台兀鲁思，蒙哥汗废黜了支持窝阔台家族的也速蒙哥，扶植

---

① 参见王三北《蒙元时期蒙畏民族关系发展及其影响》，《西北民族学院学报》（哲学社会科学版）2001 年第 2 期，第 51 页。

② 参见余太山主编《西域通史》，中州古籍出版社 1996 年版，第 335 页。

并以察合台之孙合剌旭烈取代也速蒙哥。对于窝阔台后裔及其兀鲁思,蒙哥汗一方面将反对他的昔列门、忽察和脑发配到中原和高丽充军,另一方面则对窝阔台家族的其他成员进行优抚和拉拢,并通过"众建以分其势"方式将窝阔台的兀鲁思重新分封。结果除了阔端仍然保有在河西的封地外,窝阔台第六子合丹被封到了别失八里;窝阔台第七子灭里被封于也儿的石(今额尔齐斯河)流域;窝阔台第四子哈剌察儿之子脱脱被封于叶迷立一带;窝阔台第五子合失之子海都则被封到了海押立(今哈萨克斯坦塔尔迪·库尔干以东)。经过蒙哥汗的分化瓦解,窝阔台的兀鲁思的势力受到了极大的削弱。此后,除了海都形成一定的势力昙花一现外,窝阔台的兀鲁思最终土崩瓦解,而察合台兀鲁思因为基本完整地保存下来而发展成为后来的察合台汗国,成为左右中国西北政治局势的主要力量。

为了进一步加强对察合台和窝阔台兀鲁思的统治与控制,蒙哥汗将在中原汉族地区实行的行尚书省制度推广到天山南北以及中亚河中地区,分别设立了别失八里等处行尚书省、阿姆河等处行尚书省,"任命讷怀、塔刺海、麻速忽(即马思忽惕)等为别失八里等处行尚书省事,暗都剌兀尊、阿合马、也的沙为副,以管辖现在的新疆和巴尔喀什湖以东以南的广大地区。又任命阿儿浑为阿姆河等处行尚书省事,法合鲁丁、匿只马丁为副,以管辖河中地区。任命维吾尔人帖哥术探花爱忽赤管理哈密、库车等地"[1]。别失八里等处行尚书省、阿姆河等处行尚书省最高长官行尚书省事的蒙古职名实际上就是"也可扎鲁忽赤"(yeke jarquchi),即大断事官,也就是成吉思汗以前所设的"达鲁花赤"职权的放大;其下一般还设有多名必阇赤为副,各类佐吏的设置也与汗廷的组织相仿。[2] 蒙哥汗通过实行行尚书省制度,首次将察合台和窝阔台兀鲁思系统地纳入到蒙古汗国的统治体系之中。

但是,蒙哥汗的这些措施并没有从根本上消除察合台和窝阔台兀鲁思与大汗汗廷之间的矛盾,以及各兀鲁思在民族、地理、文化和经济上的巨大差异;加之争夺汗位的斗争又加大了成吉思汗"黄金家族"之间的裂

---

① 参见新疆社会科学院民族研究所编著《新疆简史》第1册,新疆人民出版社1980年版,第181页。

② 参见白寿彝总主编、陈得芝主编《中国通史》第八卷(上),上海人民出版社1997年版,第394页。

痕，使得各宗王更加着意经营各自的兀鲁思，从而加速了大蒙古兀鲁思走向分裂的进程。

第三节　平定海都、都哇与元朝经营西北的方略

1259 年蒙哥大汗在攻打南宋合州（今重庆合川）时受伤，7 月病亡。从 1260 年初开始，以忽必烈为一方，以阿里不哥为另一方，蒙古黄金家族各宗王围绕汗位的斗争由明争暗斗发展为兵戎相见、手足相残，蒙古汗国历史上也首次出现了南北两个大汗并立的局面。在这场汗位争夺战中，地处西北的察合台兀鲁思趁机扩充实力，并从蒙古汗廷获得了对这一地区的实际控制权的承认。而窝阔台汗国却在与察合台汗国的争斗中灭亡，成为察合台汗国的一部分。察合台汗国从此名实具备，但不久就分裂为东西两个部分，到 1346 年秃黑鲁·帖木儿被拥立为东察合台汗国之汗时候，中亚和西北地区的蒙古宗王已经完成了突厥化和伊斯兰化，而他本人也成了新疆地区第一个信仰伊斯兰教的蒙古汗。秃黑鲁·帖木儿死后，察合台汗国彻底走向了分裂，西域地区陷入长期的各自为政状态。

一　忽必烈、阿里不哥的汗位之争与察合台汗国势力的扩张

蒙哥汗在 1259 年去世后，留在漠北负责镇守的阿里不哥开始觊觎大汗之位，其主要对手是手握重兵的同胞哥哥忽必烈。阿里不哥企图将忽必烈引入自己所盘踞的草原地区，以胁迫其就范。忽必烈洞若观火，察知了阿里不哥的企图，在 1260 年初从南征途中返回后一直驻扎在燕京，只通过使臣往来与阿里不哥相周旋。1260 年 4 月，忽必烈采取先发制人的策略，在东部宗王的支持下自行宣布即大汗之位，造成既成事实。与此同时，他又暂停南征，并积极地招兵买马、筹集粮草，重建大汗的怯薛部队，全力对付阿里不哥。

忽必烈的举动使阿里不哥的如意算盘落空，只好匆匆地在阿尔泰山的夏季驻地召开忽里勒台（会盟）大会，并在会上按照蒙古的传统被拥立

为大汗。参加此次会议的除了留在漠北的宗亲诸王外，主要还是来自察合台、窝阔台家族的成员，远在西亚的旭烈兀和伏尔加河流域的钦察汗别儿哥并没有参加忽必烈与阿里不哥任何一方的登基典礼，但是在态度上还是倾向于认可阿里不哥的合法性。这样便在蒙古汗国的历史上首次出现了南北两个汗廷并立的局面。

在与阿里不哥对抗的初期，忽必烈并未获得"黄金家族"内部各支系的支持，明显处于劣势。为了改变这种不利局面，忽必烈选派察合台后裔阿必失哈返回西北，欲借其控制察合台兀鲁思，从西部钳制阿里不哥。然阿必失哈尚未抵达目的地就在河西被阿里不哥的军队所截获，忽必烈控制察合台兀鲁思的企图遇到了挫折，阿里不哥让另一名察合台后裔阿鲁忽成功夺取了察合台兀鲁思的统治权，令其为自己征集军队、筹措军饷。阿鲁忽夺权后，利用阿里不哥的支持，驱逐了监国哈屯兀鲁忽乃，然后又"利用原别失八里等处行尚书省的官员在忽必烈与阿里不哥之间无所适从的机会，把他们收归己有，力量迅速壮大，使察合台汗国一跃而成为控制蒙古国中部的一支强大势力"①。

阿鲁忽显然并不甘于充当阿里不哥的附庸，雄心勃勃的他在察合台兀鲁思站稳脚跟之后不久便与阿里不哥因为粮秣军资问题发生矛盾，随即遣使向忽必烈表示归附。忽必烈则以承认阿鲁忽对东起阿尔泰山、西到阿姆河广大区域的统治权作为报答。阿鲁忽则又趁术赤后王与旭烈兀相争的机会占据并劫掠了原本属于术赤后王的河中地区。这样，阿鲁忽便利用忽必烈与阿里不哥之间的汗位之争，不仅扩大了察合台兀鲁思的势力范围，而且使得察合台汗国名实具备，成为脱离汗廷控制的一支独立力量。阿鲁忽态度的转变使得阿里不哥失去了粮饷的来源，直接导致其在与忽必烈的争位战争中处于下风。

1262年，在与忽必烈的争位战争中失利的阿里不哥放弃了位于今蒙古国中部的汗廷和林，挥师西进讨伐阿鲁忽并占据了阿力麻里。窝阔台后裔、贵由汗之子禾忽与阿鲁忽结成联盟共同抵抗阿里不哥的进犯，但被阿里不哥击败。由于阿里不哥在阿力麻里滥行杀掠，导致当地经济凋敝，饥荒流行，军心随之涣散。1264年，穷途末路的阿里不哥被迫向忽必烈输

---

① 参见余太山主编《西域通史》，中州古籍出版社1996年版，第335页。

诚,从而结束了这场长达五年的对立的蒙古汗位之争。忽必烈成为正统,但却从此失去了对察合台、窝阔台兀鲁思的实际控制权。蒙古汗国的分裂趋势已经难以逆转。

阿鲁忽死后,木八剌未经大汗忽必烈许可便成为察合台汗国新的统治者。忽必烈故伎重演,在至元元年(1264年)选派另一位察合台后裔八剌取而代之,试图借助察合台汗国的力量去对抗新兴的对汗廷怀有敌意的窝阔台后王海都的势力,并进而恢复汗廷对西北地区的控制。此外,忽必烈还派人前往钦察汗国,离间术赤后王与海都之间的关系,并在至元三年(1266年)派王子那木罕镇守漠北,为出兵西北进行军事准备。忽必烈的做法不仅将触及察合台汗国的既得利益,同时还威胁到了窝阔台后王的利益。八剌上台后首先将忽必烈派驻在天山以南的大将忙古带驱逐出去,继而又与海都展开对河中地区的争夺,双方互有胜负。①

相互之间的争战使蒙古西北宗王的势力都不同程度地受到削弱,而忽必烈平定阿里不哥也使他们共同感到了来自汗廷的威胁。至元六年(1269年)春天,察合台系的八剌、窝阔台系的海都与术赤系的钦察汗国代表别尔哥彻儿会聚到海都控制下的塔剌思草原和坚者克草原,他们背着忽必烈的大汗汗廷召开忽里勒台会议,以和平方式瓜分河中地区土地。会议决定:"河中地区三分之二归八剌所有,三分之一则归海都和忙哥帖木儿管辖。"作为对八剌的补偿,他们还议定八剌在次年春天越过阿姆河,去夺取亲忽必烈的伊利汗国阿八哈的某些领土,以扩大八剌军队的牧场、土地和畜群。② 塔剌思会议揭开了察合台后王和窝阔台后王与忽必烈汗廷对抗的序幕,标志着统一的蒙古汗国最终走向分裂。"从此察合台汗国和窝阔台汗国脱离了大汗的直接控制,对以后数十年中亚历史的发展产生了深刻的影响。"③

二　平定海都与都哇及元朝经营西北的方略

海都是窝阔台第五子合失之子,由于没有直接参与反对蒙哥即大汗位

---

① 参见余太山主编《西域通史》,中州古籍出版社1996年版,第336页。
② 参见拉施特主编《史集》第三卷,商务印书馆1986年版,第110~111页。
③ 韩儒林主编:《元朝史》上册,人民出版社1986年版,第223页。

的活动而被分封到海押立一带。但是他对拖雷系取代窝阔台系成为蒙古大汗并分割窝阔台兀鲁思的行为一直心怀不满。在忽必烈与阿里不哥争夺汗位的斗争中，海都始终坚定地站在阿里不哥的一边，反对忽必烈，并趁机积蓄力量，扩张地盘。阿里不哥失败后，海都一方面继续与以忽必烈为代表的汗廷相对抗，另一方面则联合钦察汗国，与察合台汗国争夺对中亚河中地区的控制权，并进而攻占了察合台汗国的领地阿力麻里。八剌即察合台汗国汗位后，海都又与他不断为争夺土地和牧场而作战，双方互有胜负。

　　为了避免出现两败俱伤的局面，海都在至元六年（1269 年）主持召开了塔剌思会议，与察合台汗国和钦察汗国以和平的方式瓜分了河中地区，暂时缓解了与察合台汗国之间的矛盾。至元七年（1270 年），八剌在入侵呼罗珊的战争中被伊利汗阿八哈大败，海都率领军队不仅没有按照约定相助，反而包围了八剌的营地，使八剌在窘迫中死去，其部众降附。海都随后将察合台之孙聂古伯立为新汗，从此完全控制了察合台汗国汗位的继立，使察合台汗国沦为自己的附庸。元至元十年（1273 年）聂古伯死，在此后不到一年多的时间里，不花帖木儿和都哇相继被海都立为察合台汗国的汗。在掌控了察合台兀鲁思和窝阔台兀鲁思的辽阔土地后，海都认为自己已经羽翼丰满，开始在天山南北与以忽必烈为代表的元朝全面对峙。

　　海都挑战忽必烈的权威得到西北宗王们的支持是有其历史原因的。成吉思汗在临死前曾指定窝阔台为汗位的继承人，并明确规定这种继承权是世袭的，诸王在拥立窝阔台登基的时候也都发过类似的誓言。但是蒙哥的继立则违反了这一规定，所以拖雷系取代窝阔台系成为蒙古的大汗，其合法性一直被人疑议。[①]

　　由于拖雷系取代窝阔台系成为蒙古大汗的历史旧怨，忽必烈对于窝阔台系宗王的活动一直保持着高度的警惕，并且采取了联合或控制察合台系诸宗王打击和遏制窝阔台后王的政策。海都势力的兴起并且将察合台汗国变成自己的附庸，深深地引起了元廷的不安。忽必烈和元廷为此又进一步

---

　　① 　参见刘迎胜《元初朝廷与西北诸王关系考略》，载中国社会科学院民族研究所主编《中国民族史研究》，中国社会科学出版社 1987 年版，第 132～134 页。

采取了一系列措施对其进行遏制和打击。这些措施包括：

1. 在军事上保持对海都的防范和高压态势。至元八年（1271 年），忽必烈遣其子那木罕镇守阿力麻里，并在此设立中书省和行枢密院，在军事上和政治上对海都施加压力；又派察合台后王阿只吉和出伯镇守畏兀儿以西地区。

2. 设置职官，加强对畏兀儿地区的管理，切断海都的税赋来源。至元十一年（1274 年），元廷设立畏兀儿断事官；1279 年元朝在今南疆地区设立斡端（和田）宣慰使司都元帅府，1286 年又设立了别失八里、和州（吐鲁番）等处宣慰使司都元帅府；后来又在畏兀儿亦都护之下设立大都护府，统一管理畏兀儿各城以及迁居内地的畏兀儿人。

3. 完善驿站制度，加强汗廷与西北地区的联系，保证政令畅通。忽必烈在河西走廊通往西域的南北两条道路上设置了一批新的驿站。北道以别失八里和彰八里（今新疆昌吉）为枢纽，由驻扎在这两地的官员管理全线的军站，并在接近京城大都的太和岭（今山西雁门关以北）至别失八里之间建立了 30 个驿站；在南道，元朝廷于至元九年（1272 年）在和田与鸭儿看（叶尔羌）之间建立了 13 个水驿，至元十九年（1282 年）、至元二十三年（1286 年）又先后设立了和田、阇鄽（且末）、怯台（且末南）、罗卜（若羌）等驿站，使南道沿今塔里木盆地南缘一直延伸到沙州（敦煌），全长一千多里。①

4. 剿抚并用。至元三年（1266 年）前后，忽必烈以大汗的名义要求海都入京朝觐招抚，试图不战而屈人之兵，但被海都所识破遭到拒绝。至元十二年（1275 年）忽必烈颁布 34 道金银符，下诏追拘海都和都哇，正式向海都宣战。

面对忽必烈的咄咄逼人之势，以海都为首的窝阔台系和察合台系诸王不甘灭亡，起兵抗拒。至元十二年夏，贵由之子禾忽进至罗布泊一带，截断元朝通往西域的南道驿路。都哇则在此之前率兵击败了阿只吉统领的元军，进而围攻别失八里，迫使畏兀儿亦都护移治哈剌火州。

至元十三年（1276 年），镇守阿力麻里的那木罕部众中的宗王后裔发动兵变，拘禁了那木罕等人，推举蒙哥之子昔里吉为大汗。叛乱者将那木

———————————

① 参见蔡美彪等《中国通史》第 7 册，人民出版社 1983 年版，第 339～340 页。

罕等人分别送往钦察汗忙哥帖木儿和窝阔台后王海都处，并试图与他们结盟共同对抗忽必烈，但却没有得到积极的响应。至元十七年（1280 年）忙哥帖木儿死去，继立的钦察汗脱脱蒙哥马上将被拘禁的那木罕送回元朝。至元十九年（1282 年），元廷才平定了长达七年之久的昔里吉之乱，解除了岭北的问题，然后集中力量对付海都和都哇。

至元十六年（1279 年）初元朝灭亡了南宋，忽必烈得以调动大批蒙古军和汉军前往西北地区，以阻止海都和都哇的东进，双方在天山南北多次激战，互有胜负。至元十八年（1281 年），元将刘恩率军击败海都部将攻占斡端（今新疆和田）；至元二十年（1283 年），海都派八把统军 3 万人围攻斡端，迫使刘恩退师，元朝丢掉了斡端。此后海都打算与元廷议和，并将此前拘禁的元大臣安童和石天麟遣回以示诚意，但是却没有得到元廷的响应。

至元二十二年（1285 年），都哇又进兵火州，围城半年，迫使亦都护火赤哈儿献女求和。此时忽必烈正忙于征服宋的其他地方，无暇顾及西北。在叛军的压迫下，火赤哈儿尽管后来再度东迁，移驻到哈迷里，但最后还是被叛军袭杀。火赤哈儿死后，亦都护家族避居甘肃永昌，从此基本失去了与畏兀儿之地的政治联系。

至元二十四年（1287 年），海都与东北地区的宗王乃颜组成了新的反对忽必烈同盟①，战争持续了一年之久。这一年四月，乃颜起兵作乱，忽必烈率军亲征，乃颜败死。次年，海都的军队入侵漠北，兵锋直指和林，元军层层阻截，但均被海都击败。至元二十六年（1289 年），海都占领和林。和林是蒙古"祖宗根本之地"，对于号令各兀鲁思、确立大汗的地位具有特殊意义。因此，忽必烈不顾 74 岁高龄亲自出征，从海都手中夺回和林，命伯颜镇守。至元二十九年（1292 年），元朝将海都的势力驱逐到阿尔泰山以西才基本稳定了北方的局势。② 经过这番战争，忽必烈深感在岭北和西北与海都所率之军两线作战力不从心，所以调整策略，收缩西北地区的防线，放弃了斡端，集中兵力重点守卫以和林为中心的岭北地区。

---

①　参见勒内·格鲁塞《草原帝国》，商务印书馆 1998 年版，第 372 页。
②　参见白寿彝总主编，陈得芝主编《中国通史》第八卷（上），上海人民出版社 1997 年版，第 431 页。

西域地区绝大部分被海都和都哇控制。

至元三十一年（1294 年）忽必烈去世，其孙铁穆尔继位，是为元成宗。成宗继承了忽必烈晚年对待海都和都哇的政策，在西北取守势，并在天山南北分设曲先塔林都元帅府（治今新疆库车）和北庭都元帅府（治今新疆吉木萨尔）统领西域驻军。不久，元朝又在都哇的压迫下将防线收缩到哈里迷（今新疆哈密）一带。在北线元军则积极出击，并试图联络钦察汗东支牵制海都和都哇。

大德五年（1301 年），海都带领察合台和窝阔台系的许多宗王向和林进军，与元军在金山附近的铁坚古山发生激战，结果双方互有胜负，伤亡惨重。海都在战斗中负伤，次年死去。这次战争改变了察合台汗国与窝阔台汗国之间的力量对比，都哇则趁机取代海都成为盟主，选立海都之子察八儿为窝阔台汗国新汗，进而控制了窝阔台汗国并使之成为察合台汗国的附庸。"持续 40 年之久的西北诸王叛乱战争给人民带来了深重的灾难，也使双方统治者认识到，元朝不可能凭借武力来消灭武装割据的察合台国和窝阔台汗国，而察合台、窝阔台两汗国也没有力量改变拖雷家族占据皇位的现实。元成宗的新立和都哇取代海都成为西北叛王之首为双方改弦更张创造了条件。"[①]

三　都哇约和与窝阔台汗国的灭亡

元成宗大德七年（1303 年），都哇扶立海都之子察八儿为窝阔台汗国的汗王。不久，都哇便与察八儿等西北诸宗王商议，决定改变以往与元朝为敌的政策，以承认拖雷系为大汗之位的正统继承者为条件，换取元朝对西北宗王立国合法性的承认。都哇通过元朝在岭北的驻军向元廷表达了这一意愿，得到了元成宗的积极响应。这年秋天，都哇和察八儿的使臣到达元廷；次年双方正式约和，结束敌对状态，西北宗王承认元朝的宗主国地位。接着，元朝和以都哇为代表的西北宗王联合派遣使团，将这一情况向伊利汗和钦察汗作了通报。自阿里不哥以来长达 40 多年的内乱终于告一段落，整个蒙古汗国至少在名义上又统一起来。

---

① 参见余太山主编《西域通史》，中州古籍出版社 1996 年版，第 337 页。

　　在与西北各宗王约和后,元廷对与窝阔台后王察八儿仍然心存疑虑,继续执行扶持察合台汗国,打击和削弱窝阔台汗国的政策。而都哇自认为得到了元廷的支持,也开始向察八儿索要被海都夺占的察合台汗国的领地,并以武力征伐的方式不断侵蚀窝阔台汗国的地盘。在短短两年的时间里,"都哇陆续控制了阿姆河以北地区至哥疾宁之地,对窝阔台系诸王,或收其兵权,或迫使他们听命于己,以各种手段夺取了原先在海都控制下的大片土地和大批军队,使窝阔台汗国进一步削弱"①。

　　不仅如此,都哇又在大德十年(1306 年)与元成宗之子海山合谋策反察八儿部众中的明里帖木儿(蒙哥之子),同时海山率领元军从背后侧击察八儿,俘获察八儿后妃及其部众数十万。走投无路的察八儿只好向都哇投降,窝阔台汗国的领地大部分被并入察合台汗国。

　　大德十一年(1307 年),都哇在阿力麻里附近的大斡耳朵忽牙思草原召集宗王 360 余人举行忽里勒台(会盟)大会,宣布废黜察八儿,立海都另一个儿子仰吉察儿为窝阔台汗国的新汗。不久都哇死去,其子宽阇继位。

　　宽阇上台后继续保持察合台汗国与元朝的宗主国关系,其一项重要举措便是向元廷上缴了中亚地区的户口清册。元武宗海山至大元年(1308 年),元廷派薛尼台铁木察出使中亚撒麻耳干,准备恢复蒙古汗国初期在中亚城郭地区所享有的权益。作为回应,宽阇在同年九月八日派遣中亚的万户也列门合散来到元廷,献上了成吉思汗时期所编制的撒麻耳干、塔拉斯、塔失干等地的户口清册。元廷对其加以回赐,并决定:"薛迷思干、塔剌思、塔失玄等城,三年民赋以输县官。今因薛尼台铁木察往彼,宜令以二年之赋与宽阇,给予元输之人,以一年者上进。"② 这实际上是恢复了汗国初期的旧制,由大汗汗廷与兀鲁思共同分享当地的收益,同时也标志着元朝恢复了对中亚河中地区的统辖权。但是从当时的形势来看,元朝汗廷已经不可能恢复汗国初期的声望和权威了。

　　宽阇死后,察合台汗国内部为了争夺汗位而发生内乱,察八儿和仰吉察儿等窝阔台后王图谋趁乱复国,纠集军队向察合台汗国的大斡耳朵所在

---

　　① 白寿彝总主编、陈得芝主编:《中国通史》第八卷(上),上海人民出版社 1997 年版,第 574 ~ 575 页。

　　② 《元史》卷二二《武宗纪》。

地忽牙思草原发动进攻,结果却被都哇之子怯别所败。仰吉察儿在逃亡途中被毒杀,察八儿投奔元朝,窝阔台汗国从此灭亡,而残留下来的窝阔台系宗王此后便融入了察合台汗国的政治生活之中。察合台汗国和窝阔台汗国基本完成了一体化。

怯别在元朝的支持下击败了图谋复国的窝阔台后王以及其他宗王,于元至大二年(1309年)从哥疾宁迎立其兄也先不花为察合台汗,并奉行与元朝修好、永为藩服的政策。也先不花后来曾经在元仁宗皇庆元年(1312年)连续两次遣使朝贡。尽管如此,元廷对于屡次作乱的西北宗王仍然心存疑虑,派遣大军镇守阿尔泰山以北地区监督着这些人。也先不花上台不久,便因为边界地带的划分问题与元廷发生矛盾,在协商未果的情况下遂扣押了元廷派往伊利汗国的使臣阿必失哈和拜住。延祐元年(1314年),也先不花开始向元朝的岭北驻军发动进攻。元朝从西路和北路出兵反击,大败也先不花;伊利汗国也从西面出兵配合,攻占了察合台汗国所属的呼罗珊地区。

为了避免两线作战,也先不花首先派怯别击退了伊利汗国的军队,收复了中亚地区的失地,解除了后顾之忧;然后作为报复,他又袭杀了从伊利汗国回归的元廷使团人员。延祐二年(1315年),元朝军队再次击败也先不花,并将势力深入到火州。延祐三年(1316年),元仁宗册封畏兀儿亦都护纽林的斤为高昌王,恢复了元朝在畏兀儿地区的统治。元朝与察合台汗国转入对峙状态。[①]

延祐七年(1320年)也先不花去世,怯别继立。怯别上台后,察合台汗国的内外政策发生了重大变化。他力主与元朝和好,终于使双方在至治三年(1323年)恢复了和平状态。元英宗也明确表示"朕非欲彼土地人民,但吾民不罹边患,军士免于劳役,斯幸矣"[②]。这也就是承认察合台汗国对其领地的统辖权。怯别则尊奉元朝为宗主国,承认元朝在畏兀儿之地的权益,允许哈剌火州按照传统的惯例向元廷缴纳贡赋。与此同时,怯别顺应了大批蒙古人进入农业地区并逐渐融合到当地人的发展趋势,提倡和支持农业生产,将汗国的政治中心西移到河中地区,并在那黑沙不

---

①　参见韩儒林主编《元朝史》上册,人民出版社1986年版,第228页。

②　《元史》卷二八。

（撒麻尔罕西南）附近为自己建造了一座宫殿，以宫殿为中心形成了一个名为"卡尔施"（蒙古语"宫殿"）的城市①。

怯别汗死后，他的弟弟燕只吉台和笃来帖木儿相继成为察合台汗国的汗王，在此期间，察合台汗国与元朝基本上相安无事。元明宗至顺二年（1331 年），继立汗位的是都哇之子答儿麻失里。他上台后长期居留在汗国西部的呼罗珊地区而很少到东部地区巡视，并宣布皈依伊斯兰教。这标志着汗国西部的察合台宗王已经由游牧转入定居，并伊斯兰化。这些招致了汗国东部那些坚持游牧生活的蒙古宗王的不满和反对。双方相互攻讦，察合台汗国由此开始走向分裂。

四 秃黑鲁·帖木儿皈依伊斯兰教与西北民族文化的大融合

答儿麻失里皈依伊斯兰教后，察合台汗国东部仍然保持着游牧传统的蒙古贵族不赞（Buzun）对此十分不满，并以答儿麻失里背叛成吉思汗创立的"札撒"为由发动叛乱，于元至统二年（1334 年）杀死答儿麻失里，夺取了汗位。此后汗国内部动乱不断，包括不赞及其后继者敞失、也孙帖木儿也都死于争夺汗位的争斗中，而窝阔台后裔阿里算端一度趁乱夺取了汗位。虽然汗位很快便被察合台后裔夺回，都哇的子孙麻哈没的与合赞相继成为新汗，但是在这些动乱中，黄金家族的势力受到削弱，其权威也开始遭到当地非成吉思汗系贵族和地方势力的挑战。

14 世纪 40 年代初期，今阿姆河上游北部巴鲁剌思部异密合扎罕的势力日益壮大，对合赞汗的统治构成了威胁。回历 746 年（1345/1346 年），双方在哈儿伯（Karbeh）草原开战，合赞汗在激战中击败了合扎罕，但是却在当年冬季被合扎罕攻杀。合扎罕从此就操纵了汗国汗位的废立。在这种情况下，地方诸侯纷纷仿效之，拥立新汗，察合台汗国陷入分裂的局面。② 此时的元朝朝廷却忙于镇压中原地区各处的反元起义，已无暇顾及西北边陲。

---

① 参见勒内·格鲁塞《草原帝国》，商务印书馆 1998 年版，第 432 页。

② 参见余太山主编《西域通史》，中州古籍出版社 1996 年版，第 338 页；韩儒林主编《元朝史》上册，人民出版社 1986 年版，第 230 页；白寿彝总主编、陈得芝主编《中国通史》第八卷（上），上海人民出版社 1997 年版，第 562 页。

1346 年，察合台汗国东部势力最大的蒙古朵豁剌惕（杜格拉特）部找到了一位名叫秃黑鲁·帖木儿的年轻人，宣称此人是也先不花的儿子，并在 1348 年拥立为汗，借以和西部的察合台汗廷相对抗。察合台汗国事实上已经分裂为东西两个部分。此时，汗国西部的突厥人后裔早已经完成了伊斯兰化，而河中地区的部分蒙古贵族也皈依了伊斯兰教，开始突厥化和伊斯兰化了，宗教在当地的政治生活中的地位和作用日益显著。为了借助伊斯兰教的影响巩固自己的地位，秃黑鲁·帖木儿在上台后不久便皈依了伊斯兰教。据说在他的影响下，察合台汗国东部的那些蒙古人有 16 万人剪掉长头发皈依了伊斯兰教，"伊斯兰教在察合台汗国的这一整个地区传布开来"①。这样，作为统治者的秃黑鲁·帖木儿便使自己摆脱了"异教徒"的尴尬地位，可以名正言顺地征伐和统治当地已经伊斯兰化的各族民众了。

扶持秃黑鲁·帖木儿上台的朵豁剌惕部贵族异密·播鲁去世后，秃黑鲁·帖木儿趁机将权力集中到自己手中，进而削平了东部的各个地方割据势力，将包括天山山脉南部在内的整个察合台汗国东部地区统一起来。1359 年，东部察合台汗国发生内乱，各方诸侯纷纷割据自立，相互征伐，局势混乱不堪。雄心勃勃的秃黑鲁·帖木儿认为重新统一察合台汗国的时机已经成熟，于是从 1360 年开始先后两次发动对河中地区的战争，使察合台汗国实现了短暂的统一。

在 1362 年征服河中地区以后，秃黑鲁·帖木儿回到了东部的伊犁地区，而将所征服地区的政权交给自己的儿子也里牙思·火者·乌黑阑。但是与此同时秃黑鲁·帖木儿又任命一个"异密"别吉克统率军队，并将统辖察合台王公百姓的大权交给了他，还任命当地的"异密"帖木儿辅佐处理民政事务。② 秃黑鲁·帖木儿的这种做法无疑削弱了也里牙思对当地的控制权，也为当地贵族"异密"作乱埋下了祸根。不久，"异密"帖木儿因为不满自己所处的地位而与别吉克分裂，并依靠中亚地区的贵族势力击败了察合台汗国的军队，俘获了也里牙思，察合台汗国陷

---

① 参见米尔咱·马黑麻·海答儿《中亚蒙兀儿史——拉失德史》第一编，新疆人民出版社 1983 年版，第 165 页。

② 米尔咱·马黑麻·海答儿：《中亚蒙兀儿史——拉失德史》第一编，新疆人民出版社 1983 年版，第 177 页。

入了永久的分裂。此后这一地区发展成为后来历史上所说的帖木儿帝国。几乎同时,秃黑鲁·帖木儿去世,汗国东部的朵豁剌惕贵族势力再度控制了局势。也里牙思尽管被"异密"帖木儿放回,但不久便被朵豁剌惕贵族哈马鲁丁谋杀。此后,天山南北地区也进入了分裂时期。

在蒙古汗国西征、统一以及走向分裂的过程中,中国的西北地区经历了历史上自魏晋南北朝以来的第二次民族大迁徙和民族大融合,其影响范围之广、影响程度之深、涉及民族之多都是空前绝后的,"在再造中华大一统的伟业中曾树立起一座威震欧亚的历史丰碑"①。正是在这一历史时期,蒙古族和畏兀儿人建立了一种水乳交融的关系,从中亚和西域地区迁居甘肃、宁夏、青海一带的信仰伊斯兰教的族群陆续形成了后来西北地区的回族、撒拉族、东乡族和保安族等,而西夏党项族则走向离散和消亡,近代西北地区民族分布的格局基本确立;与此同时,在察合台和窝阔台系蒙古后王皈依伊斯兰教的促进下,西域地区的伊斯兰化进程基本完成,而近代西域地区文化外貌的转变也由此确立。

在蒙古汗国建立之初,由于高昌亦都护首先主动归附而深得成吉思汗的信任与礼遇,双方联姻,使得畏兀儿人在一开始便与蒙古黄金家族形成了一种"与诸皇子约为兄弟"②的特殊关系,并与蒙古大军东征西讨,屡立战功。蒙元时期,畏兀儿人深受重用,成为蒙古宗王管理和统治西域的主要依靠力量,而畏兀儿人则将回鹘文字母引入到蒙古人当中,用于拼写蒙古语,促进了蒙畏民族文化的交融和蒙古民族文化的发展。元朝建立后,大量畏兀儿人入仕朝廷,与汉人杂居错处,深受儒家文化的影响,最终融入汉族和其他民族之中。海都和都哇叛乱期间,以高昌亦都护为首的一些畏兀儿人被迫内徙河西永昌,遂留未返,最后也融合到当地人之中。而蒙古汗国分裂后,以统治西域地区的察合台、窝阔台系宗王为首的蒙古人也逐渐接受了当地的文化和经济生活方式,最终融合到当地的民族之中,成为近代维吾尔族的组成部分。

在蒙古征服中亚的过程中,大批中亚地区具有一定技艺的工匠和

---

① 参见穆鸿利《论 13 世纪蒙元帝国在再造中华大一统伟业中的贡献》,《黑龙江民族丛刊》2003 年第 1 期,第 75 页。

② 参见赵孟頫《全公神道碑》,收入《松雪斋文集》卷七。

能征善战的士兵被掳掠后迁入到中国西北地区，其人数至少在 100 万人左右。[①] 这些人的主体与西北地区的其他民族相融合，逐渐形成后来的回族；一部分迁入青海循化的中亚人成为撒拉族的重要来源；迁入甘肃河州一带的中亚人则与当地的汉族和藏族相融合，形成了后来的东乡族；在西域皈依伊斯兰教的部分蒙古人进入河州地区后也与当地的汉族、土族、藏族以及中亚人相融合，形成后来的保安族。在这些民族形成的过程中，伊斯兰教发挥了至关重要的作用。

蒙古汗国时期，由于统治者实行的宗教政策相对宽容，使佛教、基督教和伊斯兰教这世界三大宗教在汗国境内和平共处，共同发展，从而暂时平息了伊斯兰教向西域传播初期与当地原有的佛教激烈冲突的局面。成吉思汗"因为不信宗教，不崇奉教义，所以，他没有偏见，不舍一种而取另一种，也不尊此而抑彼；……他一面优礼相待穆斯林，一面极为敬重基督徒和偶像教徒。他的子孙中，好些已各按所好，选择一种宗教；有皈依伊斯兰教的，有归奉基督教的，有崇拜偶像的，也有仍然恪守父辈、祖先的旧法，不信仰任何宗教的"[②]。尽管如此，由于蒙古统治者重用信奉伊斯兰教的中亚和西域的色目人，并将大量的中亚穆斯林迁居到内地，从而使得伊斯兰教的传播范围和影响程度远远超出了前代。加之蒙古汗国分裂后，西北地区的蒙古宗王为了统治当地的穆斯林也先后皈依了伊斯兰教，并借助伊斯兰教的影响巩固统治、扩张势力，所以他们自己最后也成为伊斯兰教的积极传播者。这些一方面加速了中亚、西域地区的蒙古人融合到当地民族中的进程，一方面也最终确立了伊斯兰教在中国西北边疆地区的统治地位。

---

① 参见徐黎丽《蒙元时期中亚诸民族在中国的民族过程》，《兰州大学学报》（哲学社会科学版）2002 年第 1 期，第 57 页。

② 志费尼：《世界征服者史》上册，何高济译，翁独健校订，内蒙古人民出版社 1981 年版，第 29 页。

第八章

明代至清代的西域:边事与边政(续)

第一节 瓦剌(卫拉特)蒙古的
兴起与噶尔丹的扩张

一 瓦剌的西迁与西蒙古准噶尔部的兴起

1454 年,瓦剌(清代称卫拉特)首领也先在内争中身亡,曾经在 15 世纪前半叶称雄于漠北的蒙古瓦剌部开始逐渐走向衰落。15 世纪 80 年代,达延汗统一东蒙古诸部,将政治中心移至漠南,并乘瓦剌内乱之机发动袭击,迫使瓦剌各部落纷纷退出漠北转向西方发展。此时,瓦剌的主力已经迁到以坤奎河、扎布汗河流域为中心,东起杭爱山、西至额尔齐斯河、北越唐努山的漠西地区。从 16 世纪中期开始,东蒙古俺达汗又陆续发动了多次针对瓦剌诸部的掠夺性战争,喀尔喀诸部也步步紧逼,迫使瓦剌进一步向天山北麓转移。至明末清初的 17 世纪上半叶,瓦剌诸部的活动范围已经抵额尔齐斯河中游、鄂毕河以及伊犁河流域,与哈萨克草原相接,东南到达青海,逐渐成为中国西北边疆一支占主导地位的政治力量。① 从分布地域上来讲,人们又通常将这一地区称为西蒙古。

在西迁的过程当中,瓦剌诸部不断地吸收和融合沿途的突厥语系诸族以及东蒙古各部的成分,自身力量也得到了发展和壮大,到 16 世纪中叶已经形成了以准噶尔、和硕特、杜尔伯特(辉特部包括在内)和土尔扈

① 参见《准噶尔史略》编写组《准噶尔史略》,人民出版社 1985 年版,第 37～40 页。

特为主的四个大的部落。汉文文献将其统称为卫拉特（又称厄鲁特或额鲁特）四部或西蒙古四部，而突厥语系民族和西方文献中则称之为"卡尔梅克"。

西迁以后的蒙古卫拉特人所面临的周边形势还是十分严峻的。东蒙古喀尔喀诸部仍然从其东方不断地袭扰和抢掠他们，哈萨克、乌兹别克等部族从其西方排斥和挤压，以阻挡卫拉特人向西方发展的势头，卫拉特内各部为了争夺牧场、人口和牲畜也相互攻略，互不团结。

卫拉特四部之间尽管长期处在各有君长、互不相属的松散联盟状态，但却一直有一个被称为"丘尔干"的诸部首领定期松散的临时性议事机构，用于调整相互之间的关系。"丘尔干"成为联系卫拉特各部之间的一个重要纽带。在准噶尔部兴起前的 16 世纪末 17 世纪初，和硕特部的首领拜巴噶斯是卫拉特四部的实际盟主，他曾在 1616 年前后将藏传佛教引入，将达赖喇嘛尊奉为卫拉特人的精神领袖，从而建立了卫拉特人与西藏及藏传佛教的密切关系，并对卫拉特人的社会发展产生了极为深远的影响。1637 年左右，拜巴噶斯之弟图鲁拜琥率部进占青海，并在 1642 年趁西藏内乱之机入藏扶植五世达赖喇嘛建立了黄教占统治地位的噶丹颇章王朝。从此，西蒙古和硕特部成为左右青藏高原政治形势的主要力量。

为了维护本民族的生存和发展，抵御外侮，卫拉特人迫切需要一个强有力的领袖将各部团结起来，结束一盘散沙的状态。正是在这个背景下，以巴图尔珲台吉为首的准噶尔部在 17 世纪 30 年代崛起，成为卫拉特四部中最为强大的部落。

17 世纪 20 年代，在反抗喀尔喀蒙古侵扰的过程中，准噶尔部在首领哈喇忽剌的带领下逐渐强大起来，并在成功化解卫拉特内部的纷争中确立了自己威望，开始与拜巴噶斯分庭抗礼。1634 年，哈喇忽剌去世，其子和多和沁继立，并在次年被达赖喇嘛加封为"额尔德尼巴图尔珲台吉"。巴图尔珲台吉上台以后，首先致力于解决蒙古各部之间的团结问题。在他和札萨克图的努力和号召下，于 1640 年 9 月在塔尔巴哈台召开了卫拉特与喀尔喀各部领主参加的会议，制定了著名的《蒙古卫拉特法典》。《法典》以法律的形式明确规定藏传佛教（喇嘛教）为蒙古人共同的唯一宗教信仰，僧侣被赋予各种特权，并享有神圣不可侵犯的地位，取消了传统的萨满崇拜，在思想上和信仰上取得了蒙古各部的统一；其次，《法典》

禁止各部之间相互争掠，划分了各部之间的牧场界线，并对交换战俘、接纳逃亡等敏感问题作出了明确的规定，防止由此而引发的部落争端与内讧；再次，明确各部有共同抵御外敌的义务，加强了蒙古各部之间的团结，有效地防止了沙俄的挑拨活动；最后，《法典》强化了统治秩序，维护了森严的等级制度，并在婚姻、财产继承等方面作出明确规定，以调整蒙古各部内部的各种社会关系，部分缓解了蒙古各部之间的矛盾。① 通过此次会议的召开和《法典》的制定，巴图尔珲台吉提高了自己在蒙古各部之中的威望，确立了在卫拉特人中的领袖地位。

不仅如此，巴图尔珲台吉还通过联姻的形式进一步调整和巩固了与西蒙古其他部族，如土尔扈特、和硕特等部的关系，采取各种措施发展社会经济，使准噶尔部的实力得到极大的提升；他还让从西藏学成归来的高僧咱雅班第达创制了托忒蒙古文，统一了卫拉特各部的文字，从而使准噶尔逐渐成为卫拉特各部的政治、经济和文化掌握者，其驻地伊犁亦被称为四部的"会宗"之地。② 从1635年开始，巴图尔珲台吉率领卫拉特各部发动了一系列针对哈萨克人的征服战争并取得最后的胜利。到17世纪50年代，准噶尔的领地已经北至额尔齐斯河、鄂毕河中游，南抵天山北麓，西达巴尔喀什湖以东以南的广大地区。

几乎在准噶尔部崛起的同时，来自欧洲东部草原的沙皇俄国的侵略扩张触角也伸到了卫拉特人的地区。从17世纪初开始，沙俄就不断地蚕食卫拉特人的领地，并多次派遣所谓的"使团"前往准噶尔，对巴图尔珲台吉进行威逼和利诱，要求卫拉特各部"归顺"沙皇。巴图尔珲台吉断然拒绝了沙俄的要求，并对其蚕食活动进行抵抗。在1634年的亚梅什湖保卫战中准噶尔人围攻塔拉和秋明等侵略军据点，打败侵略军，有力地遏制了沙俄在中国西北边疆的扩张活动。同时，巴图尔珲台吉还通过遣使朝贡的方式加强与已经在北京立国的清朝的联系，从而为以后清朝统一西北边疆打下了基础。

清顺治十年（1653年），巴图尔珲台吉去世。他在去世前将准噶尔的领地（兀鲁思）等分为二，一半分给他的第五子僧格，并有意让僧格继

---

① 参见杜荣坤、白翠琴《西蒙古史研究》，新疆人民出版社1986年版，第175～192页。

② 参见何秋涛《朔方备乘》卷三八。

位，另一半则交给了另外几个儿子。然而，巴图尔珲台吉偏向第五子的做法埋下了准噶尔部继承权之争的隐患。僧格上台后，其同父异母的兄弟车臣台吉和卓特巴巴图尔二人依托自己的封地，并取得了和硕特部阿巴赖台吉的支持，与僧格相抗衡，试图取而代之；僧格则得到了叔父楚琥尔乌巴什以及和硕特部鄂齐尔图汗的支持。这两大集团为了取得准噶尔部的统治权，展开了长达十几年的争斗。僧格在顺治十八年（1661 年）终以武力迫使阿巴赖台吉降服，并在康熙三年（1664 年）成为准噶尔的实际统治者，但好景不长，康熙九年（1670 年）僧格就被车臣台吉与卓特巴巴图尔合谋杀害。

　　准噶尔内部的权力之争给虎视眈眈的沙俄以可乘之机，在与僧格对抗的阿巴赖台吉的背后就有沙俄的影子。当僧格确立了在准噶尔的统治地位之后，沙俄故技重演，不断地派遣各种"使团"对僧格进行利诱与胁迫，并试图借助所谓的"礼仪程序"诱骗僧格臣属沙皇。僧格识破了沙俄的诡计，严拒沙俄的诱降要求，在康熙六年（1667 年）率领准噶尔部围攻在克拉斯诺亚尔斯克的沙俄侵略军据点。在僧格在位之时，沙俄的南向扩张活动几乎没有多大进展。此外，僧格与其父巴图尔珲台吉一样多次向清朝遣使朝贡，继续保持和加强与清廷的联系。清朝虽然对僧格朝贡予以了确认和赏赐，但是此时由于定鼎中原尚未完全站稳，故无暇顾及卫拉特和西北边疆事务。僧格被谋杀以后，准噶尔的政局再度陷入动荡之中；而沙俄则认为机会来了，一方面静观事态的发展，另一方面则蠢蠢欲动，准备从中渔利。此时，远在西藏的巴图尔珲台吉之第六子噶尔丹在五世达赖喇嘛的支持下回到准噶尔，加入到了这场统治权之争当中。从此，中国西北边疆的历史进入到了噶尔丹时期。

二　噶尔丹对天山南北的征服

　　噶尔丹出生于顺治二年（1645 年），是巴图尔珲台吉的第六个儿子，与僧格为一母所生。按照卫拉特诸部首领都要送一个儿子入藏为僧习法的传统，噶尔丹自幼便被送往西藏出家做"朵内"（贵族喇嘛），并拜五世达赖喇嘛为师。五世达赖则因为噶尔丹的特殊身份而授之予"呼图克图"的名号。噶尔丹虽然出家为僧，但仍胸怀大志，"不甚学梵书，顾时时取短枪摩弄"①，加之与五世达赖喇嘛的这种师生关系，也为他以后取得准噶尔部的统治权提供了有利条件。

康熙九年（1670 年）僧格被谋杀，卓特巴巴图尔原打算取而代之，但是却遭到了准噶尔僧俗贵族和部民的反对。僧格的另外三个儿子策妄阿拉布坦、索诺木·阿喇布坦和丹津鄂木布原本都有资格继承父亲汗位，但是这显然是车臣台吉与卓特巴巴图尔所无法容忍的。准噶尔部的统治大权一时空悬。这时，五世达赖喇嘛决定让噶尔丹还俗，并支持他以替兄弟僧格报仇的名义马上返回准噶尔，加入到争夺统治权的斗争之中。在五世达赖喇嘛和僧格旧部的支持下，噶尔丹很快就击败了已经失去民心的两位兄弟，"遂为所部长"②。

为了巩固自己的统治地位，噶尔丹采取了一系列措施。首先，他在康熙十一年（1672 年）派人前往清廷请求确认其继承僧格汗位的事实，按照惯例保持与清朝遣使入贡的关系，并得到了清廷的承认和许可；五世达赖喇嘛也授予噶尔丹"博硕克图汗"的称号。这样，噶尔丹在僧俗各界取得了统治的合法性。其次，噶尔丹采纳了五世达赖喇嘛派来的高僧提出的"近攻计"，按照先近后远、先弱后强的方针发动了一场针对卫拉特各部的征服战争，掠夺其他部落的财富，收编诸部人口，从而增强自己的实力，最终"胁诸卫拉特奉其令"。③ 最后，为剪除后患，噶尔丹在康熙二十七年（1688 年）设计杀死侄子索诺木·阿喇布坦，并迫使另两个侄子策妄阿拉布坦和丹津鄂木布逃亡隐匿。

怀有大志的噶尔丹并不满足仅仅取得准噶尔部的统治权，他的梦想是统治卫拉特各部并进而统一东、西蒙古，最终重现蒙古帝国昔日的辉煌。为此，在稳固了自己的统治地位之后，噶尔丹以准噶尔盆地为中心不断四处扩张，首先统一了天山南北。

康熙十六年（1677 年），噶尔丹袭击和硕特部，杀死了卫拉特人的盟主鄂齐尔图汗并取而代之。史称："噶尔丹即戕鄂齐尔图汗，自称博硕克图汗，因胁诸卫拉特奉其令。"事实上，噶尔丹称汗的背后有西藏宗教上

---

① 参见梁玢《西陲今略》卷七《嘎尔丹传》。嘎尔丹即噶尔丹。
② 祁韵士:《皇朝藩部要略》卷九《厄鲁特要略二》。
③ 祁韵士:《皇朝藩部要略》卷九《厄鲁特要略一》。

层的支持，就连"博硕克图汗"的称号也是五世达赖喇嘛所赐。对于这
一点清廷开始似乎并不是很清楚。康熙十七年（1678 年）噶尔丹派人公
然向清廷提出由他统治今青海地区，只是由于朝廷不允而作罢。次年噶尔
丹统军 3 万人占领了哈密和吐鲁番等东疆地区。在教派斗争中失势的南疆
白山派和卓伊达雅图勒拉（即阿帕克和卓）在取得了五世达赖喇嘛的支
持后来到了准噶尔，试图借助卫拉特人的力量恢复其在南疆的统治。伊达
雅图勒拉和卓的到来对于噶尔丹来讲自然是求之不得的。康熙十八年
（1679 年），噶尔丹派遣 12 万骑兵进军南疆。在当地白山派信众的积极响
应下，准噶尔大军一路上所向披靡，很快便征服了整个南疆地区，并将叶
尔羌汗国末王伊思玛业勒汗及其家族掠往伊犁囚禁[①]，从此天山南北都被
纳入了准噶尔的势力范围之内。此时，噶尔丹认为"西域既定，诸国咸
赖奉为汗……乃请命达赖喇嘛，始行博硕克图汗事"[②]。

　　噶尔丹在征服南疆地区以后，便命大军撤回，将主要精力转向草原地
带发展。噶尔丹对于南疆地区"丝毫不改变喀什噶利亚的内部管理体制，
而满足于这个地区每月所交纳的 40 万腾格现金的贡赋（一年约 50 万卢布
或 6.2 万英镑）"[③]。噶尔丹这样做与以往游牧政权统治南疆绿洲地区的做
法是一脉相承的，它不仅没有消除和卓后裔们的教派之争，也给了野心勃
勃的和卓们作乱以可乘之机。噶尔丹在征服叶尔羌汗国之后，另立一位汗
室成员阿不都·里什特汗为自己的代理人，阿帕克和卓试图借助西蒙古的
力量恢复其政教地位的企谋最终落空。康熙三十一年（1692 年）前后，
阿帕克和卓发动各地白山派信徒举行暴动，并将自己的儿子雅雅和卓送上
了汗位。但仅仅一年，阿帕克和卓在叶尔羌被人毒死，8 个月后雅雅和卓
也被噶尔丹所杀，黑山派的势力又占了上风。直到策妄阿拉布坦上台后，
将两派和卓的头目都押往伊犁囚禁，南疆的局势才暂时稳定下来。

　　从康熙二十年（1681 年）开始，噶尔丹又向其西方近邻发动了一系
列针对哈萨克、诺盖、吉尔吉斯和费尔干等部族的征伐战争，进一步扩大
了准噶尔的势力范围。其势力极盛的时候，准噶尔游牧地的范围已经

---

①　参见《准噶尔史略》编写组《准噶尔史略》，人民出版社 1985 年版，第 90～91 页。

②　梁玢:《西陲今略》卷七《嘎尔丹传》。

③　A. N. 库罗帕特金:《喀什噶利亚》，凌颂纯、王嘉琳译，新疆人民出版社 1980 年版，第
82 页。

"北面起自鄂木河,沿额尔齐斯河两岸溯流而上,抵阿尔泰山,往西到巴尔喀什湖以南哈萨克人的广大牧地,东至鄂毕河"。此外,噶尔丹还控制了南疆地区,势力范围达到了中亚的撒马尔罕、布哈拉、乌尔根齐等地。① 此时的噶尔丹已将其下一个目标指向了包括喀尔喀诸部在内的东蒙古,实现其统一整个蒙古的梦想,并为此借助沙俄的力量,骨肉相残。

三　噶尔丹早期与沙俄和清朝的关系及其对喀尔喀蒙古的进犯

自巴图尔珲台吉以来,西蒙古卫拉特各部对沙俄的扩张和入侵一直采取抵制的态度,但到了噶尔丹继任以后,却反其道而行之,希冀借助沙俄的力量扩张西蒙古的势力。噶尔丹上台以后,调整了巴图尔珲台吉和僧格统治时期形成的准噶尔与沙俄之间的紧张关系,加强并密切与沙俄的联系。康熙十二年(1673年)十月,噶尔丹在致沙皇的信中甚至表示愿意为沙皇效力。据统计,在康熙十五年至十九年(1676~1680年)间,每年准噶尔部都派遣使者前往沙俄。康熙二十二年(1683年)噶尔丹派出的一个商队到达了贝加尔湖畔的伊尔库茨克,该商队由70名中亚不花剌人组成,同时还带去了他给沙皇的一封信。据这个商队的头领说,我们的主子(指噶尔丹)已经听到俄国与中国在黑龙江流域发生摩擦的消息,特地派我们到莫斯科来。② 康熙十七年(1678年),噶尔丹的代表又向沙俄托波尔斯克将军表示,"希望保持接壤邻邦的联盟关系,希望边界不发生争端"③。由此可见,噶尔丹调整和改善与沙俄关系的最终目的还是为了解除后顾之忧,并借助沙俄的力量全力向东方发展。

对于噶尔丹的亲俄举措,沙皇俄国自然是求之不得的。康熙十二年(1673年)以后,沙俄"拒绝收容从卫拉特王公处逃出的人们",允许准噶尔牧民利用被沙俄侵占的南西伯利亚的草原牧场,对于噶尔丹在礼仪来使和贸易等方面的要求都尽量予以满足。④ 沙俄对噶尔丹拉拢和利诱主要

---

① 参见《准噶尔史略》编写组《准噶尔史略》,人民出版社1985年版,第93页。

② 参见加斯东·加恩《彼得大帝时期的俄中关系(1689—1730年)》,江载华、郑永泰译,商务印书馆1980年版,第132页。

③ 兹拉特金:《准噶尔汗国史》,马曼丽译,商务印书馆1980年版,第248页。

④ 参见《准噶尔史略》编写组《准噶尔史略》,人民出版社1985年版,第99页。

是基于以下两点原因。其一，沙俄的扩张活动受到了喀尔喀蒙古各部的坚决反对和抵抗，使得沙俄产生了希望借助噶尔丹的力量钳制喀尔喀的打算。曾参加中俄尼布楚谈判的俄国代表费多尔·阿列克谢维奇·戈洛文在日记中写道："三年前他就希望与博硕克图汗对向蒙古人武装进攻一事取得一致意见。去年（俄历 7196 年（原文如此——引者），公元 1688 年）曾向与布哈拉人一起来伊尔库斯〔茨〕克的他们的使者就此事提出过建议，并为此多次召见他。"① 戈洛文本人早就向沙俄外务衙门提出建立俄国－厄鲁特联盟的想法，而噶尔丹本来就有征服喀尔喀蒙古的野心。俄国与噶尔丹在这一点上自然不谋而合。其二，沙俄当时扩张的主要方向在远东的外贝加尔湖和黑龙江流域，与西域的噶尔丹结盟也可以解除其后顾之忧，全力东侵。此外，沙俄在远东的扩张活动势必与清朝发生冲突，而噶尔丹对东蒙古的征服活动也将与清朝发生矛盾，势必会增加对清廷的压力。双方出自各自的目的互相利用、结成同盟便是顺理成章的事情了。康熙二十七年（1688 年）四月，噶尔丹在自己的帐内宴请沙俄使节柏林的时候就曾明确表示："卡尔梅克人和台吉们在任何地方都不会发动对沙皇陛下的战争。"②

在与清廷的关系上，噶尔丹所做的一切也是为其统一东西蒙古各部的目标服务的。噶尔丹上台以后，在表面上仍然保持与清王朝在政治上的隶属关系，取得朝廷对其合法性的确认。同时，他还几乎每年都遣使入贡，以通贡贸易的方式从内地获取所需要的各种物资，扩充自己的经济实力。清朝起初对准噶尔的通贡商团采取比较优惠的政策，"所遣之使不限人数，一概俱准放入边关"。但是康熙十二年（1683 年）以后，噶尔丹派往内地的通贡商队的人数不断增多，甚至多至"千余人或数千人，连绵不断"，而且这些商队沿途肆意扰民，抢掠财物，多行不法之事。清廷不得不从康熙十二年（1683 年）起采取一系列措施限制准噶尔商团通贡贸易的规模、人数和地点。如康熙十二年规定"嗣后尔处所遣贡使，有印验者，限二百名以内，放入边关，其余俱令在张家口、归化城等处贸易"，并规定

---

① 苏联科学院远东研究所等编：《十七世纪俄中关系》第二卷第 2 册，黑龙江大学俄语系翻译组、黑龙江哲学社会科学研究所第三室合译，商务印书馆 1975 年版，第 621 页。

② 兹拉特金：《准噶尔汗国史》，马曼丽译，商务印书馆 1980 年版，第 220 页。

"沿途抢劫、殃民作乱，即依本朝律例，伤人者，以伤人之罪罪之，盗劫
人财物者，以盗劫之罪罪之"。康熙十五年（1686 年），清廷更是明确规
定，今后只允许噶尔丹等四大台吉派人来京互市，其他卫拉特小台吉的商
队则只能在张家口互市，并将此规定确定为一项"定例"①。噶尔丹对这
些规定自然是心怀不满，却也无奈。清朝在无暇西顾的情况下，对噶尔丹
的所作所为基本持一种息事宁人的态度，这在某种程度上也助长了噶尔丹
野心的膨胀。

　　对于噶尔丹的扩张野心清廷似早有警觉。在噶尔丹继僧格而成为准噶
尔部领袖的问题上，清廷似最初还是持肯定和支持的态度的。但是自从康
熙十六年（1677 年）噶尔丹攻杀鄂齐尔图车臣汗并开始向东方扩张以后，
康熙帝对噶尔丹的野心逐渐有了一个清醒的认识。康熙十七年（1678 年）
噶尔丹派遣宰桑莽奈告知清廷甘肃提督张勇，声称"我台吉（指噶尔
丹——引者）云，西北一带地方，皆得之矣。惟西海（指青海）向系我
祖与伊祖同夺取者，今伊等独据之，欲往索取"②。噶尔丹的这一无理要
求自然遭到了清廷命官的拒绝。康熙十八年（1679 年）噶尔丹借达赖喇
嘛的名义自称博硕克图汗，康熙帝并未予承认。对于噶尔丹与沙俄之间的
勾结活动，清廷也随时防范。由于当时清廷主要忙于平定云南等地的
"三藩之乱"，在东北要抵抗沙俄的侵略和蚕食活动，东南要收复台湾岛，
所以对西北边疆的噶尔丹政权基本保持守势，维持双方正常的政治和贸易
往来。康熙二十一年（1682 年），清廷在取得平定"三藩之乱"的胜利
后派大员前往准噶尔部进行赏赐和招抚。康熙帝给噶尔丹的敕令中说：
"尔噶尔丹博硕克图汗，自尔父兄历世相承，虔修礼好，敬贡有年，延及
尔身，往来不绝。兹海宇升平，特遣大臣侍卫官员等，赍捧重赏，大沛恩
施。尔当益戴德意，殚心敬顺。"③ 显然，清廷此时对噶尔丹作了进一步
的退让，已经承认了噶尔丹"博硕克图汗"的称号，希望以此求得西北
边疆的安定。噶尔丹表面上虽然表示要矢志服从清廷的命令，并声称
"我并无自外于中华皇帝"④，但暗地里仍然积极与沙俄相勾结，为入侵喀

---

① 　参见《准噶尔史略》编写组《准噶尔史略》，人民出版社 1985 年版，第 96 页。

② 　《亲征平定朔漠方略》卷一，第 32 ~ 33 页。

③ 　《清圣祖实录》卷一〇三。

④ 　《清实录》康熙朝，卷一三七，（康熙）二十七年十一月。

尔喀蒙古积蓄力量。清廷最终发现，噶尔丹"戕害其兄弟，兼并四部……其势日张，其志益侈"①。噶尔丹的东向扩张势必与清廷发生矛盾，双方的决战只是迟早的事情。

在这一时期，噶尔丹的主要精力是用于扩张地盘，积蓄力量；沙俄则忙于在中国东北地区蚕食清朝的边疆；清廷则因为要平定内乱，抗击沙俄，暂时还没有更多的精力顾及西北边疆事务。正是在这种情况下，噶尔丹、沙俄和清朝三方在中国的西北边疆地区相互牵制，维持着一种脆弱的平衡。而噶尔丹与沙俄之间的相互勾结，对于当时清廷的边疆政局产生了重大的影响。据研究，"由于噶尔丹的军事行动，使清朝在与俄国进行尼布楚谈判时处于被动地位，直接影响到清朝收复黑龙江以北和贝加尔湖以东中国领土的信心"，而噶尔丹称雄西北也延缓了清朝统一边疆的战略计划。② 但是，噶尔丹对天山南北的统一客观上也为清朝统一西北边疆奠定了基础，这不妨可视为清朝多民族的大一统国家完成的前奏。

康熙二十七年（1688 年），自认为已经羽翼丰满、万事俱备的噶尔丹借口东蒙古部落首领哲布尊丹巴呼图克图对达赖喇嘛不恭，率领 3 万大军越过杭爱山，突然对喀尔喀蒙古诸部发动大举进攻。此时，数千喀尔喀蒙古大军在土谢图汗的率领下正在围攻楚库柏兴城内的沙俄侵略军，噶尔丹大军的突然到来使得土谢克图汗措手不及，仓促应战。由于噶尔丹已经事先派遣了 1000 多名喇嘛做内应，造成土谢克图汗腹背受敌，初次交战便被噶尔丹打得大败。噶尔丹对喀尔喀蒙古的进犯为沙俄侵略军解了围。噶尔丹的此次军事行动固然是他长期以来处心积虑地试图统一东西蒙古雄心的必然结果，但有证据表明，沙俄的怂恿和配合也是噶尔丹决定发动战争的一个重要原因。沙俄使节戈洛文在日记中曾经写道："卡尔梅克博硕克图汗是根据陛下（沙皇——引者）的谕旨发动战事的，有大批俄国军队，并有大量火器大炮协同他作战。战场上相遇时，卡尔梅克人就以皇家部队的名义来恫吓他们（蒙古喀尔喀部的军队——引者）。"③ 在中国文献中也

---

① 《亲征平定朔漠方略》卷首，第 1 页。

② 参见马大正主编《中国边疆经略史》，中州古籍出版社 2000 年版，第 253 页。

③ 参见苏联科学院远东研究所等编《十七世纪俄中关系》第二卷第 2 册，商务印书馆 1975 年版，第 360 页。

可以见到有关噶尔丹扬言"将请兵于俄罗斯，会攻喀尔喀"的记载。① 可见，一旦战事展开，噶尔丹便全面倒向了俄国，表面上他这是借助俄国的力量恫吓喀尔喀诸部，但实际上却是做给清廷看的。也就是说，噶尔丹试图通过与俄国的军事结盟牵制清朝，防止清朝对其扩张活动的反对。

为了取得沙俄的军事援助，噶尔丹在康熙二十八年（1689 年）派出特使达尔罕宰桑前往伊尔库茨克会见俄国代表戈洛文，请求沙俄在指定的地点出兵配合，共同攻打直至"彻底歼灭"喀尔喀蒙古。为此，噶尔丹在给戈洛文的信中公然表示，"阿尔巴津（指雅克萨）建寨地区原本是蒙古的，不是博格德汗（指清朝皇帝）的，统辖蒙古人和这个地区的是我——博硕克图汗，倘若沙俄陛下有意在这里重建城堡，博硕克图汗愿将这片土地让给陛下"；而戈洛文则向达尔罕特使保证，"如果博硕克图汗向敌对的（其他）蒙古人发动军事进攻，则沙俄陛下可根据博硕克图汗的进攻形势，从色楞格斯克、乌丁斯克、涅尔琴斯克以及其他城市发兵进攻那些蒙古人"②，公然为噶尔丹的军事行动助威、打气，试图借助噶尔丹打击抗俄的喀尔喀蒙古，与清朝对抗，借机从中渔利。有了沙俄的支持，噶尔丹自然增添了不少底气，他进而向康熙皇帝提出了"圣上居南方，我长北方"的要求。③ 直到此时，康熙帝仍然打算通过协商的方式解决噶尔丹与喀尔喀诸部之间的纠纷，并提出了召开由清廷主持、有达赖喇嘛的代表和纠纷双方首领参加的联席会议，建议土谢图汗向噶尔丹道歉，噶尔丹撤兵停战并归还所侵占的喀尔喀领地和人口。但是噶尔丹不仅拒绝了康熙帝的调停建议，反而要求清廷交出土谢图汗和哲布尊巴丹，并明确表示："我全力征讨了五六年，必灭喀尔喀，必擒哲布尊巴丹。"④ 在这种形势下，清廷在与沙俄的尼布楚谈判中不得不作出重大让步，暂时平息东北地区的领土争端，集中全力对付咄咄逼人的噶尔丹，解决西北和北部的边疆危机。

在初战告捷之后，噶尔丹又趁势对蒙古的札萨克图汗部和车臣汗部发动进攻，并大肆抢劫喀尔喀三部的人口、牲畜和财物，迫使喀尔喀蒙古举

---

① 《亲征平定朔漠方略》卷六，第 17 页。

② 参见苏联科学院远东研究所等编《十七世纪俄中关系》第二卷，商务印书馆 1975 年版，第 1 册，第 30 页；第 2 册，第 624 页。

③ 《亲征平定朔漠方略》卷七。

④ 《清实录》康熙朝，卷一三六，（康熙）二十七年八月。

族内迁，投靠漠南蒙古。1690 年，噶尔丹的军队深入到了乌尔会河以东的乌兰地区，首次与清朝守军遭遇，双方大战一场，史称"乌尔会之役"，结果噶尔丹最终获胜。接着，噶尔丹大军又进一步深入到乌朱穆沁地，再败清军，并到达距京师仅 700 里的乌兰布通，直接威胁到了清朝的京城。[①] 在这种情况下，清朝被迫反击，解除来自北方的威胁，并最终演变为一场统一西北边疆的军事行动。

需要指出的是，除了沙俄的背后怂恿和清廷的忍让导致噶尔丹野心膨胀外，西藏僧俗上层的支持以及准噶尔部及整个卫拉特四部的发展演变也对噶尔丹的扩张活动有一定的影响。藏传佛教的引入，将卫拉特人的命运与西藏紧密地联系起来，并对卫拉特人的社会生活以及西藏政局的变化产生了深远的影响。明万历四十四年（1616 年）卫拉特盟主、和硕特部首领拜巴噶斯正式将藏传佛教定为卫拉特人共同的宗教信仰，借宗教的力量来加强卫拉特各部之间的团结。为了表示他们对藏传佛教的虔敬，各部首领都将自己的一个儿子送到西藏的佛寺做"朵内"（贵族喇嘛），噶尔丹就是其中的一员。明崇祯十年（1637 年），拜巴噶斯之弟图鲁拜琥打败却图汗进占青海，并入藏会见五世达赖和四世班禅，获得了"顾实·丹增曲结"的尊号。明崇祯十五年（1642 年），图鲁拜琥又趁西藏内乱之际打着护卫黄教的名义率和硕特蒙古大军入藏，杀藏巴汗，确立了"黄教"和达赖喇嘛在西藏的独尊地位。卫拉特人从此开始控制了西藏，并在相当长的一段时间里成为影响西藏政局的主要势力。

清康熙九年（1670 年）僧格被杀后，作为噶尔丹师父的五世达赖喇嘛支持噶尔丹还俗、回到部落参与争夺准噶尔统治权的斗争，并派高僧为噶尔丹出谋划策，使噶尔丹很快在卫拉特人当中站稳了脚跟。在噶尔丹以武力征服了卫拉特各部以后，达赖喇嘛又及时地赐予其"博硕克图汗"的封号，进一步巩固了他的统治地位。当西域的阿帕克和卓流亡到西藏的时候，达赖喇嘛又抓住机会将阿帕克和卓推荐到噶尔丹的帐下，为其统一南疆地区创造了条件。噶尔丹成为卫拉特首领后将大量的贡赋送往拉萨，并打算将自己的势力扩展到青藏高原，只是由于清廷防范很严才没有得逞。康熙十八年（1679 年），与噶尔丹关系密切的桑结嘉措继任西藏"第

---

① 参见《准噶尔史略》编写组《准噶尔史略》，人民出版社 1985 年版，第 106 页。

巴"，此时控制西藏的是亲近清廷的和硕特顾实汗的孙子达赖汗。康熙二十一年（1682 年）五世达赖圆寂后，桑结嘉措不仅密不发丧，继续借五世达赖的名义发号施令。为了排挤达赖汗，夺取世俗的统治权，桑结嘉措请求噶尔丹派军入藏。噶尔丹于是派军从南疆进入青海，配合桑结嘉措打击和削弱和硕特部的力量。噶尔丹进犯喀尔喀诸部后，桑结嘉措又打着五世达赖喇嘛的旗号派人前往，名为调解双方的纠纷，暗地里却怂恿和支持噶尔丹的扩张活动。西藏僧俗上层与噶尔丹相互支持，相互利用，也成为西北和北部边疆动荡不安的一个重要原因。

总之，在当时的情况下，影响中国西北和北部边疆稳定的因素除了噶尔丹外，还有其背后的沙俄以及西藏僧俗上层贵族。对于清廷来说，如果不及时平定噶尔丹，不仅西北和北部边疆不保，而且西藏的安全也势必会受到影响，自身的统治也将难以维系。因此，除了尽快消灭噶尔丹之外别无其他选择。

第二节　清朝统一新疆与伊犁将军的设置

一　平定准噶尔与清朝统一西北边疆

康熙二十八年七月二十四日（1689 年 9 月 7 日）《中俄尼布楚条约》签订，清朝与俄国正式划分了中俄东段边界。此前，清朝陆续在康熙二十年（1681 年）平定"三藩之乱"，康熙二十一年（1683 年）统一了台湾，基本解决了内忧。《中俄尼布楚条约》签订后，清朝对于沙俄勾结和支持噶尔丹的行为提出交涉和警告，沙俄也不再公开支持噶尔丹，外患的问题也得到了缓解，这样清朝就得以腾出手来全力对付来自西北的迫在眉睫的威胁。

康熙二十九年（1690 年），"圣祖以噶尔丹日炽，既入犯，其志不在小，且喀尔喀不可使无故地游牧也，六月集大臣于朝，下诏亲征"[1]。由此可见，康熙亲征噶尔丹最初的目的有二：一是要解除卫拉特蒙古噶尔丹对清朝北部边疆的威胁；二是恢复漠北草原的秩序，为喀尔喀蒙古收回牧

---

[1]　魏源撰，韩锡铎、孙文良点校：《圣武记》上册，中华书局 1984 年版，第 116 页。

场。为此康熙采取了兵分两路、分路合击的战术,一路大军为左翼出京师
东北方向的古北口,由抚远大将军、裕亲王福全率领,皇子允禔辅佐;另
一路大军为右翼出永平府的喜峰口,由安北大将军、恭亲王常宁率领。但
是,由于右翼大军初战失利,康熙不得不紧急调整部署,废止右路军,改
命康亲王杰书等屯兵归化城(今内蒙古呼和浩特)截断噶尔丹的归路。
噶尔丹则率领两万大军屯兵辽河上游西剌木伦河畔的乌兰布通(今内蒙
古克什克腾旗境内),用上万只骆驼摆开"驼阵"迎击清军。清军首先以
火器轰击噶尔丹的阵营,并经过一番肉搏战大败噶尔丹。噶尔丹趁夜色逃
跑,并施缓兵计使清军没有进一步追击才得以脱逃至外蒙古的科布多。

乌兰布通之战后,清朝开始着手安置内附的喀尔喀蒙古三部。康熙三
十年(1691年)康熙帝亲赴多伦诺尔(今内蒙古多伦)主持喀尔喀蒙古
的会盟,在保留喀尔喀诸部首领汗号的基础上,又授予他们满洲贵族的封
号,并在喀尔喀蒙古内推行札萨克制,将喀尔喀蒙古纳入到清廷的直接管
理之下,从而统一了漠北,稳定和增强了清北部边疆的边防。

噶尔丹在逃到科布多以后仍然不甘心失败,一方面集合残部图谋东山
再起;另一方面又积极与沙俄联系,欲获得沙俄的军事援助,尤其是火器
(他似乎将乌兰布通之战的失败的原因归之于武器的落后)。与此同时,
噶尔丹还不断地煽动科尔沁等其他蒙古部落内乱,袭扰清朝的边地并杀害
清廷的官员。清朝尽管试图从政治上安抚噶尔丹,甚至提出以会盟的方式
解决噶尔丹与喀尔喀之间的矛盾。但是噶尔丹向清朝进一步提出索取土谢
图汗和哲布尊丹巴的无理要求并再次出兵袭扰喀尔喀部。显然,噶尔丹的
最终梦想还是要统一东西蒙古。康熙三十四年(1695年),噶尔丹率2万
骑兵进抵巴彦乌兰一带,并扬言将"领俄罗斯炮手鸟枪兵六万,再俟俄
罗斯兵六万至,即顺克鲁伦河而下"[1]。此前,沙俄曾派遣使者与噶尔丹
约定:"约至青草出后,助鸟枪手一千及车装大炮发至克鲁伦东方界
上。"[2]清朝北方边疆的形势顿时又变得严峻起来。

康熙三十五年(1696年),清朝在做了充分的后勤准备之后又发兵
10万,分东、中、西三路再征噶尔丹,康熙帝御驾亲征,率中路主力在

---

[1] 参见《亲征平定朔漠方略》卷首。

[2] 《亲征平定朔漠方略》卷二四,第22页。

昭莫多（今蒙古国乌兰巴托以南的宗莫德）之战中全歼噶尔丹主力。此时噶尔丹的大本营伊犁已经被噶尔丹的侄子策妄阿拉布坦夺占，沙俄也将穷途末路的噶尔丹抛弃。清朝一方面在军事上对噶尔丹采取"铁壁合围"的策略，切断其与西藏的联系，另一方面在政治上"网开一面"进行招抚，限噶尔丹在 70 天之内降服，但噶尔丹对此却并不理会。为了彻底根除后患，康熙帝在康熙三十六年（1697 年）再度亲征，已经是孤家寡人的噶尔丹在这一年闰三月十三日暴病而亡，近 10 年的西北边乱暂时得到平息。

噶尔丹死后，他的侄子、僧格之子策妄阿拉布坦成为准噶尔部的统治者，而清朝对于西北边疆基本上仍然持一种维持现状的态度，将噶尔丹的部属以及准噶尔的旧有牧地交给策妄阿拉布坦。在策妄阿拉布坦及其子噶尔丹策零统治期间，准噶尔与内地保持着较为密切的通贡贸易关系。他们奖励农业生产并从南疆迁维吾尔人往伊犁地区垦殖耕种，从而使西北边疆的社会经济得到了较大的恢复和发展。史称这一时期准噶尔"历十余年，部落繁滋"，"且耕且牧，号强富"①。对于其所统治下的南疆地区以及其他少数民族，策妄阿拉布坦和噶尔丹策零则采取"人质制"，即将各民族上层贵族或者子弟拘禁在伊犁，借以加强对各个少数民族地区的控制，防止他们的反叛。与此同时，准噶尔统治者还派遣官员或者指定代理人到各地征收赋税并监视当地人民的活动，借以维护其在各地的统治。这就是所谓的"执其酋，收其赋"②。当时，准噶尔统治中心的伊犁"人民殷庶，物产饶裕，西陲一大都会也"③。

随着内部统治的稳固和经济实力的增长，准噶尔统治者扩张的野心再度膨胀起来。策妄阿拉布坦吞并了土尔扈特部散扎布属户，进而再度征服了南疆地区，并于康熙三十七年、三十八年（1698 ~ 1699 年）出兵进攻哈萨克，占领了额尔齐斯河西岸和哈萨克草原的大片土地，使准噶尔的势力范围达到极盛。康熙三十九年（1700 年），策妄阿拉布坦派人袭掠前往吐鲁番贸易的哈密人，并声称要征讨西藏的"第巴"桑结嘉措。清廷对于策妄阿拉布坦的扩张活动开始警觉起来。

---

① 参见松筠《西陲总统事略》卷一《初定伊犁纪事》。
② 龚柴：《天山南北路考略》，《小方壶斋舆地丛钞》第二帙。
③ 傅恒：《钦定皇舆西域图志》卷一二《疆域五》。

借助达赖喇嘛的宗教影响力号令和征讨蒙古诸部是历代准噶尔统治者的既定方针，也是统一东、西蒙古的主要手段之一，所以将控制西藏政局放在首位是策妄阿拉布坦向东方扩张的必然选择。为此，策妄阿拉布坦一方面通过联姻的方式取得西藏拉藏汗的信任，另一方面趁拉藏汗杀"第巴"桑结嘉措、废六世达赖之机，暗中勾结和煽动反拉藏汗的势力，为进军西藏做准备。康熙五十四年（1715年），策妄阿拉布坦率兵2000人进犯哈密，试图打通进军西藏的北方道路，但却被清军击溃。北路受阻后，策妄阿拉布坦又在次年十月派大策凌敦多布率精兵6000人绕道和田，经过阿里地区进入西藏。康熙五十六年（1717年）十月，准噶尔大军攻入拉萨，杀拉藏汗，扶植一个以达孜巴为首的傀儡政权，并在西藏大肆烧杀抢掠，导致藏族人民的不满和反抗。康熙五十七年（1718年），康熙命十四子胤禵为抚远大将军率军入藏平叛，将大策凌敦多布驱逐出藏。康熙六十年（1721年）二月逃回伊犁的准噶尔士兵仅剩500人。在进军西藏失败后，策妄阿拉布坦遣使清廷表示希望重修旧好，并在雍正三年（1725年）提出愿意与喀尔喀蒙古划定游牧界线，恳请清朝将吐鲁番划归治下。此时雍正帝上台不久，忙于巩固自己的地位，所以就应允了策妄阿拉布坦的要求。

雍正五年（1727年）策妄阿拉布坦去世，长子噶尔丹策零在争夺准噶尔部首领斗争中获胜，试图继续保持与清朝的朝贡关系。但是此时，清朝对于屡次作乱的准噶尔部已经缺乏信任感，加之噶尔丹策零又不断兴兵进犯，导致双方战端频生，两败俱伤。雍正十年（1732年）的额尔德尼昭之战，准噶尔部遭到了重创，噶尔丹策零被迫向清朝请和，双方开始围绕准噶尔部与喀尔喀部之间游牧界线的划分展开一系列的谈判，最终在乾隆三年（1738年）冬达成协议。该协议规定：准噶尔与喀尔喀"循布延图河（今蒙古国境内），南以博尔济、昂吉勒图、乌克克岭（今新疆友谊峰）、噶克察等处为界；北以孙多尔库奎、多尔辉库奎至哈尔奇喇、博木喀喇、巴尔楚克等处为界"，并规定卫拉特人（准噶尔为卫拉特四部之一）不得越过阿尔台岭，喀尔喀部只在扎卜堪等处游牧。[①]

在康熙、雍正和乾隆朝前期，清朝由于内患不断，沙俄又从中作梗，

---

① 参见《准噶尔史略》编写组《准噶尔史略》，人民出版社1985年版，第179页。

所以对于西北边疆的准噶尔蒙古贵族的扩张活动主要采取守势,并一直试图采取划定游牧界线的方式化解准噶尔部蒙古与喀尔喀部蒙古之间的争端,遏制准噶尔部蒙古东向扩张的势头,但是西北边患并未得到根除。乾隆中期以后,随着清朝国力的增强,准噶尔内部又因为发生动乱而势力大衰,这种状况才发生根本性的改变。

乾隆十年(1745年)噶尔丹策零去世,次子策妄多尔济那木札勒遵照遗嘱继位,成为准噶尔部首领,准噶尔统治集团内部再次围绕着统治权展开了一番残酷的争斗。乾隆十五年(1750年),策妄多尔济那木札勒的哥哥、噶尔丹策零的长子喇嘛达尔札将荒淫无道的策妄多尔济纳木札勒赶下台;乾隆十七年(1752年),蒙古辉特部台吉阿睦尔撒纳又与手握重兵的大策零敦多布之孙达瓦齐联合袭杀喇嘛达尔札,并拥立达瓦齐登上准噶尔部大台吉之位。不久,达瓦齐又与阿睦尔撒纳发生矛盾,因达瓦齐获胜,阿睦尔撒纳被迫投奔清朝。与此同时,大批不堪战乱的卫拉特人民纷纷举部内迁依附清朝,其中规模最大的便是乾隆十八年(1753年)杜尔伯特部三车凌的归附;南疆各族人民也不断起兵反抗,准噶尔贵族在西北边疆的统治受到了极大的削弱。此时,乾隆帝认为根除西北边患,统一新疆的时机已经成熟。

乾隆二十年(1755年),清军分两路分别从乌里雅苏台和巴里坤出发,进军伊犁,征讨准噶尔部的达瓦齐。随同清军出征的还有阿睦尔撒纳以及吐鲁番的额敏和卓。清军进军途中,准噶尔各部落群起响应,纷纷归附,"行师数千里,无一人抗颜行者"①。在格登山(今新疆昭苏县境内)之战中,清军一举击溃达瓦齐的军队;达瓦齐只得越过天山逃往南疆,在乌什被当地的阿奇木伯克霍集斯擒获献给清军,后又被解送到北京。乾隆帝特赦了达瓦齐,并封其为亲王留京侍卫。

在此次出兵西北之初,乾隆帝就按照"众建以分其势"的原则制定了善后事宜,准备恢复卫拉特四部的封地和权力。所以清军获胜后随即就撤出伊犁,只留下500人镇守,并准备按照原定的计划分封车凌为杜尔伯特部汗,阿睦尔撒纳为辉特部汗,班珠尔为和硕特部汗,噶勒藏多尔济为绰罗斯(准噶尔)部汗。但是随后爆发的阿睦尔撒纳的叛乱打乱了清廷

---

① 魏源撰,韩锡铎、孙文良点校:《圣武记》上册,中华书局1984年版,第151页。

的这些计划。

阿睦尔撒纳在与达瓦齐争夺准噶尔部统治权的斗争中失败,转投清廷,欲借清廷的力量取代达瓦齐而最终成为卫拉特四部统治者。然而,阿睦尔撒纳的想法与清朝"众建以分其势"的原则格格不入。阿睦尔撒纳在清军进军伊犁的过程中就开始广结党羽,扩充实力;进驻伊犁之后,更趁清军撤出之机以卫拉特四部珲台吉自居,招兵买马,号令各部,扩展地盘,积极为反叛做准备。与此同时,阿睦尔撒纳还散布谣言,声称伊犁的准噶尔部要发动叛乱,试图借助清廷之手打击政敌;另一方面又请求清廷将他自己的党羽派往青海驻防,以备将来控制西藏。阿睦尔撒纳的野心被察觉,朝廷欲借热河朝见乾隆帝之机将其剪除。阿睦尔撒纳识破了清廷的计划,在乾隆二十年(1755 年)八月的朝觐途中叛逃回去;其党羽起兵反叛,消灭了驻防在伊犁的 500 名清军。阿睦尔撒纳发动叛乱的一个月后,清朝即重新分封了卫拉特四部,在政治上分化瓦解了其叛乱的基础。乾隆二十一年(1756 年)二月,清军又兵分两路夹击叛军,并联络哈萨克阿布赉汗配合清军擒拿阿睦尔撒纳。在清军的打击下,阿睦尔撒纳于这一年十月逃入哈萨克境内。但是不久准噶尔部和辉特部又相继发动叛乱,阿睦尔撒纳乘机返回准噶尔,自立为总台吉。乾隆二十二年(1757 年)二月,在清廷再次兵分两路征讨后,参与叛乱的准噶尔部众纷纷迎降,阿睦尔撒纳不得已又一次逃入哈萨克,这一次他身边仅有随从 20 余人。哈萨克阿布赉汗见阿睦尔撒纳大势已去,遂遣使向清廷表示准备将其擒献。阿睦尔撒纳察觉后连夜逃往俄国,并试图借助俄国的力量作最后的挣扎,但最终因患"天花"(麻疹)于这一年九月二十一日病死在俄国。清军离开后,已经降服的准噶尔部众再度叛乱,并"诱陷都统满福"[1]。乾隆帝对此十分恼火,下令军队再行进剿并明确指示此次"必应全行剿灭,不得更留余孽"[2]。此一役后,准噶尔部落的人口大量减少,从此一蹶不振。

在乾隆二十年(1755 年)清朝平定达瓦奇的过程中,被准噶尔贵族囚禁在伊犁的南疆和卓后裔博罗尼都和霍集占被释放出来。别有用心的阿睦尔撒纳当时就建议清廷派大和卓博罗尼都前往南疆招抚回部,小和卓霍

---

[1]　参见魏源《圣武记》上册,中华书局 1984 年版,第 155 页。

[2]　傅恒等:《平定准噶尔方略》正编卷三六,乾隆二十二年二月。

集占统领伊犁的维吾尔人。阿睦尔撒纳发动叛乱后,小和卓霍集占也参与其中。清朝平定阿睦尔撒纳之后,霍集占逃往南疆并引起南疆地区陷入动乱。直到乾隆二十四年(1759 年),清军才平定大小和卓,最终统一了天山南北,从而为调整统治策略,加强对西北边疆的统治创造了有利条件。

二 置伊犁将军与军府制在新疆的推行

阿睦尔撒纳的叛乱虽然被平息了,但是清廷所重新分封的卫拉特四部几乎都卷入了叛乱活动之中,而准噶尔各部又叛服无常,使得清廷认识到原来对卫拉特蒙古所采取的"因俗而治"、"众建以分其势"的统治策略在西北边疆是行不通的。加之,沙俄在西北边疆的侵略活动日益严重,也直接威胁着西北边疆的安全。所以朝廷必须调整统治策略,加强对这一地区的直接管理,消除内部隐患,抵御外来入侵,维护边疆的稳定和国家的统一。这样,以伊犁将军为核心的军府制度便在新疆地区应运而生。

这种制度经过了形成、确立与完善三个阶段。

在康熙帝征讨噶尔丹的反叛过程中,清廷于康熙三十六年(1697 年)任命归附的今新疆哈密维吾尔族首领额贝杜拉为"一等部长",并将其属众"分编旗队";同时还派员驻扎其地,直接办理当地回民事务,从此开始在东疆地区实行具有军事编制色彩的地方行政管理制度——札萨克旗制。① 雍正九年(1731 年),吐鲁番维吾尔族首领额敏和卓归附,清廷封其为"札萨克辅国公",札萨克旗制进一步推广到吐鲁番地区。由于哈密和吐鲁番地区的维吾尔族首领归附较早,而且在平定准噶尔蒙古人的过程中协助清军屡立战功,所以札萨克旗制在东疆地区实行了很长时间。在这一制度下,当地的维吾尔族贵族上层享有很多的特权,内向性较强。有清一代,这里不仅一直是新疆最为稳定的地区,也是清朝多次采取军事行动、稳定新疆局势的基地。19 世纪 70 年代,南疆及北疆大部分地区被阿古柏政权所侵占,伊犁也为沙俄所占领,只有东疆的哈密地区还在清廷的控制之下,成为清军收复失地的根据地;哈密王则在协助清军镇压叛乱、

---

① 参见管守新《清代新疆军府制度研究》,新疆大学出版社 2002 年版,第 48 页。

稳定地方局势方面发挥了很大的作用。这一切都与清廷在这里实行的札萨克旗制度有一定的关系。

此外，清廷在东疆地区派驻军队屯田，同时又在这一地区实行了与内地相同的州郡制，专门管理内地来此垦荒种地的民户。各级官吏的主要职责是经营粮务、管理粮饷，兼管地方民情事务，由甘肃省的安西道统属。这样，在军府制度实行之前，东疆地区事实上存在着札萨克旗制和州郡制两种管理体制，其行政管辖权属于当时的陕甘总督。

在平定阿睦尔撒纳叛乱以后，为了防止准噶尔部蒙古的残余势力死灰复燃，清廷于乾隆二十一年（1756 年）任命当时的定边右副将军为"驻扎伊犁等处办事大臣"，率军 2000 人镇守伊犁，并开始在此筹办屯田。平定大小和卓的叛乱之后，在保持原来伯克制度的基础上，又在南疆的库车、喀喇沙尔、阿克苏、乌什、喀什噶尔、叶尔羌、英吉沙尔、和田等城设立"办事大臣"和"领队大臣"，实施对这些地区的直接管理。乾隆二十五年（1760 年），乾隆帝在上谕中明确指出："伊犁及回部，非巴里坤、哈密内地可比，即须驻兵屯田，仍当以满洲将军大员驻守，非镇道绿营所能弹压。"① 由此可见，驻兵屯田，实施直接的统治和管理，已经成为清廷治理西北边疆的基本原则。这一点为军府制度在新疆的实施奠定了基础。

清廷在统一南北疆之初，今新疆地区在民政制度上至少存在札萨克旗制、伯克制和州郡制三种形式，缺乏一个统一协调的机构；在军政制度上，驻防部队既有"满营"也有"绿营"，两者互不统属，缺乏统一指挥；在边政制度上，"卡伦"和"台站"的设立，边界的守卫，外藩属国的管理，对外交涉事务等，已经远远超出了边疆各级地方军政官员的权限和承受能力；而陕甘总督"所辖既广，势难兼顾"②。所有这一切，都要求在新疆设立一套不同于内地的独立机构，统一南北疆的政令与军令，协调管理新出现的边疆民政、军政与边政事务。为此，清廷在新疆实行了一套军政合一、以军统政的统治制度——军府制度。

乾隆二十七年（1762 年）十月，清廷发布上谕："伊犁为新疆都会，现在驻兵屯田，自应设立将军总管事务，昨已简用明瑞，往膺其任，著授

---

① 《清高宗实录》卷六一〇，乾隆二十五年四月己丑。

② 王先谦:《东华续录·乾隆朝》卷五二。

为总管伊犁等处将军，所有敕印旗牌，该部照例颁给。"① 伊犁将军府从此正式设立，治所设在了伊犁的惠远城。

"伊犁将军"的全称是"总统伊犁等处将军"，作为当时清朝的边疆驻防将军之一，"在驻防地名和官名之前冠以'总统'二字，不仅在清代内地驻防将军中所无，而且在边疆驻防将军中也为仅有"②。其原因固然与其管辖地域广阔、节制官员众多、事权繁杂有很大的关系，但根本原因还是在统一天山南北的过程中，已经在今新疆地区各地初步形成了多元化的民政、军政和边政制度或体系。边陲初定，稳定为上。为了避免别生事端，乾隆帝对这些既成事实显然无意变更。原来的边疆驻防将军虽然可视为当地的最高军政长官，但是在应对西北边疆多样而复杂的民情、军情、边情等方面总显得有些与事权不符。这样，给伊犁将军冠以"总统"的名号，或许可以在维持现状的前提下将西北边疆繁复的统治体系进行较为简单的统一。这一点或可视为清朝在治理西北边疆体制和制度上的某些创新，但是其有待完善之处也是显而易见的。

关于伊犁将军最初的职掌权限，乾隆二十七年（1762 年）的上谕中曾经指出："凡乌鲁木齐，巴里坤所有满洲、索伦、察哈尔、绿旗官兵，皆听将军总统调遣。至回部与伊犁相通，自叶尔羌、喀什噶尔以至哈密等处驻扎官兵，亦归将军兼管。其地方事务，有各处驻扎大臣，仍照旧例办理。再叶尔羌、喀什噶尔等回城，皆在边陲，如有应调伊犁官兵之处，亦准各处大臣咨商将军，就近调拨。"③《皇舆西域图志》卷二九《官制》云："总统伊犁等处将军一员，乾隆二十七年设，统辖天山南北各新疆地方驻防官兵调遣事务。"《清朝通典》卷三六《职官十四》也说："总统伊犁将军一人，统掌新疆之军政，山北山南皆听节制。"可见清廷最初设置伊犁将军的主要目的是为了统一协调和调遣今新疆地区的各类驻军，地方民政事务仍主要由各地札萨克郡王、伯克以及驻扎大臣（包括"参赞大臣"和"办事大臣"等）处理。这些处理地方民政事务者虽然在名义上受伊犁将军节制，但具有一定的独立性；各地驻扎大臣一般兼领当地的军

---

① 《清高宗实录》卷六七三，乾隆二十七年十月乙巳。

② 参见王希隆《关于清代军府制的几个问题》，《西域研究》2002 年第 1 期。

③ 《平定准噶尔方略》续编，卷一九。

政和民政事务，权力很大而且缺少有效的监督，本身就具有军政合一的性质，所以在某种意义上实际上可视为某种地方"小军府"，只是在牵涉全疆军政事务或遇到各地驻扎大臣无法独自处理的变故的情况下，伊犁将军的作用才显现出来。伊犁将军设立后，经过了数十年的调整、补充和完善，直到乾隆末年和嘉庆初年新疆的军府制度才基本完成①，但是伊犁将军的"总统"职能却日渐式微。

除了节制天山南北两路的各营官兵外，伊犁将军还负有广辟屯田、经营牧厂、稽查台站与卡伦、统辖外藩属国及其贸易等职责。但是事实上除了伊犁军政区和塔尔巴哈台军政区，伊犁将军通常并不直接管理其他两个军政区（乌鲁木齐、喀什噶尔）的上述事务，其作用主要表现在监督和协调上。例如，中亚地区归附的哈萨克、布鲁特、浩罕、博罗尔和巴达克山等外藩属国虽然在名义上均归伊犁将军统辖，但是巴达克山的具体事务则"俱遵驻扎喀什噶尔、叶尔羌大臣等节制"；而布鲁特各部实际上常年归喀什噶尔参赞大臣稽查约束，伊犁将军只是每年派遣"领队大臣"前往巡查一次而已。

在以伊犁将军为首的军府制体系下，当时的天山南北大致可分为四个大的军政区，即伊犁军政区、乌鲁木齐军政区、塔尔巴哈台军政区和喀什噶尔军政区，总归伊犁将军统领。

伊犁军政区：最初于乾隆二十五年（1760）设立，最高军政长官为参赞大臣，驻惠远城。乾隆二十七年（1762年）以后，由于这里同时也是伊犁将军的驻所和直辖区，所以伊犁参赞大臣常常裁设、补授无定制，其职权一般由伊犁将军直接代领。该军政区的管辖范围："东北与塔尔巴哈台军政区接界，西北到达巴尔喀什湖、楚河一带，东与乌鲁木齐军政区之库尔喀喇乌苏、精河接界，南与喀什噶尔军政区之阿克苏、乌什相邻。"② 其职官除了裁设无定制的参赞大臣外，一般还下设有领队大臣5员（满洲营、锡伯营、索伦营、察哈尔营和额鲁特营驻防军各1员，分管各营官兵及游牧事务），总兵1员（掌管绿营屯田及操防事宜），卡伦侍卫12员、军台委笔帖式6员（专门负责卡伦、军台事务），抚民同知

---

① 参见管守新《清代新疆军府制度研究》，新疆大学出版社2002年版，第57页。
② 参见王希隆《关于清代军府制的几个问题》，载《西域研究》2002年第1期。

和理事同知各 1 员（管理伊犁九城民政事务），管仓粮员 5 员（分理各城仓储屯粮收放事宜），总理回务一等台吉三品阿奇木伯克 1 员（统领当地维吾尔族民政事务）。作为"天山南北总汇之区"，驻扎在这里的伊犁将军军府衙门内还设有营务、印房、粮饷、驼马、功过处等机构，但伊犁将军衙署日常军政和民政事务的管理似乎仅限于伊犁军政区。尽管如此，清朝还是在这里建立了惠远、惠宁、宁远、绥定、广仁、瞻德、拱宸、熙春和塔勒奇等 9 座城池，移驻携眷官兵达 2 万多人，是全疆守备最严和军力最强的军政区。

塔尔巴哈台军政区：乾隆二十九年（1764 年）设立，最高长官为参赞大臣，其原驻地在肇丰城（今哈萨克斯坦乌尔扎尔），乾隆三十一年（1766 年）移驻绥靖城（今新疆塔城）。该军政区的管辖范围"北起铿格尔图拉（乌斯季卡缅诺哥尔斯克），往南，经楚克里克河，爱古斯河，到巴尔喀什湖一线，与哈萨克中玉兹为界。西以勒布什河与伊犁地区为界"①。参赞大臣的主要职责是统辖该区内的驻防及屯田官兵，下辖卡伦侍卫 12 员（主管卡伦和军台事务），协办领队大臣 1 员（负责巡查东路卡伦并专管锡伯、索伦、察哈尔和厄鲁特等换防军营事务），专理游牧领队大臣 1 员（负责巡查西路卡伦并专管本处察哈尔、厄鲁特以及归附的哈萨克部落），参将或副将 1 员（总理绿营屯务和守备事务），抚民同知 1 员（主管粮务和民事），土尔扈特游牧盟长亲王 1 员（掌管土尔扈特北部落三旗一切事务）。② 这里的军队可分为换防军和驻防军。换防军包括锡伯、索伦、察哈尔和厄鲁特等四营和绿营，主要由伊犁和陕甘换防；驻防军则主要在当地游牧的察哈尔、厄鲁特、哈萨克以及土尔扈特等部落设置。

乌鲁木齐军政区：乾隆三十六年（1771 年）设立，最高长官原为参赞大臣，1773 年改为乌鲁木齐都统，驻满城（又名巩宁城，今乌鲁木齐），直辖本城。该军政区的管辖范围"东达巴里坤、哈密，与喀尔喀蒙古、甘肃接界，西与伊犁军政区相邻，北与塔尔巴哈台军政区接界，南达吐鲁番一带"③。根据文献记载，乌鲁木齐都统的主要职责是"统辖满汉

---

① 参见新疆社会科学院民族研究所编著《新疆简史》第 1 册，新疆人民出版社 1980 年版，第 277 页。

② 参见管守新《清代新疆军府制度研究》，新疆大学出版社 2002 年版，第 61～63 页。

③ 王希隆：《关于清代军府制的几个问题》，《西域研究》2002 年第 1 期。

文武官员，督理八旗、绿营军务，总办地方刑钱事件"①，下辖领队大臣5员（包括本城1、吐鲁番1、巴里坤1、古城1、库尔喀喇乌苏1，主管各地满营和土尔扈特游牧部落事务），绿营提督1员（驻迪化城，今乌鲁木齐，统辖各地绿营并总管辖区屯田、马政、台站事务），办事大臣和协办大臣各1员（均驻哈密，总管和协管当地所有事务），总理回众札萨克郡王2员（哈密1、吐鲁番1，管理当地维吾尔族民政事务）。由于该军政区的哈密、吐鲁番是最早归附清朝的，同时也是清朝统一天山南北的基地和内地移民屯田的主要地区，所以导致这里的民政管理制度最为复杂，其中既有针对当地维吾尔族设置的札萨克制度，也有针对内地移民设置的州县制度。此外，由于"乌鲁木齐所属地方宽阔，而距伊犁遥远，兵民辐辏，应办事件甚繁"，所以清朝在乾隆三十八年（1773年）下令将原来的乌鲁木齐参赞大臣改为乌鲁木齐都统，并规定都统虽然仍属伊犁将军节制，听其调遣，但同时也规定乌鲁木齐都统"所有应奏应办之事，一面奏闻，一面知会伊犁将军"②，从而授予其独立处置辖区内军政事务的权力。由于乌鲁木齐都统府的长官品秩、辖区面积、驻军规模、下属军政官员的品级数量、所属军政事务等方面都与伊犁将军府大致相当，而伊犁将军节制南北两路的权限在很大程度上只是名义或形式上的而已，所以有学者认为乌鲁木齐都统府是与伊犁将军府相当的一个军府，也就是说清代在新疆实际上是设立了两个军府。③

喀什噶尔军政区：乾隆三十六年（1771年）设立，最高长官为参赞大臣，驻喀什噶尔徕宁城，直辖本城，总理南疆八城（即喀什噶尔、英吉沙尔、叶尔羌、和田、阿克苏、乌什、库车和喀喇沙尔）各种事务，管辖范围"西至帕米尔，东与甘肃、青海接界，南与西藏以喀喇昆仑山相隔"④。喀什噶尔参赞大臣直辖本城，下辖办事大臣6员（叶尔羌1、和田1、乌什1、阿克苏1、库车1、喀喇沙尔1，总管本地军政事务），协办大臣3员（本城1、叶尔羌1、和田1，协理当地事务或兼理领队事务），领队大臣1员（英吉沙尔，掌管本地军政事务，兼管卡伦）。其中

---

① 和瑛:《三州辑略》卷二《官制门》，甘肃省图书馆藏抄本。
② 《清高宗实录》卷九三五，乾隆三十八年五月丁丑。
③ 参见王希隆《关于清代军府制的几个问题》，《西域研究》2002年第1期。
④ 王希隆:《关于清代军府制的几个问题》，《西域研究》2002年第1期。

喀什噶尔参赞大臣还节制英吉沙尔，叶尔羌参赞大臣节制和田。南疆八城的办事大臣、协办大臣或领队大臣之下均设有阿奇木伯克一职，品秩三到五级不等，统管各地汉族以外其他民族民政事务。

喀什噶尔参赞大臣及其下属大员的主要职责是统辖各地的换防官兵及其相关的军政事务；对于南疆各民族的民政事务，则通过对原有的伯克制度的改造之后，将伯克制度品秩化，从而把当地上层人物纳入到清朝的职官体系之中，借助各级品秩的伯克实施对当地民政事务的管理。清廷在南疆派驻的各级大臣并不直接管理各处民政事务，而是通过对各级伯克的任免、入觐，达到监督与控制伯克进而间接统治的目的。伯克制度本身尽管自成体系，具有一定的独立性，但是清朝却通过废除伯克世袭，实行政教分离，建立任免、回避、养廉、入觐制度等措施，加强和巩固了国家的统一，推动了南疆维吾尔地区的社会和经济发展。①

值得注意的是，清朝在南疆喀什噶尔、叶尔羌、乌什等沿边各城大臣之下都设有卡伦侍卫的职官（主要负责边界地区的边防、治安和稽查任务。卡伦原为满语的音译，意为"哨所"）。清朝在新疆的卡伦一般都设在"岩疆要隘，毗接外藩处所"，可分为常设卡伦、移设卡伦和添设卡伦三种，其作用除了禁查八旗军与绿营军各营私自越界和遣犯的逃亡外，更重要的是为了巡查与所谓"外藩"的边界，防止越界游牧或偷盗牲畜。为此，清朝还规定全疆沿边各城大臣委派卡伦侍卫专门负责卡伦的管理，并建立了一套定期巡边、会哨制度。② 这一制度在北疆的伊犁军政区和塔尔巴哈台军政区也同样得到了实施。但是，由于当时的边界通常是在卡伦之外，所以卡伦线并不是实际边界线，这就为以后沙俄向东方扩张蚕食中国西北边疆的领土留下了隐患。

三　军府制的得失与利弊

伊犁军府制度最主要的特征是军政合一、以军统政，军队是这一统治体制的核心和基础。为了巩固西北边防，维护国家统一，清朝在统一新疆

---

① 参见苗普生《伯克制度》，新疆人民出版社 1995 年版，第 27~51 页。

② 参见管守新《清代新疆军府制度研究》，新疆大学出版社 2002 年版，第 110~111 页。

以后便从全国各地征调八旗军、绿营军前往天山南北守卫，这些军队的性质可分为"驻防军"和"换防军"两种，北疆以驻防军为主，换防军次之；南疆则以换防军为主。据统计，新疆常设驻防、换防之八旗、绿营官兵的人数一般在 3 万多人，其布防的原则为北重南轻，比例约为五比一。① 这种布防格局是基于防范准噶尔蒙古残余势力死灰复燃而设置的，在事实上也达到了预期的效果。但在清朝统一新疆的过程中，西蒙古的力量已经遭到了极大的削弱，难以东山再起。"北重南轻"的布防格局虽然巩固了北疆，但却忽视了南疆，而且南疆守军实行换防也常常出现兵力间歇"真空"的情况，使反叛势力有机可乘。此后，南疆一旦事起，当地军力基本不能独自应对，反而常常使得事态进一步恶化，最终几无例外地依靠北路甚至内地的军队长途救援。可以说，军府制度基本解决了北疆的边防问题，但却留下了南疆的隐患。

大量军队的进驻势必带来后勤保障问题，在新疆地域广阔的条件下，依靠内地提供西北边疆驻军的供给，尤其是运送军粮，显然是很不现实的。为了解决这一问题，清朝在天山南北采取了各种形式的屯田，将驻军与屯田结合起来，力求首先实现驻军在军粮供给上的自给自足。乾隆二十五年（1760 年）的上谕中就曾经指出，"伊犁及回部，非巴里坤、哈密内地可比，即须驻兵屯田"②，从而确定了清朝统治西北边疆的基本原则。"伊犁将军"设立之后，天山南北驻军、屯田活动的全面展开，不仅天山北部的农业得到了很大的发展，而且新疆地区的民族成分也发生了相应的变化。随着满洲八旗、绿营、察哈尔营、索伦营和锡伯营等从内地携眷移驻天山北部，新疆境内的民族中又增加了满族、汉族、鄂温克族、达斡尔族（索伦营）和锡伯族，他们为守卫中国西北边疆、开发天山北部作出了自己的贡献。各种形式的屯田可以说是军府制度下的最大成就。

在军府制体制下，新疆地区的屯田形式大致可分为军屯、遣屯和民屯三种，而屯田地区主要集中在北疆。这与当时清朝在军事上"重北轻南"的布防格局也是一致的。军屯指的是各地驻防军的屯田，其中既有汉族的绿营兵，也有满洲的八旗兵（旗屯），还有锡伯营、索伦营的屯田。军屯

---

① 参见余太山主编《西域通史》，中州古籍出版社 1996 年版，第 437 页。

② 《清高宗实录》卷六一〇，乾隆二十五年四月己丑。

一般都在驻防军中进行，而且可以携带家眷，具有兵民合一的特点，担负着屯垦戍边的双重使命。例如乾隆二十九年（1764 年），清廷从东北的盛京抽调锡伯族官兵 1016 人携带眷属（共计 3164 人）前往新疆驻防，他们于次年到达伊犁河南岸的察布查尔山一带（今新疆察布查尔锡伯族自治县），屯垦开渠，使这里成为当地最为富庶的地区。

遣屯又称犯屯或流屯，指的是从内地遣送和流放到伊犁等地犯人的屯田。清廷规定一般每名犯人种地 12 亩，有家眷者另给 5 亩，并将他们编入军屯之中，在军队和地方官吏的监督下耕种。由于这些犯人地位很低，待遇较差，而且收获物大部分要上缴，所以他们生产的积极性不高，而且经常发生逃亡和反抗事件。清廷后来规定：遣犯"其能改过者，酌定年限，给予地亩，陆续编入民册"①。他们入民籍的年限一般是极重犯 10 年，重犯 5 年，普通犯 3 年。还有一些罪情较轻的遣犯则按照"民屯"的方式安置，被称为"安插户"，但官府对他们监管很严，并规定不得随意离开安插地。② 清朝通过"遣屯"的方式，一方面将危及统治和社会治安的犯人发配到边疆，达到所谓"化凶顽之败类为务本之良民"的目的；另一方面也可以借此开发和充实边疆，最终使遣犯成为屯戍边疆的民户。

民屯指的是平民的屯田，主要集中在伊犁军政区和乌鲁木齐军政区，其中既有从内地来的汉族农民，也有从南疆来的维吾尔族农民。后者又称为"回屯"，始于准噶尔统治时期，基本是在伊犁军政区，清朝对此加以继承；汉族农民的屯田区域则分布在从巴里坤到伊犁的广大地区。清朝为民屯屯户提供农具、种子和口粮，并将他们变为当地的常住居民，从而改变了北疆以卫拉特蒙古为主的民族格局，使汉族和维吾尔族也成为天山北部的主要民族。

从西汉太初四年（前 101 年）西域使者校尉率士卒进驻轮台、渠犁以来，屯田是历代王朝统治和治理今新疆地区的主要措施，在稳定和开发西北边疆防面曾发挥了重要的作用。在军府制的体制之下，清朝将新疆屯田的内容、形式及其作用都发挥到了极致，把原来带有强烈军事色彩的屯

① 《清高宗实录》卷六九〇，乾隆二十八年七月。
② 参见余太山主编《西域通史》，中州古籍出版社 1996 年版，第 448 页。

田拓展为一种"移民实边"的重要措施,在客观上为边疆地区的经济发展和长治久安打下了基础。据统计,清朝在新疆的屯田数曾经达到了28.8万多亩,每年收获粮食有24万石,伊犁的粮仓甚至出现了贮粮过多而霉烂的现象①,这在新疆历史上是比较罕见的。屯田(尤其是军屯)解决了军队的粮饷问题,但是这种"寓兵于农"的形式在一定程度上也降低了军队的战斗力,"是且战之兵不能战,且耕之兵不暇耕也",随着时间的推移,其弊端逐渐显现出来。②

在军府制的体系下,伊犁将军虽然在名义上是南北疆的最高军政长官,但是由于乌鲁木齐军政区的乌鲁木齐都统和喀什噶尔军政区的喀什噶尔参赞大臣实际上具有很大的自主权,所以伊犁将军平时的管辖权限仅限于伊犁军政区和塔尔巴哈台军政区,对其他军政区的管理只是"节制"而并非"总统",而且这种"节制"主要是军政方面的。军府制度下的将军、都统、参赞大臣、办事大臣和领队大臣以及各自下属的官员基本上都是军队编制,"治兵之官多,治民之官少",这种体制作为一种权宜之计尚可,从长远来看却不利于地方的经济社会发展。而且地方"绿营"和"满营"也是分治而互不统属,军政也并未实现真正意义上的统一。加之清朝对地方少数民族民政事务的管理采取的是"因俗而治"的方式,伯克制、札萨克制并存,军府制下各级大臣的主要职责是统军而并非统民,这就在事实上造成了军政与民政分离的局面。这种情况在南疆地区表现得最为明显,各地大臣直接管辖的对象只是当地的阿奇木伯克,而阿奇木伯克以下的各级伯克却自成系统,独立行使当地少数民族民政事务的管理权;清朝的派驻官员与当地的各少数民族群众处于一种隔绝状态,不仅使得各地大臣难以及时地了解民情民意,而且还容易导致地方离心力的滋生,不利于各民族之间的交流。

以总统伊犁将军为首的军府制,是清朝在统一和管理新疆的过程中形成的一套"军政合一、以军统政"的统治制度。这一制度在形式上是军政合一,在本质上则是以军统政。由于清朝统治者一方面担心地方事权过

---

① 参见新疆社会科学院民族研究所编著《新疆简史》第1册,新疆人民出版社1980年版,第293页。

② 参见管守新《清代新疆军府制度研究》,新疆大学出版社2002年版,第176~178页。

于集中而危及中央的统治，另一方面又只是信任满族官员和"满营"，时刻防范其他民族的官员和军队，所以在实际上对各族官吏和人民仍然采取"相互牵制"、"相互隔绝"的统治策略，从而使得"军政合一"的军府制度徒有其表。事实证明，"以军统政"在新疆这一多民族地区更多的只是在稳定局势方面发挥了一定的积极作用，而在日后各民族之间的交往、内地与边疆的一体化、新疆社会经济的全面发展等方面却成桎梏。正因为如此，在此后和卓后裔们的反叛活动中，军府制度下的各级官员常常顾此失彼，穷于应对；而同治三年（1864年）全面爆发的新疆各地的动乱呈摧枯拉朽之势，最终使军府制度瓦解。

四　察哈尔蒙古与锡伯族的西迁

平定准噶尔叛乱与统一新疆的战争造成北疆地区的人口损失很大，使原本就广大的地区更显得土地空旷，社会经济一片凋零；加之边疆新开，军力薄弱，所余之人已难以负担守卫边境和维护边疆稳定的双重使命。在这种情况下，清廷采取了从内地抽调兵丁携眷驻防，移民实边和屯垦戍边的政策。当时满洲八旗兵人数有限，难以独担重任；而清廷对于由汉人组成的绿营兵又多有防范，主要是作为换防部队使用；卫拉特蒙古甫被平定，清廷仍然心有余悸，有关从内地抽调其他蒙古军队前往新疆驻防的建议也遭到了清廷的坚决否定。于是，早已归附清朝被编入八旗并且多次从征屡立战功的察哈尔蒙古，以及原本就与满族关系密切的东北锡伯、索伦等部，便被清廷作为可以信赖和依靠的力量选派、抽调到新疆驻防。这样，清朝一方面可以实现移民实边，巩固边防的战略目标；另一方面也可以借此达到各族之间相互钳制，易于控制和统治的目的，可谓是一箭双雕。在这些西迁的内地携眷驻防兵丁中，察哈尔蒙古和锡伯族占有重要地位，他们不仅成当时拱卫伊犁将军府、防守伊犁军政区和塔尔巴哈台军政区所辖边境卡伦、开发伊犁地区的基本力量，而且他们的后裔也分别构成了今天新疆博尔塔拉蒙古族自治州和察布查尔锡伯族自治县的主体民族，对天山以北地区的社会经济发展以及多民族分布的格局均产生了重大的影响。

乾隆二十六年（1761年）九月三十日，大学士傅恒首次提出了挑选

察哈尔蒙古官兵携眷前往新疆驻防的建议，他在给乾隆帝的奏折中提议
"从察哈尔兼管新旧厄鲁特及察哈尔八旗之单身贫困余丁内，拣选年富力
强、情愿携眷迁移者一千名，分别迁往伊犁、乌鲁木齐永久驻防"，并制
定详细可行的拣选办法、移驻路线与安置方案。傅恒的提议立即就得到了
乾隆帝的批准。① 当年十月清廷即派员前往多伦诺尔（今内蒙古多伦）的
察哈尔游牧之地挑选父子兄弟堪为兵丁者 1000 人，作为首批前往新疆的
驻防军。在他们出发前，清廷为此做了十分精心的准备，包括行程、路
线、后勤与安全保障等都进行了周密的安排。为了解决这些驻防兵丁的后
顾之忧，清政府甚至还为他们清理了债务，并提供了整装银、马驼和业畜
等。乾隆二十七年（1762 年）三月二十日，第一批西迁的察哈尔蒙古在
其游牧的中心达兰图鲁地方集结，每两旗编为一队，共分四队，从三月二
十六日开始每日起程一队，陆续踏上西迁的征程，并于次年二月初三安全
抵达乌鲁木齐。这批察哈尔人中除 200 户，计 542 人留在乌鲁木齐驻防
外，其余的都前往伊犁。乾隆二十八年（1763 年）四月，第二批察哈尔
兵丁 1000 人（其中包括 34 名新厄鲁特兵丁以及 283 名自愿前往的其他兵
丁）分前后两队，分别于四月初九和四月二十五日起程，并在次年四月
全部抵达伊犁。历时近两年的察哈尔蒙古的西迁活动至此才结束。

　　正如清廷理藩院尚书富德所指出的那样，"此次派察哈尔兵及新旧厄
鲁特等，效力新疆，挈眷前往，非换班兵可比"②。也就是说，两批携眷
前往新疆的 2000 察哈尔蒙古军实际上是 2000 户，总人数应当在 5000 人
左右。③ 这些察哈尔蒙古兵丁除一小部分留在乌鲁木齐外，大部分开始都
被安置到今赛里木湖一带游牧，清朝将他们分为左右两翼，分设 2 个
"昂吉"，12 个佐领管理，每翼 6 个佐领，从而组成了著名的察哈尔营。
乾隆二十八年（1763 年），伊犁将军府正式设立察哈尔领队大臣，统管察
哈尔事宜。为了加强边卡的巡防，清朝在乾隆三十年（1765 年）将在乌
鲁木齐的 150 户和库尔喀喇乌苏的 50 户察哈尔蒙古部调往塔尔巴哈台一
带边防线上驻防，将驻牧在赛里木湖一带的察哈尔蒙古部调往博尔塔拉一

---

① 参见军机处满文议复档，860～1（No. 2）。
② 《清高宗实录》，乾隆二十六年十一月。
③ 参见韩香《清代察哈尔蒙古的西迁及其对新疆的开发》，《中国边疆史地研究》1996 年
第 3 期。

带边界线上驻防。乾隆三十二年（1767 年），伊犁将军明瑞仿满洲八旗建制，在察哈尔左右两翼下各设 4 旗，每旗 2 个佐领，共 8 旗 16 个佐领，分别驻牧于今新疆西北部的温泉和博乐境内。①

驻牧在博尔塔拉的察哈尔蒙古部的主要任务是驻卡巡边。据载，他们驻防的卡伦有 21 处，其中常驻卡伦 9 处，添设卡伦 12 处，其职责是"内稽逃人，外控荒服，沿边定界，凡察森严"②。驻守卡伦的察哈尔蒙古还起着通信转运、互通情报的作用。后来沙俄通过同治三年（1864 年）的《中俄堪分西北界约记》和光绪七年（1881 年）的《中俄伊犁条约》侵占了伊犁地区的大部分卡伦，但察哈尔蒙古部驻守的 21 处卡伦却幸运地保留下来，一直到民国时期还发挥着作用。此外，伊犁的察哈尔营还坐守着 5 座军台，担负着传递奏折文报、应付过往差员、运送官物等职责③，在守卫西北边疆、保证政令和军令畅通等方面作出了重要贡献。

察哈尔蒙古部的另一项任务就是农牧并举，发展当地的农业和牧业生产，实现粮食的自给自足，为伊犁军府提供马、羊等役用或肉用牲畜。就在一些察哈尔蒙古人抵达新疆地区后，当时的乌鲁木齐办事大臣旌额理等就上奏说："现将伊等携眷移驻伊犁，理合计其生计久远利益办理……若拨给孳生牲畜取孳之同时，又令耕田，则伊等有粮食收获，更利于赡养家口，亦可多耕伊犁之地。"在抵达伊犁的驻地之后，伊犁军府便给他们提供了粮食种子和农具，以及孳生（繁育）马、驼、牛、羊等牲畜。一年后的乾隆二十九年（1764 年），察哈尔蒙古部的屯垦、养畜就初见成效，"察哈尔各改陋习，图谋生计，人人衣食丰足，户户建造蒙古包，牧放孳生及私有牲畜皆膘分肥壮。即已改观，丰衣足食，而马步箭亦有长进"④。按照"屯垦可以养兵，而孳畜却可以利兵"的发展思路，伊犁军府还在新疆开办了驼厂、马厂、牛厂和羊厂，发展官营畜牧业，以为"永久之计"。⑤ 具有牧业生产传统的察哈尔蒙古部自然成为当时伊犁军政区官营牧厂的主要承担者。到后来，伊犁军府所辖官营牧厂的各种牲畜几乎都由

---

①　参见马大正《清代西迁新疆之察哈尔蒙古的史料与历史》，《民族研究》1994 年第 4 期。

②　松筠:《新疆识略》卷一一。

③　参见马大正《清代西迁新疆之察哈尔蒙古的史料与历史》，《民族研究》1994 年第 4 期。

④　军机处满文录付奏折 2183 ~ 10（No. 68）。

⑤　《清高宗实录》，乾隆二十八年二月丁巳。

察哈尔和厄鲁特蒙古放养。清朝规定，各官营牧厂都有一定的孳生和上缴定额，而"察哈尔、厄鲁特等自设立牧厂以来，历年交乌鲁木齐、科布多、军营内地及本处屯工军台马牛羊只均无贻误"，成为伊犁军府获取牲畜的主要来源。察哈尔营和厄鲁特营所在的伊犁军政区和塔尔巴哈台军政区是清朝在新疆屯牧成效最为显著的地区，在为军队提供战马、为屯垦提供耕牛、为官兵提供食用肉类、为运输提供载驼等方面发挥了重要的作用，为巩固西北边防提供了坚实的物质基础。

此外，察哈尔营和厄鲁特营还承担着接纳和安置劫后余生的准噶尔蒙古人的任务。据统计，新疆战事结束后，从哈萨克、布鲁特返回的准噶尔蒙古人基本上都被上述两营所接纳，仅 1765～1767 年两年间就有 768 名准噶尔人得到安置。1771 年土尔扈特蒙古部从数千公里外的伏尔加河流域返回中国，察哈尔蒙古部又积极参加了接济行动，为历尽艰辛的土尔扈特人提供牛羊和御寒衣物，并教习他们耕种田地，收获颇丰，得到清廷的嘉奖，为边疆民族之间的团结与互助树立了典范。①

继察哈尔蒙古部之后西迁到新疆的另一个民族是一直生活在东北地区的锡伯族。在察哈尔蒙古部抵达新疆后，伊犁将军明瑞以边疆驻防力量仍感不足为由，在乾隆二十八年（1763 年）十二月向清廷提出，"闻得盛京驻兵有一万六七千名，其中有锡伯兵四五千名。伊等未放弃旧习，仍以狩猎为生，技艺尚可"，并建议"于此项锡伯兵内，挑选优良者一同派来，亦可与黑龙江兵匹敌"②。乾隆帝随即就批准了明瑞的奏议，并下旨"由盛京锡伯兵内，拣其精明能牧者一千名，酌派官员，携眷遣往"③。乾隆二十九年四月，1000 名锡伯兵丁连同眷属共 3275 人分两批相继起程。尽管官府给他们提供了马、牛、骆驼、车辆等驮载工具，并配发了口粮、帐篷、铁锅等生活用品，但是由于清廷指定锡伯兵丁及其眷属从塞外的漠北草原前往伊犁，沿途气候条件恶劣，缺乏接济和保障，导致牲畜大量死亡。在克服了重重困难之后，这些锡伯族人终于在第二年的七月抵达伊犁。因为在西迁的一年多时间里还有 350 多名婴儿出生，所以实际到达的男女老幼人

---

① 参见马大正《清代西迁新疆之察哈尔蒙古的史料与历史》，《民族研究》1994 年第 4 期。

② 肖夫译:清军机处《满文月折挡》，乾隆二十八年十二月条。

③ 参见贺灵、佟克力《锡伯族史》，新疆人民出版社 1993 年版，第 162 页。

数是 4030 余人。① 这些人的后裔便发展成为今天新疆的锡伯族。

抽调锡伯兵丁到新疆，原本是因为锡伯人"以狩猎为生"，可以到伊犁从事牧业生产。但当这些人到了以后，伊犁将军才发现"锡伯兵原籍生计，与民杂居城寨，仅以务农为生"，所以就只好将他们安置在既"便于耕种"又"近于放牧之地"的伊犁河南岸，"令其移驻此地，当农牧并重，致力于此"②。这样，大多数迁居伊犁的锡伯族人就主要从事农业生产了。伊犁将军将他们按照八旗体制编排管理，组建锡伯营，设领队大臣 1 员，总揽边防和生产事务。

锡伯营的主要职责是驻卡巡边，管辖卡伦 19 处，此外还派官兵协助厄鲁特营和索伦营驻防其他卡伦。根据伊犁将军的指令，锡伯营还派遣换防军前往喀什噶尔军政区和塔尔巴哈台军政区驻防。他们后来在守卫中国西北边疆、平息南疆叛乱、抵御沙俄扩张等方面发挥了积极的作用。

锡伯营的另外一项职责是屯田和经营牧厂，发展农业和牧业生产。他们在迁居两年后便开垦了 1 万多亩农田，实现了粮食的自给自足。嘉庆十三年（1808 年），锡伯族军民南引伊犁河水，开凿了一条长达 200 余里的"锡伯渠"，扩大了屯田的地区，改善了当地的灌溉条件，从而为察布查尔地区的农业发展奠定了坚实的基础。锡伯营的屯田活动成为新疆军府制度下发展农业生产的成功典范，以至于嘉庆九年（1804 年）时伊犁将军松筠建议满洲八旗兵"应按照锡伯营八旗之制，按名分给地亩，各令自耕自食"③。同治末与光绪初年间（1875～1882 年），数百锡伯族官兵来到察哈尔营驻地屯田，与察哈尔蒙古人一起开凿了哈尔布呼、相根布呼两条大渠，使当地的农业生产条件得到了极大的改观。

与农业生产相比，西迁锡伯族人的牧业生产并不成功。伊犁将军起初在锡伯营中也设置了官营牧厂，主要放养牛和马。但是由于锡伯营差役繁重，管理不善，导致牲畜大量死亡，所以在嘉庆初便将所养大牲畜，主要是牛和马全部抽出，交给察哈尔与厄鲁特蒙古人等放养，而锡伯营则专司屯田。

察哈尔蒙古（包括新附厄鲁特）、锡伯族等族的西迁实边活动，加强

---

① 参见张雷军《迁徙对锡伯族历史发展的影响》，《内蒙古社会科学》1994 年第 1 期。

② 赵志强等：《清代锡伯族档案史料选编》，新疆人民出版社 1987 年版，第 249 条。

③ 《新疆图志》卷三〇，第 1 页。

了清代西北边防，发展了边疆经济，从而巩固了军府制度，尤其是伊犁作为南北疆军事和政治中心的地位。他们的到来，还为新疆的多民族分布格局增加了新的成分，促进了各民族之间的经济文化交流，奠定了今天伊犁地区经济发展与城镇分布格局的基础。

第三节　平定和卓之乱与《回疆则例》的制定

一　平定和卓之乱

乾隆二十年（1755 年），清朝派出两路大军直指盘踞在伊犁的准噶尔政权，俘获其首领达瓦奇。按照"众建以分其势"的统治思路，清军在进驻伊犁之后，便将长期被准噶尔贵族囚禁的南疆伊斯兰教白山派宗教头目玛罕木特之子，有大小和卓之称的博罗尼都和霍集占兄弟二人释放，并派军队将大和卓博罗尼都护送回到叶尔羌，让他借助和卓后裔的影响力帮助清廷收服南疆地区，而让小和卓霍集占留在伊犁统领当地的维吾尔族。但是，官府的这种做法却事与愿违。根本与清廷心存二心的大小和卓在获释后便与阿睦尔撒纳勾结起来，不久便发动了叛乱活动。阿睦尔撒纳的叛乱活动虽然很快就被彻底平定，大小和卓也随之覆灭，但和卓后裔却趁乱逃往中亚，并成为此后中国西北边疆断断续续长达一个多世纪的动乱之源。

（一）新疆和卓的由来及其早期作乱

和卓一词源于波斯语，为 khwaja 的音译，在汉文文献中又译作"和加"、"火者"、"霍加"、"霍扎"、"霍卓"或"和卓木"等，原意为"显贵"，后来泛指在中亚和今新疆地区的一些自称是穆罕默德后裔的伊斯兰教宗教领袖。由于中亚地区的这些和卓大多来历不明，基本上又都是依靠口头传说自我加封，而且是直到 14 世纪前后才不断地出现，所以他们的"圣裔"身份本身就值得怀疑。迄今为止，还无法找到任何直接的或可靠的证据表明这些所谓的和卓"圣裔"与伊斯兰教的创始人穆罕默德或其继承人之间有任何血缘上的联系；另一方面，这些自封的和卓后裔们本身就派别林立，有些和卓家族彼此之间不仅根本没有什么关系，而且还相互倾轧，互相攻击对方并借以确立自己的正统性。这些又从一个侧面说明这些和卓们所谓"圣裔"身份的不确定性。但是，借助"圣裔"的身份提高自己的地位，对于这些和卓宣传自己的宗教学说，最大限度地争取信众，从而建立更广泛的群众基础并借之影响乃至夺取世俗政权，在西域地区无疑是一条最佳的捷径。中亚伊斯兰教政权政教合一的传统，又为这些和卓们的活动起到了推波助澜的作用。与中亚和卓势力显现与膨胀有密切关系的伊斯兰教纳合什班底教派就是在这样的背景下产生的。①

16 世纪 20 年代，纳合什班底教派的第三代和卓马黑麻·玉素甫由于在中亚地区失势而从撒马尔罕进入新疆地区的叶尔羌。以此为标志，中亚和卓势力开始渗透到中国的这一地区。此时统治南疆地区的是由东察合台汗国后王萨亦德·马黑麻建立不久的叶尔羌汗国。萨亦德是在经过一系列的军事征服之后，于 1514 年进占叶尔羌称汗建国的，但是他在当地的统治基础却并不牢固。由于汗国内部的矛盾以及来自外部的压力，使得汗国在建立之后一直处于不稳定的状态。这时，具有"圣裔"身份的和卓马黑麻·玉素甫的到来，无疑给萨亦德巩固自己的统治提供了一个绝佳的时机。为了显示自己的虔诚之心，萨亦德不惜提出师从马黑麻·玉素甫并侍奉其左右的要求。但是马黑麻·玉素甫和卓却要求萨亦德"安居宝座上，持身如禁欲的德尔维系。头顶王冠，背负书囊！身体力行，衣著无论！"并进一步赤裸裸地说，"其实，统治权是接近（真主）的最佳途径，但是王者滥用了自己的权力。王者的一句话所能降的恩赏，比德尔维希（不论他怎样虔诚）终身所给予的恩赏还要高。在这方面，统治权就是实际有效的权力"。② 马黑麻·玉素甫的这种做法与纳合什班底教派一贯主张的教权与政权结合、借助政权扩张教权的思想是一脉相承的。

和卓马黑麻·玉素甫在叶尔羌汗国所获得的礼遇在西域广为流传，引来了更多的和卓后裔进入今新疆地区。叶尔羌汗国阿不都·哈林汗

---

① 参见张文德《中亚苏非主义史》，中国社会科学出版社 2002 年版，第 122 页。
② 参见米尔咱·马黑麻海答儿《中亚蒙兀儿史——拉失德史》第二编，新疆人民出版社 1983 年版，第 320～321 页。

(1559/1560～1591/1592 年在位)统治期间,中亚纳合什班底教派第五代教主玛哈图木·阿杂木的第四个儿子伊斯哈克·瓦里和卓来到叶尔羌汗国。此前,伊斯哈克·瓦里曾经与其兄长玛哈图木·阿杂木的长子玛木特·额敏为争夺教长长期斗争,并形成了以伊斯哈克·瓦里为首的黑山派和以玛木特·额敏为首的白山派两大和卓势力。① 斗争的结果是玛木特·额敏获得教长之位,伊斯哈克·瓦里失势,只好到外部寻求发展。伊斯哈克·瓦里所以选择到叶尔羌汗国,很大程度上是因为自己的母亲是叶尔羌汗国喀什噶尔的建立者萨亦德家族的人。② 正因为如此,他在新疆活动的第一站就选择了喀什噶尔。

初到喀什噶尔、伊斯哈克·瓦里和卓并没有受到预想的欢迎和礼遇,不过却被阿克苏的总督马黑麻速檀迎奉为精神导师。虽然他的到来还遭到了当地其他一些伊斯兰教派别的排挤,但鉴于身份的特殊及其在宗教界的影响力,伊斯哈克·瓦里还是获得了很多信徒的皈依。据说在叶尔羌汗国他曾经拥有 64 位哈里发。③ 正如研究者指出的那样,伊斯哈克·瓦里是一位权力欲极强的和卓,他将纳合什班底教派政教合一的思想几乎发挥到了极致。由于受到了阿不都·哈林汗的冷遇,伊斯哈克·瓦里和卓在叶尔羌汗国内煽动地方势力反对并取代大汗,对于不皈依他的人和排挤他的其他教派都持敌对的态度。正因为如此,伊斯哈克·瓦里和卓最终被哈林汗从叶尔羌汗国驱逐出去。由于伊斯哈克·瓦里和卓已经在南疆地区培植了很大的势力,尤为重要的是,哈林汗后来的继承者马黑麻速檀不仅是伊斯哈克·瓦里和卓的弟子,而且还被任命为统领所有黑山派信徒的大哈里发。这为以后黑山派在南疆地区的发展奠定了基础。

伊斯兰历 1000 年 (1591/1592 年),哈林汗去世,马黑麻速檀继叶尔羌汗国大汗之位。伊斯哈克·瓦里和卓培植的黑山派教徒大肆排斥异己,扩张势力,全力支持马黑麻汗的统治。1596 年,伊斯哈克·瓦里和卓将

---

① 参见穆罕默德·萨迪克·喀什噶里《和卓传》导言,罗伯特·沙敖译、陈俊谋等汉译,载中国社会科学院民族研究所历史研究室编译《民族史译文集》第 8 辑,北京,1980 年版,第72 页。

② 参见刘正寅、魏良弢《西域和卓家族研究》,中国社会科学出版社 1998 年版,第 110～112 页。

③ 参见魏良弢《叶尔羌汗国史纲》,黑龙江教育出版社 1998 年修订版,第 119 页。

其年仅 7 岁半的儿子玛木特叶赫亚和卓（和卓沙迪）送到叶尔羌，借以加强黑山派和卓家族对叶尔羌汗国的控制，进而确立了黑山派和卓在汗国的独尊地位。1610 年前后马黑麻汗死去，其长子阿黑麻继位。但由于叶尔羌汗国的其他王族为了争夺汗位不断发动叛乱，导致大汗家族的势力逐渐衰微。相反，在这一过程中黑山派和卓沙迪和各地重臣的势力却日益膨胀，两者实际上左右着汗国的政局。在这种情况下，叶尔羌汗国的局势长期处在动荡的状态中。

大约在 17 世纪 20 年代，中亚白山派和卓的势力也趁乱渗透到叶尔羌汗国，其代表人物便是白山派玛木特·额敏的后裔玛木特·玉素布。他最初来到哈密并娶当地宗教贵族赛伊德捷里力之女为妻，并生下了伊达雅图勒拉，即后来著名的阿帕克和卓。玛木特·玉素布后来移居到喀什噶尔，并像当初黑山派和卓伊斯哈克·瓦里一样，依附于此时叶尔羌汗国阿布都拉汗之子、喀什噶尔总督尤勒巴尔斯汗。本来就野心勃勃的尤勒巴尔斯汗，很快便与玛木特·玉素布和卓及白山派结成政治同盟，大力支持白山派势力的扩张，并在事实上形成民间的白山派与当权的黑山派两大宗教势力的对抗局面。

在黑山派与白山派的激烈争斗中，玛木特·玉素布和卓被黑山派的人毒杀。伊达雅图勒拉即阿帕克和卓继承了父亲的道统，不断排斥和打击黑山派，双方的斗争白热化。"此后，以和卓玛木特·阿布都拉为首的黑山派和以阿帕克和卓为首的白山派，分别占据叶尔羌和喀什噶尔，利用各自操纵的中央或地方政权，使和卓家族内部宗派之争与汗国不同政治集团的斗争结合起来。对立与斗争的加剧，促使黑山派、白山派和卓加强对政权的进一步控制，这使汗国中央政权与地方政权、地方政权与地方政权之间更加对立起来，而敌对的政治势力因斗争的需要而进一步依赖于宗教势力，这样又反过来加强了宗教首领对政权的操纵。"① 不同教派之间的争权夺势引起西域地方政局的动荡。

阿布都拉汗因为专制和暴虐而逐渐失去了黑山派的支持，最终于 1667/1668 年被迫放弃汗位，出走阿拉伯半岛的"圣地"麦加。在阿帕克

---

① 刘正寅、魏良弢：《西域伊斯兰黑山派与白山派的斗争及其对叶尔羌汗国的影响》，《中国边疆史地研究》1996 年第 2 期。

和卓为首的白山派信徒以及一些地方权贵的支持下，尤勒巴尔斯汗宣布自己为"大汗"，并对黑山派信徒大肆屠杀和迫害。与此同时，在阿克苏的地方权贵则从瓦剌部蒙古的厄勒丹台什处迎立伊思玛业勒汗，这里也很快就成黑山派信徒避难的地方。由于天山北部此时已经被西蒙古各部所占领，依托黑山派的伊思玛业勒汗与依托白山派的尤勒巴尔斯汗分别成为西蒙古厄勒丹台什和僧格支持的对象。尽管在僧格的支持下尤勒巴尔斯汗取得了对伊思玛业勒汗作战的胜利，但他本人同时成了僧格的傀儡，并最终被僧格派来的由黑山派信徒厄尔喀伯克率领的西蒙古军队处死。尤勒巴尔斯汗的儿子阿不都·拉提夫继承汗位。

不甘心失败的白山派和卓势力伺机反扑，控制了叶尔羌，将厄尔喀伯克赶到了喀什噶尔。厄尔喀伯克联络在阿克苏的伊思玛业勒汗向叶尔羌发动进攻，阿不都·拉提夫在阿帕克和卓的保护下逃离叶尔羌。伊思玛业勒汗与黑山派和卓玛木特·阿不都拉占领叶尔羌之后，重新控制了叶尔羌汗国的政权，对白山派进行了残酷的报复和镇压。白山派和卓阿帕克逃往克什米尔。然而，黑山派与白山派和卓之间的斗争却并未结束。

逃出叶尔羌的白山派首领阿帕克和卓在中亚地区流亡了十几年之后，最后进入了西藏并取得了达赖喇嘛的支持。达赖喇嘛写信给西蒙古准噶尔部首领噶尔丹，请他出兵助阿帕克和卓收复家园。阿帕克和卓带着这封亲笔信前往伊犁，投靠了噶尔丹。噶尔丹早就有吞并南疆的打算，阿帕克和卓的到来正给了他一个机会。康熙十九年（1680年），噶尔丹派遣12万骑兵经过阿克苏、乌什等地，一路横扫南疆，并在白山派信众的配合下一举消灭了由黑山派把持的叶尔羌汗国，将包括伊思玛业勒汗在内的汗室家族成员俘获后送往伊犁。噶尔丹另立一位汗室成员阿不都·里什特汗为自己的代理人而不是阿帕克和卓扶持的前汗王阿不都·拉提夫。阿帕克和卓欲借助西蒙古的力量恢复其政教地位的图谋最终落空。此后，为了争夺天山南路的统治权，各方势力展开了一系列的争斗。康熙三十二年（1692年）前后，阿帕克和卓发动各地白山派信徒举行暴动，并将自己的儿子雅雅和卓送上了汗位。一年后，阿帕克和卓本人在叶尔羌被毒死，又8个月后雅雅和卓也被西蒙古人所杀，南疆地区再次陷入战乱之中。[①] 黑山派

---

① ·以上均参见魏良弢《叶尔羌汗国史纲》第五章，黑龙江教育出版社1998年修订版。

和卓的势力又重新控制了叶尔羌城,而喀什噶尔则成白山派和卓的据点。"喀什噶利亚(喀什噶尔)就又成了和卓们浴血斗争的舞台。"①

清康熙三十九年(1700年),西蒙古准噶尔部首领策妄阿拉布坦进军喀什噶尔,重新控制了南疆地区。为了削弱南疆和卓的势力,加强对这一地区的控制,策妄阿拉布坦下令各系和卓都要将自己的一个儿子送往伊犁作为人质。对于势力最大的白山派首领和卓玛罕木特和他的两个儿子以及黑山派首领和卓丹尼尔则将他们全部押到伊犁囚禁起来。与此同时,许多维吾尔族信众,不管是白山派,还是黑山派的,也被迫随同和卓们一道迁往伊犁为准噶尔贵族们种地、服役。② 和卓的影响力随之扩展到了天山以北地区。和卓首领被囚禁在伊犁以后的半个世纪的时间里,南疆地区没有发生较大的动乱。但是准噶尔贵族的统治和掠夺使得广大维吾尔族人生活处于水深火热之中,从而又在客观上为和卓势力在南疆地区的死灰复燃提供了条件。

通过以上论述可以知道,历史上在新疆境内活动的各种自称"圣裔"的和卓们原本多是从中亚地区渗入的,其身份本身就不明确;他们不仅造成了南疆人在信仰上的分裂和政治上的对立,而且其强烈的政教合一的思想和行为,也使得当地的社会陷入动乱之中。和卓们为了他们各自的宗教利益和政治利益而相互争斗,往往不择手段、不惜借助或依附任何政治势力,从而给南疆带来了无穷的灾难。

(二) 清代和卓的历次作乱与清朝的治乱

1. 大小和卓之乱

乾隆二十年(1755年)二月,清军兵分两路远征准噶尔达瓦奇部,开始了统一西北边疆的军事行动。五月,在清军的打击下,达瓦奇部溃退到乌什,首领被当地的阿齐木伯克霍集斯擒获,并献给了清军。清廷计划在消灭达瓦齐之后,按照"众建以分其势"的原则恢复卫拉特四部的封地和汗位,所以清军只留下500人驻守伊犁,大军则陆续撤回。

清军进入伊犁的时候,被准噶尔长期囚禁的白山派和卓玛罕木特的两

---

① A. N. 库罗帕特金:《喀什噶利亚》,新疆人民出版社1980年版,第82页。

② 参见《准噶尔史略》编写组《准噶尔史略》,人民出版社1985年版,第140页。

个儿子，博罗尼都（Burhanu-d-Din）和霍集占（Khan-Khoja）兄弟向清朝投诚。清廷起初要求大和卓博罗尼都直接进京朝觐，但后来由于南疆的局势不稳，根据准噶尔贵族阿睦尔撒纳的建议以及部分南疆维吾尔族贵族的请求，清政府派大和卓博罗尼都先前往南疆招抚维吾尔族部众，事毕后再赴京朝觐。由于担心当地黑山派的反对，清军为博罗尼都派遣了一支护卫队，小和卓霍集占则留在伊犁统领当地的维吾尔人。

此时，盘踞在南疆重镇叶尔羌和喀什噶尔的分别是黑山派和卓尤努斯的两个儿子——帕夏汗与加干和卓。他们在得知白山派和卓博罗尼都即将回来的消息后，就组织了一支军队准备进行抵抗。博罗尼都首先越过穆扎尔特山口，经过阿克苏进入乌什，一路上得到了当地望族霍集斯家族的支持。[①] 最后，博罗尼都轻而易举地就将黑山派的军队击败，并乘胜追击，把黑山派和卓的势力驱逐出叶尔羌，从而使白山派重新确立在南疆地区的统治。[②] 种种迹象表明，大和卓博罗尼都起初对于清军将其从西蒙古的拘禁中解放出来并助其回到南疆，还是心存感激的，所以他本人开始并没有反叛清朝的主观意愿。

随后发生的阿睦尔撒纳的叛乱活动使局势发生了变化。首先，留在伊犁的小和卓霍集占积极参加了阿睦尔撒纳反对清廷的叛乱。其次，清军在征讨阿睦尔撒纳的时候，霍集占由于害怕受牵连便率领属众逃往南疆，并鼓动大和卓博罗尼都一起加入到叛乱的行列中。需要指出的是，阿睦尔撒纳与大小和卓之间原本就是相互利用，前者是为了达到总领卫拉特四部、统治全疆的目的，后者则要恢复和卓家族昔日在南疆地区的统治。正因为如此，要统一中国西北边疆的中央政府便成为他们共同反叛的对象。据说，还在随同清军征讨准噶尔达瓦齐部的时候，野心勃勃的阿睦尔撒纳就"制定了一个征服喀什噶利亚的计划。他决定不炫耀军事力量，利用白山

---

① 控制阿克苏、乌什等地的霍集斯此前曾经帮助清朝擒获了达瓦齐，在南疆地区是一支与黑山派和卓对抗的主要地方势力；在黑山派和卓的压力下，霍集斯又向伊犁的清军求救，希望借助白山派和卓的影响力抵抗黑山派。据认为，正是在霍集斯的影响下，清廷才暂时放弃了要求大和卓直接进京朝觐的打算。参见刘正寅《准噶尔汗国末年和卓家族的活动与西域形势的演变》，载《民族研究》1996 年第 5 期，第 60 页。

② 参见 A. N. 库罗帕特金《喀什噶利亚》，新疆人民出版社 1980 年版，第 85～87 页。

派和黑山派间的冲突来达到这个目的"①。这可以看出阿睦尔撒纳向清廷极力推荐大和卓统领南疆地区的真正目的。

对于大小和卓的叛乱活动，清廷起初是准备以和平的方式解决的。乾隆二十二年（1757年）三月，清军派遣副都统阿敏道等前往南疆地区招抚大小和卓，但是两和卓却将阿敏道及其随从100多人拘押在库车，继之又全部杀死，开始与清廷全面对抗。面对大小和卓们的强烈反抗，清廷在乾隆二十三年（1758年）命雅尔哈善为靖逆将军，率领包括吐鲁番的额敏和卓、原阿克苏等三城阿齐木伯克鄂对（被大小和卓族灭全家）等在内的1万多人前往征讨。在围攻库车的时候，由于雅尔哈善没有听从鄂对的建议，贻误战机，导致霍集占逃脱。乾隆帝闻讯大怒，将雅尔哈善免职，委派兆惠代之。乾隆二十三年（1758年）十月，兆惠率领的清军从乌什进抵叶尔羌城下，被大小和卓的数万人围困在喀喇乌苏河畔的黑水营。黑水营中的清军虽然只有3000多人，但是大小和卓的军队围攻了3个多月也未能攻破。

乾隆二十四年（1759年）正月，清军增援部队赶到，在呼尔璊之战中打败叛军，解了黑水营之围。逃回喀什噶尔的博罗尼都向霍集占提出投降清廷，被霍集占拒绝。六月，清军兵分两路直取叶尔羌和喀什噶尔。大小和卓闻讯，大肆抢劫当地百姓的财物，带领同党数千人逃往巴达克山。清军乘胜追捕，分别在霍斯库鲁克之战和伊西洱库尔淖尔之战中大败两和卓，许多被裹挟的维吾尔人投奔清军，负隅顽抗的两和卓及其随从最后只剩了三四百人。7月28日，大小和卓被巴达克山的首领素勒坦沙擒杀，首级被献给了清军。最后，只有大和卓的儿子萨木萨克等少数人得以逃脱。至此，和卓后裔在清代发动的第一次叛乱活动被平息，中国西北边疆因而统一。

之前，大和卓博罗尼都在攻占叶尔羌以后，曾将以加干（罕）为首的黑山派和卓及其家属几乎屠杀殆尽，据说只有加干和卓的弟弟阿不都拉带着两个小孩侥幸逃脱，黑山派和卓的势力遭到了毁灭性的打击，从此也基本退出了历史舞台。

大小和卓的叛乱尽管被平定，但是大和卓博罗尼都之子萨木萨克却趁

①　参见〔俄〕A. N. 库罗帕特金《喀什噶利亚》，新疆人民出版社1980年版，第84页。

乱逃到了中亚浩罕，成为以后中国西北边疆的一系列动乱的祸根。加之，中亚地区本来就是和卓们的起源地，当地的伊斯兰教宗教集团和新疆地区的和卓集团一直就保持着密切的联系，两者在宗教上和血缘上的亲近感使得他们常常相互利用、相互支持和相互庇护。据《新疆简史》，19 世纪前半期流亡在中亚浩罕与玛尔噶朗两地的喀什噶尔和卓后裔就有 200 多人。① 这些和卓的后裔们为了恢复他们前辈昔日在南疆地区的统治，以中亚为基地，一有风吹草动便伺机而动，入边作乱，成为此后半个多世纪里中国西北边疆动乱的主要根源之一。

2. 张格尔和卓的"乱边"

大小和卓的叛乱被平定之后，侥幸脱逃到中亚的浩罕和布哈拉等地的大和卓博罗尼都之子萨木萨克不甘心失败，图谋复辟。萨木萨克及其子玉素甫分别在乾隆四十九年（1784 年）和嘉庆二年（1797 年）试图扰乱南疆，结果均以失败告终。在当时的情况下，饱经战乱的新疆人心思定，而甫经统一西北边疆的清王朝亦正是国力鼎盛之时，和卓后裔们作乱的企图自然不会得逞。后来，萨木萨克死于布哈拉，而玉素甫只好在布哈拉充当阿訇聊度余生。

到了 19 世纪 20 年代，中国西北边疆的形势发生了变化。一方面清廷在新疆的地方官员日趋腐败，封建伯克们变本加厉地欺压和剥削各族民众，从而导致民怨沸腾，民心渐失；另一方面，由乌兹别克封建贵族与和卓家族联合建立的浩罕汗国兴起，成为中亚最大的一股政治势力。前者给和卓后裔入疆作乱提供了可乘之机，而后者则为他们的作乱活动提供了依托和支持。与此同时，来自万里之外的英国的势力也渗透到中亚，从而使中国西北边疆的形势增加更多的不确定因素。在这个背景下，发生了以萨木萨克次子张格尔为首的系列扰边和叛乱事件。

从嘉庆二十五年到道光八年（1820～1828 年），在短短的 8 年时间里，张格尔曾经以浩罕为基地，先后在南疆发动了 4 次扰边和叛乱活动。

嘉庆二十五年（1820 年）九月，张格尔趁清朝当时的喀什噶尔参赞大

---

① 参见新疆社会科学院民族研究所编著《新疆简史》第 1 册，新疆人民出版社 1980 年版，第 325 页。

臣斌静荒淫无道，民心尽失之际，从浩罕纠集了 300 多人袭扰清边卡伦（哨所），发起第一次扰边。由于清廷地方官员处置不当，反而使当地的柯尔克孜族头人苏兰奇也加入了叛乱，叛军力量于是壮大，向喀什噶尔进犯。斌静发兵堵截，张格尔被击溃，只带领二三十人逃回浩罕。张格尔的首次扰边行动并没有引起清朝地方官员的足够重视，致使他得以逃脱；而清军之所以没有乘胜追击，斩尽杀绝，原因竟然是为了官兵能赶回去过"中秋节"。张格尔逃回浩罕后，清朝也并没有与浩罕交涉进一步追剿叛逆。

张格尔的第二次扰边活动发生在道光四年（1824 年）九月。这一次张格尔又纠集了 200 多人从阿赖岭入境到南疆抢掠边塞乌鲁克卡伦，但被清军击溃，余众也作鸟兽散。已经是孤家寡人的张格尔窜入柯尔克孜人居住地，欲买马招兵大举侵犯喀什噶尔，同时争取时间向清朝诈降。清廷识破了张格尔的诡计，指示当时的喀什噶尔参赞大臣永芹"务获张逆，永绝根株"。道光五年（1825 年）十月二日，永芹指派帮办大臣巴彦巴图带兵 300 人前往追剿，因张格尔闻风逃逸而未抓到张格尔。为交差清军滥杀无辜，致使当地的柯尔克孜部落起兵反抗，不仅招致官军覆灭，而且也使很多柯尔克孜人倒向张格尔一方，再次壮大了张格尔的反叛力量。在此期间，一直躲在幕后的浩罕也走上了前台，明确向张格尔表示愿意"派兵数千协同抢取喀什噶尔"。清朝没有在张格尔第一次扰边时及时与浩罕交涉、追究其责任的后果开始显现出来。此后的浩罕更加变本加厉、肆无忌惮地公开支持张格尔的反叛活动，导致边乱升级。

道光六年（1826 年）七月，张格尔发动了第三次叛乱和入侵活动。与前两次扰边活动相比，此次叛乱的规模、延续时间和危害程度都是空前的。在两个多月的时间里，包括喀什噶尔、和田、英吉沙尔和叶尔羌在内的西四城全部落入叛军的手中。张格尔在侵占喀什噶尔之后，"自称赛亦德张格尔苏丹，宣布为当地的统治者"①。浩罕也明目张胆地派出 1 万多人的军队加入到其中参与劫掠。后来虽然因为与张格尔分赃不均中途退出，但却开了境外势力直接干涉中国西北边疆事务的先例。八月，清廷从内地各省调集 36000 人进剿张格尔的叛乱，并分别在九月二十三日的浑巴什河战役和十一月的柯尔坪战役中击溃来犯之敌，稳定了东四城的局势，

---

① 参见包罗杰《阿古柏伯克传》，商务印书馆 1976 年版，第 65 页。

遏制了叛军的势头。道光七年（1827 年）三月，清军从阿克苏出发，开始了收复西四城的军事行动。经过一系列艰苦的战斗，清军相继于三月二十六日攻克喀什噶尔，三月三十一日进占英吉沙尔，四月十一日收复叶尔羌，四月二十四日进驻和田。张格尔此次入侵西四城，大肆掠夺，"其暴虐甚于从前和卓千倍万倍"。南疆人在清军进军的时候纷纷起兵响应，有力地配合了官军的进剿行动。但是，清朝的此次进剿活动也并不彻底，还是让张格尔逃脱了。加之清廷也并没有进一步着手解决好与柯尔克孜人的关系，致使张格尔又一次窜入柯尔克孜人的领地当中招降纳叛。

道光八年（1828 年）年初，张格尔趁清军在春节年关疏于防范之际，再次纠集 500 余人卷土重来，袭扰边界。与前三次入侵不同的是，南疆人自觉奋起抵抗，使叛军无法立足，并积极协助清军追击，有力地保障了清军的后勤供应，最终在喀尔铁盖山将为害多年的张格尔生擒。这一年六月，张格尔被押赴京城处决，和卓后裔的此次叛乱活动最终以失败告终。①

张格尔的入侵与叛乱虽然被平定了，但是清朝在西北边疆事务中所暴露出来的问题以及平叛过程中的经验教训也是值得深思的。鉴于引发张格尔入侵的边政弊端，清廷根据派赴南疆的钦差大臣那彦成的建议，采取了一些改革措施：第一，建立边疆各级官员的年度考核与相互监督机制，并借此革除地方官员的腐败问题。清廷规定，每年年底，由朝廷在新疆的最高官员伊犁将军及都统、参赞大臣对各地的办事大臣进行鉴定，并将鉴定结果上报朝廷；各地办事大臣也有权对于将军、都统和参赞大臣的问题上奏检举。第二，在南疆西四城实行屯田，加强边防力量。在边境附近增设卡伦、土堡，增加驻防兵丁。第三，提高边疆官员的薪俸，允许他们携带家眷。第四，改革伯克制度，严格实行官员回避制度；禁止贿买伯克，免除各种苛捐杂税。第五，禁止宗教干涉政治，不许宗教上层人士同时兼任伯克，规定阿訇本人或者其子弟如果充当伯克或者在地方政府任职，则必须免去阿訇之职，借此防止和卓后裔们利用宗教扰乱社会。②

---

① 有关张格尔叛乱，参见新疆社会科学院民族研究所编著《新疆简史》第 1 册，新疆人民出版社 1980 年版，第 326 ~ 329 页。

② 参见新疆社会科学院民族研究所编著《新疆简史》第 1 册，新疆人民出版社 1980 年版，第 332 页。

应该说，清廷的上述这些措施针对性还是很强的，但是它们最终落实的情况和效果如何则是令人怀疑的。此外，对于边界附近的柯尔克孜（布鲁特）人也没有采取任何有效的安抚措施，发挥其在守边中的积极作用，防止他们再次倒向叛乱者的一边。事实上，以伊犁将军为首的新疆军府制和伯克制度的并行，不仅导致当地军政与民政分离，而且也使得边政与边防分离。单纯地依靠中央通过军事手段增加边防力量，忽视或不发挥边疆各民族群众在边防中的积极作用，是难以实现边疆地区长治久安的。

3. 玉素甫和卓的入寇

和卓后裔们的不断作乱，使清廷终于认识到了在中亚残余的和卓后裔们对中国西北边疆的危害。平定张格尔叛乱后，清廷向浩罕明确提出了交出和卓后裔的要求，但遭到拒绝。鉴于中亚浩罕汗国明目张胆地支持张格尔入侵作乱，又不交出和卓后裔，所以清廷采取惩罚措施，断绝与浩罕通商，禁止茶叶和大黄的出口，驱逐境内的安集延商人、没收他们的资产等。但是，由于朝廷的这些措施打击面过广，对柯尔克孜等边疆游牧民族的日常生活也产生了影响，反而引得浩罕挟持和卓后裔入寇报复。

玉素甫和卓的入寇发生在道光十年（1830年），此前他还在布哈拉充当阿訇。在此次事件当中，和卓后裔首次成为外来入侵者的工具和傀儡。为了给入侵南疆制造借口，浩罕统治者玛达里汗想到了玉素甫，派人把他从布哈拉接来，并拼凑了一支大约4万人的军队[1]，以和卓后裔的名义发动对中国南疆的侵略。入侵者首先在八月对边界地区的柯尔克孜部落进行劫掠，九月袭扰卡伦，然后一路烧杀抢劫，相继围攻叶尔羌、喀什噶尔、英吉沙尔和色勒库尔等地。浩罕此次挟持玉素甫和卓入侵的主要目的是为了报复清廷的贸易惩罚，并借和卓后裔的影响力抢掠南疆财富。但是由于和卓后裔的多次作乱给南疆带来了深重的灾难，而且据说玉素甫本人也承认，他在南疆"连一个高粱馕都不值"。正因为如此，南疆军民奋起抵抗，并在当年年底就将玉素甫连同他的主子从南疆地区驱逐出去。

与以往的几次和卓后裔作乱情况不同的是，此时和卓后裔们在南疆地区的影响力和号召力已经大大减弱，基本失去了作乱边疆的群众基础。

---

① 参见 A. N. 库罗帕特金《喀什噶利亚》，新疆人民出版社 1980 年版，第 115 页。

4. 七和卓之乱

玉素甫和卓的入寇被平定之后，清廷为了保持南疆沿边地区的稳定，以与浩罕重新通商并许其征收南疆浩罕商人的捐税，换取浩罕放弃支持当地和卓后裔们的叛乱。但是，由于浩罕统治者的本性以及与和卓后裔们的传统联系，道光二十七年（1847 年）爆发了所谓"七和卓之乱"。七和卓指的是以玉素甫之子迈买的明（又称"卡塔条勒"）与倭里汗为首，包括克齐克汗条勒、塔瓦克尔条勒、萨比尔罕条勒、阿克恰干条勒和伊善罕条勒在内的 7 名和卓后裔。他们是在浩罕的无理要求被清廷拒绝以后，在浩罕的支持下发动了扰边。

道光二十七年（1847 年）七月底，七和卓们在浩罕纠集了 1000 多人突破了清朝的边界卡伦，围攻喀什噶尔，并在城内浩罕商人们的内应之下占领了喀什噶尔回城，同时分兵进犯英吉沙尔、叶尔羌和巴楚等地。清廷除了征调北疆驻军外，还从关内调集 3000 人马入疆平乱，并在十一月一日的科科热瓦特（位于叶尔羌与英吉沙尔之间）之战中大败叛军，和卓后裔们望风而逃。南疆的许多人被逃跑的叛军胁迫到浩罕，仅喀什噶尔和英吉沙尔两地就有 37000 多人。大量财富被劫掠，迈买的明从南疆掠走的银子据说有 16 峰骆驼驮载的那么多。① 就连沙俄军官库罗帕特金也认为，"这些受浩罕人包围、沉溺于腐化堕落的和卓们，既不能赢得人们的爱戴，又不能威慑住当地人民。他们不屑亲自管理这个国家，而仅仅要求他们周围的人，为他们尽情地搜罗钱财，也不管这些钱财是从哪里弄来的"。事实上，和卓后裔们在南疆所掠夺的财富最终还是落入了浩罕统治者的手中，"卡塔条勒的党徒被缴了械，并被遣散回他们的家乡，而卡塔条勒本人，却被当作囚犯带到了浩罕"②。此时，这些和卓后裔们已经沦为浩罕统治者掠夺南疆的工具。

以迈买的明和卓为首的侵略军之所以能够轻易地突破边界深入南疆，与当时清朝边防驻军制度的漏洞有直接的关系。清朝的边防驻军实行轮换制，轮换时间一般在每年的夏秋之际，而且是换防的部队未到，原驻防者

---

① 参见新疆社会科学院民族研究所编著《新疆简史》第 2 册，新疆人民出版社 1980 年版，第 35～38 页。

② 参见 A. N. 库罗帕特金《喀什噶利亚》，新疆人民出版社 1980 年版，第 115～117 页。

却已离开防地，从而造成边防出现空当，如被入侵者所利用，很快就会出现不良后果。此外，"满营"和"绿营"驻防军互不统属，每遇变乱，无法及时呼应，统一行动，致使事态得不到有效控制而更加恶化。有鉴于此，清朝对边疆部队的驻防制度作了一些调整，命令原驻防部队必须要等到换防部队到达后才能离开，并规定"满营"、"绿营"驻防军队的统帅经过会商可以相互调遣彼此的军队。清朝的这些措施尽管弥补了边防制度中的某些漏洞，但仍属治标不治本之举。因为若要根除和卓后裔作乱边疆，必须对内将边政与边防结合起来，最大限度地消解和卓后裔们的影响，建立军政合一、军民合一的边防体系；对外则要消解外部势力对和卓后裔的利用与支持。但在当时国势日衰、内外矛盾不断激化的情况下，清廷对浩罕也只能继续采取退让政策，以换取浩罕放弃对和卓后裔叛乱活动的支持。但是，没有强大的军事力量做后盾，这一想法显然是一厢情愿。事实上，"这一让步，暴露了中国人的弱点。使浩罕人越加得意洋洋。他们又一次委派那个曾经放和卓们进入喀什噶尔城的诺麦德罕去充当喀什噶尔城的'阿克萨卡尔'。加之，他们放松了对和卓的管制，甚至于悄悄地支持了有利于和卓们的鼓动工作"①。

　　清廷的一味退让，不仅没有达到稳定边疆的目的，反而让浩罕愈加变本加厉，肆无忌惮。正是在这个背景下，以张格尔的侄子铁完库里和倭里罕为首的和卓后裔们在浩罕的支持下，又在咸丰二年（1852 年）六至八月之间先后 4 次窜扰喀什噶尔、乌什等地。咸丰五年（1855 年），在喀什噶尔的浩罕商人约伯岱里趁当地人民"聚众抗差"之际，勾结玉散霍卓依善和卓越过卡伦作乱；铁完库里和倭里罕和卓也分路进犯，烧杀抢掠。和卓后裔们的这几次扰边活动遭到了当地民众的坚决抵抗。玉散霍卓依善和卓也被当地的维吾尔族所俘获。这是以往历次和卓作乱中，当地人首次俘获和卓后裔，可见和卓们在当地的群众基础已经逐渐丧失。此外，和卓后裔的这几次作乱活动时间都较短，破坏有限，除了不得民心的原因外，也和当时中亚地区的形势发生变化有一定的关系。此时，沙俄的扩张触角已经深入到中亚地区，浩罕也成为其吞并的对象。面对沙俄的入侵，浩罕统治者对和卓后裔们的支持不得不有所收敛，对于他们的侵扰活动也常常

---

① 　A. N. 库罗帕特金:《喀什噶利亚》，新疆人民出版社 1980 年版，第 121 页。

无暇给予直接的支持，从而使得这一时期和卓后裔们的扰边活动带有明显的流窜性质。

5. 倭里罕和卓之乱

倭里罕和卓（1821～1865 年）是玛罕木特之孙、巴布顶之子，在七和卓之乱后曾经多次入边侵扰，素以残忍和暴虐而著称。咸丰七年（1857 年）的倭里罕之乱是南疆伊斯兰教白山派宗教上层与和卓后裔相互勾结而引发的。自咸丰元年（1851 年）广西发生太平天国农民起义以来，清廷将主要精力集中在与太平军作战而无暇他顾，西北边防事务渐趋废弛；加之南疆地方官员和大小伯克们巧取豪夺，导致民怨沸腾，局势动荡。一贯支持和卓后裔叛乱活动的喀什噶尔阿帕克和卓陵墓的掌管者、白山派大首领密尔爱玛提纠集党羽，积蓄力量，密谋发动叛乱。

咸丰七年（1857 年），密尔爱玛提认为叛乱的时机已经成熟，遂打着"为民请命"的旗号派人接引倭里罕和卓入境作乱。在密尔爱玛提及浩罕商人的里应外合下，叛军在这年六月六日攻破喀什噶尔回城，并向英吉沙尔、巴楚、叶尔羌、和田等地进犯，英吉沙尔回城也很快陷落。但即使在孤立无援的状态下，为数不多的清军也坚守着南疆西四城的大部分城市，击退叛军们的多次围攻，固守待援。以叶尔羌为例，驻守在这里的参赞大臣庆英就吸取了喀什噶尔回城失守的教训，组织和依靠当地的维吾尔族人共同守城，并及时地将包括浩罕商人在内的奸细肃清。军民协力作战，击退了叛军的 10 次进攻。反观倭里罕叛军不仅四处碰壁，而且在入侵地区大肆抢掠，实行恐怖统治。他们在当地实行严厉的伊斯兰教法，禁止妇女们不戴面纱或是扎着辫子在街上行走，有不守规者，就会被宗教警察剪去头发；6 岁以上的男子必须缠头，否则就会被处死。每天都有人因此被残杀。据说，倭里罕和卓喜爱的消遣之一就是亲手砍掉犯人的头颅。事实上，被和卓后裔们所残杀的除了有满族、汉族等所谓的"异教徒"，还有许多穆斯林。克孜勒苏河畔甚至被筑起了一座由被残杀的南疆人的头颅做成的"金字塔"。① 和卓后裔们的残暴本性和倒行逆施，决定了他们必然灭亡。

在粮饷缺乏、外无援兵的情况下，新疆的清廷地方官员依靠募捐从伊

---

① 参见 A. N. 库罗帕特金《喀什噶利亚》，新疆人民出版社 1980 年版，第 122 页。

犁和乌鲁木齐组织了两支总共 4000 多人的部队驰援南疆。清军以阿克苏为基地,首先于八月十四日在叶尔羌以东的头台之战中大败叛军,进而解除叶尔羌之围,收复英吉沙尔回城,并在九月二十日进入喀什噶尔。倭里罕见大势已去,只好带着所掳掠的财富并裹挟了 15000 多当地人逃回浩罕。倭里罕之乱仅三个月即被平定。

由于清朝此时的主要力量仍然放在对付内地的太平天国上,无力也无暇积极地经营西北边疆,所以在平定倭里罕之后仍然在西北边疆对外采取守势政策,对庇护和卓后裔的浩罕继续忍让,准其通商,甚至对有人提议如何"按经典惩办"倭里罕,也称"无庸深究"。① 在对内方面,清廷则要求新疆地方官员制定"善后章程",借以革除边政弊端,加强边防力量。

6. 平叛善后

清朝在平定倭里罕之乱后根据咸丰八年（1858 年）五月由伊犁参赞大臣奉旨拟议、十一月批准的善后章程的内容,采取了以下几项主要措施:

第一,鉴于喀什噶尔在历次和卓作乱中都首当其冲,并且已经成为伊斯兰教白山派和卓势力影响最大的地区,清廷通过提高当地驻防官员的级别以加强防御能力,将喀什噶尔办事领队大臣改为办事大臣。这样,以后如果遇到边界紧急情况,喀什噶尔办事大臣就可以有权会同当地的领队大臣和换防总兵官联衔直接上奏清廷,并请求叶尔羌参赞大臣调兵支援,从而提高了喀什噶尔独立处置边疆事务的权力。

第二,增加边界卡伦的巡查频次,添设布税补充军饷。将过去每年春秋两季分别由英吉沙尔领队大臣和喀什噶尔办事领队大臣巡查一次的惯例,改为春秋两季之间两城各派营员每月巡卡一次,从而加强了南疆边界的巡防能力。同时在喀什噶尔征收出口布匹的关税,用于补充军队的粮饷,提高边防部队的战斗力。

第三,恢复喀什噶尔的"回兵"（维吾尔人）设置,发动当地民众的力量加强城防,保卫"回城",同时还可以防止浩罕商人里应外合。

第四,去除因开采铜矿所带来的各种弊端,加强对各级伯克的选任和考核。朝廷下令永远封闭在喀什噶尔的所有铜矿,防止各级官员和伯克借

---

① 参见《清文宗实录》第二四七卷,第 13 页。

此鱼肉百姓，激起民怨；同时规定喀什噶尔六品以下的伯克均由本城人担任，五品至三品伯克在补缺三月后和每年年底均要经过考核，出具评语，并据此决定去留，防止各级伯克奴役和鱼肉百姓。①

上述"善后"措施从实质上来讲，都是属于防御性和补救性的，它们既无法消除和卓后裔对边界的袭扰，也未从根本上改变形同虚设的边防卡伦的窘状。在当时的国内外形势下，清廷所实施的上述举措也完全属于不得已而为之的权宜之计。此后，在咸丰十一年（1861年）和同治元年（1862年），和卓后裔们又多次袭扰边界，甚至深入到喀什噶尔回城附近，但均很快被清军和回兵联合击退，事态也没有进一步恶化。这与上述善后措施是有一定关系的。事实上，在外无支持、内无动乱的情况下，和卓后裔们对大清帝国西北边疆的侵扰活动通常都是属于流寇性质的，不可能制造出太大的动乱。但是，随着同治三年（1864年）全疆范围内乱的发生，张格尔之子、和卓后裔布素鲁克又被南疆地区的上层所利用，从浩罕被迎到喀什噶尔。令这些贵族所没有想到的是，他们不仅迎来了徒有虚名的和卓后裔，同时也引狼入室，招来了阿古柏侵略者。阿古柏不仅消灭了新疆各地的割据政权，侵占了南疆地区，而且最后也将没有利用价值的和卓后裔几乎消灭殆尽，布素鲁克和卓最终被以"朝觐"的名义逐出南疆。此时，和卓后裔们赖以滋生、立足和生存的浩罕也被沙俄所吞并，这些作乱中国西部长达300多年的所谓"圣裔"最终在他们自己所引发的一系列动乱中自我消亡。

（三）　和卓之乱所留下的几点历史思索

明清以来，和卓家族在中国西北边疆地区的影响可以说是极为深远的，这里面既有社会环境的因素，也有文化传统的因素，还与西北边疆地区国际形势的变化密切相关，其中有几点是值得重新认识并加以深思的：

第一，和卓家族原本就是中亚地区特殊的社会环境下滋生出来的，其思想基础便是纳合什班底教派一贯主张的教权与政权结合、借助政权扩张教权，它在出现之日起便利用宗教影响，通过教派之争不断地在中亚地区

---

① 以上均参见新疆社会科学院民族研究所编著《新疆简史》第2册，新疆人民出版社1980年版，第49～51页。

制造事件。和卓家族的势力进入新疆地区之后，同样也利用其特殊的身份影响和分化南疆人，为了其宗教上层的利益而使南疆地区长期处在动乱之中，给当地带来深重的灾难。他们在本质上就从来不是建设者而是破坏者。

第二，和卓家族为了自己的利益，不惜投靠任何一个统治者，甚至借助外部势力残酷地消灭异己力量；一旦站稳脚跟，势必要控制世俗政权，甚至不惜制造社会动乱以达到自己的目的，而从来不顾当地人的利益。广大虔诚的信徒在事实上成为其谋取一己私利的工具和牺牲品。和卓及后裔们在自己所发动的一次次动乱当中不断地暴露自我，最终走向了毁灭。

第三，新疆和卓后裔们与中亚地区的宗教上层在血缘上、文化上和情感上的天然联系，决定了他们的活动与中亚地区政治形势的变化是密切相关的。有清一代，中亚成和卓后裔们作乱中国西北边疆的策源地和避难所。与和卓后裔存在密切联系的浩罕汗国，利用他们扰乱中国西北边疆，借以谋取其在新疆的各种利益，而和卓后裔们最终也成外来势力掠夺西北边疆的工具，直至引狼入室，残害百姓。最后，他们自己也被外来的入侵者彻底消灭。这些和卓后裔们不是新疆广大伊斯兰信众利益的代表。

第四，清代前期西北边疆地区边政与边防分离、地方官员的腐败以及伯克对民众的剥削与压迫，给和卓后裔们入侵和袭扰西北边疆以可乘之机。和卓后裔们对南疆地区几次比较大的入侵活动无不与当地社会发生动乱、局势不稳有密切的关系。也就是说，内政不修，则外患难除。

第五，必须要对和卓后裔们的影响力和危害性予以充分的认识和高度的重视。作为全民信仰伊斯兰教的南疆地区，和卓后裔们的"圣裔"身份对于广大信众来说具有极强的号召力，是他们可能利用的群众基础。只有彻底揭露他们的本质，从根本上消解产生动乱的基础，才能实现边疆地区的长治久安。

第六，有清一代，四代和卓后裔作乱中国西北边疆，前后长达100余年，除了有外部势力的庇护和支持的因素外，没有做到除恶务尽，是和卓之乱留下的一条重要经验。此外，边防废弛，防范不严及清廷未能重视和处理好与边界维吾尔族人之外的其他部族的关系也是其中的一个重要原因。充分相信和发挥边地其他民众守边的能动性，也是和卓之乱留给人们的一条教训，需要后人认真地反思。

二　《回疆则例》的制定

清廷在回疆地区确立了法制统一的原则，立法权和重大案件的司法权统归中央，并通过制定《回疆则例》禁止宗教干预政治，所谓"化外人既采归服，即是王民，有罪并依律断，所以无外也"①；另外，在因俗因地制宜的指导思想和政教分的前提离下，充分尊重回疆传统的风俗习惯、宗教信仰和价值观念，尤其是传统的民法和商法体系，所谓"办理回众事务，宜因其性情风俗而利导之，非可尽依内地之法治也"②。应该说清廷在这一点上还是比较务实的。

清立国之初以及统一边疆的过程中，以"谕旨"和"臣工条奏"的形式陆续发布了一系列针对边疆民族的政策和规定，以加强和规范对这些民族事务的管理。这些"谕旨"和"臣工条奏"大都是应时、应事而发，内容简约，既具有较强的指导性和针对性，也带有明显的时效性，成为清廷各级官员处理边务与民务的主要依据之一。

随着时间的推移和各种事务的增繁，清廷相继将经年积累下来的"谕旨"和"条奏"按照民族和地区分门别类，编纂成册，作为单行的民族法规下发各地遵行，而负责这一编纂任务的是中央政府的理藩院。有清一代，除了在《蒙古律例》的基础上制定发布了带有总纲性质的《钦定理藩院则例》（乾隆五十四年，1789 年）外，还先后编纂制定了针对青海的《钦定西宁青海番夷成例》（雍正十一年，1733 年）、针对西藏的《钦定藏内善后章程》（乾隆五十八年，1793 年）、针对西南"苗疆"的《苗汉杂居章程》（乾隆年间）和针对新疆南部的《钦定回疆则例》（嘉庆十九年，1814 年）等单项法规，从而建立了一套从中央到地方的较为齐整的民族法规体系。这些法规后来根据形势的变化经过了不同程度的增删，对规范民族事务的管理、维护国家的统一、促进边疆民族地区社会经济的发展、保持边疆地区的稳定等发挥了重要的作用。《回疆则例》的编纂与修订过程，不仅从一个侧面反映了 19 世纪上半叶南疆维吾尔族地区社会

① 沈之奇著，洪弘绪重订：《大清律集解·附例》，乾隆十一年（1746 年）刻本。
② 《清高宗实录》卷六四八，中华书局 1986 年影印本。

历史的变化,同时也表明了清朝对西北边疆治理的不断完善。

(一)《回疆则例》的编纂与修订

回疆最初称为回部,是清代对天山南部信仰伊斯兰教的各族尤其是维吾尔族聚居区的统称。在新疆统一前,天山北部主要是以准噶尔为首的卫拉特蒙古游牧和活动的地区,而天山南部主要是以维吾尔族为主的信仰伊斯兰教各族聚居的地区,故有所谓的"北准南回"之说。天山南北统一之后,清廷于乾隆二十七年(1762年)在新疆地区设总统伊犁等处将军,统辖天山南北军政和民政事务,在全疆实行军政合一、以军统政为特点的军府制度。与此同时,乾隆帝鉴于朝廷军机处事务繁多,特将回部事务从中剥离出来转由主管边疆民族事务的中央机构理藩院兼办,并下谕旨"著将理藩院五司内派出一司,专办回部事务,其酌拟司名及应设官员数目、承办事宜,该部详悉定议具奏"①。乾隆二十七年(1762年),以处理回部事务为主的理藩院"徕远清吏司"于是正式设立。②

徕远清吏司设立近50年以后的嘉庆十六年(1811年),清廷理藩院官员在修订《蒙古律例》(《理藩院则例》)整理历年档案的时候发现,由该司承办的有关回疆事务的谕旨以及臣工条奏经过半个世纪已经是"积案繁多,未便纂入《蒙古律例》",若将其编入则将导致"条款混淆"。理藩院在当年七月上奏中建议,将与回疆事务相关的谕旨和条陈"另行编纂成帙,以便颁发遵行",并提出"即于现在承办《蒙古律例》司员内,选派本院通晓翻译,熟悉例案之主事尼克通阿、岳禧二员,承办所有回疆应行纂入则例事件,详查档案,编辑条款,现行缮写清单进呈"③。嘉庆帝批准了这一建议,理藩院随即开馆。由堂官托津等督同原派主事尼克通阿、岳禧并添派司员、笔帖式若干人开始编纂《回疆则

①　《清高宗实录》"乾隆二十六年十一月丙辰"条,中华书局1986年影印本。

②　参见王东平《清代回疆地区法律典章的研究与注释》,《西北民族研究》1998年第2期,第95~96页。

③　《钦定回疆则例·原奏》,收入《中国西北文献丛书续编·西北史地文献卷》(以下简称《中国西北文献丛书续编》)第5册,兰州古籍书店1990年影印本,第4~5页。以下所引《回疆则例》内容均据此本,不另注。

例》。嘉庆十九年（1814 年）《回疆则例》汉文本的初次编纂、缮写工作完成，并按照纂修《蒙古律例》的成例同时完成了清字（满文）和蒙古字（蒙古文）黄册的缮写；嘉庆二十年（1815 年）又刊刻印刷，经清廷批准"颁发回疆等处，永远遵行"。回疆事务的管理至此有例可循，被纳入了法制化的轨道。

　　《回疆则例》编纂、颁行之前，负责回疆事务的理藩院徕远清吏司在办理具体事务的时候"不过查照旧案，比议而行，并无纂定则例永远遵循"①，缺乏连续性与稳定性，也缺少权威性，不利于民族事务的管理。《回疆则例》的颁行不仅彻底改变了这种局面，凸显了回疆地区的特殊性与重要性，而且编纂者在初次颁行的时候就考虑到了以后情况的变化，规定嗣后以 10 年为期对《则例》进行增纂，以免遗漏。此外，《回疆则例》在初次编纂的时候似乎也征求了当时新疆地区最高军政长官伊犁将军松筠的意见，他的名字也出现在《钦定回疆则例·原修回疆则例升任堂官》名录内，并排在第一。

　　道光三年（1823 年），《回疆则例》首次编纂完成 9 年后，理藩院照例上奏请求开馆补纂《回疆则例》、修辑《蒙古律例》，但"时因适值西陲不靖，曾于《蒙古律例》书成折内声明，俟大功底定，归入下届办理《则例》时，再行修办"②。所谓"西陲不靖"指的是正在发生的和卓后裔们在新疆的一系列作乱活动，暴露出清朝在回疆内政和边防方面的许多问题，迫使清廷不得不调整其政策，修订《回疆则例》也显得迫在眉睫。

　　道光十三年（1833 年）三月，理藩院再次上奏请求按例开馆，修订《回疆则例》："今回疆久臻大定，不特原存旧例全应删改，即新定章程亦须纂入。臣等公同酌议，所有臣院《回疆则例》应请咨行叶尔羌参赞大臣等处，将自大功告成以后奏定各条，全数详细查明，咨覆臣院查核。应纂入者增修纂入，应删改者酌加删改。"③ 此次修订《回疆则例》不仅对旧例加以修改，纂入道光八年（1828 年）平定张格尔、道光十年（1830 年）平定浩罕入侵后的两次善后奏定章程，而且理藩院还"咨行叶尔羌

①　《中国西北文献丛书续编》第 5 册，第 14 页。
②　同上书，第 30 页。
③　同上书，第 30～31 页。

参赞大臣，将现在事宜有无更移裁改之处查明声覆。嗣据叶尔羌参赞大臣将回疆事宜逐件查明，粘签登覆前来。臣等详加覆核，与现行原例内有应行修改归并者，均仍照原例体裁修纂，以免歧异。此外，如钦差大臣那彦成条陈善后各款，有议奏一事而分列数条者，诸多重复。今谨就情事相同者，悉皆归并，即作为续纂则例另汇一部，以便考查"①。修订的程序与初次编纂时是基本相同的，但也增加了重要的一点，即"所有奉行则例，允宜确定，简明专条，以期赅备"②。由此可见，清廷对此次修订《回疆则例》十分重视，不仅将理藩院内所存皇帝谕旨和臣工条奏选纂入内，而且还充分征求了当时回疆地区最高官员叶尔羌参赞大臣联顺的意见③，使得此次则例的修订更加符合南疆地区的实际情况。而作为统领南北疆事务的伊犁将军则并没有出现在此次修订的官员名单之中，表明回疆的地位有所上升。这一点在清朝民族立法的实践中具有重要的意义。

道光十七年（1837 年）修订后的《回疆则例》的汉语文本编纂完成，连同一起修订的《蒙古律例》，此次修改、归并、续纂的条目共计467 条。道光二十二年（1842 年），《回疆则例》的满文文本和蒙古文本的翻译工作完成，理藩院上奏获准后正式刊刻印刷，颁布施行。

（二）《回疆则例》的版本

现在所能见到正式出版的《回疆则例》有三种，其一是与《蒙古律例》合印的影印本，收入中国社会科学院中国边疆史地研究中心主编、全国图书馆文献缩微复制中心出版的《中国边疆史地资料丛刊·综合卷》——《蒙古律例·回疆则例》（吕一燃、马大正主编，1988 年）；其二是影印单行本，收入兰州古籍书店影印出版的《中国西北文献丛书续编·西北史地文献卷》第 5 册（杨建新主编，1990 年）。两种书中所收入的《回疆则例》均系影印出版，所依据的版本完全相同，应该都是道光

---

① 《中国西北文献丛书续编》第 5 册，第 41～42 页。

② 同上书，第 28 页。

③ 按：清朝在回疆的最高军政长官一直是喀什噶尔参赞大臣，道光十年（1830 年）浩罕的入侵被击退后，清廷为了加强南疆的防务，曾经采纳了当时前往善后的钦差大臣长龄的建议，令喀什噶尔参赞大臣移驻叶尔羌，故又有叶尔羌参赞大臣之称。此前的乾隆三十年（1765 年）乌什起义被镇压之后，喀什噶尔参赞大臣还曾一度移驻乌什，故又称乌什参赞大臣。

二十二年修订后颁行的刻印本，全称为《钦定回疆则例》。该版本在目录上存在一些错讹和缺漏，例如，卷三目录"札萨克回子王公等捐输两两奖叙"条中的"两两"，应为"银两"；卷四目录中缺漏"四川番子土司等朝觐等项事件均照回子例办理"条，卷五目录中缺漏"台站当差回子人等量给帮贴"和"回疆入官地亩赏给回子耕种"条，卷八目录中缺漏"稽查佣工汉民"、"稽查汉回擅娶回妇"和"禁止私采硝磺"。由于以上各卷目录中所缺漏的条目均在当页转页的位置之后，所以如果不是原本编目时漏刻，则可能是今人影印时缺失的。①

　　第三种正式出版的《回疆则例》是作为中国历代民族法律典籍之一收入刘海年等主编的《中国历代珍稀法律典籍集成·盛京满文档案中的律令及少数民族法律》（丙编第 2 册）中的点校本，名称亦为《钦定回疆则例》。这也是迄今所能见到的唯一一种现代重新排印本，1994 年由北京的科学出版社出版。从该书的编辑说明中可以知道，其所依据的底本是藏于北京中央民族学院（即中央民族大学）图书馆内的光绪三十四年（1908 年）排印本。通过比照可以发现，前两种版本《回疆则例》的底本依据的很可能也是光绪三十四年排印本。

　　点校本的《回疆则例》在目录上尽管弥补了前两种影印本的一些遗漏和阙失，但是仍然存在排印错误。例如，卷三目录中的"八旗回子准给孤子钱粮"条中的"八旗"应为"入旗"；卷四目录"哈萨克王公台吉等遗子弟来京令赴避暑山庄朝觐"中的"遗子弟"应为"遣子弟"；卷五目录"番子朝观照回子例分别赏给顶戴衣帽等项"中的"朝觐（观）"应为"朝觐（觐）"之误；"借更新陞阿奇木伯克等粮石"中的"借更"应为"借给"之误；卷六"喀什噶尔叶尔羌每年余剩钱文分拨各城搭支军饷"条阙失"分"字。②

　　此外，在今天北京的中国国家图书馆还收藏有咸丰年间的《回疆则例》抄本，著录的名称作《理藩院修改回疆则例》。该本系清内府抄本，

---

①　最典型的是影印本卷五目录之末的"匀出和阗阿齐木伯克等养廉钱给予沙尔琥勒伯克等作为养廉"条，在转页时缺漏了"勒伯克等作为养廉"等字，以下的两条则例在目录中亦随之缺失。

②　以上分见刘海年等主编《中国历代珍稀法律典籍集成》（丙编第 2 册），科学出版社 1994 年版，第 448、462、474、489 页等。

共四卷。①

（三）《回疆则例》主要内容

《回疆则例》主要由原奏和正文两部分组成，其中原奏又分为"原修回疆则例原奏"和"现修回疆则例原奏"。原奏中收录了理藩院初次编纂以及修订《回疆则例》的奏文和皇帝的御批，详细说明了编纂和修订的缘由和刊印、颁行具体过程，后面分别附有参与"原修"和"现修"则例的相关人员名单。

修订后的《回疆则例》的正文共包括 8 卷，各卷下有若干条目，分为"原例"、"修改""增纂"和"续纂"四类，均标示在各条目之前。其中卷一有 13 条（均系修改条目），卷二有 10 条（均系修改条目），卷三有 16 条（其中原例 1 条、增纂 5 条、修改 10 条），卷四有 19 条（其中原例 7 条、修改 12 条），卷五有 19 条（其中原例 11 条、修改 8 条），卷六有 19 条（其中原例 7 条、修改 12 条），卷七有 23 条（均为续纂），卷八有 15 条（均为续纂）。据此可知，修订后的《回疆则例》合计条目共有 134 条，与初次编纂时相比，只保存原例 26 条，修改的则达 65 条，增纂 5 条，而续纂的则有两卷凡 38 条。修改和增、续纂的条目共有 108 条，占修订后全部条目的 81%；保存的原例只有 26 条，占 19%。原《回疆则例》中六卷的绝大部分条目都经过了修改或增纂，而且还增加了续纂二卷。如此大规模地调整和增加《回疆则例》的内容，意味着清廷对回疆的统治政策经过这次修订后有了重大的调整。

为了保持各项律例的稳定性，道光十年（1830 年），御史王玮庆上奏："六部重修则例，宜率由旧章。如有更改，应专折奏明，通行一折。各衙门颁行律令，原期垂诸久远。其有今昔异宜者，固应随时酌改，然不必定限十年即开馆重修一次。嗣后各部已颁成例，毋庸轻议更张。如有应时制宜必应更正之处，随时专折奏明改定，立即通行，各省一体遵照。"可见理藩院当事官员对于道光皇帝"于应时制宜之中仍寓率由旧章之意"也十分清楚。道光十三年（1833 年），王玮庆冒着有违圣意的危险强调

---

① 有关该版本的详细情况可参见王东平《清代回疆地区法律典章的研究与注释》，《西北民族研究》1998 年第 2 期。

说:"惟查臣院近年办理外藩案件较前实为增繁。现在奉行条例既多今昔情形不同,更有例无专条,无可遵循,多系援引稿案。查例未明备,意见难免参差;律无专条,定案易滋轻重。且臣院《回疆则例》向系另汇一部。案查上届办理则例时,因适值西陲不靖,曾于《蒙古则例》书成折内声明,俟大功底定,归入下届办理则例时在行修纂。"也就是说,由于上届各部照例修订则例时《回疆则例》并未修纂,初次编纂的《回疆则例》已经有近20年没有修订。不仅回疆的形势已经发生了重大的变化,而且原来则例中的许多弊端和不适之处也日益彰显,许多事端的肇因也与此有关,"不特原存旧例全应删改,即新定章程亦须纂入"①,修订《回疆则例》已经到了迫在眉睫的程度。参照上述修订内容的规模,可知此言不虚。

　　修订后的《回疆则例》中保存原例的数量很少,只有26条,内容主要是有第一类京和入旗回子的管理,如卷三的《入旗回子准给孤子钱粮》,卷五的《番子通事札萨克塔尔阿斋阿甲之家口入旗》、《驻京番子等编为佐领入旗学习当差》、《香山居住番子等由健锐营约束管理》等;第二类,哈萨克、四川各部落和南疆回部朝觐的规定,如卷四的《哈萨克等朝觐贡马》、《哈萨克来京朝觐事宜照依回子伯克之例办理》、《哈萨克王公台吉等遣子弟来京令赴避暑山庄朝觐》、《哈萨克赴热河朝觐给予食物住处蒙古包等项》、《哈萨克赴热河朝觐事毕旋回准给驿马车辆》、《四川之各部落番子等隔三年朝觐一次》和《年班回子伯克等不准额外多给车马》等;第三类,四川各部落以及回疆回子、伯克当差待遇规定,如卷五的《两金川之土司官员等赏戴二品顶戴》、《回疆各城大臣衙门准用通事》、《借给新陞阿奇木伯克等粮石》、《各城调放回子伯克赏给银两》、《乌什屯田回子伯克等分别酌给燕齐人户数目》、《喀什噶尔阿奇木伯克等养赡停其攒凑由库支给》、《匀出和阗阿奇木伯克等养廉钱给予沙尔琥勒伯克等作为养廉》和《台站当差回子人等量给帮贴》,卷六的《托漫卡伦添派官员回目》等;第四类,回疆经济贸易规定,如卷六的《权量》、《每一帕特玛改抵五石三斗》、《铸定钱制》、《一百普尔钱为一腾格》、《回子赴外藩贸易勒限给票》和《阿齐木伯克不得私交外藩》等。这些保

---

　　①　以上引文均参见《中国西北文献丛书续编》第5册,第30～31页。

存下来的原例要么基本不涉及回疆的政治制度,而且在执行过程中没有产生什么直接的负面作用,要么与回疆无涉（如有关四川各部和哈萨克的条目）,所以得以留存下来。

初次编纂的《回疆则例》的 6 卷大部分条目在这次修订中都经过了修改,修改条目有 65 条,加上增纂的 5 条,共计 70 条,占修订后总条目的 52%。修改的重点在于回疆的政治制度,尤其是伯克制度的调整,包括回疆各地伯克的设置范围、员额、品秩、权限、升降、袭替等,甚至吐鲁番、伊犁等地的伯克也在修改之列（如卷一中的《吐鲁番设伯克等官》、《伊犁设阿奇木伯克等官》）;其次修改的就是回疆的户婚、田土、贡输、朝觐、仓粮、军政以及议处、议叙并命盗案件等,内容涉及回疆社会生活的各个方面。所以此次修订《回疆则例》可视为清廷对回疆地区统治政策的全面调整。连带着,有关四川少数民族各部的相关法规也随之调整,如卷四的《四川番子土司等朝觐等项事件均照回子例办理》等。《回疆则例》增纂的条目都在卷三之中,主要是有关完善回疆各地王公、伯克和回兵的优恤与奖叙的内容,如《回子王爵恤赏银两》、《伯克回子兵等阵亡之子嗣恤赏顶戴银两》、《回子王贝勒等供办兵差车辆给予议叙》、《札萨克回子王公等捐输银两奖叙》和《回子王公等恭遇皇上大婚典礼应令来京庆贺》。

如前所述,此次修改《回疆则例》的一个重要原因就是由于和卓后裔入边作乱所暴露出来的一系列问题,其中内因,尤其是伯克制度中所存在的弊端和缺陷成为此次修改的主要内容。例如,卷一对伯克设置的范围、员额和品秩作了进一步的明确和完善,赋予他们对南疆更多的管理和控制权;卷二则对各级伯克的职掌、补放、袭替等例则进行了全面的修改,明显加强了对各级伯克的监督与管理,严格伯克回避制度,强调管理宗教事务的伯克不许干预民事;卷三主要记述提高各级伯克的薪俸、待遇和奖恤等,显示出朝廷对回疆上层人物的笼络和优抚;卷四和卷五重点修订了回疆伯克的年班与朝贡制度,减轻回疆民众的负担;卷六除了进一步规范了回疆地区的社会经济生活外,还以条例的形式对阿奇木伯克私自刑讯、大小伯克侵占渠水等行为明确加以制止,防止各级伯克滥用职权。

修订后《回疆则例》增加的卷七、卷八中的所有条例均为续纂部分,集中体现了清廷在首次编纂则例后对回疆统治政策的一次调整与强化。其主要内容仍然是对伯克制度弊端的革除，禁止回疆各地驻扎大臣与官员勾结地方伯克苛敛与欺压民众。诸如卷七中的《四五品伯克缺出合例人员乏人准于本城回子内拣选》、《叶尔羌等处回子伯克四川土司等分别年限朝觐》、《回子通事不准升用伯克》、《禁止大小衙门及阿奇木伯克藉端苛敛》、《禁止大小衙门令阿奇木伯克代买衣食等物》、《回疆大小衙门自雇工匠》、《禁止阿奇木伯克供给司员等月费》、《禁止当差官人私索供给面斤》、《禁止各城大臣收受博勒克》、《司员收买马匹不准伯克供支料草》、《不准滥派滥应乌拉马匹》、《停止巡阅开雅尔等城》、《各城办事大臣不准发交变价马匹》、《伯克等私役燕齐》、《伯克等私折乌拉马匹》、《年班伯克私敛钱文滥派马匹》、《阿奇木伯克等地亩不准摊派牛具》、《阿奇木伯克等把持粮价》以及卷八中的《阿奇木伯克到任不准回众供支什物》、《营马出青践食禾稼》和《禁止兵民强占回子园地》等条目。这些条目中虽然有"不准"、"禁止"等字样，显示了朝廷遏制回疆各级官员滥用权力，但并没有触动伯克制度和清朝对南疆的统治体制。

《回疆则例》续纂部分中有一项引人注意的内容，就是禁止回疆各族群之间的交往，体现了清廷在回疆的"汉回隔离政策"[①]。分而治之的政策在《回疆则例》初次编纂的时候已经初露端倪。例如原纂卷六中就有《禁止换防绿营弁兵及发遣为奴人犯擅娶回妇》的条目。《回疆则例》在修订时，不仅对该条目进行了修改与强化，而且又在增纂的卷八中增加了《禁止回妇私进满城》、《禁止兵丁私入回庄》、《稽查佣工汉民》和《稽查汉回擅娶回妇》等，从而以法规条文的形式将"汉回隔离政策"完善与固定下来。正如研究者所指出的那样："若就清朝统治利益言，于治标上不是为一可行方策；在新疆地方言，有保护之力，闭塞之害，利害各半；在整个中国、大中华民族言，阻碍了国家统一、国族团结，实百害而无一利也。"[②]

鉴于和卓后裔借中亚浩罕汗国力量，频繁进入南疆作乱，《回疆则例》在修订有关回疆与中亚地区交往的规定中，不仅保留了原有的《回子赴外藩贸易勒限给票》、《托漫卡伦添派官员回目》和《阿奇木伯克不

---

①　参见林恩显《清朝在新疆的汉回隔离政策》，台北商务印书馆 1988 年版。

②　同上书，第 313 页。

得私交外藩》等的条目（卷六），而且还续纂了《稽查回子出卡》和
《各城回子不准与安集延结亲》（安集延即浩罕汗国）等条目。然而这些
禁防措施并未能有效阻止和卓后裔的扰边活动，反而限制了回疆与中亚地
区正常的经济、文化交流，影响了当地社会经济和文化的发展。

　　与此同时，通过对《回疆则例》的修订，朝廷进一步加强了对宗教
事务的管理，明确了政教分离、宗教不得干涉政务的原则。除了对原纂条
例中的《回疆各城伯克等职掌》（卷二）和《禁止莫洛回子习念黑经》
（卷六）等内容加以修正，还续纂了《慎选充当回子阿浑》（阿浑也即阿
訇，职教人员）等条目，并在上述条例内分别设置了"管理回教经典、
整饬教务、不预民事"的提色布伯克和"专管教习、念经、馆务"的杂
布第默克塔布伯克；对于莫洛（译音，又作毛拉，专职宗教人员）习念
"黑经"的县乡严加禁止，并明确规定"该管伯克等亦不得藉端滋扰"①。
此外，续纂的条目中还增加了《禁止私采硝磺》的内容（卷八），防止有
人借此作乱。

　　除了以上这些完善和加强对回疆地区的统治制度和措施外，《回疆则
例》中修订的另外一项主要内容是有关完善发展回疆经济方面的条例，
具体体现在以下几点。其一，主要是确定了回疆的计量单位以及与内地计
量单位之间的换算标准，例如卷六中的《权量》、《每一帕特玛改抵五石
三斗》、《一百普尔钱为一腾格》等。由于这些条例的制定有利于回疆地
区与内地的经济交流，在修订时并未作任何修改。其二，规定了回疆的地
方货币法。除了保留原例中的《铸定钱制》（卷六）外，还修改了《回疆
各城普尔钱文铸乾隆通宝字样》、《回疆各城普尔钱文铸嘉庆通宝字样》
（均见卷六），并续纂了《阿克苏鼓铸普尔钱文》（卷七）、《禁止私毁私
铸钱文》（卷八）等条例，明确规定乾隆钱和嘉庆钱在回疆"一体行用，
万世子孙敬谨遵循勿替"②，体现了中央政权在回疆地方的权威性。其三，
规范了回疆的贸易与税制，鼓励屯垦。修订后的《回疆则例》保留了
《乌什屯田回子伯克等分别酌给燕齐人口数目》，修改了《回疆入官地亩
赏给回子耕种》（均见卷五）、《伊犁屯田回子应领耕牛倒毙数目》（卷

①　《中国西北文献丛书续编》第5册，第373页。
②　同上书，第346页。

六)等条目;通过对《回疆藩夷进卡贸易一体免税》、《巴杂尔市集禁止私设牙行》(巴杂尔,又译巴扎,即今之集贸市场)(均见卷六)等条例的修改以及续纂《禁止商民重利盘剥穷回》(卷八),规范了贸易税制和市场秩序,并在续纂的《世职回子免纳粮赋》(卷七)条目中,对回疆所谓的"殉节蒙赏世职者"予以免纳粮赋的优待。

清立国以后,强迫汉族人按照满族的习俗蓄发留辫,甚至有"留头不留发,留发不留头"之说,但是在回疆地区却采用了因地制宜的方式。《回疆则例》中续纂的《回子蓄留发辫》条目中就规定:只有回疆各城王公以及四品以上伯克才允许蓄留发辫,而"四品以下概不准蓄留发辫,以示限制"①。这一点也体现了清朝对于回疆地区"因俗而治",亦即"修其教不易其俗,齐其政不易其宜"的统治思想。

(四)《回疆则例》与回疆多元的法律文化

《回疆则例》是中国历代王朝针对新疆地区颁布的第一部单行法规。它以书面的形式规定了朝廷在回疆地区实行的基本政治制度,即驻扎大臣治下的伯克制度,确立了政教分离的原则,从而彻底改变了回疆地区自叶尔羌汗国以来政教合一的传统;同时,它还明确了回疆与中央的法律关系,即"清朝驻回疆各级官员代表中央政府,管理回疆地区,对回疆事务具有绝对的权威。各地伯克官员的升迁、任免由清各级官衙负责"②。鉴于《回疆则例》的内容除了包括回疆以及吐鲁番、哈密和伊犁等地的维吾尔族,还涉及北疆地区的哈萨克族以及四川各部落和大小金川,其适用范围已超出了回疆,而且也超出了整个新疆,所以它实际上也可被视为则例的制定者——理藩院徕远清吏司的工作章程。③

需要强调指出的是,《回疆则例》只是清廷在回疆地区所实行的法律、法规的一部分而不是全部,它是在国家法制统一原则下制定的地方性法规;加之回疆地区传统的伊斯兰教法律依然在一定范围内发挥着作用,从而使得清代回疆地区的法律文化在某种程度上呈现出多元化的特点。

①　《中国西北文献丛书续编》第5册,第433页。

②　参见王东平《清代回疆地区法律典章的研究与注释》,《西北民族研究》1998年第2期。

③　王东平:《清代回疆地区法律典章的研究与注释》,《西北民族研究》1998年第2期。

　　清廷在统一新疆之后就明确指出："迄今各部归一,自应遵我朝之律";乾隆五十七年(1792 年)又下令:"新疆回子归化有年,应请悉内地法纪……回子等均属臣仆,何分彼此……嗣后,遇有似此紧要案件,均照内地成例办理,并饬新疆大臣等,一体遵办。"① 有关清朝在回疆地区实行的所谓"内地成例"的具体情况,可以在嘉庆九年(1804 年)前,亦即《回疆则例》首次编纂前回疆地区的最高军政长官喀什噶尔参赞大臣属衙汉满印房存书目录中反映出来,其细目如下②:

　　　　《大清律》十九本、《新纂大清律例》二本、《蒙古律例》二本、《三流道里表》八本、《督捕则例》四本、《中枢政考》十八本、《蒙古律》二本、《八旗则例》四本、《查缴违禁书目》一本、《吏部则例》二十二本、《川运军粮条例》一本、《捐款条例》一本、《新例》二本、《洗冤录》四本、《新疆物料价值则例》二本、《甘肃捐款条例》一本、《续纂条例》四本、《大清律纂修条例》二十四本、《新纂八旗则例》四本、《中枢政考》十八本、《吏部则例》二十四本、《清字中枢政考》十八本、《清文八旗则例》四本、《新纂清文则例》六十本。

　　上述这些律例大致可分为行政法规(包括《蒙古则例》、《吏部则例》、《捐款条例》、《新例》、《新疆物料价值则例》、《甘肃捐款条例》和《续纂条例》)、刑事法规(包括《大清律》、《新纂大清律例》、《三流道里表》、《督捕则例》、《蒙古律》、《查缴违禁书目》、《洗冤录》和《大清律纂修条例》)、军事管理法规(包括《中枢政考》、《清字中枢政考》、《八旗则例》、《新纂八旗则例》、《清文八旗则例》和《川运军粮条例》),共三类,是在《回疆则例》颁行前清朝驻回疆的官员施政的主要依据。③但是,除《大清律》或《新纂大清律例》外,以上这些律例大部分只是涉及回部,而不是专门针对回部事务的,更未涉及回部的基层政治制度

---

　　①　参见《清高宗实录》"乾隆五十七年九月辛丑"条,中华书局 1986 年影印本。
　　②　参见《回疆通志》卷七"喀什噶尔"条。本书为当时喀什噶尔参赞大臣和宁主持的官修书目,刊行于嘉庆九年(1804 年),反映的是此前回疆地区的主要情况。
　　③　详见王东平《清代回疆地区法律典章的研究与注释》,《西北民族研究》1998 年第 2 期。

（伯克制度），显然无法满足朝廷对回疆"因俗而治"的统治原则。正因为如此，《回疆则例》才需要编纂并不断修订。

清廷的《回疆则例》编纂颁行，在很大程度上规范了回疆地区的法规与制度，则例也成为清廷以及回疆各城驻扎官员处理回疆事务的主要依据，而清朝的其他律例，尤其是最重要的《大清律》依然必须执行，而且是处理刑事案件的主要准则。因此清廷制定的一些律例还有被译成维吾尔文的。[①] 同治元年（1862年），由于叶尔羌参赞大臣英蕴"照回子经典议罪"，而遭到了清廷的谕斥。[②] 至于刑事案件的审理权限，仍然主要掌握在清廷驻回疆各城的大臣手中。《回疆则例》卷六"阿奇木伯克不得私理刑讯重案"云："各城阿奇木伯克等凡遇枷责轻罪人犯，准其自行办理，仍令禀明驻扎大臣存案备查。如遇有刑讯重案，阿奇木伯克不得滥设夹棍、杠子，擅自受理，随时禀明本管大臣，听候委员会同审办。"尽管清朝是按照"因俗而治"的思想统治回疆的，但是在刑律方面仍然坚持了全国一体的原则，并在一定程度上阻遏了回疆旧有的具有"同态复仇"色彩的习惯法，诸如"窃物者必断手"等的继续使用。

由于清廷是按照"因俗而治"的思想治理回疆地区的，在统治体制上实行的又是驻扎大臣（朝廷委命的）治下的伯克制度，回疆的民政事务，是通过各级伯克的管辖而实现官府的间接统治，这就为回疆旧有的伊斯兰教法和习惯法留下了生存空间，从而使得回疆地区的法律文化呈现出多元化的特点。

在清朝统一新疆前，回疆通行的是伊斯兰教法以及一些习惯法，职业宗教人士（阿訇、毛拉和哈孜等）是教法的主要阐释者和执行者。统一的回疆，尽管朝廷确定了"自应遵我朝之律"的原则并颁行了《回疆则例》，但是伊斯兰教法和传统的习惯法依然继续流行。清廷只对此进行了一定程度的限制（例如严禁宗教干政、伯克不得担任教职等），仍然允许其在一定范围内存在。据记载，当时喀什噶尔的毛拉们所使用的伊斯兰教法经典有：

---

① 参见佐口透《十八—十九世纪新疆社会史研究》下册，凌颂纯译，新疆人民出版社1983年版，第671页。

② 《清穆宗实录》"同治元年四月辛未"条，中华书局1986年影印本。

《卡孜拜扎威的塔夫斯日》（解说）、《伊里米·匹克核》（教学法）、《萨尔甫》（阿拉伯语变化法）、《和卓阿比孜》（朗读者）、麦斯乃威·毛拉纳·卢米的《麦斯乃威·谢里甫》和《热夏哈特》、穆罕默德·麦苏木的《麦克吐巴特·谢里甫》、米西卡特·谢里甫的《哈迪斯（圣训）集》、《伊达耶》（法学书）、《穆黑塔萨尔·威卡耶》、《乌苏里·匹克核》（法学方法论）、《塔西威德》、《谢日·毛拉》、《卡瓦伊迪》（包括分册 1.《谢日甫》、分册 2.《毛孜》、分册 3.《赞加尼》、分册 4.《阿瓦米里》、分册 5.《塔萨鲁帕特》、分册 6.《哈拉卡提·伊拉比》）。①

在叶尔羌地区使用的阿拉伯语经典有：

《满提克》（逻辑）、《奈赛非的阿卡伊德》（教义书）、《夏木斯亚·埃塔迪甫满提克（逻辑学）的塔夫斯日（解说)》、《乌苏里·匹克核》（法学方法论）、《夏特姆》、《塔夫斯日（解说）克日比》。②

还有波斯文经典：

《克夏甫》（古兰经注解）、《麦斯乃威·谢里甫》、《谢伊赫·拉巴尼的麦克吐巴特》、《加米的纳帕哈提》。③

以上这些伊斯兰经典大致可分为《古兰经》经注学著作、教法学著作、苏非派经典、诵经学著作以及阿拉伯语与法学和逻辑学教学用书等。"伊斯兰教法的一个突出特点是，以伊斯兰教教义为基础，宗教、伦理、法律三位一体。《古兰经》、《圣训》成为其主要法源，伊斯兰教的经典成为穆斯林包容一切的生活法典。伊斯兰教法仪礼、伦理、法律之间没有明晰的界限，法律经典与非法律经典也很难截然区分。伊斯兰

---

① 转见佐口透《十八—十九世纪新疆社会史研究》下册，新疆人民出版社 1983 年版，第654 页。

② 同上。

③ 同上。

教没有中央教义机构,也没有解释伊斯兰教法的最高法院。各地穆斯林执法者实际上是根据自己的理解解释沙里阿法,而解释的依据是各种宗教经典。伊斯兰教经典对于穆斯林来说都具有法律作用。教法与宗教经典密不可分的现象在清代回疆也存在。"① 正因为如此,伊斯兰教几乎渗透到了回疆穆斯林社会生活的各个方面,具有强烈的政教合一的色彩。以伊斯兰教法为基础建构起来的回疆法文化与在儒家思想基础上建立起来的大清法文化(即中原文化),尽管在指导思想、实体法、法律体系性质和诉讼证据制度等方面存在着明显的异质性,但是清廷在"因俗而治"思想的指导下却较好地处理了两者之间的矛盾与冲突,将回疆法文化纳入中华法文化的体系之中,使其成为中国传统法文化母体内的亚型法文化。②

由于《回疆则例》中进一步强化了所谓的"汉回隔离"、"边政与民政分离"政策,在客观上不利于回疆与内地的政治、经济与文化联系;加之在新疆地区实行的军府制度采用"北重南轻"的布防格局,从而使得有清一代的整个新疆地区包括回疆地区动乱频生。同治三年(1864年)新疆各族农民大起义的爆发,导致清朝在新疆地区的统治体系全面瓦解,《回疆则例》亦随之寿终正寝。

第四节　收复新疆与晚清整体边防体系的确立

一　阿古柏的入侵

道光二十年(1840年)"鸦片战争"爆发之后,西方资本主义列强对中国的入侵逐步加深,古老的中国渐被纳入西方殖民主义体系之中,并面临着前所未有的"变局"。"天朝"闭关自守、相对隔绝的状况被打破,由西方资本主义列强制定的近代国际关系的游戏规则被强加于专制的东方

---

① 参见王东平《清代回疆地区法律典章的研究与注释》,载《西北民族研究》1998年第2期。

② 参见李丕祺《回疆法文化与大清法文化的冲突整合》,《西藏大学学报》2001年第2期。

古国;围绕中国边疆所展开的各种蚕食活动,则更多地具有了列强争夺势力范围和角逐世界霸权的国际背景,从而使得此后中国的边疆问题出现了与以往不同的特点。加之王朝统治的日益朽落,全国各地的反叛此起彼伏,影响也波及边疆民族地区。在内忧与外患、阶级与民族矛盾交互作用下,中国边疆危机,尤其是西北边疆危机的形势变得空前严峻起来。在相当长的一段时间里,清廷无暇他顾,尤其是边疆事务,忙于镇压咸同年间发生在内地已威胁其腹心统治地区的太平天国和陕甘回民起义,维持其岌岌可危的统治。正是在这一背景下,来自中亚浩罕的阿古柏于同治四年(1865 年)乘机侵入新疆地区,并在这里盘踞了长达 13年之久。

(一) 阿古柏入侵前的新疆局势

阿古柏对新疆的入侵是由新疆地区与同治年间陕甘回民的起义(发生于咸丰十一年,直到同治十二年方平息)密切相关的内乱引起的。陕西、甘肃地区的回族发动了一场反抗民族压迫、反抗专制统治的大起义。① 这场起义被清军残酷镇压,“杀回灭教”的流言在聚居西北地区的回族中广为流传而引起恐慌,并被一些别有用心的人所利用,成为挑起新疆变乱的主要导火索。

陕甘回民起义爆发后不久的同治元年(1862 年),河州(今甘肃临夏)无业阿訇妥明(即妥得璘)即由西宁出发,趁乱潜出甘肃嘉峪关,来到乌鲁木齐,秘密联络当地的回族提标参将索焕章,“焕章师之,相与谋乱”②。在伊犁,同治二年(1863 年)“各城回人,闻去岁陕回滋事,经大兵痛剿,心怀疑惧。彼时即闻有关内奸回潜赴伊犁,暗相煽惑”。伊犁回民由于听信“剿洗回众”的传言,所以准备“勾结各处回人先行下手”③。在奇台,同治三年(1864 年)春,来自甘肃玉门的回民杨春宣称

---

① 参见马长寿《同治年间陕西回民起义历史调查记录序言——兼论陕西回民运动的性质》,《西北大学学报》1957 年第 4 期。

② 黄丙焜等:《勘定新疆记》卷一,见白寿彝编《回民起义》(四),上海人民出版社、上海书店出版社 2000 年版,第 329 页。

③ 参见《平定陕西甘肃新疆回匪方略》卷四四。

"内地回民业被汉民逼反,若不早图,诚恐后悔无及"①。由于清廷在新疆推行"护汉抑回"或"护回抑汉"的统治政策,引起各族之间的矛盾,导致当地的回汉关系十分紧张;而地方各级官员鱼肉百姓,引起层出不穷的各种反抗活动,清朝在新疆的统治处于风雨飘摇的状态。在"杀回灭教"等传闻的蛊惑下,新疆地区的各种矛盾一触即发,反抗压迫和统治的农民起义遂成燎原之势,并进而演变成为一场波及天山南北的战乱。

1. 库车起事与热西丁封建割据政权的建立

同治三年(1864年)6月,由库车回民马㳇领导的反清起义揭开了同治年间新疆大起义的序幕。② 起义前的5月份,由外地潜入库车的田拉满(毛拉?)和苏拉满就开始与马㳇谋划起义事宜。6月3日(同治三年四月己亥),起义军在库车城外起事,焚烧周围的军台和店铺,当地的维吾尔族、回族和汉族人纷纷响应。6月6日,库车城被攻破,清廷的库车办事大臣萨凌阿以及忠于清廷的札萨克郡王爱玛特等官吏被杀,起义获得了初步的胜利。③ 在库车起义的影响下,从6月10日到14日,布古尔(今轮台)、拜城、赛喇木(今拜城东)、库尔勒和喀喇沙尔(今焉耆)等地也相继起义,反清斗争在南疆迅速地蔓延开来。

然而,库车各族群众的起义成果最终却被以热西丁和卓为首的宗教上层和领主们所获取。此前还不为人知的热西丁和卓在上台以后马上就建立了自己的政权,并消灭了以库车阿奇木伯克库尔班为首的八伯克,确立了自己的权威;然后,热西丁又打着"圣战"的旗号相继组织了东、西两支军队四处扩充地盘。经过半年的东征西讨,热西丁在同治三年(1864年)底已经将东起吐鲁番、西到阿克苏和乌什的广大地区纳入自己的势

---

① 《奇台县乡土志》,第7页,转引自厉声《试论徐学功》,《西北历史资料》1983年第2期。

② 新疆社会科学院民族所编著的《新疆简史》第2册的编写者根据1975年在库车的调查认为,当时由托乎提尼牙孜哈里等人领导服徭役的维吾尔族和回族农民杀死监工,首先举行了起义。但这一事件在各种文献中不见记载,且没有准确的时间。参见《新疆简史》第2册,新疆人民出版社1980年第1版,第110页。

③ 黄丙焜等:《勘定新疆记》卷一,见白寿彝编《回民起义》(四),上海人民出版社、上海书店出版社2000年版,第329页。

力范围之内,从而成为天山南部最大的一股割据势力。①

2. 乌鲁木齐"清真王"政权

库车起义爆发后,清廷急忙于 1864 年(同治三年)6 月 24 日从乌鲁木齐调兵前往镇压,乌鲁木齐城内仅存屯勇数百,兵力空虚。密谋已久的妥明和索焕章乘机于 7 月 15 日(同治三年六月辛巳)率领回众在南关起事,攻占汉城(即迪化),妥明被推为"清真王";接着昌吉、奇台、绥来(今玛纳斯)等地回民起义响应。②"清真王"政权利用各地回民起义的形势,陆续占领了哈密以西、绥来以东的地区,并从热西丁手中夺取了吐鲁番,成为天山以北最大的一股割据势力。

3. 伊犁"苏丹"政权

伊犁是清廷统治整个新疆地区的政治和军事中心,最高长官为伊犁将军,驻惠远城。同治三年(1864 年)九月,伊犁将军常清派军队前往库尔喀喇乌苏抵御妥明。宁远(今伊宁市)回民开始趁机在清真寺集结,谋划起义事宜。常清闻讯派员前去招抚,未果,回民与当地的维吾尔族联系,相约共同起事。十月十三日,维吾尔族、回族军民起兵攻占宁远城,周边其他各城的维、回民众纷纷响应,围攻惠远城。十一月,清廷派明绪替代常清为伊犁将军。明绪在内无粮草、外无救兵的情况下苦苦支撑。1865 年 2 月 9 日同治四年正月十四日(1866 年 3 月 8 日),满营驻守的惠宁城陷落;同治五年正月壬午,惠远城被攻破,明绪自杀身亡;二月二十八日(4 月 13 日),绥定、广仁、瞻德、塔兰奇四城相继投降,坚持到最后的拱宸城也在五月因为粮尽而陷落,城内兵民遭到了屠杀。③ 至此,伊犁全境基本为起义军所控制。

伊犁起义爆发后,领导权即被封建上层人物所窃取。前维吾尔族的阿奇木伯克迈孜木杂特和回族人马万信(又作马万倍)均自称"苏丹",他们利用民族矛盾,煽动民族仇杀;各族封建主为了争权夺利,内部也经常

---

① 参见毛拉穆莎·莎依然米《伊米德史》上册,新疆少数民族社会历史调查组 1960 年汉译本,第 86 ~ 88 页。

② 黄丙焜等:《勘定新疆记》卷一,见白寿彝编《回民起义》(四),上海人民出版社、上海书店出版社 2000 年 6 月版,第 329 ~ 330 页。

③ 黄丙焜等:《勘定新疆记》卷一,见白寿彝编《回民起义》(四),上海人民出版社、上海书店出版社 2000 年 6 月版,第 330 ~ 334 页;参见《新疆简史》第 2 册,第 114 ~ 116 页。

相互倾轧，在一年半的时间里，竟然连续换了 4 个 "苏丹"。先是伊斯兰教头目肖开特取代迈孜木杂特为 "苏丹"，肖开特本人不久却被对手扔到河里淹死；白希尔伯克上台后又与艾拉汗发生争斗，失败后投靠沙俄，引狼入室。而在 1871 年沙俄入侵伊犁时，"苏丹" 艾拉汗却投降了外来入侵者。

4. 和田哈比布拉 "帕夏" 政权

库车起义爆发后，时任拜城阿奇木伯克的艾则孜（又称海孜那奇、铁木尔海孜）偷偷地经过阿克苏回到自己的原籍和田，并勾结从麦加朝觐回来的毛拉哈比布拉阿吉，煽动和田维吾尔族在 1864 年（同治三年）9 月 1 日发动起义，和田办事大臣庆英被杀。哈比布拉在占据和田后自称 "帕夏"，打着宗教的旗号大肆杀戮 "异教徒"（卡菲尔），连同样信奉伊斯兰教的回族（东干人）也被屠杀殆尽。[1] 与此同时，哈比布拉为了扩大地盘，又与周围的其他割据势力进行混战，甚至不惜在同治四年（1865 年）夏季派长子向浩罕、印度乞援。[2]

5. 喀什思的克政权

1864 年 7 月，清朝驻英吉沙尔中营守备蓝春发和喀什噶尔中营把总王德春等回族将领，首先发动当地的回族起事，响应库车的起义。当时的维吾尔族伊斯兰教白山派头目托合提·马木提·艾来姆乘机率众占据了喀什噶尔回城（今喀什市），但是不久就被来自阿图什的柯尔克孜族封建主思的克赶走。思的克成当地实际的统治者。残余的清军退守喀什汉城，思的克攻之不克。思的克任用当地的回族人马秃子、金老三（金相印？）担任大臣，组成了以柯尔克孜族和回族人为主的政权。该政权遭到了广大维吾尔族人和领主们、宗教领袖们的强烈反对，所以他在当地无法建立牢固的统治。[3] 于是思的克就派手下的回族头目金相印前往中亚浩罕汗国迎回和卓后裔布素鲁克，试图借助和卓后裔的影响力维持自己在喀什噶尔的统治，结果却引狼入室，导致浩罕军官阿古柏对新疆的入侵。

---

① 参见毛拉穆莎·莎依然米《伊米德史》上册，新疆少数民族社会历史调查组 1960 年汉译本，第 123～124 页。

② 《和田简史》，中州古籍出版社 2002 年 4 月版，第 36 页。

③ 罗万瀛译，宝文安校：《阿古柏入侵新疆纪略》，载《新疆宗教研究资料》第六辑，新疆社会科学院宗教研究所，1981 年 7 月，第 3 页。

新疆地区，除了上述的 5 个比较大的封建割据政权外，在叶尔羌（今莎车）的回民也发动起义向清军发动进攻，清军退守叶尔羌汉城，回族宗教头目伊玛目成为当地回族人的实际领袖；叶尔羌阿奇木伯克尼牙孜率当地维吾尔族占据回城，宗教头目阿不都热合满·海孜来提成统治者。回族和维吾尔族的上层头目们，为争夺统治权明争暗斗，叶尔羌的局面混乱而动荡不安。"一方面是以阿不都热合曼·海则来则（即海孜来提）为首的势力，另一方面是东干（人）的势力。还有叶城人加马里丁贺加的势力，甚而至于那些莎车的大小海则来提和依善都抬头了。可是他们谁也没有使莎车安定下来。"①

事实上，叶尔羌的混乱局面正是当时新疆局势的一个缩影。由库车农民起义所引发的全疆范围的反清活动，导致新疆各地割据局面的产生。大小领主们无不打着宗教和民族的旗号，行分裂割据之实；他们煽动民族仇杀，不仅给新疆各个民族人民带来灾难，使当地的社会经济遭到了极大的破坏，而且也给沙俄和浩罕等外来入侵者以可乘之机。反抗民族压迫和阶级压迫的农民起义为边疆民族的大小领主和宗教上层所利用，演变成为一场内乱。内乱使得边塞失防，割据又使得力量分散，为入侵者提供了可乘之机，最终招致了外患。

6. 乌鲁木齐南山的徐学功民团武装

徐学功（1842～1911），字仲敏，汉族，祖籍甘肃武威。其祖父徐正泰曾任凉州千总，乾隆四十二年（1777 年）奉调屯住乌鲁木齐，遂世代在此生活。同治三年（1864 年）乌鲁木齐回民起事后，妥明"清真王"政权实行民族仇杀政策，天山以北的汉族民众为了自保多结成"民团"，其中以徐学功为首的一支势力最大。这支以汉族为主的民团依托南山，收容各地的汉族难民，耕防结合，自屯自守，抵抗妥明的仇杀。但是双方的这种对立和互不信任的状况后来被阿古柏所利用。阿古柏打着"助中国讨贼"的幌子，利用徐学功攻打妥明。徐学功在认清阿古柏的侵略本质之后，最终捐弃前嫌与回族人民联合起来，协助清军收复了被阿古柏侵占的北疆地区。在沙俄侵占伊犁之后，徐学功的民团武装还曾截击过"扮

① 毛拉穆莎·莎依然米:《伊米德史》上册，新疆少数民族社会历史调查组 1960 年汉译本，第 106 页。

商服运送子药铅弹"的所谓沙俄"商队",在一定程度上遏制了沙俄在北疆地区的侵略和渗透活动。①

(二) 阿古柏的入侵与"哲德沙尔"政权的建立

阿古柏是乌孜别克人,全名为穆罕默德·阿古柏·伯克,1820 年出生于中亚塔什干附近的皮斯坎特,这里曾经因为当地居民"道德败坏"而闻名。② 他的祖父和父亲普尔·穆罕默德·米尔扎都担任过具有宗教法官性质的"哈孜"一职,所以阿古柏从小就受到了家庭宗教氛围的浸染。1845 年阿古柏成为当时的浩罕汗胡达雅尔的侍卫,不久因为获胡达雅尔的宠信当上五百人长,1847 年又被提升为和硕伯克,负责守卫摩斯杰德城堡,并于 1853 年抵抗过沙俄军队的围攻。他在当时是浩罕汗国的一名手握重兵、地位显赫而又野心勃勃的军官,积极参与了浩罕胡达雅尔和迈达里汗兄弟争夺汗位的宫廷斗争。由于阿古柏在这场争斗中反复无常,使统治者一直心存疑虑,总想找机会将其除掉或排挤走。这时占据喀什的思的克派人前来浩罕寻求流亡在这里的和卓后裔的支持。经常插手新疆事务的浩罕统治者于是借护送和卓后裔布素鲁克名义,派阿古柏带领由 66 人组成的一支卫队前往喀什。阿古柏的入侵,使得新疆境内领主们和宗教上层头目割据混战的性质发生了根本的变化,内乱从此演变为抵抗外来入侵的斗争。然而当时新疆地区的各种矛盾交织在一起,局面相当复杂,而各割据势力之间为了各自的利益又不可能联合起来一致对外,从而为阿古柏利用各种矛盾各个击破提供了可乘之机。

1865 年 1 月,和卓布素鲁克和阿古柏侵入喀什。思的克对阿古柏的到来大为不满,双方不久就爆发了冲突,结果思的克战败,落荒而去。荒淫无能的布素鲁克把军事大权交给阿古柏。之后,阿古柏以喀什为立足点,开始了一系列的军事活动。如果说 1847 年的"七和卓之乱"和 1857 年的倭里罕之乱,是和卓余孽在浩罕的支持下试图恢复统治的扰边活动的话,那么布素鲁克则引来了入侵者,给边疆各族人民带来了更为深重的灾

---

① 详见厉声《试论徐学功》,载《西北历史资料》1983 年第 2 期。

② 参见保罗·B. 亨策《喀什的"大角逐":英俄使节与阿古柏》,胡锦洲译,载《新疆社会科学情报》第 5 期,新疆维吾尔自治区社会科学院图书馆,1990 年 5 月,第 16 页。

难。浩罕借支持和卓后裔在新疆的活动,获取经济利益,在 19 世纪上半叶成为影响新疆地区稳定的一个重要的外在因素。

　　阿古柏在新疆境内的入侵活动,充分利用了新疆各地割据势力相互争战的混乱局势,从中渔利。如前所述,叶尔羌是回族、维吾尔族和清军三种力量相互对峙,而且还面临着库车热西丁政权的进攻。在与当地回族军队和库车热西丁军队作战中处于下风的叶尔羌阿奇木伯克尼牙孜所率领的维吾尔人首先向阿古柏求援。阿古柏于是联合尼牙孜向叶尔羌发动进攻,由于遭到当地人民的激烈反抗,联合部队大败而归。但在 1865 年 4 月 21 日,入侵英吉沙尔的阿古柏军却利用当地人民的反清力量攻占了英吉沙尔汉城,从而获得了喘息之机。

　　在击退阿古柏之后,叶尔羌人联合库车人夹击在喀什的阿古柏。当库车的军队向喀什进发的时候,原本夹击喀什的叶尔羌军队却又改为围攻困守叶尔羌汉城的清军,驻守疏勒的清朝“绿营”守备何步云,并未加入战事,以旁观者的姿态观战,使得阿古柏得以集中力量在罕阿里克(今疏勒县东南)之战中击败了欲攻打喀什噶尔的热西丁的库车军队,从而失去了众人围歼侵略者阿古柏的绝好时机。清军守备何步云则在当年的 9 月 1 日投降了阿古柏。

　　1865 年秋季,一支由浩罕败兵与和卓后裔组成的多达 7000 多人的队伍,在玉努斯江的带领下投奔到了阿古柏处,使阿古柏的力量大为增强。于是阿古柏重新组织力量发动了对叶尔羌的第二次进攻,但依然惨败,落荒而逃。布素鲁克乘机在后方发动政变,拥兵自立为汗。阿古柏闻讯后立刻回军镇压,并趁势铲除了内部的异己势力,软禁了布素鲁克,将自己的亲信安插在要害部门,从而基本稳固了自己的地位。①

　　1866 年,库车的热西丁派东征军头目伊斯哈克贺加,率领军队再次向阿古柏发动进攻,同时还让乌什的哈木丁贺加出兵配合。由于伊斯哈克在东征中名气渐大,有“功高镇主”之嫌,热西丁此次派伊斯哈克征讨阿古柏只是想借机将其与他的嫡系部队分开,所以并没有让伊斯哈克的亲信部队一同出征。伊斯哈克率军首先到了阿克苏,然后带了几无斗志的 3000 名士兵前往叶尔羌,而原本配合作战的哈木丁却一直按兵不动。狡

---

　　①　参见新疆社会科学院民族研究所编著《新疆简史》第 2 册,第 134～135 页。

诈的阿古柏趁机攻占巴楚，切断了阿克苏与叶尔羌之间的联系，迫使伊斯哈克孤军困守叶尔羌汉城，然后对叶尔羌展开围攻。占据叶尔羌回城的回民联合伊斯哈克，准备偷袭驻扎在城外的阿古柏的营寨，但由于尼牙孜告密，联军反而中了阿古柏的埋伏，最终大败。随后赶来支援的哈木丁也被阿古柏击溃。不久，占据叶尔羌回城的回民也投降了阿古柏。① 正是由于南疆各股势力不团结，直接导致了叶尔羌的陷落。

在占领了叶尔羌之后，阿古柏又把进攻的矛头指向了塔里木盆地南缘的最后一个割据势力——和田哈比布拉"帕夏"政权。1866 年底阿古柏以傀儡布素鲁克的名义给哈比布拉去信，声称要朝拜那里的伊玛木加帕尔沙迪克麻扎。阿古柏先在叶尔羌、和田交界的地方集结了军队。虽然哈比布拉对阿古柏朝拜之事心存疑虑，但还是出城迎接他的到来。阿古柏则趁机将哈比布拉捕获，并将其押送到喀什囚禁。当阿古柏的军队兵不血刃地进入和田城的时候，和田人民才如梦方醒，起兵反抗。早有准备的阿古柏残酷地镇压了和田人民的反抗，屠杀进行了 5 天 5 夜，据说有 5 万人被杀，遇难者的尸体填满了护城河。哈比布拉所搜刮的民脂民膏也被阿古柏掠夺一空。② 阿古柏将自己封为哲德沙尔汗国（七城之国）的"毕条勒特汗"（又译作"巴达吾来特哈孜"或"毕达吾来特"），意为"洪福王"。

1867 年 5 月 6 日阿古柏在经过一番准备后开始向库车的热西丁政权发动进攻。热西丁的军队虽然坚决抵抗，给侵略军以重创，甚至打死了阿古柏之子胡达·胡里伯克，但是乌什的宗教领袖以及增援库车的援军将领却相继投降了。阿古柏的军队很快到达了库车城下，并以"朝觐圣人麻扎"的名义诱杀了热西丁，占领了库车。同时趁势占领了附近的库尔勒和喀喇沙尔（焉耆）。

阿古柏就这样在两年半的时间里，以军事进攻和大肆杀戮，结合诱降、贿赂、欺诈等手段各个击破，占领了南疆地区。此时，对于阿古柏来讲，以布素鲁克为首的和卓后裔们不仅已经失去了利用的价值，而且还成其独占南疆的"绊脚石"。为了稳固自己在南疆的统治，阿古柏在 1869

---

① 毛拉穆莎·莎依然米:《伊米德史》上册，新疆少数民族社会历史调查组 1960 年汉译本，第 151 ~ 155 页。

② 毛拉穆莎·莎依然米:《伊米德史》下册，新疆少数民族社会历史调查组 1960 年汉译本，第 20 ~ 27 页。

年以去麦加朝觐的名义将布素鲁克赶出南疆,并将其他的和卓后裔们杀死,彻底清除了隐患。与此同时,阿古柏还主动与英国、俄国、土耳其等国联系,试图获得新式武器以及所谓的"国际承认",以谋求其侵略政权的合法性。中亚布哈拉汗国爱弥尔赛依德穆扎法尔授予他"阿塔勒克哈孜"(意为"圣战者之父")的称号;土耳其哈里发阿布力则孜赐予他"米拉胡尔比什"(意为"宫廷马弁头目")的头衔。[①]

从 1870 年(同治九年)开始,阿古柏将进攻的矛头指向了妥明的"清真王"政权,第一个目标便是吐鲁番。在此之前,阿古柏甚至和妥明就所谓的"边界"问题进行谈判,并提出将吐鲁番以东地区"划入"自己的势力范围,遭到了谈判对手的拒绝。双方最后"同意通过喀拉沙尔要塞迤东五十俄里的乌夏克塔尔划一条边界"[②]。但是野心勃勃的阿古柏的目标显然是为了占领新疆全境,所以不久就派军队向吐鲁番发动了进攻。

1870 年 3 月,吐鲁番军民击退了阿古柏的军队并乘胜追击,一直打到了库车和拜城,抢掠一番之后便又退回了吐鲁番。作为报复,恼羞成怒的阿古柏在阿克苏屠杀了许多回民,然后又裹胁当地民众 6 万多人,发动了对吐鲁番的第二次进攻。在这一次战争中,阿古柏再施欺诈手段,利用妥明与清军和汉族民团之间的矛盾,假称要帮助清军讨伐妥明,甚至表示愿意"以南八城归献朝廷"[③],从而使妥明陷入孤立。在强攻吐鲁番未果的情况下,阿古柏在 10 月 6 日攻占了达坂城,切断了乌鲁木齐与吐鲁番之间的联系,迫使吐鲁番守将马仲与马人得于 11 月 1 日投降。11 月 21 日,阿古柏开始向乌鲁木齐发动进攻,在经过一番血腥的杀戮之后,妥明不得已在 11 月下旬开城投降,"清真王"政权灭亡。[④] 这时,除了伊犁的"苏丹"政权外,新疆各地的割据政权都被阿古柏扫荡殆尽。

占领乌鲁木齐之后,野心勃勃的阿古柏又打算进攻伊犁,由于沙俄在1871 年已抢先侵占了伊犁,他才不得不放弃这个打算。从 1865 年入侵喀

---

① 参见齐清顺《阿古柏名号浅谈》,《新疆历史研究》1987 年第 1 期。

② A. N. 库罗帕特金:《喀什噶利亚》,新疆人民出版社 1980 年版,第 142 页。

③ 曾毓秀:《征西纪略》,载《回民起义》第 3 册,上海人民出版社、上海书店出版社 2000 年版,第 44 页。

④ 参见新疆社会科学院民族研究所编著《新疆简史》第 2 册,第 140 页。

什，到 1870 年占领乌鲁木齐，阿古柏用了 6 年左右的时间将除伊犁和哈密之外的新疆绝大部分地区纳入了哲德沙尔汗国政权的统治之下。

1873 年 9 月，陕西回民起义领袖白彦虎从甘肃退入新疆，来到哈密，并与当地的维吾尔族领袖玉素皮联合攻占了哈密回城。10 月，清军收复回城，白彦虎掳掠了哈密王迈哈默特之母逃到吐鲁番投奔了阿古柏，成为阿古柏统治天山以北的一支主要力量。他甚至剃发易服向阿古柏表示效忠，成为阿古柏的"马前卒"。

(三)"哲德沙尔"政权的统治

阿古柏建立的"哲德沙尔"政权实行的是所谓的"苏玉尔阿列"军事封建采邑制统治。他将所占领的地区分为若干个较大的行政区（包括喀什、英吉沙尔、叶尔羌、和田、阿克苏、乌什、拜城、库车、库尔勒、吐鲁番和乌鲁木齐等）以及一些较小的行政区，各行政区下管辖数量不等的村庄，然后再将这些地区分封给自己的亲信以及各级官吏。这些大小官吏的收入完全由封地取得，其中的一部分还要上缴给阿古柏等。

阿古柏的各项"政令"主要是通过身边的四个"米尔扎"（即秘书）来传达和执行的。一般由阿古柏口述，米尔扎记录，再由信差骑马沿着驿站送达各地。所以，阿古柏个人的意志就成占领区最高的"法令"。在地方上，阿古柏沿袭当地的旧制，委任阿奇木伯克担任各个地区的最高行政长官。"所有的阿奇木都各自为政，直接对阿古柏本人负责。"阿齐木伯克之下设有伯克、托格索巴（村长）、胖色提（五百户长）、玉孜巴什（百户长）。[1]

这些充当阿奇木伯克的人中，既有来自浩罕的"亲信"，也有投降他的当地领主和降将。但是，作为入侵者的阿古柏对于本地的领主和降将并不信任，"阿古柏约束土人极严格，出一谋，决一策，非浩罕人不能参，选官设将亦浩罕人居多"[2]。即使对于这些本地封建主和降将，他也大多采取了异地任用的办法，比如任命原叶尔羌阿齐木伯克尼牙孜为和田的阿

---

① 　[俄] A. N. 库罗帕特金:《喀什噶利亚》，新疆人民出版社 1980 年版，第 19～25 页。
② 　印鸾章著，邓球柏、钟楚楚标点:《清鉴纲目》卷一三，岳麓书社 1987 年版，第 584 页。

奇木，吐鲁番守将马仲为乌鲁木齐阿奇木。对于像叶尔羌这样的重镇，他则任命来自浩罕的"亲信"玉努斯江担任阿奇木，喀什噶尔的阿奇木是一位名叫阿尔达什达德华的塔什干商人。[①]

阿古柏在新疆强制推行所谓的"沙里阿特"伊斯兰教法规，按照《古兰经》与"圣训"的规定和原则管理民众，维护其统治。为此，阿古柏任命了总哈孜（哈孜喀郎）、军事法官（哈孜奥斯卡尔）和总拉伊斯（哈孜拉伊斯）等宗教法官；地方各城乡则普遍建立了宗教法庭，由哈孜、穆夫提（教法的阐释者）、拉伊斯和警察组成，行使宗教审判权和监督、执行权。除了死刑要经过阿古柏批准之外，哈孜们可以按照自己对教法的理解对需要审判者进行审判，而拉伊斯和警察则是哈孜指令的执行者，按照哈孜的旨意对他们认为触犯伊斯兰教法的人施以鞭笞、断肢等刑罚。拉伊斯的职责虽然主要是监督教规的执行情况，但实际上的权力却要大得多，从家庭内部纠纷的处理到居民何时熄灯睡觉都在拉伊斯的管辖范围之内。拉伊斯整天带着象征权力的教鞭四处巡游，发现违反教规的人，即可实施鞭刑。此外，阿古柏还建立了一套秘密警察系统，监视和探查社会各阶层人们的言行，连来到这里的外国商人和使节也处于这些秘密监视之中。在阿古柏统治时期，密探遍布所占领地区，人人自危；在各个城镇最显著的地方都设置了绞刑架，人民生活在水深火热之中。这种血腥的、中世纪式的统治方式是历史的倒退。

为了满足侵略和统治的需要，阿古柏设立了名目繁多的税种。除了三种所谓的"正税"，即以宗教"天课"名义征收的"乌守尔"（农业税，税率为10%）和"扎尕提"（商业税和牧业税，税率为2.5%），以及"塔那甫"（按面积向非粮食作物地征收的赋税，每年征收一到二十个银币不等）外，还有大量的附加税，包括：撒满普尔（麦草税）、哈拉吉（费用开支税，税率10%）、塔热克（遗产税，税率为2.5%）、库那列乌（军队税）、卡甫散（乌守尔的附加捐）和警察捐（每周征收一次）等。农牧民的劳动成果有八成以上都被阿古柏政权掠走。[②] 为了征缴这些苛捐杂税，每个阿奇木伯克手下都有少则七八十名，多则五六百名的税吏。由

---

①　［俄］A. N. 库罗帕特金：《喀什噶利亚》，新疆人民出版社1980年版，第25页。

②　参见新疆社会科学院民族研究所编著《新疆简史》第2册，第170～171页。

于阿古柏实行的实际上是一种"包税制",各级官吏并无薪俸,所征缴的赋税在上交了阿古柏之后,余额才作为薪俸用于支付给各级官吏,因此税吏征收的时候巧取豪夺,营私舞弊,随意提高税率是普遍做法。事实上,这一时期的税率是"漫无定准"的,在实际征收的时候常常被提高到两倍以上。

阿古柏维持所建哲德沙尔汗国的主要支柱是军队。在入侵和占领新疆期间,他的"唯一思虑"是"巩固他的军事实力和建立一支强大的常备军",所以"只把钱花在训练士兵和购买武器上"①。在入侵新疆的过程中,他仿照中亚汗国的模式建立了一支由沙尔巴兹(步兵)、吉杰特(骑兵)、托普奇(炮兵)和类似炮兵的抬枪部队组成的军队,另外还有在东部各城市中临时组成的团练武装。军队的职衔从低到高依次为列兵、达巴什(十人长)、皮扬吉巴什(五十人长)、玉子巴什(百人队长)和胖色提(五百人长)等,最高职衔是拉什卡尔巴什,统帅 5 ~ 10 名胖色提。军队人员的构成情况也十分复杂,其中既有从中亚等地来的逃亡者,也有降附阿古柏的原新疆各割据政权的军队,还有清军官兵。前者是阿古柏依靠的主要力量,占据着军队中的重要职位。但是这些人都是一些在各自内部争斗中的失败者和想趁乱发财的冒险家,并无坚定的信念,也没有受过系统良好的军事训练,遇到风吹草动便作鸟兽散;后者也只是暂时归附阿古柏,具有较强的独立性,阿古柏对他们也并不真正信任。这样的乌合之众在阿古柏得势的时候尚能为其所驱使,而当清朝收复新疆的大军来到的时候顷刻间便土崩瓦解了。

阿古柏自知是一个外来者,为了谋求其建立政权的合法性,便极力寻求外部国家的承认和支持,甚至不惜出卖新疆的权益。当时英国和俄国争夺中亚势力范围,阿古柏一方面在 1872 年 6 月与俄国签订了"俄阿条约",准许俄商在南疆各地经商并过境到邻近国家,准许俄商在南疆建造商行、货栈并设立贸易事务官等条件,换取俄国承认其为"哲德沙尔"的领袖;另一方面又于 1874 年春季与英国签订了"英阿条约",也准许英国及其附属国的商人在南疆地区自由贸易和转运贸易,英国派遣"大使"级政府代表和"领事"级商务代理人驻扎南疆,条件是英国承认其

---

① [英]包罗杰:《阿古柏伯克传》,商务印书馆 1976 年版,第 127 ~ 128 页。

为喀什噶尔和叶尔羌地区的"艾米尔"。① 阿古柏还在 1870 年派人前往伊斯坦布尔,向土耳其苏丹阿卜杜勒·阿齐兹效忠,要求军事援助和教官,而土耳其苏丹在英国的支持下不仅给阿古柏送来了武器和军事使团,并在 1873 年授予他"信仰之统帅"的称号。② 英国和俄国各自为了在中亚争夺势力范围时取得优势,一方面争相拉拢阿古柏;另一方面也对这个变化无常的入侵者心存疑虑,只是把他当成一枚遏制对方的"棋子"。1868年,英国商人罗伯特·沙敖首次到南疆与阿古柏接触,紧接着弗赛斯爵士又受英国政府指派分别于 1870 年和 1873 年两次进入南疆,给阿古柏带去了大量的新式武器;1872 年,俄国则派遣军官考尔巴斯到了喀什噶尔。阿古柏一方面利用英国和俄国之间的矛盾,巩固自己的统治;另一方面也担心英俄的扩张活动会危及自己的政权。英国、俄国和阿古柏之间的这种三角关系实际上是一种利用与被利用、牵制与反牵制的关系,而作为中国领土不可分割的一部分的新疆地区以及生活在这片土地上的民众则成角逐斗争的牺牲品。由于沙俄在北疆侵占伊犁,在中亚吞并了浩罕、希瓦和布哈拉,使阿古柏感受到了来自沙俄的直接威胁,进而倒向了英国。因此,在角逐新疆的斗争中,英国明显占据了上风。

事实上,对于俄国在中亚地区的扩张活动,阿古柏一直心存疑虑;而对于阿古柏明显偏向英国和土耳其一系列举措,俄国也十分不满,加上俄国此时与奥斯曼土耳其的关系紧张,随时有爆发战争的可能,所以俄国担心阿古柏会成为英国和土耳其在中亚牵制其扩张的力量。为此,俄国不仅在 1871 年出兵抢先侵占了中国的伊犁,还在 1873 年打算吞并阿古柏政权,只是由于中亚地区爆发了大规模的反俄起义才未果。尽管英、俄在中亚地区的角逐、争斗和相互牵制,客观上为阿古柏政权的存在提供了一定的外部条件,但也并不能挽救其灭亡的命运。

二　清朝收复新疆与阿古柏政权的灭亡

直到同治十年（1871 年）沙俄侵占中国新疆地区的政治与军事中

---

① 参见新疆社会科学院民族研究所编著《新疆简史》第 2 册,第 158~159 页。
② 参见保罗·B. 亨策《喀什的"大角逐":英俄使节与阿古柏》,载新疆维吾尔自治区社会科学院图书馆《新疆社会科学情报》第 5 期,1990 年,第 27 页。

心伊犁之后，清廷似乎才意识到新疆局势的严重性和阿古柏入侵政权的性质。同治十二年（1873 年）陕甘回民起义被平复之后，清廷即开始收复新疆的军事行动。这时，新疆地区唯一还没有陷落的哈密地区成为清军收复整个新疆的重要支撑点，此后展开的一系列军事行动都是从哈密开始的。首先，哈密帮办大臣景廉被任命为乌鲁木齐都统，神机营副都统富和被任命为塔尔巴哈台参赞大臣，统帅北疆的各部清军；同时，清朝还从内地调集正白旗汉军都统金顺、凉州副都统额尔庆顺、广东陆路提督张曜率所部进驻哈密。同治十三年（1874 年），清政府又任命景廉为钦差大臣督办新疆军务。张曜还在哈密大兴屯田，积蓄军粮；景廉也从内地招徕移民到奇台和吉木萨尔一带垦荒，为收复新疆做准备。但是，由于同治十二年（1873 年）日本侵略台湾岛，东南沿海危机加剧，引发了清廷内部的"海防"与"塞防"之争，一定程度上牵制了在新疆的军事行动；加之这一时期进驻新疆的军队不仅兵力少，而且统属不一，力量分散，所以收复新疆的军事行动基本没有多少进展。

1875 年（光绪元年）5 月 3 日，力主"塞防"优先的左宗棠被任命为钦差大臣，督办新疆军务，金顺为乌鲁木齐都统，帮办新疆军务。为了取得"西征"的胜利，左宗棠上任后即开始进行了一系列精心而缜密的准备。他将新疆的 37 个营的清军精简整编为 19 个营，统交金顺指挥，提高这支部队的战斗力；并命令湘军总统刘锦棠率所部 25 个营进驻新疆，作为"西征"的主力，从而使清军在新疆的总兵力达到 98 个营近 6 万人。[①] 在兵员和战斗力方面保证了"西征"的需要。与此同时，左宗棠还多方筹集"西征"所需要的军饷和军粮。他一方面通过向外国洋行借银、各省拨付协饷和从户部库存划拨等途径，共筹得军饷 2645 万两；另一方面，在各地设立粮局，负责从内地采购粮食转运至前线，到光绪二年（1876 年）夏季为止，运存到前线的军粮已经达到 2000 余万斤[②]，从而保证了"西征军"的后勤供应。至此，消灭阿古柏政权，收复新疆的准备工作可谓是万事俱备。

---

① 参见董蔡时《试论左宗棠在征讨阿古柏匪帮过程中的斗争》，《苏州大学学报》1983 年第 3 期。

② 参见马大正主编《中国边疆经略史》，中州古籍出版社 2000 年版，第 390 页。

1876 年（光绪二年）4 月 7 日，左宗棠进驻肃州，收复新疆的战斗拉开了序幕。根据当时新疆的局势，左宗棠在政治上制定了"剿抚兼施"的方针，打击的重点集中到阿古柏及死心塌地的投靠者头上；对于被阿古柏裹胁的民众和领主，则以招抚为主。他在军事上制定了"先北后南"、"缓进急战"的作战原则，即先收复除伊犁之外的北疆地区，再南下收复南疆；进军时步步为营，确保各部协调作战和后勤供应，在战斗中则猛打猛冲，力求一举歼敌。在左宗棠的部署下，清军兵分三路，刘锦棠和金顺率领主力进驻阜康，收复乌鲁木齐一线；张曜所部豫军驻守哈密，以防阿古柏从吐鲁番东犯，在刘锦棠收复乌鲁木齐之后，再进兵夹击吐鲁番之敌；徐占彪则驻防镇西（即巴里坤），以固后路。从以上部署可以看出，左宗棠起初在消灭阿古柏的问题上还是很审慎的。

面对清朝的"西征"大军，阿古柏仍作垂死挣扎。他从阿克苏赶到托克逊，分别在古牧地（今米泉）、达坂城、吐鲁番和托克逊布置了三道防线，妄图阻止清军收复新疆。投靠阿古柏的白彦虎负责防守北疆。

光绪二年（1876 年）八月，刘锦棠率领所部清军突袭黄田，攻占古牧地，接着乘胜追击，在短短五天的时间里连克乌鲁木齐、昌吉和呼图壁等地，盘踞于此的白彦虎、马人得逃往达坂城一带。十一月六日，各路清军合击消灭了玛纳斯南城守敌，从而彻底清除了阿古柏在北疆全部据点，为收复南疆地区打下了基础。清军收复新疆的第一阶段目标用时三个月即顺利实现。这时，左宗棠对于南疆的战事依然比较审慎，认为"南路军务，恐仍是'缓进急战'之局，以斯时局势言之，亦不能急。惟须将后路布置周妥，先立于坚固不摇之地，则千钧之弩，一发便中机会矣"①。此时的阿古柏如热锅上的蚂蚁，自知无法抵御清军的进剿，遂谋求英国人从中"调停"，但遭到了左宗棠的坚决拒绝。

在安排好北疆地区的防务之后，左宗棠即于光绪三年（1877 年）春季命令张曜从哈密西进，会同徐占彪所部联合向鄯善、吐鲁番发动进攻。刘锦棠所部则于四月十四日从乌鲁木齐出发，向阿古柏的第二道防线达坂城进击，四月二十日攻克达坂城；同日，张曜和徐占彪合兵攻破七克腾木（鄯善东），接着又在四月二十二日收复辟展（鄯善），二十五日占领胜金

---

① 左宗棠：《左文襄公批札》卷六，光绪十六年刻本。

口。四月二十六日，张、徐所部与刘锦棠的援军收复吐鲁番，守将马人得投降；同日，刘锦棠也占领了托克逊。这样，清军仅用了半个月的时间便突破了阿古柏设置的最后防线，收复了吐鲁番、鄯善和托克逊，南疆的门户从此洞开。按照"剿抚兼施"的方针，清军在收复吐鲁番之后，将白彦虎从哈密所掳掠的民众和阿古柏所裹胁的南疆民众全部予以释放，并发给粮食和衣物，令其各回原地。南疆民众在返回途中，将清军收复新疆的消息广为传播，动摇了阿古柏的军心。

在清军势如破竹的攻势面前，阿古柏手下的官员和士兵纷纷逃亡，走投无路的阿古柏因急火攻心，恐惧交加，于五月二十八日在库尔勒发病暴亡。① 阿古柏部下乱作一团。阿古柏的小儿子海古拉在六月二十五日带着父亲的尸体逃奔喀什噶尔，后来被胞兄伯克胡里所杀；艾克木汗在库尔勒自封为汗，退往阿克苏，随后又被伯克胡里打败逃往俄国。只有白彦虎还在继续抵挡清军。

1877 年（光绪三年）八月二十五日，刘锦棠开始从吐鲁番和托克逊率部南下，清剿残敌。此时，白彦虎自知孤力难支，遂决开都河，以泛滥的河水阻挡清军，并裹挟沿途民众南逃，然后与喀什噶尔的伯克胡里会合。这样，清军收复南疆的行动在一开始实际上就已形成追歼战之势，到十月二十六日便陆续光复了喀喇沙尔、库尔勒、库车、拜城、阿克苏、乌什等地。② 在白彦虎败退的过程中，南疆各族人民或起兵阻击，或闭门据守以待清军，等到白彦虎逃到喀什噶尔时，所领残兵败将只剩下不到百人。南疆各族人民则积极配合清军，"没有一个城镇向皇帝陛下的大军射过一颗子弹，很多城镇的好人还为皇帝的大军做了力所能及的事"③。十一月，清军做短暂休整，准备先攻占叶尔羌，再分兵收复和田与喀什噶尔，发起收复南疆的最后一战。

在清军南进的过程中，此前降附阿古柏的尼牙孜伯克与清军绿营统领何步云先后在和田、疏勒宣布反正。伯克胡里首先赶走了和田的尼牙孜，又带兵围攻疏勒（即喀什噶尔汉城）。刘锦棠抓住时机，调整部署，命部

---

① 一说阿古柏是服毒自杀；另一说阿古柏在与手下斗殴时受伤而亡。
② 《平定陕甘新方略》卷三〇五，第 9～16 页。
③ 毛拉穆莎·莎依然米：《伊米德史》下册，新疆少数民族社会历史调查组 1960 年汉译本，第 160 页。

将余恩虎、黄万鹏兵分两路直取喀什。十二月十七日清军抵达喀什,正在围攻疏附的伯克胡里与白彦虎慌忙逃往边境地区,最后投奔了沙俄;二十一日,清军收复叶尔羌,阿奇木伯克玉努斯江逃往色勒库尔,后被塔吉克人俘获献给了清军。光绪三年十二月二十九(1878 年 1 月 2 日),随着和田的光复,入侵者阿古柏在新疆的势力被彻底地清除。

清军在一年半的时间里便收复了被阿古柏侵占并盘踞、经营了长达 13 年之久的广大领土,其迅捷和顺利程度大大出乎所有人的意料。这固然与清军行动的正义性和阿古柏侵略者的不得人心有密切的关系,但是这一政权的出现也为后人留下了许多值得认真思考的地方。

三　晚清整体边防体系的最终确立

(一) 19 世纪中叶以后边海疆危机的普遍爆发

19 世纪六七十年代中国边疆危机的普遍爆发是在清朝内忧外患交困的大背景之下产生的。咸同年间的太平天国战争,给清朝腐朽的统治以沉重的打击,由此引发的各地农民后续起义,尤其是同治年间的陕甘回民大起义不仅使得清朝在西北的统治雪上加霜,而且也削弱了对西北边疆地区的控制力量。而咸丰年间发生的第二次"鸦片战争"的巨额战争赔款也使清朝的财政不堪重负。

为了镇压太平天国,筹足列强的战争赔款,清廷不得不削减原来由内地各省分摊拨付新疆的所谓"协饷",并于咸丰四年(1854 年)正式告知甘肃和新疆的地方官员说:"现在内地军务未竣,度支告匮,所有新疆各城经费及协甘兵饷,几至无从筹拨,若非设法变通,断难经久。"① 到了同治元年(1862 年),维持新疆地方各级统治机构和戍边军队正常运转的外来经费来源则完全断绝,导致边疆官兵军心涣散,人心不稳,战斗力下降。为了维持在西北边疆岌岌可危的统治,清新疆地方当局不得不采取铸币、增税、劝捐、摊派和开荒等措施②,加重了民众的负担,导致民怨沸腾,边疆危机更为加重。陕甘回民起义的爆发,不仅隔断了边疆与中央

---

① 《清文宗实录》第一三一卷,第 24～25 页。
② 详见新疆社会科学院民族研究所编著《新疆简史》第 2 册,第 95～101 页。

联系的主要途径，也使得新疆无法及时得到内地在人力和物力上的直接支持。一旦边疆事发，清廷常常无计可施，新疆地方只有独立支撑，外来势力则乘虚而入，内乱最终招致外患，边事进而演变为危机。以道光二十七年（1847年）的"七和卓之乱"为例，当和卓后裔在南疆作乱的时候，清廷便命令陕甘总督布彦泰率大军作为后备军进驻肃州待命，一旦战事进展不顺，便立即出关增援，从而很快平定了叛乱。但是，当同治三年（1864年）新疆农民大起义爆发的时候，陕甘两省的军政要员忙于镇压当地的回民起义，自顾不暇，哪里还能顾及新疆，致使新疆孤悬塞外，局势恶化。由此可见，离开中央和内地的有效支持，西北边疆地区一旦遇到变故便难以独立支撑，边疆危机于是就不可避免地产生了。

同治三年（1864年），受陕甘回民起义的直接影响，在新疆境内爆发了各族人民大起义，但起义成果被一些领主和宗教领袖所掌握，出现了几个地方政权，清朝在新疆地区的统治体系几乎全面崩溃。这些政权打着宗教或民族的幌子，为了扩充各自的势力而相互征战，不仅给新疆民众带来了深重的灾难，而且也为外来的入侵者提供了可乘之机。

1865年1月，盘踞在喀什的柯尔克孜族思的克和回族金相印将流亡在中亚浩罕汗国的和卓后裔布素鲁克迎入喀什噶尔。始料不及的是，随同和卓前来的还有野心勃勃的浩罕军官阿古柏。在短短的时间内，阿古柏以军事征服与其他计谋等手段建立了一个政权，并取得了在这一地区争权夺势的列强的支持。

同治十年（1871年），正当阿古柏欲向伊犁进攻时，沙俄兵分两路，消灭了伊犁的"苏丹"政权，占领了伊犁地区。这样，除了东疆的哈密和北疆的少数城镇外，新疆的大部分地区都落入了侵略者的手中，中国西北边疆危机的形势变得空前严峻起来。

被太平天国和陕甘回民起义搞得焦头烂额的清廷起初对于阿古柏政权的性质并不是很清楚，甚至不知道阿古柏是个外国人，也没有采取具体有效的措施加以应对，反而按对待造反者的方式派官员前往"宣谕"、"招安"和"议抚"。直到沙俄侵占伊犁之后，清廷才认识到西北边疆局势的严重性，一方面急忙通过外交途径与沙俄交涉；另一方面从各地调集军队前往新疆，连同驻在当地的清军余部一起准备共同收复失地。同治十二年（1873年），左宗棠攻占了肃州，基本平定了陕甘回民起义，打通了新疆与内地交往的主要通道；同治十三年（1874 年），哈密帮办大臣景廉被朝廷委任为钦差大臣，负责全权督办新疆军务。就在此时，中国东南部的海疆危机又因为日本入侵台湾而凸显出来。

其实，自从道光二十年（1840 年）鸦片战争以来，西方列强就从海路打开了中国的"大门"，在侵略者的坚船利炮面前，清朝的海防形同虚设，不堪一击，海防危机早已显现出来。进入 19 世纪 70 年代，"海疆警报几乎无岁不有"①，对于传统上以陆路"塞防"为主的古老中国来说，"海防"也面临着空前的考验。同治九年（1870 年），李鸿章出任直隶总督兼北洋大臣，开始筹备海防，创办近代海军，以巩固海疆。然而，就在清朝海防体系雏形未备的情况下，日本借口台湾原住民误杀琉球船民事件，于 1872 年迫使琉球国王接受其"藩王"的称号，进而在 1874 年 4 月设立"台湾番地事务局"，并在日本长崎建立侵略台湾的军事基地，悍然在 1874 年 5 月 8 日入侵中国台湾，并在占领区设立都督府，修建医院和铁路，图谋进行长期占领，东南海疆危机顿时也变得空前严峻起来。10 月 31 日，在英、美、法等国的祖护下，清朝被迫与日本签订了《台事专约》三款（即中日《北京专约》），以承认日本侵台是"保民之举"、赔付日本白银 50 万两的条件，换取日本从台湾撤军。

一向被视为"蕞尔小国"的日本也开始从海上蚕食中国领土，不仅凸显了清朝海防的薄弱，也极大地刺激了以"天朝"自居的统治者，一时间朝野上下群情激愤，加强海防的呼声变得更加急迫起来。就这样，19 世纪 70 年代的海疆危机和西北陆路边疆危机交织在一起，就如何看待和处理海防与塞防之间的关系或者两者之间何者优先的问题，便在清廷中央和地方大员之间引发了一场影响深远的所谓"海防"与"塞防"之争。

（二）"海防"与"塞防"之争的展开

尽管 19 世纪 70 年代的海疆与陆疆危机同时发生而交织在一起，但是海防与塞防之争却是围绕着塞防，即是否收复新疆以及何时收复新疆而展开的。如前所述，在左宗棠平息了陕甘回民起义之后，清廷已经做好了收复新疆的前期部分准备工作，从各地征调的大军有些已经踏上了征程。日

---

① 薛福成：《庸庵内外编·海外文编》卷二，第 16 页。

本侵占台湾之后，收复新疆的行动受到了影响，总理衙门于同治十三年（1874 年）十月上书同治皇帝说明加强海防的急迫性；十一月五日，皇太后慈禧下令东南各省的军政大员详议此事，得到了几乎一致的响应和支持。但是，筹办海防需要巨额经费，已经引势待发准备收复新疆的"西征军"同样更急迫地需要饷银。据估算，筹办海防，仅向外国订购铁甲舰建立近代海军一项，就需要白银 4000 万两；西征的四路大军每年也需要经费 1180 多万两，遇到闰月每年还要增加 90 余万辆。① 对于在财政上已经捉襟见肘的清廷来讲，如何对待和处理两者之间的矛盾，便成为摆在那些主张加强海防的大员们面前首先需要解决的问题。

对于传统上以陆地防卫为主的中国而言，近代海防建设不仅是一个全新的课题，也需要一个长期的过程，其中既有大量的工作要做，还有一个国防观念转变的问题。同治十三年（1874 年）十一月总理衙门上奏的《拟筹海防应办事宜折》中就提出了筹办海防的练兵、简器、造船、筹饷、用人和持久六法；李鸿章在《筹议海防折》中则明确指出："居今日而欲整顿海防，舍变法与用人别无下手之方。" 由此可见，海防建设不可能一蹴而就，筹饷只是其中的一项任务之一，当时更为迫切的恐怕还是"变法"（变革军事制度）和"用人"（培养新式人才）。

以李鸿章为首的"海防论"者虽然正确地认识到了海防的重要性和紧迫性，但却将海防与塞防对立起来。他们对迫在眉睫的西北边疆危机置之不顾，片面强调筹办海防的重要性，甚至建议清廷暂停收复新疆的军事行动，集中财力和物力加强海防。李鸿章在同治十三年十一月初二（1874 年 12 月 10 日）的《筹议海防折》中以海防筹饷困难为由，建议清廷停撤西征的诸路大军，并将"停撤之饷，即匀作海防之饷"；至于西征军队则应当严守现有边界，不必急图进取。李鸿章的建议不仅得到了除左宗棠和湖南巡抚王文韶、江西巡抚刘秉璋之外的绝大多数地方大员的响应和支持，而且朝廷的重臣如醇亲王奕譞等也认为"李鸿章之请罢西征为最上之策"，提出"节省物力，专备海防"的建议。② "海防论"者之所以

---

① 参见《统筹新疆全局以规久远疏》，载邵之棠《皇朝经世文编》卷五六。

② 参见《李文忠公全书》奏稿，卷二四，第 18～19 页；《防务档》光绪元年正月二十一日崇实奏疏。清光绪三十一年金陵刻本。

提出上述建议，主要源于他们对于西北陆地边疆危机的紧迫性和严重性认识不足，而这又是因为他们对于新疆战略地位认识的偏差。对于当时甚嚣尘上的"海防论"者的观点，以左宗棠为首的"塞防论"者针锋相对，将海防与塞防纳入整个国防体系之中，从收复西北边疆失地的迫切性、可能性等方面，全面分析了塞防与海防的关系，驳斥了"海防论"者的片面观点，从而在朝野上下引发了关于海防与塞防问题的大争论。

1. "本末"与"表里"之争

对于新疆在清朝国防体系中的地位，以李鸿章为首的"海防论"者认为，新疆地区乃"数千里之旷地"，并没有多大的用处；一般在无事的时候每年驻守所需兵费就达300余万两白银，现在若花费巨资出兵收复，只是"而增千百年之漏卮，已为不值"，所以还不如将西征的费用用于海防建设。在李鸿章看来，"新疆不复，于肢体之元气无伤；海疆不防，则腹心之大患愈棘"。事实上，自道光年间和卓后裔发动叛乱以来，清廷朝野有关是否放弃新疆地区的争论就一直没有停止过，其理由也无非是"不值靡饷劳师，以国家有用之经费，用之于无益之荒陬"①。同治五年（1866年）七月，署塔尔巴哈台参赞大臣李云麟明确提出："西北之势，关内为本，关外为末"，"今国家元气未复，兵帑两亏，不思养兵息民，乃欲黩武争胜于遐荒之地，非经国之良谋，不如弃之"。② 19 世纪 70 年代海疆危机的加剧，只不过给放弃西北塞防的论调进一步提供了条件。"海防论"者将海防视为"腹心"之本，却将西北边疆的塞防视为"元气无伤"之末，没有将两者作为一个整体，反而把它们作为"本末"对立起来，取本舍末便成这种传统国防观的自然选择了。

与"海防论"者将"海防"和"塞防"视为本末对立的国防观不同，以左宗棠为首的"塞防论"者将两者看做一个互为表里的整体，海防与塞防相互影响，缺一不可。③ 在左宗棠看来，片面强调海防而忽视塞防不仅"扶得东边倒了西边"，最终恐怕是"西边必倒东边亦未能扶也"。④ 他进一步指出，各省历年积欠塞防之饷本来已经达到 3000 余万

---

① 《清宣宗实录》卷一七八，第 36 ~ 37 页。

② 《平定陕甘新回匪方略》卷一〇八，第 8 ~ 9 页；卷一三七，第 19 ~ 20 页。

③ 参见赵春晨《清季关于新疆问题的争论》，《西北史地》1983 年第 4 期。

④ 《筹办夷务始末》（同治朝）卷九九，第 61 页。

两，根本谈不上移拨海防，如果此时再对塞防"停兵节饷"，则无异于"自撤藩篱"，其结果肯定是"于海防未必有益，于边塞大有所妨"①。明确支持左宗棠主张的人尽管不如海防者众，但在中央和地方还是有少数有识之士。在地方上，湖南巡抚王文韶就认为，当时的局势下反而应当全力注重西北塞防，因为如果及时收复西北失地，"但使俄人不能逞志于西北，则各国必不致构衅于东南"②，明确地将东南海疆与西北塞防联系起来。在朝廷，时任军机大臣和总理衙门领班大臣的文祥力排众议，全力支持左宗棠的意见，主张海防与塞防并重，两者均不可偏废，并阐述了自己的国防观："我朝疆域与明代不同。明代边外皆敌国，故可画关而守；今则内外蒙古皆臣仆，倘西寇数年不剿，养成强大，无论坏关而入，陕甘内地皆震，即驰入北路，蒙古诸部落皆将叩关内徙，则京师肩背坏。彼时海防益急，两面受敌，何以御示？此次以陕甘百战之师乘锐出关，破未经大敌之寇，乌鲁木齐辖境不难指日肃清。乌垣既克，乘得胜之威，南钤回部，北抚蒙古，以备御英俄，实为边疆久远之计。"③ 文祥此前一直在筹备海防，对海防的重要性同样也有清醒的认识，所以他主张海防与塞防并重，首先收复西北失地，尽快解决迫在眉睫的塞防危机，进而避免腹背受敌。该主张反映了文祥整体国防的思想，这显然要比单纯的海防或塞防论者的主张更符合当时的实际情况。正因为如此，左宗棠的建议最终得到了清廷的认可。主张海防与塞防并重的文祥则在廷议未决的时候，"排众议之不决者，力主进剿"，最终促使清廷决定西征。光绪元年三月二十八日（1875年5月3日），左宗棠被委任为钦差大臣督办新疆军务，开始全力筹划西征事宜。从表面上来看，这似乎是"塞防论"者获得了胜利，但实质上则标志着同治中兴之后清朝国防意识的重大转变，亦即整体国防观的确立。

2. "分封"与"收复"之争

李鸿章在《筹议海防折》除建议停撤塞防之饷匀作海防之饷外，还主张对与西北失地采取"招抚"的办法，即"一面招抚伊犁、乌鲁木齐、

---

① 《左文襄公奏稿》卷四六，第 36 页。
② 《筹办夷务始末》（同治朝）卷九九，第 61 页。
③ 李云麟：《西陲事略》卷上。

喀什噶尔等回酋，准其自为部落……略奉正朔可矣"。李鸿章的这一主张
实质上是要把新疆作为"藩属"之地分封出去，使其脱离中央政府的有
效控制，最终目的还是要放弃塞防，集中人力和物力专注海防。这与他将
海防视为"腹心"，将西北塞防视为"元气无伤"的国防观是一致的。需
要指出的是，早在道光六年（1826 年）张格尔作乱的时候清廷就有放弃
部分南疆之地的设想。当时道光帝曾密谕伊犁将军长龄等人："事平之
后，西四城（指南疆的喀什噶尔、叶尔羌、英吉沙尔、和田）可否仿土
司分封之例？"时任参赞军务的武隆阿则明确提出："西四城各塞环逼
外夷，处处受敌，不若归并东四城，不须西四城兵费之半，即巩若金
瓯，似无需更守西四城漏卮。"① 由于张格尔叛乱很快就被平定，所以这
些建议被清廷否定。但是 3 年后和卓后裔玉素甫作乱南疆时，陕甘总督鄂
山再次提出分封西四城的建议，遭到了当时的伊犁将军玉麟的坚决反对。
玉麟在奏折中指出："西四城为东道藩篱，南八城为西陲保障……以形势
论，唇亡则齿寒；以地利论，喀什噶尔、叶尔羌、和田三处为回疆殷实之
区。舍沃壤而守瘠土，是借寇兵而赍盗粮也。"② 由此可见，自道光以来，
有关是否放弃新疆的争论就一直没有停止过。李鸿章的主张无非是旧调重
提而已。

　　以左宗棠为首的"塞防论"者则充分认识到了新疆在清朝国防体系
中所占的重要地位，将西北塞防提高到了影响整个西北和北方边疆乃至
京师安全的高度。他认为，作为国家西北屏障的新疆一旦失守，那么
"不独陇右堪虞，即北路科布多、乌里雅苏台等处恐亦未能晏然"。左
宗棠还进一步指出："重新疆者所以保蒙古，保蒙古者所以卫京师。西
北臂指相连，形势完整，自无隙可乘，若新疆不固，则蒙古不安，匪特
陕甘山西各边时虞侵轶，防不胜防，即直北关山，亦将无晏眠之日。"③
从历史上来看，左宗棠认为："周、秦、汉、唐之盛，奄有西北。及其衰
也，先捐西北，次保东南，国势浸弱，以底灭亡。"④ 他从历史的和现实
的角度，有力地驳斥了认为放弃新疆"元气无伤"的论调，将西北塞防

---

① 魏源:《圣武记》上册，中华书局 1984 年版，第 188 页。
② 《清史稿》列传一五四。
③ 参见《左文襄公奏稿》卷四六，第 50、75～76 页。
④ 同上书，第 42 页。

与整个国家边疆的安全联系起来，从整体国防观的高度充分说明收复新疆的重要性。

对西北边疆周边的国际形势，尤其是沙俄不断蚕食中国领土的做法，左宗棠也有清醒的认识。还在沙俄侵占伊犁时候，他就指出："俄人侵占黑龙江北地，形势日迫。兹复窥吾西陲，蓄谋既久，发机又速，不能不急为之备。"对于在新疆采取分封土司的建议，左宗棠表示坚决反对，并认为如果那样的话新疆将来就会"势分力弱，必仍折入俄边"。也就是说，即使清朝对新疆采取分封地方的办法，新疆也不可能作为清朝的藩属而存在，最终只会和中亚浩罕等三国那样被俄国所吞并。所以，分封无异于对西北边疆的放弃。左宗棠对新疆地位的上述认识对于今天来讲亦仍有一定的现实意义。

与"本末"和"表里"之争相比，是全部彻底地收复失地还是采取分封的争论则要曲折一些。当时连支持左宗棠西征的文祥也认为："乌垣既克之后，宜赶紧收束，乘得胜之威，将南八城及北路之地酌量分封，众建而少其力。……慎勿因好大喜功，铺张过甚，致堕全功。"[①] 随着西征战事的展开，入疆部队的费用和供给变得日益困难，加之英国从中干涉，要求中国对侵占南疆的阿古柏政权"作为属国，只隶版图，不必朝贡"，清廷上下要求放弃南疆的呼声大涨。一直反对收复新疆的山西巡抚鲍源深认为"西征一事，实尽天下之兵力，竭各省之饷源，悉以注之。兵力易惫，过用则力将不支；饷源易穷，屡征则源将不继"，进而提出"自乌鲁木齐、玛纳斯二城克复，天威已足远震，似规取南路之举尚可缓进徐图"。清廷驻英公使郭嵩焘从英国致信国内，极力主张英国从中"调停"，放弃南疆，并认为"但得一镇守乌鲁木齐之大臣，信义威望足以相服，可保百年无事"。李鸿章也趁机指责左宗棠进军南疆之举是"崇尚一切妄诞以为正义"，声称"将来势必旋得旋失，功不复过"。为此，清廷不得不在光绪三年（1877年）六月二十日密谕在前线作战的左宗棠，征求他的意见。在此关键时刻，左宗棠坚持己见，据理力争，指出进军南疆是"收复旧疆，兵以义动"的正义之举，认为"伊犁、南八城膏腴之地，弃而不收，但扼乌鲁木齐以东寒苦瘠薄之区，事何可久？""若全境收复，

---

① 李云麟:《西陲事略》卷上，"故相远谋"条。

经画得人，军食可就地采运，饷需可就近取资，不至如前此之拮据忧烦，张皇靡措"，并态度坚决地明确向朝廷表示，南疆地区"地不可弃，兵不可停"。与此同时，左宗棠加快军事进剿的行动，阿古柏便很快兵败暴亡。清军进展之迅捷大大超出了人们的想象，也增强了清廷收复南疆的决心，八月十日的上谕里明确指示："左宗棠所陈统筹新疆全局，自为一劳永逸之计。……所称地不可弃，兵不可停，非速复腴疆无从着手等语，不为无见。著即督饬将士，戮力同心，克期进剿。"有关是否收复南疆的争论至此也告一段落。① 争论的结果最终使清廷确立了南北疆一体的国防思想，为新疆建省奠定了思想基础。但是，收复后如何统治新疆的争论直到光绪十年（1884 年）新疆建省方告结束。

　　3. 有关是否接受英俄调停之争

　　以李鸿章为首的"海防论"者之所以主张放弃塞防，很大程度上还在于其对西北边疆周边复杂的国际形势的认识也存在偏差。在李鸿章看来，新疆"北邻俄罗斯，西界土耳其、天方、波斯各回国，南近英属之印度，外日强大，内日侵消，今昔异势，即勉图恢复，将来断不能久守"②。山西巡抚鲍源深也认为："回疆多与他国为邻，今昔情形不同，难必不日久衅端别启。"库伦办事大臣志刚甚至因为担心收复南疆会引起英国和俄国的干涉，而提出首先与两国商议"孰为两大属地，孰为中国版图"，再相机行事的荒谬建议。驻英公使郭嵩焘在发回国内的一封信中，建议英国"调停"而放弃南疆。"海防论"者之所以会提出这些主张，一方面在于他们只看到了沙俄侵占伊犁的既成事实和英、俄对阿古柏政权的支持，却没有看到英、俄在中亚角逐中的矛盾，更重要的却在于他们没有认识到清朝收复自己疆土的正义性。

　　对于李鸿章等人的言论，左宗棠义正词严地指出，清军进军南疆乃"收复旧疆，兵以义动"的正义之举，不怕英、俄从中干涉；即使发生了国际纠纷，那么"在我仗义执言，亦决无所挠屈"。他清醒地认识到："英人以保护安集延为词，图占我边方各城，直以喀什噶尔为帕夏（指阿古柏——引者）固有之地。其意何居？彼阴图为印度增一屏障"；至于俄

---

①　参见赵春晨《清季关于新疆问题的争论》，《西北史地》1983 年第 4 期。

②　《李文忠公全书》奏稿，卷二四，第 18～19 页。

国和英国本来就是死对头，双方曾经为争夺势力范围大打出手，"彼此忌
嫉，至今如故，其衅端则肇于争印度争土耳其"，所以"俄英交讧……方
以土耳其为重。而我之剿安集延（指阿古柏——引者），义在除侵犯之
贼，以复旧有疆宇，俄英固无能难我也"①。至于沙俄在侵占伊犁之后也
自知理亏心虚，先是向清廷假惺惺地表示这只是"代收"、"代管"，继而
又声称"一俟关内外肃清，乌鲁木齐、玛纳斯各城克复之后"②，就会将
伊犁交还给清朝，妄图借此达到蚕食中国领土的目的。对于虎视眈眈的沙
皇俄国之举，左宗棠毫不畏惧并认为："俄人战事与英法略同，然亦非不
可制者，今既有此变，西顾正殷，断难遽萌退志，当与此虏周旋。"他还
明确指出："俄人久据伊犁之意，特见乎词，然既狡言思启，必将不夺不
餍，恐非笔舌所能争也。救兵事而言，欲杜俄人狡谋，必先定回部；欲收
伊犁，必先克乌鲁木齐。"王文韶也清醒地看到："俄人攘我伊犁，殆有
久假不归之势。履霜坚冰，其几已见。今虽关内肃清（指嘉峪关内的陕
甘回民暴动被平息——引者），大军出塞，而艰于馈运，深入为难。我师
退一步，则俄人进一步；我师迟一日，则俄人进一日。事机之急，莫此为
甚。"③ 所以，只有尽早地收复南北疆，才能挫败沙俄的阴谋。

　　事实上，在对待侵占新疆的阿古柏政权的问题上，英、俄两国的争斗
也是相当激烈的，甚至达到了势不两立的程度。从本质上来看，阿古柏与
英国和俄国之间也只是一种相互利用的关系。阿古柏为了谋求其建立的汗
国政权的合法性而寻求英国、俄国和土耳其的支持。英国为了确保其在南
亚和中亚的利益，利用阿古柏与俄国相对抗，试图将新疆作为一个独立于
中国之外的缓冲地带，但对于英国来讲，其关注的中心还是在南亚与中东
地区。而土耳其作为英国的殖民地也基本秉承其主子的旨意。俄国对英国
在新疆的扩张活动一直心存疑虑，对于阿古柏则基本上取一种不信任的态
度，甚至几次计划出兵消灭这个亲英的政权。事实上，当清军进剿阿古柏
的时候，俄国甚至还表示愿意提供军粮。左宗棠对于当时的国际形势以及
英国、俄国在新疆的态度上的认识显然是全面和正确的，所以当清军收复

---

① 《左文襄公书牍》卷一八，第 55 页。
② 《新疆图志》第五四卷，交涉志二，第 2 页。
③ 《筹办夷务始末》（同治朝）卷九九，第 60～61 页。

乌鲁木齐等地后，英国出面干涉欲挽救阿古柏的时候，遭到了左宗棠的断然拒绝。"1877 年 12 月 18 日，左宗棠的军队开进喀什噶尔。数周之后，阿古柏王国已经覆灭的消息终于传到了印度。但是，英国报刊当时正关注着巴尔干、中东的事件，对此几乎未加评述。"① 左宗棠不仅以实际行动彻底粉碎了英国和俄国对中国西北边疆的图谋，也用事实回击了"海防论"者担心英俄干涉新疆事务方面的论调。

（三）收复新疆与晚清整体边防体系的确立

虽然在决定首先收复新疆，解除西北的边疆危机的问题上，清廷最终采纳了以左宗棠为首的"塞防论"者的主张，但是这一决断的作出实际上是建构在海防与塞防并重的战略构想之上的。也就是说，塞防问题能否处理好，直接影响着清朝的海防建设；只有西北边疆失地尽快收复，清朝才能集中力量加强同样迫在眉睫的海防建设，海防与塞防之间的争论才能得到最后的化解，国家才能安定。事实上，即使在清军收复新疆的过程当中，海防与塞防之间的争论也一直没有停止过；一旦清军在新疆的军事行动遇到困难或是国际形势发生什么微妙的变化，都会对清廷在塞防上的态度产生影响。只有尽早收复西北失地，解决塞防问题，才能腾出手来加强海防建设；如果收复新疆的军事行动稍有闪失或者拖延，则后果不可想象。正因为如此，摆在左宗棠面前的任务实际上是十分艰巨而急迫的。

对于左宗棠所率"西征军"来讲，首先要解决的一个困难就是军费问题。清廷虽然同意收复西北失地、加强塞防，但是由于中央财政拮据，加之历年内地积欠的塞防之饷（协饷）已经达到 3000 余万两之巨，所以实际上西征的军费缺口很大，清廷无力也不可能全部解决和承担。没有充足的军费作保证，西征收复失地的军事行动就不可能取得成功，左宗棠对这一点是看得非常清楚的。为此，左宗棠采取了举借外债与内债的措施弥补军费的不足，并将外债转嫁到那些本应提供协饷的省份的头上。这一办法对于那些长期拖欠协饷的东南督抚确实发挥了奇效。据统计，左宗棠西

---

① 参见保罗·B. 亨策《喀什的"大角逐"：英俄使节与阿古柏》，载《新疆社会科学情报》第 5 期，1990 年 5 月，第 23 页。

征军的军费中，内外债的数额就占到了 32.85%，其中外债 1075 万两，占 18.38%；内债 846 万两，占 14.47%。"估计从光绪元年到新疆建省约十年左右的时间内，整个西征和塞防的军费支出达到七八千万两。以几乎是国家一年的财政收入用于收复新疆，反映了光绪朝前十年的政策重点。"在光绪十年（1884 年）新疆建省，塞防告一段落之后，清政府果断地大规模裁减塞防的军费，并将由塞防腾挪出来的大量经费用于海防建设。① 从财政经费的使用状况，也能看出清廷整体边防政策的发展趋向。正是因为清廷在财政上向塞防的倾斜，才保证了西北塞防危机的顺利解决。

新疆本身地域辽阔，与清腹心地区相距遥远，再加之当时的交通状况，"西征军"的后勤保障也是一个极大的问题，其中军粮的运输最为困难，令人生畏。当时每百斤粮料仅从肃州运到安西（仅百里之遥）的运费就高达 11.7 两白银。而在新疆动辄数百里，甚或千里，还有更远的路途，左宗棠在起兵之初就看到："筹饷难于筹兵，筹粮难于筹饷，筹转运又难于筹粮。"他在整编新疆境内的各路军马、提高军队的战斗力的同时，还在各地设置粮局，专门负责从南北两路采购粮食，并先后征用了大车 5000 多辆，驴骡 5500 头，骆驼 29000 头，将采购来的粮食运往前线。"到 1876 年夏季为止，运存于安西、哈密、巴里坤、古城等地的军粮有 2000 余万斤。"② 左宗棠还设想收复南疆以后"军食可就地采运，饷需可就近取资"。光绪三年（1877 年）十月九日，清军打到库尔勒的时候军粮已经接济不上，幸而掘得窖藏粮食数十万斤才解了燃眉之急。但是大军所需军粮主要还是依赖从内地转运。

在收复新疆的问题上，左宗棠尽管在人力、物力和财力上做了比较充分的前期准备，其作战方针上依然还是比较审慎，他深知此次作战牵涉全局，只能成功不能失败，否则后果难以想象。为此，他制定了"先南后北"、"缓进急战"的作战方针，对战争的困难做了充分的估计和准备。就在清军于光绪四年（1878 年）四月收复吐鲁番和托克逊，打开南疆的

① 参见周育民《塞防海防与清朝财政》，《上海师范大学学报》（社会科学版）2001 年第 1 期。

② 参见马大正主编《中国边疆经略史》，中州古籍出版社 2000 年版，第 390 页。

大门的时候，左宗棠还认为"数月之间转战三千余里，窃恐事有难能"[①]。但是，没想到阿古柏军实在不是清军的对手，再加上当地民众的积极响应，只用了不到半年的时间清军便彻底消灭了入侵者，收复了整个南疆，"戎机顺迅，近罕其比"，大大地超出了左宗棠的意料。据《伊米德史》记载，清军所到之处，"没有一个城镇向皇帝陛下的大军射过一粒子弹，很多城镇的好人还为皇帝的大军做了力所能及的事"[②]。由此可见，清军收复新疆的行动完全是众望所归的正义之举。

按照左宗棠制定的"先南后北"的方针，在消灭阿古柏之后，清朝在新疆塞防的下一个目标便是要从沙俄手中收复伊犁。光绪四年（1878年）崇厚奉命出使俄国商谈收回伊犁事宜，未经清廷批准，在光绪五年（1879年）十月二日崇厚擅自与俄国签订了《交收伊犁条约》（即《里瓦几亚条约》及附约《陆路通商章程》和《兵费及恤款专条》），按照这个条约，清朝不仅要割地赔款，而且沙俄还在华获得了大量的通商和免税特权。清廷当然拒绝承认这个条约，并将崇厚以"荒谬误国"的罪名处以"斩监候"。恼羞成怒的沙俄于是便以武力相威胁，在中国西北边疆集结军队，又调动海军威胁中国海疆，试图从海路和陆路两个方面压迫清政府。面对剑拔弩张的俄国，清廷针锋相对，加强海疆与陆地边疆防务，做好战争的准备；同时任命驻英法公使曾纪泽为驻俄公使，前往俄国进行交涉。同时，左宗棠再次受命，以钦差大臣的身份前往新疆，调集军马从东路、中路和西路三个方向合围伊犁，摆出了以武力收复伊犁的姿态，为曾纪泽的交涉谈判提供有利的支持。经过半年多的艰苦谈判，两国终于在光绪七年（1881年）二月二十四日与沙俄签订了《中俄伊犁条约》和《陆路通商章程》，以替代崇厚所签《交收伊犁条约》，部分挽回了前约中的领土和权益损失。至此，西北边疆危机的解决才算告一段落。

西北边疆失地尽管已经收复，但是塞防问题并没有彻底解决。在海防与塞防的争论以及收复新疆的过程中，清廷对新疆在国防体系中的重要地位有了充分的认识，同时也开始考虑如何才能更有效地加强在新疆的统

---

① 《清季外交史料》光绪朝，第十一卷，第21页。

② 参见毛拉穆莎·莎依然米《伊米德史》下册，新疆少数民族社会历史调查组1960年汉译本，第160页。

治，稳固西北塞防的问题。这样，废除现行的军府制，在新疆建立行省，便作为加强塞防的一项根本性措施被纳入了清廷的议事日程当中。在新疆建省的过程中，左宗棠再次发挥了关键性的作用。他一直是新疆建省的积极鼓吹者，在收复新疆的过程中明确向清廷提出建省的建议，并在收复新疆之后的光绪六年（1880 年）提出了具体的方案。光绪八年（1882 年）伊犁收复以后，经过新任督办新疆军务的刘锦棠不断努力，清廷终于在光绪十年（1884 年）十一月正式批准在新疆建省。

新疆建省改变了以往军府制度下新疆地区由于"因俗而治"所导致的军政分离、制度不一、管理松散，从而极易使得边事失控的不利状况得以缓解，在体制上有利于中央政令的畅通和边疆与内地的一体化，对于巩固塞防，抵御外来侵略，防止民族上层的分裂活动，促进新疆的社会经济发展都发挥了积极的作用，也使得以西北边疆危机为核心的"塞防"问题最终得到了较为妥善的解决。

在海防与塞防的争论过程中，清朝确立了"海防与塞防并重"的整体国防思想；"轻海防""重塞防"，抑或"轻塞防""重海防"的国防观基本上被摒弃，这标志着同治中兴以后清廷国防意识的变化。事实上，在清军收复新疆，解决塞防问题的同时，海防建设也一直没有停止，两者之间只有缓急而并无轻重之分。对于力主首先以武力收复新疆的左宗棠而言，他在 1863～1866 年担任闽浙总督期间就充分认识到了台湾在海防上的重要战略地位，指出，"台湾一郡为闽省外郛，譬犹锁钥，台郡为锁，澎湖、厦门为钥"，并恢复班兵制，兴办船政，加强东南海防[①]；收复新疆又使得左宗棠对于西北塞防的形势有了更充分的认识。正因为具备了上述这些经历和背景，左宗棠才对当时清朝的国防形势有了全面和整体的认识，提出了"东则海防，西则塞防，两者并重"的战略主张，对清朝整体国防战略思想和体系的确立发挥了关键性的作用。几乎在决定西征的同时，清廷在光绪元年（1875 年）五月决定创办和组建南洋与北洋两大近代海军，并商定每年从海关税和厘金中拨付 400 余万两白银用于海军建设，不久又增加了粤洋海军。经过 10 年的建设，到光绪十一年（1885年）中法战争前，三洋海军已初具规模；同时，清朝还通过兴办船政局、

---

① 参见张振文《左宗棠与台湾》，《台湾研究集刊》1999 年第 2 期。

开办水师学堂、建立海军基地、成立总理海军事务衙门等措施，初步构筑了一个海防体系。① 就在新疆建省的第二年，清廷于 1885 年 10 月决定在本属福建省所辖的台湾岛建省，标志着清朝塞防与海防体系框架的基本形成，海防与塞防之争从此才算比较完整地画上了一个句号。

---

① 　参见马大正主编《中国边疆经略史》，中州古籍出版社 2000 年版，第 384～386 页。

下 编

田野篇

第九章

南疆伙种制:历史与制度

　　伙种制是 20 世纪 50 年代前新疆维吾尔族农村（主要是南疆地区）普遍存在的一种土地租佃制度。由于各种伙种关系在当时新疆农村社会经济生活中所占比重较大，而且表现出明显的地方性和民族性特色，所以，研究伙种制度对于全面系统地认识新疆维吾尔族社会经济状况及其演变具有重要意义。同时，这也是中国民族学研究的一个重要课题。

　　伙种在维吾尔语中发音近"奥他克其"。伙种关系通常发生在占有大量土地的少数地主与无地或少地的广大贫雇农之间。一般由地主伙出少量土地并承担部分生产资料，伙入土地的贫雇农除出全部劳动力及部分生产资料外，同时还要为伙出土地者承担大量的劳役地租以及伙入土地上的各种赋税。伙种地上的产品则根据双方投入生产资料的多少按一定比例进行分配，所以有人也将伙种制称为分成制，但南疆地区的伙种制与纯粹的分成制却有本质的不同（容下文论述）。此外，在个别情况下，无地或少地的贫雇农之间也存在着伙种关系。这种伙种关系尽管在形式上与通常的伙种制有某些相似之处，但两者在租佃关系、产品分配以及在这种经济关系上还是有所不同。通常的伙种制是占有大量土地者对其他农民实施的超经济的强制，而后者则是农民之间的互助、合作关系的反映。这里所探讨的主要是地主与农民之间的伙种关系以及由此反映出的种种社会关系。

　　南疆农村的伙种制度的早期情况，因史书所载较少，且实行的地区远离中原地区，因而除本地人之外，外界了解很少，故而多数研究者亦无从得知。20 世纪 50 年代中华人民共和国成立初期，为了配合"土地改革"，当时的中共中央新疆分局派出工作组往南疆和田、莎车、喀什、阿克苏 4 个专区所属的 12 个县，选取了 13 个典型村进行了长达 8 个多月的综合社会调查，部分调查资料与研究成果于 1953 年结集《南疆农村社会》由乌鲁木齐的新疆人民出版社出版，使后来的研究者对南疆伙种制度有了一个初步的了解和认识。1988 年，由杨廷瑞主持搜集整理组编、反映共和国建立初期南疆农民基本情况的《新疆农村社会》（上、下册）由北京的农村读物出版社出版，全书收入 185 篇文章，约 110 万字，为后来的研究者全面深入地研究伙种制度提供了极其珍贵的第一手资料。目前，关于伙种制度的专题研究不多，学者谷苞和乌廷玉在一些论著中有所涉及。① 本章拟在前人研究的基础上，结合新刊布的有关资料，试对南疆伙种制度加以探讨。

第一节 伙种制存在的历史背景

中华人民共和国成立前，新疆省南疆地区维吾尔族农村社会处于封建社会的发展阶段，而伙种制所反映的也就是这样一种土地关系。但南疆各地农村社会的发育程度又不尽相同。谷苞曾将南疆农村社会的发展情况划分为早、中、晚三个阶段，即以农奴制为主的封建社会早期、以无偿劳役与对分制为主要剥削形态的封建社会中期和以纯实物地租与雇佣劳动为主要剥削形态的封建社会晚期。他还进一步指出，这三个阶段所具有的各种经济与社会特征"不仅在同一时间同一地区是同时并存的，而且彼此间是相互影响的"②。伙种关系虽然在以上三个阶段中均有反映，但主要存在于南疆农村社会的中期阶段，也是这一时期经济关系与社会关系的典型代表。从社会发展的角度来看，伙种制是封建社会早期到晚期的一种过渡经济形态。伙种制在这一特定地区的存在

---

① 谷苞:《南疆农村的封建剥削制度》，载中共中央新疆分局宣传部、研究室《南疆农村社会》，新疆人民出版社 1953 年版，第 216 ~ 233 页。又见谷苞《民族研究文选》，新疆人民出版社 1991 年版，第 320 ~ 337 页。乌廷玉:《中国租佃关系通史》，吉林人民出版社 1992 年版，第 529 ~ 530 页。

② 谷苞:《南疆农村的封建剥削制度》，见中共中央新疆分局宣传部、研究室《南疆农村社会》，第 218 页;《民族研究文选》，第 322 页。

具有深刻的历史原因和社会背景。

首先,伙种关系的产生是南疆维吾尔族社会生产力发展的结果,脱胎于封建社会的早期阶段。在 1949 年 10 月以前南疆以农奴制经济为主的封建庄园中,可以清楚地看到伙种制发展的历史轨迹。在墨玉县夏合勒克乡即保存有典型的由农奴主和包括"全农"、"半农"、"帮农"和"家农"等农奴阶级构成的封建农奴制庄园,农奴没有人身自由,对农奴主有强烈的人身依附关系。除家奴外,农奴们通常在农奴主贵族处领有一份"份地"和一定的口粮,并为农奴主耕种庄园地、服各种无偿劳役。所以,无偿劳役是农奴制经济下主要的剥削形式。夏合勒克乡的封建庄园中的农奴主贵族对于在外乡的土地因不便获取农奴无偿劳役,即以伙种等方式出租这些土地,获取实物地租甚至个别的货币地租。这时庄园农奴主的剥削对象已不是从属于他们的农奴而是外乡的农民。但在夏合勒克乡15 户贵族拥有的 13978 亩耕地中,出租的外乡土地只有 320 亩,所占比重极小。庄园内部仍完全是以占有无偿劳役为主的农奴制经济。[①] 在原阿克苏第二区第三乡卜斯塘村、阿克苏县肉斯坦伯克、孔乃斯坦村土尕伯克的封建农奴制庄园中,就是以获取无偿劳役为特征的农奴制经济占主导地位,但伙种关系已扩展到农奴主与农奴之间。以卜斯塘村封建庄园为例,该庄园主为肉斯坦,有 27 户靠伙种农奴主土地为生的农奴,但农奴们为农奴主耕种全部庄园地及服各种劳役的情况仍未改变。据调查,庄园中的伙种形式主要是农奴主出土地和种子,农奴出工具与全部劳动力,收获物由双方平分。此外,农奴要为农奴主承担 10% 的宗教粮(乌守尔粮)和 20% 的田赋粮;每户农奴均在工头的监视下带着自己的工具和牲畜为农奴主做无偿的劳役耕作。农奴家的女性成年人平时为农奴主服各种杂役,每年还要为农奴主无偿地纺 12.5 公斤棉线等。[②]

比较夏合勒克乡的封建庄园,卜斯塘等三个庄园除同样具有大量的无偿劳役的占有外,农奴经济发生了下列几点变化:第一,农奴的份地已被伙种地所取代。这样,纯粹的无偿劳役已部分转变为伙种地上的实

---

① 中共中央新疆分局宣传部、研究室:《新疆农村社会》上册,第 249~269 页。
② 同上书,第 146~160 页。

物地租。第二,伙种形式在卜斯塘村的出现也使该村农奴主与农奴之间的经济与社会关系发生了某些微妙的变化。如墨玉县夏合勒克乡的农奴基本上是靠农奴主提生产工具和口粮,而卜斯塘村的农奴大都拥有自己的生产工具和牲畜,表明这里的生产力发展水平要高于夏合勒克乡,农奴的经济地位亦有所改变。这一点也正是伙种关系产生的前提条件。农奴经济地位的提高也使其与农奴主之间的社会关系发生变化,农奴与农奴主之间的人身依附关系有所松懈。在夏合勒克乡,那里的农奴在调查之前的十年时还曾在农奴主之间被大量地买卖着,这些人既没有离开所属的农奴主的自由,也没有选择其他农奴主的自由。而在1949年10月前,买卖农奴的情况已大为减少,农奴虽然不能离开农奴主成为自由民,但已有了选择农奴主的自由。在已出现伙种形式的肉斯坦伯克封建庄园中,农奴则已有可能离开农奴主了。由此可以看出,伙种制实际上是随着社会生产力的发展,在封建社会初期的农奴制经济内部孕育而来的。第三,在出现实物地租的伙种形式下,卜斯塘村农奴与农奴主的经济关系已具有了某些伙种制下地主与农民之间租佃关系的端倪。卜斯塘等封建庄园中的伙种关系从形式上来看与典型的伙种制已无太大区别,但伙种农奴主土地的农奴仍处于农奴主贵族的统治之下,仍具有较强的人身依附性。当农奴摆脱这种任农奴主宰割的社会地位,成为自由农民的时候,封建生产关系下的伙种制度也就最终确定下来。由于伙种制是从农奴制经济中发展而来的,所以仍保留有农奴制经济的某些特征。伙种制中所存在的大量劳役地租就是这种农奴制经济残余的主要代表。事实上,这一点亦可视为从农奴制向封建社会后期过渡阶段中的伙种制典型特征。

其次,南疆农村土地及生产资料的高度集中和某些超经济的因素则是伙种制度赖以存在的基础。这里,根据调查材料,选取几个以伙种制为代表的南疆农村中地主阶级(包括地主和富农)和贫雇农的人口(户数)及占有土地的情况列表如下页,加以分析和对比。

从下页表中可以清楚地看到,在以伙种制为主的地方,土地在总体上均大部分集中在少数人手中,而占人口绝大多数的贫雇农所拥有的土地却少得可怜。如果从人均占有土地的角度来分析,则土地高度集中的情况反映得更为明显。库车县下哈南桂村的3户地主平均每人占有土地49亩,

乡村名	地主阶级		贫雇农	
	人口（户数）所占比例（%）	土地占有率（%）	人口（户数）所占比例（%）	土地占有率（%）
阿克苏县栏杆乡	16.11	64.4	46.3	5.33
阿克苏县第二区第三乡	9.3	39.06	44.7	14.28
莎车县甲安巴克村与铁蹄巴克村	8.09	37.78	40.26	14.36
莎车县第四区第十乡	7.5	42.45	67.89	22.69
莎车县第四区第十二乡	4.59	27.59	67.89	26.69
叶城县热米扎巴克村	8	76	66.7	8
洛浦县第三区第三乡	4.34	18.72	54.68	21.11
皮山县阿沙村	14.11	46.41	52.45	15.57
叶城县托普克村	11.81	45.26	49.78	11.15
莎车县四区四乡	10.87	42.2	55.83	16.14
温宿县三区四乡第二行政村	18.67	60.58	44.79	8.95

资料来源：《新疆农村社会》、杨廷瑞主编《南疆农村社会》。表中未列中农及手工业者。

为贫雇农人均土地数的 37 倍，19 户贫雇农人均土地只有 1.3 亩。[1] 莎车县甲安巴克村与铁蹄巴克村，地主户均有土地 88.67 亩，贫农户均有土地 4.17 亩，雇农户均有土地 0.63 亩。地主户均有土地是贫农的 21 倍多，是雇农的 140 倍之多。[2] 更有许多贫雇农甚至根本就没有任何土地，如阿克苏县栏杆村乡第二行政村的 63 户贫雇农及手工业者中，无地的竟达 47

---

[1]　中共中央新疆分局宣传部、研究室：《新疆农村社会》上册，第 131 页。

[2]　同上书，第 199 页。

户，占 64.5%。① 因此，极端缺乏土地的广大贫雇农为了生存只好伙种地主的土地。

当然，土地的高度集中是一切封建剥削关系赖以存在的经济基础。在1949 年 10 月前的南疆农村社会中，土地同样高度集中在地主阶级手中，然而在很多情况下，地主们亲自经营着其中的大部分，甚至租伙入土地供自己耕种。有时，加上租伙入的土地，地主所耕种的土地甚至超过了自己所占有土地的总和。在这种情况下，农民无法租种到土地，只有去伙种地主的土地。对地主而言，尽管自己管理耕种大量的土地，但利用伙种关系很少雇用劳动力，即可解决耕地的需要。因此南疆农村的地主更习惯于采取伙种的形式，通过伙出少量的土地，获取高额的实物地租；同时也可获得伙入土地农民的大量劳役地租，为他们在未伙出的甚至租伙入的土地上无偿地耕种。这样，对于广大无地或少地的农民而言则别无选择。有时贫雇农甚至为了能伙种到地主的土地而向地主请客送礼。地主亦常常因此在伙出土地时附加各种条件。皮山县阿沙村农民为了能伙种到地主的土地，要宰鸡请地主吃"抓饭"，并且还需先做十天半月甚至几个月的无偿劳役才能得到一点伙种地。② 伙种到土地的农民时刻面临着被地主抽去伙种地而生活无以为计。所以，在伙种制经济下，贫雇农在事实上也受到了某种超经济的强制性剥削。

此外，地主阶级还借助其在政治上和经济上的统治地位，强迫农民接受伙种方式。如在水资源紧张的广大地区，地主利用它获利。库车县下哈南桂村，由于水资源紧张，且与土地分离，地主不仅占有大量的土地，而且也占有大量的水资源，致使本来仅有少量土地和水资源的农民因为自己的土地浇不到足够的水，只得将自己的土地荒废，然后用自己的水和劳动力去伙种地主的土地；而一些有地无水资源的农民则只好将自己的土地"伙种"给地主，自己还要出劳动力耕种。③ 所以，地主通过对水资源的控制，用伙出或伙入土地的两种形式都可以达到自己的目的。策勒县大玛古区地主木沙利用其全区"总水利"的特权，利用其占有的水资源与农

① 中共中央新疆分局宣传部、研究室:《新疆农村社会》上册，第 134 页。
② 杨廷瑞主编:《南疆农村社会》，第 38 页。
③ 中共中央新疆分局宣传部、研究室:《新疆农村社会》上册，第 132 页。

民的地进行伙种,并无其他任何生产投入而获利。据统计,仅此一项,木沙就从农民那里每年获取粮食达 172500 公斤。[①] 显然,这种伙种形式具有明显的超经济强制的特点。

在南疆农村里,地主不仅占有大量的土地,而且也占有大量的生产资料,如牲畜和劳动工具等。广大贫雇农不仅缺少土地,也缺少生产资料。以阿克苏第二区第三乡为例。据调查该乡 1949 年时共有耕牛、乳牛 1729 头,其中地主有 346 头,每户平均 8.3 头;富农有 79 头,每户平均 4.9 头;中农有 812 头,每户平均 2.55 头;贫农有 310 头,每户平均不到 1 头;雇农有 110 头,每户平均 0.6 头。该乡贫雇农中甚至 40% 以上根本没有耕畜或牧畜。在生产工具方面,全乡共有“砍土镘”(锄头)731 把,地主有 115 把,户均 2.8 把;富农有 40 把,户均 2.5 把。合计地主、富农拥有数为总数的 21.2%。全乡共有犁铧 501 具,地主即有 100 具,户均 2 具以上;富农有 27 具,户均 1 具以上。地主、富农合计共有总数的 25.4%。而广大农民中(贫农 184 户、雇农 128 户,占总户数的 32.66%)不仅没有犁铧,其中雇农 117 户、贫农 111 户(占总户数的 23.8%)甚至连砍土镘都没有。其他大型农具如风车、石磙、“八十只脚”等基本均在地主手中。全乡 336 户贫农中,仅 1 户有“八十只脚”一架,其他的则根本没有任何大型农具。[②] 由于耕畜、农具等生产资料的投入,对于伙种关系中产品的分配、劳役地租的多数都有着直接的影响,所以地主们可以利用所占有的生产资料,通过伙种的形式更多地获得伙种地上的实物地租和农民的劳役地租。既缺少土地,又缺少生产资料的农民不得不伙种他人,主要是地主的土地,还要使用地主的耕畜、农具,只得任由地主剥削。唯一属于农民自身所有的劳动力,自然也成地主劳役地租随意剥削的对象。

伙种制广泛存在的地方,多是南疆地区社会经济发展比较落后之处,单位产量不高,而且农奴制残余比较严重。地主伙种给农民的土地大多是一些荒地或产量较低的耕地。而在一些产量较高,商品经济比较发达的地

---

① 中共中央新疆分局宣传部、研究室:《新疆农村社会》上册,第 286 页。

② 同上书,第 147 页。“八十只脚”应为“八十只腿”之误,为南疆地区维吾尔族农民在收获农作物时使用的一种农具。

区，常常是雇佣关系比较发达，伙种关系极少。以疏勒县浩罕区艾斯纳汗乡为例，这里土地单产高，雇工工资却很低，故地主、富农极少出租或伙出土地，而多采取雇佣的形式。地主们所伙出的土地数量极少（不到全乡土地的 1%），且大都为产量较低的下等土地。[①]阿图什县买依乡第三行政村地主所占有的土地，均采取雇佣的方式经营而不出租或伙出。[②]这两个村均位于南疆社会经济比较发达，高利贷盛行的地区，社会制度已发展到南疆封建社会的晚期阶段。所以，伙种制的存在是与社会经济发展的水平息息相关的，它必将随着社会生产力的发展而消亡，并最终被实物地租和雇佣劳动为主的封建经济形态所取代。

第二节　南疆伙种制的特点及其基本形式

伙种关系尽管在南疆维吾尔族农村社会中广泛存在，但即使在伙种制度较为成熟的地区，地主实际上所伙出土地的数量在其所拥有的土地中所占比例却不大。也就是说，在以伙种关系为主的地区，真正投入伙种的土地数量却并不多。对于地主而言，亲自经营管理的土地数量要远远大于其所伙出的土地，有时甚至超过其所拥有土地的总量。所以，地主不仅占有大量土地，同时也经营大部分土地，这是南疆伙种制度下土地关系的一大特点。这一点常常因为广泛存在的伙种关系而被人们忽视。实际上，地主自己所管理耕种的大量土地是伙种制度下南疆封建地主经济的主要组成部分。如莎车县四区四乡，该乡地主共有 1990 亩土地，其中伙出的只有199.5 亩，租入的土地却有 659 亩，并伙入 10 亩。除去租出的 264 亩外，该乡地主实际自己管理耕种的土地竟达 2195.5 亩。[③]叶城县托普克村的10 户地主有 1964 亩土地，租伙出的只有 707 亩；有 3 户地主却伙入 295亩，这样他们实际耕种的土地有 1466 亩。[④]在阿克苏第二区第三乡，41户地主有耕地 9475.5 亩，伙租出的只有 2126 亩，占总数的 22.5%，

①　中共中央新疆分局宣传部、研究室:《新疆农村社会》上册，第 178～180 页。

②　同上书，第 160 页。

③　杨廷瑞主编:《南疆农村社会》，第 56 页。

④　同上书，第 47 页。

77.5% 的土地由地主自己管理耕种。① 地主自耕地上的收获物均归地主所有，亦构成了伙种制度下封建地主经济的主体。

在以伙种制为主的地区，地主在自己管理耕种的土地上较少另外雇佣劳动力，大量的劳动由伙种地主土地的农民无偿承担。所以，雇佣劳动不发达，地主通过伙出少量土地使农民在他们管理的土地上从事大量的无偿劳役，获取劳役地租，这是南疆伙种制度的另一个特点。皮山县阿沙村，地主自耕土地有 1377 亩，除雇佣长工 22 人种地外，伙种他们土地的 60 户农民全家人都要在地主自耕的土地上做 6 个月至 1 年的劳动，作为劳役地租。② 在叶城托普克村，地主自耕地有 1466 亩，需要 50 个劳动力，实际上只雇佣了 16 个长工，而其中只有两三个是耕地的，余皆干些杂役。所以，该村地主自耕地上的劳动主要是依靠伙种土地农民的劳役地租来完成的。③ 莎车县四区四乡 12 户地主自耕的 2195.5 亩土地需要 110 个长工和大量短工，而实际上他们只雇了长工 48 人，剩下的大量劳动全靠伙种地主土地的农民以劳役地租的形式承担了。④ 所以，在伙种制下，伙入土地的农民不仅要在伙种地上遭受地主实物地租剥削，而且还要付出大量的劳役地租。

伙种制下的另一个特点是地主伙出的土地不仅数量少，而且将其弄得十分分散。如莎车县第二区第二乡铁蹄巴克村地主阿玉山有 130 亩土地，只伙出 20 亩，然而却将这 20 亩土地伙给了 7 户农民，平均每户农民伙入的土地不到 3 亩。余下的 110 亩土地则全由这 7 户农民耕种。⑤ 莎车县第四区第十乡地主阿塞提汗将 70 亩下等地伙给了 20 多户农民和长工。⑥ 十二乡地主阿不都克里木伙出 70 亩土地由 7 家农民耕种。⑦ 莎车县地主霍加外拉汗帕在第三行政村把 25 亩地伙给 5 户农民，这 5 户农民需要在地主自耕的 80 亩地上劳动。⑧ 叶城县热米扎巴克村，由于地主拥有的土地

①　中共中央新疆分局宣传部、研究室：《新疆农村社会》上册，第 147 页。
②　杨廷瑞主编：《南疆农村社会》，第 37 页。
③　同上书，第 47 页。
④　同上书，第 58 页。
⑤　中共中央新疆分局宣传部、研究室：《新疆农村社会》上册，第 205 页。
⑥　同上书，第 211 页。
⑦　同上书，第 213 页。
⑧　同上书，第 217 页。

比较多，故伙出的土地也要多些。全村 28 户地主有土地 5702 亩，其中 2334 亩地伙给 127 户农民，平均每户伙入 15.2 亩。地主自耕的 3368 亩基本上由这 127 户农民以劳役地租的形式来耕种，不再雇用其他劳动力。[①] 热米扎巴克村伙出的土地尽管较多，但分由 127 户农民来耕种也是很分散的。造成这一现象的原因是由于在伙出土地数量确定的前提下，土地越分散，伙种土地的农民就越多；地主获得的伙户也就越多，从而也就能获得更多的劳役地租。所以，地主总是尽量分散土地伙给更多的农民，除了获得伙种地上的高额地租外亦可在最大程度上获取更多的劳役地租。但总的来讲，伙出土地的数量主要由地主自耕地上所需要的劳动量来决定。伙出土地上所获得的劳役地租和少量的雇佣劳动是伙种制下地主得以自耕大量土地的基础。地主自耕地上的劳动成果既然会被其全部获得，那么自耕大量土地，伙出尽量少的土地即能获取劳役地租，以满足自耕地上的劳动需要。这一点就是南疆伙种制度下地主伙出的土地数量少而且十分分散的根本原因。同时，这亦决定了地主伙出土地的目的不仅是为了获取高额的实物地租，而且更主要的是为了获取伙地农民的劳役地租，从而在最大程度上获取他人的劳动。

　　南疆伙种制下的伙种形式多种多样。这主要表现在伙种关系中，地主与农民在伙种地上生产投入的不同，以及由此所造成的双方在实物地租的分配上和农民所负担的劳役地租的量上的差异。下面选取两条有代表性的调查材料试加分析。

　　皮山县阿沙村，一般地主出土地、耕牛、犁、种子，伙种地主土地的农民出劳动力。收获物中的副产物全归地主所有，粮食由双方平分。伙户所得一半中还要负担 10% 的宗教粮，以及田赋粮、水利费、教费（一种与宗教有关的税种）等赋税。在通常情况下，劳役地租为伙户全家人在自耕地上劳动 6 个月至 1 年；如果劳役地租时间短，伙户只能分得总产量的 30% 甚至 20%。阿沙村地主尼牙孜·艾则孜伙给贫农木沙克·艾山下等地 26 亩，共产 90 秤子（计量单位，每秤子约合 8 公斤）包谷（玉米）。双方平分后，木沙克还要在分得的 45 秤子包谷中为地主交宗教粮 3 秤子、水利费 1 秤子、教费 3 秤子，最后实得仅 38 秤子。艾山夫妇因劳

---

① 中共中央新疆分局宣传部、研究室:《新疆农村社会》上册，第 235 页。

役地租需在地主自耕地上劳动 1 年。地主阿不都哈里沙吾提伙给雇农禾加·阿合买提 15 亩中等地，提供牛、犁、种子、肥料及口粮，禾加出劳动力。共收获粮食 225 秤子，地主分得 80%；禾加仅得 20%，计 45 秤子，并为地主交 4 秤子宗教粮，实得 41 秤子。禾加需在地主的自耕地上劳动 50 天作为劳役地租。① 从这件调查材料中可以看到：第一，伙种制下劳役地租时间的长短同伙种土地的数量成正比。农民伙入的土地越多，他们在地主自耕地上劳动的时间也就越长。对地主来讲，所获取的劳役地租的量也就越大。阿沙村的木沙克伙入 26 亩土地，劳役地租的时间为 1 年；禾加伙入 15 亩，劳役地租的时间仅为 50 天。第二，收获物的分配量与双方的生产投入成正比，即在伙种地上的生产投入越多，所分得收获物的比例越大；反之则越小。但地主不管投入多少，其所得收获物总是在一半以上且不负担伙种地上的任何赋税。除劳役地租和承担各种赋税外，伙户的生产投入越多，其所得收获物可能越多。但不管怎样，伙户所得均少于一半。如木沙克·艾山为地主负担宗教粮、水利费和教费等，并在地主自耕地上劳动 1 年，与地主对分收获物。禾加·阿合买提只为地主负担宗教粮，劳役地租时间为 50 天，负担较轻；地主还要提供肥料和口粮，但禾加只分得总收获物的 20%。所以，禾加尽管负担比木沙克轻，但地主还是通过伙种地上实物地租的分配同样达到了剥削农民的目的。第三，伙种土地的好坏与产量的高低也直接影响着伙种地上收获物分配的比例。单位产量越高，被地主剥削得也就越重；反之则相对越轻。木沙克伙种地主下等地 26 亩，共产 90 秤子包谷，平均亩产约 3.5 秤子，与地主对分收获物；禾加伙种地主 15 亩中等地，平均亩产 15 秤子，是下等地亩产量的 4 倍多，但他仅得总收获物的 20%，地主所得达 80%。但不管土地好坏、赋税多寡，除去劳役地租外，伙户在伙种地上所收获产品最终却大致相同，木沙克为 38 秤子，禾加为 41 秤子。所以，不管从表面上来看，农民伙入地主土地的好坏、数量有什么不同，地主仍然可以通过收获物的分配比例的变化，达到剥削农民劳动的最终目的。而对广大农民来讲，不管伙种形式怎样，仍然无法摆脱地主的剥削。

莎车县甲安巴克村与铁蹄巴克村的调查材料中将两村的伙种分为 10

---

① 杨廷瑞主编：《南疆农村社会》，第 37～38 页。

种形式,并列举出其中两种最基本的形式:第一种,地主出土地及很少的生产资料,伙户出耕牛、种子、肥料(粪土)、农具及一切劳动力和差役,并替地主无偿劳动。第二种,地主出土地、耕牛、种子、肥料(粪土)、农具等,伙户出全部劳动力,并替地主无偿劳动及做一切差役。其他8种形式则被认为是这两种基本形式之间的中间形式,即根据双方在耕牛、种子、粪土、农具等生产投入的不同而表现出不同的实物地租分配比例和劳役地租上的差异。在以上10种形式中,产品的分配一般是粮食和草(草或燃料)平分,有的伙户只能得到30%左右。田赋粮由地主与出伙双方负担。伙户还要在自己所得的那份中交10%的宗教粮(吾守尔粮)。劳役地租的情况是,"伙种条件愈接近于第一种形式,无偿劳动的日子便可少一点;愈接近于第二种形式,无偿劳动的日子变得多些"①。在这里,劳役地租的轻重是由地主和伙种户在伙种地上生产投入的多少所决定的,同时也成为地主调整其剥削农民劳动的一个尺度。前面已经谈到,不管采取哪种伙种形式,地主对农民的剥削总量却是不变的。所以,形式的不同并未改变地主剥削农民的程度。

通过以上分析可得出,在南疆伙种制度下,伙种的形式在地主伙出土地、农民伙入土地并出全部劳动力的基本前提下,因双方在伙种地上所投入的各种生产资料比重的不同而表现出不同的实物地租分配比例及劳役地租量上的差异。这些生产要素除了上面所提到的耕畜、种子、肥料、农具外,提供住房、口粮也成为地主在伙出土地时的生产投入。在水资源比较匮乏的地区,水也是伙种关系中的一个重要生产要素。但无论何种伙种形式,如果不将它们与实物地租、赋税和劳役地租联系起来考察,也是没有意义的。后者才能反映出伙种制的实质,即地主通过伙出少量土地,不仅获得高额地租,而且因此而获得伙户的大量劳役地租。

第三节　伙种制与分成制

在伙种制度下,伙种地主土地的农民要在地主的自耕地上劳动一段时

---

① 中共中央新疆分局宣传部、研究室:《新疆农村社会》上册,第200~201页。

间，地主却并不付给农民任何报酬。所以，人们通常将农民在地主自耕地上的劳动称为"无偿劳役"。虽然，农民的这种劳动是无偿的，但无偿劳役的概念则过于笼统，它所强调的往往是某种政治的或超经济的强制，并不能准确表达伙种制度下农民这种劳动的本质特征。从前面的分析中可以看出，南疆农村社会中所存在的这种无偿劳动更多的则与其所伙种的土地密切相连。离开伙种地，没有伙种关系，这种劳役剥削也就失去了其存在的基础。正如调查材料中所指出的那样，"伙一亩地，得无偿劳役一个月，伙十亩地，得无偿劳役十月……不做无偿劳役，就不能伙到土地"①。劳役剥削量的轻重同伙种的形式（即生产投入的多少）是密切相关的。伙地农民生产投入多，就可能获得较多的收获物，劳役地租可能要轻些。在双方对分伙种地上产品的前提下，这种劳役地租的多寡则可能成为地主调整其剥削农民劳动的尺度。实际上，地主在伙种地上对农民的剥削最终是体现在实物（高额地租）和劳役地租上。而两种方式均与伙种地密切相关，是伙种制度下封建地租的两种表现形式。前者一般呈实物地租，而后者则应称作"劳役地租"为妥，以与广义上的劳役地租相区分。前已述及，这种劳役地租在伙种剥削中所占比重很大，甚至是地主伙出少量土地的主要目的所在，故劳役地租在伙种中占主导地位，所以它又不同于内地封建经济中广泛存在的所谓劳役附加租。因为所谓的劳役附加租是指"农民在交纳正额地租之外给地主做各种服役性的无偿劳动。这是实物地租的补充形式。相对正额地租而言，这类劳役附加租所占比重很小"②。而且这种劳役附加租均非生产性劳役，多为一些杂役，如洒扫、守更、担挑、抬轿、守坟、婚丧嫁娶服役及做吹鼓手（乐手）等。所以，它与南疆伙种制度下无偿劳役的性质、地位和作用是不同的。以上就是我们在论述南疆劳役剥削时采用"劳役地租"概念而非无偿劳役或劳役附加租概念的原因。

关于劳役地租的基本内涵，卡尔·马克思曾经指出："直接生产者以每周的一部分，用实际上或法律上属于他所有的劳动工具（犁、牲口等等）来耕种实际上属于他所有的土地，并以每周的其他几天、无代价地

---

① 杨廷瑞主编：《南疆农村社会》，第 48 页。

② 李文治：《明清时代封建土地关系的松解》，中国社会科学出版社 1993 年版，第 227 页。

在地主的土地上为地主劳动。"① 在这种情况下，农民一般可以占有所谓"属于他所有的土地"（包括租入的地主土地）上的全部劳动成果。但在南疆农村中，农民则一般要根据生产投入的多少按比例与地主分配伙种地上的产品，并无偿在地主的自耕地上劳动。前者属实物地租，后者则为劳役地租。因此，南疆伙种制下的地租形态实际上可视为实物地租与劳役地租共存的混合地租形态。这也是南疆伙种制度下地租形态的地方性特点。

前面已谈到，在伙种地上，产品的分配主要是依据生产投入的多少按比例来进行的。因之，有的学者将伙种归于"分成制"。但南疆农村伙种制度下产品在本质上与所谓的分成制却有很大的不同。分成制（métayaga system）一般指耕种者使用土地而向土地所有者缴纳实物地租的土地租佃形式。纯粹分成制是将约半数的年收获量缴给土地所有者，而佃户则永久占用其所耕种的土地。其主要特点是，地主除不提供劳动力以外也提供一部分生产资料，所得收成在地主和租地农民之间以货币或实物形式按比例分配。② 由此可以看到，分成制之下的租佃关系尽管在形式上与伙种制有许多相似之处，但分成制所反映的是以实物地租为主的经济形态，基本不涉及劳役地租或劳役地租所占比重很小。而在伙种制下，由于地主只伙出少量土地却自耕大部分土地，劳役地租在这里就具有特殊的重要地位。同伙种地上的实物地租相比，获取劳役地租无疑是地主伙出土地的主要目的。分成制显然并不能涵盖这一特点。所以，不能将"伙种制"简单地归之于"分成制"。南疆农村存在的伙种制是一种具有新疆地方特色的封建土地租佃制度，在自耕大部分土地的情况下，地主借助伙出的少量土地和所投入的部分生产资料，不仅在伙种地上获取高额地租，而且无偿占有伙种土地农民的大量劳役地租，从而达到在最大程度上获取农民劳动的目的。

南疆农村的伙种制度是封建社会早期向后期发展的一种过渡性土地租佃形式，其本身具有极强的不稳定性。加之各地社会经济发展的不平衡性，诸种经济形态并存且相互影响，从而使南疆农村的伙种关系表现出较

---

① 马克思：《资本论》第三卷，人民出版社 1975 年版，第 889～890 页。
② 参见《简明不列颠百科全书》（第 15 版）汉译本第 3 册，中国大百科全书出版社 1986 年版，第 107 页；《经济学大辞典》，上海辞书出版社 1994 年版，第 315 页。

为复杂的特点。有许多情况需作具体分析，如农奴制下的伙种关系、地主伙种农民土地的情况、农民之间的伙种关系等仍需作进一步研究。限于学识，加上调查材料的侧重点又各不相同，故而文中所论可能不太成熟，恐有失偏颇。就教于方家。待研究进一步深入，将另撰文述及。

第十章

文本解说与传说构建：以鄯善吐峪沟 艾苏哈卜·凯赫夫麻札为例

艾苏哈卜·凯赫夫麻札位于新疆鄯善县吐峪沟南口西侧，吐峪沟镇麻札村旁，又称阿萨吾力开裴麻札或吐峪沟麻札，俗称圣人墓、圣坟、吐峪沟和卓墓或七兄弟麻札、七贤祠、七圣庙等，是一处在国内外部分穆斯林中声名显赫的伊斯兰教"圣地"。近代以来，除了内地和新疆各地的穆斯林前来朝拜外，还有一些远在阿富汗、巴基斯坦、印度乃至伊朗、土耳其等国家的穆斯林也千里迢迢慕名前来，顶礼膜拜，从而使这里声名远播，甚至被尊奉为伊斯兰教"七大圣地"之一。①

作为"丝绸之路"上的要冲之一，包括吐峪沟在内的吐鲁番地区（鄯善亦在这一地区内）在历史上不仅是东西方诸民族频繁迁徙、往来之地，同时也曾经是世界上主要宗教（包括佛教、伊斯兰教、萨满教、祆教、基督教等）文化的会聚之地，具有十分深厚的民族与宗教文化积淀。民族文化与宗教文化的承继、结合与变异，是西域多元文化发展、演变的主要规律之一，作为伊斯兰教"圣地"的艾苏哈卜·凯赫夫麻札也不例外。透过对以该"圣地"为核心的吐峪沟宗教文化的分析，不仅能够看

---

① 早在 19 世纪末 20 世纪初，吐峪沟艾苏哈卜·凯赫夫麻札便引起了西方旅行探险者以及考古学家的注意，诸如芬兰人马达汉（即卡尔·古斯塔夫·埃米尔·曼纳海姆，参见该氏著，王家骥译，阿拉腾奥其尔校订《马达汉西域考察日记》，中国民族摄影艺术出版社 2004 年版，第 302～303 页。马达汉曾在 1907 年 10 月 1 日到过吐峪沟）、德国人阿尔伯特·冯·勒柯克（参见该氏著，陈海涛译《新疆的地下文化宝藏》，新疆人民出版社 1999 年版，第 87～91 页；又见该氏著，赵崇民译，吉宝航校订《高昌——吐鲁番古代艺术珍品》，新疆人民出版社 1998 年版，第 41～43 页。1905 年 5、6 月间勒柯克曾在吐峪沟进行发掘）等。

到曾经在当地流行的佛教、祆教、摩尼教、景教（基督教的一支）等影响的痕迹，也能看到本地早期居民回鹘民族的萨满遗风，同时也折射出伊斯兰教在当地的传播以及本地化的曲折轨迹。

第一节　伊斯兰文化：文本解说与传说构建

艾苏哈卜·凯赫夫系阿拉伯语 al-Sahab Kahfi（Ashāb al-Kahf）的音译，意为"山洞中圣贤"，原指的是当地一处在山坡上开凿的山洞；之所以被称作麻札，乃是因为这一山洞已经被建成阿拉伯式的穹隆顶祠宇，旁有许多穆斯林的墓葬（参见图一）。"麻札"一词源自阿拉伯语 Mazar 一词的音译，后被维吾尔文所借用，意为"圣地"、"圣徒之墓"，指的或为伊斯兰教显贵的陵墓，或假托伊斯兰教史上的名人而修建。① 艾苏哈卜·

图一

————————

① 金宜久主编：《伊斯兰教辞典》，上海辞书出版社 1997 年版，第 611 页。

凯赫夫麻札的情况则属于后者。显然，艾苏哈卜·凯赫夫麻札的形成首先
与伊斯兰教有直接的关系。作为伊斯兰教的"圣地"，该麻札也被回族等
穆斯林所崇拜，所以按照回族的习惯又称该麻札为"吐峪沟拱北"①。至
于俗称的"七贤祠"则无疑是汉语言以及汉文化的表述方式。从该麻札
的种种称谓上，就可以看到多民族文化会聚的影子。

　　艾苏哈卜·凯赫夫麻札的核心是麻札中的一处石洞（参见图二）。据
县志介绍，"洞在山腰上，内有一犬状石。洞口有木栅栏，内陈一木棍，
传为七贤所遗之物，摸之可获得福佑庇护。洞外有一拱北，土木结构，室
内无坟，四壁悬挂匾额锦幛，为朝拜者祈祷之所，周围以土墙围圈，内广
布伊斯兰式土坟"②。2001～2005年，笔者曾经先后三次到该麻札调查，
并看到洞口的木栅栏已经撤去，洞中也没发现传说中的所谓"犬状石"；
穆斯林的墓葬群都分布在环形土墙外，而土墙内并无土坟；石洞前的清真
寺也经过了修缮，壁龛上书写着《古兰经》第18章中有关"山洞人"的文
字。关于艾苏哈卜·凯赫夫麻札的由来，当地维吾尔族民间有多种说法，
也均与伊斯兰教的传入有关，见诸文字的传说主要有以下两种：

　　第一种传说讲："据说在伊斯兰教创建之时，阿拉伯某国先贤（或云
即古也门国传教士——引者注）叶木乃哈等5人到东方寻求'天意'，宣
传教义。行至吐鲁番一带时，遇到当地一位携犬的牧羊人，便结伴同行。
到吐峪沟后，见这里山清水秀、果木成林，就隐于一山洞中修行。经过了
300（年）的苦修，6人1犬均已成圣。后人将他们葬于此洞，尊称为
'七圣贤'墓。"③ 1928年考古学家黄文弼在此地考察时听说："在回教来

---

　　① "拱北"一词系阿拉伯文 Qubbat 的音译，原意为阿拉伯式的"圆房顶建筑"。在中国伊
斯兰教门宦中指的是教主墓地或教主修道处，或专指麻札、"圣墓"上的圆顶亭状建筑。参见金
宜久主编《伊斯兰教辞典》，上海辞书出版社1997年版，第609页。

　　在吐峪沟艾苏哈卜·凯赫夫麻札中可以看到宁夏固原回族穆斯林所献的旌旗，上书"百鸟朝
凤"。参见周菁葆、邱陵著《丝绸之路宗教文化》，图25，新疆人民出版社1998年版。2000年笔
者在这里进行田野调查时，还曾见到包括甘肃临夏回族穆斯林所献的"有求必应"锦旗在内的
很多旗幡。2005年笔者再次前往进行田野调查的时候却发现这些旗幡都不见了踪影。据说这些
旗幡都被吐峪沟乡政府收藏。

　　② 参见鄯善县地方志编纂委员会《鄯善县志》，新疆人民出版社2001年版，第918页。

　　③ 参见王嵘编著《新疆吐鲁番风物志》，新疆人民出版社2001年版，第102页；又见吕游
《吐峪沟阿萨吾勒开裴麻札》，《丝路游》2003年第1～2期，第92页。

新(疆)前,有罗马国六人来此访道,其中一人为达克阿奴斯初建此城,死后即葬于吐峪沟中,立为麻札,连同一狗,称为七位眠者。"[1] 学者王炳华也指出:吐峪沟七贤祠"当地维吾尔语称'阿萨普尔'。据说是穆斯林先贤亦(叶)木乃哈等人,在很早以前来吐鲁番地区宣传伊斯兰教时,逝于吐峪沟,故埋葬在此"[2]。类似的记载还有,"传说很久之前有一位长者东来传教,去世后和另外五人及一条狗一起埋在这里(吐峪沟),麻札便是他们的坟墓"[3]。但是事实上,无论在艾苏哈卜·凯赫夫麻札的山洞里还是麻札的围墙范围内,似乎均没有任何墓葬。

图二

第二种传说称:"据传,伊斯兰教产生以前,阿拉伯麦加西边某国5人到东方寻求'天意',行至吐鲁番遇本地一携犬的牧羊人,遂结伴同行,入吐峪沟一石洞中修行,后连同所携之犬终为圣,后人遵(按:当为'尊'——引者)为'七圣贤'。"[4] 新版《鄯善县志》的记载说:"吐

---

① 黄文弼:《吐鲁番考古记》,中国科学院1954年4月印行,第3页。

② 参见王炳华《吐鲁番的古代文明》,新疆人民出版社1989年版,第97页。

③ 参见胡戟、李孝聪、荣新江《吐鲁番》,三秦出版社1987年版,第128页。

④ 参见热拉提·达吾提《维吾尔族麻札文化研究》,新疆大学出版社2001年版,第57页。

峪沟麻札，全称'吐峪沟艾苏哈卜·凯赫夫麻札'，俗称'圣墓'、'圣人坟'。位于火焰山南麓的吐峪沟，与著名的吐峪沟千佛洞毗邻。'艾苏哈卜·凯赫夫'系阿拉伯语音译，意为洞中人。据传，伊斯兰教产生以前，阿拉伯麦加以西某国的叶木乃哈等5人来东方寻求'天意'，行至吐鲁番遇本地牧羊人及所携一犬，遂结伴同行。至火焰山南麓的吐峪沟，见一石洞，即入而修行。300年后始出洞，旋又入洞，此后不再复出。6人1犬终修行为圣（此传说系由基督教'七眠子'故事和《古兰经》第18章'山洞人'故事附会而成）。"① 与前一种说法不同的是，此种传说把艾苏哈卜·凯赫夫麻札的出现追溯到伊斯兰教产生之前。

　　2001年笔者在吐峪沟及周边调查时还了解到第三种说法，大意讲的是从前有7个人遭追杀，逃到了现在称"七贤祠"的这个洞子里藏身，追杀他们的人却不敢进洞，就在附近大山上也开凿了一些洞子住下来，准备一直等到这7个人出来时再抓捕。但是这7个人进去后就再没有出来，而后人们就将这里奉为圣地。类似的说法还有："为了逃避达克亚奴斯的陷害，这七个人躲进了吐峪沟的洞内。后面追来的士兵不敢靠近此圣洞，因此，只好在附近的山腰上挖了许多山洞住在里面，等待这些圣人自己走出后捉拿。"② 实际上，当地人所指称的那些追杀者所开凿的洞子并非是麻札中的洞子，而是现在距吐峪沟沟口麻札不远处的佛教石窟群。在互联网上，最近还有人进一步地演绎道："伊斯兰教在14~15世纪进入新疆时是沿着塔里木盆地的南缘、再横穿罗布荒漠到达吐鲁番盆地、继而又东去哈密、西去伊犁的。由阿拉伯半岛来新疆传播伊斯兰教的穆罕默德的弟子叶木乃哈等五个传教者到达罗布泊岸边后，在那里建筑了一座泥土屋，开始传布真主安拉的声音，遭到信仰佛教的蒙古大军追杀，他们只好沿着罗布荒漠向北奔去。在即将抵达吐鲁番盆地时，一行人遇见了一位带着牧羊犬的牧人，五个传教者得到了他的帮助并成为这里第一个皈依伊斯兰教的教徒。由于蒙古大军还在不断追杀，他们躲进了吐峪沟大峡谷一个神秘的山洞里。由于怕蒙古大军跟随牧羊犬的脚印找到他们的藏身之洞，于是就砍断牧羊犬的腿，希望它不再跟随他们。但忠诚的牧羊犬跛着瘸腿追随着

---

① 鄯善县地方志编纂委员会：《鄯善县志》，新疆人民出版社2001年版，第918页。

② 热拉提·达吾提：《维吾尔族麻札文化研究》，新疆大学出版社2001年版，第58页。

他们并在洞口一直守候着。后来，他们六人一犬死后，人们虔诚地将这六人一犬合葬在一起，建造了一个巨大的穹顶麻札，并尊称这座麻札为'圣人住的洞窟'。"① 与前两种说法相比，这种传说中加入了这些圣贤遭到追杀和迫害的情节，故事内容完整丰富，具有一定的历史内涵，虽然也明显带有牵强附会的成分，但其中却包含了伊斯兰教在传入这个传统的佛教圣地时，伊斯兰教和佛教两大宗教在此地相争的印痕。

　　需要指出的是，以上关于七贤祠由来的诸种传说都是人们依据当地人的世代记忆而作出的。在这种世代相传的过程中，很难保证其中是否会有各个时期的人们根据自己的理解和知识、文化背景加入的附会、添减甚至编造的成分；另一方面，记录者也难免会根据自己的想象和理解，对当地人的种种传说进行某种自认为合理的演绎、整理。易言之，如果要对这些传说中的种种细节进行细究并试图从中得出某种符合逻辑或史实的、结论性的东西，那么这种细究或企图本身似乎并没有太大的意义。但抛开这些传说里牵强附会、添减编造的成分，透过其背后可能蕴涵的某种宗教传播意义与宗教象征意义，进而探究新疆民族宗教文化传承与本土化构建历程，还是颇有价值的。

　　可以肯定的是，有关艾苏哈卜·凯赫夫麻札的诸种传说所依据的直接文本无疑是来自《古兰经》中的第 18 章——《山洞》（凯海府，al-Kah-fi）。其中记述了几个在心中信仰"真主"的青年人因不堪忍受同族人崇拜偶像，遂受真主的启示而避居山洞沉睡，309 年后又被真主唤醒。关于这些年轻人的具体数目则众说不一：有人说是 3 个，第四个是他们的狗；有人说是 5 个，第六个是他们的狗；还有人说他们是 7 个人，第八个是他们的狗。这条狗伸着两条腿守护在洞口。只有真主最知道他们的人数，因为这一切原本就是真主的安排。为此，人们在山洞四周修筑了一堵围墙并建了一所清真寺。② 各种古兰经的故事又对《山洞》的文本作了进一步的阐释：传说从前乌弗苏斯城（按：即 Epsūs，以弗所城）中的一个年轻人因为对族人崇拜偶像不满，而与其他 6 个志同道合的伙伴一起宣布不信族

---

　　①　参见汪红雨《寻访七个圣人和一个点灯人》，原载《时尚旅游》，见于 http: //gb. chin-abroadcast. cn/3601/2004/08/14/883@ 266206. htm。

　　②　参见马坚译《古兰经》，中国社会科学出版社 2003 年版，第 217 ~ 220 页。

人所崇拜的神，转而皈依真主。由于国王是一个多神论者，所以他们只能将"安拉"深藏在心中，但是国王还是发现了这一点，并以要么"考虑回到人们之中，信我们的宗教"，要么"人头落地，粉身碎骨"相威胁。这7个年轻人只好避居山洞躲藏，路上有一条狗与他们相伴而去。他们进洞以后便长睡不醒，等到309年后一觉醒来时外面的世界已经不再是过去的样子，迫害他们的国王早已死去，现在的国王也信奉"真主"。这7个人受到了新国王的欢迎，人们在他们所避居的山洞上建造了房子作为清真寺。①

将吐峪沟艾苏哈卜·凯赫夫麻札的各种传说与《古兰经》及其相关的解说文本相对照，我们可以发现几点微妙而有趣的不同之处：

第一，从《古兰经》的记载来看，这些"山洞人"无疑是今地中海沿岸或阿拉伯半岛一带的人，他们受到真主的启示而避居洞中并受到庇护；而有关鄯善吐峪沟艾苏哈卜·凯赫夫麻札的三种传说却一致强调这些人从西方来此地传教或修行的内容，他们甚至还被赋予穆罕默德弟子的特殊身份。这一点倒可以折射出伊斯兰教由外部传入新疆的历史事实（详见下文），也就是说，鄯善吐峪沟艾苏哈卜·凯赫夫麻札的形成是伊斯兰教传入后影响的结果。至于这些传教者身上所被附会的特殊身份，似乎可以认为是当地人为了抬高麻札的地位而赋予的。②

第二，《古兰经》及其相关的解说文本都明确指出这些"山洞人"是7个当地的年轻人，那条狗则是他们的伴随者，并在他们长眠洞中的时候扮演着守护者的角色。在吐峪沟艾苏哈卜·凯赫夫麻札的传说中，这7个圣贤的身份则被分解为两部分：即5个西来的传教者和1个当地的牧人及牧人的狗，其中牧人的身份以及将狗归入圣贤之列则更具有某种民族文化的象征意义（详说见下文）。本地牧人的加入，其背后所表达的乃是伊斯兰教被当地人所接受的深刻含义。经过这番传说构建，吐峪沟艾苏哈卜·

---

① 参见穆罕默德·艾哈迈德·贾德·毛拉《古兰经的故事》，关偶等译，新华出版社1983年版，第208～212页。

② 这种情况也多见于维吾尔族的历史文献中。如流传下来的有关第一个皈依伊斯兰教的突厥人萨图克·布格拉汗的各种察合台文抄本，基本情节大致相同，"'但人物的身份和舞台道具却不一样。不仅如此，对剧情的解释也不一样。最初近似于历史剧，后来可以说完全成了宗教剧。'最重要的不同点之一是，添加了附会于穆罕默德的情节"。参见滨田正美《关于萨图克·布格拉汗麻札的研究》，章莹译，《西域研究》1996年第1期。

凯赫夫麻札便具有了外来的伊斯兰文化与当地民族文化相结合的意义。

第三,《古兰经》及其相关的解说文本只是把山洞作为这些人的避居之所,并且赋予了他们复活的情节,地点并非指此处,而是伊斯兰教创始地;而吐峪沟艾苏哈卜·凯赫夫麻札的传说里则把山洞作为"圣人"们的葬身之所,麻札本身作为圣地具有祈福消灾的灵性,连这里的土壤也具有祛病的神效,这里的地点是伊斯兰教传入地,从而使其具有了本土的民族文化意义和社会功能。

第四,与《古兰经》中所陈述的其他故事类似,"山洞人"的故事主要意在强调"这是真主的一种迹象,真主引导谁,谁遵循正道;真主使谁迷误,你绝不能为谁发现任何朋友作为引导者"①。进而说明真主的万能和唯一。吐峪沟艾苏哈卜·凯赫夫麻札的各种传说则主要是为了证明该处作为圣地的合理性乃至合法性,正因为如此它们才强调这些人的身份、来源和葬身于此的情节,而其所依据的原文本中的主旨则退居次要甚至被有意或无意地忽略。可以说,两者的出发点和着眼点显然是不同的,这也是吐峪沟艾苏哈卜·凯赫夫麻札的传说对《古兰经》文本进行改造的根本原因。

第五,《古兰经》将"山洞人"的奇迹归于真主引导,将这一奇迹出现的时间系于先知穆罕默德降临人间创教之前;在他们入洞之前,人们还基本都是偶像崇拜者,但当他们走出山洞的时候人们都皈依了真主。而在吐峪沟艾苏哈卜·凯赫夫麻札的各种传说中则有所不同,除了第二种外,均将这一故事的发生时间系于穆罕默德创立伊斯兰教以后。第二种传说中将此事发生的时间系于伊斯兰教产生之前,与其说是对《古兰经》文本的直接承袭,毋宁说是后人据《古兰经》文本对其他两种传说的修正。从逻辑上来讲,此说可能是晚出的。如果说该故事在伊斯兰教的创始地尚有一定的合理性的话,那末对其传入地而言则存在明显的悖谬。圣教未创,何来传播?这更进一步说明,艾苏哈卜·凯赫夫麻札是伊斯兰教传入此地后影响的结果。至于第三种传说里所讲的五位传教者先在罗布泊布道,后因遭到信奉佛教的蒙古人追杀而逃到此地的情节,则完全是今人根据当代的知识背景所添加和附会的,其时代或许可以追溯到 17~18 世纪信奉藏传佛教的卫拉特蒙古统治天山南北时期。

---

①　马坚译:《古兰经》18:17,中国社会科学出版社 2003 年版,第 217~220 页。

不管怎样,在分别表述"山洞人"故事的时候,《古兰经》文本和吐峪沟艾苏哈卜·凯赫夫麻札的各种传说中有一点是相同的,那就是两者所叙述的故事发生场景是大致相似的:即这些圣人或先贤都是因为在偶像崇拜者的环境下皈依"真主"或传教布道受到迫害或追杀而避居山洞之中的。前者是伊斯兰教创立前,阿拉伯半岛多神教崇拜的内在社会环境以及犹太教和基督教的外在影响;后者则是伊斯兰教传入前,新疆的吐鲁番盆地佛教、摩尼教、祆教和景教流行的历史事实。与《古兰经》所叙述的场景相似性,实际上可视为吐峪沟艾苏哈卜·凯赫夫麻札在人们的想象中被构建出来的深层次原因,而该地原有的一处山洞以及山洞前想象中的犬状石则恰好为人们这种构建提供了外在的依据。[1] 为此,后人还依据《古兰经》文本的记载在吐峪沟艾苏哈卜·凯赫夫麻札的山洞上加盖了一座具有阿拉伯建筑风格的清真寺,并在麻札周围修筑了一堵半圆形的围墙,从而使艾苏哈卜·凯赫夫麻札至少在形式上完全与《古兰经》的描述相一致。不过勒柯克早已指出,这座清真寺其实是近代才建立起来的。[2]

不仅如此,为了给这种构建寻求历史的和逻辑的合理性,有的维吾尔族史学家甚至还声称世界上共有7处这样的山洞,吐峪沟艾苏哈卜·凯赫夫麻札居其一。[3] 这样便完全解构了《古兰经》文本中"山洞人"的唯一性,从而为吐峪沟艾苏哈卜·凯赫夫麻札存在的合理性提供了依据。而且,在上述的第三种传说中,今人还根据当代的知识背景加入蒙古大军追杀的内容。由此可见,有关吐峪沟艾苏哈卜·凯赫夫麻札传说的情节性构建可能还将继续下去。正是通过这种持续的、情节性的解构与构建,外来宗教文化的本土化和民族化才逐渐地走向深入。这种状况,对于新疆的伊斯兰教文化来讲是如此,对于古代西域的其他外来文化也是如此。

---

① 1907年10月2日芬兰探险家马达汉在参观吐峪沟麻札时指出,所谓的那条狗"实际上是用琉璃砖砌在地面上的一幅图案"。参见马达汉《马达汉西域考察日记》,王家骥译,阿拉腾奥其尔校订,中国民族摄影艺术出版社2004年版,第302页。笔者于2005年4月在麻札进行田野调查时既没有发现马达汉所见到的犬形琉璃砖图案,也没有看到人们所说的洞内犬状石。麻札的神职人员向访问者解释说,外界曾广泛传闻麻札里有所谓的"犬状化石"纯属无稽之谈。

② 阿尔伯特·冯·勒柯克:《新疆的地下文化宝藏》,陈海涛译,新疆人民出版社1999年版,第87页。

③ 参见库尔班阿里·哈力迪《历史新记》(维吾尔文),新疆美术摄影出版社1989年版,第79~83页。转见热拉提·达吾提《维吾尔族麻札文化研究》,新疆大学出版社2001年版,第58页。

　　吐峪沟艾苏哈卜·凯赫夫麻札的出现与伊斯兰教传入新疆的历史密切相关。10 世纪中叶,占据中亚和喀什噶尔一带的喀喇汗王朝皈依了伊斯兰教,并通过一系列宗教战争征服了库车以南包括今塔里木盆地在内的广大地区,并迫使当地的佛教徒改信伊斯兰教;到了 13 世纪后期的元朝初期,吐鲁番地区的高昌回鹘王国已成为西域佛教的"最后避难所"。大约在元顺帝至正六年(1346 年),阿力麻里(今新疆伊犁)已经突厥化了的察合台后裔秃黑鲁·帖木儿登上了汗位,不久便统一了整个察合台兀鲁斯,并成为今新疆地区第一个皈依伊斯兰教的蒙古汗;明朝洪武十六年(1383 年),秃黑鲁·帖木尔之子黑的儿火者被拥立为察合台汗。他上台以后大力推行伊斯兰教,并亲自率领大军对本地区佛教的最后堡垒——吐鲁番地区的高昌回鹘王国发动了猛烈的"圣战",最终彻底征服了这一地区,具有千年历史的交河古城和高昌古城也在战火中毁灭。黑的儿火者在攻占吐鲁番以后,强迫当地的佛教徒改宗,这里许多佛教寺院也遭到极大破坏(参见图三)。至少到 15 世纪前后,这里已经被称为"达尔·阿勒·伊斯兰"(意为"伊斯兰地")①,吐峪沟附近的居民随后也就逐渐成为穆斯林。但是以"麻札"崇拜为核心内容的艾苏哈卜·凯赫夫麻札的

图三

---

　　①　参见米尔咱·马黑麻·海答儿《中亚蒙兀儿史——拉失德史》第一编,新疆人民出版社 1983 年版,第 225 页。

形成应是在这之后，不仅与伊斯兰教的传入有关，而且更与中亚伊斯兰教苏非派教团的出现及其向东方发展，尤其是西域额西丁家族的活动有直接的关系。

早在伊斯兰教创立之初，就已出现了对先知和圣徒的崇拜，并成为伊斯兰教内部苦行主义者的主要宗教实践活动之一。在 8 世纪后期至 9 世纪初，受希腊罗马文化的传入以及基督教、佛教和波斯琐罗亚斯德教（Zoroastrianism，即"祆教"或"拜火教"）等宗教思想渗透的影响，苦行主义者中形成了伊斯兰教的神秘主义思想。随后，以神秘主义思想为指导的苦行主义者逐渐组织化，从而形成了伊斯兰教中的"苏非派"。苏非派在思想上主张"万有单一论"、"人主合一论"和"神智论"；在宗教实践中强调出世主义，通过禁欲和苦行实现肉体和精神的双重功修；在组织上则形成以导师为核心的等级制，导师的陵墓成为信徒拜谒的中心。

9～10 世纪，中亚伊斯兰教的苦行主义开始向"苏非"转变；到 13 世纪，以库布拉维教团和亚萨维教团的出现为标志，中亚苏非派作为伊斯兰教的一个宗教派别最终形成。① 14 世纪中后期在中亚布哈拉出现的苏非纳合什班底教团则对苏非的教义加以发展，倡导入世主义，积极影响世俗政权；强化教主的权威，确立教主陵墓崇拜的核心地位。为此，中亚苏非教团纷纷标榜各自历代教主的"圣裔"身份，并冠以"和卓"（khwaja）的尊号，从而使教主的职位世袭化。在这一背景下，苏非教团在中亚突厥语民族和突厥化的蒙古统治者中传播伊斯兰教，时间不长，便取得了很大的成效。促使东察合台汗国秃黑鲁·帖木儿汗皈依伊斯兰教的便是额西丁和卓。该家族此后不仅控制了汗国的宗教事务，而且还借助世俗政权的力量发动"圣战"，扩张伊斯兰教的势力。据研究，秃黑鲁·帖木儿汗之子黑的儿火者汗对吐鲁番发动"圣战"时，额西丁和卓之子和加艾布纳赛尔作为主要领导者之一积极参与其中，两人一起在此"殉道"；纳合什班底教团勃兴后，额西丁和卓家族通过依附的形式与之合流，其家族领袖他只丁和卓受命前往吐鲁番宣教。② 吐鲁番地区伊斯兰教的发展因此与中亚

---

① 参见张文德《中亚苏非主义史》，中国社会科学出版社 2002 年版，第 3～6 页。

② 参见陈国光《伊斯兰教在吐鲁番地区的传播（10～15 世纪)》，《西域研究》2002 年第 3 期。

苏非派及和卓家族结下了不解之缘，而作为苏非文化基本内容之一的"圣徒崇拜"也在当地广泛地传播开来，从而为吐峪沟艾苏哈卜·凯赫夫麻札及其相关传说的构建奠定了直接的思想基础。

需要强调指出的是，伊斯兰教最初传入吐鲁番地区并不是通过战争而更可能是以个人传教、渐次渗透的形式进行的。有材料表明，至少在 10 世纪上半叶高昌回鹘王国时期当地已经有一定数量的伊斯兰教徒并建有清真寺。这可视为伊斯兰教传入吐鲁番地区的最早例证，但是这其中并没有"圣战"传教的影子，应该是教徒个人的行为。而个人为主、渐次渗透恰恰就是苏非派主要的传教方式。但在当时摩尼教和佛教占据主导地位的高昌回鹘王国内，这些伊斯兰教传播者不仅地位不是很高，甚至还由于高昌回鹘与伊斯兰世界的外部冲突而随时面临着被杀戮的危险。① 在 14 世纪 80 年代黑的儿火者征服前近 400 年的时间里，伊斯兰教在吐鲁番地区的生存环境比较恶劣，发展十分缓慢，很可能在当时穆斯林的心中留下遭受迫害的历史记忆。这一点则与《古兰经》中"山洞人"的经历有所契合。如果以上推论成立的话，那么吐峪沟艾苏哈卜·凯赫夫麻札及其相关传说的构建则具有一定的历史基础。

正如研究者指出的那样，麻札朝拜原本是为《古兰经》和"圣训"所坚决反对和禁止的。它之所以得以在今新疆境内流行和发展，不仅与周边和本地的历史和文化背景有关，还与历史上统治阶级对其"圣裔"身份的利用和谢赫的鼓动宣传有关。② 从这个意义上来讲，麻札的建立、麻札崇拜的兴起以及麻札文化的出现，不仅是宗教发展的结果，同时也是现实政治和经济利益的需要。

第二节　基督教文化:借鉴与基础

既然吐峪沟艾苏哈卜·凯赫夫麻札及其相关的各种传说是直接依据

---

① 参见阿尔伯特·冯·勒柯克《新疆的地下文化宝藏》，新疆人民出版社 1999 年版，第 21 页。

② 马品彦:《南疆的麻札和麻札朝拜》，《中国伊斯兰教研究》，青海人民出版社 1987 年版，第 369～386 页。

《古兰经》文本而作出的，那么《古兰经》中的"山洞人"故事又是从何而来的呢？东西方学者早已指出，《古兰经》中的这一文本是借鉴和吸取基督教乃至广义的古代希腊－罗马文化而作出的。

众所周知，伊斯兰教在创立之初便深受希腊－罗马文化和基督教文化的影响。"《古兰经》所叙述的历史故事，除少数外，几乎在《圣经》里都有类似的故事。"① 《古兰经》中对"山洞人"的记载和相关的故事解说就是源自基督教的《圣经》以及更早的以色列或罗马民间神话，亦即所谓的"七眠子"（七个长睡人）的故事。一般认为，"七眠子"的传说最初见于希腊作家西蒙·梅塔弗拉斯泰斯（Symeon Metaphrastes）所著的《圣徒传》（*Lives of the Saints*）。这个基督教史中的故事发生在3世纪中叶小亚细亚的以弗所城（Ephesus）②，城中有7名（或云8名）出身贵族的青年人为了躲避当时的西罗马皇帝德基乌斯（249～251年在位）对基督教徒的迫害而躲进附近一处宽广的山洞中，德基乌斯则令人将山洞口用巨石封住，试图将他们困死在洞中；但是这7个青年却在洞里陷入沉睡而毫发无损。187年之后（一说200年之后），也就是东罗马帝国皇帝提奥多西二世（408～450年在位）统治时期，有人③无意之间打开了洞门，阳光照进洞中唤醒了他们。此时基督教早已经在东罗马的土地上得到复兴，包括皇帝在内的所有人对这7个长睡人的经历惊叹不已，而7个人却在作过祷告、讲完自己的经历后便平静地死去。④ 英国史学家吉本指出："七长睡人的故事曾被许多国家，从孟加拉到非洲的信奉伊斯兰的国家，采纳和改编；在遥远的斯堪的纳维亚的最边远地区也曾发现过类似传说的遗

---

① 希提（Philip K. Hitti）：《阿拉伯通史》上册，马坚译，商务印书馆1979年版，第144页。

② 该城遗址位于今土耳其伊兹密尔省塞尔丘克村（Izmir's Selcuk County）南，最早建于公元前16世纪到公元前11世纪之间，原为希腊爱奥尼亚城市之一；罗马帝国时期发展成为重要的商业中心，是帝国最初的五大城市之一。公元17年该城毁于地震，123年重建；262年又被入侵的哥特人所摧毁，从此渐趋衰落。但是直到1090年塞尔柱人入侵以后，该城才彻底被毁弃。由于耶稣受难后圣母玛利亚曾在此生活，而圣徒约翰死后也葬在附近，所以以弗所城被认为是基督教发展史上的一座重要里程碑。

③ 此人据说是当地的一个富裕地主，名叫阿多利奥斯（Adolios）。他打开山洞的原因是为了建造牛圈。

④ 传说他们死后皇帝准备为其建造一座金墓，但是他们给皇帝托梦请求埋葬在山洞的土里，最后皇帝在山洞上建造了一座富丽堂皇的大教堂以示纪念。

迹。"而伊斯兰教的创立者穆罕默德"在赶着骆驼前往叙利亚市集上去的时候可能曾听说过（这一民间传说）",并将其作为真主的启示而写入《古兰经》中。① 事实上,这一故事在传入拉丁世界之前已经出现了叙利亚文的版本,后又通过叙利亚文文本翻译成其他东方语言（如波斯语等）,并在阿拉伯世界中广为流传。早期阿拉伯作家对这一传说的来源原本是十分清楚的。例如,著名的中世纪阿拉伯史学家马苏第（Mas'ūdī）在其所著的《黄金草原和珠玑宝藏》（成书于 947 年）中曾记载,在罗马国王迪格尤斯（按:即前述的德基乌斯）在位两年期间,作为偶像崇拜者的该国王"强烈地坚持灭绝基督徒和令人在全帝国内搜捕他们",从而使得"山洞人"都逃离了他。马苏第在他的另一部已经失传的《中篇记述》著作中还对"山洞人"的历史进行了介绍,并把"他们的信址确定在罗马人地区"②。显然,在马苏第眼中,"山洞人"原本就是罗马帝国内受到迫害的基督徒的代名词。据记载,黑衣大食王瓦西格·比拉（842～846 年在位）还曾经派遣占星家穆罕默德·本·穆萨前往罗马国（即东罗马帝国）观看"洞中人"的生活。③ 穆罕默德出于传教的需要而对此重新加以演绎,也表明这一传说在当时的阿拉伯人中具有广泛的群众基础。

　　《古兰经》原本是借助"山洞人"这个故事来回答犹太教人的问难,以说明死后复生是不可怀疑的④,并且在其中加入了一条狗和阳光呵护的内容。至于其在伊斯兰世界进一步传播或影响的途径,穆斯林学者普遍认为:"当《古兰经》里提到有关先知的事情时,（伊斯兰）经注家必进而追根究底,求个水落石出。他们的这种欲望,只有《旧约》和《旧约》的注释才足以满足。甚至只有《旧约》注解里面的神话、传说才足以满足。当时犹太教徒信奉伊斯兰教的很多,犹太教式的故事就渗入伊斯兰教徒中了。"⑤ 由于这一故事历经诸多民族和宗教加以演绎,

---

　　① 参见爱德华·吉本《罗马帝国衰亡史》下册,黄宜思、黄雨石译,商务印书馆 1997 年版,第 75～76 页。

　　② 参见马苏第《黄金草原和珠玑宝藏》,耿昇译,青海人民出版社 1998 年版,第 392 页。

　　③ 伊本·胡尔达兹比赫:《道里邦国志》,宋岘译注,中华书局 1991 年版,第 113 页。

　　④ 参见中国伊斯兰百科全书编辑委员会编《中国伊斯兰百科全书》"山洞人"条,四川辞书出版社 1994 年版,第 491 页。

　　⑤ 艾哈迈德·爱敏:《阿拉伯—伊斯兰文化史》第 1 册,纳忠译,商务印书馆 1982 年版,第 216 页。

所以有关该故事的发生地也就是"山洞"所在地自然也一直有多种说法。从最早的基督教世界中"七眠子"的传说来看，多数学者认为这一山洞最初应该在以弗所城附近①（参见图四）；马苏第也指出，"这些沉睡的人原籍为罗马地区的以弗所城"②；阿拉伯地理学家雅古特认为该

图四

处位于阿摩利阿姆和尼西亚之间，伊本·胡尔达兹比赫则进一步指出"洞中人"居住在两地之间的扈莱玛（Khurramah）镇③；近代伊斯兰经注

---

① "七眠子"所在的山洞与他们的七座墓穴已经为以弗所城遗址附近皮昂山（Mount Pion）东部的考古发现所证实。参见 http：//www. kusadasi. com/sevensleepers. htm。

② 马苏第：《黄金草原和珠玑宝藏》，青海人民出版社 1998 年版，第 402 页。

③ 伊本·胡尔达兹比赫还记载说，"洞中人"的都城位于东罗马帝国台尔垓西斯（Tarqasīs）省艾瓦萨（Awāsā）镇，镇上有一个名为"艾甫西斯"（Afsīs）的要塞。参见伊本·胡尔达兹比赫《道里邦国志》，中华书局 1991 年版，第 113 页。

家则将此洞置于巴勒斯坦境内耶路撒冷附近。① 所以无论从哪个方面来看，吐峪沟艾苏哈卜·凯赫夫麻札在吐鲁番盆地的出现都明显带有附会的成分；从逻辑上来讲，它似乎是在伊斯兰教传入后当地已经皈依的穆斯林按照《古兰经》的文本直接构建出来的。但是实际情况似乎并没有这么简单。

问题在于，早在唐贞观九年（635 年）基督教的东方异端派别——聂斯托里教（Nestorism，唐代称景教，元代称也里可温）就已从波斯经过中亚和西域传入唐的京城长安；在 14 世纪伊斯兰教传入吐鲁番盆地之前，聂斯托里教已经在当地流传了 700 多年，曾经产生过十分广泛的影响。20 世纪初以来，曾经在距吐峪沟仅 15 公里的高昌故城内发现了一座景教教堂遗址以及表现基督教"棕榈祭日"（the palm Sunday，或译作"棕枝主日"，源自《新约全书·约翰传》）情景的壁画，并在这一地区出土了包括叙利亚文《新约圣书》残卷和用回鹘文书写的景教"信仰信条书"在内的一批基督教文献。② 这表明回鹘人的一支在 840 年西迁吐鲁番盆地之后，至少有一部分人曾经信奉了聂斯托里教。需要强调指出的是，聂斯托里教沿"丝绸之路"向东方传播所使用的主要文字应该就是古叙利亚文（著名的《大秦景教流行中国碑》和扬州、泉州发现的景教徒墓碑上都有古叙利亚文的铭文，甚至回鹘文—叙利亚文合璧墓碑），而"七眠子"的传说最早正是从希腊文翻译成叙利亚文的。

据研究，在"丝绸之路"上传播的景教派基督信仰的核心是复活后的基督，"强调耶稣的复活，强调受到东部教堂崇敬的殉难者和圣徒的复活，最后还强调每一个信徒的复活，这就是我们在丝绸之路上所发现的叙利亚文景教文献的主导题材。于是我们就可以理解，在每个教堂生活的年度中，复活节庆典就具有特殊的重要意义"。这种复活观念尽管曾经受到了当时吐鲁番盆地佛教徒的责难③，但是它却与《古兰经》文

---

① 参见中国伊斯兰百科全书编辑委员会编《中国伊斯兰百科全书》"山洞人"条，四川辞书出版社 1994 年版，第 491 页。

② 参见朱谦之《中国景教》，人民出版社 1993 年版，第 192～193 页。有关回鹘文景教文献的研究情况请参见杨富学《回鹘文献与回鹘文化》，民族出版社 2003 年版，第 66～70 页。

③ 参见克林凯特《丝绸古道上的文化》，赵崇民译，贾应逸审校，新疆美术摄影出版社 1994 年版，第 82 页。

本中所强调的 "山洞人" 复生观念不谋而合，而穆斯林把墓地当成清真寺使用原本就是模仿犹太人和基督教徒的做法。[①] 事实上，由于聂斯托里派等基督教异端所受到基督教正统派以及各派之间的敌对和迫害比各宗教之间的敌对和迫害还要严重，以至于后来很多基督教异端派教徒纷纷加入伊斯兰教，从而使得聂斯托里教在向东方发展的过程中就与伊斯兰教存在着密切的联系。在阿拔斯王朝时期，高昌景教壁画中所描绘的 "棕枝主日" 已经成为伊斯兰教的节日而为穆斯林们所熟知。[②] 更何况，聂斯托里派被指责为异端而遭到排挤和打击是肇始于 431 年在以弗所城召开的一次基督教会议[③]，而该地有可能正是 "山洞人" 故事的发生地。这样，以弗所城会议的悲剧性命运与 "山洞人" 遭受迫害情节之间的某种契合，对于聂斯托里教徒来说便具有难以泯灭的特殊意义。所以，与高昌景教壁画中 "棕枝主日" 的内容一样，具有 "复活" 意义的 "山洞人" 故事很可能在伊斯兰教传入之前也曾在吐鲁番地区的景教徒中流传过。

　　19 世纪末 20 世纪初，在吐鲁番地区甚至还有一种传说认为，当地有一座清真寺原本就是从景教教堂改造过来的。但是这种传说本身却充满了可疑之处，甚至有可能是信奉基督教的西方探险家杜撰或想象出来的，或者完全就是一种误传。[④] 1904 年 11 月 18 日，德国探险家勒柯克在来到高昌故城 (哈拉 [喇] 和卓) 的时候，曾经将土著语对此地的称谓 "阿普苏斯" (Apsūs) 比附为 Epsūs 或 Ephesus (即 "以弗所城")，进而又将当

---

　　① 参见艾哈迈德·爱敏《阿拉伯—伊斯兰文化史》第 2 册，商务印书馆 1990 年版，第 328 页。

　　② 同上书，第 332、327 页。

　　③ 参见阿·克·穆尔《一五五〇年前的中国基督教史》，郝振华译，中华书局 1984 年版，第 1 页。413 年教皇塞莱斯廷一世委托亚历山大牧首奚里尔在以弗所城主持审讯聂斯脱利 (又译聂斯托里) 的会议，决定对聂斯脱利处以绝罚，是为基督教会的第三次普世会议。参见《简明不列颠百科全书》第九卷，中国大百科全书出版社 1986 年版，第 74 页。

　　④ 参见莫尼克·玛雅尔《古代高昌王国物质文明史》，耿昇译，中华书局 1995 年版，第 68 页。1895 年俄国探险家克莱蒙兹来到吐鲁番时曾记载道："吐鲁番附近，有一座高高的塔和一座伊斯兰寺院，据说从前本是聂思脱里教寺院，在大约二百年前，被吐鲁番的统治者改为麦德里斯。"但日本学者佐口透认为克莱蒙兹并没能为此提供依据。事实上，初到此地的西方探险家甚至还误将著名的吐鲁番苏公塔 (建于 1778 年) 当做古代基督教或聂思脱里教教会的钟楼。参见佐口透《新疆民族史研究》，章莹译，新疆人民出版社 1993 年版，第 207~208 页。

地土著语的另一种称谓"达克雅洛斯"(Dakianus) 比附为 Decius (即前述迫害基督徒的西罗马皇帝德基乌斯),并认为"起名为达克雅洛斯的缘由,是因为在其邻近的吐峪沟中,有一个神圣的宗教圣地七圣庙(麻札)"①。他还曾经明确指出:"吐峪沟这里有个传说,就是七眠子的故事('洞窟同伴'的故事)。这故事大概是古代流传下来的,正是由于有这个传说,所以哈喇和卓就有了'Apsûs'(以弗所)的名称。"② 显然,19 世纪末 20 世纪初具有基督教文化背景的西方人的大量涌入及其相关解说,无疑对当地艾苏哈卜·凯赫夫麻札传说构建的复杂化起到了推波助澜的作用。③ 尽管勒柯克的以上阐释带有明显的基督教文化背景下附会与想象的成分,但是他将这一传说的来源追溯到 13 世纪或 14 世纪之前的佛教时代的观点却是具有一定合理性的,不过也许追溯到当地景教与佛教并行时期要更准确些。虽然还没有直接的证据表明吐峪沟艾苏哈卜·凯赫夫麻札的传说是否与当地历史上曾经发生过的景教教义传播的影响存在直接的关系,但是景教的长期流行及其所强调的复活观念无疑为伊斯兰教传入后"山洞人"故事的本土构建提供了一定的群众与思想基础。

第三节　佛教文化:物态化改造与功能性扬弃

将佛教"圣地"改造为伊斯兰教"圣地"是伊斯兰教在西域传播过程中的主要途径和特点之一。吐峪沟艾苏哈卜·凯赫夫麻札就是这种物态化改造与功能扬弃并通过传说构建的产物。

在伊斯兰教传入之前,佛教可以说是传入吐鲁番地区时间最早、传播

---

①　阿尔伯特·冯·勒柯克:《新疆的地下文化宝藏》,新疆人民出版社 1999 年版,第 44 页。

②　参见勒柯克《高昌——吐鲁番古代艺术珍品》,新疆人民出版社 1998 年版,第 179 页。

③　黄文弼 1928 年在吐鲁番考察时也说,"在哈拉和卓之古城遗址,本地居民往往有不同的名称,或称为依底库特赛里,或称为达克阿奴斯城",并认为"后者出于吐峪沟中麻札之传说"。与勒柯克的说法几乎如出一辙。参见黄文弼《吐鲁番考古记》,中国科学院 1954 年 4 月印行,第 3 页。

时间最长、影响最大、信众最多、文化遗存最为丰富的宗教。据推断，早在公元前 1 世纪佛教可能已经传当时的车师前国①；即使从吐峪沟发现的带有西晋元康二年（292 年）纪年的《诸佛要集经》汉文写本来看（该写本被认为是目前所能确知的最早的吐鲁番出土佛典）②，在 14 世纪 80 年代伊斯兰教在吐鲁番占据主导地位前，佛教在此至少已经流传了 1100 年以上，更何况此后佛教与伊斯兰教又并行了一段时间，直到 15 世纪 30 年代以后才渐趋衰微。③ 840 年漠北回纥汗国灭亡后，西迁西域的一支以高昌（今吐鲁番）和北庭（今吉木萨尔）为中心建立了高昌回鹘王国；不久，佛教和摩尼教一样也为回鹘人所信奉。到 15 世纪初期，吐鲁番盆地的居民大多数仍是佛教徒，而当地王族改信伊斯兰教的时间已经到了 15 世纪下半叶。正因为如此，佛教在这一地区以及当地维吾尔先民的文化中曾经打上了深深的烙印，并对后世产生了十分深远的影响。④ 在前伊斯兰时期，吐峪沟曾经长期是吐鲁番盆地重要的佛教中心之一，而吐峪沟艾苏哈卜·凯赫夫麻札原本便是建立在这一佛教圣地的基础上的。

　　与其他地区一样，佛教的流行也在吐鲁番盆地留下了包括吐峪沟石窟在内的丰富的佛教文化遗存。据研究，吐峪沟佛教石窟是该地区现存最早、保存洞窟最多的石窟群，并经过了回鹘人修复和重建；现存石窟大概有 94 个，已经编号的洞窟有 46 个，只有 10 个洞窟残存有壁画。⑤ 吐峪沟石窟开凿的年代应不晚于西晋或十六国的高昌郡时期。在石窟遗址内曾发现带有"西晋元康六年"（296 年）纪年的《诸佛要集经》写本和前秦甘露二年（360 年）沙门静志所写的《维摩经义记》，表明这里不仅是吐鲁番地区，同时也是新疆境内开凿较早的佛教石窟群。此后，这里的佛教寺

---

　　①　参见陈世良《从车师佛教到高昌佛教》，收入敦煌吐鲁番学新疆研究资料中心编《吐鲁番学研究专辑》，乌鲁木齐 1990 年内部印刷，第 144 页。

　　②　参见胡戟、李孝聪、荣新江《吐鲁番》，三秦出版社 1987 年版，第 32 页。

　　③　参见田卫疆主编《吐鲁番史》，新疆人民出版社 2004 年版，第 400～401 页。

　　④　有关佛教在高昌回鹘中传播的具体情况可参见杨富学《回鹘之佛教》，新疆人民出版社 1998 年版，第 21～47 页。

　　⑤　以上参见贾应逸《新疆吐峪沟石窟佛教壁画泛论》，载《佛学研究》1995 年刊。一说吐峪沟 90% 的洞窟已经自然塌陷，现存者有 8 个洞窟残存有部分壁画，参见《新疆文物志》编辑室《新疆文物志选稿》第一辑，乌鲁木齐 1988 年 5 月 12 日，第 126 页。

院经过高昌国时期的进一步发展，到唐代达到了顶峰，在敦煌藏经洞发现的《西州图经》明确称吐峪沟石窟为"丁谷窟"。此后，吐峪沟佛教洞窟的续凿一直延续到高昌回鹘时期，前后经过了 1000 多年的时间，其佛教文化积淀之深是可以想象的。仅从唐代《西州图经》的记载就可以看到："丁谷窟有寺一所，并有禅院一所。右在柳中县界，至北山廿五里丁谷中，西去州廿里。寺其（基）依山（而）构，揆嵚疏阶，雁塔飞空，虹梁饮汉，岩蛮（峦）纷糺，丛薄阡眠，既切烟云，亦亏星月。上则危峰迢遰，下（则）轻溜潺湲。寔仙居之胜地，谅栖灵（霞）之密域。见有名额，僧徒居焉。"① 完全是一幅人间胜景、神界仙境之所在。现存俄罗斯彼得堡的一份文书也记载说："丁谷寺岩高洞清流，丛林蓊郁……传闻多出圣名僧。"② 回鹘人在来到高昌以后很快就皈依了佛教，并在继承当地佛教文化传统的基础上融入了回鹘文化的因素。据在吐峪沟发现的回鹘文"土都木萨里修寺碑"记载："在伟大的中国出现十八位李姓皇帝"，"由于寺院圮毁无主，我安姓僧（和）我土都木萨里加以整修，使其重新成为一座寺院"。据此可知，吐峪沟石窟在唐代末年曾经一度被废弃，回鹘人来到以后才得到了整修和恢复，所以这里的一些石窟内也残存一些带有回鹘文题记的壁画，曾经出土过回鹘文的佛经残卷。③ 在回鹘人的努力下，高昌的佛教一度得到了复兴。北宋使臣王延德于 981 年出使高昌回鹘王国，在高昌城就见到"佛寺五十余区，皆唐朝所赐额，寺中有《大藏经》、《唐韵》、《玉篇》、《经音》等，居民春月多群聚遨乐于其间"④。就连《菩萨大唐大慈恩寺三藏法师》（即《大唐大慈恩寺三藏法师传》）都被译成了回鹘文。⑤ 吐峪沟石窟第 38 窟的左甬道曾经被回鹘人维修和彩绘，第 22 窟的壁画也是高昌回鹘时期的作品。正因为如此，在吐峪沟晚期的洞窟中带有回鹘文化影响的色彩，吐峪沟也曾经是当地维

---

①　此处录文依据王仲荦著，郑宜秀整理《敦煌石室地志残卷考释》，上海古籍出版社 1993 年版，第 213 页。

②　转引自贾应逸《新疆吐峪沟石窟佛教壁画泛论》，载《佛学研究》1995 年刊，第 249 页。

③　胡戟、李孝聪、荣新江：《吐鲁番》，三秦出版社 1987 年版，第 124 页。

④　《宋史》卷四九〇《外国六》"高昌"条。

⑤　详见黄盛璋《回鹘文译本〈玄奘传〉残卷五玄奘回程之地望与对音研究》，《西北史地》1984 年第 3 期，收入氏著《中外交通与交流史研究》，安徽教育出版社 2002 年版，第 242 ~ 287 页。

吾尔先民们的佛教圣地。

　　至少在 16 世纪，有关"七贤"（the Seven Mohammandans）的传说和附会就已经在今新疆境内出现。据笔者在调查时了解到，将吐峪沟与《古兰经》的相关记载联系起来的始作俑者是著名的阿帕克和卓。据说他曾来过吐峪沟并进入了这个山洞，首次提出这里就是《古兰经》中所提到的那个"七贤人"显圣的地方；麻札围墙内的另一座伊斯兰建筑被认为是阿帕克和卓修行的地方（参见图五）。但是在相当长的一段时间里，即使是穆斯林学者对此也抱着怀疑的态度。米尔咱·马黑麻·海答儿就认为当时人们所说的在鸭儿看埋葬"七贤"的麻札"并不见于经传"，"所述有关他们的故事不值得再次叙述"，因为"似乎任何史书都没有见到过他们的名字"。[①] 毛拉·木沙在《伊米德史》中甚至举出了十条证据来证明，吐峪沟艾苏哈卜·凯赫夫麻札的情况与《古兰经》的记载不合。据研究，"18 世纪（按：当为 19 世纪——引者）的维吾尔族历史学家毛拉·木沙·赛拉米也否认《古兰经》里关于此山洞在吐峪沟的叙述，并认为此洞是佛教时代的遗留物。吐鲁番地区文管所所长阿布力木先生说：他们在麻札周围的墓地发现了属于佛教时期的陶棺木（？原文如此），并且从进入麻札的石梯中找到一块正方形的石砖，上面刻有佛教风格的莲花文（纹？）。对此，麻札的谢赫向朝拜者作出解释说，石砖上的花纹是用阿拉伯书法形式写的'安拉、安拉'（Alla／Alla）之词"[②]。笔者在此地进行田野调查时也见到了这两块已经被用作阶梯和清真寺基石的莲花纹石座，麻札的谢赫仍然向我们强调石座上的莲花纹是阿拉伯字母的变体（参见图六）。

---

　　① 　参见米尔咱·马黑麻·海答儿《中亚蒙兀儿史——拉失德史》第二编，新疆人民出版社1983 年版，第 212 页。

　　② 　参见热依提·达吾提《维吾尔族麻札文化研究》，新疆大学出版社 2001 年版，第 59 页。作者在书中引用的是毛拉·木沙《塔日合艾米地》（即《伊米德史》）的维吾尔文版，检阅《伊米德史》的汉译本中说："这里有一所名曰苏丹伊斯哈布里克伊甫麻札尔。但伊斯兰史册记载，伊斯哈布里克伊甫生于罗马，葬于罗马。这些无稽之谈都是那些犹如阿帕克贺加（和卓）之类的狡猾、尖酸的伊善（禅）们为了骗人，所编造的。这些无从说起的传说，在伊斯兰的史册里边没有任何一点威望，我自信地说伊斯哈布里克伊甫的麻札绝不在吐鲁番。"参见《伊米德史》（汉译稿下册），新疆少数民族社会历史调查组 1960 年编译，第 174 页。

图五

图六

1905 年来这里的德国人勒柯克曾说,"在(吐峪沟)峡谷的右边,有一座近代才建起的清真寺,当地人称之为'七圣庙'"。他一针见血地指出,"同其他地方不一样,在这里我们看到当穆斯林占据这一地区时是如何把旧有的宗教圣地据为己有的。在这一件事情上,对穆斯林们来讲更是轻而易举的,因为对于七圣庙的传说,他们是非常熟悉的"①。他还发现,

---

① 参见阿尔伯特·冯·勒柯克《新疆的地下文化宝藏》,新疆人民出版社 1999 年版,第 87～88 页。

"在清真寺（即艾苏哈卜·凯赫夫麻札——引者注）下边，有地面建筑和石窟寺的遗址"①。因此有充分的理由认为，在伊斯兰化之前，吐峪沟艾苏哈卜·凯赫夫麻札附近很可能原本就是一处佛教寺院或墓地。可以想象的是，当地的维吾尔先民们在皈依伊斯兰教以后，首先将被伊斯兰教视为"偶像崇拜"的佛教寺院和洞窟中的造像和壁画加以摧毁，使之成为废墟；几代人过去以后，附近的居民逐渐失去了这里曾经是佛教圣地的历史记忆。之后，当地的穆斯林又根据自己的理解对这一废墟进行重新构建，将这片石窟寺废墟中的某些部分，也就是那个被称为"七贤祠"的山洞比附为《古兰经》文本中七贤者"显圣"的地方，进而又将这里改造为穆斯林的墓地，亦即"麻札"。② 由此可知，将吐峪沟佛教圣地改造为伊斯兰圣地在当地也经过了一个漫长的过程，佛教文化遗存的现实存在与伊斯兰圣地之间的调和一直是艾苏哈卜·凯赫夫麻札传说构建中的主要内容，至今依然如此。显然，在这一改造与构建过程中，佛教圣地的形态化成分（山洞）得到了继承并被加以伊斯兰式的重新阐释，其固有的佛教文化内涵则由于当地人们的改宗而通过"集体失忆"被扬弃，代之以伊斯兰文化的想象与不断的传说构建。③ 这样，佛教的"丁谷寺"便化身为伊斯兰教的"艾苏哈卜·凯赫夫麻札"。

不仅如此，作为吐峪沟艾苏哈卜·凯赫夫麻札核心的山洞可能原本就是一处佛教禅窟。如前所述，根据《西州图经》的记载，吐峪沟在唐代除了有一座名为"丁谷窟"的石窟寺外，还有一所禅院；吐峪沟石窟中也发现了一些禅窟形制的洞窟，表明禅经与禅观思想在当地曾经

---

① 参见勒柯克《高昌——吐鲁番古代艺术珍品》，新疆人民出版社 1998 年版，第 179 页。

② 在新疆将历史上的佛教圣地改造为伊斯兰圣地的现象十分普遍。据不完全统计，在新疆由佛教圣地转换为伊斯兰麻札的除了吐峪沟艾苏哈卜·凯赫夫麻札外，至少还有和田的库克玛热木麻札、布瓦卡木巴尔麻札、库木沙赫旦、库木热巴提帕德夏依姆（鸽子）麻札等。参见热依提·达吾提《维吾尔族麻札文化研究》，新疆大学出版社 2001 年版，第 54 页。

③ 事实上，1904～1905 年间勒柯克在苏公塔附近的一处麻札清真寺围墙上依然可以见到佛教装饰物——法轮。结合历史上信奉藏传佛教的卫拉特蒙古曾经统治过吐鲁番地区长达数百年之久，而法轮正是藏传佛教主要的装饰主题之一，笔者更倾向于将清真寺上的法轮装饰归之于藏传佛教影响的结果；更何况勒柯克还无意中透露出，当地人称艾苏哈卜·凯赫夫麻札是"建立在一所古老的'蒙古房子'前边——在这个地区，对所有佛敦寺庙都叫这个名字"。参见勒柯克《高昌——吐鲁番古代艺术珍品》，新疆人民出版社 1998 年版，第 41 页，第 43 页以及文后所附图 3。

一度十分流行。有学者从字面意义上分析，认为这种"禅院"指的是唐代中期以后在内地佛教中新兴的"禅宗"的宗教活动场所，并指出禅宗是地地道道的中国特产，初兴于内地的广东、湖南和江西等地，不久便在全国范围扩展，"并在吐峪沟这一佛教圣地找到了自己的位置"①。事实上，"富于哲理的印度佛教，在中亚则向所谓观佛与念佛的具体实践倾斜，亦即注重视觉图像的观想法。……从西北印度（以犍陀罗为中心）到中亚，较早时间已重视所谓禅观的坐禅观法。就中国早期译经来看，禅观经典为数众多，而且从它们几乎是由西北印度与中亚出身僧侣译出的事实，也可以理解这种状况"②。所以，能否将吐峪沟石窟中的禅窟与内地的禅宗直接联系起来，还可以进一步考虑，但有一点中外学者的认识却是比较一致的：即5世纪前半叶许多禅观经典被译成汉文流通，与吐峪沟禅观思想的流行是密切相关的。这些禅观经典包括鸠摩罗什所译的《禅密要法经》、《坐禅三昧经》、《禅法要解》、《思维略要法》，佛陀跋陀罗译《达摩多罗禅经》，昙摩密多译《五门禅经要用法》，沮渠京声译《治禅病密要法》。据研究，"这些禅观经典基本继承了小乘佛教的五停心观（不净观、慈悲观、因缘观、界差别观、数息观）禅法，还采用了南传佛教系统所未见的观佛三昧，其中《思维略要法》描述的观无量寿佛法所见，明显引进了大乘佛教的观佛法。另一方面以观想佛陀和净土为中心解说的经典，尤其那些冠以'观'字的一群观经类，也几乎同时译成汉文流通。特别提及，这些观经类在梵文原典中并不存在，从而被认为形成于中亚或是在中国编修的"。"坐禅观想"是佛教徒修行悟道的主要方式，也是僧侣们修习佛法的重要途径，吐峪沟石窟壁画中的一些内容就是为此目的而绘制的。以吐峪沟第20窟为例，该窟的左右两侧壁上都绘制了表现有关禅定和禅观的图像。据研究，右侧壁中栏上描绘的是结跏趺坐的禅定僧，"从他们的肩和腿上分别发出火焰和水流。这是表现深入三昧境界的禅定僧"；右壁下栏描绘了三位禅定僧，左侧的禅僧观想泛青色的病人或

---

① 参见王炳华《吐鲁番的古代文明》，新疆人民出版社1989年版，第95~96页。

② 以上均参见宫治昭《阿弥陀净土之观想——吐鲁番吐峪沟石窟壁画我见》，李净杰译，载《佛学研究》2000年刊，第278页。

死去不久的死人，右侧的禅僧观想横躺着的裸体女尸，乌鸦在啄食那臃肿的尸体。是为佛教中的不净观。与之类似的还有第 42 窟中的"白骨观"，画面描绘的人物左半边身体附着皮肉，右半身则是森森白骨，令人不寒而栗。[①]

吐峪沟艾苏哈卜·凯赫夫麻札中的山洞十分狭窄而拘促，与《古兰经》以及阿拉伯地理学家相关著作中有关山洞的记载完全不同。[②] 根据实地估测，该山洞全长约 9 米，其中甬道长约 6.6 米，高约 1.1 米，宽约 0.6 米，只能供一个人弯腰进出（参见图七）。洞内高 1.3～1.5 米，成人一般无法直立；长约 2.4 米，宽约 2.5 米，面积 6 平方米左右，至多也就可以容纳四五个人（参见图八）。鉴于吐峪沟石窟中曾经发现有许多禅窟的事实，观禅的壁窟也十分狭小（如第 42 窟），一般只能容下一人；而吐峪沟沟口现在仍有许多类似的被毁弃的石窟，那么艾苏哈卜·凯赫夫麻札里的这个山洞原来是否就是一个佛教禅窟亦未可知。迄今为止，这个洞内并没有发现任何墓葬的迹象。[③] 所以有理由认为，该处原来就应该是

图七

---

　①　参见宫治昭《阿弥陀净土之观想——吐鲁番吐峪沟石窟壁画我见》，载《佛学研究》2000 年刊，第 278～279 页。

　②　前述那个被黑衣大食王派往观看"洞中人"的占星家穆罕默德·本·穆萨曾经谈及当时（9 世纪 40 年代）山洞的情况："罗马国王派了一个人引他到固拉（Qurrah），又走过约 4 个驿站的路程见到一座小山，此山之底的直径不超过 1000 腕尺，山上有一个隧洞，直通'洞中人'居住的地方。他讲到，我们开始登这座山，直达其顶。山顶上有口人工挖的井。井口甚宽。我们看清楚了那井底仍有井水。然后，我们下到隧道的门口，在隧道中约走了 300 步，来到一个地方，原来是山中的一个门庭。门庭有若干根凿成的圆柱。庭内有几间屋子，其中一间有约一人高的台阶，台阶直达此屋的一座凿成的石门。在这间屋内有数具尸体和一位被委派来守护尸体的人，与此人一同生活的，是一些姣美的阉人。"参见伊本·胡尔达兹比赫《道里邦国志》，中华书局 1991 年版，第 113 页。

　③　吐峪沟艾苏哈卜·凯赫夫麻札围墙外南侧分布着一些伊斯兰式的土坟，据认为就是这 6 名伊斯兰先贤的埋葬之所。即使在以佛所的七眠子墓穴也是位于山洞的前部，而不是在洞中。

佛教石窟寺的一部分；麻札中的山洞可能原本就是一个禅窟。伊斯兰教传入以后，当地的穆斯林根据《古兰经》的记载将其比附为艾苏哈卜·凯赫夫的麻札，并在其中加入了某些本民族传统文化的因素，从而将其最终改造为伊斯兰教的一个"圣地"，引得四方的信徒前来顶礼膜拜，祈福消灾。这样，原本作为观禅功能的佛教禅窟便转变为"圣徒崇拜"功能的伊斯兰"山洞"。① 这种奇异的文化现象的背后所蕴涵的某些内容，的确值得我们今人认真地思索。

图八

第四节　祆教、摩尼教文化:底层文化的积淀

祆教即琐罗亚斯德教（Zoroastrianism），又称火祆教或拜火教，前6世纪由波斯人琐罗亚斯德（？～约前583年）创建，流行于波斯和中亚

---

① 吐峪沟艾苏哈卜·凯赫夫麻札山洞洞口的方位是面东背西，正好符合穆斯林面向西方礼拜的习俗，这可能也是该山洞被改造成伊斯兰圣地的一个原因。

一带;3～7 世纪成为萨珊王朝的国教。至少在 4 世纪前,祆教已经由粟特人传入吐鲁番盆地;高昌国时期(460～640 年)当地曾有"俗事天神,兼信佛法"的记载①,该"天神"以及当地出土文献中所见的"胡天"、"天"等已经被归入高昌祆教崇拜系统。② 在吐峪沟曾经出土了两件被称为陶棺的纳骨瓮(Ossuary),一件作长方体,另一件作圆柱体。③ 前者属于典型的粟特式,后者属于七河流域式,都是中亚祆教徒所采取的主要埋葬形式,而纳骨瓮的葬式已经被证明是祆教(拜火教)广泛传播的证明之一。④ 此外,在吐鲁番出土文献中,吐峪沟不仅有佛教的"丁谷窟"、"丁谷寺",还有被称作取牛羊"供祀丁谷天"的祆教祭祀活动(高昌章和五年,535 年)⑤,表明历史上吐峪沟曾经是一处佛、祆并存的宗教圣地。而用牺牲来做供品敬奉诸神,正是琐罗亚斯德教所实行的主要崇拜方法之一⑥,对于佛教来讲则是绝对禁止的。事实上,祆教祭祀中的祭品通常用的就是牛。⑦ 但是,由于祆教多为胡人(主要是粟特人)内部信奉,

---

① 《北史》第 10 册,中华书局校点本,第 3212 页;又见《魏书》第 6 册,中华书局校点本,第 2243 页。

② 参见王素《高昌火祆教论稿》,《历史研究》1986 年第 3 期。有关高昌地区祆教研究状况的详细情况请参见荣新江《祆教初传中国年代考》一文的相关讨论,原载《国学研究》第三卷(1995 年),收入同氏《中古中国与外来文明》,生活·读书·新知三联书店 2001 年版,第 277～300 页。

③ 参见柳洪亮《新疆鄯善县吐峪沟发现陶棺葬》,《考古》1986 年第 1 期。

④ Б. Г. 加富罗夫:《中亚塔吉克史》,中国社会科学出版社 1985 年版,第 121 页。姜伯勤先生在总结国内外研究的基础上,从图像学的角度对新疆等地发现的纳骨瓮与粟特纳骨瓮进行了翔实的分析,表明历史上在吐峪沟地区流传的祆教直接源于中亚,与粟特人的丝路贸易活动有密切的关系。参见姜伯勤《中国祆教艺术史研究》,生活·读书·新知三联书店 2004 年版,第 185～194 页。

⑤ 参见国家文物局古文献研究室等编《吐鲁番出土文书》第 2 册,文物出版社 1981 年版,第 39 页。"供祀丁谷天"的《高昌章和五年(535 年)取牛羊供祀帐》文书中所祭祀的其他对象也均系"牲祭"系统的神祇,而且是由高昌王国祀部统一班示、安排,并被纳入了王国的统一管理制度中。参见王欣《魏氏高昌王国的祭祀制度》,载《出土文献研究论集》第三辑,中华书局 1998 年版,第 170～178 页。

⑥ 参见 И. 札巴罗夫、Г. 德列斯维扬斯卡娅《中亚宗教概述》,高永久、张宏莉译,兰州大学出版社 2002 年版,第 42 页。祆教传入内地后,仍以其灵验而被尊重按原来的习惯供祭,如北宋大中祥符二年(1009 年)二月诏曰:"如闻近岁,命官祈雨……又诸神祠,不齐、五龙用中祠外,祆祠、城隍用羊八箬八豆,既舍牲牢礼料,其御厨食翰林酒纸钱马等,更不复用。"参见《宋会要辑稿》祈雨条。

⑦ 参见龚方震、晏可佳《祆教史》,上海社会科学院出版社 1998 年版,第 65 页。

且不事传教,影响范围有限;其宗教建筑和仪式一般都比较简单,而且实行火葬,故文化遗存较少,特征亦不甚明显;加之包括高昌和于阗等西域地区具有"先祆后佛"的传统,佛教兴盛后一些祆祠有可能被改造为佛寺,所以在当地很难见到祆祠的遗迹了。[1]正因为如此,尽管吐峪沟在历史上也曾有祆教流行的迹象,甚至琐罗亚斯德教在教义上曾经对穆斯林产生了非常大的影响(如苏非派对有些问题的解释也是采取琐罗亚斯德教的说法)[2],但是迄今仍然没有直接的证据表明其对艾苏哈卜·凯赫夫麻札是否产生过任何历史的或现实的影响。

　　3世纪在波斯兴起的摩尼教被视为基督教与琐罗亚斯德教之独特的融合,延及中亚,其学说(教义)则发展为"基督教、祆教和佛教学说的综合与提高"[3]。由于唐宝应元年(762年)回鹘人曾经皈依摩尼教并将之奉为国教,840年回鹘汗国灭亡后,西迁的高昌回鹘仍然继续尊奉摩尼教达三四百年之久[4],所以摩尼教事实上是前伊斯兰时期对维吾尔先民影响最大的宗教之一。19世纪末20世纪初以来,随着包括吐峪沟在内的吐鲁番地区摩尼教文献、石窟、壁画、经幡等实物资料的大量发现,人们对摩尼教在当地的流行情况有了更深一步的认识。据有人研究,摩尼教至少在唐西州时期尚见不到任何在高昌地区传布的痕迹,只是在回鹘西迁以后才逐渐兴盛;吐峪沟石窟原本就是佛教的丁谷寺(窟),摩尼教只是在回鹘西迁以后才在这里产生了一定的影响。近年来,曾有学者声称在吐峪沟石窟中发现了一些摩尼教窟,但这些石窟其实还是佛教石窟。[5]事实上,即使在被高昌回鹘奉为国教时期,摩尼教仍然是与当地的其他宗教并存

---

　　[1]　参见荣新江《中古中国与外来文明》,生活·读书·新知三联书店2001年版,第297~298页。

　　[2]　参见艾哈迈德·爱敏《阿拉伯—伊斯兰文化史》第1册,商务印书馆1982年版,第113~114页。据研究,伊斯兰教的一些仪式和观念,诸如每日礼拜五次、洁净习惯、赈济义务以及有关"罪孽"和个别动物不洁的德观念,均源于琐罗亚斯德教。参见И. 札巴罗夫、Г. 德列斯维扬斯卡娅《中亚宗教概述》,兰州大学出版社2002年版,第165页。

　　[3]　克林凯特:《丝绸古道上的文化》,赵崇民译,贾应逸审校,新疆美术摄影出版社1994年版,第85页。

　　[4]　参见林悟殊《摩尼教及其东渐》,中华书局1987年版,第88页。

　　[5]　参见荣新江《中古中国与外来文明》,生活·读书·新知三联书店2001年版,第369~385页。

的,佛教的主导地位至少在民间并未动摇。[①] 到了元代,由于回鹘统治者
皈依佛教,摩尼教逐渐也被佛教所取代,其在吐鲁番地区的影响亦渐趋衰
微。[②] 迄今为止,在吐峪沟石窟中还没有发现比较可信的能够认定为摩尼
教的石窟,或许其在元代高昌回鹘统治者改宗后又被佛教石窟所取代亦未
可知。[③] 事实上,摩尼教近乎严酷的戒律及其苦修行为与伊斯兰教苏非派
的宗教实践在某种程度上倒是有某些不谋而合之处;问题在于,同样的苦
修行为在佛教禅宗流派乃至藏传佛教等密教宗派的宗教实践里也同样存
在。即使摩尼教对后世的艾苏哈卜·凯赫夫麻札存在着某种不确定的影
响,那么也只可能是通过取而代之的佛教石窟和佛教文化来施加的,其本
身并未对麻札的出现产生直接的影响。易言之,摩尼教和祆教一样,只是
作为吐峪沟历史上曾经存在的底层文化在这里积淀下来,在前伊斯兰时期
便已被佛教所取代,并未在伊斯兰化以后的艾苏哈卜·凯赫夫麻札文化中
有直接显现或对之产生直接的影响。

第五节　麻札崇拜:宗教与社会功能的体现

麻札崇拜是新疆维吾尔族地区农村广泛存在的一种集宗教与民间祈福
活动为一体的文化现象,具有深厚的群众基础和鲜明的区域性特点。据
研究,新疆维吾尔族地区的麻札按照墓主人的身份、性别及性质大致可
分为与伊斯兰教有关与无关的麻札两大类,其中无关的一类麻札中包括
著名学者的麻札、著名英雄人物的麻札、具有民间专项技艺者的麻札、
女性专属的麻札、由佛教圣地转换的麻札和以动植物或其他自然物命名的

---

①　北宋王延德使高昌时(981 年)首先指出该地“有佛寺五十余区,皆唐朝所赐额,寺中
有《大藏经》、《唐韵》、《玉篇》、《经音》等”,然后才说“复有摩尼寺,波斯僧各持其法,佛
经所谓外道者也”。见《宋史》卷四九〇《外国六》“高昌”条。参见田卫疆主编《吐鲁番史》,
新疆人民出版社 2004 年版,第 338 页。

②　参见莫尼克·玛雅尔《古代高昌物质文明史》,中华书局 1995 年版,第 67 页。

③　以现有史料,现在还无法确定在吐峪沟石窟中是否也有摩尼教像柏孜克里克石窟那
样,“随着时代的变化而被改造成了佛教洞窟:人们把摩尼教壁画用墙挡住,或者涂上一层泥,
然后再画上那个印度宗教的内容”。参见克林凯特《丝绸古道上的文化》,新疆美术摄影出版社
1994 年版,第 188 ~ 189 页。

麻札。① 可见麻札并非专指所谓的圣人墓地,其形式不同,功能亦各异。尽管几乎所有麻札都被披上了伊斯兰教的外衣或被赋予了伊斯兰教的意义,但是透过这种宗教外衣和意义的背后,各种麻札形式与功能自身所折射出的却是当地民族文化的积淀与外化。

新疆维吾尔族麻札的社会文化功能大致包括农业生产、女性生育、群众娱乐以及民间祈福消灾等几个方面。吐峪沟七贤祠麻札至少具备了宗教朝拜、群众娱乐、民间祈福消灾等几个方面的社会文化功能,其中又尤以宗教朝拜和民间祈福消灾功能最为重要。

如前所述,吐峪沟艾苏哈卜·凯赫夫麻札至少在形式上是属于由佛教圣地转换的麻札。作为一处被改造过来的伊斯兰教圣地,艾苏哈卜·凯赫夫麻札的功能便首先体现在宗教上——祈祷、礼拜与朝觐。有关艾苏哈卜·凯赫夫的传说,使得该麻札的声名远播四方;圣徒墓地的光环引得四方信徒不远万里,虔诚地前来顶礼膜拜,从而使这里成为所谓的“伊斯兰教七大圣地”之一。作为一个穆斯林来说,一生中最重要的功课之一便是前往伊斯兰教圣地,尤其是“圣城”麦加朝觐。但是,对于大多数本不够富裕的穆斯林来说,前往麦加朝觐所需要的巨额费用一般又是他们所无法承受的。这样,到附近的圣地进行朝觐自然也就成为他们可以接受的一种选择,尤其是一个可以和《古兰经》相关联的圣地。吐峪沟艾苏哈卜·凯赫夫麻札正是承担了这样一种宗教功能,它部分满足了当地很多穆斯林朝觐圣地的心愿。在当地穆斯林中甚至还流行着这样一种说法:一个穆斯林在前往麦加朝觐前,应当先到吐峪沟的艾苏哈卜·凯赫夫麻札朝拜。由于与当地的文化遗存和传统相契合,尤其是与《古兰经》当中的某些不确定的记载相关联,艾苏哈卜·凯赫夫麻札便在伊斯兰世界具有了某种神圣性,这种情况对于其他民族或国家的穆斯林来讲可能更是如此。这样,艾苏哈卜·凯赫夫麻札就超越了民族的和国家的界限,成世界穆斯林的一处宗教圣地。

但是,对于当地普通的穆斯林群众来说,吐峪沟艾苏哈卜·凯赫夫麻札所具有的祈福消灾的社会文化功能也许更具吸引力。在他们看来,

---

① 参见热拉提·达吾提《维吾尔族麻札文化研究》,新疆大学出版社 2001 年版,第 12 ~ 17 页。

这里不仅是一处宗教圣地,而且更是一个有求必应、祈福消灾的灵验场所。许多人来到这里的目的一方面是为了完成朝觐圣地的功课,另一方面更主要的则是为了祈求艾苏哈卜·凯赫夫麻札的圣灵护佑家人和亲属,为家里的病人祛病消灾,保佑老人长寿、健康,小孩平安成长。包括洞口陈列的那一根木棍,因为相传为七贤所遗之物,摸之可获得福佑庇护,所以也引得众信徒趋之若鹜(参见图九)。事实上,维吾尔族原本就具有朝拜麻札,祈求福佑的传统。《拉失德史》的作者米儿咱·马黑麻·海答儿(1499 或 1500~1551)在谈到位于喀什噶尔的萨图克·布格拉汗的麻札时曾经记载道:"我曾经听到许多德尔维希说:敬谒他的陵墓可以得福不浅。"①

　　笔者在当地调研时曾经有幸亲眼目睹了信徒朝拜艾苏哈卜·凯赫夫麻札的全部过程。那是一个来自和田的 4 位维吾尔族人,其中有一位白发老人和一个 10 岁左右的少年,他们首先进入麻札前的清真寺中,然后弯腰通过隧道进入石洞中,按照伊斯兰教的礼仪在里面做祷告;做完祈祷后他们还在洞里施舍了一些零钱,然后倒退着走出石洞;在离开麻札前,清真寺的谢赫(shaikh)手拿一根上面缠满艾德莱斯绸的木棍(应该就是七贤所留下来的那一根,而艾德莱斯绸则是新疆维吾尔族传统的丝织品),给每一位朝觐者从头到脚敲压一遍,嘴里说的好像也是一些祝愿的话。有趣的是,在给老者如此这般敲压完毕后,老者还指着身体的某些没有被敲压过的部位(这些部位很可能不适),请求谢赫用木棍再敲压一下。过后笔者询问该谢赫这么做有什么用意,他说用这根木棍在人的身上如此敲压一遍,那么这个人身上的疾病就可以全部消除,有病的人也就安然无恙了。笔者第一次调查时(2001 年 8 月)在寺内的墙面上发现了大量信徒们朝觐时供奉的丝绸锦幛,地面上还堆积了不少信徒们施舍的零钱。事实上,由于相信艾苏哈卜·凯赫夫麻札具有驱邪祛病的功能,以往前来朝拜的信徒们还从麻札上取土冲水服用,认为这样可以治病。因为取土的人太多而危及麻札,现在这种行为已经被禁止。

---

　　① 参见米尔咱·马黑麻·海答儿《中亚蒙兀儿史——拉失德史》第二编,新疆人民出版社1983 年版,第 214 页。

图九

艾苏哈卜·凯赫夫麻札的这种灵性,后来被当地的人们演绎为不仅能够为穆斯林祈福消灾,而且还能对不怀好意、擅入圣地的异教徒施加某种程度的警戒或惩罚。当地曾经有一个传说。20世纪初德国人勒柯克在吐峪沟盗掘文物的时候,曾经试图进入麻札圣地,但是当他刚刚踏入圣地大门的时候便感觉两腿发软、头冒虚汗,一股莫名的恐惧袭上心来,最后吓得他只好从圣地退出来。这件事情一直被当地人视为圣人显灵,庇护贤者而排斥恶人的例证。勒柯克本人的记载,当时确实曾经打算进入七圣庙,但是却遭到了当地人的拒绝,所以他的这个愿望最终也未能实现。① 这至少可以说明,勒柯克盗掘文物的行径使之在当地成为一个不受欢迎的人,而当地维吾尔族人巧妙地把对勒柯克之流劫掠文物的厌恶之情转化为圣地显灵,从而赋予艾苏哈卜·凯赫夫麻札更多的神秘色彩。

艾苏哈卜·凯赫夫麻札中随处可见的杆悬物,是当地维吾尔族麻札崇拜的一个显著特点,它们也是伊斯兰教与维吾尔族传统文化的结合体,具有深厚的民族文化背景。据研究,"将用于祭祀的一部分物品悬挂于麻札周围的高杆上(这类物品称为杆悬物),是维吾尔族麻札朝拜中的一种习俗。这种习俗在新疆和田地区最为普遍。但在东疆、北疆地区却

---

① 参见阿尔伯特·冯·勒柯克《新疆的地下文化宝藏》,新疆人民出版社1999年版,第88页。

少见"①。事实上，吐峪沟艾苏哈卜·凯赫夫麻札前的小路两侧以及一些规模比较大的墓体四周也可以见到很多树立的木杆，木杆上缠绕着许多显然是朝拜者系在上面的绸布条，甚至在麻札栅栏上的也系有一些类似的绸布条（参见图十、图十一）。

图十

图十一

① 参见热拉提·达吾提《维吾尔族麻札文化研究》，新疆大学出版社 2001 年版，第 113 页。

　　与《古兰经》的记载以及相关的传说相对比，吐峪沟艾苏哈卜·凯赫夫麻札的传说将外来的 7 个人改为 5 个人，又在其中增加了本地的一个牧羊人和他的一条牧羊犬，从而在数量上和过去的传说一样仍然保持在 7 个物与人，这样便在这个外来的传说中加入了本地文化的成分。其中，牧羊犬的加入很可能还具有其他的意义。首先，在祆教中，犬的地位十分特殊，曾被视为神的化身，其形象见于包括敦煌壁画在内的"丝路"沿线各地发现的各种祆教艺术品当中；而在祆教文献中所提到的各类犬中，牧羊犬的地位是最高的。[①] 结合祆教曾经在吐峪沟一带流行的事实，当地似乎原本就有崇拜犬的传统。其次，维吾尔族的祖先回鹘人在西迁之前是一个以畜牧业为主的游牧民族，狼曾经是他们崇拜的一个重要对象，这个传统在他们进入新疆地区之后似乎还有影响的痕迹。勒柯克在吐鲁番地区活动的时候，曾经在夜里遇到了狼群，当他准备用枪驱赶狼群的时候遭到当地维吾尔向导的阻拦。这位向导还安慰勒柯克说："先生们，你们不用害怕，它们是不会伤害你们的。"[②] 犬与狼是近亲，当地人将犬加入到吐峪沟艾苏哈卜·凯赫夫麻札的传说当中，是否还具有这种传统文化影响的因素呢？此外，七贤祠麻札石洞中那个想象中的犬状石头，也有可能是当地人将犬附会到这个传说中的另一重要原因。相对来讲，后者也许更加直观、更易为外人所接受。尽管将吐峪沟的此处山洞与《古兰经》中的相关记载相比附，无论在时间上和地点上都存在明显的漏洞，但在维吾尔人的想象力与创造力面前，这并不是一个太大的问题。因之，不妨将吐峪沟麻札传说中牧羊犬因素，视为当地祆教崇拜传统、维吾尔先民萨满教习俗和伊斯兰教文本内容的"三教合流"，是维吾尔族人依据自身民族习俗，立足本地文化传统，对外来伊斯兰教中的某些因素吸收、改造与重构的结果。

　　从本质上来讲，吐峪沟艾苏哈卜·凯赫夫麻札祈福消灾的社会文化功能、立杆悬物和点灯的习俗以及对犬或狼的崇拜，均可视为维吾尔族先民回鹘人在漠北时期萨满教习俗的影响和延续。萨满教是远古时期以来中国

---

　　① 姜伯勤：《敦煌壁画中的粟特神祇》，载《敦煌吐鲁番学研究论文集》，第 296～309 页，收入著者《敦煌艺术宗教与礼乐文明》，中国社会科学出版社 1996 年版，第 179～195 页；又见同氏《中国祆教艺术史研究》，生活·读书·新知三联书店 2004 年版，第 237～248 页。

　　② 参见阿尔伯特·冯·勒柯克《新疆的地下文化宝藏》，新疆人民出版社 1999 年版，第 84 页。

北方阿尔泰语系诸民族普遍信仰的一种原始宗教，而"萨满"一词则源于通古斯语，意为"激动、不安和疯狂的人"，突厥语族的民族中称为"奥云"或"巴克西"，蒙古语族的民族称为"奥德根"（雅德根）或"勃额"，实际上指的是主持祭祀活动、联系人神之间的职业祭司——巫师。① 早在漠北时期，萨满教就曾经是维吾尔族先民回鹘人的主要宗教信仰②；即使在其王族改宗摩尼教以后，萨满教巫师在回鹘汗国的政治、经济和文化生活中仍然发挥着重要作用。③ 回鹘西迁后，高昌回鹘又逐渐信仰佛教，波斯人的史料甚至将其原因归之为他们历史上的萨满教影响。④ 这一情况在西迁河西的另一支回鹘人（撒里维吾尔）中也是如此。⑤ 即使在皈依伊斯兰教以后，作为传统文化一部分的萨满遗风在很多方面与其教义、教规相抵牾，但是维吾尔人的萨满文化经过一番改头换面仍然顽强地保存下来，并通过麻扎崇拜的形式巧妙地与伊斯兰文化融为一体，从而完成了伊斯兰教的民族化与本土化。⑥ 这一点在吐峪沟艾苏哈卜·凯赫夫麻扎上表现得尤为充分和典型。

　　万物有灵、多神崇拜是萨满教的主要特征之一；而树木（树神）被认为曾经是回鹘人最早的部落图腾。⑦ 有研究者指出，"维吾尔族的立杆

---

①　参见秋浦主编《萨满教研究》，上海人民出版社1985年版，第1~2页。

②　有关回鹘人信仰萨满教的详细情况可参见杨富学《回鹘宗教史上的萨满巫术》，《世界宗教研究》2004年第3期。

③　《旧唐书·回纥传》记载：广德二年（765年）"初发本部来日，将巫师两人来，云：'此行大安稳，然不与唐家兵马斗，见一大人即归。'今日领兵见令公（指郭子仪），令公不为疑，脱去衣甲，单骑相见，谁有此心胆！是不战斗见一大人，巫师有征矣。欢跃久之。子仪扶其背，首领等分缠头采以赏巫师"。《旧唐书》，中华书局校点本，第5260页。

④　伊朗的志费尼曾经记道："畏吾儿人崇拜偶像，原因在于那时候他们会巫术，行使巫术的人，他们称之为珊蛮（qam）。"马迦特指出，这里的"偶像"（but-parasti）实际上就是佛教。参见［伊朗］志费尼《世界征服者史》上册，内蒙古人民出版社1980年版，第65页，第70页注释22。

⑤　马洛夫指出："这支维吾尔族自称'撒里维吾尔'。他们从前信仰佛教，同时也不摈斥本族的宗教——萨满教。"转引自冯家昇、程溯洛、穆广文编著《维吾尔族史料简编》上册，民族出版社1958年版，第45页。

⑥　在新疆维吾尔族民间，甚至就连《古兰经》也被毛拉或阿訇们用于具有浓厚的萨满教色彩的占卜活动，而各种萨满教的残存仪式也都是在真主的名义下进行的。参见周菁葆、邱陵《丝绸之路宗教文化》，新疆人民出版社1998年版，第25~28页。

⑦　参见田卫疆《蒙元时代维吾尔人的社会生活》，新疆美术摄影出版社1995年版，第166~177页。

悬物习俗的来源与其先民回鹘以及其他草原游牧民族中盛行的萨满教信仰有密切的关系。麻札中所立的杆是神树崇拜的一种演化,从这种演化的过程中,可以看到维吾尔族信仰观念的发展"①。事实上,回鹘西迁之后,高昌回鹘汗国的亦都护仍然沿袭这一萨满教传统,将代表他们家族的神树移附在他们住宅的墙上加以崇拜,尽管波斯史家将之比附为《古兰经》中那株"该诅咒的树"②。而艾苏哈卜·凯赫夫麻札立杆上缠绕绸布和用缠绕绸布的砖块摆放在麻札中的习俗,至少在形式上与蒙藏牧区的"鄂博"有异曲同工之处,都是萨满教遗风的反映和表现。所以从某种意义上可以说,艾苏哈卜·凯赫夫麻札中的立杆悬物是当地维吾尔族的传统民族文化与外来的伊斯兰文化的结合体,是在继承本民族传统文化的基础上对伊斯兰文化的一种发展和改造。它既不违反伊斯兰教禁止偶像崇拜的教规,又通过这种方式满足和适应了当地传统的民族心理要求,是实用性与义理性的有机结合。

作为人神之间使者的萨满教巫师,其主要职能就包括主持祭祀"鄂博"、为部族成员治病驱邪。而吐峪沟艾苏哈卜·凯赫夫麻札中的谢赫除了念经和带领信徒做礼拜外,其另外一项主要工作就是用那个据说是圣徒留下的木棍为人治病驱邪。这样,麻札的谢赫就具有了伊斯兰教职业宗教人士和萨满教巫师的双重身份和功能,其本身就是外来的伊斯兰文化与维吾尔传统文化的结合体。至于取用麻札的土冲服治病,则与内地民间流行的类似习俗一样,也可视为民间传统文化生命力顽强的一种反映。尽管麻札崇拜中的这些习俗和谢赫的这种行为常常为所谓"正统"的伊斯兰教职业宗教人士或原教旨主义者所诟病,但是正是通过与当地民族传统文化相结合,伊斯兰教才在维吾尔人中得以传播、立足和进一步地发展,从而实现了其民族化和本地化。

按照伊斯兰教的传统和教规,妇女一般是不允许进入清真寺或圣地

---

① 参见热拉提·达吾提《维吾尔族麻札文化研究》,新疆大学出版社 2001 年版,第115 页。

② 志费尼说:"从此后(即西迁定居后——引者注),他们(畏吾儿各部和各族——引者注)的子孙当上帝王,并且他们称自己的君王为亦都护。而那株代表他们家族的树(那株该诅咒的树),被移附在他们住宅的墙上。"参见〔伊朗〕志费尼《世界征服者史》上册,内蒙古人民出版社 1980 年版,第 67 页,第 70 页注释 30。

的。但是在吐峪沟艾苏哈卜·凯赫夫麻札山洞旁，却还有一个更小的山洞专门供妇女们点灯祈愿（参见图十二）。在这个山洞里有一个伊斯兰式的壁龛，龛前的长方形围坑内有三个已经被熏黑的灯盏和一些灯碗；洞内四周摆放着一些用于装清油的玻璃瓶和饮料瓶，还堆放着一些用于搓灯捻的棉花。油瓶和棉花都是前来祈愿的妇女们自带的。如果遇到什么难题或有什么愿望，她们便来到此地，点灯祈愿（参见图十三）。通过这种方式，吐峪沟艾苏哈卜·凯赫夫麻札便调和了宗教教规与女性参与之间的矛盾，不仅使之成为一处宗教圣地，也成为一处民俗的圣地。

夜晚在麻札点燃长明灯是艾苏哈卜·凯赫夫麻札文化的另一个特点。点灯人一般天黑以后在墓地点燃油灯，天亮时离去，这一传统一直保持到现在。据说现在艾苏哈卜·凯赫夫麻札的点灯人是一个世家，至今已经相传了七代，约350年；2004年时的点灯人这一年据说已经73岁，而且已经点了56年的灯。[①] 现代人曾认为"维吾尔族麻札文化的一个重要特征，就是崇拜故去的亡灵，他们认为，亡灵可以把人世间的祈求带给真主安拉。亡灵身边需要一盏灯，这盏灯，是地上和地下两个世界的相互沟通；这盏灯，照亮亡灵寻找真主安拉的途径"[②]。2005年4月笔者第三次在吐峪沟麻札调查时恰巧遇到了这位点灯的老者，他告诉笔者说今年63岁，其家族世代以点灯为业，在村中地位较高。他说点灯的目的主要有两个：一是为了驱除黑暗；二是为了抚慰埋葬在麻札中的亡灵。不过他也指出，现在并不是每晚都点灯，而是在有事或有需要的时候才点灯。事实上，在麻札陵墓前（或附近）点燃油灯是吐鲁番地区麻札朝拜活动中比较普遍的仪式，任何朝拜的信徒在任何时候都可以通过这种仪式表达自己对圣地或圣人的敬仰之情。但是对于吐峪沟艾苏哈卜·凯赫夫麻札来讲，情况显然有所不同。除了信徒到这里朝拜时举行常规的点灯活动外，这里还有专门的麻札点灯人，负责每天晚上点燃油灯并一直负责守护到天亮。而且，七贤祠的点灯行为在某种程度上已经完全职业化，并且世代相传，

---

① 据调查，点灯这一职业并非是世袭的，而他的家族能够延续七代，是因为他的家族在村里的威望。参见《古道乡村——鄯善：吐峪沟三记》，央视国际2004年9月8日，http://www.cctv.com/geography/special/C12278/20040908/100672.shtml.

② 参见木子《点亮孤灯》，《丝路游》2003年第1～2期，第41页。

图十二

图十三

它不仅具有一般性质的宗教祭祀功能，而且似乎还具有某种深远的象征意义。

吐峪沟艾苏哈卜·凯赫夫麻札点灯的习俗也具有源远流长的历史背景和内容丰富的民族文化传统。如前所述，高昌回鹘在历史上曾经信奉过佛教，而佛教中就有点长明灯的习俗。① 据记载，元代著名的高昌尼僧舍兰兰曾经"于吐蕃五大寺、高昌国檀佛寺、京师万安寺等，皆贮钞币，以给然灯续明之费"云云。② 这里所谓的"以给然灯续明之费"之语应该只是布施或供养的泛称，所以仍看不出来其是否与艾苏哈卜·凯赫夫麻札的长明灯有什么直接的关系；即或有，也可能是间接的。

吐峪沟艾苏哈卜·凯赫夫麻札现存习俗中唯一可能与祆教影响相关的似乎是夜晚点燃长明灯。这使人极易将之与琐罗亚斯德教拜火的习俗联系起来。但是尽管琐罗亚斯德教的主神是光明之神阿胡拉·玛兹达（希腊文作"奥尔穆兹德"），礼拜的主要对象之一是长燃不熄的圣火③，而且在中亚地区发现的祆祠中也发现了许多火坛遗迹，萨珊波斯的银币上也有拜火坛的图像，但是艾苏哈卜·凯赫夫麻札的长明灯却是蜡烛或酥油灯之类，而且是日落点燃，日出熄灭，并没有专门的拜火坛，也不是长燃不熄的，与祆教的拜火礼仪无论在形式上或内容上均有本质区别。④ 此外，正统的琐罗亚斯德教的祆祠通常都是具有特定功能和结构的殿堂式地面建筑，开凿石窟并不是琐罗亚斯德教的传统。艾苏哈卜·凯赫夫麻札的长明

---

① 在佛教中，长明灯又称续明灯或无尽灯，指佛前日夜长明的灯。《少室六门》云："长明灯者，即正觉心也。觉知明了，喻之为灯，是故一切求解脱者，身为灯台，心为灯炷。增诸戒行，以为添油。智慧明达，喻如灯火常燃。如是真正觉灯。而照一切无明痴暗，能以此法轮，次第相开示，即是一灯燃百千灯，灯灯，无尽，故号长明。"参见《大正藏》诸宗部五。

② 念常集：《佛祖历代通载》卷二二《舍兰兰传》，参见《大正藏》史传部一。

③ 参见谢·亚·托卡列夫《世界各民族历史上的宗教》，魏庆征译，中国社会科学出版社1985年版，第378页。琐罗亚斯德教所供奉的圣火共有五种类型：1. 诸神和皇帝的天火（闪电）；2. 有机体的火或热体；3. 树木的生命热体；4. 山火（火山喷出之火）；5. 土地上的人工之火。参见 И. 札巴罗夫、Г. 德列斯维扬斯卡娅《中亚宗教概述》，兰州大学出版社2002年版，第54页。

④ 据说萨珊王朝的建立者阿尔达希尔（224～240年在位）率先建立起"王之圣火"纪年的制度，即每一新王即位，就燃起他的圣火，保持不熄直到他逝世为止，并以此纪年，形成定制。参见元文琪《二元神论：古波斯宗教神话研究》，中国社会科学出版社1997年版，第191页。

灯习俗更可能与维吾尔先民的萨满教文化传统有关。

　　从功能上来看，吐峪沟艾苏哈卜·凯赫夫麻札点灯主要还是为了祈愿，亦即为了在精神上解决民间现实生活中的种种疾苦或困惑，具有明显的"有求必应"的实用主义色彩。它与立杆悬物或以绸布缠砖于麻札之中的习俗相伴而生，都具有显著的萨满教风格。据研究，在麻札点燃油灯的习俗在今西亚的土耳其、库尔德人以及塔吉克和中亚操突厥语诸民族中也广泛存在，可能和伊斯兰教的东向传播有一定的关系。但是，对于新疆的维吾尔族来说，"在麻札中点灯习俗的产生，可以追溯到萨满教时代。火作为萨满教自然崇拜的重要内容，在维吾尔族先民宗教生活中占有很重要的地位。在维吾尔先民的心目中，火是圣洁的，具有驱邪的净化功能。他们用神圣的火驱赶恶魔，使人畜摆脱灾难"[①]。这一点倒是与麻札点灯人对我们的解释基本相合，更何况突厥语民族原本就有"事火"的传统。[②] 易言之，包括吐峪沟艾苏哈卜·凯赫夫麻札在内的维吾尔族麻札崇拜在对象上是伊斯兰教的圣灵或圣地，但在形式上甚至内容上都深深地打上了当地传统文化和民族文化的烙印。正因为如此，吐峪沟艾苏哈卜·凯赫夫麻札崇拜从某种意义上来说，完全可视为当地传统文化与外来文化有机结合方面的一个典范。

第六节　麻札村的民俗文化

一　悠久的历史文化传统

　　在新疆鄯善县吐峪沟乡的吐峪沟大峡谷南口，有一个静谧、古朴、几乎与世隔绝的村落，这就是麻札村。麻札村全称为"麻札·阿勒迪村"（Mazar Aldi）。"麻札"一词源于阿拉伯语，意为"圣灵之地"或"圣人之墓"，后来在维吾尔语中就成了墓地或圣地的统称。"阿勒迪"是维吾

---

　　①　热拉提·达吾提：《维吾尔族麻札文化研究》，新疆大学出版社 2001 年版，第 121 ～ 123 页。

　　②　参见蔡鸿生《唐代九姓胡与突厥文化》，中华书局 1998 年版，第 130 ～ 134 页。

尔语"前面"的意思。由于紧邻被称为"伊斯兰教七大圣地"或"小麦加"的艾苏哈卜·凯赫夫麻札（al-Sahab Kahfi，俗称"七贤祠"），这个背依吐峪沟南口西侧的村落便因此被称作麻札·阿勒迪村了，意为"圣墓前的村庄"。

麻札村的历史究竟有多长，现在已经不得而知。传说这里的居民多为"圣地"守墓人的后代，但是伊斯兰教传入这一地区是 14 世纪前后的事情，而这一带早在史前时期就已经有人类活动。从文献记载来看，至少在春秋战国时期，姑师（车师）人就已经成为吐鲁番盆地的主要居民。在今麻札村西南四五公里处的戈壁滩上，就有距今 2600 年前的洋海墓地，出土的大量皮毛制品和弓箭表明他们的经济生活似乎是以畜牧业（游牧业）为主，所发现的一件銎形青铜戈甚至和中亚地区的塔加尔文化有着密切的关系；吐峪沟北口的苏贝希文化遗址也自成体系，是早期车师文化的典型代表之一。[①] 所有这些均反映出吐峪沟历史的久远。

前 3 世纪末，匈奴游牧政权在漠北草原兴起，车师一度被匈奴所控制。西汉神爵三年（前 59 年），西域都护设立，包括车师在内的西域广大地区正式被纳入中原王朝的统治范围，距今麻札村东南仅 15 公里的柳中城（今鄯善鲁克沁）就是当时戊己校尉的驻地，一度是吐鲁番盆地东部的政治、经济和文化中心。魏晋时期，有许多中原、河西地区的人民为避战乱，大量迁居到吐鲁番盆地，逐渐在西距今麻札村仅 15 公里的高昌城形成了一个聚居中心。前凉建兴十五年（327 年）在此设置高昌郡；建元十二年（376 年）前秦灭前凉后袭之；神玺二年（398 年），高昌郡复为段氏北凉所有；庚子元年（400 年）西凉占领高昌；玄始九年（420 年），高昌郡转属沮渠氏北凉。北魏太延元年（435 年），在柔然打击下，北凉势力退出，高昌遂为大族阚爽所据。阚爽建平六年（442 年），北凉沮渠氏余裔沮渠无讳从鄯善（今若羌）进占高昌，次年称王，建元承平。[②] 沮渠氏政权在承平八年（450 年）攻陷交河城，消灭了车师国，在当地大力弘扬佛教，并开始在今麻札村附近的吐峪沟沟谷内开凿石窟，兴

---

① 有关苏贝希遗址的考古学文化研究情况，请参见陈戈《新疆史前时期又一种考古学文化——苏贝希文化试析》，载《苏秉琦与当代中国考古学》，科学出版社 2001 年版。

② 参见王素《高昌史稿·统治编》第三章、第四章，文物出版社 1998 年版。

建佛教寺院，从而使这里成为西域地区的一个重要的佛教文化中心。此后，吐鲁番盆地又先后经过了高昌国（460～640 年，包括阚氏、张氏、马氏和麴氏四个割据政权）和唐西州两个历史时期，这里的社会经济和文化发展达到了历史上的一个顶峰，形成了多民族、多种族、多宗教并存，东西方文化相互交融的繁盛局面。

咸通七年（866 年），北庭回鹘首领仆固俊率部进占西州，史称高昌回鹘。回鹘人到来以后，逐渐改变了吐鲁番盆地原来的民族构成。他们在吸收、融合了当地民族和文化的基础上，又在 15 世纪左右皈依了伊斯兰教，逐渐发展成为今天的维吾尔族。清朝统一新疆后，鲁克沁成为吐鲁番郡王的驻地，也是当地的政治中心。可以说，吐鲁番的历史有多长，麻札村的文化就有多久。寻访今天麻札村的维吾尔族村家，总是时常可以在其家中或村落中见到清代的生活用品，村民的体质特征上也带有比较鲜明的民族融合的影子。

麻札村所在的吐峪沟历史上最初曾经是一处佛教圣地。吐峪沟石窟群被认为是该地区现存最早、保存石窟最多的佛教文化遗址，发现了带有西晋元康二年（292 年）纪年的《诸佛要集经》和前秦甘露二年（360 年）的《维摩经义记》汉文写本；敦煌发现的唐代文书中称吐峪沟为"丁谷"，有"丁谷窟"、"丁谷寺"，是一处名僧频出的佛教圣地。西迁此地的回鹘人又对石窟进行过整修。在吐鲁番出土的《高昌章和五年（535 年）取牛羊供祀帐》文书中，有"供祀丁谷天"的记载，表明历史上的吐峪沟也曾经是祆教活动的场所。[①] 回鹘人的到来将摩尼教引入此地，使得吐峪沟石窟中出现了摩尼教的成分。而在距吐峪沟仅 15 公里的高昌故城内发现的一座景教教堂遗址以及表现基督教"棕榈祭日"（the palm Sunday，或译作"棕枝主日"，源自《新约全书·约翰传》）情景的壁画，以及在这一地区出土的包括叙利亚文《新约圣书》残卷和用回鹘文书写

---

① 参见国家文物局古文献研究室等编《吐鲁番出土文书》第 2 册，文物出版社 1981 年版，第 39 页。"供祀丁谷天"的《高昌章和五年（535 年）取牛羊供祀帐》文书中所祭祀的其他对象也均系"牲祭"系统的神祇，而且是由高昌王国祀部统一班示、安排，并被纳入王国的统一管理制度中。参见王欣《麴氏高昌王国的祭祀制度》，载《出土文献研究论集》第三辑，中华书局 1998 年版，第 170～178 页。

的景教"信仰信条书"在内的一批基督教文献①,又反映出基督教文化影响的痕迹。可以说,深厚的历史文化积淀使得麻札村的民俗文化具有丰富而多元的历史文化内涵。近代以来相对隔绝的生存状态,又使得麻札村的民俗文化比较完整地保存下来,值得进一步地深入发掘和阐释。

二　独特的民居

麻札村的传统民居基本上都是土木结构,以土坯垒砌或夯筑墙体、树木做梁。这种土木结构的房屋冬暖夏凉,十分适合当地的气候环境。由于当地常年干旱少雨,所以村里民居的屋顶都是平顶,而且经常可以见到屋顶上摆放着床,那是夏季村民为了避暑在晚上睡觉、乘凉的理想场所。

麻札村的传统民居一般是两层,第一层是厨房和待客的地方,第二层通常是卧室,有土质台阶通往二层;有些民居的第二层还建成晾房,用于晾晒葡萄干。每一户民居一般都有一个比较宽敞的庭院,庭院的大门一般双开,而房屋的门普遍较小,通常只能容一人进出,这显然也是为了夏季防暑、冬季御寒的需要。麻札村民居的门窗很有特色,门楣上通常对称装饰有一对方形或圆形几何纹花饰,或者干脆就是四瓣花饰,极富民族特色;一层窗户一般是普通的合扇窗,用纸、塑料布或玻璃遮挡,而二层窗户几乎都是木质网格窗,网格的密度为 8×7、10×7 或 10×9 厘米不等,上面没有附着任何东西,十分适于通风。

传统民居的卧室内一般都是土炕,炕上铺垫花毡或地毯,炕围也均是富有民族特色的装饰花毯。炕上既是平时睡觉和休息的地方,也是用来待客和吃饭的场所。民居屋内的土墙上大都开龛,用于存放各种什物,有些专门用作储藏室的房间甚至整面墙上都布满壁龛。墙龛的形制大多类似于清真寺的墙龛,卧室炕内侧的壁龛为长方形,里面放置被褥,而楼梯旁的小壁龛内则放置着煤油灯,供人们上下楼时照明用。在麻札村的传统民居中,壁龛的开凿和广泛使用成为当地民居文化的一个重要特色。

---

①　参见朱谦之《中国景教》,人民出版社 1993 年版,第 192～193 页。有关回鹘文景教文献的研究情况请参见杨富学《回鹘文献与回鹘文化》,民族出版社 2003 年版,第 66～70 页。

　　由于麻札村的老居民区背倚吐峪沟沟口的一块高地,所以各家房屋看起来是从高到低、错落有致地排列,有些房屋的第一层就是地穴或半地穴式的,并有土质台阶通往地面的房间,从而自然形成多层式的建筑格局。各家各户之间只有狭窄的小路连接,小路虽窄但却四通八达。曾经有人形象地描述道:麻札村的整个居民区"到处都是台阶、平台、走廊,到处都是门洞、阁楼、阁楼与阁楼之间的架空桥梁。曲曲折折,上行下降,从一间房子里进去,也许会走遍整个村子。户户相连,室室相通,纷乱中呈现出一派异样的秩序。这座庞大的迷宫,就这样一撇一捺地迟疑着应付时间,使之在一千年前与一千年后似乎毫无区别"①。

　　以土坯垒砌或夯筑墙体的建筑手法在吐峪沟地区应该有 2000 年以上的传统,吐峪沟北口属于战国至汉代的苏贝希居住遗址上的房屋墙体就是采用的这种建筑形式。② 麻札村传统民居的基本布局、建筑风格和手法与吐鲁番地区的交河故城和高昌故城中的建筑遗址有许多惊人的相似之处,显示出该地区在前伊斯兰时期建筑文化传统的一种延续③;而民居内类似清真寺墙龛的壁龛的大量开凿和使用一方面可能和伊斯兰教传入以后的影响有关,另一方面也有可能是对前伊斯兰时期佛教石窟开龛传统的继承和改造。所以,从某种意义上可以说,麻札村传统民居的建筑风格一方面是为了适应当地独特的自然与生态环境而形成的,另一方面也是佛教建筑文化与伊斯兰建筑文化交互影响的结果④,是自然的与人文的有机结合体。这从一个侧面也反映出当地建筑文化在来源上的多元性。村里有一座近年来新建的清真寺,建筑风格类似喀什的艾提尕尔大寺,是目前麻札村最好

---

　　① 参见李辉《只有迷宫躲过了时间——穿越三百年前鄯善的维吾尔族民居》,《丝路游》2003 年第 1~2 期,第 31 页。

　　② 参见《吐鲁番地区文物普查资料汇编》,《新疆文物》1988 年第 3 期。

　　③ 参见莫尼克·玛雅尔《古代高昌王国物质文明史》,中华书局 1995 年版,第 74~80 页。

　　④ 20 世纪初德国人勒柯克在吐鲁番吐峪沟的一座清真寺围墙建筑上甚至发现了藏传佛教寺院建筑中常见的"法轮"(光轮)。参见勒柯克《高昌——吐鲁番古代艺术珍品》,新疆人民出版社 1998 年版,第 43 页以及文后所附图 3。结合历史上信奉藏传佛教的卫拉特蒙古曾经统治过吐鲁番地区长达数百年之久,而法轮正是藏传佛教主要的装饰主题之一,我们更倾向于将清真寺上的法轮装饰归之于藏传佛教影响的结果;更何况勒柯克还无意中透露出,当地人称艾苏哈卜·凯赫夫麻札是"建立在一所古老的'蒙古房子'前边——在这个地区,对所有佛教寺庙都叫这个名字"。参见勒柯克《高昌——吐鲁番古代艺术珍品》,新疆人民出版社 1998 年版,第 41 页。

的建筑物。

此外，老居民区中有一条横穿南北的小渠，供居民取水。或许因为这里雨水稀少，所以老居民区中我们并没有发现排水系统，也许这条小渠同时也就承担着排水的任务。近年来，有一些村民迁居到沟口的平地上，老居民区的很多房子已经被废弃，还有一些房子因为年久失修而坍塌；而现在一座座新的砖混结构的新房正在麻札村的新居民区拔地而起，与老居民区形成鲜明的对比，从而更增加了这里的历史沧桑感。

三　单一的经济生活与淳朴的民风

受当地自然环境和气候条件的限制，麻札村的居民主要种植葡萄和少量的果树，很少有粮食作物。据说，麻札村的村民都是圣地守墓者的后代，他们世代接受朝拜信徒们的供奉，所以传统上只种植葡萄而不种庄稼，好像他们骨子里保留着那份神圣的血统。村民所守护的艾苏哈卜·凯赫夫麻札是伊斯兰教中的所谓"七大圣地"之一，在许多穆斯林心目中享有崇高的声望。直到现在，每年还都有很多来自内地、新疆各地乃至世界其他地方的穆斯林前来朝拜。

将葡萄晾晒成葡萄干出售，是该村村民的主要经济收入。100 年前，德国勒柯克就曾记载说："这一地区被称为吐峪沟，意思是'到处有洞的山谷'。这真是一个非常贴切的名字，在峡谷的边缘部分，小溪被分成了无数的地下小渠道，在这些水的浇灌下，使这里的黄土变得不可思议的富饶。吐峪沟附近村庄中的农夫大多靠他们的葡萄园生活。他们种一种名称也叫'吐鲁番'的葡萄，果实虽比较小，但无籽且极甜，把它们晾干，就可制成世界上最好吃的葡萄干。……除去葡萄外，这一地区还生产各种杏、桃、瓜以及一种需要把硬硬的皮削去才可吃，但味道极其甘美的梨。"[①] 一个世纪已经过去了，麻札村的主要经济生活依然如故。

勒柯克所赞不绝口的那种葡萄似乎就是著名的"无核白"葡萄，至

---

① 参见阿尔伯特·冯·勒柯克《新疆的地下文化宝藏》，新疆人民出版社 1999 年版，第 87 页。

今仍然是新疆最佳的食用葡萄品种。这里也是吐鲁番盆地的一部分。麻札村的葡萄品质和产量虽然都很高,但是单一的经济生活方式还是严重阻碍了当地的社会发展。笔者在走访的时候发现,村里原有的唯一一个供销社门市部(集体经营的商店)已经关闭,村里甚至没有一家正规的(国有或集体所有的)商店(2002 年)。近年来,村里的人口增长很快,而这里的人均耕地面积还不到 0.5 亩,根本无法养活这么多的人,所以一些村民已经开始离开故土,另谋生路。

尽管这里的生存环境比较恶劣,物质生活匮乏,经济发展相对还比较落后,但是麻札村的村民们却独守着这一份静谧,依然保持着淳朴的民风。正因为如此,这里也就为民族学和人类学进行田野研究提供了很好的个案。近年来,有研究者通过对该村的田野调查,讨论了维吾尔族的所谓"同乳人"现象以及与此相关的乱伦禁忌和社会血亲认同等问题。① 2005 年笔者在此考察的时候发现,吐峪沟已经被当地政府作为一个人文(吐峪沟石窟群)和自然(吐峪沟峡谷)旅游项目进行了开发,游客开始大量涌入。这无疑将对麻札村的社会经济发展起到一定的推动作用。但是,日益开放的社会和无孔不入的市场经济是否迟早会打破麻札村的这一份宁静?

四　传统遗风色彩浓厚的婚俗

麻札村年轻人的婚事现今一般仍由男女双方的父母包办,结婚通常要经过订婚、迎亲和婚礼三个阶段。男女双方经过媒人撮合,待双方满意后由男方家长带着礼物前往女方家定亲,并约定结婚的良辰吉日。

结婚当天,男方要带着礼品前往女方家中迎亲。过去迎亲的时候通常是用马车,现在则是汽车,而且迎亲的车辆越多,双方家庭越觉得脸上有光。迎亲队伍当中的乐队是必不可少的,乐器主要是唢呐和鼓,吹奏的乐曲是欢快的"麦西来甫"维吾尔舞曲,一路上吹吹打打地前往女方家里。伴着欢快的乐曲,迎亲的人们在车上也跳"麦西来甫"。迎

---

① 参见刘萍《维吾尔人的"同乳人"研究——麻札阿勒迪村维吾尔人的认知》,《西北民族研究》2004 年第 2 期,第 139 ~ 144 页。

亲的仪式通常在中午举行，男方身上左右各斜披一条连接在一起的红色
和绿色的彩带，红色和绿色的彩带在胸前结成一个同心结，表明男女双
方紧密结合、永不分离；女方则身穿婚纱、头戴"盖头"。男方迎亲的
队伍在到了女方家里之后，要由清真寺的阿訇按照伊斯兰教的宗教仪轨
念"尼卡"，祝福和确认男女双方的结合；男方则要按照约定将金戒
指、金耳环和金项链交给女方，然后再带上女方的嫁妆踏上归程。一般
女方的嫁妆越多，就越有"面子"。车队出门后，一般还要在村中或者
附近的村子里绕行一圈，然后才回到男方的家里。

　　新娘在进门前，要坐在一张红色的地毯上，由人抬起从一堆篝火上经
过。这种仪式在新疆其他地方的维吾尔族婚礼中十分少见，似乎是麻札村
维吾尔独有的习俗，但是在内地汉族农村的婚礼中却常见这种类似新娘
"踩火盆"的仪式。

　　正式的婚礼一般由村里清真寺的阿訇主持，在男方家中举行。阿訇在
念完"尼卡"后，一对新人的结合正式完成，进入洞房。婚礼上还要展
示女方带来的嫁妆，由众人评说。男方则要宰羊设宴，招待各方来宾。婚
礼间乐队吹奏乐曲，男女老少穿着节日的盛装，伴着欢快的乐曲，即兴跳
起"麦西来甫"，将整个婚礼推向了高潮。鉴于历史上该地区与内地所存
在的密切联系以及大量内地移民曾经长期在此生活的事实，麻札村的这种
婚俗应当具有比较悠久的历史传统，在某种意义上也可视为中原文化与新
疆民族文化的结合体。

　　麻札村婚俗的某些仪式历史悠久，具有自己独特的特点，尽管伊斯兰
教传入以后，婚礼基本上是按照伊斯兰教的仪轨进行，但是当地传统的一
些习俗却依然保持了下来。随着近年来生活水平的提高，当地的婚俗又融
入了某些现代的因素，比如迎亲使用汽车，嫁妆中也多了些现代的家用电
器等。有一些村里的年轻人走出了村庄，更多地接触了外部世界，他们的
思想观念也受到了影响，自由恋爱、婚姻自主的苗头已经开始出现。不管
怎样，传统与现代的结合将是麻札村包括婚俗在内的整个社会习俗发展的
必然趋势。问题在于，将来如何保持这些具有本民族特点的民俗而不至于
使之在现代化的大潮中湮灭？

五　服饰与饮食

麻札村是一个以维吾尔族为主的村落。这里民族成分单一,人们的服饰和饮食习俗基本一致。从总体上来看,麻札村村民的服饰风格和饮食习惯与吐鲁番盆地其他地方的维吾尔族并没有多少明显的差别。

在服饰方面,麻札村的男子普遍头戴各种帽子,其中既有富有维吾尔族民族特色的各色小花帽以及颜色单一的小白帽、小黑帽,也有冬季戴的圆顶卷边黑绒帽。其中小花帽的样式又有圆形和四角形之分。职业宗教人士一般以白布缠头,村干部或中年人有些则头戴鸭舌帽。比较有特点的是在结婚的时候,新郎在头上戴的一种用红布(红绸)环形绕成的帽子,帽子正中一般还佩戴一朵红绢彩花。现在,麻札村的中青年男子一般身穿西装、"解放装"或者夹克衫,老年男子或者职业宗教人士身穿袷袢或者西服长大衣。

麻札村女子的服饰在样式上和色彩上则显得比较多样,各年龄段之间也有明显的差别。青年女子一般头戴红色和绿色的头巾,有些也戴各色艳丽的小花帽,身穿长裙,其中用鲜艳的艾得莱斯绸制作的长裙最富有民族特色。中年女子通常头戴白色、蓝色或黑色的头巾,下身穿紧身长裤或者长袜,外着长裙;上身穿绣花坎肩或者对襟毛衣或外衣。老年女子则大都头戴白色头巾,身穿紧身长裤或长袜,外着碎花长裙。当地的妇女普遍喜欢穿着丝绸面料的衣服,佩戴金质耳环、戒指和项链。近年来,随着麻札村对外交往的不断加强和全国与世界各地的游客的纷至沓来,当地年轻女子尤其是少年女子的服装也发生了一些变化,现在在村里时常可以见到一些身穿T恤衫、牛仔裤的姑娘,她们大多是在外地上学或上过学的女学生。正因为如此,麻札村的服饰文化呈现出传统与现代的多样性特点。

在饮食习俗上,尽管这里只种植葡萄等果品作物,但是麻札村的饮食习惯与其他地方的维吾尔族并无二致,大米、面粉和羊肉构成当地主要的食物结构,只不过这些粮食基本上是从外面运进来的。用面粉制作的食品主要有"拉条子"、汤面片和各种花式糕点,在馕坑中烤制的大小馕(其中小的一般是油馕)、油炸的馓子等;大米主要用于做羊肉抓饭。皮牙子

（洋葱）、辣椒、西红柿等蔬菜是比较常见的食用蔬菜。葡萄干等果品既是平时的主要零食，也是待客的必备之物。其中的馕、花式糕点和葡萄干等干果在邻近被发掘的晋唐时期阿斯塔那—哈拉和卓古墓群中就有发现，显示出当地饮食文化悠久的历史传统。当然，在这里所介绍的只是麻札村服饰文化和饮食文化的一角。事实上，在麻札村村民的服饰和饮食中积淀了很多传统文化和多民族文化交融的因素，还有待于相关领域的专家进一步研究和发掘。

第十一章

新疆牧区的民族关系与经济文化变迁：
以一个哈萨克民族乡为例

2001～2005年多个暑期，为了调查中央提出"西部大开发"以来中国西北地区少数民族经济社会及多元文化发生的变化，笔者前往新疆维吾尔自治区境内先后进行了5次民族学田野调查，调查地点首先选在了位于东疆哈密市的德外里都如克哈萨克民族乡。之所以选择在该乡调研，主要是出于以下几点考虑。

其一，从民族关系的角度来看，该乡是一个以哈萨克族为主，包括维吾尔族、回族和汉族在内的多民族聚居乡。这里既有汉族和少数民族之间的关系，也有少数民族与少数民族之间的关系，这就为全面考察各个民族之间的相互关系提供了基本的条件。

其二，从社会经济文化的现状来看，除了汉族，维吾尔族和哈萨克族是新疆境内的两个主要民族，两者之间的关系在新疆各民族的关系中占有重要的地位。维吾尔族的主体主要从事"绿洲农业"，分布的地区基本上在天山南北的绿洲地带；而哈萨克族在传统上则以畜牧业为主，主要分布在阿尔泰山和天山山脉中的山谷和山前的草原地带。两者传统的社会经济形态差别较大，分布地域不同，很少有杂居错处的情况，而在哈密的德外里都如克民族乡，却是聚居在一起，两者的社会经济生活方式基本相似，双方的社会经济文化都发生了一定的变异，具有明显的个案特征。这就为集中考察两者之间的关系创造了良好的前提。

其三，从地理上来看，德外里都如克乡位于新疆的东部。这里是新疆通往内地的"东大门"，"西部大开发"政策的实施对当地各族人民的社会经济生活产生了很大的影响;另一方面,由于这里的社会经济发展水平普遍较低,在"西部大开发"的形势下,传统社会经济文化的转型也面临着更大的挑战,其中所出现的问题也具有一定的典型性,并呈现出多样性、复合化特点。

其四,从生态环境的角度来看,该乡的少数民族传统上都是以畜牧业为主,对生态环境的影响因子相对较小。但是近年来由于多种原因,牲畜数量增加较多,草场的负荷也成倍增加,对草原生态的影响日益增加。草场退化已经成为一个普遍的问题。20世纪80年代以来,当地少数民族在政府主导下逐渐转入定居,形成了稳定的居民点和农村社区,生产方式随之也趋于多样化,农业、园艺业和第三产业在各少数民族的经济生活中开始占有一定比重。各民族生活方式和生产方式的变化,对当地生态环境的变化也产生了显著的影响。少数民族生产和生活方式的转型与生态环境变化之间的关系,也是一个需要迫切探讨的课题。

各次在哈密德外里都如克的调研活动是在了解和掌握了全乡的整体情况的基础上,以家庭为单位,重点采取访谈的方法,其中针对某些问题还进行了问卷调查。调查的内容涉及民族关系、民族教育、经济类型、生态环境、医疗卫生、婚姻习俗、历史文化、宗教观念、经济与社会发展问题等几个方面。在调查对象的选择上,既有围绕某些重点问题对某些具有代表性的"重点人物"和"家庭"的专题式访谈,也有不带任何设定题目的漫谈和随访;其中既考虑了民族成分的因素,也考虑到调查对象所处的社会和经济地位;力求调查的对象既具有一定的独特性,也具有一定的普遍性,能够较为全面地反映出该乡的民族现实状况。对于访谈内容的记录力求忠实地保持访谈对象的个人表述原貌。

第一节　德外里都如克哈萨克民族乡概况

德外里都如克哈萨克民族乡位于新疆哈密市西北部,东部与西山乡相邻,西部与柳树沟乡接壤,南越戈壁与二堡镇、新疆生产建设兵团(行政、军事、生产一体机构)十三师(又称"农十三师")柳树泉农场毗连,北部隔天山与巴里坤哈萨克族自治县接壤。地势北高南低,主要是天山山谷和山前冲积扇。辖区东西长约 50 公里，南北宽约 40 公里，总面积 2000 余平方公里。这里全年日照时数 3000 多小时，年平均气温 5.4 摄氏度，≥10 摄氏度的年有效积温为 2770 摄氏度，无霜期 160 天，年降水量 100～500 毫米，头道沟至五道沟各沟平均年径流量在 0.3 亿立方米左右。天然草场主要分布在这五条通向天山深处的夏季牧场，可利用草场面积达 156 万亩，围栏面积 10625 亩，1999 年建有万亩"自压喷灌"草场，发展畜牧业潜力较大。牲畜主要品种有阿勒泰大尾羊、山羊、天山黄牛、骆驼等，除肉类外，其他畜产品主要有羊毛、羊绒、驼毛、驼绒、马奶子、酸奶子、奶疙瘩等。境内水资源丰富，有山地河沟 5 条，地表水矿化度低，水质优良，全乡水资源可利用总量为 600 万立方米，有广阔的开发利用前景。乡里目前还有耕地面积 4970 亩，其中园艺场耕地面积 1600 亩，种植园艺 1330 亩。土壤系普通棕漠土类，耕地土层浅，养分贫瘠，保水程度差，故农作物产量低。

德外里都如克乡现在有 2 个行政村，1 个园艺场。该乡各村组主要分布在哈密市西北天山南麓的山前缓坡地带，从西到东有 5 条较大的山沟依次被称作头道沟、二道沟、三道沟、四道沟和五道沟，沟内都有河水流出，各村组的居民点就建在沟口的河边。这些村组从西到东依次被称作一村一队（即恰恰依村一组），位于头道沟，当地人称作颗颗井；一村二队，位于二道沟，当地人称作恰恰依，该村可能也因此而得名；一村四队，位于三道沟西，当地人称作别克特霍尔；一村三队，位于三道沟东，即乡政府所在地，当地人称作德外里都如克，该乡也应该因此而得名。二村二队（即赛克拉村二组），位于四道沟西，当地人称作可克哈帕尔；二村一队，位于四道沟东，当地人称作赛克拉，是该村村委会所在地，该村因此得名；二村三队，位于五道沟，当地人称作可克加尔。

2002 年末，全乡总人口 2443 人，其中哈萨克族 2221 人，占总人数的 90.91%；维吾尔族 197 人，占总人数的 8.06%；汉族 13 人，占总人数的 0.53%；回族 12 人，占总人数的 0.49%。少数民族占总人数的 99.47%，劳动力人数 1474 人。农牧民人均纯收入 1595 元，农业增加值 6 万元，工农业总产值 695 万元，其中农业收入 224 万元，牧业收入 416 万元，第三产业收入 55 万元。2002 年最高牲畜饲养量为 44247 头（只），大畜 2836 头（只），占总数的 6%；小畜 41411 头（只），占总数的 94%；绵羊 23371 头（只），占总数的 53%，山羊 11804 头（只），占总数的 41%；年末牲畜存栏头数 29232 头（只）。全乡财政收入 98.8885 万元，农业特产税 13.1626 万元。属于自治区级的贫困乡。①

2002 年 8 月，笔者曾经到该乡进行了首次调查，了解和掌握了一些基本情况；2003 年 7 月再次来到这里，用了半个月左右的时间对当地的生态环境、民族关系、文化教育、风俗习惯等情况进行了较为全面的田野调查工作，并得到了乡党委和政府以及全乡各族人民的大力支持与配合，对此我们首先表示衷心的感谢。需要指出的是，受当地自然环境的制约和哈萨克族的影响，这里的维吾尔族传统上也以从事畜牧业为主。由于近年来乡里的回族和汉族基本上都迁到山下的园艺场（开发区）从事园艺业，所以我们此次调查的对象主要是仍然以畜牧业为主的哈萨克族和维吾尔族。

第二节　德外里都如克乡的民族关系

德外里都如克哈萨克民族乡是一个以哈萨克族为主的多民族乡，表一、表二是 2003 年该乡各村组民族人口的具体构成情况（以在籍人口为准）：

从表二中可以看到，这是一个名副其实的哈萨克民族乡，哈萨克族的人数在各个村组中都占有绝对的优势，其他民族则呈点状分布。哈萨克族和维吾尔族是该乡主要的民族，两者占全乡总人口的 98.97%，实际上是该乡的"多数民族"，而汉族反而成该乡的"少数民族"；维吾尔族尽管在新疆维吾尔自治区境内是主体民族，但是在该乡却处于少数。由于汉族和回族的人口较少，除了个别回族人还在乡里开饭馆和商店之外，基本上全都迁到山下的园艺场，留在各村的全都是哈萨克族和维吾尔族，所以该乡的民族关系主要体现在这两个民族之间。一般认为新疆地区的维吾尔族是以农业为主的"绿洲农业"民族，哈萨克族是以畜牧业为主的"草原

---

① 引自德外里都如克乡政府编写的《哈密市德外里都如克哈萨克民族乡基本情况（2003年）》。

游牧"民族，两者分别是"绿洲文化"和"草原文化"的代表，彼此之间界限分明，但生活在德外里都如克乡的哈萨克和维吾尔族却具有共同的经济生活方式、共同的生活地域甚至通用的语言。该乡在民族构成上的这些特点，决定了当地的民族关系具有自己的独特性。

表一

村组		总户数（户）	人口（人）		
			合计	男	女
恰恰依村（一村）	一组（一队）	53	241	118	123
	二组（二队）	66	353	182	171
	三组（三队）	113	535	261	274
	四组（四队）	41	183	83	100
赛克拉村（二村）	一组（一队）	93	416	213	203
	二组（二队）	39	204	104	100
	三组（三队）	60	294	151	143
	四组（园艺场）	87	131		

表二

村组		哈萨克族		维吾尔族		汉族		回族	
		户数（户）	人口（人）	户数（户）	人口（人）	户数（户）	人口（人）	户数（户）	人口（人）
恰恰依村（一村）	一组（一队）	44	210	8	30	1	1		
	二组（二队）	66	353						
	三组（三队）	112	528			1	7		
	四组（四队）	39	173	2	10				
赛克拉村（二村）	一组（一队）		300		97		5		14
	二组（二队）	39	204						
	三组（三队）	60	294						
	四组（园艺场）	73		11		2		1	
		433	1962	21	137	4	13	1	14

在调查中了解到，各民族群众普遍对该乡的民族关系感到满意，该乡

也多次获得哈密市和新疆维吾尔自治区"民族团结先进单位"的称号，一村二队队长吐尔逊·那依是哈密市唯一的一个哈萨克族新疆维吾尔自治区人民代表大会代表。

该乡公安派出所警官木哈迪力·多卖（二级警司，哈萨克族）在调查中说:

> 乡里各民族之间的关系都不错，大家都是人嘛！这里的民族团结也很好。乡里各民族之间基本没有相互通婚的情况，但阿勒泰地区有。只要男女双方喜欢就可以了，都是人嘛。就民族问题来讲，新疆主要是南疆，哈密主要是五堡。乡里的维吾尔族受哈萨克族影响很大，他们都会说哈语，唱哈语歌。本乡维吾尔族结婚仍然按照本民族的习俗举行，但哈萨克族人也参加。汉族结婚只邀请亲戚朋友参加，哈萨克族人结婚全村人都可以参加。

二村一队队长司马义·热依木（维吾尔族）说:

> 队里的哈萨克族和回族（有一些）都搬到开发区去了。（我们）这里维吾尔族与其他民族的关系较好。红白喜事按维吾尔族的习惯搞，哈萨克族也按自己的习俗搞，彼此尊重，相互都很团结。我们多年在山区，受哈萨克族影响较大。与平原乡的（维吾尔族）相比，他们主要搞农业，我们主要从事畜牧业；搞农业的条件比我们要好些。在与他们的交往过程中也没有感到有什么不同。我们现在最重要的节日是库尔班节、肉孜节等。乡里的维吾尔族语言上受哈萨克族影响较大，孩子上的是哈语学校，维吾尔族老师上课用的都是哈语。年轻人尤其如此，但与山下的维吾尔族交流没有障碍。语言上与哈萨克族交流也没有什么问题。电视上的有些维吾尔语反而理解不了。在本地生活很多年，和哈萨克族以及本民族之间的关系十分密切。我们与哈萨克族的区别主要是民族不同，虽语言风俗相近，但婚丧嫁娶的习俗不同。哈萨克族礼仪中婚嫁彩礼色彩浓厚，女方的亲戚都要给送礼物。维吾尔族只给女方的父母送彩礼。哈萨克族丧事要宰大畜，维吾尔族只做些抓饭。哈萨克族有自己的部落，维吾尔族也有自己的姓

氏，但具体情况不清楚。与平原乡的维吾尔族人相比，我们这里的人与哈萨克族更像，做生意的不多。

二村一队原中共村支部书记买买提·阿西木（维吾尔族）说:

现在队里孩子上学用哈语授课，这里哈萨克族多。但在交流中我们不分哈萨克族还是维吾尔族，两个民族是平等的。我担心维吾尔族的传统、称谓、词语被忘掉了。但根据本地实际情况，无法用我们本民族的语言授课。西山乡都用维语授课，那里也有哈萨克族。最好都用本民族语言授课。与山下的维吾尔族相比，我们一是文化素质差很大；二是眼界不开阔，与外界接触少；山下的维吾尔族认为我们山上的人少一根肋条，主要是素质低。我们与哈萨克族的区别主要在婚丧嫁娶方面较大。哈萨克族婚礼传统色彩浓厚。哈萨克族只要有远方的客人来，就要宰杀牲畜。我们双方在语言上、名字上也有区别。

一村一队的阿迪力·哈斯木（维吾尔族，共产主义青年团乡支部书记、村中共党支部副书记，今年 30 岁，1996 年新疆工学院机械制造专业毕业，获大专学历）可算作该乡维吾尔族年青一代的出色代表。在调查中，他说:

我的妻子是哈密人。本队的维吾尔族主要与山下沙枣泉、二堡和西山的维吾尔族家庭通婚。维吾尔族、哈萨克族之间没有通婚的现象。队里没有小学，孩子上学要去二队。授课均用哈语，我们在家里说维语，在外面说哈语。本队各民族和一家人一样。维吾尔族受哈萨克族影响较大，我们村的名字叫做"恰恰依"，这个词是什么意思我们也不知道。队里有一户汉族，是 1965 年来的，户口在此但人在开发区。过去这里有十几户汉族，现在大部分都搬到开发区了。他们以前和哈萨克族一样，半农半牧。与其他地区的维吾尔族相比，我们这里的有些传统改变了。哈萨克族的传统有些进入到我们的生活中，区别主要在语言、民族传统和人的样子上。在日常生活中相互之间的区别也有很多。与平原乡的维吾尔族相比，我们这里维吾尔族生活水平普遍较低，要靠教育改变这一切。仅从外貌上看不出自己到底是哪一个民族，我们要相互了解。现在受外面的影响，家里也像城里人一样搞装修，有了沙发、茶几等家具，现代文化的影响已经很大了。

一村一队乌古鲁汗·比汗巴依，女，哈萨克族，54 岁，丈夫已经去世，是事实上的一家之主。她在访谈中谈道：

> 我们受到了维吾尔族的影响，懂维语，知道维吾尔族的传统，比如结婚的传统等。维吾尔族小孩上学用哈语授课，这样彼此都可以听懂，交流起来也方便了。各民族之间关系很好，他就像我的亲儿子一样（指着为调查者做翻译的维吾尔族小伙子阿迪力说）。

一村一队哈斯木·伯尔斯赫，维吾尔族，90 岁，他的妻子 87 岁。老人据说是当地年龄最长者，生在本地，他在调查中根据自己的切身感受说道：

> 生活了这么几十年，在各民族之间的团结方面，我们队是第一。与哈萨克人在一起生活，时间长了自然就学会哈语，有些传统我们吸收了哈萨克族的，有些是哈萨克族吸收我们的传统，但两者的婚礼习俗区别很大。与平原乡的维吾尔族相比，我们之间大的区别没有，主要在语言、相貌方面有些不同；山上的维吾尔族不懂汉语。我就出生在这里，今年 90 岁了，老伴已经 87 岁。当地最初有 5 户人家，小时候闹土匪，全家逃到了二村和沙枣泉，1956 年回来，这里还没有其他人。1957 年有哈萨克族人迁到这里，然后成立了西山公社一村一队。1965 年有七八户汉族来到这里。

在以上对各位的访谈调查中，笔者感到在该乡的民族关系方面有以下几点值得注意。

第一，共同在一起长久地生活应该是广泛、稳定的民族关系建立的基础。在表述和认识民族关系的时候，该乡各民族普遍强调的是哈萨克族和维吾尔族的关系，内容涉及日常生产和生活的各个方面，表明两者在日常社会经济生活中的关系是十分密切的；至于这两个民族与汉族和回族的关系，人们则很少提及，似乎哈萨克族和维吾尔族与汉族、回族在日常生活中的接触可以忽略不计。在调查时发现，该乡各村组的哈萨克族和维吾尔族处于杂居错处的状态，相互间的接触和往来十分密切，而且两者的政治、经济和文化生活也处于同一个社区，相互影响和接近的态势十分明显，日常生活当中的民族界限十分模糊；而各村组在户籍的汉族和回族不仅人数较少，而且大都不在山上居住，与当地哈萨克族和维吾尔族的联系自然比较松散，双方的民族界限分明。所以，如果没有在一起长久和稳定地生活，各民族之间就谈不上直接的接触、了解，广泛的民族关系的建立也就无从谈起，在彼此陌生的状态下民族之间的界限很容易会被人们在无意识之中强化。事实上，尽管哈萨克族和维吾尔族同属于突厥语族的民族，都信仰伊斯兰教，两者在文化上也比较接近，但是他们大多数由于双方在历史上长期处于相对隔离的农牧分野状态，缺乏长期而稳定的共同生活的经验，彼此之间的隔阂和误解还是比较深的。德外里都如克乡民族关系的实践经验表明，长期而稳定的共同生活不仅有助于广泛的民族关系的建立，而且对于消解民族之间的隔阂与误解也是有益的。

第二，相同的经济生活方式有利于良好的民族关系的建立。在新疆的绝大部分地区，维吾尔族和哈萨克族的社会经济类型通常是作为两个截然不同的模式而被他们本民族和其他族群所广泛认同和被认同的。一般认为，维吾尔族的主体以从事"绿洲农业"为主，生活和分布的地区集中在天山山脉南北的绿洲地带；哈萨克族的主体以从事畜牧业为主，生活和分布的地区集中在天山山脉和阿尔泰山的山谷与山前的草原地带。两者所代表的经济类型不同，所以生活和分布的地区也不一样，缺乏长期共同生活的基本条件；加之两者的历史传统不同，造成他们在各自的经济生活方式下形成了以"绿洲农业"为代表的"绿洲文化"和以草原游牧业为代表的"草原文化"。不同的经济类型、分布格局和文化传统，使得新疆这两大民族长期以来处于相对隔离的状态，彼此之间缺乏密切的接触和深层次的相互了解，难免产生一些隔阂和误解，双方关系在总体上来看交往显得并不密切。在德外里都如克乡，以畜牧业为主的共同的经济生活方式则把这里的哈萨克族和维吾尔族紧密地联系起来，共同的居住地又使得双方的关系水乳交融，密不可分。在此基础上，当地的哈萨克族和维吾尔族在政治、经济生活方面相互协作，在文化习俗方面相互接近，双方之间的差异日渐缩小。一村一队的哈萨克族妇女乌古鲁汗·比汗巴依甚至已经认为同村的维吾尔族青年阿迪力像自己的"亲儿子一样"。显然，相同的经济生活方式有助于该乡哈萨克族和维吾尔族共同生活、相互了解、彼此接近，两个民族之间的关系不仅密切而且已经达到了互相信任的程度。

第三，在经济文化趋同的多民族社区当中，来自外界的因素成为各民族维持民族认同的重要因素和寻求民族认同的参照系。在德外里都如克乡，哈萨克族和维吾尔族生活在同一个农牧社区，都以从事畜牧业为主，所信仰的宗教都是伊斯兰教，通用的语言是占人口多数的哈萨克人使用的哈萨克语，所用的文字是哈萨克文，两者的风俗习惯也十分接近，民族关系也相当良好和密切。虽然在构成民族的四个要素（即地域、经济生活、文化和心理状态）当中，两者的相同或相近之处几乎全部具备，但是在现实生活中，各民族之间自身的民族认同感却是依然存在的。其中一个重要的标志就是本乡的哈萨克族和维吾尔族并没有出现通婚的现象。唯一的一个例外是一村四队早年曾经有一个哈萨克族男子从南疆娶了一个维吾尔族人为妻，但是这户人家的家庭生活似乎并不美满（夫妻关系不睦而且没有子女）。在谈到这户两族通婚的家庭的时候，乡里的维吾尔人和哈萨克人普遍表现出讳莫如深或者不以为然的态度。在婚姻关系方面，该乡的哈萨克族一般都依照本民族的传统习惯，严格实行族内的氏族外婚，不与其他民族通婚；乡里的维吾尔族也实行族内婚，不与其他民族通婚。在现实生活当中，由于该乡的人口有限，除了本乡同族通婚外，这两个民族常常不约而同地寻求与外地的本民族人通婚。在调查中我们发现，该乡的维吾尔族和哈萨克族在谈到两个民族之间的区别的时候，普遍强调彼此的婚姻习俗各不相同，这一点甚至成为区分两个民族的唯一标志；互不通婚的现象被人们有意或无意强调，似乎成为民族边界的最后底线。事实上，与外地的同族人通婚或走亲戚是该乡哈萨克族和维吾尔族与本民族主体联系的主要渠道，也是维持本民族认同的重要方式。在谈到民族关系的时候，该乡的哈萨克族人常常不自觉地告诉我们他们和巴里坤（哈萨克自治县）与阿勒泰（伊犁哈萨克自治州所属）哈萨克族人的联系，而当地的维吾尔族人则有意识地将自己与山下平原乡（二堡、五堡等维吾尔族乡镇）的维吾尔族人进行对比，借以强化各自的民族身份和维持民族认同。这虽然部分是由于当地的维吾尔族和哈萨克族祖辈上大都是近百年来从全疆其他各地陆续迁过来的，寻根溯源的记忆依然存在，但主要原因还是在于在民族界限模糊的非主流多民族社区里，各民族从外界主体族群寻求民族认同和维持社区民族认同的本能选择。这应该是研究和认识当代民族关系时值得注意的一个现象。

第四，即使在哈萨克族人口总体上处于绝对多数地位的德外里都克乡，民族关系也由于各村组民族构成比例的不同而呈现出某种不平衡性。如前所述，在全乡总人口的 2443 人中，哈萨克族有 2221 人，占总人数的 90.91%，处于绝对的多数；维吾尔族只有 197 人，占总人数的 8.06%。在该乡的各个村组中都有哈萨克族，而且在人数上处于多数，乡里的维吾尔族不仅人数少，而且仅相对集中于个别村组。以下是该乡各村组两个民族的构成情况：

一村一队（即恰恰依村第一村民小组，下同）共有 53 户人家，人口 241 人，其中哈萨克族 44 户、210 人，维吾尔族 8 户、30 人；一村二队共有 66 户人家，均为哈萨克族，人口 353 人；一村三队共有 113 户人家，人口 535 人，其中哈萨克族 112 户、528 人，没有维吾尔族；一村四队共有 41 户人家，人口 183 人，其中哈萨克族 39 户、173 人，维吾尔族 2 户、10 人。

二村一队（即赛克拉村第一村民小组，下同）共有 93 户人家，人口 416 人，其中哈萨克族 300 人，维吾尔族 97 人；二村二队共有 39 户人家，人口 204 人，均为哈萨克族；二村三队共有 60 户人家，人口 294 人，均为哈萨克族。

在调查中笔者也发现，在一村一队、四队和二村一队等有哈萨克与维吾尔族混居的村组里，人们对民族关系的感受和认识要更加直观和深入，两个民族之间的相互影响也更加明显；而在民族成分单一的其他村组里，人们谈论更多的是本民族的各种日常事务，很少涉及对其他民族的认识和感受，这表明密切的接触是增进民族之间相互了解、促进民族间相互交流的重要途径之一。

在维吾尔族人口最多的二村一队，也是维吾尔族与哈萨克族关系最为密切的村组，虽然哈萨克人数仍占队里的多数，但是队长却是维吾尔族的司马义·热依木，村里的中共支部书记也是维吾尔族，也就是说该队的主要领导都是人口处于少数的维吾尔族人担任。这在以哈萨克族为主的德外

里都如克哈萨克民族乡是一个唯一的例外。司马义·热依木（维吾尔族）在访谈时说道:

> 我今年 49 岁，家中有 6 口人，包括老伴儿、2 个儿子和 1 个女儿。父亲今年已经 93 岁了，现在和弟弟一起生活。（小儿子养老的习俗是哈萨克族的传统，已经影响到了维吾尔族。——调查者注）我们在此生活了好多年，还分维吾尔族和哈萨克族，这不是搞分裂吗？（开玩笑。）我们队里有 20 户维吾尔族，共 104 人。一部分人是 1957 年、1958 年从柳树沟迁来的。他们大部分就在此生活，时间最长的有两三户，包括我家和上面的一位老汉，（从祖辈到现在）已经在这里生活了 200～300 年了。本队的维吾尔族主要和维吾尔族通婚，除了本队的还与西山乡、二堡（阿斯塔那）维吾尔族通婚。我们与其他地方的维吾尔族的联系主要是通过亲戚和朋友之间的往来。我们多年在山区，受哈萨克族影响较大。与平原乡的（维吾尔族）相比，他们主要搞农业，我们主要从事畜牧业；（他们）搞农业的条件比我们要好些。在与他们的交往过程中也没有感到有什么不同。队里的哈萨克族和回族（有一些）都搬到"开发区"去了。（我们）这里维吾尔族与其他民族的关系较好。红白喜事按维吾尔族的习惯搞，哈萨克族也按自己的习俗搞，彼此尊重，相互都很团结。山下的维吾尔族主要来做生意，有时也有山下的维吾尔族毛拉伊斯兰教神职人员来此，但也是做生意，没有来讲经的。
>
> 我们现在最重要的节日是库尔班节、肉孜节等。乡里的维吾尔族语言上受哈萨克族影响较大，孩子上的是哈语学校，维吾尔族老师上课用的都是哈语。年轻人尤其如此，但与山下的维吾尔族交流没有障碍。语言上与哈萨克族交流也没有什么问题。电视上（播放的维吾尔语节目中）的有些维吾尔语反而理解不了。
>
> 在本地生活很多年，和哈萨克族以及本民族之间的关系十分密切。我们与哈萨克族的区别主要是民族不同，语言风俗相近，但婚丧嫁娶的习俗不同。哈萨克族礼仪中婚嫁彩礼色彩浓厚，女方的亲戚都要给送礼物。维吾尔族只给女方的父母送彩礼。哈萨克族丧事要宰大（牲）畜，维吾尔族只做些抓饭。哈萨克族有自己的部落，维吾尔族

也有自己的姓氏，但具体情况不清楚。与平原乡的维吾尔族人相比，我们这里的人与哈萨克族更像，做生意的不多。现在存在的主要问题是经济发展滞后，生活水平落后，主要原因是草场少，牧业发展慢。

二村一队原中共村支部书记买买提·阿西木（维吾尔族）也谈道：

　　现在队里孩子上学用哈语授课，这里哈萨克族多。但在交流中我们不分哈萨克族还是维吾尔族，两个民族是平等的。我担心维吾尔族的传统、称谓、词语被忘掉了。但根据本地实际情况，（学校又）无法用我们本民族（维吾尔族）的语言授课。西山乡都用维语授课，那里也有哈萨克族。最好都用本民族语言授课。与山下的维吾尔族相比，我们一是文化素质差很大；二是眼界不开阔，与外界接触少；山下的维吾尔族认为我们山上的人"少一根肋条"，主要是素质低。我们通常是由小儿子养老，如果小儿子不行（不能赡养老人）的话，其他儿子也不能不管。

　　我们到这里放养主要是为了继承前辈的传统，半农半牧；与平原乡相比，他们在地方搞农业，根据环境条件搞。现在开放搞活，有的女同志也在做生意，这没什么关系。以前女同志不做生意主要是观念、素质的限制。现在做生意的女同志都是有文化、有头脑的。我们与哈萨克族的区别主要在婚丧嫁娶方面较大。哈萨克族婚礼传统色彩浓厚。哈萨克族只要有远方的客人来，就要宰杀牲畜。我们双方在语言上、名字上也有区别。

在均由哈萨克人组成的二村三队，笔者采访了该队原中共村支部书记艾西克·郝斯达依，他谈道：

　　我们全队都是哈萨克人，队里有一个清真寺，主要是礼拜五去，平时都不去。红白喜事也去，但年轻人很少去。来此收购畜产品的人中维吾尔族人较多。至于哪一个民族对我们影响大，我认为不是哪一个民族对我们影响大，而是党（中共）的政策对我们的生活影响大。哈萨克族的民族特点主要表现是以牧业为主，传统的生活方式，吃苦耐劳，是穆斯林，信仰伊斯兰教。现在总的来讲对我们传统的生活方式影响不太大，经济条件好了，生活水平提高了，衣着也好了。有钱了和以前的穿戴不一样，现在女孩子和城里人一样不穿裙子了。哈萨克族不管什么民族的人到家里都要烧茶招待，穆斯林之间也相互帮助，扶持困难家庭。

一村三队是德外里都如克哈萨克民族乡乡政府所在地，也是该乡政治、经济和文化中心。居住在这里的虽然都是哈萨克族，但是全乡各族人民在这里频繁往来，信息交流比较通畅，所以也是全乡各族人民交往较为充分的主要场所。居住在这里的哈萨克族老人买买提·阿合买提对调查者说：

> 哈萨克族民族内部交流主要是在亲戚之间进行。与巴里坤、阿勒泰哈萨克族的交往主要是通过走亲戚的方式来进行，还有亲戚在外蒙古（"蒙古国"）的。我在柳树泉的一个哈萨克亲戚娶了一个维吾尔族儿媳；二村和本队都有一家哈萨克族娶的是维吾尔族（女子为妻）。我觉得这样事情无所谓，自由恋爱嘛，只要双方同意即可。但是反对这样事的人也有，（只是）人数不多。总的来讲，我们乡各民族之间关系非常好，民族团结也好。

由此可见，随着各民族之间相互交往的不断深入，各民族人民的观念无疑将发生相应的变化，在排除外来干扰的前提下，该乡哈萨克族和维吾尔族之间进一步的交往和融合将是自然而然的事情。

第三节　德外里都如克乡的经济生活

德外里都如克乡现在是一个以畜牧业为主，半农半牧的社区，畜牧业一直是当地经济生活中占有主导地位的产业。这主要是由当地的自然条件和以哈萨克族为主的各民族传统的经济生活方式决定和影响的。20世纪80年代实行"改革开放"以来，随着各游牧民族陆续转入定居，商业和园艺业成为当地新的经济类型；20世纪末"西部大开发"战略全面实施以后，中央政府林业总局提出的"退耕还草"、"退耕还林"政策在当地得到了比较充分的落实，本来就不发达的农业生产的比重进一步下降，商业经济得到了较大的发展，以绿色环保为特点的旅游业开始出现。但是，由于该乡经济发展水平较低，交通不便，人口数量有限，以商业为主的第三产业和园艺业等的发展仍然非常不充分，畜牧业的主导地位不仅没有弱化，反而在一定程度上得到了强化。表三是该乡近5年来的经济发展情况。

表三

年度 类别（单位）	1998	2000	2002
总人口（人）	2620	2455	2443
总收入（万元）	517	643	695
牧业收入（万元）			416
农业收入（万元）			224
第三产业收入（万元）			55
人均收入（元）	986	1415	1595
牲畜出栏数（头、只）	36231	36231	12148
牲畜存栏数（头、只）			29232
粮食种植面积（亩）	3440	2647	
粮食总产量（万公斤）	43	35	
棉花播种面积（亩）	360	200	
棉花总产量（万公斤）	5.4	4.1	

从表三中也可以看出，德外里都如克乡牧业收入占全乡总收入的一半以上，表明畜牧业仍然是这里的支柱性产业。近两年粮食种植面积和产量以及棉花播种面积和产量的下降则与"西部大开发"以来，退耕还草、还林政策的落实有关。正如该乡所制定的发展规划所指出的那样："紧紧围绕两大目标，坚持以牧（业）为主，以市场为导向，以效益为目标，以科技为先导，以项目为依托，以水利基础设施建设、草业基地建设、棚圈建设为重点，加大加快畜群结构调整和品种改良的力度和速度；加快

'土鸡'（本地品种的鸡——引者）养殖产业化进程，尽快做大做强这一产业；紧紧抓住'西部大开发'机遇，大力发展逆温带经济林建设，改善生态环境和广大农牧民生产、生活条件，促进旅游业的发展，开拓哈萨克族人文风情及戈壁景观。"在调查中可以明显地感觉到，当地政府在经济发展方向上的导向，对各族人民的经济生活的影响起着主导作用，计划经济的色彩依然比较浓厚，但是各族人民在经济发展方面的自主选择意识已经大大增强，社会主义市场经济的观念日益深入人心，从生产方式到生活方式正在发生前所未有的变化。

生活在新疆的哈萨克族主要在天山北麓的山间草原地带逐水草而居，有"天山北麓的候鸟"之称。[1] 但是德外里都如克乡却位于天山南麓，哈萨克人经济生活虽然仍以畜牧业为主，但已经不再游牧了，有了固定的居所和聚落，基本上转入定居生活；除了少数壮劳力在夏季的时候进山在夏季牧场放牧牲畜外，大部分人口，尤其是老人、妇女和儿童，基本上生活在村子当中，相当于过去的"冬窝子"。而且，该乡的各族人民以自己的住所为中心形成一定规模的庭院，而且还按照人口的多少分有一定数目的耕地。在以村和村民小组（小队）为单位的聚落形成之后，随之而来的商业、饮食服务业便也就出现了。该乡哈萨克族的经济社会生活方式已经由原来以畜牧业为主，转而向兼营农业、园艺业、商业等多样化方向转变。这一转变的出现则是与哈萨克人由游牧转入定居的生活方式密切相关的。

游牧生活方式的特点就是无固定居所，因此牧民在教育和医疗等方面存在着很大的不便利，生活质量无法得到保证和提高。为解决这个问题，同时为了管理方便，从20世纪80年代以后，在各级地方政府的提倡、宣传和采取一系列措施之后，新疆的哈萨克族开始逐步转入定居，在适合人类生活的地方出现了许多居民点。这些居民点通常都选建在牲畜的冬季牧场或过冬的场所，即当地人俗称为"冬窝子"的地方。在德外里都如克乡，农牧民的定居点无一例外地都建在山麓的沟口附近。以雪山融水为主形成的河流从沟谷中涌出，为这些居民点提供了水源；从这里沿着河谷进入到山中的夏牧场也比较便利，可以说兼顾到了冬夏两季的畜牧业生产。

乡政府所在地被称为"德外里都如克"，据说是蒙古语，意思是"有

---

① 参见王民斌《天山北麓的候鸟——哈萨克》，《新西部》2002年第2期。

很多泉水",这里的山脚下确实有一些泉眼,一年四季都有泉水涌出,为人们的生活与生产提供了比较稳定的水源。从沟谷中流出的河水季节性很强,在冬季通常流量较小;夏季往往由于融雪与融冰,河沟中水流量大的时候还常常泛滥,甚至引起灾害。此外,这里还处于全乡的中央地带,自然也就成全乡的政治、经济和文化中心。

转入定居之后,当地哈萨克族人民的经济生活发生了重大转变。

过去,哈萨克人以传统的游牧业为主,牲畜既是主要的生产资料也是主要的生活资料;牲畜依赖草场生衍,所以牲畜和草场便成为哈萨克人两大生产要素。牲畜逐水草生息,牧民便随牲畜而流动,人们无固定居所,拆装运输方便的毡房是哈萨克人流动的房屋。处于天山深处的夏季牧场在冬季的时候多为大雪所覆盖,而且气候严寒,经常出现大雪封山的情况,给牲畜带来极大伤害,人的生活亦十分困难,所以必须在冬季来临之前将牲畜转场到能够躲避风雪的冬季牧场;开春以后气候适宜的时候再将牲畜赶到夏季牧场放养。这样,每年两次的转场迁移就成为哈萨克人社会经济生活方面最重大的事件之一,并形成了传统。在以家庭(或家族)为基本生产单位的哈萨克社会中,转场就意味着整个家庭(或家族)的迁徙和生产生活资料(主要是畜群)的流动。然而这种生活方式对政府而言,却不很有利,公共管理成本高;对广大牧民而言,这种游牧的生活方式有着一定的规律性,诸如相对稳定的冬季和夏季牧场以及相对固定的转场时间,但是随着社会的发展,生产力水平的提高,带来人口的增长和劳动力的过剩,畜群的增加与草场承载力之间的矛盾显得日益突出:生产风险(包括迁徙过程中牲畜的损失),还有信息的及时获取、子女的教育问题、医疗卫生问题。在这种情况下,似已经没有必要在畜牧业上投入更多的劳动力,甚至整个家庭(家族)参与到牧业生产当中了。因此从20世纪80年代以后,当地政府提倡并支持哈萨克族逐渐放弃游牧或半定居状态转向全面定居。

最终促成德外里都如克乡的哈萨克族全面走向定居的另外一个重要因素,是中央政府制定的政策。20世纪80年代初期全中国范围的以"联产承包"为主要内容的农村改革,应该是最根本的原因。据调查,该乡(当时还属于西山公社)也在80年代开始实行包产到户,集体的牲畜和土地被分配到各农牧民家中,以家庭为单位的生产方式成为哈萨克人社会经济生活的主要形式,独立门户也成为每一个哈萨克人获取最大利益的自然选择。这样,原来以毡房为单位的家族式的生产与生活方式发生了重大的变化,家庭单位日趋分散和缩小,以父母、子女为主的核心家庭成为哈萨克人的主要家庭形式。定居生活方式的推行则促进和巩固了这种核心家庭,并使得哈萨克人的生产与生活方式、传统文化和习俗随之发生了一系列的变化。

第一,以核心家庭为单位出现了固定的住房,进而形成了居民点和以村(大队)组(小队)为单位的农牧社区。在各家各户的宅基地范围内自然出现了以园艺业为主的庭院经济;各家大致按照每个家庭成员平均(约每人一亩三分)分得一定数量的耕地从事农业生产,种植一些粮食作物(主要是玉米和小麦)以及棉花。这样,该乡哈萨克人的生产方式就从原来的以畜牧业为主,转变为半农半牧的形式。

由于这里气候、生产技术和土壤条件的限制,农作物的产量不高,通常每亩地的粮食产量还不到 100 公斤,连自给自足的水平都达不到,所以该乡的农业经济和庭院经济在很大程度上只是畜牧经济的补充,直到现在仍然在该乡的经济生活中居于次要地位。尽管如此,当地哈萨克人传统上单一的畜牧业生产方式还是随着定居的出现而被打破。

第二,以定居为主的农牧社区的出现,从根本上改变了哈萨克人传统的牧业生产方式,人口的相对集中居住也就产生了初步的以商业和餐饮业为主的第三产业。据调查,全乡哈萨克族人开的商店有 20 多家,饭馆有四五家;一些比较精明的哈萨克人也开始从事买卖畜产品(皮毛)、中草药等商业活动。开办商店、饭馆甚至旅游点的哈萨克人都已经出现。在哈萨克人的传统社会当中,商品经济的观念十分淡漠,商业的地位一直很低,做生意常常被人看不起,但这并不意味着商品的交换对哈萨克人是可有可无的。事实上,在哈萨克人传统的牧业生产中,商品交换是用适应其生产方式的方法进行的,即主要是与牧区外其他民族之间进行,一般是其他民族的人前往牧区收购畜产品,同时也带去哈萨克人所需的生产和生活用品用于交换,而哈萨克族中极少有人借助商业活动谋生;加之在畜牧业经济结构当中,牲畜既是生产资料也是生活资料,其自给性和自足性要大于农村社区;而畜牧经济的分散性和流动性无疑也加大了从事商业活动的成本。所有这些不仅造成了哈萨克人商品经济的长期滞后和发育欠缺,而且也是他们思想中商品经济观念淡薄的根本原因。

　　尽管由于该乡地理位置偏僻，现代经济发展水平较低，人口少，第三产业很不发达，大部分仅仅处在乡村范围内低水平的自我满足程度，但它们的出现对于当地的哈萨克人来讲则具有特殊的意义。转入定居之后，依靠商业和饮食业等第三产业生活成为可能，也为剩余劳动力提供了就业的机会。在调查中发现，由于出卖畜产品、开办商店和饭馆不仅可以解决部分劳动力的就业问题，而且还能为家庭增添一笔不小的额外收入，改善和提高生活水平，一些哈萨克家庭还因此致富，所以该乡的哈萨克农牧民普遍认可这种生产经营方式，大部分人表示如果有条件的话都愿意开上一家商店或饭馆。他们对于因此致富的同胞普遍流露出羡慕之情，传统上看不起或不屑于做生意的观念得到了彻底的转变。在乡政府所在地的德外里都如克村，甚至出现了由一名哈萨克妇女开办的饭馆，这在该乡哈萨克人的历史上是从来没有的事情。

　　此外，该乡的哈萨克人还利用当地的自然景观和人文资源搞旅游业，夏天在山里建造哈萨克毡房，毡房里面按照哈萨克家庭的风格布置，供游人居住。夏季凉爽的气候、绿色的草原以及浓厚的哈萨克风情，成为吸引旅游者到此避暑观光的重要因素。虽然这只是个别现象，旅游业在当地也并没有形成规模而成为一项产业，但是乡政府和哈萨克人已经认识到了当地发展旅游业的人文与自然资源优势，普遍有这方面强烈的愿望和要求。在调查中了解到，哈密市其他乡（如沁城乡）的哈萨克人旅游业搞得很有生气，还有的哈萨克人在市内河坝边的树林中搭起哈萨克毡房搞饮食、休闲和旅游，不仅产生了良好的经济效益，也为哈萨克人的畜产品找到了销路，所有这些对于当地的哈萨克人都产生了很大的影响和刺激，他们在接受调查时普遍表示，如果有条件的话都愿意做一些与旅游业相关的事情。

　　第三，该乡的哈萨克人已经开始走出牧区，外出打工挣钱。定居以后，鉴于乡里的哈萨克族人大部分本来生活比较贫困，另一方面又出现劳动力过剩的现象，许多人尤其是青壮年无所事事，中共乡党委和乡政府便与外界联系，组织哈萨克族人劳务输出，为他们寻找和提供就业与增加收入的机会。该乡的部分哈萨克人因此前往市内和山下的农业乡村务工，由于他们文化水平较低而且基本没有什么一技之长，所以大都从事的是建筑业中的"小工"角色；有些还到山下二堡乡的砖厂里打土坯。这些工作大都是体力活，做起来既辛苦，收入又不高，所以最早外出务工的人基本上没有坚持多久便又回到乡里。从长远来看，哈萨克人走出山区，从事多种形式的生产和经营活动应该是大势所趋。

第四，园艺业在当地哈萨克族的社会经济生活中已逐渐占有一定地位。转入定居以后，每个哈萨克家庭都分得一定面积的宅基地，由住宅周围的空地以及低矮的山丘所形成的家庭庭院一般被他们用来种植蔬菜和经济林木，以家庭为单位的园艺业开始出现。在庭院里种植的蔬菜主要是为了满足自己的需要，而近年来在一些哈萨克家庭中开始兴起的经济林木的种植（主要是晚熟品种的杏树）则主要是为了供应市场。在调查中了解到，种植杏树出售晚熟杏已经成为部分哈萨克家庭收入的重要组成部分，甚至出现了几个种植杏树的能手。比如接受调查的原乡供销社主任买买提就在园艺方面十分擅长，家里的院子中有全乡最好的园林，种植杏树；他是乡里最早利用嫁接方法改良杏树的人，也是嫁接最成功的。每年嫁接杏所带来的收入在 1000 元以上。这里的杏属于晚熟品种，每年 7 月 20 日左右成熟上市，卖的价格也比较好，每公斤的价格达到 5 元左右。在他的带动下，乡里有条件的哈萨克人都开始在自己的院子里种植杏树。

总之，德外里都如克乡的哈萨克族已经脱离了传统的以畜牧业为主的单一生产活动，生产方式趋于多元化和多样化。这样，哈萨克人就摆脱了原来对畜牧业的单纯依赖，经济收入的来源日趋多样，不仅经济收入有所增加，抵抗自然灾害的能力也得到了一定的提高。

第四节　德外里都如克乡社会文化现状

一　社会结构

新疆牧区各民族几千年来形成的以氏族、部落等血缘关系为纽带的社会组织、阶层（阶级）结构体系，在当代民族国家的建构过程中逐渐被打破。新疆牧区"自从 1950 年以来，新的社会组织形式的出现（主要是国家建立的垂直社会管理组织结构），导致游牧民社会中的传统组织形式的功能由新的社会组织形式所实现，部落作为一种草原地区传统的社会组织形式，逐步地丧失了它们原有的权威和功能。但是，部落并没有完全消失。牧区存在着两种社会组织形式：国家按照行政结构建立起来的社会组织和草原社会传统的部落社会组织。在国家行政的社会结构组织社会生产的同时，原有的部落社会结构并没有完全丧失它们组织社会生产和牧区人们日常生活活动方面的某些功能。1984 年以来，随着牧区社会、经济结构的改变，游牧民部落社会的功能在某些方面得到了强化，特别是在组织游牧活动和亲戚之间的生产互助方面更是如此"①。

2001 年以来，笔者在德外里都如克哈萨克民族乡等牧区的多次田野调查材料表明，牧区传统的社会结构在进一步解体的同时，其相应的社会组织的功能也在逐渐减弱。② 该乡一位哈萨克族老人回忆说，"哈萨克族人的族长称作'哲克'，一般 80～100 户人家选一个族长；族长上面的领导称作'乌库尔岱因'，管理 200～300 户牧民；再高一级的是'台吉'，管理 300～500 户左右的牧民；管理 1000 户以上的称为'库木'"。另一位哈萨克老人告诉笔者："以前哈萨克族人有族长，现在则没有了，也没有族谱。有些人家的族谱也主要记在脑子里。部落内部的矛盾也请德高望重的老人来调解，不行的话有干部、政策。"

邻近的木垒县大南沟乌孜别克民族乡的调查材料也显示，过去乌孜别克族曾存在着部落组织，它对牧民的政治生活曾起着很大的影响。但现今一些年轻人甚至不很清楚当地有哪几个部落，人们除保留有一定的部落观念，并对人们的婚姻产生影响外，对社会政治生活的其他方面产生的影响已很小，在牧区乌孜别克人的社会政治生活中起主导作用的还是乡村中共与现政权的基层组织。③

事实上，随着 21 世纪初以定居为核心的经济生产方式转型的基本完成，新疆牧区已经普遍建立起了类似农区的乡（镇）、村社会组织；中央

---

　　① 崔延虎：《游牧民定居的再社会化问题》，《新疆师范大学学报》（哲学社会科学版）2002 年第 4 期。

　　② 王欣、成珊娜、蔡宇安：《德外里都如克哈萨克民族乡民族关系和社会生活的考察》，《西北民族论丛》第三辑，中国社会科学出版社 2004 年版。

　　③ 刘仕国：《牧区乌孜别克族生活方式的变迁——对新疆木垒县大南沟乌孜别克乡的民族社会学调查》，《昌吉师专学报》2001 年第 3 期。

和各级政府掌握着绝大多数的公共资源，对当代新疆牧区社会的发展起着决定性的作用，而牧区尚存的传统社会组织不仅在形态上早已被打破，就是在日常生活中也只能是处于拾遗补缺的地位。在调查中也注意到，许多牧民将解决新疆牧区所出现的各种新问题的希望更多的还是寄希望于各级政府部门，这从一个侧面也反映出牧区传统社会组织在牧民社会生活中的影响力已经日渐下降。

作为新疆牧区基本社会组织的家庭结构也产生了质的变化。正如一位哈萨克人告诉调查者的那样："以前在游牧的时候，子女成家以后仍然和父母住在一起，全家只有一个帐篷。现在转入定居了，一般子女成家后都搬出去分开过。"在谈到上述变化的时候，另一位哈萨克老者也谈道："定居以后，变化很大。以前我们家9口人，6个儿子、1个姑娘（女儿）住在一顶帐篷里。现在6个儿子成家全分出去了，每个儿子至少有3间房子。"牧区原本以复合家庭为单位的生产组织被彻底瓦解，几代同堂的现象已不多见，以"核心家庭"为主的生产与生活方式目前在新疆牧区已居主导地位。

新疆牧区牧民的身份趋于多样，牧区社会阶层分化现象日益显著。笔者在调查中了解到，由于近年来牧区人口增加和草原生态环境日益恶化，部分牧民被有组织地迁移到附近的农业地区从事种植业，从而脱离了传统的牧业生产，成了农民，但是他们仍然与牧区保持着千丝万缕的联系。德外里都如克哈萨克民族乡在山下以园艺业为主的所谓"开发区"的情况就是如此。留在牧区的牧民一方面基本上转入定居，并在定居点附近获得一定数量的土地从事种植业，其身份也就具有了"半农半牧"的特点；另一方面大多数牧民将各家的牲畜集中起来，以牧群为单位由少数人代为牧养（通常几个家庭的牲畜委托某个家庭中的一个壮劳力放养，其余家庭则按照各自委托牧养牲畜的实际数量支付所谓的"代牧费"，如德外里都如克哈萨克民族乡的每只羊的"代牧费"标准大致为1.5元/月左右），这样许多人便只有"牧民"之名而无其实。与此同时，牧区中有大量人口因此从过去繁重的牧业生产里摆脱出来，成为富余劳动力；以定居点为核心出现的村落和城镇则为这些人口从事第三产业创造了条件，从而使得一些牧民转而成为商人。以德外里都如克哈萨克民族乡为例，截至2005年，全乡哈萨克族人开的商店有20多家，饭馆5家；还有一些人则主要从事畜产品（皮毛）、中草药等土特产品的买卖（过去从事这一行业的主要是山下农区和城镇的维吾尔族）；经营旅游点的哈萨克人开始出现，有的人甚至在乡政府所在地开办歌舞厅。为了增加牧民收入，该乡还曾组织一些牧民劳务输出，外出打工挣钱，当地哈萨克族中出现了民工。如果再加上牧区各级政府的公务员、事业单位的技术服务人员、医生、教师等各类人员，那么新疆牧区目前的社会阶层几乎与整个社会同构，具有明显的多元化特征。

二　社会习俗与思想观念

伴随着经济生活的多样化以及社会阶层的多元化，新疆牧区各民族传统的习俗和思想观念发生了很大的变化。以哈萨克族为例，其家庭组织结构的变化使得其传统的"长子过继养老"的习俗受到直接的冲击。对此，德外里都如克哈萨克民族乡的一位哈萨克人谈道："哈萨克族人有一个习俗，就是将自己的长子送给父亲做儿子，由老人（祖父）抚养（长孙）长大，然后在他（长孙）的名字后面加上父亲（祖父）的名字，这样自己的儿子就和自己以兄弟相称了。否则老人会生气的。我想原因主要是以后父亲老了，送去的儿子（成人）结婚后可以养老送终，他有权管大房子并继承老人的财产。现在这种事情少了，只有10%～20%的人这样做。"另一位哈萨克人也说："哈萨克族人将自己的长子或长女送给自己的父亲做儿女，儿子便与自己平辈了，其中的原因我认为还是为了养活老人。儿子成家了、女儿出嫁了，老人身边便无人照顾。现在实行计划生育后，孩子少了，这样的事情也少了。"目前，在新疆牧区养老保障机制尚未健全的情况下，定居以后核心家庭普遍出现，"长子过继养老"的习俗也失去了赖以存在的基础（复合家庭），牧区丧失劳动能力的老年人的养老问题日益凸显。而这种由于经济生产方式转型、社会文化变迁所带来的一系列社会问题，在新疆牧区是普遍存在的。

在婚姻习俗方面，过去哈萨克族青年男女之间的婚姻以双方父母"包办"为主，还存在所谓的"娃娃亲"。但是很久以来，尤其是"文化大革命"对哈萨克人传统的婚姻观和恋爱观产生了较大的影响和冲击，自由恋爱的现象日益增多；在此阶段，国家的法律以及各级政府的政策性导向发挥了主要的作用。改革开放至今的 30 余年，随着与外部世界的联系日益增多，外部影响的逐渐增强，青年男女自由恋爱已经成为一种普遍现象，并且成为各族青年的自觉选择。近 10 年来，德外里都如克哈萨克青年男女之间的自由恋爱甚至对传统的支系外婚产生了一定程度的冲击，出现了同一支系的青年男女不顾氏族和部落的反对而恋爱，为了结合而"逃婚"的现象。一般这样的事情发生以后，该氏族和部落虽然觉得不光彩，但大多都接受这样的事实，并按照传统为逃婚者补办婚礼，不过婚礼通常都不事张扬，只在直系亲属的小范围内进行。事实上，对于现代的"自由恋爱"与传统的"支系外婚"之间的矛盾和冲突，当地大多数哈萨克老人都表示无可奈何，而年轻人则显得无所谓。可以想象的是，随着现代恋爱观和婚姻观在青年一代中的接受和普及，部落界限将逐渐被打破，部落观念也将日趋淡漠。

在饮食文化方面，哈萨克族传统上以食用肉食和乳酪为主，非常适应游牧条件下较为恶劣的自然与生活环境。但是定居以后，所处的自然环境和日常生活条件有了极大的改变，定居牧民的生活比较稳定和安逸，传统饮食结构中的问题也就随之显现出来。德外里都如克乡医院的哈萨克院长对笔者说："现在哈萨克族的多发病为高血压、高血脂和风湿关节炎。两高的主要原因是羊肉油、驼峰油吃得太多，三顿饭油太多，我建议要少吃动物油，吃点植物油。哈萨克族人（平均）寿命（较）短，生活习惯有问题。山区农牧民蔬菜、水果吃得少。哈萨克族人易患食道癌、胃癌、贲门癌，主要原因还是个饮食习惯问题。平时吃的硬东西太多（比如奶疙瘩、馕、冻肉、肉干等）。此外喝的茶太烫（尤其是冬天），伤及食道和胃。所以哈萨克族人的饮食风俗习惯需要调整。"还有哈萨克人告诉笔者，"与 10 年前相比哈萨克人的生活水平提高很多，饮食习惯有所改变，以前晚上也吃肉喝酒，导致各种疾病产生。现在按时吃饭，也吃蔬菜了"。同时，在调查中笔者也注意到，该乡定居牧民大多开始在自己居住的庭院前后种植蔬菜，在分配的耕地上种植粮食和经济作物，日常饮食中蔬菜的比例大为增加，肉食的比例逐步有所下降。牧区各族人民已经认识到一些疾病与日常饮食习俗之间的关系。以前生病，往往请毛拉念经，现在这一现象大为减少，生病后多找医生。

在服饰方面，德外里都如克定居点上各村组的哈萨克族男子现在很少有人穿戴传统的长袍和毡帽,中老年人一般着中式的上衣和裤子,头戴花帽或其他帽子。妇女尤其是老年妇女依然习惯穿着裙子,头上包白色绣花头巾,戴耳环、戒指和项链等金银饰品。乡里哈萨克青年的服装无论男女都日趋时尚化,青年男子普遍着西装或 T 恤衫,青年女子着长裤或牛仔裤和 T 恤衫,与城里的年轻人差别不大,可以看出该乡的青年人在服饰方面受现代城市文明的影响很大。显然,哈萨克族传统服装更适合于草原上的游牧生活,在转入定居以后无论是气候环境和生活方式都发生了变化,传统服饰的变革也就自然而然地产生了。但是,哈萨克人服饰上的这种变化因年龄和性别的不同而呈现出不同的特点,总的来讲老年人更趋传统,老年妇女更是如此;中年人的服饰既具有传统的成分,也有变化的因素;年轻人受现代城市文明的影响较大,在服饰上更趋时尚化。

新疆牧区的牧民普遍没有经商的传统,甚至对商人和商业活动比较轻视。但是随着经济生产方式的转型以及生活水平的提高,人们头脑中的轻商观念也发生了改变。在德外里都如克哈萨克民族乡,哈萨克人经商现在已经成为一种时尚,经商也不再被视为不光彩的事情。在调查中一位哈萨克人告诉我们:“现在哈萨克族人已经开始搞旅游业,夏天在山里建造哈萨克毡房,供游人居住,冬天住土坯砖房,里面按照哈萨克家庭的风格布置。以前哈萨克族人的燃料主要是柴火,现在主要烧煤,但煤的运费较高,困难大。现在村里统一管理,不能随便砍伐树木。现在有 20% ~ 30% 的哈萨克家庭有煤气罐,煤气罐是从哈密运来的,平时使用的时候也比较节省,主要是炒菜或有急事时用。”

传统的新疆牧区社会民风质朴,友好互助。但是,对于定居以后牧区社会风气的一些变化情况,尤其是一些外来的不良风气对年青一代的影响,德外里都如克的很多哈萨克人持批评的态度。一些哈萨克人反映,现在很多青年人喝酒、抽烟,有些哈萨克族青年酒后打架,甚至还有一些偷盗牲畜的事情发生。他们将原因归之于文娱活动贫乏,年轻人无所事事,而定居点所开设的商店虽然方便了牧民生活,但也使得年轻人很容易就可以买到烟酒。近年来,为了满足年轻人的需要,该乡还出现经营性质的歌舞厅,然而年轻人娱乐、聚会时因为饮酒而引发的事端时有发生。目前,牧区年轻人中所出现的这些问题主要还是由本族中德高望重的老者进行协调和控制,一名哈萨克老者就告诉我们:"年轻人不能在老人甚至哥哥面前抽烟。我开了五年商店,年轻人从不在我面前饮酒、抽烟。"

牧区大多数牧民实行定居以后,随着社会阶层的不断分化,从事畜牧业只是少数人的事情,其中又以中老年人为主要劳动力,年轻人则由于缺乏传统的游牧技能的训练而大多无所事事。与此相应的是,牧区各民族在游牧状态下所形成的各种风俗习惯逐渐失去了其赖以存在的现实基础,某些传统的风俗习惯甚至面临着消亡的危险。德外里都如克的一位哈萨克老人说:"随着经济的发展,许多风俗习惯也发生了变化,年轻人开汽车、骑摩托的多了,骑马的少了。"哈萨克人曾被公认为是"马背上的民族",并衍生出许多与马相关的文化习俗与娱乐方式,例如"叼羊"、"赛马"、"姑娘追"等。但是由于现在牧区直接从事畜牧业的人口大量减少,尤其是年轻人大多不直接参与传统的牧业生产,导致哈萨克族传统"马背文化"的发展面临断层。在德外里都如克哈萨克民族乡定居点的一次婚礼调查中笔者注意到,参与需要剧烈活动的"叼羊"、"赛马"、"姑娘追"等活动的竟然都是中老年人,而原本应该是这些活动主角的青年人反而成了观众。当地的哈萨克老人也说:"以前举行婚礼的时候还进行骑马、叼羊比赛活动,现在马少了,年轻人骑摩托、开汽车的多了。叼羊比赛已经很少搞了,有时搞有时不搞,只有20%~30%的婚礼进行这种活动,总的来讲正在逐年减少。"还有老人说,哈萨克族"最重要的节日是库尔班节、肉孜节、那吾如孜节(相当于汉族的春节)。传统的叼羊等活动很好,但是现在逐步减少了。关键是骑马的人少了,其他的交通工具多了。以前主要的交通工具就是马,定居以后一切都变了,现在迎亲都坐汽车,不骑马了。现在骑一匹马出去施展不开,到处都是居民点和围栏。(传统)好的活动都淡忘了,这不是好事情"。可见定居以后由于远离了草场,新疆牧民同时也就失去了开展传统活动的空间。

三 文化与教育

定居以后,牧区的文化生活条件得到了极大的改善,与外界的联系也更加密切，现代文化和生活方式对牧区各族青年的影响很大。在德外里都如克哈萨克民族乡，当地的少数民族青年甚至能直接接触到来自境外哈萨克斯坦（与本地哈萨克族属同一个民族）的音像光碟，而他们的衣着服饰、日常娱乐则与城市中的青年无异。新疆牧区的青年普遍向往和追求城市的现代生活方式，已对本民族的传统文化了解不多，出现了牧区传统文化的继承面临后继乏人的现象，导致各族老人和知识分子普遍对此感到忧虑。定居为牧区各族青年接受现代文化提供了条件，但在客观上也挤压了牧区传统文化的生存空间。

教育是一个民族传承本民族传统文化的重要途径之一。在新疆牧区，亦是以"九年制义务教育"为主的"国民教育"占主导地位，而民族传统文化的教育则仍然是以个体之间或家庭中的言传身教为主。后者的影响力无论在规模上还是程度上都无法与前者相比。定居以后，牧区"国民教育"的软硬件条件得到了极大的改善。例如，在调查中了解到，德外里都如克哈萨克民族乡早已建立起了较为完善的小学 6 年和中学 3 年的义务教育体系，中学开设的主要课程包括语文（哈萨克语）、数学、物理、化学、生物、地理、历史、音乐、体育和美术等，只是在音乐课中教授一些民族乐器的演奏，比如"冬不拉"（一种传统弹拨乐器），但同时也有手风琴。学生初中毕业后可以到哈密市综合中学（哈萨克族、汉族合校）上高中。此外，该乡还有"成人教育办公室"，定期举办以扫盲为主的成人教育、农牧业技术培训等。"国民教育"在新疆牧区教育中居于主导地位。

至于民族传统文化的教育，德外里都如克的一位哈萨克老人谈道："哈萨克传统教育主要结合日常生活进行，尽管方式方法多种多样，但内容比较单一，基本上还是长辈的言传身教；手工技艺（如放牧技术和经验）主要是父子相传，母女相传典型的是刺绣技艺（哈萨克族普遍使用的花毡）；与传统教育相比，现代学校教育注重的是综合素质。以前传统教育与现代教育之间存在一定的矛盾。现在大家都比较相信通常所说的科学了。"另一名访谈者则说：（我们）"家里的花毡都是老伴儿绣的。现在年轻人都不干了，嫌脏、麻烦，有钱就买现成的"。在人们的潜意识中，牧区有些传统文化往往被当做落后的或不科学的东西，从而也影响到各族群众对传统文化学习和继承的积极性。就新疆牧区传统文化的发展而言，目前最突出的问题还在于代际之间的传承出现明显的断层。其负面影响还不仅仅在于民族传统文化的衰落与边缘化，更重要的还在于，在丧失本民族传统文化的依托之后，牧区年青一代将不可避免地面临着道德观上的困惑与价值观上的迷茫，从而有可能引发一系列新的社会问题，影响牧区社会的稳定。

四　影响新疆牧区社会文化变迁的外部因素

影响新疆牧区社会文化变迁的外部因素主要是政府主导的以"定居"为核心的经济生产与生活方式的普及，"全球化"背景下无孔不入的市场经济的全面渗透，以及信息化条件下各种外界风气和思潮的大量涌入等三个方面。在这三个因素中，政府主导的以"定居"为核心的经济生产与生活方式的普及则具有决定性作用。

20世纪80年代以来，新疆维吾尔自治区各级政府开始在牧区全面推行牧民"定居工程"，按照"从实际出发、因地制宜、量力而行、逐步实施以及在统一规划、合理布局、大分散、小集中、有利生产、方便生活的指导思想和定居原则"，大规模推行以人工草料基地为中心的牧民"定居建设"，在人力、物力、财力、技术和配套设施的建设方面做了大量的工作。[①] 一般先由各级政府为牧区居民选择定居点，以各种方式帮助牧民建设住房及各种配套设施，并为牧民划定与分配人工草场和耕地，使牧民定居后就能从事种植业和养殖业。到21世纪初，新疆牧区的定居率已经达到90%以上，各族牧民传统的游牧生活方式因此而发生了彻底的改变，其经济生产与生活方式也随之发生了深刻的变化。在此过程中，各级政府在新疆牧区经济生产方式转型过程中的作用主要体现在财政支持、基础设施与配套设施建设、牧区整体发展规划的制定、牧区发展方向的导向以及牧区发展规划实施的督促与检查等几个方面，几乎涵盖了牧

---

① 20世纪80年代新疆牧区定居点建设的标准包括10个方面，即所谓的"十有"：有住房、有棚圈、有草料地、有水、有电、有学校、有商店、有邮电、有医疗所和兽医院、有道路；90年代后期要求定居点达到"三通"（水、电、道路）、"四有"（住房、棚圈、草料地、林地）、"五配套"（学校、卫生院、商店、文化室、技术服务站）的标准。参见张伦《论牧民定居》，《新疆畜牧业》1994年第5期。

区经济社会发展的所有方面，带有明显的"计划经济"色彩。但在现行政治体制和经济体制下，以新疆牧区经济现有的发展水平与政府财政收入水平较低的情况，中央和各级地方政府在财力、物力和技术上对牧区的支持在今后相当长的一段时间里还是必要的和必需的。正因为如此，在新疆牧区经济生产方式转型的过程中，中央和各级政府始终发挥着主导作用，是影响新疆经济与社会发展的最重要因素，决定着新疆牧区经济生产方式转型的方向、深度乃至成功与否。

新疆牧区近20年来经济生产方式的转型与社会文化的发展是在全中国市场经济改革不断深化、加入"WTO"和"经济全球化"的背景下进行的，牧区原来相对封闭、自给自足的发展状态被彻底打破，各族牧民经济生活也被纳入了区域性的乃至"全球性"的市场经济体系之中。一方面，牧区畜产品的商品率不断提高，对外部市场的依赖性日益增强；另一方面，定居以后，广大牧民在生产与生活条件改变的同时，生活成本也逐渐增加。笔者在德外里都如克的调查中了解到，在定居前，牧民由于游牧而居住的毡房中所需要的生活用品比较简单，除了少量的需要通过交换获得外，日常的各种消费基本可以从牧业生产中自行获得，生活成本较低。定居后，住房建设成本首先成为牧民生活中必须要承担的一笔巨额花费；住房中还需要添置必要的家具，也基本靠购买获得。牧区种植业与养殖业出现以后，各种必要的生产设备（如农机具、养殖器具等）的需求也随之产生。随着定居点配套设施的完善，尤其是在通路、通电以后，牧民的交通成本也随之增加，而各种家用电器的购置也成为每户牧民家庭所追求的目标之一。以我们所调查的德外里都如克哈萨克民族乡为例，现在定居牧民生活成本的提高在青年人的结婚中反映得最为明显。通常这里的哈萨克青年结婚，父母要为子女准备住房，添置各种家具，购置电视机、洗衣机、冰箱、影碟机、电扇等家用电器，有的家庭甚至还开始按照城镇居民的标准装修住房，购置液化天然气等设备。据了解，现在当地牧民一般结婚的成本都在3万元以上。此外，医疗与教育成本的提高更是加重了定居牧民的生活成本。在这种情况下，原来低效率、低收益的生产方式下的经济收益显然已经无法满足牧区各族人民日益增多的物质和文化生活的需要，从而迫使各族牧民不得不寻求各种增加收入的方式和方法，原来并没有经商传统甚至鄙视商业活动的哈萨克牧民，有些也开始经商。

随着近年来交通和通信条件的不断改善、电力和有线电视的普遍接入、无线通信网络的覆盖甚至国际互联网的引入，新疆牧区获取外部信息的途径、手段日益多样，传统的交流与通信方式发生彻底改观，与外界的联系更加密切和便利；定居以后牧区各族人民对外部世界的了解也基本与农区和城镇同步，外部各种文化和思潮对牧区社会的影响逐渐增强。以木垒县大南沟乌孜别克民族乡为例，定居前当地乌孜别克牧民的文化生活比较自成体系，其传统的民族音乐、舞蹈、赛马、叼羊、摔跤等文体活动时常举行。定居后，走出大山牧区的牧民与外界的接触增多了，加之实施了定居点牧民用电入户工程，建成了乡卫星电视地面接收站，有线电视入户，经过政府选择或意欲推行的文化娱乐方式推向年轻人，他们很快接受了一些外来生活方式和文化娱乐形式，诸如现代舞、卡拉 OK、VCD 等。[①]而在调查德外里都如克哈萨克民族乡时发现，绝大多数牧民家庭已经通电，并用上了洁净的自来水；电视已经基本普及，许多家庭还购置了冰箱、VCD 等家用电器；牧民的生活极大地改变，文化娱乐活动也发生了改变。当地哈萨克青年甚至能直接接触到来自境外哈萨克斯坦的音像光碟，而他们的衣着服饰、日常娱乐则与城市中的青年无异。在各级政府的支持下，该乡的中心学校也配置了包括电脑、电视、卫星接收机等在内的远程教学设备，现代教育的各种技术和手段也开始逐渐在牧区普及。软硬件条件的改善改变了牧区各族人民的生活，缩小了牧区与农区和城镇的地区差距，也使牧区对外部世界的了解基本达到了同步，在潜移默化中逐渐改变和影响着牧区各族人民传统的思想和观念。这一点还表现在牧区社会文化的代际差异上。新疆牧区青年普遍向往和追求城市的现代生活方式，而对本民族的传统文化失去兴趣，从而使得牧区传统文化的继承面临着后继乏人的现象，导致各族老人和知识分子普遍对此感到忧虑。当代信息化世界为牧区各族青年接受现代文化提供了条件，但肯定也挤压了牧区传统文化的生存空间。

---

① 刘仕国：《牧区乌孜别克族生活方式的变迁——对新疆木垒县大南沟乌孜别克乡的民族社会学调查》，《昌吉师专学报》2001 年第 3 期。

五　影响新疆牧区社会文化变迁的内在因素

面对外部世界的影响和现代文化的冲击,新疆牧区各族人民在被动接受的同时,也在一定程度上主动应对,并通过各种手段和方式保持牧区传统社会文化延续和发展。正是在他们的主观努力下,新疆牧区社会文化才在传统与现代的调适中呈现出积极的发展态势。

首先,牧区各族人民充分认识到了现代文化的优势和长处,并在实践过程中以"开放的心态"积极学习、掌握和分享现代文化所带来的成果。正如一名德外里都如克的哈萨克老人在访谈中告诉笔者的那样:"哈萨克族社会发展所面临的最重要的问题是教育的发展问题。要掌握科学技术,提高人的素质,否则就跟不上时代的发展。不管农业还是牧业都要依靠科学技术。教育不发达,一切都谈不上,就会影响农牧业的发展。比如最近牧民种小麦,因为使用农药时配制比例不当,导致小麦全部死亡;以前人畜共用水渠中的水,牲畜在水渠里排泻,有的就在水里死亡,人再饮用被污染的水不卫生,可能会染上各种疾病。去年乡里建水塔,搞自来水,因为看上去水塔建在山沟里,水管在山上走,有些农牧民认为水塔太低,不了解其中有落差的关系,对此进行冷嘲热讽。当清水进家之后,大家才相信技术人员的测量,相信科学的作用。"随着科学知识的普及,该乡哈萨克人也在积极调整传统的婚姻观念。该乡卫生院副院长告诉调查访问者:"哈萨克族人虽然实行族外婚,但还是避免不了近亲结婚,出嫁以后的女儿所生孩子有可能与儿子所生的孩子结婚,姨表婚。有一家人舅舅娶了自己的外甥女,他们生的孩子多为聋哑人。姊妹们的孩子有可能结婚,姊妹成为胡达(亲家),属近亲结婚,这种情况应该改变。"如果说过去哈萨克人对于近亲结婚弊端的原因还认识不清的话,那么随着科学知识的普及,婚姻在生理学上的神秘面纱已经被揭开,基于经验而形成的"族外婚"习俗也被科学的"近亲不能结婚"的认识所取代。也就是说,即使是属于同一氏族或支系,但只要不是近亲仍然可以结婚。这有可能加速哈萨克"族外婚"习俗的瓦解。

其次,牧区各族人民中的有识之士,一方面对于本民族文化中精华及其所存在的问题有充分的认识,另一方面对于现代文化中消极因素的影响也保持着清醒的头脑。例如,一位德外里都如克的哈萨克老人自豪地告诉我们:"哈萨克族有敬老的传统,见了老人要问候,礼让老人;哈萨克族家庭如果遇到什么事情大都由夫妻双方协商,也有男的做主的;男主外,女人负责家庭,主内。男子挣的(钱与物)拿回来,由女的保管,只要使用好,男的就不管了。现在年轻人文化素质高,变化大。与老年人相比,相当于小湖和大海,天壤之别。这种变化总体上是好的。"但是与此同时他又不无忧虑地说:"从我的家庭来讲,我将哈萨克族传统的东西尽可能给孩子们讲,如果把本民族传统的习俗都丢了,还能成其为一个民族吗?"另一位被访者也说道:"哈萨克族的民族特点主要是以牧业为主的传统生活方式,吃苦耐劳,是穆斯林,信仰伊斯兰教。现在总的来讲对我们传统的生活方式影响不太大,经济条件好了,生活水平提高了,衣着也好了。有钱了和以前的穿戴不一样,现在女孩子和城里人一样不穿裙子了。哈萨克族不管什么民族的人到家里都要烧茶招待,穆斯林之间也相互帮助,扶持困难家庭。我们经常听广播,看电视,认识了国家的领导人。我不看报纸和杂志,因为是文盲,但孩子们看。我没有上过学,现在很后悔,否则可以干大事业。我经常教育大家要上学,比如进城买东西、办事,不认识门牌怎么行?不识字,做生意不会算账怎么行?"

再次,面对现代文化的冲击和影响,新疆牧区各族人民在实践中努力将自己的传统文化习俗加以变通,使之适应定居以后的新环境。笔者在德外里都如克乡哈萨克族婚礼的田野调查中注意到,婚礼的基本程式还是按照哈萨克的习俗在进行,但其中已经融入了很多现代外来的成分。诸如,接送新娘使用的是汽车而不是马车;婚礼中既有证婚人宣读政府核发的结婚证书的内容,也有主婚人手执马鞭向新人宣读婚誓和毛拉念经的传统习俗。婚礼当天中午的宴席用哈萨克的传统食品和习俗待客,大家在一起跳的也是哈萨克的民族舞蹈;但是到了晚宴则成了年轻人的天下,哈萨克青年按照城市的习俗设宴饮酒,跳的则是现代交谊舞。对青年人的这种做法,绝大多数哈萨克中老年人都持宽容的态度。

对于近年来结婚送"彩礼"风气日益浓厚和加重的现象,广大哈萨克族牧民普遍表示反感,并将之归于造成部分家庭陷入贫困的重要原因之一。德外里都如克哈萨克民族乡的一名哈萨克人告诉我们:"过去的嫁妆彩礼比较简单,主要是牛羊等牲畜。定居以后有了房子,什么家具都需要,结婚要的东西除了金饰品外,还要彩电、冰箱、洗衣机、煤气灶(罐)等。在结婚的时候,女方所有的亲戚男方都要送礼物,送礼的规模和轻重与文化程度有关。许多家庭因为结婚而陷入贫困。"另一名哈萨克老人也谈道:"现在哈萨克族人结婚花销很大,红白喜事的花销比以前更严重了。主要是政府没有将此事纳入法律来管理,光是嘴上说说,没有形成一个制度。现在娶一个媳妇要花2万元以上。婚礼仪式越来越丰富,各种活动越来越多了。人们生活水平提高了,要求也多了。但我没有这方面的要求,只想把女儿顺利嫁出去,许多东西我自己准备,比如冰箱等。"在几次调查中笔者也注意到,大多数牧民对"彩礼"水涨船高的现象虽然显得无可奈何,但都认识到这一问题的严重性,至于如何变革只是时间问题。

总的来讲,新疆牧区各族人民对现代文化冲击的反应还是积极应对的,但同时也显得有些无序和随意。牧区传统文化的"代际流失"是一个普遍的现象,而传统文化与现代文化之间的调适与整合将是一个十分复杂和困难的过程。新疆牧区传统的社会文化体系和价值观受到现代多元文化的冲击,正处于转型阶段,而新的社会文化尚未完全建构起来,牧区的社会文化在一定程度上还存在着"真空"。对此,应该相信牧区各族人民中所蕴涵的创造力并充分发挥他们的主观能动性,同时各级政府也应当继续发挥引导作用,充分利用自己所掌握的各种公共资源,引导牧区传统文化进入良性发展的轨道。

六　影响新疆牧区社会文化变迁的宗教因素

新疆牧区的各族人民普遍信仰宗教,各种宗教既是各民族传统文化的重要载体,同时也曾在民族传统文化的形成与社会文化的变迁过程中起过重要的作用。有研究者指出:在新疆"无论是哈萨克、柯尔克孜、塔吉克等族信仰伊斯兰教,还是蒙古族信仰藏传佛教,宗教礼仪能把各个不同利益集团的价值观综合为一个必须共同遵从的规范,加强了民族成员与游牧社会之间的联系。同时,宗教礼仪方式的神圣性同现存社会集团及其制度相关联，得到了集团的认可。通过宗教社会化，强化了游牧社会成员的宗教信仰，又使游牧社会秩序得以整合"①。正因为如此，尤其需要认真分析和研究宗教文化对新疆牧区社会文化变迁的影响。

一般认为，与农区和城镇地区相比，新疆牧区的宗教氛围相对不太浓厚，宗教文化的影响也较小。就传统状态下哈萨克族的宗教信仰情况，曾有学者总结道："哈萨克人以游牧为主，经常搬迁，居无定所，所以大多没有固定的礼拜寺和经文学校。游牧的生活方式，也不允许他们完全履行伊斯兰教教规的一切义务和礼仪。在哈萨克族中，几乎没有清真寺，没有对立的伊斯兰教派纷争。每天做礼拜的人也很少，一日做五次礼拜的人就更少。所有这一切都是思想灵活的哈萨克人在生活的实践经验中对精神空间的灵活变通。"② 在传统社会中，宗教仍然是牧区各民族文化的重要载体之一，规范和约束着人们的日常行为与价值取向。近几十年以来，新疆的各种宗教早已被纳入政府的管理体系之中，又加上"文化大革命"的冲击，其影响力仅局限在一定的范围内。改革开放以来的30余年，新疆地区的宗教，尤其是伊斯兰教受内外环境的影响，在一定程度上表现出复兴的迹象，并对牧区也产生了某些影响。加之随着经济生产方式转型所带来的牧区传统文化在代际传承中所出现的某种"真空"，牧区定居点上的生活方式日趋接近农区和城镇，牧民生活相对稳定，居住相对集中，为宗教的传播提供了客观条件；与此同时，新的社会问题又不断出现，人们的思想和价值观日趋多元，从而为当代牧区宗教和宗教文化的发展提供了一定的空间。

从笔者调查的情况来看，当前新疆牧区宗教文化的发展还处于扩张期，但是在各级政府的管理和引导下，并未出现某些农区和城镇的"失控现象"，其对社会文化变迁的影响至少在形式上还是积极的。以被调查的德外里都如克哈萨克民族乡为例，该乡共有8个清真寺，每个寺里都有阿訇、买孜目。阿訇主持日常的各种宗教活动；买孜目管理总务（相当

---

① 娜拉、阿依先·肉孜：《试论新疆游牧民族社会化的时代局限性》，《西北第二民族学院学报》2005 年第 2 期。

② 李国平：《哈萨克族民俗生活的再思考》，《伊犁师范学院学报》（社会科学版）2007 年第 2 期。

于会计），多数人比较年轻，一般会在阿訇去世后成为下一任阿訇。乡里共有6个"阿吉"（指曾去过麦加朝觐者），社会地位较高。清真寺的设立需要经过政府宗教管理部门的批准，阿訇、买孜目等职业宗教人士也要经过培训获得证书后才能从事宗教活动。

德外里都如克乡一村三队的清真寺是1988年修建的，寺里现在共有三名职业宗教人士，包括一个毛拉、一个买孜目（俗称"二把手"）和一个胡马尔（相当于管理员）。阿訇的日常工作主要是每天念五次《古兰经》，每周五主持一次聚礼念经活动；牧民家中如果有小孩出生或者红白（婚丧）喜事，他要前去按照宗教教义的规定念经。寺里没有正常稳定的经济收入，也没有什么大的开支；主要经济来源是两个重大节日：库尔班节和肉孜节。牧民在节日里都要来寺里做"乃玛孜"，来的人自愿为寺里捐款，数量不限；库尔班节宰牲，皮毛要交到寺里，作为毛拉、买孜目和胡马尔的工资（皮毛卖了以后，40%给毛拉，15%给买孜目，15%给胡马尔，15%上缴哈密市政治协商会议，15%用于寺院的正常开支，如取暖、购买毡毯等）。对于宗教在当地的社会作用，该寺的阿訇谈道：宗教和政策一样好，宗教和政策的作用是一样的，但最终起作用的还是在政策、法律方面。我们传教还是根据国家的政策来进行，国家的政策也是为人民，我们宗教也是按照国家的政策教育人、传教，为人民好。法（律）大还是宗教大？肯定是法大于一切。宗教也是在法律政策之下活动的。国家要下政策说不搞宗教了，那就没有宗教了。宗教——清真寺对人们生活影响大不大呢？总的说来宗教是一种信仰，可以对人们发挥一点影响，但在生活方面还是国家的政策影响大。如果没有政策，我们宗教活动也不能正常开展，更谈不上做乃玛孜。政策就是人的命脉，没有好的政策如何生存呢？做乃玛孜是有时间规定的，但生产时间不能错过，干完活再补做乃玛孜。首先是生产，然后才是做乃玛孜。新疆牧区的宗教活动处于各级政府的有效管理之中，所以牧区的宗教活动总体上是在国家的法律和制度之下有序进行的。从该乡的情况来看，在新疆牧区只要政府各级主管部门加强管理，正确引导，宗教在新疆牧区社会稳定、文化转型乃至全面建设小康社会的过程中是可以发挥积极作用的。

七　新疆牧区社会文化变迁的基本趋势

与经济生产方式转型已经基本完成不同，新疆牧区社会文化的转型却相对滞后，在总体上还处于变迁阶段，并呈现出传统与现代文化并存、文化与价值取向多元发展的特点。正如研究者指出的那样，"现代化与生活方式的变迁是一个过程，随着现代化的进程，民族生活方式的变迁是必然的，民族生活方式要适应社会现代化的进程，这是民族生活方式变迁的总趋势"①。通过田野调查，在今后 20 年左右的时间里，新疆牧区社会文化的变迁将有可能向以下几个方向发展。

1. 牧区社会文化的发展将呈现出与农区和城镇文化趋同的态势

随着经济生产方式的转型，新疆牧区的绝大多数牧民已经转入定居，一些中心定居点已逐渐具有区域性的政治、经济和文化中心的特征，并具备了城镇的基本功能。由于定居牧民不仅分配了宅基地，有自己的住房，而且还有一定的耕地，所以他们实际上具备了牧民与农民的双重身份。有学者指出："在改革开放的大潮下，加速牧区商品经济的发展，建立和健全具有牧区特点的社会主义市场经济体系，是历史发展的必然。城镇是商品经济发展的产物，是市场载体，是一定区域的政治、经济、文化的中心。"② 目前，新疆各级政府也采取各种措施，推动牧区城镇的发展，一批小城镇正在牧区兴起。例如，德外里都如克哈萨克民族乡乡政府所在地已经出现了一批学校、技术服务机构、商店、饭馆、歌舞厅、电信与金融服务机构等，除了重大节庆活动，周围村落的哈萨克族都会聚集在这里，开展各种商贸和文娱活动外，这里平时也提供各种基本的服务，成为该乡哈萨克族接受、传播外部信息与文化、与外界联系的中心。定居以后，新疆牧区的经济形态从单一的畜牧业向畜牧业、农业、商业和第三产业多种经济形态并存的方向发展，畜牧业的比重逐步减少，农业和第三产业的地位逐渐提升；与此同时，伴随着定居点向城镇的过渡，牧区各族人民的生

---

① 刘仕国：《牧区乌孜别克族生活方式的变迁——对新疆木垒县大南沟乌孜别克乡的民族社会学调查》，《昌吉师专学报》2001 年第 3 期。

② 王玉：《加快牧区小城镇建设、繁荣牧区经济》，《前沿》1996 年第 6 期。

活方式也将与城镇趋同, 其社会文化与价值观也 (将?) 随之与城镇地区接近。因此, 以定居点的城镇化为基础, 新疆牧区社会文化发展的总趋势将可能逐渐与农区和城镇的文化接近, 并最终与现代文化接轨。

2. 新疆牧区社会文化的发展在今后一段时期里将呈现出多元化的特点

目前, 中国社会的发展也正处于转型时期, 社会阶层分化明显, 各阶层成员的价值取向、利益诉求以及文化审美各不相同而又同时并存, 从而使得整个社会文化无论在形式上还是内容上都显得多样。新疆牧区社会的情况也不例外。随着经济生产方式的转型与经济生活的多样化, 新疆牧区牧民的职业也出现分化, 越来越多的牧民从牧业中转移出来从事第三产业, 甚至走出牧区外出务工, 从而使得牧区的社会阶层日趋多元。与此相应, 牧区各族人民当中的思想、行为、价值观也开始发生变化, 各种文化形态普遍出现; 原本较为单一的新疆牧区的社会文化出现分化, 传统与现代并存。从我们调查的情况来看, 新疆牧区定居点中一些牧民已经开始转入耕作, 从事农业和园艺业, 他们对待土地、水的认识和观念也悄然发生变化, 并出现与农业区在土地和水资源分配方面的矛盾; 外出务工和从事第三产业的人口不断增加, 牧区传统的轻商观念也逐渐被勤劳致富的态度所取代。在代际文化的分化方面, 牧区的中老年人大多仍固守着传统文化, 但是对现代文化的浸入多持宽容的态度; 牧区的年青一代则是现代文化的拥护者, 但是其中也不乏一定的盲目倾向。目前新疆牧区各族人民文化需求的多样性和层次性分明, 而经济生产与生活方式的多样化则为牧区文化的多样性发展创造了条件。正是在这一背景下, 新疆牧区社会文化的发展今后将向多元的方向演变。

3. 新疆牧区传统社会文化的转型将是一个复杂的过程, 其间可能会有反复

一般认为, "游牧社会是个较封闭的社会, 游牧群体成员接受新事物非常缓慢或根本不愿接受新事物, 具有固守传统、满足于现状和不思进取的惰性的一面"[①]。笔者在调查中也注意到, 包括 "定居" 在内的经济生

---

① 娜拉、阿依先·肉孜:《试论新疆游牧民族社会化的时代局限性》,《西北第二民族学院学报》2005 年第 2 期。

产方式转型在新疆各个牧区都曾遇到不同程度的阻力，还有少数牧民在定居以后因为种种原因又回到原来的游牧生活状态；一些从事第三产业的牧民起初都或多或少地受到传统舆论的压力。例如，德外里都如克哈萨克民族乡第一个开饭馆的哈萨克姑娘至今仍然面对着来自家庭和牧区社会的巨大压力，使得她甚至产生了离开故乡到城里继续开饭馆的想法，但是也有人对于她自立自强的行为表示钦佩。该乡为了"扶贫"曾安排部分哈萨克青年到山下城镇去务工，而一些青年因为吃不了苦或缺乏劳动技能重新回到山上，整天无所事事，但也有部分青年靠务工改善自己和家庭经济状况并开阔了眼界。哈密市政府为了"改善"该乡的贫困状况在山下划出一片开发区，迁移部分牧民下山种植葡萄等园艺作物，以增加牧民的收入。由于开始几年投入多而产出小，部分牧民认为耕作比放牧艰苦，所以又回到山上。随着近两年开发区经济效益显现，许多牧民因此致富，原来回到山上的那些牧民后悔不已，又要求下山。

新疆牧区社会文化的转型不可能是一帆风顺的，必然会在传统与现代的冲突中出现反复，但其社会文化的现代化之路是不可逆转的，出现的问题只有在实践中通过发展的途径逐步加以解决。由于民族文化常常被作为该民族赖以存在和维系凝聚力的重要标志而被宣示，所以与经济生产方式的转型相比，新疆牧区社会文化的转变所面临的问题更为敏感和复杂，难度更大。在此过程中，全面了解牧区社会文化的现状，客观分析影响牧区文化变化的各种因素，准确把握牧区社会文化发展的趋势，有益于人们在政策和学理层面上正确认识和处理牧区传统文化与现代文化的关系，保证牧区社会文化的平稳转型，最终实现牧区经济社会协调发展和全面建设政府所设定的"小康社会"的目标。

第十二章

西北少数民族教育与"西部大开发"：
政策与途径

　　教育是一种培养人的社会活动，自人类社会产生以来就出现了，并且将伴随着人类社会发展的始终。按照教育学的定义，教育可以分为广义和狭义两种。所谓广义的教育指的是"一切增进人们的知识、技能、身心健康，影响人们的思想意识的活动，包括社会教育、学校教育、家庭教育"。狭义的教育则专指学校教育，"是教育者根据一定社会（或一定阶级）的要求和年青一代身心发展的规律对受教育者所进行的一种有目的、有计划、有组织的传授知识技能，培养思想品德，发展智力和体力的活动，其目的是把受教育者培养成为一定社会（或一定阶级）服务的人"。①这里所探讨的主要是狭义上的教育，而且是中国西北地区各少数民族学校教育的情况。

　　文化人类学（民族学）一般将教育视为人类社会文化传承的方式，而且"每一个社会或民族都有自己文化传承的内容与方式，文化传承既是某一个社会或民族的群体行为，也是该社会或民族的个体行为，某一社会或民族的文化就是通过这种群体或个体的行为而得到代际的传承"②。正因为西北各少数民族的历史发展过程各不相同、文化传统各异、多元文化并存，所以他们的教育方式、教育内容也都具有各自的一些特点。西北少数民族教育不仅是多元文化的传承方式，而且其本身的发展也体现出各

---

① 参见滕星《族群、文化与教育》，民族出版社 2002 年版，第 7 页。
② 滕星：《族群、文化与教育》，民族出版社 2002 年版，第 7 页。

民族多元文化的特点，是这一地区多元文化的有机组成部分。这一点，将是本章从多元文化的角度来探讨西北少数民族教育的出发点和最终的学术诉求。

第一节　中国西北地区少数民族教育发展的历史回顾

一　近代民族教育雏形初现

从中国西北地区少数民族社会历史发展的实际情况来看，近代以前这一地区的教育主要以广义的教育为主，狭义的学校教育十分落后，有些甚至还是空白。20世纪前，西北地区少数民族教育的主要形式是以"经堂教育"和"寺院教育"为主的宗教教育，虽然也有私塾、书院之类的教学形式存在，但是在办学内容、指导方针乃至办学形式上都不具备近代学校教育的性质。20世纪初，随着中国近代学校教育体系的建立，西北地区少数民族的学校教育也随之出现。但是直到1949年10月中华人民共和国成立以后，西北地区少数民族的学校教育体系才逐步建立和完善，各少数民族教育事业的发展较之从前进入到了一个新的阶段。

1904年清王朝在实施"新政"期间颁布了《奏定学堂章程》，开始在全国范围内兴办近代学校；次年又正式下诏废除科举制度，广设近代学堂。在此期间，西北民族地区的一批传统的书院被改造成近代意义上的初等和高等小学学堂，民族小学开始出现。虽然地处边疆远离国家中心，但由于对外交涉频繁，新疆在近代学校教育方面走在了西北民族地区的前列。1903年伊犁将军马亮奏设"养正学堂"，开始选派留学生前往俄国地区的阿拉木图学习。"新政"推行后，新疆在1906年设立专门兴学的机构"提学使"及其下属的"劝学所"，在全省范围内创办多所新式学堂。据统计，到清朝末年新疆共开办新式学堂606所，有教习764员，学生达16063名①，其中维吾尔族聚居地区创办学堂420所，有教习487员，学

---

① 参见赵云田《清末新政期间新疆文化教育的发展》，《西域研究》2002年第2期。

生人数 12014 名。这些学堂举意新式教育为主,开设的课程包括数学、物理、化学和外语等。新疆近代少数民族的学校教育从此开始起步。1910 年,青海办事大臣开办了"青海蒙藩学堂",专门接收当地的蒙古族和藏族子弟入学。①

中华民国成立以后,西北少数民族的中等、高等和职业教育学校逐渐建立,近代学校教育有所发展,但是民族学校的数量很少,还无法形成民族教育体系。以青海省为例,1947 年全省蒙古族、藏族适龄儿童的入学率只有 0.6%;1949 年全省少数民族小学生只占当时全省少数民族总人口的 0.65%,其中入学最多的回族小学生数也仅占本民族人口的 1.6%,蒙古族、藏族和土族只占 0.2%,而哈萨克族和撒拉族基本没有学生进入现代学校,小学教育还是空白。② 初等教育的情况如此,西北少数民族的中等教育、高等教育和职业教育的情况就可想而知了。与现代学校教育相比,寺院教育和经堂教育在西北少数民族文化的传承中仍然发挥着相当大的作用,其影响甚至远远超过了近代学校教育。

二 1949~1999 年西北地区民族现代教育体系的建立和发展

1949 年 10 月中华人民共和国成立以后,伴随着西北少数民族地区社会主义改造任务的逐步完成以及各民族社会经济的全面发展,中共中央和各级政府在西北地区少数民族的教育方面投入了人力、物力,并从教育政策、制度建设和对口支援等方面全面向民族地区"倾斜",建立了从初等教育、中等教育到高等教育的民族教育体系,西北少数民族的职业教育和成人教育也在近几十年中稳步发展。作为国民教育的一部分,中央政府及各级地方政府对包括西北少数民族地区在内的各民族地区采取了各种措施,推进民族教育事业的发展。这些措施主要包括:

第一,在法律建设上,国家制定并颁布和完善各种法律法规,赋予和尊重各少数民族自主发展教育的权利,为少数民族教育事业的发展提供法

---

① 参见滕星、王军主编《20 世纪中国少数民族与教育》,民族出版社 2002 年版,第 265 页。

② 参见朱解琳《甘宁青民族教育史简编》,青海人民出版社 1993 年版,第 310 页。

律保障。中国的宪法规定，各少数民族自治地方的自治机关自主管理本地方的教育事业。《中华人民共和国民族区域自治法》则明确指出，各民族自治地方可以根据本地区的实际情况，自主决定地方的教育规划、各级各类学校的设置、学制、办学形式、教学内容、教学用语和招生办法。在《中华人民共和国教育法》、《中华人民共和国教师法》、《中华人民共和国职业教育法》、《中华人民共和国义务教育法》和《中国教育改革和发展纲要》等国家重要法律、法规中，都有对少数民族教育予以特别关注的内容，从而使少数民族教育事业的发展步入法制化的轨道。

第二，在制度建设上，中央政府等建立了一套专门的、从中央到地方的民族教育行政管理机构与体系，加强对少数民族教育事业发展的领导与支持；定期召开全国民族教育工作会议，及时总结和交流民族教育的经验，制定并落实民族教育发展规划；逐步建立和完善民族教育体系，形成了包括基础教育、高等教育、职业教育和成人教育在内的民族教育体系。1952 年，政务院在《关于建立民族教育行政机构的决定》中规定，中央政府在教育部设立民族教育司，各级地方教育行政主管部门内也设立相应的民族教育行政机构，专门负责管理少数民族教育。中央政府民族事务委员会内部也设置了教育司，与教育部民族教育司共同研究与制定国家民族教育的发展规划和教育法规，配合各部门承办对民族地区的教育援助，落实政府制定的对民族教育扶持的各项具体措施，监督和促进各级地方政府发展少数民族教育。此外，中央政府还分别在 1951 年、1958 年、1981 年和 1992 年、2002 年召开了 5 次全国民族教育工作会议，了解民族教育的发展情况，总结各个时期发展民族教育的经验，制定和调整民族教育的发展方针。

第三，在教育经费上，中央政府通过各种途径和渠道，对少数民族教育的发展投入经费。中华人民共和国成立以后，中央政府除了从财政上给各少数民族地区划拨正常的教育经费外，还建立了民族教育专项经费，专门用于少数民族教育事业的发展。从 1985 年开始，中央政府每年拨出 1亿元普及小学教育专款，其中一半用于解决西部民族地区小学教育经费不足的问题；1990 年中央政府财政部每年安排 2000 万元专款作为少数民族地区发展教育的补助经费；1995 年，中央政府设立面向全国的"贫困地区义务教育工程"计有专款 39 亿元，其中针对少数民族聚居西部 9 省区的 22 亿元资金已经于 1998 年正式启动；1997 年，中央政府设立"国家义务教育助学金"，用于资助贫困家庭，尤其是用于解决少数民族儿童的失学和辍学问题。此外，中央政府还利用世界银行等外援项目以及"希望工程"等社会力量集资助学，以补充对民族地区教育经费的投入。由于各种原因，西北少数民族地区的教育经费投入主要来自中央财政，是民族教育发展的主要经费来源。

第四，在教育内容和教育形式上，中央政府根据各少数民族社会经济发展的实际情况和需要，要求使用民族语文教学，进行民族文字教材建设，并采取了灵活多样的办学形式。按照《中华人民共和国民族区域自治法》的规定，招收少数民族学生为主的学校，有条件的应当采用少数民族文字的课本，并用少数民族语言讲课；小学高年级或中学，设汉语课程，推广全国通用普通话。1981 年以后中央政府在有关省区设立民族文字教材编译出版机构以及三个跨省区的教材出版协作组织，目前，西北地区的新疆、青海、甘肃、宁夏等省区有语言文字的少数民族已经大部分有了用本民族文字编译和出版的教材。除了在民族地区设立常规的学校外，政府在少数民族的边远山区和牧区开办了一批寄宿制民族中小学，并在 1992 年发布的中央政府《关于加强民族教育工作若干问题的意见》中明确提出：民族教育在教育基础差的贫困山区、牧区，除办好寄宿制学校、民族班（校）外，还要办女童班、早晚班、隔日制学校、半日制学校等，在教育形式上通过多种方式解决少数民族教育发展中所存在的问题，以促进少数民族基础教育的普及和发展。

第五，实施"对口"支援，中央政府开展民族教育的"对口"支援，以利用内地的教育资源支持边疆地区尤其是少数民族的教育发展。中华人民共和国建立后不久，中央政府就开始实施对民族地区教育的"对口"支援，最早是对西藏，主要方式是从内地选派管理干部与教师到当地，在内地举办各种"西藏班"、"西藏中学"和西藏民族学院，这些措施后来又推广到新疆等民族地区。1993 年，中央政府教育委员会发布了《关于对全国 143 个少数民族贫困县实施教育扶贫的意见》，确定沿海地区的一些经济和教育比较发达的省市与选定的民族贫困县结成"一对一"的帮扶关系，从资金、仪器设备、教育行政干部和教师培训到办学经验交流等方面，支持边疆民族地区的教育事业。这些少数民族教育事业的发展，内地与边疆地区的交流有一定作用。①

上述这些措施在西北少数民族地区教育事业的发展方面也取得了成效。在 50 年间,西北少数民族的教育事业还是取得了一定成就。在中央和地方政府的共同努力下,西北地区的少数民族教育被纳入到整个国家教育体系之中,成为全国教育事业的一个组成部分;教育体系不断完善,教学层次日趋多样化,教学质量普遍提高,为经济发展和社会进步培养了人才。

三　西北地区民族现代教育的成就

在初级教育方面,各级政府在西北地区建立了多所民族小学,少数民族适龄儿童的入学率大幅度提高,文盲率下降。据统计,甘肃、青海、宁夏和新疆四省区在 1949 年只有 600 多所小学,在校生 5400 多人,少数民族儿童的平均入学率不足 3%,95% 以上的少数民族人口是文盲;1993 年上述地区的少数民族自治地方小学数量已经达到了 15152 所,在校学生共计 259.65 万人。② 到 1998 年,西北少数民族地区小学适龄儿童的入学率新疆是 96.74%,宁夏为 93.29%,青海是 96.99%,甘肃为 94.17%,平均入学率达到 95.3%。新疆在 1949 年时小学有 1335 所,少数民族在校生 18.24 万人,平均每万人中只有 457 人;1998 年全自治区小学有 6837 所,在校生有 250.27 万人,其中少数民族 174.39 万人,占 69.68%,平均每万人中有 1610.9 人,是 1949 年时的 4 倍,同时这一比例也超过了新疆少数民族人口占总人口的比重。③ 截至 1999 年底,全自治区已有 55 个县(市、区)实现"两基"(基本普及九年义务教育、基本扫除青壮年文盲),总人口为 917.39 万人,占自治

---

① 以上均参见图道多吉《民族教育的光辉历程》,收入国家民族事务委员会《中国民族工作五十年》编委会主编《中国民族工作五十年》,民族出版社 1999 年版,第 40～42 页。

② 参见李定仁、李瑾瑜、蔡宝来《西北少数民族基础教育发展对策研究》,《西北师范大学学报》(社会科学版) 1995 年第 6 期,第 51 页。

③ 参见阿布来提·阿不都热西提《五十年的沧桑巨变》,收入国家民族事务委员会《中国民族工作五十年》编委会主编《中国民族工作五十年》,民族出版社 1999 年版,第 117～118 页。

区总人口的 58.53%。① 宁夏 1949 年时回族文盲率达到了 99%，而 1997
年底全区青壮年文盲 10.5%；到 1998 年，全自治区有回民普通小学 77
所，回族适龄儿童入学率已经达到 92.12%，回族女童的入学率为
96.11%；有 12 个县、市（区）达到普及九年义务教育的标准，占全区
回族人口总数的 27.8%。青海在 1997 年时全省少数民族学龄儿童入学率
由 3.5% 上升到 84%；青壮年文盲由 95% 下降到 28%，其中果洛、黄南、
玉树等 5 个藏族自治州的学龄儿童入学率超过了全省的平均水平，民族地
区共青壮年脱离文盲。② 甘肃省的少数民族居住地区 1949 年 10 月前仅有
小学 302 所，有学生 1.72 万人，其中少数民族 4363 人，儿童入学率只有
5%；1998 年，少数民族居住地区已有小学 2510 所，学生 345412 人，与
1949 年相比分别增加了 8.3 倍和 100 倍。截至 1999 年，西北少数民族聚
居的西北四省区的民族自治地方小学教育的基本情况如下表：

省区	学校数（所）	在校学生数（万人）	招生数（万人）	毕业生数（万人）	教职工数	
					总数（万人）	专任教师数（万人）
甘肃	2472	36.59	7.77	3.54	1.57	1.53
青海	2548	32.55	4.99	3.2	3.95	3.77
宁夏	3460	65.82	11.66	9.94	3.6	3.41
新疆	6796	250.74	33.91	35.78	14.55	12.64
合计	15276	385.7	58.33	52.46	23.67	21.35

　　资料来源：国家民族事务委员会经济发展司、国家统计局国民经济综合统计司编《中国民族
统计年鉴》（2000），民族出版社 2000 年版。

　　在中学教育方面，随着九年制义务教育的普及，西北少数民族地区初
中教育已经铺开，高中阶段教育也有了较大程度的发展。新疆 1949 年只

---

　　① 参见刘宇生、张滨、刘晓庆编著《新疆概览》，新疆人民出版社 2001 年第 2 版，第
138 页。
　　② 参见《中国民族年鉴 1999》编委会编《中国民族年鉴 1999》（总第 5 期），辽宁民族出
版社 2000 年版，第 467~469 页。

有中学 9 所，到 1998 年时普通中学已经达到了 1763 所，为 1949 年的 200 倍，在校生 95.842 万人，其中少数民族 61.182 万人，为 1949 年的 335 倍；专任教师 6.9845 万人，其中少数民族 3.9361 万人，为 1949 年的 418 倍。[①] 截至 1998 年 10 月中旬，中学教育一直比较薄弱的宁夏也已经有 16 个县（市、区）实现普及九年义务教育，占全区规划的 94.1%，全区共有独立设置的少数民族普通中学 17 所。从 1989 年开始，宁夏还在 3 所自治区级的重点高中增设民族高中班，专门招收农村回族学生。[②] 青海省在 1949 年时仅有 1 所民族中学，到 1997 年底已经增至 109 所；针对民族地区的实际和特点，青海牧区办民族寄宿制中学、小学，在信仰伊斯兰教的回族、撒拉族地区，创办了 6 所回族、撒拉族女子中学。甘肃省的民族地区在 1949 年时没有专门的民族中学，全省仅有 5 所中学，在校学生 274 人，其中少数民族只有 38 人；1998 年全省民族地区普通中学已达到了 147 所，学生 73163 人，比 1949 年时增加了 1925 倍；1980 年以来，又先后在 9 个地、州市的 9 所重点中学开办"民族班"，累计招生 3594 名，其中高中班 2984 人，初中班 610 人，已考入大中专学校 1676 人。[③] 到 1999 年，西北少数民族聚居的四个省区的民族自治地方普通中学的基本情况如下表：

1999 年西北部分地区普通中学统计

省区	学校数（所）	在校学生数（人）	招生数（人）	毕业生数（人）	教职工数	
					总数（人）	专任教师数（人）
甘肃	138	82046	33244	18783	7059	5982
青海	276	116208	43066	32567	11768	8997
宁夏	432	294520	106005	86927	23510	19660
新疆	1725	1062380	399516	282486	91324	72195
合计	2571	1555154	581831	420763	133661	106834

---

　　①　参见阿不拉·艾买提《新疆少数民族教育辉煌的五十年》，《中国民族教育》1998 年第 6 期，第 19 页。

　　②　参见《中国民族年鉴 1999》编委会编《中国民族年鉴 1999》（总第 5 期），辽宁民族出版社 2000 年版，第 467~468 页。

　　③　参见国家民族事务委员会网站，http://www.seac.gov.cn/。

从 1949～1999 年的 50 年间，西北少数民族高等教育则经历了一个从无到有的发展过程，为社会输送了一大批少数民族高级专业人才，从而改变了西北少数民族高等教育的状况。1949 年新疆有 1 所高等学校，少数民族教师有 14 人，在校学生 379 人，其中少数民族学生 185 人，占全部学生总数的 48.81%，平均每万人口在校学生只有 0.9 人；1990 年全区高校有 21 所，经调整后到 1998 年有 17 所；1997 年全区高等院校共有在校学生 4.57 万人，其中少数民族学生 2.15 万人（占全部学生总数的 47.1%），比 1978 年增长了 3.47 倍，年平均增长 8.2%；每万人口拥有大学生由 1978 年的 8.3 人增加到 26.6 人，高于全国平均水平。1997 年，新疆大学通过国家"211"工程立项审核，正式进入全国重点建设的高校行列。1949 年 10 月前宁夏省还没有高等教育，1958 年 10 月宁夏回族自治区成立，宁夏师范学院、宁夏医学院、宁夏农学院 3 所高等学府也很快成立，从而结束了宁夏没有高等学校的历史；1978 年以后，宁夏的民族高等教育又有了长足的发展，1992 年成立了综合性普通民族高等院校——西北第二民族学院。到 1998 年宁夏回族自治区所属高校少数民族在校生已经达到 1805 人，占在校生的 19.2%；其中回族学生 1680 人，占 17.9%。截至 1999 年，宁夏有高校 5 所，在校生 13258 人。青海在 1949 年 10 月前高等教育还是一片空白，1957 年成立了青海民族学院，才结束了该省没有民族高等教育的历史；到 1997 年底，全省已有高校 4 所，其中民族高校 2 所，高校少数民族学生所占比例达到 45.38%，高于全省民族人口 42.8% 的比例。甘肃省在 1949 年时只有两所民族师范学校，在校少数民族学生 105 人；1950 年 8 月在兰州成立了中华人民共和国第一所民族高等院校——西北民族学院，1951 年招收本科生，1952 年开始招收研究生班，是全国培养少数民族高级人才的"重镇"。到 1998 年时，全省民族高校（含大专）已有 3 所。此外，在甘肃的大部分高等学校中都开办了"民族班"。仅从 1977～1998 年，甘肃省内外高校共招收甘肃省少数民族考生达到 13373 万人。[①] 到 1999 年，西北少数民族聚居的四个省区的少数民族高等教育的基本情况如下表：

---

① 参见国家民族事务委员会网站，http://www.seac.gov.cn/。

1999 年西北部分地区民族类高等学校统计

省区	学校数（所）	在校研究生数（人）	在校学生数（人）	招生数（人）	毕业生数（人）	教职工数	
						总数（人）	专任教师数（人）
甘肃	1		1279	443	364	287	159
青海	1		656	160	189	161	104
宁夏	5	137	13258	4487	2680	3962	1788
新疆	17	901	54959	19435	11657	17106	7516
合计	24	1038	70152	24525	14890	21516	9567

除普通高等学校之外，西北地区少数民族职业教育和成人教育，也是当地教育事业的重要组成部分，是促进各民族经济、社会发展和劳动就业的重要力量。在社会经济发展长期滞后的西北地区，职业教育和成人教育对于继承和发展民族特色经济、缓解就业压力、提高农牧民收入具有特殊的重要意义。西北少数民族地区多数的职业教育和成人教育也是在近 30年间发展起来的，教育体系初步完善，培养和造就了一大批掌握各种实用技术的少数民族人才。以新疆为例，1997 年新疆共有各类中等职业技术学校 320 所（比 1978 年增加了 232 所），在校学生 16.93 万人（比1978 年增长了 4.26 倍），中等职业技术学校招生数与普通高中招生数之比由 1978 年的 1：3.6 调整到 1：0.97，有工、农、林、医、师范、财经等近百个专业，初步形成了当地培养中、初级职业技术人才的教育网络。① 1998 年新疆有成人高校 27 所，在校生 51903 人，其中少数民族11876 人；成人中等专业学校 81 所，在校生 54894 人，其中少数民族13378 人；成人中学 23 所，在校生 25177 人，其中少数民族 19729 人；成人技术培训学校 3398 所，接受培训的达到 136 万人次，其中少数民族935509 人次；成人初等学校 729 所，接受培训 156541 人次，其中少数民族144000 人次。② 下表为 1999 年西北部分省区各类中学、中专、职校统计。

---

① 参见国家民族事务委员会网站，http：//www. seac. gov. cn/。

② 参见阿不拉·艾买提《新疆少数民族教育辉煌的五十年》，《中国民族教育》1996 年第 6 期。

（1）1999 年西北部分省区各类中等学校统计

省区	学校数（所）	在校学生数（人）	招生数（人）	毕业生数（人）	教职工数	
					总数（人）	专任教师数（人）
甘肃	165	87516	35201	20444	8209	6710
青海	301	124333	45678	36196	13053	9890
宁夏	492	327356	118837	95408	27816	22189
新疆	1954	1205677	454315	326430	110636	83022
合计	2912	1744882	654031	478478	159714	121811

（2）1999 年西北部分省区中等专业学校统计

省区	学校数（所）	在校学生数（人）	招生数（人）	毕业生数（人）	教职工数	
					总数（人）	专任教师数（人）
甘肃	11	3880	1297	1201	835	501
青海	13	4257	1100	2566	901	624
宁夏	25	16370	6003	4459	3043	1563
新疆	113	93426	35971	25118	13930	7229
合计	162	117933	44371	33344	18709	9917

（3）1999 年西北部分省区职业中学统计

省区	学校数（所）	在校学生数（人）	招生数（人）	毕业生数（人）	教职工数	
					总数（人）	专任教师数（人）
甘肃	16	1590	660	460	315	227
青海	12	3868	1512	1063	384	269
宁夏	35	16466	6829	4022	1263	966
新疆	116	49871	18828	18826	5382	3598
合计	179	71795	27829	24371	7344	5060

在"对口支援"方面，中央和内地高校在支援新疆方面较多。据统计，在 1989～2000 年的 10 年时间里，中央政府 24 个部（委）所属的 80 多所高等学校共招收新疆少数民族大学本专科学生 7000 人，定向培养研究生 640 名，培训教师和少数民族教育行政管理干部 860 多人，培养少数民族经济和企业管理干部 1400 多人。促进了新疆的教育事业发展和人才培养工作的开展。①

（4） 西北部分省区成人教育统计

省区	学校数（所）	在校学生数（万人）	招生数（万人）	毕业生数（万人）	教职工数	
					总数（人）	专任教师数（人）
甘肃	244	24.40	3.67	2.74	5600	200
青海	9	0.74	0.72	0.52	100	200
宁夏	5	0.64	0.24	0.16	700	400
新疆	3040	137.21	108.93	145.15	16900	7900
合计	3298	162.99	113.56	148.57	2330	8700

以上数据表明，经过近 50 年的发展，西北地区少数民族教育发生了彻底的改变，而且现代教育体系已经全面建立，一些少数民族地区的某些教育指标接近甚至超过全国平均水平。与全国其他民族地区一样，西北少数民族教育事业的发展取得了可观的成绩，但是在整体上仍然落后于全国其他地区，并在很大程度上严重制约了各民族经济的发展、社会的进步和生活水平的提高。有人指出："从宏观教育结构上看，西部民族教育存在着基础教育薄弱，中等职业教育落后，高等教育规模偏小的实际状况。各级各类学校办学条件差，受教育程度低，在普及九年义务教育、'两基'达标、就业人口及高层次人才比例等方面都明显低于东、中部地区，其办学思想、观念、模式以及教育质量和数量都不适应'西部大开发'的需要。"② 据中央政府教育部宣布，2000 年全国已经基本实现"普及九年义

① 根据中央政府教育部、国家民族事务委员会《内地高等学校支援新疆第四次协作会议纪要》，参见教育部 http://www.moe.edu.cn/edoas/website18/info1084.htm 公布的数据。

② 夏铸：《西部开发与民族教育的跨越式发展》，《中国民族教育》2003 年第 3 期。

务教育"，2002 年底"两基"人口覆盖率达到 91%。但西部的普及率并不高。西部地区人均受教育年限只有 6.7%，比全国平均水平低 1.3 个百分点；"两基"人口覆盖率仅 77%，低于全国 14 个百分点；15 岁以上文盲、半文盲人口占总人口比重 9%，高于全国 2.3 个百分点。截至 2002 年，西部地区仍有 410 个县（市、区）包括新疆生产建设兵团（中国一个特殊的集行政、军事、经济一体的机构）的 38 个团场，尚未实现"两基"，涉及 8300 多万人口，而这些人口又大多集中在少数民族地区。从西北少数民族地区的实际情况来看，基础教育的薄弱状况尤其严重，应该放在首要的位置上予以重点和优先发展。

第二节 "西部大开发"与西北地区少数民族教育事业的发展

一 西北民族教育的跨越式发展：总体规划与政策措施

1999 年 6 月，中共中央领导在发出"西部大开发"动员令的时候就强调指出：西部大开发，人才是关键。只有重点发展民族教育，提高各民族人民的文化素质，培养西部大开发所需的各种人才，才能保证"西部大开发"各项战略目标的顺利实现。"西部大开发"为西北少数民族教育的发展提供了一个新的机遇。作为"西部大开发"的重要组成部分，中央政府和西北各省区地方政府首先从政策上采取了各种措施进一步发展少数民族的教育事业。

2000 年 4 月 26 日，中共中央办公厅和国务院下发了《关于推动东西部地区学校对口支援工作的通知》，决定在继续实施"国家贫困地区义务教育工程"的基础上有针对性地正式启动"东部地区学校对口支援西部贫困地区学校工程"和"西部大中城市学校对口支援本省（自治区、直辖市）贫困地区学校工程"，以加快西部地区尤其是少数民族地区的教育发展速度。此前的 2000 年 3 月，为了贯彻中央关于"西部大开发"的战略决策，中央政府教育部制定了如下 10 条措施，进一步加快西部教育的

发展和改革①:

　　第一,加大国家扶持力度,加快西部地区基础教育发展。在过去两年中央财政已拨付出 16 亿元支持西部地区义务教育的基础上,2000 年再增拨 8 亿元,进一步加大对西部贫困地区和少数民族地区的扶持力度。同时,继续利用"世界银行"贷款及国际组织捐款等支持西部地区改善中小学条件。

　　第二,在全国开展支援西部中小学的"对口扶贫支教工程"。该工程周期 2~3 年,将在东部每个发达省市选择 100 所左右条件较好的学校,"对口支援"西部每个省区贫困地区 100 所左右的学校。组织西部地区大、中城市的中小学对口支援本省区内的贫困地区中小学。这项活动以后还要扩大到中等职业技术学校。

　　第三,重点建设西部地区远程教育体系,使该地区教育实现跨越式发展。加快实施"西部教育科研网扩展工程",特别是大规模建设 CERNET 省级网,为西部地区所有的高校、主要的中专和中小学以及少数民族地区重点扶持的学校联网创造条件,逐步构成西部远程教育的网络体系;实施"西部高校校园网计划",用 3 年左右时间推进西部高校校园网的建设、完善和升级;实施"部分中小学网络示范工程",使西部中小学能够利用远程教育手段提高教育质量。

　　第四,努力提高西部地区中小学教师、校长素质。继续实施"21 世纪民族贫困地区中小学教师综合素质培训计划"、实施"百万中小学校长培训计划",在普遍培训一次西部地区中小学校长的基础上,进一步加大对西部地区中小学教师的培训力度。为此,教育部设立了第一远程教育扶贫项目"明天女教师培训计划",拟培训西部地区 1000 名乡、镇中小学教师。

　　第五,加强西部高等学校建设力度,促进高等教育的相对均衡发展。一是继续建设好由西北农业大学、西北林学院等 7 家办学、研究机构合并组建的西北农林科技大学,二是将西安交通大学建设成为世界知名的高水平大学,三是加大对兰州大学、四川大学、重庆大学等其他西部重点大学的建设支持力度。另外,将采取"倾斜政策",加快"西部大开发"急需

---

①　源自中国教育部万维网新闻,2000 年 3 月 14 日。

的本科专业、硕士点、博士点建设，加大高层次人才培养力度，并组织东部地区条件较好的大学通过多种方式"对口支援"西部的大学，同时扩大东、中部地区高校在西部地区的招生规模。

第六，办好内地"西藏班"、内地高等学校"少数民族预科班"和"新疆班"，开办内地"新疆高中班"。2000 年将拨款 2000 万元，改善内地"西藏班"条件。内地高等学校"新疆民族班"，今后 5 年将扩大规模，每年招收 1000 人。从 2000 年开始，在北京、上海等 12 个发达城市，开办内地"新疆高中班"，国家拨款 8700 多万元予以扶持。

第七，采取切实措施，鼓励、吸引高层次人才在西部创业。继续充分利用"春晖计划"、"长江学者计划"等措施，推动在海外的中国留学人员特别是其中的尖子人才参加"西部大开发"，鼓励、支持他们在西部创业。

第八，充分发挥高等学校学科综合优势和研究力量的作用，加大对西部大开发的智力支持力度。组织全国高等学校专家、学者研究制定在科学研究、科技开发、创办高新技术产业等方面支持"西部大开发"的规划和措施。

第九，推动西部地区教育行政部门和学校领导干部的交流，加快西部地区的教育改革。加强和扩大对西部行政领导干部与学校领导干部的培训，通过组织西部地区教育行政部门和学校领导干部到东部地区参观访问、挂职见习及举办研讨会，促进西部地区教育行政部门领导干部转变观念，吸收东部地区教育改革和发展的经验。

第十，把西部教育摆在"十五"教育规划的重要位置。通过全面深入研究"西部大开发"战略对教育的要求，研究促进西部地区教育发展的优惠措施，加快西部教育改革和发展的规划、政策措施及其实施步骤的研究，尽快缩小东、西部地区教育发展水平的差距。

2000 年 10 月 26 日，国务院在《关于实施西部大开发若干政策措施的通知》中明确指出：中央政府将对西部地区"增加教育投入。继续实施贫困地区义务教育工程，加大国家对西部地区义务教育的支持力度，增加资金投入，努力加快实现九年义务教育。对西部地区高等学校建设予以支持，扩大东、中部地区高校在西部地区的招生规模。加大实施东部地区学校'对口支援西部贫困地区学校工程'以及西部地区大中城市学校'对口支援农村贫困地区学校工程’的力度。建设西部地区远程教育体系。加强对农村基层干部和农民的科学文化知识教育培训”①。

　　2002 年 7 月，国务院又专门制定并发出了《关于深化改革加快发展民族教育的决定》，对全国民族教育工作的指导思想、目标任务、基本方针和原则，以及加快发展民族教育的政策措施，提出了新的要求；明确要求在“十五”期间，“民族自治地方要在巩固‘两基’的基础上，把实现‘两基’的县级行政区划单位从 2001 年的 51% 提高到 70% 以上，在 95% 的地区基本普及小学阶段义务教育；确保少数民族散居地区民族教育优先或与当地教育同步发展；确保高中阶段在校生有显著增长。到 2010 年，民族地区全面实现‘两基’，办学条件进一步改善，形成具有中国特色、适应 21 世纪信息化和现代化建设需要、充满生机活力、较为完善的民族教育体系”。与此同时，第五次全国民族教育工作会议也在北京召开，时任国务院副总理李岚清明确要求各有关部门共同关心和支持民族教育的改革与发展，“通过转移支付、专项资金、生活补助、对口支援等措施，切实加大对民族教育的投入”。中央政府教育部时任部长陈至立在大会上代表教育部和国家民族事务委员会提出了八项具体的政策措施：“首先要大力加快‘两基’步伐，促进各级各类教育健康、协调发展；二是要大力加强教师队伍建设，将其‘摆在优先位置’；三是要大力推进民族中小学‘双语’教学工作，在民族中小学逐步形成民族语和汉语教学的课程体系，条件成熟的地区应开设一门外语课；四是运用现代化手段，大力开发推广使用适合民族地区需要的教学光盘，有重点地发展现代远程教育，建立县级远程教育教学中心和乡级教育电视收视点；五是针对目前中国民族教育办学主体单一的状况，要改革办学体制，增强办学活力；六是要大力加强对民族教育的支援；七是要加大对民族教育的投入，‘十五’时期，中央财政设立的‘国家贫困地区义务教育工程’、‘国家农村中小学危房改造工程’等多项工程专款，国际组织的教育贷款、海外和港澳台的教育捐款等都将重点投向少数民族和西部地区，地方本级财政教育经费的支出要切实做到‘三个增长’；八是要在各级各类学校教育中，有重点、分

---

① 参见《中国民族年鉴》编委会《中国民族年鉴（2001）》，北京，2002 年 9 月，第 9 页。

层次、有针对性地大力加强民族团结教育。"① 其中第四条以远程教育为主的现代化教育手段的推行，成为"西部大开发"以来西北少数民族教育发展的一大亮点。

2002 年 8 月，国家民族事务委员会和教育部又联合发布了《关于加快少数民族和民族地区职业教育改革和发展的意见》，"明确提出要逐步建立起能适应民族地区经济、社会发展需要的民族职业教育体系，到 2005 年，使民族地区各类中等职业学校招生数和在校学生数占高中阶段学生数的比例达到 50% 左右。到 2005 年，县级以上各级人民政府应兴办一批骨干示范性中等职业学校，一般每个县（旗）应首先办好一所。对中等职业学校农、林、牧等专业的学生实行'宽进严出'政策，凡取得初中毕业文凭者，可不限年龄免试入学，学习期满，考试合格者发给中等职业学校毕业证书"②。

根据以往开办的内地"西藏班"的经验，中央政府于 2000 年开始举办内地"新疆班"，并制定了一系列实施条例；在内地高校"对口支援"新疆高等学校的基础上，中央教育部又在 2000 年 1 月印发了《关于内地有关城市开办新疆高中班的实施意见》，决定在北京、上海、天津、南京、杭州、广州、深圳、大连、青岛、宁波、苏州、无锡等 12 个城市开办内地"新疆高中班"（学制 4 年，其中预科 1 年），从 2000 年秋季开始每年招收新疆维吾尔自治区应届初中毕业生 1000 人，按每班 40 人计，每年共办 25 个教学班；在校生总规模 4000 人，100 个教学班。

2002 年《中国少数民族教育条例》进入起草阶段，将民族教育逐步纳入法制化的轨道；《中国少数民族汉语水平等级考试大纲（三级)》和题库完成，并于 2003 年开始使用，促进了各少数民族汉语水平的提高。2003 年 7 月 11 日至 8 月 15 日，中央教育部专门委托新疆维吾尔自治区教育厅和自治区民族语言工作委员会，在新疆教育学院举办了为期 35 天的少数民族中小学汉语课骨干教师普通话培训班。此次培训对象为新疆和田、喀什、阿克苏、克孜勒苏四地州中小学从事汉语教学的少数民族骨干教师，学员以维吾尔族为主，并有少量柯尔克孜族和塔吉克族。其中初中

① 《中国民族年鉴》编委会：《中国民族年鉴（2003）》，北京，2003 年 12 月，第 189 页。

② 同上书，第 190 页。

汉语课教师 40 人,小学汉语课教师 40 人。培训内容包括政治思想理论、教师职业道德、普通话知识及技能训练等,共 210 课时。学员们的普通话使用有了明显改善,在汉语知识和普通话口语交际能力方面有所提高。①

在高层次人才培养方面,中央政府教育部等五部委在 2004 年联合制定了《关于大力培养少数民族高层次骨干人才的意见》,决定从 2005 年起将先选择部分中央部委所属院校试点招生 2500 人,力争在 2007 年达到年招生 5000 人、在校生总数 1.5 万人的规模,从而培养具有较高科学人文素质和创新能力的少数民族高层次骨干人才,为民族团结进步事业和少数民族地区全面建设"小康社会"的实现提供人才和智力支撑。②

2000 年以后,西部地区以"普九"和"两基"为主的基础教育成为国家实施"西部大开发"战略的重点。2003 年 12 月 30 日,国务院总理温家宝主持召开国家科教领导小组会议,审议通过了教育部、国家发改委、财政部、国务院"西部开发办公室"制定的《国家西部地区"两基"攻坚计划(2004~2007 年)》,同时决定成立国家西部地区"两基"攻坚领导小组;攻坚计划在 2004 年 2 月由国务院办公厅转发下达。2004 年 4 月,西部各省、自治区、直辖市"两基"攻坚领导小组及办公室等工作机构相继成立,并于 5 月向国家"两基"攻坚办报送了本地"两基"攻坚实施规划。2004 年 7 月 5 日,国家西部地区"两基"攻坚领导小组在北京举行国家西部地区"两基"攻坚责任书签署仪式,教育部、国家发改委、财政部分别与西部 12 个省、自治区、直辖市和新疆生产建设兵团签署责任书(见下页)。③

二 成效:地方与中央的互动式发展

西北少数民族聚居的主要四个省区也积极响应中央的号召,制定各种措施和政策发展各少数民族的教育事业。

① 参见《中国教育年鉴》编辑部编撰《中国教育年鉴(2003)》,http://www.moe.edu.cn/edoas/website18/info5352.htm。

② 同上。

③ http://www.edu.cn/20041222/3124990.shtml.

西北部分省区"两基"攻坚计划责任书有关指标汇总

序号	省份	2007年"两基"人口覆盖率（%）	2007年初中毛入学率（%）	2007年青壮年文盲率（%）	2003～2007年拟实现"两基"达标的县数（个）	中央专款（亿元）	省级专款（亿元）	省级预算内教育经费支出占财政支出的比例（%）	"两免一补"受益比例（%）	小学教师学历合格率（%）	初中教师学历合格率（%）
1	甘肃	94.79	90.00	4.69	20	8.0	0.60	20.50	100.00	95.77	89.10
2	宁夏	100.00	98.00	5.00	8	3.5	0.54	17.63	85.71	99.10	95.40
3	新疆	100.00	96.10	1.20	28	6.8	1.584	17.92	70.49	98.80	97.00
4	青海	93.50	92.50	5.00	18	4.5	1.328	16.00	90.93	100.00	95.00

　　宁夏在《宁夏回族自治区实施西部大开发战略的思路和构想》中提出:"坚持教育优先发展战略,推进教育产业化。高等教育以提高质量和效益为重点,中等教育以优化结构、发展职业教育为重点,大幅度提高高中、高等教育入学率。积极鼓励社会各界投资兴办各类学校,进一步改善办学条件。各学校要实现资源共享。到 2005 年,城市和经济条件好的市县基本普及高中阶段教育,普通高校学生达到 3 万人。"① 2002 年 1 月 1 日,《宁夏回族自治区民族教育条例》开始实施。从 2001 年起,宁夏开始每年筹措 1000 万元资金,用 5 年时间建成 100 所达到全区先进水平的标准化回民中小学。②

　　青海省在 2001 年提出,"未来五年,全省'普九'人口覆盖率达到85%,适龄儿童入学率达到 95%。与此相适应,小学、初中、高中教师学历合格率分别达到 98%、90% 和 70%,80% 的中小学基本普及信息技术教育"③。该省在制定的民族教育改革和发展规划中,将用 5～10 年的时间全面实施"现代远程教育工程"④;"十五"期间将进一步调整全省农牧区中小学布局,以优化教育资源配置,实现规模效益,重点规划和建设县镇中小学、农村初级中学、乡中心"完小"和牧区乡寄宿制学校。对人口稀少、居住分散的地区,以乡为单位或分片办"九年一贯制"学校;对学校规模偏小,有条件的牧区,采取将民族小学和民族中学合并为"九年一贯制"学校,或将普通中小学和民族中小学合并办校。同时,合理调整高中布局,合并规模偏小、布局不合理的高中。牧区人口少的县高中尽可能集中在州所在地举办,或在西宁市、海东地区等条件较好的地区举办高中班。⑤

　　甘肃省提出,到 2005 年"全省 90% 的地区要基本普及九年义务教育,基本扫除青壮年文盲,小学在校生达到 320 万人,初中在校生达到130 万人,初中入学率达到 85% 以上";还要加大对少数民族基础教育的扶持力度,利用广播、电视、互联网、卫星通信等多种方式,推动基础教

---

　　①　《中国民族年鉴》编委会:《中国民族年鉴(2001)》,北京,2002 年 9 月,第 20 页。

　　②　《中国民族年鉴》编委会:《中国民族年鉴(2003)》,北京,2003 年 12 月,第 190 页。

　　③　《中国民族年鉴》编委会:《中国民族年鉴(2002)》,北京,2003 年 5 月,第 150 页。

　　④　《中国民族年鉴》编委会:《中国民族年鉴(2003)》,北京,2003 年 12 月,第 190 页。

　　⑤　参见周虹艳《青海加快农牧区布局调整》,《中国教育报》2002 年 8 月 13 日。

育的现代化。①

　　新疆则在《西部大开发——新疆维吾尔自治区开发规划》中提出，要在 21 世纪前 10 年完成七大教育工程，即研究生教育工程、高校基础设施建设工程、义务教育工程、职业技术教育工程、教育科技园区工程、远程教育工程和园丁工程，并明确在开办内地少数民族大学、大专和高中班的基础上还要增开新疆少数民族初中班，大力推行少数民族"双语班"（汉语与相关的少数民族语言）②；争取用 3～5 年时间实现从小学一年级开始开设汉语课，再争取用 5 年左右时间基本实现少数民族学校数理化用汉语授课。③ 自治区政府在 2003 年要求全区农村普通中学和小学高年级学校，因地制宜地开设职业教育课程，并在"普九"困难较大的边远贫困地区，发展多种形式的初等职业教育，开展各种实用技术培训。④ 2002 年，自治区教育厅制定了《资助内地普通高校新疆少数民族特殊困难学生暂行办法》。《办法》规定：从 2002 年开始，对内地普通高校在新疆招收的普通高等教育本、专科少数民族学生（包括预科生）中有特殊困难，难以维持正常学习与生活者予以资助。资助标准分三个等级。一等 4800元/年，二等 4000 元/年，三等 3500 元/年。⑤ 2001 年中央政府实施免费发放教科书工作，为此中央财政共安排教科书专项经费 2400 万元，同时安排义务教育助学金 6000 万元，主要用于帮助新疆未实现"普九"地区的贫困生完成九年义务教育。2002 年 8 月，中央政府和自治区联合启动实施了边远贫困地区免费义务教育工作，使自治区以南疆 4 地州为主的56 个贫困县、边境县的 205 万名各族学生享受到"免费义务教育"，遏制了农牧区中小学生辍学现象。

　　在"西部大开发"形势的促进及中央和全国其他地区各项政策的保障、支持和人力、物力、财力的支援下，西北地区少数民族的各项教育事业在短短的几年时间里成效显著。

---

① 《中国民族年鉴》编委会：《中国民族年鉴（2002）》，北京，2003 年 5 月，第 150 页。
② 参见《中国民族年鉴》编委会《中国民族年鉴（2001）》，北京，2002 年 9 月，第 27 页。
③ 《中国民族年鉴》编委会：《中国民族年鉴（2003）》，北京，2003 年 12 月，第 190 页。
④ 参见《新疆农村中小学将开始职教课》，《中国教育报》2003 年 9 月 19 日。
⑤ 参见《中国教育年鉴》编辑部编撰：《中国教育年鉴（2003）》，http：//www. moe. edu. cn/edoas/website18/info8312. htm。

　　宁夏回族自治区政府采取一系列措施发展民族教育，先后举办了一批以寄宿制为主的回民中小学、民族高中、民族职业学校，设立了宁夏高校民族预科部。针对回族女童入学率低的问题，在回族聚居区的 296 所中小学推广了女童教育经验；优化女童社会、家庭和学校教育环境，为解决民族贫困地区农村女童入学率低的问题寻找新路径。2002 年，自治区教育厅通过举办回民中小学、民族高中班、民族预科班等一系列政策措施，落实《宁夏回族自治区民族教育条例》，提高了少数民族学生的入学率。2002 年，全区有民族高校 1 所，民族中专 2 所，回民中学 21 所，回民小学 101 所。全区各级各类学校回族在校生 35 万多人，占在校生总数的29.4%；其中回族小学生 26 万人，占 39%；中学生 8.4 万人，占23.5%。回族儿童少年入学率达到 94.46%。建立了从基础教育到中、高等教育的办学体系。① 2003 年底，全区初中毕业生升入高中阶段的升学率达到 70.44%，高于全国平均水平 12 个百分点，全区每万人中普通高中在校生数量位居全国第三。2003 年中职、高职招生出现大幅回升局面，全区中职（普通中专、职高）招生 14305 人，比 2002 年增加 2733 人，增幅 23.62%；高职招生比 2002 年增长了 36.3%，均高于全国平均增长速度，成为民族教育发展新的增长点。由于扩大了银川第一中学、固原第一中学等优质高中学校的规模，实现了六盘山高中首批向自治区南部山区招生 600 名的目标，全区普通高中回族学生招生比例比上年增长 25%。新建成的 24 所标准化回民中小学回族学生平均比例达到 67%。全区高校的民族预科部在校生比上年增长了 12.4%，达到 860 人，高校扩招后回族学生的录取比例达到 30%。全区各级各类学校学生中，少数民族学生的比例达到 34.7%。② 到 2004 年底，这一比例又上升到 34.85%，高于全区人口回族所占 34%，全自治区有独立设置的少数民族中小学达到 217 所，各级各类学校中少数民族学生占学生总数的比例已略高于人口自然比例，其中小学达到 40.92%、初中达到 29.42%、高中达到 23.27%。③

　　2002 年，甘肃省有 2 个民族自治州和 5 个民族自治县，共有小学

---

　　①　参见《中国教育年鉴》编辑部编撰《中国教育年鉴（2003）》，http：//www. moe. edu. cn/edoas/website18/info8311. htm。

　　②　参见宁夏教育信息网，http：//www. nxedu. com/tools/jlhz/200411991743. htm。

　　③　《中国教育报》2005 年 1 月 12 日。

2184 所，学生 39.44 万人，专任教师 1.53 万人；学龄儿童入学率95.8%，女童入学率95%；普通中学209所，初中在校生9.15万人，高中在校生2.44万人，专任教师6986人；职业中学20所，在校生1851人，专任教师268人；中等专业学校10所，在校生5091人，专任教师558人。教师学历合格率分别为：小学94.27%，初中83.54%，高中40.51%。与上年相比，小学学校合并了38所，在校生增加8979人。学龄儿童入学率提高1.44个百分点，女童入学率提高2.1个百分点，专任教师增加543人。普通中学增加2所，在校生增加1.26万人，专任教师增加323人。中等专业学校在校生增加1341人，专任教师增加51人。小学专任教师学历合格率提高1.59个百分点，初中专任教师学历合格率提高1.84个百分点。省教育厅继续把民族地区的"普九"作为工作的重点和难点，到2002年底，民族地区已有4个县普及了九年义务教育，普九人口覆盖率达到8.3%。18个县普及了初等义务教育，普初的人口覆盖率达到83.4%。2002年，全省"两基"的重点和难点主要集中在甘南藏族自治州和临夏回族自治州。两州都把普及义务教育放在首要位置，重点放在提高入学率上。甘南藏族自治州学龄儿童入学率达到96.79%，女童入学率95.4%，藏族儿童入学率95.15%；临夏回族自治州学龄儿童入学率94.74%，女童入学率94.22%，少数民族儿童入学率94.5%。[①]

在新疆，截至2003年底，全区小学学龄儿童入学率达到98.34%，其中少数民族为97.3%，比1998年前提高十多个百分点；全区初中适龄儿童入学率达到83.80%，其中少数民族为81.5%。[②] 经过一期、二期"国家贫困地区义务教育工程"和"中小学危房改造工程"（1997～2003年）的实施，全区已有65个县（市、区）基本普及九年义务教育。到2004年11月底，新疆已有71个县（市）、区实现了"两基"目标，全区"普九"人口覆盖率已达71.97%。[③] 按照规划，到2007年区内未实现"两基"的28个县市要全部实现"两基"目标。到时全区初中生入学率要达到90%以上，小学生入学率要达到98%以上，小学生、初中生辍学

---

① 参见《中国教育年鉴》编辑部编撰《中国教育年鉴（2003）》，http://www.moe.edu.cn/edoas/website18/info8299.htm。

② 参见《中国教育报》2004年10月27日。

③ 参见《中国教育报》2004年11月29日。

率分别控制在 1.5% 和 3% 以下，青壮年复盲率要控制在 5% 以下。① 从 2001 年开始，中央政府在西部地区实施免费发放教科书的工作，使西北少数民族基础教育的发展受益。这一年，中央财政安排 8400 万元；2003 年国家又与新疆合力启动了边远贫困地区免费义务教育工程，中央财政提供 1.4 亿元为南疆 4 地州的 56 个贫困县、边境县的 205 万名各族学生免费供应课本，自治区财政也拨出 500 万元用于这些地区学生的学杂费，从而部分解决了长期困扰南疆农村教育的一些难题。据统计，截至 2004 年 10 月，这些地区农村中小学适龄儿童入学率、在校学生的巩固率均在 99.5% 以上，而同期全自治区少数民族学龄儿童的入学率也因此提高到 97.3%，比 1998 年提高了十多个百分点。②

在"对口支援"新疆少数民族教育方面也取得突破性的进展。2002 年 4 月，中央政府教育部、国家计委和财政部颁布了《关于扩大内地新疆高中班招生规模的通知》，决定将内地"新疆高中班"的规模从 2001 年的 1000 人扩大到 2002 年的 1500 人，实际招生人数则达到了 1540 人；国家和各地方政府设立专门的管理机构，并从基建、设备、图书资料等方面保证了扩招的需要。有关详细情况请参见下页表:③

2004 年，首批入学的 1000 名内地"新疆高中班"的少数民族学生已经完成学业，部分毕业生通过高考被录取到有关高校继续深造。根据新疆发展的需要，内地"新疆班"的招生规模继续扩大，2004 年招生人数扩大到 5000 人，共扩招 87 个班、3460 人。扩招后内地"新疆高中班"在校生总规模达到 500 个班、20000 人。④ 由于这些内地"新疆高中班"依托的都是当地的重点中学，教学质量得到了有效的保证。如北京潞河中学"新疆高中班"学生入学测试，五科平均只有 260 分，优秀率、及格率分别只有 2.5%、24%。经过一年预科学习后，经参加北京市通州区初三毕

---

① 参见新华网公布的数字。
② 王慧敏:《新疆少数民族基础教育条件改善》，载《人民日报》2004 年 10 月 17 日第一版。
③ 《中国民族年鉴》编委会:《中国民族年鉴（2003）》，北京，2003 年 12 月，第 195 页。
④ 参见李东成《坚持科学发展观，实现民族教育跨越式发展》，《中国民族教育》2004 年第 3 期。

业统一考试，六科平均达到 446 分，优秀率、及格率分别提高到 11%、90%。①

内地"新疆高中班"扩招任务名额分配

招生学校	在校规模原招生数（人）	扩招数（人）	年招生规模（人）	在校生数（人）	班数（个）
合计	1000	540	1540	6160	148
北京 通州区潞河中学	80	45	125	500	12
上海 上海七宝中学	80	45	125	500	12
天津 天津市第五中学	80	45	125	500	12
江苏 南京江浦县中学	80	45	125	500	12
浙江 杭州师院附属三墩高级中学	80	45	125	500	12
广东 广州市第六中学	40	0	40	160	4
广东 广州广雅中学	40	45	85	660	8
广东 深圳宝安区松冈中学	120	45	165	500	16
辽宁 大连市第二十二中学	80	45	125	500	12
山东 青岛高科园第二中学	80	45	125	500	12
浙江 宁波中学	80	45	125	500	12
江苏 苏州新区第一中学	80	45	125	500	12
江苏 无锡市青山中学	80	45	125	500	12

青海也在辽宁省和本省西宁市等有关重点中学举办了 11 个民族高中班，在校生达 600 多人；同时，还在青海民族学院预科部举办了青海民族高级中学。② 2002 年，青海省有 100 所中小学和 10 所职业中学与辽宁省的学校结成对子，有 40 名中学教师到辽宁培训，34 名教育管理人员到辽宁挂职锻炼，辽宁省组织了 6 名特级教师来青海义务讲学。在省内外举办了 11 个民族高中班、2 个"宏志班"（以品质学业优良而生活困难的学生为主设立的专门班级），面向民族地区招生 700 多名；选送了一批品学兼优、家庭贫困的应届初中毕业生赴内地学习，青海民族学院选送了 20 名

① 参见《中国教育年鉴》编辑部编撰《中国教育年鉴（2002）》，http：//www. moe. edu. cn/edoas/website18/info7003. htm。

② 参见《中国教育年鉴》编辑部编撰《中国教育年鉴（2003）》，http：//www. moe. edu. cn/edoas/website18/info5707. htm。

新生到吉林艺术学院等四所高校代培，利用优质资源以期提升民族教育质量。①

　　甘肃则充分利用本省和省际间的教育协作，重点做好民族语文教师的培训工作：2002 年天津师范大学继续免费为甘肃省 18 个贫困县和少数民族贫困县定向招收 36 名学生。第一届毕业生大多已回到甘肃工作。同时，在兰州的西北师范大学举办了民族地区专科起点升本科班，招收 50 名民族地区教师，从中选出汉语言专业的 25 名教师赴天津师范大学进行培养培训（免费）。此外，该省还与内蒙古自治区、新疆维吾尔自治区开展教育协作。内蒙古自治区为甘肃对等培养蒙古语文授课的本科生 6 名；新疆维吾尔自治区为甘肃对等培养用哈萨克语文授课的本科生 4 名；青海师范大学为甘肃对等培养藏语文理科生 10 名，同时培养藏语文师资。②

　　2002 年 4 月，中央政府教育部就"对口支援"新疆高等示范教育发出专门通知，决定安排上海的华东师范大学支援新疆师范大学，长春的东北师范大学支援伊犁师范学院，武汉的华中师范大学支援喀什师范学院。"对口支援"年限暂定 2002～2005 年。"对口支援"协议主要内容有：内地学校以单独考试方式为新疆学校代培研究生；进行教师短期培训、单科进修以及接受访问学者；为优秀学生提供借读；对有关课程体系与教学内容改革给予指导和支持；选派骨干教师到新疆讲学；对重点学科、重点课程建设和硕士学位点申报予以指导和支持；合作开展科学研究等。③ 这一措施提高了新疆高等师范教育师资队伍水平。2001 年底，中央政府和自治区计划投入 7600 万元，用于新疆汉语教师的培养和培训，预计总人数为 6000 余人。该方案于 2003 年 10 月正式启动。同时，新疆还实施了 2003 年少数民族"双语"骨干教师赴内地培训实习项目，首批 200 名少数民族理科教师已赴南京培训实习。④ 此外，中央政府部委所属高校等单

---

① 参见《中国教育年鉴》编辑部编撰《中国教育年鉴（2003）》，http：//www. moe. edu. cn/edoas/website18/info8310. htm。

② 参见《中国教育年鉴》编辑部编撰《中国教育年鉴（2003）》，http：//www. moe. edu. cn/edoas/website18/info8299. htm。

③ 参见《中国教育年鉴》编辑部编撰《中国教育年鉴（2003）》，http：//www. moe. edu. cn/edoas/website18/info8312. htm。

④ 《中国教育报》2004 年 11 月 24 日。

位 2005 年起将面向西部 11 个省区市、享受"西部政策"待遇的民族自治地方、需要特别支持的少数民族散杂居地区以及内地"西藏班"、"新疆班"，按照"定向招生、定向培养、定向就业"的要求，采取"统一考试、适当降低录取分数"等特殊政策措施招收研究生，以培养少数民族高层次骨干人才。2005 年将试点招生 2500 人。①

1998 年实施"西部大开发"以来，中央政府根据西部民族地区的生产和生活特点以及以往的经验，将建设寄宿制学校作为西部地区实现"两基"的一个重要环节，继续加大寄宿制学校的建设力度。为保证到 2007 年西部地区实现基本普及九年义务教育和基本扫除青壮年文盲的目标，2004 年启动了中央政府教育部、国家发改委、财政部共同实施的"农村寄宿制学校建设工程"，用 4 年左右的时间新建、改扩建一批以农村初中为主的寄宿制学校，解决好西部未"普九"地区新增 130 万初中学生和 20 万小学生最基本的学习、生活条件。2004 年中央投入专项资金 30 亿元，工程项目共涵盖 23 个省区市和新疆生产建设兵团、628 个县、2364 所学校，新建和改扩建校舍面积将达 454.9 万平方米。② 该工程项目 2004 年分配给青海省专项资金 4.5 亿元，该省利用这笔资金于 2005 年在海晏、祁连、同仁、尖扎、循化、化隆、共和、贵南、都兰 9 个县实现"两基"，使全省"两基"人口覆盖率达到 86.8% 以上，青壮年非文盲率达到 93%。③ 2000 年青海纯牧区少数民族儿童入学率还只有 70.33%，到 2004 年这一比例已经提高到 93.35%。同时，中央政府于 2004 年在新疆投入了 6.8 亿元，新建一批以农村初中为主的寄宿制学校，扩大自治区 25 个县的义务教育规模，让边远农牧区的孩子"进得来、留得住、学得好"④。甘肃省在 2002 年由省教育厅、省青年联合会与新西兰国际人力资源有限公司共同组织实施了甘肃省少数民族牧区寄宿制学校校长培训项目。主要培训民族地区寄宿制小学校长，让他们学习新的教育理念、管理方法，组织课堂教学和评估，提高牧区寄宿制小学的管理水平。由新西兰

---

① 参见新华网北京 7 月 26 日电（记者吕诺）。

② 《人民日报》2004 年 12 月 14 日。

③ 新华网青海频道西宁 12 月 21 日电。

④ 蒋而夫：《国家支持新疆 6.8 亿建农村寄宿制学校》，《中国民族报》2004 年 4 月 20 日第 7 版。

教育专家和省内专家集中培训 24 天。来自全省牧区 10 个县的 30 名校长参加了培训。①

总之,1998 年开展"西部大开发"以来,中央政府和西北各省区前所未有地通过各种方式和途径加大了对少数民族教育的政策倾斜、人力和物力的投入与基础设施建设,且带有明显的针对性,从制度上和法律上进一步规范了民族教育,从而改善了西北少数民族教育的办学条件,完善了教育体系,也提高了办学水平,促进了少数民族教育手段向现代化迈进。尽管这样,对于教育事业发展比较滞后的西北少数民族而言,长期困扰民族教育的一些历史遗留问题依然存在,还出现了很多新的问题,今后发展的道路还很长。

第三节 西北地区少数民族教育发展的政策与途径选择

一 总体思考:方针与政策

按照中央政府制定的战略规划,中国"西部大开发"的主要内容包括以下四个方面,即加强基础设施建设、调整产业结构、治理生态环境、实施"科教兴国"战略。从 5 年实施的情况看,"西部大开发"的基础设施建设投入比重最大,见效显著。据统计,5 年来中央财政性建设资金用于"西部大开发"约 3600 多亿元;中央政府在西部地区新开工了 50 项重点项目,投资总规模 7300 多亿元,其中基础设施建设重点项目已完成投资 2000 多亿元。以生态环境建设、"西气东输"、"西电东送"、"南水北调"西线、青藏铁路为主的 5 个重大工程和其他基础设施工程的起步,为西部的更大规模开发提供了基础。"1999～2003 年在 GDP、人均 GDP以及固定资产投资三项指标的增长率上,中国西部的数据都稍稍高过全国

---

① 参见《中国教育年鉴》编辑部编撰《中国教育年鉴(2003)》,http://www.moe.edu.cn/edoas/website18/info8299.htm。

平均值,这表明西部正在逐渐追赶东部。"① 在"西部大开发"战略的推动下,西部的发展速度尽管加快,但是东部发展得更快,以至于东西部之间的差距不仅没有缩小,反而在继续扩大并进一步加大。据统计,在1998～2004 年间,中国东西部之间 GDP(国内生产总值)的增长率差距已经由 1998 年的 2.54 个百分点扩大到 6.81、8.26、8.93 个百分点。② 造成这种现象的原因主要是单纯为了发展经济而发展经济的思路和模式。这从一个侧面反映出,人们需要对传统的开发模式进行反思,针对 5 年来所出现的问题,需要调整下一步的开发思路,寻求一种符合西部地区实际、切实可行的发展途径。

从进一步深化"西部大开发"战略的角度来看,在进行基础设施建设初见成效的情况下,下一步工作的关键还是在教育,甚至可以说大力发展民族教育,提高各民族的文化素质是当前西部地区尤其是少数民族地区的首要任务。对西北地区少数民族教育事业的发展而言,则有必要将民族教育的发展作为一项系统工程来对待,在进一步推广以往经验的基础上,针对所出现的各种问题,一方面继续加大政策倾斜和资金投入的力度,另一方面,也就是更重要的要采取各种"超常规"的手段和途径,全面实现西北少数民族教育的"跨越式"发展。

2004 年 9 月,中央政府国务委员陈至立在新疆考察时曾经指出:"发展西部边疆民族地区教育文化事业,要统筹规划,突出重点,深化改革,狠抓落实,注重实效。一要全面落实西部'两基'攻坚各项任务,尤其要把农村中小学寄宿制学校工程建设好,确保边远贫困家庭子女能上学。二要大力发展现代远程教育,真正把优质教育资源送到边疆民族地区的学校,让学生能听到高质量的授课,同时要将远程教育网络功能同农村科技信息服务及文化信息资源共享等相结合。三要大力发展职业教育,培养边疆民族地区合格的实用人才。四要加强教师队伍建设,切实提高教师素质和教学水平,特别要注意培养大批合格的双语教师。五要加强基层文化设施建设和文物保护工作,大力开展健康有益的群众性文化活动。六要继续搞好西新工程和村村通广播电视工程的建设,让边疆民族地区广大群众都

---

① 王健君:《西部大开发五年得失》,《瞭望新闻周刊》2004 年第 46 期。
② 参见林凌、刘世庆《审视西部大开发》,《西部大开发》2004 年第 4 期。

能收听到、收看到广播电视。"① 陈至立的讲话无疑是中央政府进一步发展西部民族教育的纲领性意见,既提出了西北地区民族教育中所存在的问题,也指明了解决这些问题的措施、手段和途径,是各级地方政府制定民族教育发展规划的指导性依据。

二　政府的主体地位:教育带动战略

中央和各省区地方政府应当树立民族教育在深化西部大开发中的中心地位,确立国家和各级政府在民族教育投入上的主体地位,加大对民族教育的投入力度,在西北少数民族地区制定和实施"教育带动战略"。

学者费孝通曾经指出:"发展经济与教育是21世纪的两大主题。对于中国的各民族来说,教育则是根本。"② 作为一个带有根本性的主题,民族教育应当置为"西部大开发"的首要任务,予以优先发展。也就是说,"西部大开发",教育要先行;以教育带动西北少数民族社会经济的全面发展,不妨称之为"教育带动战略"。

作为"西部大开发"的主要内容之一,在以基础设施建设为主调的前期开发中,民族教育的地位却不是很突出,甚至在一些地方政府的发展规划和实际行动中有所淡化。如前所述,中央政府在制定"西部大开发"战略中对教育事业发展定位,并在政策上、资金投入和配套措施等方面进行了支持。问题在于,在国家"百年大计"的教育发展战略和地方政府"急功近利"这一对矛盾的博弈中,西北少数民族的教育发展,尤其是基层的民族教育的发展常常被有意或无意地忽视,许多措施无法落到实处,有些地方政府往往是说得多做得少,"等、靠、要"的思想在相当范围内仍然存在。之所以会出现这种局面,说到底还是各级政府在认识上存在偏差,政策措施不得力、不到位。各级政府必须要清醒地认识到这一点,对于西部民族地区来讲更是如此。

鉴于中国东、西部之间经济发展差距仍然在不断加大的事实,中央和地方政府需要调整发展思路,对于政府的公共服务职能准确定位,切实做

---

① 参见 http://www.moe.edu.cn/edoas/website18/info6265.htm。

② 冯文怀:《教育:21世纪民族发展的主题》,《中国民族》1995年第12期。

到有所为有所不为，不越位也不缺位。在市场经济的形势下，应当将西部经济的发展交给市场，按照市场规律办事，集中精力和财力办好教育、科技、文化、卫生以及保障服务等分内工作，为西部经济社会的发展提供良好的环境以及可持续发展的动力。对于西北少数民族地区而言，尤其应该将民族教育的发展放在各级地方政府的中心工作之中，常抓不懈。

有研究认为，从单纯的经济发展观点来看，"基础设施建设存量增加一个百分点，人均 GDP 可以提高 0.86%；电话普及率提高一个百分点，人均 GDP 提高 0.52%。然而，儿童入学率如果提高一个千分点，人均 GDP 增加 0.36%～0.59%；人口增长每下降一个千分点，儿童入学率提高一个千分点，这两个加一起，就可以使人均 GDP 提高 0.7% 到 1.2%"[①]。换句话说，教育投入的效益明显要大于单纯的经济发展的投入。所以，对于西北民族地区的下一步发展来说，应转变原来单纯的经济开发思路，制定和实施"教育带动战略"，即以教育的发展为核心带动西北民族地区的经济发展和社会进步，真正实现西北地区少数民族的"跨越式"发展，切实缩小东、西部地区发展之间的差距。而这一点正是中央和民族地方各级政府可以"有所为"和应该"不缺位"之处。所以，中央政府在西部地区下一步的开发中必须将教育的发展尤其是少数民族教育的发展放在头等重要的位置，继续加大对西部民族教育的投入力度，确保中央投入的主体性地位，同时制定并采取相应的政策和措施，调动各级地方政府在教育投入中的积极性，使中央与地方的人力、物力和财力主要投入到西部地区的教育发展之中。只有这样才能收到事半功倍的效果，真正实现发展。

三　基础教育优先：以"寄宿制学校"为主的多种办学形式

优先发展基础教育，以完善"寄宿制学校"的建设为主，进一步深化多种形式的办学改革，应该是未来 10 年当中发展中国西北少数民族教育的主要任务。农村教育在全面建设"小康社会"中具有基础性、先导

---

① 参见滕星《西部开发与民族地区教育发展若干关系思考》，《西部开发与教育发展博士论坛》，民族出版社 2001 年版，第 3 页。

性、全局性的重要作用。中国教育的重点和难点在农村,特别是在中西部地区的农村中小学。目前中西部地区县镇以下农村中小学校(含农村小学教学点)有53万所,占中小学校总数的88%,在校生1.62亿人,占中小学生总数的81%。这些地区,特别是西部少数民族地区,在教学条件、教育资源、教师水平和教学质量等方面与东、中部发达地区存在着巨大差距,同时也是制约西北少数民族经济发展和社会进步的主要因素。

近十几年来,中央政府财政教育经费的绝大部分投向了中国的高等教育,基础教育在中央政府教育经费中所占比例一直较低。据统计,1990年代,中央政府在高等教育上的投入占整个教育支出的比例一直高达90%左右,而包括高中在内的中小学教育经费比例始终未超过1%,在2001年之后的4年间,后者的经费仍然不足300亿元,占中央政府教育财政总经费的比例仍然微乎其微。① 作为政府教育政策制定者与实施者的教育部其部长周济在其任上也承认,中国教育的根本问题还是教育投入不足,且每年教育预算在全国财政总预算中的比例过低,而且一直低于世界平均水平,也没有达到法定的增长要求。

西北地区少数民族教育的落后状况是全方位的。在中央和地方财力投入不足的情况下,选准重点,抓好突破口,对于切实发展民族地区教育就显得尤为重要。因此在今后的一段时间里,积极大力发展以"素质教育"为主要内容的基础教育应当是西北民族教育的重点和突破口。也就是说,西部开发,教育先行,基础教育优先。目前,全国高等教育的规模扩张式发展已经暂时告一段落,提高办学质量成了主要问题。在国务院制定的《2003~2007年教育振兴行动计划》的总体部署里,农村基础教育和高等学校"985"项目建设被摆在了突出的位置上,今后的教育经费增量也将主要用于这两个方面。这对西北地区少数民族基础教育事业的发展而言无疑又是一个机遇。

事实上,以"两基"教育和"普九"为主要内容的基础教育,一直是西部教育发展中的难点和重点,而且又基本上集中在边疆民族地区。"西部大开发"以来,西北民族地区基础教育严重落后的状况已经有了改

---

① 详见《2004年中国教育不平等状况蓝皮书》,参见《中国青年报》2005年2月28日A2版。

观,但是问题依然很多,主要表现在以下几个方面:第一,自然条件复杂,人口居住分散,办学成本较高,教育效益低下;第二,经济发展落后,贫困人口较多,教育投入严重不足;第三,课程内容单一,脱离当地实际,导致学生厌学,辍学率一直居高不下;第四,教师素质不高,而且流失严重,直接影响到教育质量的保证和提高。寄宿制学校教育正是针对边疆少数民族地区所存在的问题而采取的一种办学形式,从几十年来的实践来看,这种办学形式是行之有效而值得推广的。

寄宿制学校主要针对部分人口稀少、居住分散、交通不便或长期游牧的民族地区的特点,集中办学,学生实行寄宿制,由国家负责食宿。1952年第一次全国民族教育工作会议报告中中央政府就提出,"少数民族教育必须采取民族形式,照顾民族特点,才能很好地和各民族实际结合起来",之后各地方政府便按照这一指导思想在民族地区设立中小学,在边远山区、牧区,办了一批寄宿制民族中小学。50 年后的 1992 年,《关于加强民族教育工作的若干问题》再次提出民族教育要尊重民族特点,走出符合自己特色的办学路子。在一部分教育基础差的贫困山区和牧区应重点扶持,办好寄宿制民族中小学或民族班。目前,全国有寄宿制中小学6000 余所,主要集中在西部民族地区。① 鉴于西北少数民族地区基础教育依然薄弱的实际情况,中央政府从 2004 年起正式启动了"农村寄宿制学校建设工程",前所未有地加大了对寄宿制学校的建设力度。这可视为完成西北民族地区"两基"教育和"普九"攻坚任务的决定性举措,更是适应少数民族边远地区实际情况的主要办学形式,一定要坚持下去并将之制度化,切不可半途而废。除此之外,民族地区寄宿制学校教育如何发展、巩固和提高则是一个重大课题。

必须清醒地认识到,在目前西北边疆少数民族所面临的地理环境、自然条件以及居住格局和传统的经济生活方式条件下,寄宿制学校这种办学形式在今后相当长的一段时间里依然将在西北少数民族基础教育体系中占有很大的比重。几十年来,寄宿制学校教育方式已经积累了很多成功的经验,需要认真总结和继承;在"西部大开发"下一步的战略发展规划中,

---

① 参见《民族基础教育成就显著》,见于 http://www.seac.gov.cn/cm/cm_bulletincontent.do? id = cm009fac8a7482b4&action = 20。

西部民族地区寄宿制教育仍将会有一个长足的发展。为此，制度保证是必不可少的。在这一方面，青海省做得比较好。该省的寄宿制学校基本集中在少数民族牧区，2003 年统计全省寄宿制中小学的数量已达到了 569 所，占全省民族中小学总数的 42%；在校学生达 11.3 万人，纯牧区小学适龄儿童入学率也达到 93.35%。为了进一步完善和规范寄宿制学校的建设与管理，青海省政府在 2004 年陆续制定发布了《青海省农村牧区寄宿制中小学建设标准实施细则》、《青海省农村牧区寄宿制中小学生活、办公、活动设施装备参考标准》和《青海省民族寄宿制中小学管理规程》等地方性法规。其中《青海省民族寄宿制中小学管理规程》对寄宿制学校的办学宗旨、办学体制、规模、建制、校务管理、教学管理、生活管理、安全管理、卫生管理、后勤管理、财务管理、教师队伍建设、思想道德建设等方面的内容都作了详细的规定，既具有指导性，同时也有可操作性，值得大力在西北民族地区推广。①　虽然出于加强专项资金管理、提高资金使用效益的考虑，中央政府"两基"攻坚办公室专门印发了《西部地区农村寄宿制学校建设工程实施方案》、《西部地区农村寄宿制学校建设工程土建项目管理办法》和《西部地区农村寄宿制学校建设工程专项资金管理暂行办法》，并要求各地设立专门的"农村寄宿制学校建设工程"监督举报电话，主动接受人民群众和社会各界对工程建设的监督，但是全国寄宿制学校的建设与管理仍然存在一些明显的问题，突出表现在"重建设、轻管理"和"重硬件、轻软件"，尤其在制度建设上十分薄弱。为此，建议中央政府有关部门从规范管理、持续发展和提高办学效益与质量出发，尽快制定和发布有关寄宿制学校的法规和条例，以适应寄宿制学校快速发展的新形势。

此外，中央政府还应该采取措施鼓励各级民族地方政府根据当地的实际情况采取特殊的办学方式，除寄宿制学校、民族班（校）外，还应该开设女童班、早晚班、隔日制学校、半日制学校等。中小学民族班主要是为解决尚不具备条件设立民族中小学校的地方少数民族学生的求学问题，在重点学校设班，专门招收少数民族学生，学生享有助学金、减免学杂

---

①　他扎西：《总结经验、着眼发展，努力实现寄宿制学校的规范化管理》，《中国民族教育》2004 年第 6 期。

费,特困生还可享有适当补助,学生大多在校集中食宿;女童班(女子学校)是针对有些地区的一部分少数民族,由于传统观念和习惯的影响,女童入学和巩固率很低而专门举办的,以提高女童的入学率。在这些方面,中央和各级地方政府已经积累了很多经验,今后要做的工作主要是如何巩固和提高。

四 远程教育:以现代化教学手段推动西北少数民族教育的跨越式发展

20 世纪末以来,以远程教育为主要内容的现代化教育手段的运用已经在全球范围内广泛推广,中国也已建立了基本覆盖全国的以广播电视卫星通信为基础的远程教育网络,在西北民族地区也具备推广远程教育的基本条件。现代远程教育具有投资少、覆盖面广、效益高等特点,"它丰富的教学资源、完美的教学支持与服务,有效地弥补了师资数量和师资水平的不足。它较强的机动性、灵活性,给地域辽阔、交通不便、社会多层次需要的现实带来方便"[1]。不仅非常适合西北少数民族地广人稀、交通不便、信息闭塞、经费短缺的实际情况,而且对于实现西北少数民族教育体系的现代化也是至关重要的。

2003 年 9 月,国务院在下发的《国务院关于进一步加强农村教育工作的决定》中提出:"实施农村中小学现代远程教育工程,促进城乡优质教育资源共享,提高农村教育质量和效益。在 2003 年继续试点工作的基础上,争取用五年左右时间,使农村初中基本具备计算机教室,农村小学基本具备卫星教学收视点,农村小学教学点具备教学光盘播放设备和成套教学光盘。""远程教育工程"的实施在西北民族地区收到了明显的实效。以新疆为例,自 2000 年以来,新疆维吾尔自治区抓住实施中小学现代远程教育工程的契机,以教育信息化带动教育现代化,通过"西部中小学现代远程教育扶贫示范工程"、"现代远程教育工程试点示范项目"、"农村中小学现代远程教育工程试点"和"国家贫困地区义务教育工程"等

---

[1] 参见尹承昆《新疆应努力发展现代远程开放教育》,《民族教育研究》2000 年第 1 期。

现代远程教育项目的全面推进和重点突破，使远程教育工作在新疆获得快速发展。到 2004 年底，自治区已建成教学光盘播放点 2101 个，卫星教学收视点 2785 个，计算机教室 306 间，83 个县（市）的中小学生受益。这些学校通过教学光盘播放点、卫星教学收视点、计算机教室这三种模式实现了优质教育教学资源共享，使边远农牧区的孩子足不出户就能享受到优质的教育教学资源，为全面提高农牧区中小学教育教学质量，为自治区基础教育跨越式发展奠定了坚实基础。2005 年，自治区在中央政府的支持下为尚未建设卫星教学收视点的 2608 所农村中小学建设卫星教学收视点；同时，在 860 所尚未建设计算机教室的农村九年制学校、农村初中、农村完全中学建立计算机室。在这两项投资中，自治区政府投入配套资金 5690.94 万元。除此之外，自治区政府将投入 865.6 万元资金培训 4328 名教师，投入 312.12 万元资金配置教学所需的资源。这样，新疆将比原计划提前两年在全区实现远程教育目标。①

从西北民族地区实施远程教育工程的实际情况来看，远程教育的硬件条件已经得到了很大的改进和完善，但是却普遍存在着使用不当、使用效率低等突出问题，造成许多设备闲置，不能充分发挥出应有的效能。产生这一现象的原因一方面是由于对专业技术人员的培训不够，但更主要的还是在于与之相配套的、适合西北少数民族教育特点的教学软件的开发严重滞后，远程教育的教学内容枯燥、单一，少数民族远程教育的教学方式、手段的探索和研究也几乎是一片空白。西北少数民族远程教育发展的下一步重点就应该放在这些方面，同时中央和各级地方政府的教育主管部门还应当制定相应的政策，将远程教育纳入正常的教育体系当中，提高远程教育的质量，提升全社会对远程教育的认可度，增强远程教育的吸引力，保证远程教育健康、稳定地向前发展。

五　"对口支援"：提高西北少数民族教育水平的有效途径

"对口支援"最初是原中央政府教育委员会和民族事务委员会在 1992 年作为对民族地区教育扶贫的一项措施而提出来的，它的主要任务包括：

---

① 参见教育部《新疆提前两年实现远程教育目标》，《中国民族报》2005 年 1 月 7 日。

在资金、物资、教学仪器设备、图书资料等方面支援贫困地区，帮助贫困地区改善基础教育、职业教育、扫盲和成人技术培训的办学条件与管理手段，救助失学儿童；派遣教师和教育管理干部到贫困地区讲学和指导工作，为贫困地区县级教育的综合规划和各类教育发展计划提供咨询与帮助，输送教育改革、教育管理的经验和信息，提高贫困地区教育资源配置效益；为贫困地区培养和培训师资、管理干部、实用科技和企业管理人员；合作兴办投资少、效益好、有市场竞争力的校办产业，开展信息交流和技术转让，帮助贫困地区教育增强自我发展能力。[①]　"对口支援"的最大特点和优势就在于针对性和系统性较强，对象、任务和责任目标明确，见效快，成效显著，特别适于消除西北边疆少数民族地区教育发展不平衡的状况，所以很快便被作为发展少数民族地区教育事业的一项重要措施而得到推广，并在"西部大开发"的新形势下进一步强化。

2000 年 4 月，在国务院负责人的直接推动下，中央政府有关机构在总结经验的基础上正式启动实施了学校"对口支援"的"两个工程"，即"东部地区学校对口支援西部贫困地区学校工程"和"大中城市学校对口支援本省（自治区、直辖市）贫困地区学校工程"。中央政府教育部等部委联合印发的《关于东西部地区学校对口支援工作的指导意见》中明确指出，"两个工程"的主要指导思想就是以学校之间"对口支援"为基本形式，以贫困地区为支援对象，以义务教育阶段相对薄弱学校为重点，促进贫困地区学校管理水平和教育质量的提高；不增加受援地区的经济负担。也就是说，"对口支援"工作在很大程度上是针对西部少数民族地区的。"两个工程"实施三年后便取得了成效，促进了受援地区尤其是西部民族地区教育教学水平的提高，受援学校的办学条件得到改善，东西部地区、城市和农村地区的教育差距缩小，教育事业显现出均衡发展态势。据统计，到 2003 年东部地区共向西部受援地区选派支教教师和管理人员1800 多人次；西部受援地区派往东部地区"对口学校"培训的教师和挂职的管理人员 1400 多人次。受援地区学校得到无偿提供资金超过 2 亿元，并获捐赠的大量计算机、图书、教学设备等物品。西部 13000 多名家庭经济困难学生受到资助。西部地区各地大中城市向当地贫困地区学校共派出

---

① 教育部民族教育司：《对口支援民族地区教育》，《中国民族》2001 年第 2 期。

支教教师和管理人员 10200 多人次,培训受援地区教师和挂职管理人员 5100 多人次,捐款 4800 多万元、计算机 13000 多台、图书 360 万册、教学仪器 5 万多套、衣物 67 万件。同时职业教育和高等教育的"对口支援"也取得了进展。学校对口支援工作成效明显,取得了有益的经验。[①]各级地方政府又将中央政府"对口支援"的"两个工程"的模式进一步深化。以新疆为例,2005 年自治区政府在实施"两个工程"的基础上,开展对"两基"攻坚县教育"对口支援"工作,建立区内大中城市"对口支援""两基"攻坚县的制度,从资金、物资、人员等方面支持"两基"攻坚工作,取得了一定效果。[②]

除此之外,中央政府还加大了内地高校为西北民族地区培养高层次人才和各类人员培训的力度,在高校招生等方面向西北民族地区进行政策倾斜。据统计,在 1989~2003 年的 15 年间,内地高校累计招收新疆少数民族学生 12000 人,已毕业近 8000 人;定向培养研究生 860 多人,培训教师和少数民族教育行政管理干部 860 多人,培训少数民族经济和企业管理干部 1400 名,派出高校少数民族访问学者 30 名。这些毕业生逐步成长为新疆各条战线上的骨干,有的还走上了领导岗位。[③] 与此相配合,新疆教育厅在 2002 年制定并发布了《资助内地普通高校新疆少数民族特殊困难学生暂行办法》,资助家庭经济特别困难的少数民族学生,帮助他们在内地高校顺利完成学业,回家乡建功立业。

从 2001 年开始,中央政府又对西部地区教育"对口支援"实施"对口支援西部地区高等学校计划"。该计划根据西部地区重点建设高校(简称"受援高校")的学科特点和意愿,指定北京大学、清华大学等 13 所高校为"支援高校",采取一对一的方式,实施对受援高校的支援和全方位合作:即以人才培养工作为中心,以学科专业建设、师资队伍建设、学校管理制度与运行机制建设为重点,用 5 年的时间,使受援高校的教学、科研和管理水平有较大提高,为受援高校的长远发展奠定基础。在西北地区,由北京大学和天津大学"对口"支援石河子大学(新疆);西安交通

---

① 教育部:《扎实做好学校对口支援工作,大力扶持西部贫困地区教育事业发展》,2003 年 2 月 25 日,参见 http://www.moe.edu.cn/。

② 参见《中国教育报》2005 年 1 月 28 日。

③ 参见民族文化宫主办《中国民族年鉴》(2004 年),北京,2004 年 12 月,第 148 页。

大学和武汉大学"对口"支援新疆大学;清华大学"对口"支援青海大学;北京师范大学"对口"支援西北师范大学(甘肃);上海交通大学对口支援宁夏大学。① 鉴于发展西部地区高等师范教育、加快基础教育师资的培养是实施西部人力资源开发的重要前提,特别是对于新疆教育意义重大,所以中央政府教育部在 2002 年 4 月又正式下发了《关于做好对口支援新疆高等师范学校工作的通知》,决定安排华东师范大学(上海)支援新疆师范大学,东北师范大学(长春)支援伊犁师范学院,华中师范大学(武汉)支援喀什师范学院,"对口"支援时间为 2002~2005 年。据不完全统计,截至 2004 年底,支援学校向受援学校派出教师 460 多人次,提供援助资金 500 多万元、价值 1200 多万元的仪器设备 2500 余台、市场价值 1 亿多元的软件以及图书 13.7 万册;支援学校与受援学校共同承担了一批省级、国家级科研项目。包括石河子大学、宁夏大学、青海大学、喀什师范学院等一批西北高校成为可以授予博士、硕士学位的学校,实现了新的发展,为学校的师资队伍建设创造了更好的环境。"对口支援"发挥了独特的作用,促进了西北民族地区高等教育的发展。

但是,上述的"对口支援"在很大程度上还是一种在没有任何专项经费下的政治任务,其未来发展前景中还有很多不确定的因素;对于各方均缺乏完善的规范化程序,许多事情过于人为化,使得"对口支援"工作在总体上表现出不平衡性。尽管有关中央政府机构已经认识到教育"对口支援"将作为一项长期性的任务要常抓不懈,但是一项缺乏制度保障和经费支持的"工程"往往最终会流于形式甚至半途而废。所以,建议中央政府将"对口支援"纳入下一步深化"西部大开发"的总体战略中通盘考虑,进一步加强制度建设并给予必要的资金支持,使这一工作长期化、制度化、规范化。

教育的"对口支援"可以说在很大程度上还是一种以"输血"为主的模式。这样一方面会加重援助方的负担,另一方面也会强化受援方的依赖思想,长此以往将不利于激活受援地区自我发展能力,影响该地区教育的可持续发展。从西北民族地区教师素质普遍较低的事实出发,教育

---

① 中央政府教育部:《关于实施"对口支援西部地区高等学校计划"的通知》,2001 年 6 月 13 日,参见 http://www.moe.edu.cn/。

"对口支援"的思路应有所校正,增加教师培训和为西北民族地区培养高层次人才的比重,甚至可以考虑将其作为"对口支援"的主要任务,将这项"输血"工程转变为"造血工程",以此促进西北民族教育整体水平提高等问题的解决。

六 课程改革:西北民族教育全面发展的突破口

造成西北少数民族教育发展缓慢的原因有很多,但课程目标的"片面化"、课程内容的"统一化"和课程管理的"极权化",是造成西北民族地区学生厌学、辍学率居高不下、既有成果难以巩固的深层次原因。也即是说,课程设置的不合理与缺乏针对性,是阻碍各民族教育自身能动性的主要原因。按照外因是条件、内因起决定性作用的哲学原理,只有西北各少数民族的主动性和能动性充分发挥出来,民族教育的全面发展才具有可持续性。在这一点上,课程改革可以作为一个突破口。

民族教育的最根本目的是提高各少数民族的整体素质,培养各类适应本民族、本地区经济和社会发展的人才。但是在中国现行的教育体制下,民族教育的课程体系也同样纳入了以"高考"为中心的应试教育模式之中。在激烈的淘汰竞争中,教育基础薄弱的西北少数民族地区成为最大的受害者。尽管中央政府和各级地方政府在高考的录取方面给予少数民族考生极大的倾斜,甚至从招生比例上作了一系列的硬性规定,但还是无法改变大多数少数民族学生"落榜"的事实(在西北地区汉族聚居地区情况也是如此,只不过少数民族地区更严重一些)。更令人尴尬的是,许多少数民族学生落榜后近乎一无所能,甚至不具备基本的生产与生活技能,既不能传承本民族文化,也不能在本民族社会经济发展中发挥作用。因此"读书无用论"在西北民族地区表现得更为显著,从而严重地挫伤了各民族群众发展教育的积极性。从这一点来看,现有的民族教育课程体系必须改革。

事实上,在1951年第一次全国民族工作会议上的报告中,中央政府教育部就强调:"少数民族教育的内容和形式问题、课程教材问题,既要照顾民族特点,又不能忽视整个国家教育的统一性。少数民族学校教学计划(课程计划)、教学大纲应以中央政府教育部的规定为基础,结合各民族的具体情况加以变通和补充。"坚持少数民族教学内容和课程体系要与各民族实际情况相适应，一直是几十年来中国民族教育的基本方针之一。但是由于种种原因，这一点在很大程度上并没有落到实处，少数民族课程教育体系中的问题一直存在。正因为如此，国务院在2002年下发的《国务院关于深化改革加快发展民族教育的决定》中再次明确指出：新时期民族教育的改革与发展的基本方针和原则之一便是"要坚持实事求是、从实际出发，在发展规划、改革步骤、目标要求、办学形式、教学用语、课程设置、学制安排等方面因民族、因地区制宜"[①]。从西北地区少数民族教育的现状分析，下一步课程改革应该从以下几个方面着手展开：

第一，从课程内容入手，扩大西北民族地方课程设置上的自主权，在现有的国家统一课程的基础上适当开设具有乡土和民族文化特点的历史、科学、艺术、习俗、语言文学等课程，增强民族教育在传承民族传统文化的功能；在基础教育尤其是职业教育方面开设与本民族生产和生活方式有关的劳动技能课程，"以实现民族教育为振兴民族经济，为人民脱贫致富而服务的使命，改变长期脱离民族地区社会发展需要而孤立发展教育的不合理局面"[②]，进而调动和激发本地少数民族对教育的积极性与主动性。

第二，围绕课程设置内容的调整与改革，在现代化和民族性思想的指导下，遵循教育性、科学性、价值性、地域性、综合性和趣味性等原则[③]，加大适合西北各少数民族文化和社会经济生活特点的各类教材的编写，为西北少数民族课程改革的顺利进行创造良好的先决条件。

第三，按照课程改革的要求，加强对西北民族地区教师的培训，提高教师的综合素质，保证课程改革目标顺利实现。这一点应该充分体现在"西部大开发"战略中已经实施的中央政府教育部"21世纪民族贫困地区中小学教师综合素质培训计划"和"明天女教师培训计划"当中，民族地方各级政府也应该在特色课程的培训上予以政策、措施和制度上的保证，从教育观念的转变与更新、职业道德的构建与培养、提高教育教学质量的策略与方法、教育信息技术的掌握与运用、教育科研能力的培养与提

---

① 参见中华人民共和国教育部《教育部政报》2002年。

② 李启明：《试论民族教育课程改革》，《广西民族学院学报》1998年第4期。

③ 章光洁、尹弘飚：《试论西部少数民族教育的课程改革》，《贵州民族研究》2002年第1期。

高、心理健康与教师心理素质等方面全面提高民族地区教师的整体素质和水平。

第四，通过课程改革处理好"多元一体"教育的问题，坚持"多元性与一体性相结合原则、本土性与现代性相结合原则、需求性与可行性相结合原则、思想性与科学性相结合原则等"，从国家统整课程模式、民族地区统整课程模式和校本课程模式三个层面上，体现"多元一体"的民族教育格局。① 当然，这一点无论在理论上还是实践上尚需进一步探索。

七 "双语"教育与女童教育：西北民族教育的特别关注点

（一）"双语教育"是民族教育的重要组成部分

所谓双语教育指的是在中国有本民族语言文字的少数民族在各类教育活动中使用本民族语言文字和汉语言文字的一种教育模式。在中国统一的多民族国家发展历程中，"双语"教育在推进民族文化交流、提高各民族文化素质、促进民族融和、加强民族团结以及"多元一体"格局的形成等方面都发挥了积极的作用。中华人民共和国成立以后，国家以法律的形式在《中华人民共和国宪法》、《中华人民共和国民族区域自治法》、《中华人民共和国义务教育法》以及相关的民族教育法规和条例中对"双语"教育的原则、地位、内容、形式等方面都作了详细的规定，从而使其成为中国民族教育体系中的一个有机组成部分。到"九五"期间，全国已经逐步形成了"民族语授课为主，加授汉语"、"汉语授课为主，加授民族语"以及"以民族语授课为主，逐步过渡到汉语"的三种基本教学模式，并积极展开"三语"（少数民族本民族语、汉语和外国语）教学实验。"西部大开发"以来，中央政府加强了对"双语"教学的改革和支持力度，国务院在 2002 年颁布的《关于深化改革加快发展民族教育的决定》中再次重申中央和地方教育主管部门要大力推进民族中小学"双语"教学，"正确处理使用少数民族语授课和汉语教学的关系，部署民族中小学'双语'教学工作。在民族中小学逐步形成少数民族语和汉语教学的课程体系，有条件的地区应开设一门外语课。要把'双语'教学教材建设列

① 王鉴：《我国民族教育课程改革及政策研究》，《西北师范大学学报》2002 年第 6 期。

入当地教育发展规划，予以重点保障"①。

"西部大开发"以来，中国少数民族地区"双语"教育取得了一定成果。以新疆为例，到 2003 年全区少数民族中小学普遍已从三年级开始开设汉语课，构建了一整套符合新疆实际的汉语课程体系，培养"民（族语言）汉（语）兼通"的少数民族人才已经基本成为社会共识；到当年年底，全区"双语"教育授课实验班已经达到 300 个，在校学生有 13733人。② 而到 2004 年，全国共有 1 万多所学校使用 21 个民族的文字开展民、汉"双语"教学，在校生达 600 多万人。中央政府教育部在西北民族自治地方设立的部分中、高等学校以及民族大学也开展"双语"教学，以体现民族自治地方行使自治权。总的来讲，西北地区少数民族"双语"教育的规模已经基本形成，而完善各项管理措施、提高教育质量很可能将成为今后工作中的一个难点。

就西北少数民族而言，除回族（通用汉语，无本民族文字）以外各民族基本上都有自己的语言文字，因而"双语"教育在西北少数民族地区的教育事业占有特别重要的地位，"双语"教育发展进程中所存在的问题也具有一定的普遍性，诸如认识不到位、教学体系不完善、师资队伍匮乏、教育质量偏低、"双语"教育单向化等。针对上述问题，提出以下几点建议：

第一，应当由全国人民代表大会或相关政府机构制定具有指导意义的"双语"教育法规，各民族自治地方政府按照本地的实际情况据此拟定切实可行的实施条例，一方面提升"双语"教育在民族教育中的地位与重要性，另一方面使少数民族"双语"教育的发展规范化、制度化，从而从制度上保证民族"双语"教育健康、稳定、持续地发展。

第二，加大宣传教育的力度，使大家明确"双语"教育在民族教育现代化以及传承和发展民族文化中的双重作用，打消或减轻在部分少数民族群众中所存在的因为推行"双语"教育而影响到本民族文化传承的顾虑；同时采取措施加大"双语"教育在民族教育体系中的使用、考核与评价力度，从而调动各民族参与"双语"教育的主动性。

---

① 参见夏越《中国民族教育的基本情况》，载《中国教育报》2004 年 6 月 24 日。

② 参见民族文化宫主办《中国民族年鉴》（2004 年），北京，2004 年 12 月，第 152～153页。

第三，建立和完善"双语"教育体系，从课程设置、教材编写、教学大纲、教学手段、教学形式、招生考试、考察考核等方面建立适合各民族实际情况和自身特点的科学规范体系，可以考虑在具有乡土和民族文化特点的课程教学中首先普及"双语"教学。

第四，增加对"双语"教育的投入，提高"双语"教师的待遇，稳定和扩大"双语"教师队伍；通过多种渠道加强对"双语"教师的培训力度，从而保证"双语"教育的质量。2003 年 7 月 11 日至 8 月 15 日，中央政府教育部语言文字应用管理司曾经委托新疆维吾尔自治区教育厅和自治区民族语言工作委员会，在新疆教育学院举办了为期 35 天的少数民族中小学汉语课骨干教师普通话培训班，共培训各民族中小学汉语教师80 名，提高了部分少数民族地区中小学汉语教师的普通话水平、汉语教学质量及教学技能，逐步改变少数民族地区"双语"教学中汉语师资缺乏及汉语水平不高的状况。这种培训方式应该推广并坚持进行下去。

第五，鼓励少数民族学生与汉族学生合校，并利用广播、电视、远程教育等现代教育手段积极开辟第二语言课堂，加强"双语"教学的互动性、实践性与应用性，为"双语"教学创造良好的外部语言环境。

第六，以国家汉语水平考试（HSK）的权威性标准为依据，全面推动"双语"教育水平的提高。新疆财经学院从 1995 年开始按照 HSK 标准对少数民族新生实行分级入学的制度，并以此为中心对学校汉语教学目标、教学管理、教学内容、教学方法等方面进行全面改革，收到了明显的效果，成为新疆民族教育发展进程中的一项创举。[①]

（二）女童教育是民族的希望

西北地区少数民族女童教育问题长期以来一直是困扰本地民族教育的一大难点，其突出表现便是学龄女童入学率本身就很低，再加上辍学率又很高，成为制约西北民族基础教育的主要"瓶颈"之一。1999 年前后，在"希望工程"（由中国共产主义青年团中央委员会与"中国青少年发展基金会"于 1989 年发起成立，以救助中国贫困地区失学少年儿童为目的公益事业）和"春蕾计划"（1989 年由"中国儿童少年基金会"发起并

---

① 参见王振本等《新疆少数民族双语教学与研究》，民族出版社 2001 年版，第 85～86 页。

组织实施的一项旨在救助贫困地区失学女童重返校团的社会公益事业）的推动下以及社会各方的共同努力之下，西北地区少数民族女童教育问题有所缓解，但是入学率、受教育年限等方面仍然低于当地的平均水平。经济的原因很明显，同时少数民族传统观念的影响也占有相当大的比重，包括重男轻女、（宗教的）教规礼仪和早婚习俗等。教育学家曾经形象地将女童教育与一个民族的发展命运联系起来，女童教育直接关系到一代乃至几代人的素质提高，其重要性不言自明。针对西北地区少数民族女童教育所存在的实际问题，建议下一步可以重点抓好以下几项工作：

第一，继续发动社会各方力量（尤其是开明宗教人士），进一步深入宣传、贯彻和落实国家制定颁布的《义务教育法》，使各民族群众明确：送女童上学是法律所规定的义务，女童和男童一样享有同等的受教育的权利，任何人都无权剥夺。同时，制定相应的法规和条例重点保护和落实女童受教育的权利，为女童教育的发展创造良好的社会环境。

第二，在问题集中、条件成熟的地方，重点建设和开办一批寄宿制女童学校，有针对性地开设一些既适应当地民族经济社会发展又适合女童特点的技能型的辅助课程；同时通过政府行为加大对寄宿制女童学校的投入力度，落实"两免一补"的措施，彻底解除女童及其家庭的后顾之忧，保证女童教育成果的巩固和教学水平的提高。

第三，对于居住比较分散的少数民族地区女童，可以采取非正规的教育方式，诸如放宽女童入学年龄，上课时间灵活多样，可以迟到、早退，可以带弟妹上学，允许"农忙少学，农闲多学"，"家长在家、子女上学；家长出工，子女回家"等弹性办学方式。① 实践证明，这些非正规的教育方式对于解决西北少数民族女童教育的局部性问题是行之有效的。

第四，积极试验探索，推广女童教育的经验。女童教育问题比较突出的宁夏回族自治区，一直比较重视开办回族女子中小学和回族女子班，开展女童教育实验，取得了很多有益的经验。1999 年以来，该自治区利用中国与联合国"儿童基金会""加强贫困地区小学教学项目"，分别在回族学生集中的 296 个学校推广女童教育的经验，通过优化女童社会、家庭和学校教育环境，为解决民族贫困地区农村女童入学率低的问题探索出了

---

① 　参见王振岭《青海撒拉族、回族女童教育研究》，《青海社会科学》1996 年第 2 期。

新路子。① 同为西部地区的广西壮族自治区则从素质教育入手，采取以
"女童为本"的教育策略，以"五自"（自主、自尊、自励、自能、自控）
为教育内容，以"进步程度"（从学校、教师、学生纵向比较角度出发）
为标准的评估原则，以改善学校教育环境（改进学校管理，调整和改革
课程结构、教学方法，加强教师培训）为主要途径，最终实现女童教育
的高效能目标——开发潜能、注重内化，提高女童的生存能力和全面素
质；在教育实践中努力做到把提高女童教育的整体素质与提高学校教育的
整体质量相结合，把确立女童教育的目标与当前教育改革的目标相结合，
把提高女童的文化知识水平与促进女童个体心理品质的内化相结合，把提
高女童生存能力与全面素质的和谐发展相结合。② 所有这些经验都值得认
真总结并在西北民族地区加以推广。

八　加强学后职业培训：提高少数民族的市场竞争力

最近 30 余年，尤其是 1999 年以来，随着以市场经济为主要内容的各
项经济改革措施不断深入，西北各少数民族也不可避免地被卷入到这场洪
流之中。面对激烈的市场竞争，原本处于"弱势"的西北少数民族各类
毕业生普遍出现了"毕业即失业"的问题。与汉族学生相比，少数民族
当中的这种情况更为严重。

针对这一情况，中央政府的民族事务委员会和教育部曾经在 2002 年
8 月联合发布了《关于加快少数民族和民族地区职业教育改革和发展的意
见》，提出要逐步建立起能适应民族地区经济、社会发展需要的民族职业
教育体系，到 2005 年使民族地区各类中等职业学校招生数和在校生数占
高中阶段学生数的比例达到 50% 左右。③ 但是自实施以来，由于缺乏必要
的配套措施和资金保障，这一计划和目标在西北民族地区并没有得到较好

---

① 参见《中国民族年鉴》编辑部编辑《中国民族年鉴》（2002 年），北京，2003 年 5 月，
第 154 页。

② 参见《中国民族年鉴》编辑部编辑《中国民族年鉴》（2001 年），北京，2002 年 9 月，
第 362 页。

③ 参见《中国民族年鉴》编辑部编辑《中国民族年鉴》（2003 年），北京，2003 年 12 月，
第 190 ~ 191 页。

的落实和实现。西北地区少数民族学生就业难的问题依然存在,甚至连以前完全不为就业费心的高等学校少数民族毕业生也不能幸免。以新疆大学为例,该校 2003 届毕业生中,汉族学生一次性就业率是 70% ~ 80% ,而少数民族学生却只达到 20% ~ 30% 。[①] 一方面由于所受教育内容的限制,完成本地基础教育的少数民族学生在毕业后除了书本上的知识外,大多并没有掌握一些符合当地实际的生产技能,不能直接投入到当地的经济发展中;另一方面,即使部分少数民族学生走出去接受了更高层次的中等甚至高等教育,但在毕业后的就业竞争中却仍然处于不利的地位。这就造成了近两年西北少数民族大中专毕业生大量回到并不能给这些毕业生提供足够的就业机会的故乡,再加上他们的知识结构和能力也不适合当地的经济发展需求,从而造成西北部分少数民族地区的相当一部分受过教育的青年人闲居在家,无所事事,完全靠父母养活。在部分西北农牧区调查的时候也发现,西北少数民族地区青年中"啃老族"的比例很大。长此以往,势必会在西北民族地区产生新的社会问题和不稳定因素。针对这一问题,我们建议:

第一,在抓好西北少数民族基础教育的同时,中央和西北各级地方政府还应当依托当地现有的各类教育资源,有针对性地集中部分人力、物力和财力,在少数民族地区建立一套民族学后教育职业培训体系,重点加强对农牧区各类少数民族毕业生的职业培训。这种培训体系应该是多层次、多形式、多类型的,满足各民族、各地区的不同需要,从而为西北少数民族参与市场竞争创造相对公平的条件。

第二,中央和各级地方政府可以采取各种有效的措施和政策倾斜,通过集中办班等形式,利用广播电视、互联网等远程教育手段,开展对广大少数民族青年在政策法规、科技知识、基本技能、新技术运用等方面的培训,使他们成为掌握和推广现代农业、牧业技术,推动民族经济现代化的主力军;同时,进一步提高他们的综合素质以及参与市场竞争的能力,鼓励他们走出乡村,积极投身到市场经济的大潮中。

第三,在政府指令性的就业安排方面,应适当对西北少数民族应届毕业生予以倾斜,坚持在同等条件下少数民族优先的原则,并在少数民族之

---

① 参见民族文化宫主编《中国民族年鉴》(2004 年),北京,2004 年 12 月,第 149 页。

中建立一套符合各民族实际情况的竞争机制,首先形成少数民族内部的良性循环,进而在条件成熟的时候使这种良性循环扩大到整个社会,努力避免出现各民族自我发展能力弱化的现象。

九　努力营造良好的教育环境:缓解教师和人才的流失

由于西北地区经济发展水平普遍较低,基础设施长期薄弱,教育投入有限,少数民族教育成本高,民族教育的软硬件环境一直存在不足。随着近几十年东、西部之间的经济发展差距逐渐扩大,西北地区学校的教学环境、条件以及教师待遇不仅没有任何优势可言,反而也与东、中部地区之间的差距加大;对引进教育方面的优秀人才不仅没有多少吸引力,反而造成西北地区教育人才的大量流失。有数据表明,仅 1997～1999 年上半年,新疆高校调离自治区的教师就有 285 名,其中博士 22名、硕士 97 名,远远多于同期调入的硕士、博士。[①] 据统计,自 20 世纪80 年代以来,西部人才流出量是流入量的 2 倍以上。新疆近年来调往内地的专业技术人员有 2 万多人;青海的这一数字则高达 5 万人以上;甘肃省每年在外省区高校培养的非师范类毕业生回归率只有 40%,甘肃农业大学培养的 27 名畜牧业硕士研究生现在已全部调走。[②] 包括教师在内的优秀人才的大量流失,无疑为本已十分薄弱的民族地区教育"雪上加霜"。没有合格的教师,民族教育的发展就如无本之木;缺乏优秀的教师,民族教育质量的提高就得不到保证。如何最大限度地遏制这种人才流失的局面,提供良好的工作与生活环境留住人才、吸引人才,是摆在中央和西部各级地方政府面前一个十分严峻的问题。在"教育带动战略"的前提下,我们认为:

第一,全面提高西北地区少数民族地区各级各类教师的待遇,保证其总体实际收入水平不低于中、东部地区。从目前情况来看,东、西部教师

---

① 参见民族文化宫主编《中国民族年鉴》(2004 年),北京,2004 年 12 月,第 148～149页。

② 参见原春琳、郑燕峰《西部还有多少所兰州大学可以流失》,载《中国青年报》2005 年3 月 7 日第 2 版。

在基础工资方面并没有明显的差距，可是东部地区的各类津贴、补贴以及其他各种名目的收入却远远高于西部，甚至成为其总体收入的主要部分，这主要是由于东、西部地区之间经济发展差距所造成的。鉴于西部地区与东部地区之间经济发展差距一时难以缩小的事实，国家和各级地方政府应该将有限的财力首先集中用于改善教师待遇方面，并通过支付转移的方式填补东、西部地区教师总体实际收入方面的差距，为西部地区尤其是西北民族地区教育事业的发展提供一个公平的社会环境。

第二，西北民族地区的各级地方政府应该多方面地关心和爱护教师，切实解决他们在工作和生活中遇到的各种问题，为他们投身民族教育、实现自我价值、充分施展才华创造良好的条件，使广大教师的能力和积极性得到最大限度的发挥。在现实生活中，有些西北民族地区的教师和高级专业技术人员之所以流失，除了经济原因，还有就是当地没有为他们提供一个发挥个人才能的舞台和条件，教师的社会地位还较低。正因为如此，在西北民族地区首先营造"尊师重教"的社会环境就显得尤为重要。

第三，借助互联网等现代化远程教育手段，建立一套西北民族地区教师职业技能培训和对外交流的长效体制以及相应的奖励和激励机制，保证教师的知识更新和技能提高，激发教师对民族教育发展与改革的自觉性和主动性，从而有效地提高民族地区的教学质量。加强对民族地区教师的培训和对外交流，则是改变这一状况的有效途径之一。

第四，采取多种形式，加强对西北民族地区教师的阶段性支教工作，缓解西北民族地区教师紧缺、素质偏低的问题。在这一方面，中央政府已经做了许多工作。以新疆为例，按照中央政府教育部下达的《关于落实支援新疆汉语教师工作的通知》的精神，全国各地、各相关部门在2002～2006年支援新疆培养8800余名汉语教师，并选派600余名援助教师前往新疆工作。此外，国家还鼓励内地高校毕业生前往西北民族地区从事教育事业，并在户籍管理、待遇、服务年限、工作安置等方面制定了一系列的优惠政策。作为对西北边疆民族地区师资队伍的有益补充，内地师资支教工作还应该长期坚持下去并适当扩大范围，直到当地师资状况基本改善以后再加以调整。

十　政策、机制与理论建构：发展西北少数民族教育的总体思考

如前所述，1999 年"西部大开发"以来，中央和各级地方政府在政策倾斜和经费投入等方面都对民族教育的支持有所提高，并且取得了一定成效。但是从总体上来讲，这些举措仍然是对过去的延续和深化，在相当程度上依然是短期的、局部的、"输血式"的发展，并没有从根本上摆脱旧有的发展思路。少数民族教育事业的发展还处在中央政府投入—有所发展—放松—停滞—再投入—再发展的循环困境当中；各民族自我发展的能动性和自觉性没有得到充分的发挥，并在一些地区出现了"等"、"靠"、"要"的思想和现象。在今后市场经济体制日益完善、市场化日益充分的情况下，西北少数民族教育事业的发展如何适应这种新的形式，摆脱旧有的发展模式，建立一种中央和地方互动、激活少数民族自我发展能力的良性模式，是一项全新的重大课题。对此，笔者尝试着作出以下几点探索：

第一，从长远来看，现行的各种发展民族教育的政策和措施显然带有阶段性、局部性的特征，在一定程度上可以缓解西北民族地区教育基础薄弱、地区性和民族性问题突出等困难。但是，在近 10 来年"西部大开发"加大了民族教育基础设施建设的力度，建成了一批设施比较完备、教学环境良好的学校，但是由于没有教师，学生都走了，校舍反而变成了"羊圈"；之所以没有教师却是因为当地教育经费投入严重不足，教师的工作环境和待遇都比较差，不足以吸引和留住教师，尤其是民族地区的农村和牧区。西北少数民族女童教育问题依然巩固率较低，稍一放松，随时会出现新一轮的辍学高峰。这些，都需要进行全面反思，适时调整原来的设想，进一步深化民族教育改革；将民族教育的发展作为一项系统工程来看待，尽快制定并实施民族教育发展的总体长远规划，在保持良好的发展态势的基础上，实现民族教育的可持续发展。

第二，西北民族地区教育的投入主体是中央和各级地方政府，如何调动各级地方政府发展教育的积极性，不仅仅是一个认识和态度问题，还是一个政策、方法乃至策略问题。所以中央应当在教育投入的落实和

效益性等方面加强管理,另一方面还应当为调动各级地方政府发展民族教育的积极性出台一些行之有效的政策和措施,形成一整套激励机制,使民族教育的发展纳入规范化、健康化和法制化的轨道。正是从这种意义上来说,《民族教育法》尽快出台就显得尤为重要。

第三,全社会应当从"多元文化"教育的角度认识和发展西北少数民族教育,这是从理论上认识和解决西北少数民族教育问题、深化民族教育改革的重要前提和基础之一,对于实现民族教育创新也具有一定的理论与实践意义。多元文化教育始于 20 世纪 60 年代在美国兴起的民权运动,经过几十年的发展,其理论和实践已日趋成熟,成为目前西方教育发展中的一种前沿性的潮流,需要我们认真研究和对待。

多元文化教育理论是将不同的种族、民族、性别、社会阶层与群体视为不同的文化群体,通过研究来自不同文化群体的学生之间的差异及其对学校教育的影响,从而创设一定的环境和手段对各类学生区别对待、区别教育。据研究,其核心内容主要包括以下几个方面:"(1)权力分配不公而不是生物形态上的不同,是导致不同文化群体差异的主要原因;(2)文化上的差异是力量和价值之源;(3)教师和学生应该接受和欣赏文化的多样性;(4)尽管对弱势群体公开的歧视已不多见,潜伏的偏见、低期望现象还时时存在,而且成为弱势群体学生成绩低的主要原因;(5)教育工作者能够和家长、社会共同努力创设一种支持多元文化教育的环境;(6)学校应该教授弱势群体学生在社会取得平等地位所需的知识和技能。"① 从以上这些内容可以看出,起源于美国的多元文化教育为现行教育事业的发展提供了一个新的理论视角,并且具有较强的实践性和可操作性,比较深入地揭示出民族教育发展中的某些深层次问题及其实质,在理论上和实践上对中国民族教育的发展都具有一定的借鉴意义。

事实上,许多年来,西方多元文化教育的许多主张在中国民族教育的实践活动中一直在进行,诸如各民族教育权利的平等、灵活多样的办学形式、多元民族文化课程的设置、各类民族职业教育与技能培训、"双语"教育等等,而且这些内容大都已经以法律的形式(如《宪法》、《教育

---

① 黄宗植:《西方多元文化教育理论及其实践对我国少数民族教育的启示》,《民族教育研究》2004 年第 6 期。

法》、《教师法》等）确定下来。但是对于多元文化教育，却不仅缺乏理论建构，而且明显落后于实践，具有中国特色的多元民族教育理论体系尚未完全建立起来，实践中遇到的许多问题缺乏理论的解答与支持。所有这些都要求民族教育的实践者（学生、教师、教育管理者）和从事这方面研究的学者，在今后的工作中共同努力，为中国民族教育的进一步深化发展提供理论支持和政策依据。

民族教育的全面发展是一项复杂的系统工程，头绪多，牵涉面广，需要中央和全社会共同努力才能把这件工作做好。对于经济发展比较落后的西北少数民族地区而言情况更是如此。在进一步深化"西部大开发"战略的新形势下，各级政府在西北地区少数民族教育中的主体地位应该得到更加充分的发挥，优先发展西北地区民族教育应当成为各级政府的首要工作，改变原有的经济发展模式，实施"教育带动战略"。

在目前的情况下，中央和各级政府至少要保证民族教育的各项经费的足额投入，否则进一步发展西北民族教育的各种设想只能是空想，其长远影响则不可想象。从民族团结、社会安定、国家安全等角度来看，发展西北民族教育也是一项严肃的政治任务，必须从战略高度予以充分重视。中央和地方各级政府教育主管部门在民族教育政策的制定、措施的落实、教育管理、教育环境的改造等方面也是可以大有作为的。

第十三章

"西部大开发"与西北民族问题:理论与现实

中共中央在 1999 年发出"西部大开发""总动员令",由此拉开了"西部大开发"的序幕。"西部大开发"的中心是经济建设,目的是为了改变中国西部地区相对滞后的状况,提高这一地区人民的物质和文化生活水平,并以此为契机促进全国的社会经济发展。[①] 但是,"西部大开发"的总体战略是一项十分复杂的系统工程,它的制定和实施无疑将从西部地区的实际情况出发,在以经济建设为中心的前提下,充分考虑这一地区的历史和现实状况,研究制约和影响西部大开发的各种社会因素,比如社会稳定、文化差异、自然生态环境的协调、民族宗教问题等,进而提出对策,科学运筹,保证"西部大开发"战略的顺利实施。在这些社会因素中,西部地区,尤其是西北民族问题显得尤为突出。正如有研究者所指出的那样,"在现实生活中,我国的民族问题往往表现为经济问题与政治问题交织在一起,现实问题与历史问题交织在一起,民族问题与宗教问题交织在一起,国内问题与国际问题交织在一起"[②]。所以,对"西部大开发"中民族问题的重要性、长期性与复杂性必须要有清醒的认识。

根据连续几年的追踪调查,可以发现西北地区各少数民族的家庭生活状况几乎每年都在发生变化,少数民族地区的经济和社会发展水平也在提高。以一个哈萨克民族乡为例,2002 年实现定居点村村用上自来水,2003 年柏油路修通、草场滴灌工程竣工,2004 年定居点村村通电。事实上,"西部大开发"战略实施以来,中央政府在西部基础设施的建设方面

---

① 《西部大开发战略决策若干问题》,中央文献出版社 2000 年版。

② 龚学增:《高度重视妥善处理我国民族问题》,《科学社会主义》2005 年第 4 期。

投入了大量的物力和财力，改善了西部地区交通、能源、教育等领域基础薄弱的状况。据国家西部开发领导小组办公室统计，从 1999～2004 年的 5 年中，中央财政性建设资金累计投入西部地区约 4600 亿元，财政转移支付和专项补助累计安排 5000 多亿元，长期建设国债有 1/3 以上用于西部地区，近 3 年来这一比例超过 40%；中央支持西部地区开工建设 60 项重点工程，投资总规模 8500 亿元，其中国债投资 2700 多亿元。中央投入带动了社会其他投入，"西部大开发" 5 年来西部地区全社会固定资产投资年均增长 20%。西部地区 GDP 年均增长速度达到 10.2%，与全国地方平均增长速度的相对差距由 "八五" 期间的 2.8 个百分点和 "九五" 期间的 1.3 个百分点缩小到 0.8 个百分点。可以说取得了成效。① "然而，'西部大开发' 5 年，也是东西部差距进一步扩大的 5 年。以主要经济指标为例：2003 年与 1999 年相比，西部地区国内生产总值占全国的比重由 17.51% 下降到 16.83%，人均国内生产总值由相当于东部地区的 40.1% 下降到 37.6%；地方财政收入占全国比重由 18.4% 下降到 16.7%；全社会消费品零售总额占全国的比重由 16.8% 下降到 16.3%；利用外资占全国的比重由 4.6% 下降到 3.3%；城镇居民人均可支配收入和农民人均纯收入分别由相当于全国平均水平的 92.8% 和 75.2% 下降到 86.7% 和 74.9%。由于各种原因，地区发展差距扩大的现象在今后相当长一段时期内还将继续存在。"② 这就意味着，在一定程度上基于经济发展差异而产生的民族问题，并不会随着 "西部大开发" 的深入而消解，反而有可能由于经济差距的扩大而日益凸显，甚至有可能转化成为社会热点问题。对此，必须要保持一个清醒的头脑。

第一节　西北地区民族问题在"西部大开发"战略中的重要性

民族问题，即是指多民族国家内各民族在社会生活的各个方面产生的

---

① 资料来源：http://www.chinawest.gov.cn/web/NewsInfo.asp? NewsId = 28366。

② 龚学增：《高度重视妥善处理我国民族问题》，《科学社会主义》2005 年第 4 期。

矛盾。1949 年 10 月中华人民共和国成立以后，实行各民族一律平等的政策，民族歧视和民族压迫已逐渐消除①，但是，由于所处的社会主义初级阶段，国际环境的影响及执行民族政策过程中的不当，使一些非对抗性的民族问题转化为对抗性的民族问题，影响了社会稳定和国家的统一。

"西部大开发"是一项系统工程，正确处理民族问题是"西部大开发"战略顺利实施的前提与保证，而西北民族问题，无论从历史还是现实来看，均是影响"西部大开发"的最为重要的因素之一。

中国西北地区（指今陕西、甘肃、宁夏、青海、新疆 5 个省、自治区）自古以来就是多民族、多种族活动的地域。从古至今，有许多民族的人们都在这一地区社会、经济和文化的发展中作出了各自卓越的贡献，因而各民族的活动也一直影响着整个中国历史的进程。如今，西北地区仍然是中国少数民族聚居的主要地区之一，全国五个民族自治区这里就占了两个，即新疆维吾尔自治区和宁夏回族自治区，而新疆的面积又占到全国陆地总面积的 1/6（160 余万平方公里），超过西北其他 4 省（自治区）面积（130 余万平方公里）的总和；其他 3 个省也有少数民族，而且在青海、甘肃两省中，少数民族人口所占比例也很大，分布地域广，虽并未成为"自治区"，但实际上也是少数民族聚居的"民族大省"。此外，西北地区还与另外两大自治区，即西藏自治区和内蒙古自治区毗邻，因境内也有大量的藏族和蒙古族分布，所以与这两个自治区有着广泛的联系。正因如此，同全国其他地区相比，民族问题在西北地区就显得尤为突出。

上述这些民族自治地方一方面在面积上占了西北地区的绝大部分，而且在资源上也拥有优势条件；但另一方面，由于自然条件的限制和历史的原因，也是西北地区主要的贫困带。从加快提高西部人民社会经济发展水平的角度来看，西北地区的大开发实际上又是要重点解决占人口大多数的少数民族的贫困问题，缩小少数民族地区与东部地区之间、少数民族与汉族之间社会经济发展中日益加大的差距。社会学家费孝通说："在这样的地区讲经济发展，当然不能不考虑到民族这个重要方面，甚至可以说，我

① 吴仕民主编：《民族问题概论》，四川人民出版社 1999 年版。

们实际上是在讨论少数民族聚居地方的经济发展问题。"① 所以，在西北地区搞开发，不仅无法回避随时出现和遇到的民族问题，而且如何对待和处理民族问题也应当是制定大开发战略的一项基本的出发点。西部少数民族社会经济生活水平的发展与提高是"西部大开发"的目标与标志之一。

自 1949 年 10 月中华人民共和国成立以来，中央政府在新国家实行了各民族一律平等的政策，实行了民族区域自治，历史上那种民族歧视、民族压迫等对抗性矛盾基本上消失。但是，由于历史的原因，西北地区的社会经济发展一直滞后于全国平均水平，在少数民族地区情况尤甚。尽管中央政府也采取了加大对西北民族地区各项事业投入的做法，但由于基础设施薄弱和地理环境等诸多不利因素的制约，少数民族社会经济发展的水平依然较低。改革开放以来，西北地区虽然也获得了长足的发展，但由于发展重点和速度上的差异，中国东、西部之间的差距和西北少数民族聚居地区与汉族聚居地区的差距反而加大了。这一状况反映在西北地区，最为突出的便是大多数少数民族群众和民族地区的社会经济发展依然十分落后，各民族间事实上的不平等状态不仅没有缓解反而有所加剧。而以市场经济为特征的"西部大开发"势必与旧有的思维模式、民族文化传统发生碰撞和冲击，从而产生各种新矛盾、新问题。这些问题在客观上就成为直接制约和影响西部大开发战略能否顺利实施的重要因素之一，甚或影响到"西部大开发"战略的实施。

不仅如此，就是在实施"西部大开发"战略过程中，西部资源的利用开发、生态环境的保护、文化教育的发展、利益分配关系等诸多方面中所出现的问题，如果处理不当，也将会造成上述影响社会稳定和民族团结的消极后果，影响"西部大开发"战略的实施。所以，西北民族问题及其可能引发的诸多社会问题必须引起各方高度的重视和警惕。

对于中央政府来说，"西部大开发"的总的原则之一就是：把加快西部经济社会发展同保持政治社会稳定、加强民族团结结合起来。目前，国内外对于中国西部地区经济开发方面的各项专题研究尽管已经十分深入，但总的来讲大多仍然只是从区域经济发展、资源开发、环境保护等纯经济

---

① 费孝通：《西部经济发展和各民族共同繁荣》，《趋势与对策——中国西部开发》，甘肃人民出版社 1986 年版。

角度出发,有意或无意忽视这一地区,尤其是西北地区特殊的人文与社会环境因素;缺乏对西部开发历史上经验和教训的系统、全面的总结,对于当今各民族与西部地区社会经济发展的关系及其所发挥的作用与地位的研究则更为薄弱。

全面、系统地总结历史上西北地区社会经济的发展与各民族关系史上的经验、教训;充分认识当今西北少数民族的经济、文化现状,探讨其形成的原因,研究"西部大开发"战略实施过程中对西北少数民族及民族关系所可能产生的影响等最迫切需要解决的问题;制定切实可行的民族地区经济发展政策,建立和完善适应社会主义市场经济体制的民族政策体系,形成解决问题的新思路和新政策等,不仅具有较高的学术价值和理论价值,而且也具有重要的现实意义。

第二节 西北地区民族问题的特点与发展趋势

一 西北地区民族问题的特点

现今中国西北地区各民族是经过长期历史发展而逐渐形成的,与国内其他地区的民族问题有许多相同的之处,但无论在民族构成、地缘分布、社会经济、文化传承、族际关系等方面,又有着自己的特点。虽然在西部其他地区也有类似的情况,但西北地区尤为突出,而它又是与"西部大开发"息息相关的。

(一) 民族构成的多样性、复杂性与地缘分布上的边疆性

西北5省、区(陕西、甘肃、宁夏、青海、新疆)总面积为296万平方公里,约占全国陆地面积的30%;其中陕西省面积较小仅19万平方公里,其他的民族自治区和民族聚居大省的面积达277万平方公里,占西北总面积的94%。全国56个民族中,有16个主要聚居区在西北各省区。其中有相对聚族而居的民族,如新疆的维吾尔、哈萨克、塔吉克、乌孜别克、塔塔尔、柯尔克孜、锡伯等民族,青海、甘肃的土、撒拉、东乡、保安、裕固等民族,语言分属阿尔泰语系、通古斯语系,并且大多有本民族

的文字。此外，也有处于大聚居、小分散的民族，如回族、蒙古族、藏族等。在西北地区，民族杂居的现象十分普遍，民族问题往往牵一发而动全身。

在西北地区有漫长的中国国境线，有很大一部分少数民族就分布在边疆地区，最为典型的当属新疆维吾尔自治区（其中还包括伊犁哈萨克族自治州、克孜勒苏柯尔克孜族自治州和塔什库尔干塔吉克族自治县等三个边境民族自治州县）。新疆与蒙古、俄罗斯、哈萨克斯坦、吉尔吉斯斯坦、塔吉克斯坦、阿富汗、巴基斯坦、印度、克什米尔等国家和地区接壤。国际关系复杂，历史上遗留了许多悬而未决的问题，与新疆毗邻的中亚诸国也是引起该地区不断战乱的根源。分布在中国西北边疆地区的这些少数民族一方面在建设着自己的家乡，另一方面还肩负着巩固国防、保卫国家领土安全的使命。这就使得西北地区的民族问题在"西部大开发"中具有特殊的重要意义。

（二）民族社会经济发展的滞后性

由于西北地区自然环境所决定，在经历的漫长的历史时期中，这一地区的少数民族主要从事着传统的农业和牧业，城市人口所占比例较小，工业化程度很低。中华人民共和国成立以后，西北地区的社会经济，特别是工业，虽然也取得了较大的发展。但是，如上所述，与东部地区相比，仍然是滞后的。更为严重的是，两者间的差距在近30年间更进一步加大。据统计，西部省区和东部最发达的上海相比较，人均国内生产总值的差距均在7倍左右。经验表明，若地区发展差距倍数超过8倍，则社会不稳定的因素将显示出来，欧洲现在已解体的国家南斯拉夫、苏联均是如此。①西北地区少数民族社会经济发展的滞后性是西北民族问题中的一项带有根本性的因素。如何处理好"西部大开发"与西北少数民族社会经济发展之间的关系，是一个十分严峻的问题。

（三）文化传统的宗教性

西北各少数民族绝大多数都有各自传统的宗教信仰，民族文化在很大

---

① 侯景新：《西部大开发应抓住机遇、选好亮点》，《民族研究》2000年第2期。

程度上都依附于宗教而存在，并成为维系本民族凝聚力的一种重要形式。在以社会主义市场经济为导向的"西部大开发"的新形势下，这些肇始于农业、牧业文明的传统民族文化势必面临着一次大的挑战。此外，西北少数民族有很多信仰伊斯兰教，而伊斯兰教的世界性和内部各教派之间的不稳定性，也可能作为一种外在因素，影响到西北民族地区。所以，西北民族问题中的宗教性也必须引起足够的重视。

（四）族际关系中的跨国性

由于历史的原因，生活在西北地区的一些少数民族在毗邻的国家和地区也有大量的分布，成为通常所称的跨国民族，如蒙古族、哈萨克族、乌孜别克族、塔吉克族、柯尔克孜族等。这些民族甚至还建立了自己的民族国家，如蒙古国、哈萨克斯坦、乌兹别克斯坦、塔吉克斯坦、吉尔吉斯斯坦等。这些民族国家的一举一动有可能影响到中国西北的一些民族。在"西部大开发"，对外开放日益加强的形势下，这些跨国民族之间的关系也将发生一些微妙的变化。西北民族问题中的边疆性与跨国性，在"西部大开发"中有着双重的作用，即一方面在改革开放的时代跨国民族之间可以加强彼此的经济和文化联系，扩大经济和文化交流，共同发展、共同进步，再现昔日"丝绸之路"的繁华景象；另一方面，跨国民族之间因宗教、民族的关系，也必然存在和助长西北地区可能的分裂活动的因素，对此，必须要有一个清醒的认识和思想准备。

（五）"反分裂"斗争的长期性与复杂性

从 20 世纪初以来，西北地区的一小撮民族分裂分子打着民族、宗教的旗号不断挑起事端，内外勾结，制造分裂事件，挑拨民族关系，危害国家安全和各民族之间的团结。在当前西北少数民族地区所面临的复杂的国际形势下，民族分裂分子的分裂活动不仅没有停止，反而与国际反华势力相勾结，且愈演愈烈。因此在一定条件下，反分裂的斗争将会变得激烈起来。对于这一小撮分裂分子，一方面要剥去其宗教的和民族的外衣，揭露其分裂国家、破坏民族团结、危害国家安全和各民族社会经济发展的实质，采取有力措施予以坚决打击；另一方面则要紧紧依靠广大的西北地区少数民族群众，坚持实施"西部大开发"战略不动摇，决不能因一小撮分裂分子的破坏,而影响"西部大开发"战略在西北民族地区的进程。

(六)"西部大开发"战略实施以来的西北地区少数民族经济、社会、文化的变化

"西部大开发"战略实施 5 年来,西北各少数民族经济社会和文化发展都发生了很多变化,具体主要体现在以下几个方面:

第一,西北少数民族的经济生活有所改观,许多地方村落的经济结构从单一的农业向农副业、商贸业、企业、劳务输出等几个方面同时发展,而经济收入中非农业的比重越来越大。目前,劳务输出也成为少数民族农村经济收入的主要来源,甚至在少数民族牧区也出现了外出打工的现象。"其中原因是与农村实行土地承包尤其退耕还林后出现大量剩余劳动力有关,而且这种方式脱贫见效快。另外也与实施"西部大开发"战略后出现广阔的劳动力就业市场有关。"① 西北少数民族牧民也开始普遍从事农业和园艺业乃至商业,经济生活方式日趋多样化。

第二,市场经济的影响已经渗透到了西北少数民族经济生活的各个方面,并产生了广泛的影响。随着"西部大开发"的深入,西北各少数民族的经济生活也与全国乃至世界的"大市场"紧密联系起来,各少数民族群众对外界的关注程度日益提高,国内外经济形势的变化也对他们的经济生活产生一定的影响,西北民族地区原来相对封闭的状态被打破。部分少数民族群众根据市场需求及时调整自己的生产或生产方式,在当地抢得市场先机而富裕起来。从调查中可以看到,目前少数民族中收入最高的那部分人几乎都与从事商贸活动有关。但是面对以竞争为主的市场经济,处于弱势状态的大部分西北各少数民族普遍产生了不同程度的危机感,他们的心理落差也在增大。

第三,"西部大开发"改善了西北少数民族地区的交通、通信、教育等方面的落后状态,使各民族群众与外界的联系日益便捷和紧密。与此同时,外来文化、思想也对西北少数民族基层社会产生很大的影响,传统的生活方式与价值观也呈现出多元的发展态势。以哈萨克族为例,随着他们

① 吕建福等:《西部大开发进程中西北少数民族村落经济文化的变迁》,载周伟洲主编《西北民族论丛》第三辑,中国社会科学出版社 2004 年版,第 127~232 页。

大多数人的生产方式从原来以游牧业为主向半农半牧的转变,在牧区普遍出现了以核心家庭为单位的固定住房,进而形成了居民点和以村(大队)、组(小队)为单位的农牧社区,从根本上改变了哈萨克人传统的牧业社区格局。在此基础上,哈萨克人的教育、医疗、通信等条件得到了改善,包括电视、电脑、互联网和无线通信在内的现代化生活方式也逐渐进入部分哈萨克人的生活之中。在生活水平提高的同时,生活成本也日益加重,如何提高收入来支付日益增加的生活成本成为每个哈萨克人不得不面对的问题。在此形势下,哈萨克族人的价值观也逐渐发生了变化。传统的轻商思想开始淡漠,只要能"致富"便被视为"能人",至于通过何种方式、从事什么职业,在一些人那里变得并不那么重要。此外,交通、通信与教育手段的改善使得新一代的哈萨克人很快便接受了外来文化,哈萨克族传统文化的承继在一定程度上出现断层,引起哈萨克老一代人和精英阶层的忧虑。[①]

第四,随着社会地位与经济生活水平的差距日益加大,西北各少数民族内部的阶层化现象也更加显著。据调查,随着生产方式和生活方式的多元化,单纯以农业或牧业等经济因素来划分或指称某个少数民族已经显得不合时宜。各民族中自由职业者的比重日益增加,使得西北少数民族的阶层结构更加丰富。在西北少数民族各阶层当中,除了传统的农民、牧民、国家机关和企事业工作人员外,自由职业者的经济地位提高很快,对少数民族社会的影响也日益加大,需要引起足够的注意。阶层化现象的凸显,使得少数民族内部各阶层的利益诉求变得多样化。人们的要求也不尽相同了,甚至有相左的现象。作为传统的各民族利益的代言人,各级政府官员和少数民族知识精英分子的言行也有阶层化的价值取向,而广大少数民族群众在某种程度上存在集体"失语"的现象。

二 西北民族问题发展的趋势

随着"西部大开发"的深入,西北民族地区社会经济中各种新的问

---

① 王欣等:《德外里都如克哈萨克民族乡民族关系和经济生活的考察》,载周伟洲主编《西北民族论丛》第三辑,中国社会科学出版社 2004 年版,第 146~156 页。

题和矛盾也出现了，西北民族问题的发展面临着新的社会与经济环境和新的变化；与此同时，西北民族地区所面临的周边国际形势的变化也呈现出新的特点，尤其是发生在美国纽约的"9·11"事件以后，中亚成为国际"反恐"的热点地区，对西北民族地区的发展产生或积极或消极的影响。所有这些，都使得西北民族问题的发展趋势充满着各种不确定的变数，需要进行科学分析、认真对待，做好预判。

第一，在"西部大开发"的背景下，团结互助，共同发展仍然是中国民族关系的主流，而民族问题将长期处于一个良性发展的态势。这是基于笔者在少数民族乡村调查而对于西北民族问题发展趋势的基本判断。[①]当今西北民族问题的核心还是在于如何最大程度上提高广大少数民族群众的生活水平、缩小区域间的经济与社会发展差距，从根本上消除民族问题产生的经济方面的诱因，从而最终消解各少数民族在国家政治生活中的边缘感。

按照《"十五"西部开发总体规划》，"西部大开发""总的战略目标是，经过几代人的艰苦奋斗，到 21 世纪中叶全国基本实现现代化时，从根本上改变西部地区相对落后的面貌，显著地缩小地区发展差距，努力建成一个经济繁荣、社会进步、生活安定、民族团结、山川秀美、人民富裕的新的西部地区"。"西部大开发"符合西北各民族人民的长远利益与根本利益，是实现各民族共同发展的必由之路，也是从根本上解决民族问题的必然选择。从另一方面来讲，民族问题处理得好，能够为西部开发创造良好的社会环境，有效地保证"西部大开发"战略的顺利实施和各项战略目标的早日实现，反过来又能促进民族问题向良性的方向发展。因此，"西部大开发"与民族问题两者之间是相辅相成、相互促进的辩证关系。在"西部大开发"的条件下，民族问题总的来讲将随着经济的发展和各民族生活水平的不断提高而逐步得到解决。

第二，随着"西部大开发"的进一步深入，西北民族问题将在局部范围呈现出阶段性矛盾激化，热点问题凸显的趋势。这主要是由西北民族

---

① 参见王欣等《德外里都如克哈萨克民族乡民族关系和经济生活的考察》，吕建福等《西部大开发进程中西北少数民族村落经济文化的变迁》，均载周伟洲主编《西北民族论丛》第三辑，中国社会科学出版社 2004 年版，第 127～232 页。

地区所面临的内外环境所决定的。

从内部环境来看,中国目前社会经济发展的各个方面显示,社会经济发展普遍滞后的西北少数民族地区在市场经济中处于弱势地位。竞争尽管给他们的发展带来了机遇,但更多的还是挑战。一方面,"由于部分过去的民族政策失效和经济结构、利益关系的调整,导致民族地区原有的一些利益保证丧失"①,从而会加剧少数民族群众的"失落感";另一方面,"西部大开发"将加速西北民族地区的市场化进程,将西北民族地区纳入全国乃至世界的市场经济体系之中,成为资源和廉价劳动力的输出地并伴随着生态环境的不断恶化,从而会使得西北少数民族产生被剥夺感。调查中发现,西北少数民族对"西部大开发"的标志性建设项目——"西(天然)气东输"工程就颇有微词。所有这些问题如果没有适当的经济和制度补偿加以解决,无疑将导致资源产地少数民族的不满,进而使得利益分配之间的矛盾和冲突转化为民族问题。

从外部环境来看,"9·11"以后虽然国际"反恐"斗争取得了阶段性的成效,以"基地"为首的恐怖组织受到了一定程度的打击,但是随着美国驻军中亚,出兵伊拉克,反而使得这一地区局势更加复杂,"恐怖活动"的频次日益增加;"颜色革命"也使得中亚各国的政局不时呈现阶段性动荡,进而对中国西北民族地区的稳定产生影响。与此同时,境外大部分"东突"分裂势力近年来也加快了整合与联合的趋势,并试图改变以往暴力恐怖的策略,提倡"非暴力化"斗争;部分分裂势力仍然坚持以恐怖暴力的方式实现所谓的"新疆独立"。可以预测的是,在今后相当长的一段时间里,中国西北民族地区所面临的外部环境也将更加复杂和严峻。

在这种内外形势的交互影响下,目前中国西北地区还暂时处于蛰伏状态的所谓"三股势力"(即"恐怖主义"势力、"民族分裂主义"势力和"宗教极端"势力)随时可能继续兴风作浪,利用国内民族问题和周边国际政治形势而大做文章,将民族问题引向激化、对立的方向,以达到他们的罪恶目的。境外分裂势力和国际反华势力也会随时利用民族问题,以达到遏制中国"崛起"的目的。鉴于影响西北地区民族问题的内外环境在短期内不会发生太大的改变,故其产生的内部因素在短期内也不可能得到

---

① 龚学增:《妥善处理构建和谐社会中的民族矛盾》,《理论视野》2005年第3期。

根本解决，对民族问题的局部性和阶段性激化必须要有一个清醒的认识，做好各种预研究和处理预案的准备。

第三，近50年来，中央政府在制定和执行民族与宗教政策方面失误所产生的"后遗症"开始集中显现，民族问题的某些方面处理起来将变得更加复杂，难度更大。一方面，在40余年前"文化大革命"期间受"左"的思想的影响，片面强调民族问题的阶级性，忽视民族问题的自身特点，处理民族问题简单粗暴，不同程度地伤害到了部分少数民族的利益与感情，少数"后遗症"需要在今后相当长一段时间内加以弥补，从而在一定程度上加重了当今处理民族问题的历史成本。另一方面，最近30年来，政府所制定的民族与宗教政策在执行过程中也发生了部分偏差。具体表现在过分强调各自民族的特点与利益，忽视中华民族大家庭各成员间的共性与共同利益；民族身份成为某些人谋取个人利益和政治资本的工具，甚至违法乱纪的"挡箭牌"。所有这些造成个别不正常的民族情绪在一定程度上和一定范围内以不恰当的方式发泄，影响到了局部的民族关系，也使得民族问题在局部有所激化。同时，与民族问题相关的宗教问题也凸显起来，宗教活动在局部范围出现"管理失控"，甚至出现了中共党员干部信教和参加宗教活动的现象，对民族问题产生了消极影响。20世纪80年代以来，在国内外形势的影响下，中国的民族问题和宗教问题出现了一定程度的反弹，这虽然可视为对以往政策性失误的反应过度，但是矫枉过正不仅无助于民族问题的有效解决，反而会使得问题更加复杂，新的问题也会随之出现。目前，所面临的民族问题的复杂性超过了历史上的任何一个时期，今后处理的难度只会加大，需要人们投入更多的智慧和力量。

第四，随着"西部大开发"的深入，西北民族地区将不可避免地被卷入全国乃至全球经济一体化的进程中，民族文化因素在民族问题中的作用将变得更加重要。西北是多民族聚居的地区，其民族文化也是多元的。从总体上来看，"由于国家对少数民族传统文化的保护和发展政策，以及西北各少数民族生活水平提高而对自己文化发展的迫切要求，从而使西北少数民族多元文化得以保护和发展"①。近20年尤其是近10年来，西北

---

① 周伟洲:《西北少数民族多元文化的历史与现状》，载《西北民族论丛》第三辑，中国社会科学出版社2004年版，第40页。

各民族的生活水平也在整体上得到了某些提高;但是与此同时,伴随经济一体化和统一市场的形成,人们的生活方式日益趋同,使得各民族的青少年一代对外来文化趋之若鹜,从而对传统文化产生了极大的冲击,承继成为一个大问题,使很多人产生了危机感。调查时曾经听到一位哈萨克老人谈道:"传统的叼羊等活动很好,但是现在逐步减少了。关键是骑马的人少了,交通工具多了。以前主要的交通工具就是马,定居以后一切都变了,现在迎亲都坐车,不骑马了。现在骑一匹马出去施展不开,到处都是居民点和围栏。(传统) 好的活动都淡忘了,这不是好事情。如果把本民族传统的习俗都丢了,还能成其为一个民族吗?"[①]

在西北地区各民族看来,本民族的语言、文字、宗教、信仰、习俗等文化因素,是自己赖以存在的基础和加强民族凝聚力的根据,民族文化是本民族每一个成员的"精神家园"。为了维持本民族存在的依据,西北少数民族中的知识精英阶层开始采取各种措施、通过各种方式极力弘扬本民族的文化。民族传统文化因之成为当今西北各少数民族抵御外来文化冲击、维系本民族凝聚力的坚强后盾。作为弱势群体,各少数民族对于任何有意或无意触犯本民族文化的言行都会相当敏感,甚至有可能将其视为对本民族尊严的挑战。因民族文化而引发的民族问题很可能成为今后民族问题发展的一个重要特点;民族文化因素在民族问题中的比重将会增加。可以预测,在今后的一段时间里,如何协调好发展民族传统文化与吸收外来优秀文化之间的关系,将成为今后处理西北民族问题的最重要内容之一。

第三节 处理西北地区民族问题的
历史经验和教训

在阐述处理"西部大开发"中西北地区民族问题的几点思路之前,有必要对中国历史上处理西北地区民族问题的得与失作一概括性的回顾,

---

① 王欣等:《德外里都如克哈萨克民族乡民族关系和经济生活的考察》,载《西北民族论丛》第三辑,中国社会科学出版社 2004 年版,第 155～156 页。

以历史的经验作为今天之借鉴；同时，作为人类文明的共同成果，各国处理民族问题的经验与教训也必须加以借鉴和汲取。事实上，中国自从有文字记载以来，西北地区的多民族格局及其纷繁复杂的民族关系就一直或多或少地影响着历朝历代的政治形势。西北少数民族的兴盛和衰亡同中国历史的发展进程息息相关，荣辱与共。加之从商周到隋唐的三千余年，陕西关中地区在相当一段时间里是当时全国的政治、经济和文化中心，西北民族地区作为拱卫京畿的战略地位就显得尤为重要。正因如此，历代中央王朝常常把西北民族问题作为其治理民族地区、保障国家安全的重要方略之一，并在此过程中为后人留下了一笔丰厚的遗产。20 世纪 90 年代，由于在民族等问题上的一系列失误，造成了苏联及其盟国的"剧变"与解体，同样也警醒着人们。

首先，中央王朝的稳定和繁荣是西北民族地区稳定和发展的基础。中国在历史上一直就是多民族国家，中央王朝始终是周边各民族倾慕和凝聚的中心所在，各民族将其奉之为正朔。凡是中央王朝团结、强盛、开放、繁荣的时代，同时也就是周边民族地区较为稳定、发展，民族关系较为和睦、融洽的时期。西北民族地区自然也不例外。在这方面最为典型的当属汉、唐时期。在这一历史时期，即使民族问题出现了一些波澜，中央王朝也可以借助其在各民族之中良好的影响力以及各民族强烈的向心力，运用自身雄厚的人力、物力、财力等手段，较为妥善地处理各类民族问题。诸如汉之对匈奴和唐之对突厥、回鹘。反之，当中央王朝自身力量衰微、内乱，乃至分裂之际，也是民族问题复杂、民族矛盾尖锐的时期。诸如魏晋南北朝时期，两宋契丹（辽）、党项（西夏）、女真（金）诸政权对立时期等。

其次，民族政策是处理西北民族问题的核心。中国古代统治阶级民族政策的理论基础，是传统的"内中华，外夷狄"和"夷不乱华"思想；其划分民族的标准主要是文化，即凡是接受中央王朝奉为圭臬的儒家思想和文化的，不管它以前是什么民族和种族，或从事何种经济生活方式，均可被视为华夏；反之，即使是华夏族，如果背叛儒家文化接受夷狄文化，亦将被视为夷狄。正因为如此，"怀德四夷，治安国土"便成为历代统治者民族政策的基本出发点和最主要的特征之一。在上述思想的指导下，中国历代统治者在对待西北少数民族的问题上采取了以"羁縻"或"怀柔"

为主、武力征伐为辅的政策。事实上,这一民族政策虽然仍是建立在民族压迫和歧视的基础之上,但在历史上还是收到了一定的成效。尤其是以文化作为区分华夷的主要标准,在很大程度上对于增强各民族之间的凝聚力起到了重要的作用。与此相反,那种单纯依赖军事力量震慑西北少数民族的政策,被历史证明是不可取的。此外,历代王朝对西北少数民族地区重管理、轻建设;只知以"协饷"、"布施"、"赏赐"等名义,对该地区进行单纯的"输血",而忽视了扶持和帮助其自身经济发展的"造血"功能。结果往往是得不偿失,反而使西北少数民族社会经济一直处于比较落后的状态,从而成为引发一系列民族问题的根源。这些历史教训值得深思。

再次,官吏的好坏直接影响到当地的民族关系。在少数民族地区进行管理的各级地方官员是中央各项民族政策的直接执行者。他们的所作所为,直接影响到各项民族政策的贯彻和实施,对保证民族地区的稳定和长治久安至关重要。作为与各少数民族的直接接触者和管理者,民族地区各级地方官员一言一行、一举一动都会被人们(包括少数民族)看在眼里,记在心上;他们个人的品行、能力和魅力,也将对当地少数民族背向产生直接的影响。东汉班超仅率36人受命出使、管理西域,深受各族群众的爱戴。在西域发生反叛事件而汉廷又无暇西顾的危急形势下,他毅然拒绝了汉廷令其东返的命令,接受了西域各族人民的盛情挽留;在孤立无援的不利条件下,依靠当地各族人民,充分发挥了其个人的魅力与才干,迅速平定反叛势力,维护了西域地区的稳定和团结。清代林则徐被发配到伊犁后,主持兴修了一系列的农业水利工程,惠泽各族百姓,"林公渠"的名字至今仍在当地的维吾尔族群众中广为流传。相反,地方官吏暴虐无道,鱼肉各族百姓,导致民族问题激化的例子,在历史上也屡见不鲜。吏治的腐败常常成为引发民族问题的导火索,这一点值得深思和警觉。

最后,造成苏联及盟国解体的原因固然有很多,但是民族问题没有处理好是其中的一个重要因素。在联邦共和国的体制之下,苏联境内的各少数民族在名义上保持着各自的"民族国家",虽然有中央集权维系着苏联在形式上的统一,但是在"大俄罗斯化"的政策指导下,各民族的"离心力"不断加大。所以,到了20世纪80年代末和90年代初,苏联解体时,基本上都是在各个具有民族特征的加盟共和国的基础上产生了新的独立国家。在维系多民族国家的统一方面，苏联的模式已经被证明是失败的。与苏联的情况不同，中国统一的、多民族国家的形成是一个历史的和自然的过程，实行民族区域自治也无法改变这一性质。但是"民族分裂分子"借所谓的"民族自决"大做文章，行分裂国家民族之实，确实要引起足够的警惕。必须清醒地认识到，"民族区域自治"重在"区域自治"而不是"民族自治"。在历史上形成的多民族杂居错处、各民族血脉相连的基本情况下，片面强调某一民族的"自治"或"自决"无疑会伤害到该区域内其他民族的感情和利益。

第四节　处理"西部大开发"中的西北地区民族问题的几点思路

1949年10月中华人民共和国成立后，中国的民族关系和民族问题的性质发生了本质的变化，民族压迫和民族歧视基本上消除，确立了各民族在政治上和法律上的平等地位。而各民族在发展阶段上事实上的不平等状态，便成为民族问题产生的主要根源。缩小各民族社会经济发展之间的差距，逐步消灭这种不平等的状态，是社会主义初级阶段民族工作的主要任务之一。因此，充分认识西北民族问题存在的长期性、复杂性，就会使"西部大开发"中遇到民族问题时能有一个充分的、健康的思想准备，既无须大惊小怪，也不要小题大做。因此，如何正确处理"西部大开发"中的西北民族问题就显得至关重要。在当前的形势下，应该从以下几点思路出发：

第一，全面正确贯彻执行中国共产党所制定的各项民族和宗教政策，并根据"西部大开发"新形势下可能出现的新的情况作适当的调整和充实。

经过几十年的实践证明，中国现行的一整套民族宗教政策和民族区域自治等法规，是较为行之有效的，虽曾受到来自各方面的干扰，但是人们也从中吸取了不少的经验和教训。在现阶段，中国民族工作和民族政策、法规的贯彻落实仍存在不少问题。如过分强调民族成分和民族问题，甚至实行无原则的迁就，冲淡了法律和政策的权威性，客观上助长了某些消极因素的蔓延；宗教事务管理仍然存在混乱现象，管理不力；民族干部的培养和使用上也存在着一些问题,等等。此外,随着西北民族地区形势的发展,应在总结几十年民族政策和法规执行过程中经验教训的基础上,调整、充实和制定一些新的法规,如《宗教管理法》、《反恐怖活动法》,以及选拔配置干部的有关规定等。

已制定的民族政策及民族区域自治等法规是需要通过各级干部来贯彻执行的。历史的经验值得注意,西北地区的各级干部,特别是少数民族干部的培养和配置事关重大,他们的好坏直接关系到西北边疆民族地区的稳定和民族的团结。正因为如此,当前进行的反腐败斗争,在西北民族地区也就具有了特殊的重要意义。在加大反腐败力度的同时,必须坚持德才兼备的原则,"能者"上,"庸者"下;不管是什么民族的干部,腐败者坚决清除之,决不能使之成为害群之马。

第二,社会经济全面发展、各民族共同富裕是妥善处理民族问题的根本,不能因局部的民族问题而影响"大开发"战略。

现阶段中国民族问题的主要根源在于各民族社会经济发展现状的不平衡性,只有缩小这种差距、提高各民族社会生活水平,才能从根本上处理好当代民族问题。这一点不仅符合西北地区各少数民族的根本利益,而且也是"西部大开发"的重要出发点和最终归宿,两者在本质上是完全一致的。正因如此,在西北民族地区一方面可以放心大胆地搞开发和建设,让各民族尽早、尽快地从"西部大开发"中直接受益,赢得他们对"大开发"的理解和支持;另一方面又要对开发过程中出现的新的民族问题进行认真而客观的分析,清醒认识"西部大开发"新形势下民族问题可能发生的变化,正确区分和谨慎处理各类不同性质的民族问题。

对于经济发展方面出现的问题和分歧,诸如少数民族地区资源开发、利益分配、不同文化碰撞和融合、民族地区自然生态环境与开发等问题,则要做耐心、细致的工作,以说服教育为主,摆事实、讲道理,求大同、存小异,在发展各民族经济、走"共同富裕"的道路上取得共识。对于那些蓄意破坏民族团结、社会稳定和经济发展,制造事端的一小撮人,则要依照法律予以坚决、及时、严厉的打击。即使出现局部民族问题的激化,也不能动摇实施"西部大开发"战略的决心。只有这样,才能从根本上妥善处理西北民族问题。时不我待,对于西北各族人民来讲,应该格外珍惜这次发展社会经济的机遇。

第三，西北地区少数民族自我发展机制的形成与完善是"西部大开发"实现可持续发展目标的主要组成部分。

对于西北民族地区来讲，正在实施的"西部大开发"战略与以往在计划经济条件下搞经济建设不同，各少数民族经济发展所面临的内外条件和环境都发生了许多重大变化，可以说机遇和挑战并存。在社会主义市场经济条件下，各民族自我发展的权利将获得扩展，其自身的发展活力和创造力也将被充分地激发出来。在计划经济条件下，中央政府对民族地区以"输血"为主的发展模式，也将被市场经济条件下培育的"造血"功能所取代。许多传统的思想观念在新的形势下会受到冲击，那种在计划经济体制中形成的"等"、"靠"、"要"思想一定要彻底地摒弃。

因此，在中央政府支持，先进地区人员、技术、资金等方面支援和对外开放、自主权扩大的有利条件下，西北各少数民族和民族地区提高自我发展能力，自身形成符合本民族、本地区实际情况的可持续发展机制，是彻底摆脱贫困、落后的状态，真正实现各少数民族社会、经济、文化的现代化的必由之路。中央政府则应在政策上、资金上提供各项必要的优惠条件，积极协助和促进各少数民族与民族地区自我发展机制的形成与完善。

同时，西北民族地区搞经济开发与东部地区的内外部条件都有所不同，不能照搬东部地区发展的模式，而应在吸取东部发展社会主义市场经济成功经验的基础上，结合西北民族地区的实际情况，有针对性地加以革新和创造。"让一部分人先富起来"（邓小平语）的思想在东部地区经过实践证明是比较成功的，但在西部民族地区实施起来，则应当慎之又慎。因为西北民族地区与东部地区的贫富差距现在已经相当大了，加之西北各民族间社会经济发展本身又存在着严重不平衡性。"让一部分人先富起来"这一在东部市场经济发展之初被证明是行之有效的政策，在西北民族地区则更加会导致"两极分化"加快，业已存在的贫富差距会进一步加大；尤其是不同民族之间贫富程度的扩大，将有可能使得民族间的隔阂与矛盾加剧，如果被人所利用，则更容易引发民族问题性质的转化。鉴于西北地区各民族之间经济、文化发展程度事实上存在的严重差距，而少数民族在许多方面起点又程度不一，在社会主义市场经济的新形势下，尤其是在经济发展中处于竞争的不利地位，属于弱势群体，所以在"西部大开发"的有关政策上要特别注意对少数民族群体的适当倾斜，至少要创造条件使各民族在"西部大开发"中相对处于同一个起跑线上。为此,作为全社会公共利益代表的中央政府,一方面要积极协助培养、创造和激发各民族自我发展的有效机制;另一方面则应在各民族社会经济发展中充分发挥自己的社会公共利益"调节者"的作用,运用全国经济杠杆的协调性和政治上的权威性,采取各种有效措施,防止"西部大开发"中的利益矛盾转化为严重的民族问题。

第四,坚决防止和打击任何形式的分裂国家和恐怖的活动,坚持法律面前人人平等,强化国家和公民意识,淡化地区和民族意识,树立全国"一盘棋"的思想。

西北地区,特别是新疆维吾尔自治区,自最近30余年以来,由于西北周边各国局势的变化及欧洲东南部"科索沃危机"的爆发,使早已存在的一些分裂和恐怖活动加剧,影响了本地区的社会稳定和"西部大开发"战略的实施。因此除了上述坚持中共中央所制定的各项民族政策及法规,调整、充实、制定和完善各项相关法规,坚持法律面前人人平等,强化国家和公民意识,淡化地区和民族意识,而且在实际操作过程中坚持从法律的而不是民族的或宗教的立场处理某些问题,那么事情也许就会简单得多。

第五,加强民族团结,既重视各民族的特点,又要强调中华民族的共同性;既发扬各民族优秀的文化传统,又强调民族文化的交流与融合,以促进各民族的共同繁荣,缩小民族之间的差距,使"西部大开发"战略得以实施。

西北地区各个民族均有自己的民族特点和优秀的文化传统,在实施"西部大开发"过程中,应加以发扬,这不仅对本民族的社会发展及贯彻各民族一律平等的政策是必要的,而且西北各民族的文化资源也可直接服务于"西部大开发"的经济建设和"精神文明"建设。但是,西北各民族均是中华民族的一个有机组成部分,不能完全、片面强调本民族的特点和文化,而拒绝接受其他民族甚至国外民族先进的、优秀的文化。须知各民族的文化交流与融合,是历史发展的必然趋势。为此,少数民族地区在文化教育和科技发展方面更应加大力度,在文化教育中充分保障各少数民族语言文字学习和应用的同时,也更应注意吸收各种先进文化和教育体系与制度的精华,抑制一些不正常现象的发展。

第六，正确理解和认真执行《中华人民共和国民族区域自治法》，将民族问题的处理纳入法制化轨道。

实行民族区域自治，是中国现阶段处理民族问题的基本政策，也是民族地区的一种政治制度，并以《民族区域自治法》的法律形式固定下来。近20年来，民族区域自治政策在理解和执行的过程中也产生了一定的偏差，出现了一些值得注意的现象。诸如片面强调"民族自治"而忽视"区域自治"，甚至将"民族自治"等同于"民族区域自治"；强调自治民族的利益而忽视其他民族的利益，甚至按照民族身份分配政治利益与经济利益。这些倾向导致某些自治地方的所谓主体民族的排他意识增强，在局部范围内甚至导致"地方民族主义"；在一定程度上成为少数既得利益阶层集团谋取一己私利的"护身符"和"挡箭牌"，从而背离了民族区域自治的初衷。

事实上，现行民族区域自治地方，也是多民族共同居住的地区。民族区域自治的前提是自治地方各民族一律平等，各民族均享有共同发展的权利，任何一个民族都没有将本民族利益凌驾于其他民族之上的权利。民族区域自治政策的根本目的是为了保证所实行自治的区域内各民族的共同繁荣和发展，所以"区域自治"才是关键。为此，今后在落实民族区域自治政策，尤其是在制定优惠政策时，应当强调其"区域性"，使区域内各个民族应当享受政策的个体成员都得到实惠。只有这样，才能防止民族区域自治政策在执行过程中发生偏差，实现各民族的共同发展。

总之，只有坚决贯彻实施"西部大开发"战略，提高西北各少数民族的经济、文化发展水平，逐步缩小东、西部之间的整体差距，才能从根本上解决乃至消除西北民族问题对政治、经济生活的负面影响；处理好西北民族问题，不仅能够加强各民族之间的凝聚力，提高综合国力，而且还将有力地保证和促进"西部大开发"战略目标的实现。反之，西北民族问题如果处理不好导致问题激化，势必影响社会的稳定和国家的安全，"西部大开发"战略的实施也是难以想象的。因此，充分认识和正确处理"西部大开发"与西北民族问题的辩证关系，应当是制定和实施"西部大开发"战略时必须考虑的一项重要社会因素。

参考文献

（以拼音字母为序）

［古希腊］阿里安：《亚历山大远征记》，［英］E. 伊利夫·罗布逊英译，李活汉译，商务印书馆 1979 年版。

阿布来提·阿不都热西提：《五十年的沧桑巨变》，国家民族事务委员会《中国民族工作五十年》编委会主编《中国民族工作五十年》，民族出版社 1999 年版。

阿不拉·艾买提：《新疆少数民族教育辉煌的五十年》，《中国民族教育》1998 年第 6 期。

Adams：Douglas Q. Adams，The Position of Tocharian Among the other Indo-European Languages，JAOS，104，3，1984.

［埃及］艾哈迈德·爱敏：《阿拉伯—伊斯兰文化史》，纳忠译，商务印书馆 1982～1990 年版。

［日］安部健夫：《西回鹘国史的研究》，宋肃瀛、刘美崧、徐伯夫译，新疆人民出版社 1985 年版。

［俄］V. V. 巴尔托里德：《中亚简史》，耿世民译，新疆人民出版社 1981 年版。

《中亚突厥史十二讲》，中国社会科学出版社 1984 年版。

白寿彝总主编：《中国通史》，上海人民出版社 1999 年版。

白寿彝编：《回民起义》，上海人民出版社、上海书店出版社 2000 年版。

（东汉）班固：《汉书》，（唐）颜师古注，中华书局 1962 年版。

［英］包罗杰：《阿古柏伯克传》，商务印书馆翻译组译，商务印书馆 1976 年版。

Barber：*Elizabeth Wayland Barber*，*The Mummies of Urumchi*，W. W. Norton & Company，New York and London，1999.

Bailey：H. W. Bailey，Ttaugara，BSOS，VIII，Part 4. 1935～1937.

Recent Work in "Tocharian"，TPS，1947.

TOKHARIKA，JRAS，1970.

Barthold：W. Barthold, Turkstan down to the Mongol Invasions（Second Edition），The Oxford University Press，London，1928.

Craig G. R Benjamin：The Yuezhi, Brepols Pubulishers，Belgium，2007.

北京大学中古史研究中心：《敦煌吐鲁番文献研究论集》，中华书局1982年版。

［英］T. 贝罗：《新疆出土佉卢文残卷译文集》，王广智译，《楼兰尼雅考古资料》，乌鲁木齐1988年内部印刷。

［日］滨田正美：《关于萨图克·布格拉汗麻札的研究》，章莹译，《西域研究》1996年第1期。

BSO（A）S：Bulletin of the School of Oriental（and African）Studies.

T. Burrow：Tocharian Elements in the Kharosthī Documents from Chinese Turkstan，JRAS，1935，pp. 667～675.

蔡美彪等：《中国通史》第7册，人民出版社1983年版。

蔡鸿生：《唐代九姓胡与突厥文化》，中华书局1998年版。

岑仲勉：《西突厥史料补阙及考证》，中华书局1958年版。

——《汉书西域传地理校释》，中华书局1981年版。

崔延虎：《游牧民定居的再社会化问题》，《新疆师范大学学报》（哲学社会科学版）2002年第4期。

（晋）陈寿：《三国志》，（宋）裴松之注，陈乃乾校点，中华书局1959年版。

陈戈：《帕米尔高原古墓》，《考古学报》1981年第2期。

——《略论焉不拉克文化》，《西域研究》1991年第1期。

——《楼兰古灌溉渠道及其相关的一些问题》，穆舜英、张平编《楼兰文化研究论集》，新疆人民出版社1995年版。

——《新疆史前时期又一种考古学文化——苏贝希文化试析》，《苏秉琦与当代中国考古学》，科学出版社2001年版。

——《苏贝希文化的源流及与其他文化的关系》，《西域研究》2002年第2期。

陈国灿：《唐乾陵石人像及其衔名的研究》，《文物集刊》（2），文物出版社1980年版。

陈国光：《伊斯兰教在吐鲁番地区的传播》（10～15世纪），《西域研究》2002年第3期。

——《西辽统治者与西域地方伊斯兰政权》，《新疆社会科学》2003年第2期。

陈庆英、端智嘉：《一份敦煌吐蕃驿递文书》，《甘肃社会科学》1981年第3期。

程溯洛：《〈宋史·于阗传〉中几个问题补证》，《唐宋回鹘史论集》，人民出版社1994年版。

陈世良：《从车师佛教到高昌佛教》，敦煌吐鲁番学新疆研究资料中心编：《吐鲁番学研究专辑》，乌鲁木齐，1990年。

陈寅恪：《金明馆丛稿二编》，上海古籍出版社 1980 年版。

——《隋唐制度渊源略论稿》，上海古籍出版社 1982 年版。

［日］池田温：《中国古代籍帐研究》，龚泽铣译，中华书局 1984 年版。

——《八世纪中叶敦煌的粟特人聚落》，辛德勇译，刘俊文主编：《日本学者研究中国史论著选译》第九卷，中华书局 1993 年版。

崔银秋：《新疆古代居民线粒体 DNA 研究——吐鲁番与罗布泊》，吉林大学出版社 2003 年版。

［日］嶋崎昌：《隋唐时代の东土耳其斯坦研究》，东京大学出版会 1977 年版。

董蔡时：《试论左宗棠在征讨阿古柏匪帮过程中的斗争》，《苏州大学学报》1983 年第 3 期。

杜斗城：《试论北凉佛教对高昌的影响》，《西域研究》1991 年第 4 期。

杜斗城、郑炳林：《高昌王国的民族和人口结构》，《西北民族研究》1988 年第 1 期。

杜建录：《西夏与周边民族关系史》，甘肃文化出版社 1995 年版。

杜荣坤、白翠琴：《西蒙古史研究》，新疆人民出版社 1986 年版。

都永浩、王禹浪：《论民族意识与国家、国民意识的关系》，《民族研究》2000 年第 3 期。

段连勤：《丁零、高车与铁勒》，上海人民出版社 1988 年版。

（东晋）法显：《法显传校注》，章巽校注，上海古籍出版社 1985 年版。

（宋）范晔：《后汉书》，（唐）李贤等注，中华书局 1965 年版。

（唐）房玄龄等：《晋书》，中华书局 1974 年版。

方广锠：《吐鲁番出土汉文佛典述略》，《西域研究》1992 年第 1 期。

冯承钧：《西域南海史地考证论著汇辑》，中华书局 1957 年版。

——《西域南海史地考证译丛》（第一至七编），冯承钧编译，中华书局 1957 年版。

冯家昇、程溯洛、穆广文：《维吾尔族史料简编》，民族出版社 1958 年版。

冯文怀：《教育：21 世纪民族发展的主题》，《中国民族》1995 年第 12 期。

Paolo Francalacci：DNA Analysis of Ancient Desiccated Corpses From Xinjiang, JIES, Vol 23, 1995, pp. 385 ~ 397.

Frank：Beitrage aus Chinesischen Quellen Zur Kenntniss der Turkvolkerund skythen, Abhandllungen der Koniglichen Preussischen Akademie der Wissenschaft, Berlin, 1904.

费孝通：《西部经济发展和各民族共同繁荣》，《趋势与对策——中国西部开发》，甘肃人民出版社 1986 年版。

［法］费琅：《阿拉伯波斯突厥人东方文献辑注》（上、下册），耿昇、穆根来译，中华书局 1989 年版。

（清）傅恒等编纂：《西域图志校注》，钟兴麟、王豪、韩慧校注，新疆人民出版社 2002

年版。

甘肃省博物馆文物队:《甘肃灵台白草坡西周墓》,《考古学报》1977 年第 2 期 。

甘肃省文物考古研究所:《甘肃敦煌汉代悬泉置遗址发掘简报》,《文物》2000 年第 5 期。

——《敦煌悬泉汉简释文选》,《文物》2000 年第 5 期。

[法] 雷纳·格鲁塞:《蒙古帝国史》,龚钺译、翁独健校,商务印书馆 1989 年版。

[法] 勒内·格鲁塞:《草原帝国》,蓝琪译,项英杰校,商务印书馆 1998 年版。

[法] 戈岱司:《希腊拉丁作家远东古文献辑录》,耿昇译,中华书局 1987 年版。

H. A. R. Gibb:The Arab Conquests in Central Asia, London, 1923.

M. Gimbutas:Comments on Indo-Iranians and Tocharians:A Response to R. Heine-Geldern, American Anthropologist, 1964.

管守新:《清代新疆军府制度研究》,新疆大学出版社 2002 年版。

(清) 龚柴:《天山南北路考略》,天津古籍出版社 1987 年影印本。

龚方震、晏可佳:《祆教史》,上海社会科学院出版社 1998 年版。

龚学增:《高度重视妥善处理我国民族问题》,《科学社会主义》2005 年第 4 期。

——《妥善处理构建和谐社会中的民族矛盾》,《理论视野》2005 年第 3 期。

[日] 宫治昭:《阿弥陀净土之观想——吐鲁番吐峪沟石窟壁画我见》,李净杰译,《佛学研究》2000 年刊。

故宫博物院编:《亲征平定朔漠方略》,海南出版社 2002 年影印。

国家民委经济发展司、国家统计局国民经济综合统计司编:《中国民族统计年鉴》(2000),民族出版社 2000 年版。

郭朋:《汉魏两晋南北朝佛教》,齐鲁书社 1986 年版。

谷苞:《民族研究文选》,新疆人民出版社 1991 年版。

[法] 哈密顿:《仲云考》,耿昇译,《西域史论丛》第二辑,新疆人民出版社 1985 年版。

韩康信:《新疆古代居民种族人类学的初步研究》,《新疆社会科学》1985 年第 6 期。

——《新疆孔雀河古墓沟墓地人骨研究》,《考古学报》1986 年第 3 期。

——《新疆楼兰城郊古墓人骨人类学特征的研究》,《人类学报》1986 年第 3 期。

——《塔吉克县香宝宝古墓出土人骨》,《新疆文物》1987 年第 1 期。

——《新疆哈密焉不拉克古墓人骨种系成分研究》,《考古学报》1990 年第 3 期。

——《新疆古代居民的种族人类学研究和维吾尔族的体质特点》,《西域研究》1991 年第 2 期。

韩康信、左崇新:《新疆洛浦桑普拉古代丛葬头骨的研究与复原》,《考古与文物》1987 年第 5 期。

韩儒林：《突厥官号研究》，林幹编《突厥与回纥历史论文选集》上册，中华书局 1987
　　年版。

韩儒林主编，陈得芝、邱树森、丁国范、施一揆著：《元朝史》，人民出版社 1981 年版。

[美] 加文·汉布里主编：《中亚史纲要》，吴玉贵译，商务印书馆 1994 年版。

韩翔等主编：《尼雅考古资料》，新疆维吾尔自治区文化厅编印，1988 年。

韩翔、朱英荣：《龟兹石窟》，新疆大学出版社 1990 年版。

韩香：《清代察哈尔蒙古的西迁及其对新疆的开发》，《中国边疆史地研究》1996 年第
　　3 期。

何德修：《且末县扎洪鲁克古墓葬清理简报》，《楼兰文化研究论集》，新疆人民出版
　　社 1995 年版。

（清）郝懿行笺疏：《山海经笺疏》，巴蜀书社 1985 年版。

[英] G. F. 赫德逊：《欧洲与中国》，王遵仲、李申、张毅译，何兆武校，中华书局
　　1995 年版。

贺灵、佟克力：《锡伯族史》，新疆人民出版社 1993 年版。

（清）和瑛：《三州辑略》，甘肃省图书馆藏抄本。

（清）何秋涛：《朔方备乘》，宝善书局，清光绪（1875 ~ 1908）石印本。

[英] 保罗·B. 亨策：《喀什的"大角逐"：英俄使节与阿古柏》，胡锦洲译，《新疆
　　社会科学情报》第 5 期，新疆维吾尔自治区社会科学院图书馆 1990 年版。

Henning：W. B. Henning, Argi and the "Tokharians", BSO （A）S, IX · 3, 1938,
　　pp. 545 ~ 571.

Herrmann："Sacaraucae", in Pauly Wissowa Realencyclopaedie des Classischen Altertums.

Die alten Seidenstrassen zwischenChina und Syrien, Berlin, 1910.

Loulan、China、Indien und Rom im Lichte der Ausgrabungen am Lobnor, Leipzig, 1931.

侯景新：《西部大开发应抓住机遇、选好亮点》，《民族研究》2000 年第 2 期。

侯灿：《论楼兰城的发展及其衰落》，穆舜英、张平编：《楼兰文化研究论集》，新疆
　　人民出版社 1995 年版。

胡平生：《楼兰出土文书释丛》，《文物》1991 年第 8 期。

黄怀信等：《逸周书汇校集注》（上、下册），黄怀信、张懋镕、田旭东撰，李学勤审
　　定，上海古籍出版社 1995 年版。

黄靖：《贵霜帝国的年代体系》，《中亚学刊》第二辑，中华书局 1987 年版。

黄盛璋：《回鹘文译本〈玄奘传〉残卷五玄奘回程之地望与对音研究》，《西北史地》
　　1984 年第 3 期。

——《试论所谓"吐火罗语"及其相关的历史地理和民族问题》，《西域史论丛》第
　　二辑，新疆人民出版社 1985 年版。

——《关于甘州回鹘的四篇于阗语文书疏证》,《新疆文物》1989 年第 1 期。

——《敦煌文书中的"南山"与仲云》,《西北民族研究》1989 年第 1 期。

——《中外交通与交流史研究》,安徽教育出版社 1995 年版。

黄文弼:《罗布淖尔考古记》,国立北京大学出版部 1948 年版。

——《吐鲁番考古记》,科学出版社 1958 年版。

——《西北史地论丛》,上海人民出版社 1981 年版。

黄宗植:《西方多元文化教育理论及其实践对我国少数民族教育的启示》,《民族教育研究》2004 年第 6 期。

胡戟、李孝聪、荣新江:《吐鲁番》,三秦出版社 1987 年版。

胡小鹏:《元代西北历史与民族研究》,甘肃文化出版社 1999 年版。

(唐)慧立、彦悰:《大慈恩寺三藏法师传》,孙毓棠、谢方点校,中华书局 1983 年版。

(唐)慧超:《往五竺国传笺释》,张毅笺释,中华书局 1994 年版。

JAOS:Journal of the American Oriental Society.

[英]爱德华·吉本:《罗马帝国衰亡史》,黄宜思、黄雨石译,商务印书馆 1997 年版。

[苏]Ъ. Г. 加富罗夫:《中亚塔吉克史》,肖之兴译,中国社会科学出版社 1985 年版。

季羡林:《中印文化关系史论文集》,生活·读书·新知三联书店 1982 年版。

——《中印文化交流史》,新华出版社 1991 年版。

——《敦煌吐鲁番吐火罗语研究导论》,台湾新文丰出版公司 1993 年版。

[法]加斯东·加恩:《彼得大帝时期的俄中关系 (1689~1730 年)》,江载华、郑永泰译,商务印书馆 1980 年版。

贾应逸:《新疆吐峪沟石窟佛教壁画泛论》,《佛学研究》1995 年刊。

姜伯勤:《突地考》,《敦煌学辑刊》1984 年第 1 期。

——《高昌文书中所见的铁勒人》,《文物》1986 年第 12 期。

——《敦煌艺术宗教与礼乐文明》,中国社会科学出版社 1996 年版。

——《中国祆教艺术史研究》,生活·读书·新知三联书店 2004 年版。

JIES:Journal of the Indo-European Studies.

金宜久主编:《伊斯兰教辞典》,上海辞书出版社 1997 年版。

Jones:The Geography of Strabo, with an English Translation by H. L. Jones, London, 1916.

JRAS:Journal of the Asiatic Society.

Kingsmill:The Intercourse of China with Westen Turkstan, JRAS, 1882.

[德]克林凯特:《丝绸古道上的文化》,赵崇民译,贾应逸审校,新疆美术摄影出版社 1994 年版。

Krause:W. krause, Zur Frag mach dem Nichtindogermanischen. Substract des Tocharischen, Zeitschrift für Vergleichende Sprachforschung, 69, 1951, pp. 3 ~ 4.

Krause and Thomas：W. Krause and W. Thomas，Tocharisches Elementarbuch，Band Ⅰ，
　　Ⅱ，Heidelberg，1960、1964.

［俄］A. N. 库罗帕特金：《喀什噶利亚》，凌颂纯、王嘉琳译，新疆人民出版社 1980
　　年版。

［波斯］拉施特主编：《史集》，余大钧、周建奇译，商务印书馆 1983 年版。

［美］劳费尔：《中国伊朗编》，材筹因译，商务印书馆 1964 年版。

George. S. Lane，Tocharian：Indo-European and Non-Indo-European Relationships，Indo-
　　Eurpean and Indo-Europeans，Philadephia，1970.

［德］阿尔伯特·冯·勒柯克：《新疆的地下文化宝藏》，陈海涛译，新疆人民出版社
　　1999 年版。

——《高昌——吐鲁番古代艺术珍品》，赵崇民译，吉宝航校订，新疆人民出版社
　　1998 年版。

李并成：《河西走廊历史地理》，甘肃人民出版社 1995 年版。

李大龙：《都护制度研究》，黑龙江教育出版社 2003 年版。

——《传统夷夏观与中国疆域的形成》，《中国边疆史地研究》2004 年第 1 期。

——《西汉王朝藩属体制的建立和维系》，《学习与探索》2005 年第 3 期。

李定仁、李瑾瑜、蔡宝来：《西北少数民族基础教育发展对策研究》，《西北师范大学
　　学报》（社会科学版）1995 年第 6 期。

李东成：《坚持科学发展观，实现民族教育跨越式发展》，《中国民族教育》2004 年第
　　3 期。

李根璠：《起源于中国的栽培植物及其原始农业文明》，黄盛璋主编《亚洲文明》第
　　三辑，安徽教育出版社 1995 年版。

李国平：《哈萨克族民俗生活的再思考》，《伊犁师范学院学报》（社会科学版）2007
　　年第 2 期。

李辉：《只有迷宫躲过了时间——穿越三百年前鄯善的维吾尔族民居》，《丝路游》
　　2003 年第 1～2 期。

李鸿章：《李文忠公全书》，清光绪三十一年金陵刻本。

（唐）李吉甫：《元和郡县图志》，中华书局 1983 年版。

李经纬：《吐鲁番回鹘文社会经济文书研究》，新疆人民出版社 1996 年版。

（唐）李隆基：《大唐六典·尚书刑部》，李林甫注，三秦出版社 1991 年版。

李丕祺：《回疆法文化与大清法文化的冲突整合》，《西藏大学学报》2001 年第 2 期。

李启明：《试论民族教育课程改革》，《广西民族学院学报》1998 年第 4 期。

李铁：《焉耆-龟兹文的研究》，《中国民族古文字研究》，中国社会科学出版社 1984
　　年版。

李文治：《明清时代封建土地关系的松解》，中国社会科学出版社 1993 年版。

（唐）李延寿：《北史》，中华书局 1974 年版。

李吟屏：《佛国于阗》，新疆人民出版社 1991 年版。

李遇春：《尼雅遗址和东汉合葬墓》，韩翔等主编：《尼雅考古资料》。

（清）李云麟：《西陲略述》，光绪年抄本。

厉声：《试论徐学功》，《西北历史资料》1983 年第 2 期。

（北魏）郦道元：《水经注校》，王国维校，上海人民出版社 1984 年版。

——《水经注》，王先谦校，巴蜀书社 1985 年版。

梁玢：《秦边纪略》，青海人民出版社 1987 年版。

［法］列维、伯希和：《吐火罗语考》，冯承钧编译，中华书局 1957 年版。

（唐）令狐德棻等撰：《周书》，中华书局校点本。

林幹选编：《匈奴历史论文选集》，中华书局 1987 年版。

——《突厥回纥历史论文选集》（上、下），林幹选编，中华书局 1987 年版。

林恩显：《清朝在新疆的汉回隔离政策》，（台北）商务印书馆 1988 年版。

林凌、刘世庆：《审视西部大开发》，《西部大开发》2004 年第 4 期。

林梅村：《楼兰尼雅出土文书》，文物出版社 1985 年版。

——《沙海古卷》，文物出版社 1988 年版。

——《开拓丝绸之路的先驱——吐火罗人》，《文物》1989 年第 1 期。

——《西域文明》，东方出版社 1995 年版。

A Formal Kharosthī Inscription From Subashi，《段文杰敦煌研究五十年纪念文集》，世界
　　图书出版公司北京公司 1996 年版。

林悟殊：《摩尼教及其东渐》，中华书局 1987 年版。

（元）柳贯：《柳待制文集》，上海涵芬楼影印本 1911 年版。

刘海年等主编：《中国历代珍稀法律典籍集成》（丙编第 2 册），科学出版社 1994 年版。

刘俊文：《敦煌吐鲁番唐代法制文书考释》，中华书局 1989 年版。

刘萍：《维吾尔人的"同乳人"研究——麻札阿勒迪村维吾尔人的认知》，《西北民族
　　研究》2004 年第 2 期。

刘仕国：《牧区乌孜别克族生活方式的变迁——对新疆木垒县大南沟乌孜别克乡的民
　　族社会学调查》，《昌吉师专学报》2001 年第 3 期。

刘迎胜：《元初朝廷与西北诸王关系考略》，中国社会科学院民族研究所主编《中国
　　民族史研究》，中国社会科学出版社 1987 年版。

刘宇生、张滨、刘晓庆：《新疆概览》，新疆人民出版社 2001 年版。

刘正寅：《准噶尔汗国末年和卓家族的活动与西域形势的演变》，《民族研究》1996 年
　　第 5 期。

刘正寅、魏良弢：《西域伊斯兰黑山派与白山派的斗争及其对叶尔羌汗国的影响》，《中国边疆史地研究》1996 年第 2 期。

——《西域和卓家族研究》，中国社会科学出版社 1998 年版。

柳洪亮：《新疆鄯善县吐峪沟发现陶棺葬》，《考古》1986 年第 1 期。

（后晋）刘昫等：《旧唐书》，中华书局 1975 年版。

罗万瀛译，宝文安校：《阿古柏入侵新疆纪略》，《新疆宗教研究资料》第六辑，新疆社会科学院宗教研究所 1981 年版。

吕澂：《印度佛学源流略讲》，上海人民出版社 1979 年版。

——《中国佛学源流略讲》，中华书局 1979 年版。

吕游：《吐峪沟阿萨吾勒开裴麻札》，《丝路游》2003 年第 1～2 期。

吕建福等：《西部大开发进程中西北少数民族村落经济文化的变迁》，周伟洲主编：《西北民族论丛》第三辑，中国社会科学出版社 2004 年版。

Maspero：Les Doeumeuts Choinois，H. Maspero，The trustees of the British Museum，London，1953.

马长寿：《论突厥人和突厥汗国的社会变革》，原载《历史研究》1958 年第 3～4 期，收入林幹编《突厥回纥历史论文选集》，中华书局 1987 年版。

——《同治年间陕西回民起义历史调查记录序言——兼论陕西回民运动的性质》，《西北大学学报》1957 年第 4 期。

［芬兰］马达汉：《马达汉西域考察日记》，王家骥译，阿拉腾奥其尔校订，中国民族摄影艺术出版社 2004 年版。

马大正：《清代西迁新疆之察哈尔蒙古的史料与历史》，《民族研究》1994 年第 4 期。

——《中国边疆经略史》，中州古籍出版社 2000 年版。

——《中国疆域的形成与发展》，《中国边疆史地研究》2004 年第 3 期。

马大正、刘逖：《二十世纪中国边疆研究》，黑龙江教育出版社 1998 年版。

马坚译：《古兰经》，中国社会科学出版社 2003 年版。

马品彦：《南疆的麻札和麻札朝拜》，《中国伊斯兰教研究》，青海人民出版社 1987 年版。

［古代阿拉伯］马苏第：《黄金草原和珠玑宝藏》，耿昇译，青海人民出版社 1998 年版。

马雍：《古代鄯善、于阗地区佉卢文字资料综考》，《中国民族古文字研究》，中国社会科学出版社 1984 年版。

——《突厥与麴氏高昌始建交考》，《向达先生纪念论文集》，新疆人民出版社 1986 年版。

——《西域史地文物丛考》，文物出版社 1990 年版。

麻赫穆德·喀什噶里：《突厥语大词典》，校仲彝等译，民族出版社 2002 年版。

穆罕默德·萨迪克·喀什噶里：《和卓传》，罗伯特·沙敖英译，陈俊谋等汉译，中国
　　社会科学院民族研究所历史研究室编译：《民族史译文集》第 8 辑，北京，
　　1980 年。

［叙利亚］穆罕默德·艾哈迈德·贾德·毛拉：《古兰经的故事》，关偏等译，新华出
　　版社 1983 年版。

［美］麦高文：《中亚古国史》，章巽译，中华书局 1958 年版。

毛拉穆莎·莎依然米：《伊米德史》，新疆少数民族社会历史调查组 1960 年汉译本。

Marquart：Erānšahr, nach der Geographie des PS Moses χorenac ‘ I , Vol I - Ⅲ , Gottin-
　　gen, 1901 - 1903.

Mallory：In Search of the Indo-Europeans, Thames and Hudson Ltd, London and New
　　York, 1989.

孟凡人：《楼兰新史》，光明日报出版社 1990 年版。

——《贵霜统治鄯善之说纯属虚构》，《西域研究》1991 年第 2 期。

——《论尼雅 59MNM001 号墓的时代》，《西域研究》1992 年第 4 期。

——《楼兰鄯善简牍年代学研究》，新疆人民出版社 1995 年版。

孟宪实：《麴氏高昌祀部班祭诸神及其祭祀制度初探》，《新疆文物》1991 年第 8 期。

米尔咱·马黑麻·海答儿：《中亚蒙兀儿史——拉失德史》，新疆社会科学院民族研究
　　所译，王治来校，新疆人民出版社 1983 年版。

苗普生：《北魏鄯善镇、焉耆镇考》，《西北历史资料》1984 年第 2 期。

——《伯克制度》，新疆人民出版社 1995 年版。

Minorsky：Hudūd al-Alam, The Regions of the World, Translated and Explained by
　　V. Minorsky, London, 1970.

莫任南：《中国和欧洲的直接交往始于何时》，《中外关系史论丛》第 1 辑，世界知识
　　出版社 1985 年版。

［法］莫尼克·玛雅尔：《古代高昌王国物质文明史》，耿昇译，中华书局 1995 年版。

木子：《点亮孤灯》，《丝路游》2003 年第 1 ~ 2 期。

［英］阿·克·穆尔：《一五五〇年前的中国基督教史》，郝镇华译，蒋本良校，中华
　　书局 1984 年版。

穆舜英、张平编：《楼兰文化研究论集》，新疆人民出版社 1995 年版。

穆鸿利：《论 13 世纪蒙元帝国在再造中华大一统伟业中的贡献》，《黑龙江民族丛刊》
　　2003 年第 1 期。

Müller：Beitrag zur genaueren Bestimmung der unbekannten Sprachen Mittelasiens, SPAW,
　　1907, pp. 958 ~ 960.

娜拉、阿依先·肉孜：《试论新疆游牧民族社会化的时代局限性》，《西北第二民族学

院学报》2005 年第 2 期。

〔印度〕A. K. 纳拉因：《月氏五翕侯》，杨瑞林译，《中外关系史译丛》第 1 辑，上海
　　译文出版社 1984 年版。

〔日〕内田吟风：《吐火罗（Tukhāra）国史考》，《东方学论集》，昭和四十七年
　　（1972 年），东京。

（元）欧阳玄：《圭斋文集》，商务印书馆《四部丛刊初编》本。

Opie：Jams Opie，Xinjiang Remains and "the Tocharian Problems"，JIES，Vol 23，1995，
　　pp. 431 ~ 437.

（北宋）欧阳修、宋祁：《新唐书》，中华书局 1975 年版。

（北宋）欧阳修：《新五代史》，中华书局 1974 年版。

彭树智：《文明交往论》，陕西人民出版社 2002 年版。

彭树智、黄杨文：《中东国家通史·阿富汗卷》，商务印书馆 2000 年版。

Pinault：Tokharien，LALIES，Paris，1989，pp. 3 ~ 224.

齐清顺：《阿古柏名号浅谈》，《新疆历史研究》1987 年第 1 期。

祁韵士：《皇朝藩部要略》，《中国边境史料通编》，线装书局 2008 年版。

钱伯泉：《从〈麴斌造寺碑〉谈高昌国麴氏王朝与突厥的关系》，《新疆历史研究》
　　1985 年第 4 期。

——《仲云族始末考述》，《西北民族研究》1989 年第 1 期。

秋浦主编：《萨满教研究》，上海人民出版社 1985 年版。

《清实录》，中华书局 1986 年版影印本。

Renfrew：Colin Renfrew，Archaeology & Language：The Puzzle of Indo-European Origins，
　　Cambridge University Press，1990.

热拉提·达吾提：《维吾尔族麻札文化研究》，新疆大学出版社 2001 年版。

Richthofen：China，Vol Ⅰ，Berlin，1877.

Ringe：Donald Ringe，Tocharians in Xinjiang：The Linguistic Evidence，JIES，Vol 23，
　　1995，pp. 439 ~ 444.

荣新江：《小月氏考》，《中亚学刊》第三辑，中华书局 1990 年版。

——《西域粟特移民考》，《西域考察与研究》，新疆人民出版社 1994 年版。

——《祆教初传中国年代考》，《国学研究》第三卷，北京大学出版社 1995 年版。

——《龙家考》，《中亚学刊》第四辑，北京大学出版社 1995 年版。

——《中古中国与外来文明》，生活·读书·新知三联书店 2001 年版。

（清）阮元：《十三经注疏》（上、下册），阮元校刻，中华书局 1980 年版。

〔英〕珀西·塞克斯：《阿富汗史》（第一卷上册），张家麟译，潘庆舲校，商务印书
　　馆 1972 年版。

（汉）司马迁：《史记》，中华书局 1959 年版。

（北宋）司马光：《资治通鉴》，中华书局 1956 年版。

［瑞典］斯文赫定：《亚洲腹地旅行记》，上海书店 1984 年版。

［英］斯坦因：《斯坦因西域考古记》，向达译，中华书局、上海书店 1987 年版。

［日］森安孝夫：《吐蕃在中亚的活动》，劳江译，《国外藏学研究译文集》第一辑，西藏人民出版社 1985 年版。

（清）松筠：《西陲总统事略》，清道光十九年重印本。

（明）宋濂：《元史》，中华书局 1976 年版。

［法］沙畹：《西突厥史料》，冯承钧译，商务印书馆 1934 年版。

［日］山口瑞风：《吐蕃统治的敦煌》，高然译，《国外藏学研究译文集》第一辑，西藏人民出版社 1985 年版。

鄯善县地方志编纂委员会：《鄯善县志》，新疆人民出版社 2001 年版。

尚衍斌：《元代畏兀儿研究》，民族出版社 1999 年版。

邵兴周：《洛浦县山普拉出土颅骨的初步研究》，《人类学报》1988 年第 1 期。

——《扎洪鲁克二号墓两具古尸的初步研究》，《新疆文物》1989 年第 4 期。

（清）邵之棠：《皇朝经世文编》，宝善斋清光绪二十七年（1901 年）石印本。

沈福伟：《中西文化交流史》，上海人民出版社 1985 年版。

（清）沈之奇：《大清律集解·附例》，洪弘绪重订，乾隆十一年（1746 年）刻本。

史苇湘：《吐蕃王朝管辖沙州前后》，《敦煌研究》创刊号，1983 年。

释僧佑：《出三藏记集》，苏晋仁、肖炼子点校，中华书局 1995 年版。

释慧皎：《高僧传》，汤用彤校注，中华书局 1992 年版。

释道宣：《妙法莲华经弘传序》，《中华大藏经》第 15 册，中华书局 1985 年版。

Stevenson：Geography of Claudius Ptolemy，Translated into English and Edited by E. L. Stevenson，New York，1932.

SPAW：Sitzungsberichte der Preussischen Akademie der Wissenschaften.

T. Sulimirski，Prehistoric Russian，London-New York，1970.

苏联科学院远东研究所等编：《十七世纪俄中关系》第二卷第 2 册，黑龙江大学俄语系翻译组、黑龙江哲学社会科学研究所第三室合译，商务印书馆 1975 年版。

（梁）沈约：《宋书》，中华书局 1974 年版。

水涛：《新疆青铜时代诸文化的比较研究》，《国学研究》第一卷，北京大学出版社 1993 年版。

孙秉根等：《新疆和静察吾乎沟口一号墓地》，《考古学报》1988 年第 1 期。

《泰晤士世界历史地图集》中文版翻译组：《世界史便览公元前 9000 年～公元 1975 年的世界》，生活·读书·新知三联书店 1983 年版。

唐长孺主编:《吐鲁番出土文书》(1~10 册),文物出版社 1981~1990 年版。

汤用彤:《汉魏两晋南北朝佛教史》,中华书局 1983 年版。

Tarn:W. W. Tarn, Seleucid Parthian Studies, Proceedings of the British Academy, XVI, 1930.

    Alexander the Great, Cambridge University Press, Cambridge, 1948.

    The Greek inBactria and India, Cambridge, 1951.

他扎西:《总结经验、着眼发展,努力实现寄宿制学校的规范化管理》,《中国民族教育》2004 年第 6 期。

滕星:《族群、文化与教育》,民族出版社 2002 年版。

滕星、王军主编:《西部开发与教育发展博士论坛》,民族出版社 2001 年版。

——《20 世纪中国少数民族与教育》,民族出版社 2002 年版。

The New Encyclopaedia Britannica, 15th Edition, London, 1985, vol. I.

F. W. Thomas, Tibetan Documents Concerning Chinese Turkstan, JRAS, 1931.

    Tibetan Literary Texts and Documents Concerning Chinese Turkstan, I、II, London, 1951.

H. L. Thomas, Archaeological Evidence for the Migrations of the Indo-Europeans, the Indo-Europeans in the Fourth and the Third Millenia, Ann Arbor, 1982.

TPS:Transactions of the Philogical Society.

田卫疆主编:《蒙元时代维吾尔人的社会生活》,新疆美术摄影出版社 1995 年版。

——《吐鲁番史》,新疆人民出版社 2004 年版。

[苏] 谢·亚·托卡列夫:《世界各民族历史上的宗教》,魏庆征译,中国社会科学出版社 1985 年版。

图道多吉:《民族教育的光辉历程》,国家民族事务委员会《中国民族工作五十年》编委会主编《中国民族工作五十年》,民族出版社 1999 年版。

吐鲁番地区文管所:《新疆鄯善苏巴什古墓葬发掘简报》,原载《考古》1984 年第 1 期,收入新疆文物考古研究所编《新疆文物考古新收获》,新疆人民出版社 1995 年版。

——《新疆鄯善县苏巴什古墓群的新发现》,原载《考古》1988 年第 6 期,收入新疆文物考古研究所编《新疆文物考古新收获》,新疆人民出版社 1995 年版。

(元)脱脱等:《宋史》,中华书局 1977 年版。

(元)脱脱等:《辽史》,中华书局 1974 年版。

王炳华:《吐鲁番的古代文明》,新疆人民出版社 1989 年版。

——《丝绸之路考古研究》,新疆人民出版社 1993 年版。

——《访古吐鲁番》,新疆人民出版社 2001 年版。

（北宋）王溥：《唐会要》，商务印书馆 1934 年版。

王东平：《清代回疆地区法律典章的研究与注释》，《西北民族研究》1998 年第 2 期。

王国维：《观堂集林》（全 4 册），中华书局 1959 年版。

王国维、罗振玉：《流沙坠简》，中华书局 1993 年版。

王鉴：《我国民族教育课程改革及政策研究》，《西北师范大学学报》2002 年第 6 期。

王健君：《西部大开发五年得失》，《瞭望新闻周刊》2004 年第 46 期。

王静如：Wang Ching-Ju, Arsi and Yen-Ch'i, 焉耆；Tochari and Yüeh-Shih 月氏，Monumenta Serica（《华裔学志》），Vol Ⅸ，1944。

王明哲、王炳华：《乌孙研究》，新疆人民出版社 1983 年版。

王嵘编著：《新疆吐鲁番风物志》，新疆人民出版社 2001 年版。

（北宋）王钦若：《册府元龟》（全 12 册），中华书局 1960 年版。

王三北：《蒙元时期蒙畏民族关系发展及其影响》，《西北民族学院学报》（哲学社会科学版）2001 年第 2 期。

王素：《高昌火祆教论稿》，《历史研究》1986 年第 3 期。

——《麹氏高昌中央行政体制考论》，《文物》1989 年 11 期。

——《吐鲁番出土伏羲女娲绢画新探》，《文物天地》1991 年第 4 期。

——《高昌史稿·统治编》，文物出版社 1998 年版。

王树楠等：《新疆图志》，东方学会 1923 年重校增补本。

王希隆：《关于清代军府制的几个问题》，《西域研究》2002 年第 1 期。

王小甫：《唐、吐蕃、大食政治关系史》，北京大学出版社 1992 年版。

王欣：《麹氏高昌王国与北方游牧民族的关系》，《西北民族研究》1991 年第 2 期。

——《麹氏高昌王国各民族的文化及其相互交流》，《马长寿先生纪念论文集》，西北大学出版社 1992 年版。

——《吐鲁番出土文书所涉及的晋唐法制》，《西域研究》1992 年第 2 期。

——《麹氏高昌王国的祭祀制度》，《出土文献研究》第三辑，中华书局 1998 年版。

——《古代鄯善地区的农业与园艺业》，《中国历史地理论丛》1998 年第 3 期。

——《丝绸之路上的原始印欧人》，《西北大学史学丛刊》第二辑，三秦出版社 1999 年版。

——《吐火罗史研究》，中国社会科学出版社 2002 年版。

——《德外里都如克哈萨克民族乡民族关系和社会生活的考察》，《西北民族论丛》第三辑，中国社会科学出版社 2004 年版。

王尧、陈践：《吐蕃金石录》，文物出版社 1982 年版。

——《吐蕃简牍综录》，文物出版社 1986 年版。

——《敦煌本吐蕃历史文书》，民族出版社 1992 年版。

王彦威等：《清季外交史料》，书目文献出版社 1987 年影印本。

王玉：《加快牧区小城镇建设、繁荣牧区经济》，《前沿》1996 年第 6 期。

王振本等：《新疆少数民族双语教学与研究》，民族出版社 2001 年版。

王振岭：《青海撒拉族、回族女童教育研究》，《青海社会科学》1996 年第 2 期。

王治来：《中亚史纲》，湖南教育出版社 1986 年版。

王宗维：《"敦煌"释名》，《新疆社会科学》1987 年第 1 期。

王仲荦：《敦煌石室地志残卷考释》，郑宜秀整理，上海古籍出版社 1993 年版。

王忠：《新唐书吐蕃传笺证》，科学出版社 1958 年版。

魏良弢：《喀喇汗王朝史稿》，新疆人民出版社 1986 年版。

——《西辽史研究》，宁夏人民出版社 1987 年版。

——《叶尔羌汗国史纲》，黑龙江教育出版社 1998 年修订版。

（北齐）魏收：《魏书》，中华书局 1974 年版。

（清）魏源：《圣武记》，韩锡铎、孙文良点校，中华书局 1984 年版。

（唐）魏征、令狐德棻：《隋书》，中华书局 1973 年版。

《维吾尔族简史》编写组：《维吾尔族简史》，新疆人民出版社 1991 年版。

温玉成：《龙门所见中外交通史料初探》，《西北史地》1983 年第 1 期。

Werner Winter, Tocharians and Turks, Uralic and Altaic Studies, 23, 1963, pp. 239~251.

Studia Tocharica, Poznan, 1984.

武敏：《织绣》，台湾幼狮文化公司 1992 年版。

吴震：《唐开元廿一年西州都督府处分行旅文案残卷的复原与研究》，《文物研究》
　　第五、六辑，黄山书社 1989、1990 年版。

——《寺院经济在高昌社会中的地位》，《新疆文物》1990 年第 4 期。

——《吐鲁番出土法制文书概述》，《西域研究》1992 年第 3 期。

——《吐鲁番写本所见鸠摩罗什汉译佛教经籍举要》，新疆龟兹石窟研究所编《鸠摩
　　罗什和中国民族文化》，新疆美术摄影出版社 2001 年版。

吴焯：《佛教东传与中国佛教艺术》，浙江人民出版社 1991 年版。

吴仕民主编：《民族问题概论》，四川人民出版社 1999 年版。

乌廷玉：《中国租佃关系通史》，吉林人民出版社 1992 年版。

［古希腊］希罗多德：《历史》上册，王以铸译，商务印书馆 1985 年版。

［美］希提（Philip K. Hitti）：《阿拉伯通史》，马坚译，商务印书馆 1979 年版。

夏鼐：《新疆新发现的古代丝织品——绮、锦和刺绣》，《考古学报》1963 年第 1 期。

夏越：《中国民族教育的基本情况》，《中国教育报》2004 年 6 月 24 日。

夏铸：《西部开发与民族教育的跨越式发展》，《中国民族教育》2003 年第 3 期。

向达：《唐代长安与西域文明》，生活·读书·新知三联书店 1957 年版。

肖爱民:《从怛逻斯到卡特万》,《昭乌达蒙古族师专学报》(汉文哲学社会科学版)
　　1997 年第 1 期。

(梁) 肖子显:《南齐书》,中华书局校点本。

新疆《和田简史》编纂委员会:《和田简史》,中州古籍出版社 2002 年版。

中共新疆分局宣传部、新疆文联:《新疆农村社会》,新疆人民出版社 1979 年版。

新疆社会科学院考古研究所:《阿拉沟竖穴木椁墓发掘简报》,《文物》1981 年第
　　1 期。

——《鄯善县苏巴什古墓群的新发现》,《考古》1987 年第 6 期。

新疆社会科学院民族研究所:《新疆简史》第 1、2 册,新疆人民出版社 1980 年版。

新疆博物馆考古队:《新疆吐鲁番阿斯塔那北区墓葬发掘简报》,《文物》1960 年第
　　6 期。

——《新疆民丰大沙漠中的古代遗址》,《考古》1961 年第 3 期。

——《吐鲁番阿斯塔那—哈喇和卓古墓群清理简报》,《文物》1972 年第 1 期。

——《吐鲁番哈喇和卓古墓群发掘简报》,《文物》1978 年第 6 期。

新疆维吾尔自治区博物馆、吐鲁番地区文管所:《新疆吐鲁番艾丁湖古墓葬》,《考古》
　　1982 年第 4 期。

新疆维吾尔自治区丛刊编辑组:《南疆农村社会》,新疆人民出版社 1980 年版。

新疆维吾尔自治区文物普查办公室、吐鲁番地区文物普查队:《吐鲁番地区文物普查资
　　料汇编》,《新疆文物》1988 年第 3 期。

新疆文物考古研究所、吐鲁番地区博物馆:《鄯善县苏贝希墓群三号墓地》,原载《新
　　疆文物》1994 年第 2 期,收入王炳华、杜根成主编《新疆文物考古新收获(续)》,
　　新疆美术摄影出版社 1997 年版。

新疆文物考古研究所、吐鲁番地区文管所:《鄯善苏贝希墓群一号墓地发掘简报》,原
　　载《新疆文物》1993 年第 4 期,收入王炳华、杜根成主编《新疆文物考古新收获
　　(续)》,新疆美术摄影出版社 1997 年版。

——《鄯善县苏贝希考古调查》,《考古与文物》1983 年第 2 期。

《新疆文物志》编辑室:《新疆文物志选稿》第一辑,乌鲁木齐,1988 年。

徐黎丽:《蒙元时期中亚诸民族在中国的民族过程》,《兰州大学学报》(哲学社会科
　　学版) 2002 年第 1 期。

(清) 徐松:《汉书西域传补注》,《西域三种》,北平隆福寺文奎堂藏版。

徐文堪:《吐火罗人起源研究》,昆仑出版社 2005 年版。

——《"中亚东部铜器和早期铁器时代民族"国际学术讨论会综述》,《学术集林》卷
　　九,上海远东出版社 1996 年版。

(唐) 玄奘、辩机原著:《大唐西域记校注》,季羡林等校注,中华书局 1985 年版。

薛宗正：《以儒学为主体的高昌汉文化》，《新疆文物》1989 年第 1 期。

——《突厥史》，中国社会科学出版社 1992 年版。

（清）薛福成：《庸庵内外编·海外文编》，光绪二十一年刻本。

［日］岩本裕：《梵语〈法华经〉及其研究》，刘永增译，《敦煌研究》1994 年第 4 期。

杨富学：《回鹘之佛教》，新疆人民出版社 1998 年版。

——《回鹘文献与回鹘文化》，民族出版社 2003 年版。

——《回鹘宗教史上的萨满巫术》，《世界宗教研究》2004 年第 3 期。

（东魏）杨衒之：《洛阳伽蓝记校注》，范祥雍校注，古典文学出版社 1958 年版。

杨建新：《吐火罗论》，《西北史地》1986 年第 2 期。

杨建新、马曼丽主编：《西北民族关系史》，民族出版社 1990 年版。

杨铭：《敦煌文书中的 Lho-bal 与南波》，《敦煌研究》1993 年第 3 期。

［阿拉伯］伊本·胡尔达兹比赫：《道里邦国志》，宋岘译注，中华书局 1991 年版。

《伊吾县志》编纂委员会：《伊吾县志》，新疆大学出版社 1994 年版。

殷晴主编：《新疆经济开发史研究》，新疆人民出版社 1995 年版。

尹承昆：《新疆应努力发展现代远程开放教育》，《民族教育研究》2000 年第 1 期。

尹盛平：《西周蚌雕人头种族探索》，《文物》1986 年第 2 期。

（清）印鸾章：《清鉴纲目》，邓球柏、钟楚楚标点，岳麓书社 1987 年版。

［美］H. 因伐尔特：《犍陀罗艺术》，李铁译，上海人民美术出版社 1991 年版。

游侠：《鸠摩罗什》，《中国佛教》（二），知识出版社 1982 年版。

虞明英：《新疆所出佉卢文书中的 Supi 人》，《魏晋隋唐史论集》第二辑，中国社会科学出版社 1983 年版。

余太山：《嚈哒史研究》，齐鲁书社 1986 年版。

——《大夏大月氏综考》，《中亚学刊》第三辑，中华书局 1990 年版。

——《塞种史研究》，中国社会科学出版社 1992 年版。

——《两汉魏晋南北朝与西域关系史研究》，中国社会科学出版社 1995 年版。

——《第一贵霜考》，《中亚学刊》第四辑，北京大学出版社 1995 年版。

——《西域文化史》，中国友谊出版公司 1995 年版。

——《西域通史》，中州古籍出版社 1996 年版。

——《允姓之戎考》，《华夏文明与传世藏书》，中国社会科学出版社 1996 年版。

——《两汉魏晋南北朝正史西域传研究》，中华书局 2003 年版。

——《两汉魏晋南北朝正史西域传要注》，中华书局 2005 年版。

［日］羽田亨：《西域文化史》，耿世民译，新疆人民出版社 1981 年版。

［日］羽溪了谛：《西域之佛教》，贺昌群译，商务印书馆 1956 年版。

元文琪：《二元神论：古波斯宗教神话研究》，中国社会科学出版社 1997 年版。

〔苏〕И. 札巴罗夫、Г. 德列斯维扬斯卡娅:《中亚宗教概述》,高永久、张宏莉译,兰州大学出版社 2002 年版。

〔俄〕兹拉特金:《准噶尔汗国史》,马曼丽译,商务印书馆 1980 年版。

(清)左宗棠:《左文襄公批札》卷六,光绪十六年刻本。

〔日〕佐口透:《十八—十九世纪新疆社会史研究》,凌颂纯译,新疆人民出版社 1983 年版。

《新疆民族史研究》,章莹译,新疆人民出版社 1993 年版。

(唐)长孙无忌等:《唐律疏议》,刘俊文点校,中华书局 1983 年版。

张德芳:《〈长罗侯费用簿〉及长罗侯与乌孙关系考略》,《文物》2000 年第 9 期,修订稿收入胡平生、张德芳编撰《敦煌悬泉汉简释粹》,上海古籍出版社 2001 年版。

张德芳、胡平生:《敦煌悬泉汉简释粹》,上海古籍出版社 2001 年版。

张广达、荣新江:《关于敦煌出土于阗文献的年代及其相关问题》,《纪念陈寅恪先生诞辰百年学术论文集》,北京大学出版社 1989 年版。

——《关于唐末宋初于阗国的国号、年号及其王家世系问题》,《敦煌吐鲁番文献研究论集》,中华书局 1982 年版。

——《敦煌文书 P3510(于阗文)〈从德太子发愿文〉(拟)及其年代》,《1983 年全国敦煌学术讨论会论文集·文史遗书编》上册,甘肃人民出版社 1987 年版。

——《于阗史丛考》,上海书店出版社 1993 年版。

张广达、耿世民:《唆里迷考》,《历史研究》1980 年第 2 期。

张广达:《吐蕃飞鸟使与吐蕃驿传制度》,北京大学中古史研究中心编:《敦煌吐鲁番文献研究论集》,中华书局 1982 年版。

——《古代欧亚的内陆交通》,《第十六届国际历史科学大会中国学者论文集》,中华书局 1985 年版。

——《西域史地丛稿初编》,上海古籍出版社 1995 年版。

张光直:《中国古代史的世界舞台》,《历史月刊》(台北)1996 年第 10 期。

张雷军:《迁徙对锡伯族历史发展的影响》,《内蒙古社会科学》1994 年第 1 期。

张伦:《论牧民定居》,《新疆畜牧业》1994 年第 5 期。

张世明、龚胜泉:《"边疆"一词在世界主要法系中的镜像:一个语源学角度的考察》,《中国边疆史地研究》2004 年第 6 期。

(清)张廷玉:《明史》,中华书局 1974 年版。

张文德:《中亚苏非主义史》,中国社会科学出版社 2002 年版。

张星烺:《中西交通史料汇编》(全 6 册),辅仁大学 1930 年版。

——《中西交通史料汇编》(全 6 册),朱杰勤校订,中华书局 1977 年版。

张振文:《左宗棠与台湾》,《台湾研究集刊》1999 年第 2 期。

章光洁、尹弘飚：《试论西部少数民族教育的课程改革》，《贵州民族研究》2002 年第 1 期。

章永俊：《西方近代边疆理论的初步发展》，《中国边疆史地研究》2005 年第 2 期。

赵丛苍、何利群：《塔里木地区羌人初探》，《中国史研究》1996 年第 2 期。

赵春晨：《清季关于新疆问题的争论》，《西北史地》1983 年第 4 期。

（元）赵孟頫：《松雪斋文集》，四部丛刊初编缩印本，商务印书馆 1930 年版。

赵尔巽等：《清史稿》，中华书局 1977 年版。

赵云田：《清末新政期间新疆文化教育的发展》，《西域研究》2002 年第 2 期。

赵志强等：《清代锡伯族档案史料选编》，新疆人民出版社 1987 年版。

［伊朗］志费尼：《世界征服者史》，何高济译，翁独健校订，内蒙古人民出版社 1980 年版。

［日］椎尾辩匡：《覩货罗の民族地理年代》，《史学杂志》第 23 编第六号，大正元年 （1912 年）。

周连宽：《婼羌国考》，《中亚学刊》第一辑，中华书局 1983 年版。

——《大唐西域记史地研究丛稿》，中华书局 1984 年版。

周菁葆、邱陵：《丝绸之路宗教文化》，新疆人民出版社 1998 年版。

周伟洲：《敕勒与柔然》，上海人民出版社 1983 年版。

——《吐谷浑史》，宁夏人民出版社 1985 年版。

——《南茹考》，《中国历史地理论丛》1993 年第 2 期。

——《吐谷浑在西域的活动及定居》，《西域考察与研究》，新疆人民出版社 1994 年版。

——《苏毗与女国》，（台北）《大陆杂志》第九十二卷第四期，1996 年抽印本。

——《西北少数民族多元文化的历史与现状》，《西北民族论丛》第三辑，中国社会科学出版社 2004 年版。

周亚成：《新疆牧区少数民族文化需求探究》，《中央民族大学学报》（哲学社会科学版）2002 年第 6 期。

周育民：《塞防海防与清朝财政》，《上海师范大学学报》（社会科学版）2001 年第 1 期。

《中国民族年鉴》编委会编：《中国民族年鉴》（1999 年，总第 5 期），辽宁民族出版社 2000 年版。

中国民族年鉴编委会：《中国民族年鉴》（2000～2004），北京，2001～2005 年。

中国社会科学院边疆考古研究中心：《新疆石器时代与青铜时代》，文物出版社 2008 年版。

《中国西北文献丛书续编》编纂委员会：《中国西北文献丛书续编·西北史地文献卷》第 5 册，兰州古籍书店 1990 年影印本。

《中国伊斯兰百科全书》编辑委员会编:《中国伊斯兰百科全书》,四川辞书出版社
　　1994年版。

中华书局编辑部:《筹办夷务始末》(同治朝),中华书局2008年版。

朱谦之:《中国景教》,人民出版社1993年版。

朱解琳:《甘宁青民族教育史简编》,青海人民出版社1993年版。

《准噶尔史略》编写组:《准噶尔史略》,人民出版社1985年版。

索 引

（以拼音为序）

本书部分已刊章节原出一览

（感谢本书稿的部分章节原发表的刊物）

第一章　第一节：《西北大学史学丛刊》（第 2 辑），三秦出版社 1999 年版，第 52—
　　　　　　　72 页。
　　　　　第二节：《新疆文物》2003 年第 2 期，第 85—89 页。
　　　　　第三节：《西北民族论丛》（第四辑），中国社会科学出版社 2006 年版，第
　　　　　　　76—98 页。
　　　　　第四节：《世界民族》2006 年第 4 期，第 37—43 页。

第二章　第一节：《西北民族论丛》（第一辑），中国社会科学出版社 2002 年版，第
　　　　　　　34—43 页。
　　　　　第二节：《西北民族论丛》（第二辑），中国社会科学出版社 2003 年版，第
　　　　　　　48—67 页。

第三章　第一节：《西域文化史》，中国友谊出版公司 1996 年版，第 115—123 页。
　　　　　第二节：《出土文献研究论集》第三辑，中华书局 1998 年版，第 170—
　　　　　　　178 页。
　　　　　第三节：《西北民族研究》1991 年第 2 期，第 189—197 页。
　　　　　第四节：《中国历史地理论丛》1998 年第 3 期，第 77—90 页；2007 年第 2
　　　　　　　期，第 94—100 页。

第四章　第一节—第四节：《西域文化史》，中国友谊出版公司 1996 年版，第 123—
　　　　　　　178 页。
　　　　　第五节：《历史月刊》（台北）1998 年 9 月号，第 4—11 页。
　　　　　第六节：《鸠摩罗什和中国民族文化》，新疆美术摄影出版社 2001 年版，第
　　　　　　　129—138 页。

后 记

　　本书为笔者近二十年来从事新疆历史与民族研究的阶段性总结，各章节的内容大部分都曾以不同形式发表过（有些系联合署名，本人执笔完成）。此次编选除了在一些标题和格式上有所调整外，其他一仍其旧，借以反映作者二十年来学术研究的主要轨迹。

　　自一九九〇年硕士研究生毕业以来，本人所从事的新疆历史与民族研究大致可分为两个阶段。前十年基本是以新疆历史领域的研究为主，侧重文献解读和文本分析；后十年则由于工作的原因开始涉足民族学领域，侧重田野调查与文本分析，并试图以田野调查的体验和经验反观文本研究。这一点与先师马长寿先生的学术旨趣在一定程度上相契合，也是对先生学术传统的承继。

　　在二十年的学术历程中，周伟洲师和王宗维师将我引入民族史研究的大门，并一直关心和指导着我的全面成长；吴震先生和彭树智先生也都曾给予过提携、指导和帮助。他们的学品与人品都是我一生最宝贵的财富。

　　感谢王明珂先生为拙作所作的序言。我还要特别感谢余太山、苗普生、厉声、罗丰、马思中（Magnus）、李大龙等师长以及所有给予过帮助的人。

　　学术乃天下之公器，故不敢有敝帚自珍之念，唯求方家正之。